PEARSON
myspanishlab™ ¡Hola!

Save Time, Improve Results! Over 200,000 students use the award-winning MyLanguageLabs online learning and assessment system to succeed in their basic language courses. Access includes course management tools, a gradebook, a student eText, an online Student Activities Manual, audio and video materials, and many more resources to help you and your students. MyLanguageLabs can be packaged with the text at a substantial savings to your students. For more information, visit www.mylanguagelabs.com.

A GUIDE TO *GENTE* ICONS		
ACTIVITY TYPES		
✓	**Readiness Check for MySpanishLab**	This icon, located in each chapter opener, reminds students to take the Readiness Check in MySpanishLab to test their understanding of the English grammar related to the Spanish grammar concepts in the chapter.
🔊	**Text Audio Program**	This icon indicates that recorded material to accompany *Gente* is available in MySpanishLab, on audio CD, or the Companion Website.
👥	**Pair Activity**	This icon indicates that the activity is designed to be done by students working in pairs.
👪	**Group Activity**	This icon indicates that the activity is designed to be done by students working in small groups or as a whole class.
📖	**Student Activities Manual**	This icon indicates that there are practice activities available in the *Gente* Student Activities Manual. The activities may be found either in the printed version of the manual or in the interactive version available through MySpanishLab. Activity numbers are indicated in the text for ease of reference.
🎬	**Video Program**	This icon indicates that a video episode is available on the video program that accompanies the *Gente* text. The video is available on DVD and in MySpanishLab.

TERCERA EDICIÓN

GENTE

NIVEL BÁSICO

TERCERA EDICIÓN

GENTE

NIVEL BÁSICO

Edición norteamericana

ANNOTATED INSTRUCTOR'S EDITION

**MARÍA JOSÉ DE LA FUENTE
ERNESTO MARTÍN PERIS
NEUS SANS BAULENAS**

Pearson

Boston   Columbus   Indianapolis   New York   San Francisco   Upper Saddle River
Amsterdam   Cape Town   Dubai   London   Madrid   Milan   Munich   Paris   Montreal   Toronto
Delhi   Mexico City   São Paulo   Sydney   Hong Kong   Seoul   Singapore   Taipei   Tokyo

Executive Editor: Julia Caballero
Editorial Assistant: Samantha Pritchard
Senior Marketing Manager: Denise Miller
Marketing Coordinator: Bill Bliss
Development Editor: Marco Aponte
Development Editor for Assessment: Melissa Marolla Brown
Senior Managing Editor for Product Development: Mary Rottino
Associate Managing Editor (Production): Janice Stangel
Media Editor/Development Editor for Assessment: Meriel Martínez
Senior Media Editor: Samantha Alducin
Executive Editor for MyLanguageLabs: Bob Hemmer
Senior Art Director: Pat Smythe
Art Director: Miguel Ortiz

Senior Manufacturing & Operations Manager, Arts & Sciences: Mary Fisher
Operations Specialist: Brian Mackey
Illustrator: Andy Levine
Publisher: Phil Miller
Text Designer: Wee Design
Cover Designer: Miguel Ortiz
Manager, Visual Research: Annette Linder
Manager, Cover Visual Research & Permissions: Karen Sanatar
Full-Service Project Management: MPS Limited, a Macmillan Company
Composition: MPS Limited, a Macmillan Company
Printer/Binder: Courier
Cover Printer: Lehigh Phoenix

This book was set in 10/12 New Baskerville.

Credits and acknowledgments borrowed from other sources and reproduced, with permission, in this textbook appear on appropriate page within text (or on page 410).

10 9 8 7 6 5 4 3 2 1

Prentice Hall
is an imprint of

www.pearsonhighered.com

Student Edition ISBN-10: 0-205-78343-0
Student Edition ISBN-13: 978-0-205-78343-4
Annotated Instructor's Edition ISBN-10: 0-20501054-7
Annotated Instructor's Edition ISBN-13: 978-0-20501054-7

BRIEF CONTENTS

SCOPE AND SEQUENCE

	TASK	OBJECTIVES

1 Gente que estudia español *2*

TASK

Choose a Spanish-speaking country for an end-of-year class trip.

OBJECTIVES

Communicative
- Talking about oneself
- Spelling names and countries
- Identifying people and places

Cultural
- The Spanish-speaking world
- Puerto Rico
- Hispanics in the United States

---

2 Gente con gente *20*

TASK

Meet some important Hispanic-Americans and group them for an imaginary dinner.

OBJECTIVES

Communicative
- Requesting and giving information about people (name, age, profession, personality)
- Justifying decisions

Cultural
- México
- Hispanics in the United States

---

3 Gente de vacaciones *38*

TASK

Plan a vacation in Venezuela

OBJECTIVES

Communicative
- Talking about likes, dislikes, and preferences
- Talking about existence and location of places
- Expressing agreement and disagreement

Cultural
- Venezuela
- Hispanics in the United States

---

4 Gente de compras *56*

TASK

Plan a class party and decide on gifts for classmates and teacher

OBJECTIVES

Communicative
- Talking about needs and obligations
- Talking about the price of products and services
- Describing and valuing products

Cultural
- Argentina
- Hispanics in the United States

GRAMMATICAL/ FUNCTIONAL GOALS	VOCABULARY GOALS	STRATEGIES
■ Present tense of *ser* and *llamarse* ■ Gender and number; articles (*el, la, los, las*) and nouns ■ Alphabet and pronunciation ■ Subject pronouns (form and use) ■ Demonstrative adjectives and pronouns (*esto, este/a/os/as*)	■ Numbers (1–20) ■ Personal interests ■ Geographical names ■ Classroom	**Oral communication** ■ Useful expressions for the class **Reading** ■ Predicting content **Writing** ■ Writing as a process ■ Basic sentence connectors
■ Adjectives (gender and number) ■ *Ser* + adjective ■ Adverbs of quantity (*muy, bastante, un poco, nada* + adjective) ■ The present tense: *-ar, -er,* and *-ir* verbs ■ Possessive adjectives ■ Talking about age, marital status, professions, and place of origin	■ Nationalities ■ Professions ■ Hobbies ■ Personality traits ■ Family relationships ■ Numbers (20–100)	**Oral communication** ■ Formulating basic questions **Reading** ■ Recognizing cognates **Writing** ■ Reviewing the language use (grammar) of your written work ■ Basic connectors to organize information
■ *Hay* and *estar* ■ *Y, no… ni, también, tampoco* ■ *Querer* and *preferir* ■ Likes and interests (verbs *gustar* and *interesar*) ■ Agreement and disagreement (*sí, no, también, tampoco*)	■ Transportation ■ Lodging and services ■ Tourism and vacation ■ Months and seasons	**Oral communication** ■ Expressing agreement and disagreement **Reading** ■ Guessing the meaning of words using the context **Writing** ■ Reviewing the vocabulary of your written work ■ Connectors to express cause and consequence
■ Use of indefinite articles: *un/uno, una, unos, unas* ■ Expressing obligation (*tener que* + infinitive) and need (*necesitar*) ■ Numbers from 100 to 1,000 ■ Asking for and stating prices ■ Third-person direct and indirect object pronouns	■ Shopping and stores ■ Clothes and accessories ■ Colors	**Oral communication** ■ Formulating direct questions (I) **Reading** ■ Identifying and using topic sentences **Writing** ■ Editing your written work for content and organization (I) ■ Use of referent words

	TASK	OBJECTIVES

5 Gente en forma *74*

Create a health guide for new students on campus

Communicative
- Talking about health
- Talking about physical activity
- Making recommendations and giving advice
- Talking about frequency and quantity

Cultural
- Colombia
- Hispanics in the United States

6 Gente en la casa y en el trabajo *92*

Select an apartment and a roommate. Furnish the apartment

Communicative
- Greetings and introductions
- Using *tú* and *usted*
- Giving directions
- Talking about work qualities and abilities

Cultural
- El Salvador
- Hispanics in the United States

7 Gente que viaja *110*

Organize a trip to the Dominican Republic

Communicative
- Talking about trips, routes and itineraries
- Requesting and giving time and date
- Situating actions in time
- Talking about the future

Cultural
- Dominican Republic
- Hispanics in the United States

8 Gente que come bien *128*

Write a cooking recipe

Communicative
- Talking about food/dishes
- Interacting in a restaurant or bar
- Talking about quantities
- Giving instructions

Cultural
- Cuba
- Hispanics in the United States

GRAMMATICAL/ FUNCTIONAL GOALS	VOCABULARY GOALS	STRATEGIES
■ Present Indicative of irregular verbs ■ Reflexive verbs (and pronoun placement) ■ Recommendations and advice (*tener que* + infinitive, *hay que* + infinitive) ■ Expressing frequency ■ Quantifying: *muy, mucho, demasiado* ■ *Ser* and *estar* with adjectives	■ Body parts ■ Physical activities ■ Days of the week ■ Health and food ■ Sports	**Oral communication** ■ Formulating direct questions (II) **Reading** ■ Using a bilingual dictionary (I) **Writing** ■ Editing your composition for content and organization (II) ■ Basic connectors for introducing examples and clarifying information
■ Command forms (and pronoun placement) ■ Use of command forms ■ Formal vs. Informal Register: *Tú* vs. *Usted*; *Vosotros* vs. *Ustedes* ■ *Estar* + gerund ■ Greetings and introductions	■ Areas of the house ■ Furniture ■ Professions ■ Work environment ■ Professional characteristics	**Oral communication** ■ Phone conversations **Reading** ■ Using a bilingual dictionary (II) **Writing** ■ The goal of your composition (context, purpose, reader, and register) ■ Connectors for adding and sequencing ideas
■ Spatial references ■ Time references (dates and months, periods of time, parts of the day) ■ The time ■ Talking about the future (*ir a* + infinitive) ■ *Estar a punto de…, acabar de…*	■ Trips ■ Transportation ■ Activities related to travel	**Oral communication** ■ Beyond *sí* and *no*: emphasizing affirmative or negative replies **Reading** ■ Skimming and scanning texts **Writing** ■ Using a bilingual dictionary when writing ■ Using spatial references when writing descriptions
■ In a restaurant ■ Impersonal *se* ■ Quantifying: *poco/un poco de, suficiente(s), bastante, mucho, demasiado, ninguno (ningún)/ nada* ■ Weights and measures	■ Foods and drinks ■ Cooking and restaurants ■ Measures and containers	**Oral communication** ■ Verbal courtesy (I) **Reading** ■ Word formation and affixes **Writing** ■ Writing topic sentences and paragraphs ■ Connectors for organizing information

	TASK	OBJECTIVES

9 Gente de ciudad *146*

Identify the main problems on campus and propose solutions

Communicative
- Describing and comparing cities and places
- Expressing opinions and wishes
- Expressing agreement and disagreement
- Making and defending proposals

Cultural
- Perú
- Hispanics in the United States

10 Gente e historias (I) *164*

Write a biography of a famous person using given information.

Communicative
- Relating biographical and historical data
- Talking about past events occurred in specific time frames
- Talking about dates

Cultural
- Chile
- Hispanics in the United States

11 Gente e historias (II) *182*

Write a narration related to a specific episode or period of our country's history.

Communicative
- Talking about past and circumstances surrounding them
- Relating biographical data: events, and circumstances surrounding them

Cultural
- Nicaragua
- Hispanics in the United States

12 Gente sana *200*

Create a campaign for the prevention of accidents or health problems

Communicative
- Talking about health
- Giving advice and recommendations

Cultural
- Costa Rica
- Hispanics in the United States

GRAMMATICAL/ FUNCTIONAL GOALS	VOCABULARY GOALS	STRATEGIES
■ Comparatives ■ The superlative ■ Comparisons of equality ■ Relative pronouns ■ Expressing and contrasting opinions ■ The weather	■ Cities and services ■ Weather and environment ■ Problems in the city	**Oral communication** ■ Collaboration in conversation (I) **Reading** ■ Word order in Spanish **Writing** ■ Adding details to a paragraph ■ Connecting information using relative pronouns
■ The Preterit tense ■ Uses of the Preterit ■ Talking about dates ■ Sequencing past events	■ Biographies ■ Historical and socio-political events	**Oral communication** ■ Using approximation and circumlocution **Reading** ■ Following a chronology **Writing** ■ Writing a narrative (I): past actions and events ■ Use of time markers in narratives (I)
■ The Imperfect tense ■ Uses of the Imperfect ■ Contrasting Preterit vs. Imperfect ■ Relating past events: cause and consequence	■ Historical and socio-political concepts and events	**Oral communication** ■ Collaboration in conversation (II) **Reading** ■ Summarizing a text **Writing** ■ Writing a narrative (II): including circumstances that surround events ■ Use of time markers in narratives (II)
■ Commands forms ■ Recommendations, advice, and warnings ■ Impersonal *tú* ■ Talking about health ■ Adverbs ending in *-mente*	■ Accidents, symptoms, and illnesses	**Oral communication** ■ Verbal courtesy (II) **Reading** ■ Considering the type of text **Writing** ■ The good foreign language writer ■ Reviewing your text for cohesion

	TASK	OBJECTIVES
 13 **Gente y lenguas** *218*	Elaborate a list of the most important reasons to learn Spanish, and the best strategies and resources to do it	**Communicative** ■ Talking about learning experiences ■ Expressing sensations, feelings, difficulties, and value judgments ■ Talking about past events **Cultural** ■ Paraguay ■ Hispanics in the United States
 14 **Gente con personalidad** *236*	Prepare questions and conduct an interview with an interesting person from your school or community.	**Communicative** ■ Talking about likes and dislikes ■ Talking about feelings ■ Describing people's personalities **Cultural** ■ Honduras ■ Hispanics in the United States
 15 **Gente que se divierte** *254*	Plan a weekend in a city in Spain	**Communicative** ■ Talking about entertainment and cultural products ■ Planning and agreeing on activities ■ Extending, accepting, or rejecting invitations and proposals **Cultural** ■ Spain ■ Hispanics in the United States
 16 **Gente innovadora** *272*	Design a "smart" house	**Communicative** ■ Talking about and describing objects (shapes, materials, parts, uses, properties) **Cultural** ■ Uruguay ■ Hispanics in the United States

GRAMMATICAL/ FUNCTIONAL GOALS	VOCABULARY GOALS	STRATEGIES
■ Verbs like *gustar*: expressing sensations, feelings, difficulties, and value judgments ■ The Present Perfect ■ The Past Participle ■ Contrasting Present Perfect vs. Preterit ■ Uses of the Gerund	■ Languages ■ Teaching and learning of languages	**Oral communication** ■ Expressing agreement during conversation **Reading** ■ Review of vocabulary strategies (I): using a bilingual dictionary **Writing** ■ Punctuation and capitalization: some differences between Spanish and English
■ Verbs like *gustar* (II): expressing feelings and value judgments ■ The Future tense (form and uses) ■ The Conditional tense (form and uses) ■ Direct questions and indirect questions	■ Personality traits (nouns and adjectives)	**Oral communication** ■ Expressing disagreement during conversation **Reading** ■ Review of vocabulary strategies (II): word formation and Spanish affixes **Writing** ■ Using a bilingual dictionary ■ Cohesive writing (II): using connectors
■ The Present Subjunctive: form ■ Use of Present Subjunctive to state opinion, probability or doubt ■ Talking about arts and entertainment ■ Planning and agreeing on activities ■ Use of *ser* to talk about time and place of events	■ Leisure activities ■ Movies and television ■ Arts and entertainment	**Oral communication** ■ Verbal courtesy (III) **Reading** ■ Review of pre-reading strategies **Writing** ■ Editing your writing for content, organization and cohesion. ■ Expository writing (I): connectors for adding and sequencing ideas, summarizing, and concluding.
■ Describing objects ■ Impersonal *se* ■ Direct and indirect object pronouns ■ Use of subjunctive in relative clauses (subjunctive vs. indicative) ■ Relative clauses with prepositions	■ Materials ■ Science and technology	**Oral communication** ■ Some common expressions used in conversation (I) **Reading** ■ Reading a journalistic text (news) **Writing** ■ Reviewing the vocabulary and grammar of your written work ■ Expository writing (II): connectors for giving examples, restating ideas, generalizing, and specifying

		TASK	OBJECTIVES

GRAMMATICAL/ FUNCTIONAL GOALS	VOCABULARY GOALS	STRATEGIES
■ Review: uses of the imperfect ■ Preterit vs. imperfect ■ The pluperfect ■ *Estar* + gerund (preterit vs. imperfect) ■ Contrast *pero* / *sino*	■ Literature ■ Mystery story	**Oral communication** ■ Some common expressions used in conversation (II) **Reading** ■ Reading a narration **Writing** ■ Writing a narrative ■ Narrative writing: connectors of time used in narratives
■ *Si* clauses with indicative ■ *Cualquier* + noun ■ *Todo/a/os/as* ■ Relative pronouns + subjunctive ■ Direct and indirect object pronouns (*se* + *lo/las/los/las*) ■ Review: impersonal expressions	■ Economy and commerce ■ Companies and Businesses	**Oral communication** ■ Resources for debating (I) **Reading** ■ Reading an essay **Writing** ■ The essay: thesis and development ■ Writing an essay: use of connectors and referent words
■ Use of subjunctive to state opinions (noun clauses) ■ Use of subjunctive to state probability or doubt (noun clauses) ■ *Cuando* + subjunctive (talking about the future) ■ Expressing continuity or interruption (*continuar/seguir* + gerund; *seguir sin* + infinitive; *dejar de* + infinitive; *ya no* + verb)	■ Social groups ■ Science and environment ■ World affairs	**Oral communication** ■ Resources for debating (II) **Reading** ■ Reading an argumentative essay **Writing** ■ Writing argumentative texts (I) ■ Connectors for argumentative texts
■ Use of subjunctive with verbs like *gustar* (noun clauses) ■ Reflexive verbs to state feelings and emotions ■ Use of subjunctive to state advice and value judgments (noun clauses) ■ Changes in people (*ponerse*, *hacerse*, *volverse* + adjective) ■ *Ser* + adjective vs. *estar* + adjective	■ Personality, feelings and emotions	**Oral communication** ■ Resources for debating (III) **Reading** ■ Reading an argumentative essay: cause and effect **Writing** ■ Writing argumentative texts (II): cause and effect ■ Connectors of cause and effect

Gente 3rd edition – Communicate with a Purpose!

Gente is a task- and content-based basic Spanish learning program. With *Gente*, students learn Spanish in the classroom through interaction and collaborative work. They develop an ability to express themselves in real contexts and solve communicative problems. Students also reflect on how the Spanish language works and on their own language learning process; use of the language and discovery are the keys to learning. To a degree unmatched by other textbook programs available in North America, *Gente* promotes integration of the four skills and development of cultural awareness by providing a rich context in which students learn by doing, and the teacher acts as the facilitator of this learning process.

New to This Edition

✦ **Fewer chapters allow for easier implementation of the *Gente* program**

In response to our reviewers' suggestion to streamline the number of chapters, the third edition now has 20 chapters. This new format allows for easier implementation and easier lesson planning in the traditional semester- and quarter-systems.

✦ **Expanded cultural content provides students with cultural insights to the entire Spanish-speaking world including Hispanics in the United States.**

NEW Hispanic/Latinos in the U.S. sections promote awareness of the Spanish-speaking communities in the United States. These new activities foster comparisons and cross-cultural knowledge. Culture permeates all sections of the chapter, from *Acercamientos* to *Comparaciones*. Relevant and authentic cultural input (both visual and verbal) has been revised to reinforce language-culture connections. The carefully selected readings and writing tasks, maps, cultural boxes, and extensive photographic material encourage students to make connections with Spanish-speaking countries and their cultures.

✦ **The culminating task now includes reflection as one of the steps to move students from language usage to language analysis**

At the end of each task, the **NEW** linguistic focus stage serves to clarify and review key structures, meanings, and functions, so that students have the opportunity to reflect upon the contents of the chapter and their

overall language learning. Students go from language usage to language analysis.

✦ **The grammar reference section, *Consultorio gramatical*, is now in English for easier student comprehension**

The *Consultorio gramatical*, a functional and discourse-oriented grammar reference, and the interaction-based examples, have now been translated into English, in order to facilitate processing and understanding of the linguistic and metalinguistic aspects of the language.

✦ **Streamlined sections make work in each chapter more efficient and meaningful**
  • *Nuestra gente* section has been reduced from six to three pages
  • In the **vocabulary** section, the vocabulary lists have been extensively reviewed and reduced to facilitate learning of new words and phrases.

✦ **NEW MySpanishLab saves time and improves results!**

Over 100,000 students have used MyLanguageLabs to improve their results in basic language courses. **MySpanishLab**, part of our MyLanguageLabs suite of online products, combines a learning management system with online instructional and practice materials for students. Students complete meaningful practice with built-in, point-of-need support to help them understand the important concepts that they will practice communicatively in class.

✦ **Annotated Instructor's Edition now brings the instructor annotations to the margins providing point-of-need support for instructors.**

NEW updated and useful Teacher's Notes appear on the page where the corresponding item is. The Annotated Instructor's Edition contains an abundance of marginal annotations that suggest warm-up and expansion activities, as well as provide teaching tips, and additional cultural information.

Learning by Doing: the Task-Based Approach

In second language pedagogy, a **task** is generally defined as a collaborative project with a goal and an observable product. Learners use resources (linguistic and non-linguistic) in order to attain the goal, and the observable product generally takes the form of an oral

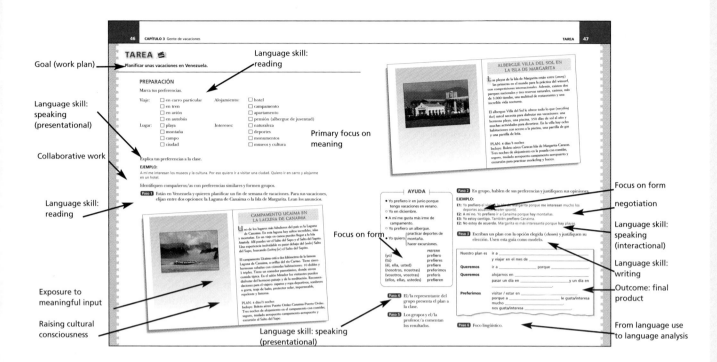

or written text. Normally, tasks require collaborative and interactive work with meaning negotiation and exchange. Tasks engage learners in problem-solving and decision-making activities through interaction (i.e., planning, selecting, and organizing).

When given a linguistic focus, tasks encourage learners to think about, and analyze L2 forms (not simply manipulate forms and apply rules); they allow learners to go from language usage to language analysis, thus promoting attention to, and noticing of grammar forms.

The benefits of a task-based approach to language learning are numerous. Current research in second-language acquisition indicates that frequent exposure to and use of the target language through interaction and meaning negotiation are necessary conditions to learn a foreign language. This research encourages us to go from a product approach to language learning—"learning the L2 to use it"—to a process approach—"using the L2 to learn it." This research also acknowledges the important role that grammar instruction plays in the rate of development toward the ultimate level of attainment in the foreign language. To maintain a better balance between exposure and use, we must provide ample opportunities for interaction in the classroom and involve students in activities where they can process form and meaning. Task-based instruction is an excellent way to promote these productive language-learning conditions.

With task-based language learning students become active users of the language who participate in the learning process. Students who have experience with task-based learning report that they gain confidence in speaking and interacting soon after beginning a task-based course; they can cope with natural spontaneous speech quite easily and tackle tough reading texts in an appropriate way. Most importantly, they become more independent learners.

Features of the program

Consistent learning sequence

In the third edition of **Gente**, the instructional sequence—which progresses from contextualized input, to guided output, to free output, to the global/integrative task—is consistent throughout all of the chapters. The classroom textbook has been designed around a single overarching goal: to provide resources for language use in a dynamic communicatively and culturally oriented language classroom. **Gente** is a learner-centered manual, built entirely around a series of activities and pedagogical tasks that require student collaboration, interaction, and meaning negotiation. Its unique structure of 20 chapters, each of them with a final task, serves to motivate students by giving them a sense of accomplishment.

Chapter Structure

LAYOUT	SECTION	DESCRIPTION
2-page spread	*Acercamientos*	provides an initial approach to the thematic, cultural, and linguistic contents of the chapter through activities geared to activate learners' previous knowledge.
2-page spread	*Vocabulario en contexto*	introduces contextualized active vocabulary and comprehension and production activities so students can learn vocabulary in context.
2-page spread	*Gramática en contexto*	focuses on content-based grammar instruction by presenting the target structures in context. Activities in the section encourage attention to form, form-meaning-usage connections, and effective use of the grammar forms. The in-text grammar yellow boxes serve as quick in-class reference while students work on the sections' activities.
2-page spread	*Interacciones*	targets learners' development of oral discourse and interactional strategies by engaging students in collaborative, meaning-focused, pair- and group-work activities.
2-page spread	*Tarea*	is the central element of each chapter in which students use the contents of the chapter to carry out a collaborative task. The final linguistic focus of each task gives students an opportunity to reflect upon the contents of the chapter and their overall language learning.
4-page spread	*Nuestra gente*	targets the development of reading and writing skills, as well as cross-cultural awareness.
	Gente que lee *Gente que escribe*	emphasizes the development of discourse-based, strategic reading (*Gente que lee*) and strategic writing (*Gente que escribe*) through content-based, process-oriented reading and writing tasks. The reading activities encourage both comprehension and interpretation of texts.
	Comparaciones	encourages students to explore the Spanish-speaking cultures, including the U.S. Activities foster development of cultural consciousness, cross-cultural awareness and critical thinking.
1-page	*Vocabulario*	contains the active vocabulary—that is, the words that students need to understand and use in order to successfully complete each chapter's learning sequence.
3-pages	*Consultorio gramatical*	presents explicit grammar instruction from a functional, usage-based perspective. It serves as a useful resource for independent study, and promotes deeper understanding of the Spanish grammar forms, meanings, and uses.

Approach to grammar instruction

Gente's approach to grammar involves more than the study of grammar forms. For this reason each activity encourages the establishment of connections between *forms* and *meanings*, as well as the *use* of those forms in context, with varied levels of emphasis on the three aspects. This gives students a true understanding of the Spanish language. *Gente* fosters language awareness and discovery, by promoting attention to and noticing of grammar and other sociolinguistic aspects of the language.

Contextualized, content-based grammar instruction

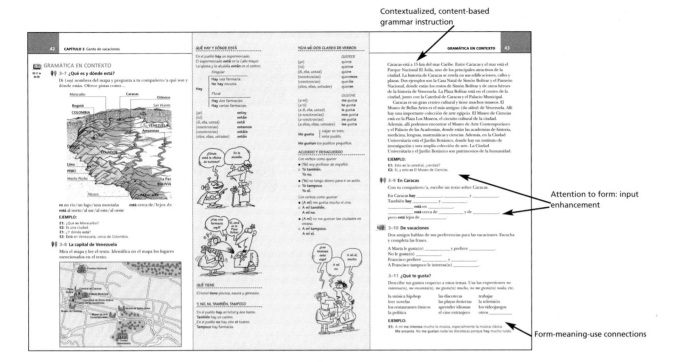

Attention to form: input enhancement

Form-meaning-use connections

In addition, there are other points of grammar support in the *Gente* program that intend to maximize independent learning opportunities. The pages in *Consultorio gramatical* offer explicit instruction on the target grammar points of the chapter. The grammar tutorials in **MySpanishLab** offer a variety of grammar tutorials in English and Spanish organized by chapter and/or by topic.

Emphasis on interaction and collaborative learning

For *Gente*, interaction is more than an opportunity to practice the language; it is the way that language is learned. To this end, it incorporates extensive opportunities for students to engage in meaningful interaction and collaborative activities that foster social and affective factors crucial in language learning. The *Interacciones* and *Tarea* sections encourage cooperative learning in pairs and groups to further promote classroom-negotiated interaction. Students learn strategies for effective interaction, such as how to focus on specific information, how to interact in given contexts, or how to ask for clarification. *Gente* also emphasizes the development of discourse abilities, so students practice integrating structures in extended discourse throughout their language-learning process.

In addition, all listening tasks expose the students to naturally spoken Spanish in conversations, and include practice in top-down and bottom-up listening skills.

Raising cultural consciousness and cross-cultural awareness

Gente recognizes the intrinsic role that culture plays in foreign language development and the need for students to develop a critical understanding of the cultures of Spanish-speaking countries. The program intends to raise students' cultural awareness by incorporating a content-based approach to all learning tasks and activities. Every chapter is content-based and culturally oriented, because it revolves around a specific Spanish-speaking country. The *Nuestra gente* section encourages students to reflect on and make comparisons within the Hispanic world, as well as within their own context, in order to develop an increased cross-cultural awareness.

Development of culture-based, strategic reading and writing

The *Gente que lee* section helps students develop reading skills through an exploration of the Spanish-speaking cultures. Readings are based upon a variety of authentic sources that cover a wide range of topics, countries, and genres. *Gente que lee* provides extensive strategic reading instruction designed to build a core set of reading skills. Focused pre- and post-reading activities develop a range of reading comprehension skills, such as predicting content, understanding the main idea, and identifying topic

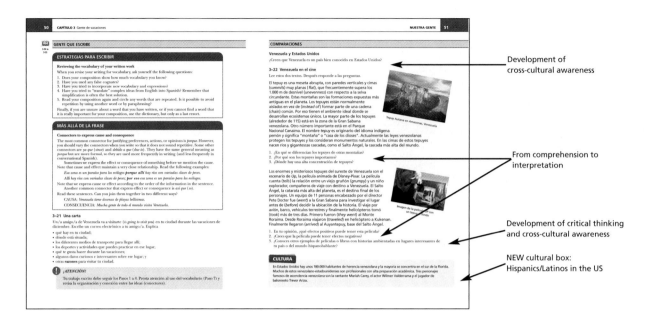

Development of cross-cultural awareness

From comprehension to interpretation

Development of critical thinking and cross-cultural awareness

NEW cultural box: Hispanics/Latinos in the US

sentences. As a result, students begin to read purposefully and effectively.

The parallel section *Gente que escribe* assigns real-life writing tasks that promote an interactive, discourse-based approach to writing and encourage students to be aware of their audience and its culture. Students learn to write as a process of creating, sharing, and revising ideas and sentences. Each writing task requires brainstorming, drafting, revising, proofreading, and editing. A wide range of writing topics inspires students' self-expression.

Program Components

The Complete Program

Gente is a complete teaching and learning program that includes a variety of resources for students and instructors, including an innovative offering of online resources.

For the student

Student Text

The *Gente* **Student Text** is available both in a complete, paper-bound version, and an à la carte looseleaf edition.

Student Activities Manual

The **Student Activities Manual**, thoroughly revised for this edition, includes a vast number of vocabulary, grammar, reading and skills practice activities, many of which are audio-based, for each chapter of the text. It also contains speaking activities that will be recordable in **MySpanishLab**. The organization of these activities now parallels that of the student text. The Student Activities Manual is available both in print and online through **MySpanishLab**.

Student Activities Manual Answer Key

The **Answer Key** includes answers to all activities in the Student Activities Manual.

Text Audio CDs

The recordings on this CD set correspond to the listening comprehension activities in the textbook. These recordings are also available within **MySpanishLab** and the Companion Website.

Student Activities Manual Audio CDs

A second set of audio CDs contains recordings for the listening comprehension activities in the Student Activities Manual. These recordings are also available within **MySpanishLab** and the Companion Website.

Video on DVD

Gente en acción is a series of twenty videos. Each unit shows a group of five native speakers from various Spanish speaking countries carrying out a real life task. In addition, each unit reflects the vocabulary, grammar and functional uses of the language featured in the textbook. The video is available for student purchase on DVD, and it is also available within **MySpanishLab**, with and without captions. In addition, the video is available to instructors on DVD.

For the instructor

Annotated Instructor's Edition

The **Annotated Instructor's Edition** contains an abundance of marginal annotations designed especially for novice instructors, instructors who are new to the *Gente* program, and instructors who have limited time for class preparation. A new format allows ample space for annotations alongside full-size pages of the student text. Marginal annotations suggest warm-up and expansion exercises and activities and provide teaching tips and additional cultural information. Answers to discrete point activities are printed in blue type for the instructor's convenience.

Instructor's Resource Manual

The **Instructor's Resource Manual** now contains complete lesson plans, integrated syllabi for regular and hybrid courses, as well as helpful suggestions for foreign and new instructors. It also provides videoscripts for all episodes of the *Gente en acción* video, audioscripts for listening activities in the Student Activities Manual, and a complete guide to all *Gente* supplements. The Instructor's Resource Manual is available to instructors online at the *Gente* Instructor Resource Center.

Testing Program

The **Testing Program**, now fully online, has been thoroughly revised and expanded for this edition. The testing content is closely coordinated with the vocabulary, grammar, culture, and skills material presented in the student text. For each chapter of the text, a bank of testing activities is provided in modular form; instructors can select and combine modules to create customized tests tailored to the needs of their classes. Complete, ready-to-use tests are also provided for each chapter. The tests and testing modules are available to instructors online at the Instructor Resource Center and in **MySpanishLab**.

Testing Audio CD

This CD contains the recordings to accompany the listening comprehension activities in the Gente Testing Program. These recordings are also available within **MySpanishLab**.

Instructor Resource Center

Several of the instructor supplements listed above—the Instructor's Resource Manual, the Testing Program—are available for download at the access-protected *Gente* Instructor Resource Center. An access code will be provided at no charge to instructors once their faculty status has been verified.

Online resources

MYSPANISHLAB

MySpanishLab is a widely adopted, nationally hosted online learning system designed specifically for students in college-level language courses. It brings together—in one convenient, easily navigable site—a wide array of language-learning tools and resources, including an interactive version of the *Gente* Student Activities Manual, an interactive version of the *Gente* student text, and all materials from the *Gente* audio and video programs. Readiness checks, practice tests, and tutorials personalize instruction to meet the unique needs of individual students. Instructors can use the system to make assignments, set grading parameters, provide feedback on student work, add new content, access instructor resources, and hold online office hours. Instructor access is provided at no charge. Students can purchase access codes online or at their local bookstore. For more information, including case studies that illustrate how **MySpanishLab** saves time and improves results, visit http://www.mylanguagelabs.com.

Companion Website

The open-access Companion Website contains all of the audio found on the Text and Student Activities Manual audio CDs. All contents of the Companion Website are also included in **MySpanishLab**.

Acknowledgments

I am indebted to many members of the Spanish teaching community for their time, candor, and insightful suggestions as they reviewed the drafts of the third edition of *Gente*. Their critiques and recommendations helped me to sharpen the pedagogical focus and improve the overall quality of the program. I gratefully acknowledge the contributions of the following reviewers:

Carole Cloutier, *University of Massachusetts*
Gerardo I. Cruz-Tanahara, *Cardinal Stritch University*
Gustavo Fares, *Lawrence University*
Marlene Gottlieb, *Manhattan College*
Jason Jolley, *Missouri State University*
Pedro Koo, *Missouri State University*
Ana López-Sánchez, *Haverford College*
Brian Mann, *North Georgia College and State University*
Frances Matos-Schultz, *University of Minnesota*

Liliana Paredes, *Duke University*
Luisa Piemontese, *Southern Connecticut State University*
Amy Rossomondo, *University of Kansas*
Guadalupe Ruiz-Fajardo, *Columbia University*
Barry Velleman, *Marquette University*
Marianne Verlinden, *College of Charleston*
Joseph Weyers, *College of Charleston*

I am also grateful for the guidance of Marco Aponte, developmental editor, for all of his work, suggestions, attention to detail, and dedication to the text. His support and spirit helped me to achieve the final product. I would also like to thank the contributors who assisted me in the preparation of the third edition: my colleague and friend Margarita Moreno for the Student Activities Manual, Margaret Snyder for the Feedback for the Student Activities Manual and MySpanishLab, and Frances Matos-Schultz for the Syllabi and Lesson Plans found in the Instructor's Resource Manual. I am very grateful to other colleagues and friends at Pearson Education/Prentice Hall: Meriel Martínez, Media Editor, for helping us produce such great audio programs and Companion Website; Melissa Marolla Brown, Development Editor for Assessment, for the diligent coordination among the text, Student Activities Manual, and Testing Program. I am very grateful to the MySpanishLab Team, Bob Hemmer, Samantha Alducin, and Mary Reynolds for the creation of the *Gente* MySpanishLab course. I would like to give a special thanks to Samantha Alducin for her work on developing a great video. Thanks also to Samantha Pritchard, Editorial Assistant, for attending to many administrative details.

I am very grateful to the marketing team, Kris Ellis-Levy, Denise Miller, and Bill Bliss, for their creativity and efforts in coordinating all marketing and promotion for this edition. Thanks, too, to the production team, Mary Rottino and Janice Stangel, who guided *Gente* through the many stages of production; to our partners at Macmillan Publishing Services, especially Nincis Asencio, for their careful and professional editing and production services. Special thanks to the art team Leslie Osher, Miguel Ortiz, Pat Smythe, and Wanda España for the gorgeous interior and cover designs. I would like to express my most sincere thanks to Phil Miller, Publisher, and Julia Caballero, Executive Editor, for their guidance and support through every aspect of this new edition. Last, but not least, I thank my husband, John, my daughter, Noelle, and my son, Nico, for their infinite patience, encouragement, and unconditional love. I dedicate this work to them.

María José de la Fuente
George Washington University

TERCERA EDICIÓN

GENTE

NIVEL BÁSICO

1 GENTE que estudia ESPAÑOL

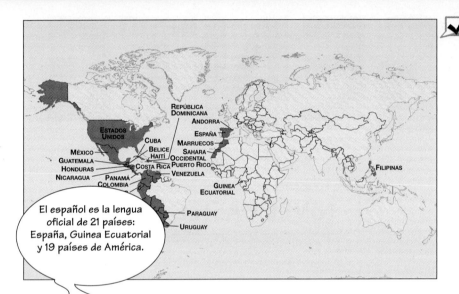

El español es la lengua oficial de 21 países: España, Guinea Ecuatorial y 19 países de América.

Se habla también español en Estados Unidos, Filipinas, Andorra, Belice, el Sahara Occidental y Marruecos.

Guinea Ecuatorial es un país de África central donde el español (junto con el francés) es lengua oficial.

En Filipinas, 3 millones de personas hablan español.

En Estados Unidos viven 45 millones de hispanos.

El español es la segunda lengua del mundo. Unos 360 millones de personas hablan español como lengua materna. Aproximadamente 90 millones hablan español como segunda lengua.

Estados Unidos es el segundo país del mundo en número de hispanohablantes, detrás de (after) México.

TAREA

Elegir (*choose*) un país hispanohablante para el viaje de fin de curso (*end of year trip*).

NUESTRA GENTE

El mundo hispanohablante
Puerto Rico
Hispanos/latinos en Estados Unidos

ACERCAMIENTOS

 1–1 El primer (*first*) día de clase

En una clase de español y literatura en San Juan, Puerto Rico, la profesora pasa lista (*takes attendance*). Escucha (*listen*) y lee (*read*) los nombres de los estudiantes. Marca los estudiantes que están (*are*) en la clase.

Ahora tu profesor/a va a (*is going to*) pasar lista. Escucha el nombre y el apellido (*last name*) de los estudiantes. Después de (*after*) escuchar tu nombre, preséntate (*introduce yourself*) a la clase.

EJEMPLO:

E1: Hola, me llamo John Smith.
E2: Yo soy Emily Wolfeschlegelsteinhausenbergerdorff.

NOMBRE	APELLIDOS
01 Ana	REDONDO CORTÉS
02 Luis	RODRIGO SALAZAR
03 Eva	TOMÁS ALONSO
04 José Antonio	VALLÉS PÉREZ
05 Raúl	OLANO ARTIGAS
06 María Rosa	RODRÍGUEZ PRADO
07 Francisco	LEGUINECHE ZUBIZARRETA
08 Cecilia	CASTRO OMEDES
09 Alberto	VIZCAÍNO MORCILLO
10 Silvia	JIMÉNEZ LUQUE
11 Nilda	HERRERO GARCÍA
12 Rosa	GUILLÉN COBOS

1–2 ¿Dónde (*where*) se habla español?

Di (*say*) nombres de países donde se habla español.

Ahora mira el mapa de la página 2 y lee (*read*) la información. ¿Dónde se habla español?

EJEMPLO:

En Argentina.

1–3 ¿Dónde se habla español en Estados Unidos?

Mira el mapa. ¿En qué estados hay (*are there*) muchos hispanohablantes?

Mira el gráfico y di (*say*) cuál es el porcentaje de hispanohablantes.

EJEMPLO:

E1: En California, treinta y uno, coma, nueve por ciento (31,9%).
E2: En Texas, dieciocho, coma, nueve por ciento (18,9%).

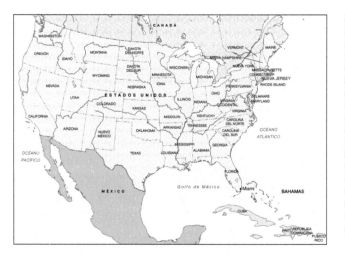

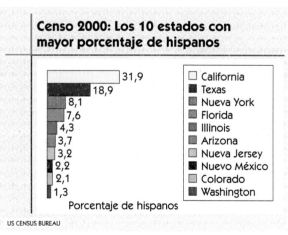

Censo 2000: Los 10 estados con mayor porcentaje de hispanos

31,9	☐ California
18,9	■ Texas
8,1	▨ Nueva York
7,6	▨ Florida
4,3	▨ Illinois
3,7	▨ Arizona
3,2	☐ Nueva Jersey
2,2	■ Nuevo México
2,1	▨ Colorado
1,3	■ Washington

Porcentaje de hispanos

US CENSUS BUREAU

Información para la actividad 1–1
En la audición aparecen una serie de recursos discursivos muy frecuentes en la lengua oral (*Soy yo, sí, perdona, ¿cómo?, bueno, gracias, de nada, a ver...*). Sin embargo, los estudiantes no necesitan reflexionar sobre ellos para poder realizar la actividad, que simplemente requiere la identificación de nombres en español. Usted puede encontrar las transcripciones de los ejercicios de audio en las páginas AS-2–AS-24 de este libro.

Respuestas para la actividad 1–1
No están María Rosa Rodríguez Prado ni Nilda Herrero García.

Sugerencias/expansión para la actividad 1–1
Puede comentar la existencia de dos apellidos en una buena parte de la cultura hispana y el uso que de ellos se hace: en general, se usa el apellido paterno (el primero) para la mayoría de las situaciones de la vida cotidiana y los dos apellidos (el paterno y el materno) para cualquier cuestión administrativa. Además, algunos hispanohablantes con un primer apellido muy frecuente (Pérez, García, etc.) usan los dos siempre.

Puede comentar asimismo la importancia de la sílaba tónica: Valle - Vallés (un estudiante que se llama Vallés corrige a la profesora que ha leído Valle y añade: *con ese al final*).

Información para la actividad 1–2
Este ejercicio permite al estudiante practicar la pronunciación y la ortografía. Al mismo tiempo, lo familiariza con los nombres en español de los países y las áreas hispanohablantes. Ayude a sus estudiantes a comprender la información escrita incluida en el mapa.

Información para la actividad 1–3
El *input* en forma de mapas o gráficos es fundamental en el inicio del proceso de aprendizaje. Ayude a los estudiantes con los números que aún no conocen.

Sugerencias/expansión para la actividad 1–4
En la columna de vocabulario hay varias palabras que suelen ser de fácil comprensión: los monumentos, la política, la música. Anime a sus estudiantes a enfrentarse al aprendizaje del español con imaginación y sin miedo al riesgo; hágales tomar conciencia de que no parten de cero y de que, sin saberlo, ya saben muchas cosas del español. Aquí usted o los estudiantes pueden proponer otras palabras del español y del inglés que son muy similares o idénticas, a veces con distinta pronunciación: (el) taxi, (el) supermercado, (la) plaza, (el) bar, (el) mapa, (el) teléfono, etc. Usted las escribe en la pizarra y al final comparte con toda la clase la pronunciación y el significado adecuados. El objetivo principal de esta variación de la actividad es reforzar la confianza de los estudiantes en su conocimiento previo de vocabulario del español.

Foto 1. El Gran Combo de Puerto Rico, famoso grupo de salsa.
Foto 2. Carnaval de Ponce, Puerto Rico.
Foto 3. Plaza Mayor de Ponce, Puerto Rico.
Foto 4. Arroz con habichuelas, plato típico de Puerto Rico.
Foto 5. Fuerte San Felipe del Morro, San Juan, Puerto Rico.
Foto 6. Isla Culebra, Puerto Rico.
Foto 7. Calle en San Juan, Puerto Rico.
Foto 8. Catarata en el Parque Nacional Yunque, Puerto Rico.
Foto 9. Estatua de Colón en la Plaza de Colón del Viejo San Juan, Puerto Rico.

Información sobre la actividad 1–5
Esta actividad de producción enlaza con la anterior ya que los estudiantes podrán usar muchas de las palabras que han acumulado en la lista de la pizarra.

Sugerencias/expansión para la actividad 1–5
Después de unas cuantas preguntas dirigidas a la clase, usted puede pedir a los estudiantes que, en círculo, se hagan la misma pregunta. Mientras tanto, puede tomar notas en la pizarra para al final establecer una lista de preferencias comunes en la clase.

Información sobre la actividad 1–6
Puede explicar (en inglés) el concepto de festival de música y de la votación.

VOCABULARIO EN CONTEXTO

01-01 to 01-10

1–4 En Puerto Rico

Mira las fotos de Puerto Rico, estado asociado (*commonwealth*) de Estados Unidos. Lee la lista de temas (*topics*). Relaciona los temas con las fotos.

a. la playa
b. los monumentos
c. la política
d. las tradiciones
e. la comida
f. la música
g. la ciudad
h. las fiestas populares
i. la naturaleza

EJEMPLO:
La cuatro, comida

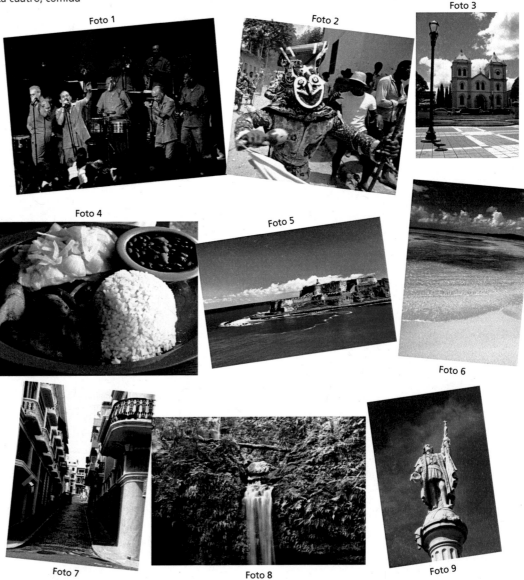

Foto 1

Foto 2

Foto 3

Foto 4

Foto 5

Foto 6

Foto 7

Foto 8

Foto 9

Ahora relaciona estas palabras con las fotos.

la diversión (*fun*)
las vacaciones (*vacation*)
los viajes (*trips*)
los bailes (*dances*)

el paisaje (*landscape*)
la cultura (*culture*)
la historia (*history*)
los deportes (*sports*)

1–5 ¿Y tú?

¿Qué quieres conocer (*what do you want to know*) de Puerto Rico?

EJEMPLO:

Yo, las playas y la comida.

 ### 1–6 El español en el mundo

La televisión transmite el "Festival (*contest*) de la Canción Hispana". Participan países hispanohablantes. En este momento vota Argentina.

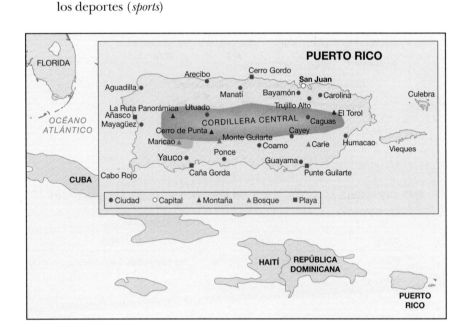

¿Cuántos puntos da Argentina (*does Argentina give*) a cada (*each*) país? Escribe la información en la pantalla (*screen*).

Cierra (*close*) el libro y di (*say*) en español el nombre de cinco países hispanohablantes.

 ### 1–7 Uno, dos, tres, cuatro, cinco...

Lee (*read*) un número de teléfono. Tu compañero/a (*classmate*) tiene que identificar quién es.

EJEMPLO:

E1: Tres, seis, cinco, cero, cero, ocho.
E2: Pérez Pérez, V.

Pérez Fernández, C. - Pl. de las Gardenias, 7	36 5501
Pérez Medina, M.E. - Río Tajo, 9	38 7925
Pérez Montes, J.L. - García Lorca, 5	31 3346
Pérez Moreno, F. - Fernán González, 16	39 4321
Pérez Nieto, R. - Pl. Santa Teresa, 12-14	30 3698
Pérez Ordóñez, A. - Pl. Independencia, 2	37 4512
Pérez Pérez, S. - Puente de Toledo, 4	34 4329
Pérez Pérez, V. - Galileo, 4	36 5008
Pérez Pescador, J. - Av. del Pino, 3-7	33 0963
Pérez Pico, L. - Av. Soria, 11	35 7590

Respuestas para la actividad 1–6

Bolivia: 3 Colombia: 5 Chile: 9 Cuba: 2
España: 1 Guinea Honduras: 8 Panamá: 7
         Ecuatorial: 6
Paraguay: 4 República Uruguay: 10
         Dominicana: 9

Se supone que los países que no se nombran no han conseguido ningún punto. Presente aquí la construcción "cero puntos". Contraste entre "un punto/uno": para los países con 1 punto, los estudiantes oirán "un punto". Introduzca el término "uno" para la corrección.

Sugerencias/expansión para la actividad 1–6

Para practicar la pronunciación y potenciar la adquisición de este vocabulario, se sugiere el conocido juego del "ahorcado": se marcan varias líneas (una para cada letra del nombre de un país) y sobre una de las líneas se escribe una letra. Los estudiantes tienen que adivinar de qué país se trata. Si nadie puede reconocerlo, se añade otra letra encima de otra línea.

Información para la actividad 1–7

Esta imagen procede de un listado o guía de teléfonos, en donde se encuentra información sobre los apellidos e iniciales de los usuarios, sus direcciones postales y sus teléfonos. A los estudiantes podría interesarles saber el significado de las abreviaturas que aparecen en las direcciones postales, como plaza (Pl.) o avenida (Av.). Fíjese en que en este juego proponemos que los estudiantes lean los números de teléfono de cifra en cifra, aunque lo habitual es agruparlos de dos en dos o de tres en tres.

La actividad se realiza en dos fases:
a. Uno elige un número al azar y lo lee en voz alta.
b. El otro debe asegurarse de que lo ha entendido (mejor si lo anota por escrito y luego lo repite en voz alta, para comprobarlo). Debe encontrarlo y leer los apellidos correspondientes.

Sugerencias/expansión para la actividad 1–7

Puede trabajar con toda la clase proponiendo el siguiente concurso: usted lee, con relativa soltura y rapidez, cinco números de teléfono, elegidos al azar. Los estudiantes deberán identificarlos escribiendo sólo la letra inicial del nombre. Gana el que más números acierte.
P: *37 4512.*
E1: *(Anota la inicial del nombre de Pérez Ordóñez) A.*

01-11 to 01-28

EL NOMBRE

LLAMARSE

me	llamo	nos	llamamos
te	llamas	os	llamáis
se	llama	se	llaman

SER: EL PRESENTE

(yo)	soy
(tú)	eres
(él, ella, usted)	es
(nosotros, nosotras)	somos
(vosotros, vosotras)	sois
(ellos, ellas, ustedes)	son

EL *GÉNERO* Y EL *NÚMERO*: ARTÍCULOS

	masculino	femenino
singular	el	la
	el país	la ciudad
plural	los	las
	los países	las ciudades

EL *GÉNERO* Y EL *NÚMERO*: DEMOSTRATIVOS

	masculino	femenino
singular	este	esta
	este país	esta ciudad
	éste es Juan	ésta es María
plural	estos	estas
	estos países	estas ciudades
	éstos son mis amigos	éstas son mis amigas

esto
Esto es Chile.

📖 GRAMÁTICA EN CONTEXTO

1–8 ¿Qué país es?

Un/a estudiante deletrea (*spells*) el código de aeropuerto (*airport code*) de un país. La clase tiene que adivinar (*guess*) el nombre del país.

EJEMPLO:

E1: A, R
E2: ¡Argentina!

🍦🍦 1–9 ¿Qué aspectos son / no son interesantes para ustedes (*for you*)?

PAÍS	SÍ	NO
España	la música el deporte	las ciudades los monumentos
México		
Costa Rica		
Argentina		
Cuba		

EJEMPLO:

E1: España… la música y los monumentos.
E2: Y el vino y la comida.
E1: La comida sí, el vino no.

Compartan (*share*) la información con la clase.

🔊 1–10 Las fotos

Una chica muestra (*shows*) las fotos de un viaje a su amigo. Identifica las fotos. Presta atención a los pronombres **éste**, **ésta**, **éstos** y **éstas**.

🍦🍦 1–11 Famosos

Éstos son actores y cantantes (*singers*) hispanohablantes famosos en Estados Unidos. ¿Quiénes son?

PARA LA CLASE

¿Cómo se escribe?

¿Se escribe con hache / be / ve chica...?

¿Cómo se dice... en español?

¿Cómo se pronuncia...?

¿Qué significa... en español?

EL ALFABETO

a	b[1]	c
a	be	ce
d	e	f
de	e	efe
g	h	i
ge	hache	i
j	k	l
jota	ka	ele
m	n	ñ
eme	ene	eñe
o	p	q
o	pe	cu
r	s	t
ere/erre	ese	te
u	v[2]	w[3]
u	ve (be) chica	doble ve (be)
x	y	z
equis	i griega	zeta

Yo soy la a.

Yo soy la zeta.

[1] In some countries it is called be grande or be alta.

[2] In some countries it is called ve (be) pequeña. In Spain it is called uve.

[3] In Spain it is called uve doble.

1

2

3

4

5

6

Enrique Iglesias   Shakira   Juanes
Penélope Cruz   Javier Bardem   Gael García Bernal

EJEMPLO:

E1: ¿Quién **es éste**?

E2: **Éste es** Enrique Iglesias, ¿no?

¿Conoces (*do you know*) a otros hispanohablantes famosos?

1–12 Geografía

Localicen (*locate*) en el mapa estos países.

EJEMPLO:

E1: **Esto es** Perú.

E2: ¿Perú? No, **esto es** Colombia.

CHILE
ARGENTINA
PERÚ
MÉXICO
VENEZUELA
URUGUAY
COLOMBIA
CUBA

01-29 to
01-31

📖 **INTERACCIONES**

**Información para
la actividad 1–13**
El objetivo de este ejercicio es
poner en práctica las estrategias
de comunicación. Indique a los
estudiantes que es mejor aprender
este tipo de frases como
"fórmulas" que tendrán que usar
constantemente durante el proceso
de aprendizaje en el aula.

**Sugerencias/expansión
para la actividad 1–13**
Puede pedirles a los estudiantes
que usen palabras de campos
léxicos específicos, como por
ejemplo del espacio del aula o de
la universidad, de la casa, etc.

**Información para la
actividad 1–14**
Note que esta actividad de
producción representa la primera
conversación con varios turnos de
pregunta-respuesta en la que sus
estudiantes participan. El instructor
debe esperar errores en las
actividades de producción. Al
mismo tiempo, se les debe recordar
a los estudiantes que los errores
forman parte del proceso de
aprendizaje, especialmente en
actividades de producción donde el
propósito es la comunicación y el
intercambio de información.
Recomiéndeles que usen además
las estrategias de comunicación:
¿Cómo se escribe? ¿Se escribe con
be *o con* ve chica*?*, etc.

**Sugerencias/expansión para la
actividad 1–14**
Ofrezca *feedback* implícito cuando
los estudiantes den información
sobre sus compañeros: *¿El me
llama John?* Este *feedback* requiere
que el/la estudiante (y el resto de
la clase) reflexione y reformule su
output de una manera productiva.

**Información para la
actividad 1–15**
El foco de la producción es, de
nuevo, el uso de *esto*.

**Respuestas para la
actividad 1–15**
Foto 1: Machu Picchu (Perú)
Foto 2: Isla de Pascua (Chile)
Foto 3: Lago Atitlán (Guatemala)
Foto 4: Alhambra de Granada
   (España)
Foto 5: Chichén-Itzá (México)
Foto 6: Islas Galápagos (Ecuador)

ESTRATEGIAS PARA LA COMUNICACIÓN ORAL

Useful expressions for the class

In this class you will develop several communication strategies in Spanish. The first one is to be able to deal with classroom events and activities. There are several expressions you need to learn in order to communicate more effectively with your instructor and your classmates. You should learn these expressions as "chunks" of language rather than trying to break them down. This is an excellent way to increase your oral communication abilities.

• *¿Cómo se dice "nature" en español?*	How do you say "nature" in Spanish?
• *¿Qué significa "etiqueta"?*	What does *etiqueta* mean?
• *¿Cómo se escribe "gracias"?*	How do you spell *gracias*?
• *¿"Hola" se escribe con h?*	Do you write *hola* with an h?
• *Tengo una pregunta.*	I have a question.
• *¿Puedes repetir, por favor?*	Can you repeat that, please?
• *Más despacio, por favor.*	Slower, please.
• *No entiendo.*	I don't understand.
• *Gracias.*	Thanks/thank you.

1–13 Preguntas (*questions*) en clase

Escribe en el cuadro (*chart*) nueve palabras.

	TRES PALABRAS
No sé qué significa	
No sé cómo se dice en español	
No sé cómo se escribe en español	

Ahora pregunta a tu profesor/a.

EJEMPLO:

E1: ¿Cómo se dice "@" en español?
E2: Se dice "arroba".

👥 **1–14 Para conocer a la clase**

Entrevista (*interview*) a un/a compañero/a de clase y escribe el nombre, el apellido, el número de teléfono y el correo electrónico.

EJEMPLO:

E1: ¿Cómo te llamas?
E2: Tim.
E1: ¿Y cuál es tu apellido?
E2: Brown.

┤ AYUDA ├

- ¿Cuál es tu número de teléfono?
- (Es el) 916 3445624, y el celular,
  606 5463329

- ¿Tienes correo electrónico?
- Sí, mi dirección es luigi3@melo.net

Ahora presenta (*introduce*) a tu compañero/a a la clase.

1–15 Lugares fascinantes del mundo hispanohablante.

Asocien las fotos con los nombres.

- Machu Picchu, Perú
- Isla de Pascua, Chile
- Lago Atitlán, Guatemala
- Alhambra de Granada, España
- Chichen Itza, México
- Islas Galápagos, Ecuador

EJEMPLO:

E1: ¿Qué es **esto**?
E2: **Esto es** Machu Picchu en Perú.

 1–16 Las fotos de mi viaje (*trip*)

Muestra (*show*) las fotos de un viaje a tu compañero/a. Identifica los lugares (*places*) y la gente.

EJEMPLO:

E1: **Esto** es Chile, y **ésta** soy yo.
E2: ¿Y **éste**?
E1: **Éste** es mi amigo, Horacio.

 1–17 Situaciones: *En el extranjero (abroad)*

Two international students have just arrived in Puerto Rico to study Spanish. They are now in the registration office, and they need to give their personal information to the secretary.

ESTUDIANTE A

You are the secretary in the registration office. You need to obtain this information from two students who just arrived.

Nombre
Apellido
Ciudad y país
Teléfono
Correo electrónico

ESTUDIANTE B

You are Terry Aki, a student from Cheesequake, New Jersey. Answer the questions posed by the secretary.

ESTUDIANTE C

You are Crystal Chanda-Leir, a student from Penetanguishine, Canada. Answer the secretary's questions.

Sugerencias/expansión para la actividad 1–15
Usted puede trabajar el contraste pronombre/adjetivo usando las fotos. A la hora de comentar las fotos, proporcione *input* a sus estudiantes del tipo: *Estas islas son muy bonitas, **Este** monumento es muy famoso*.

Información para la actividad 1–16
Esta actividad es muy significativa para los estudiantes ya que requiere que compartan información personal. Recuerde que el enfoque en el contenido puede derivar en errores en la forma (los demostrativos). Facilite *feedback* implícito: ¿**Esto** es mi amigo? para corregir.

Información para la actividad 1–17
Las actividades de *role-play* o situaciones están diseñadas de modo que cada estudiante lea la descripción general de la situación y la ficha con su papel. Esta información se ofrece en la lengua nativa de los estudiantes para facilitar el proceso cognitivo: nos interesa la producción en español, no la comprensión de unas instrucciones que, en este momento del proceso de aprendizaje, ofrecería un obstáculo. Encontrará una actividad *role-play* al final de cada sección Interacciones.

Note que esta actividad ofrece un reto aún mayor al estudiante que las anteriores: asegúrese de que hay un equilibrio adecuado entre la corrección y la fluidez (es decir, no corrija todos los errores, sino aquellos que tienen que ver con puntos básicos de la lección). Decida cuándo interrumpir para corregir (con *feedback* implícito) y cuándo es mejor esperar al final.

Sugerencias/expansión para la actividad 1–17
Recuerde que en los diálogos que se establecen en la oficina van a producirse muchas de las preguntas que tenemos en el recuadro anterior sobre estrategias en la comunicación oral.

Tarea
Recuerde que una tarea (*task*) es un proyecto colaborativo con un producto final observable. Requiere tomar decisiones y llegar a un acuerdo. El objetivo es reforzar la comprensión, producción y aplicación de los contenidos en un contexto auténtico de comunicación (o en un contexto semi-auténtico, pero donde el comportamiento lingüístico requerido en dicho contexto comunicativo se corresponda con tareas típicas del mundo real).

Cada profesor/a puede optar por variar ligeramente las instrucciones para cada uno de los pasos en la Tarea, o facilitar ejemplos más o menos detallados para las respuestas. En este sentido, los autores de *Gente* prefieren conceder un margen apropiado de libertad creativa y pedagógica de acuerdo a las características, intereses y necesidades de cada clase.

Tenga en cuenta la importancia del producto final (*report*). Es la fase de la tarea donde los estudiantes prestan más atención a la corrección lingüística (la forma gramatical, el uso adecuado del léxico).

TAREA  Gente en acción

Elegir un país hispanohablante para el viaje de fin de curso (*end-of-year trip*).

PREPARACIÓN

La clase se divide en grupos. Cada grupo elige (*chooses*) un representante.

ARGENTINA	FILIPINAS	PERÚ
BOLIVIA	GUATEMALA	PUERTO RICO
COLOMBIA	GUINEA ECUATORIAL	REPÚBLICA DOMINICANA
COSTA RICA	HONDURAS	EL SALVADOR
CUBA	MÉXICO	URUGUAY
CHILE	NICARAGUA	VENEZUELA
ECUADOR	PANAMÁ	
ESPAÑA	PARAGUAY	

┤ **AYUDA** ├

11 once
12 doce
13 trece
14 catorce
15 quince
16 dieciséis
17 diecisiete
18 dieciocho
19 diecinueve
20 veinte

Identifiquen en el mapa los países hispanohablantes.

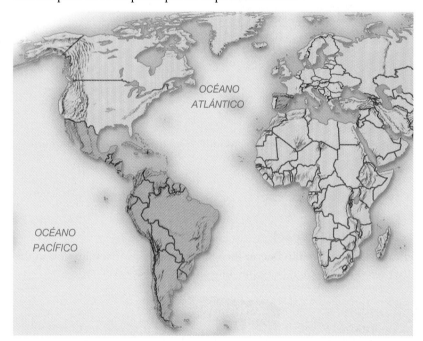

Paso 1 Completa este cuadro individualmente. Elige tres países. ¿Qué conoces? ¿Qué quieres conocer?

PAÍS	CONOZCO... (*I KNOW...*)	QUIERO CONOCER... (*I WANT TO KNOW...*)
3 puntos: _____		
2 puntos: _____		
1 punto: _____		

Foco lingüístico
El objetivo del Foco lingüístico es ofrecer a los estudiantes la oportunidad de sentirse aún más responsables de su propio proceso de aprendizaje mediante una reflexión sobre los diferentes contenidos de la Tarea y la lección en general. En este proceso, usted debería adoptar un papel de facilitador de la reflexión, nunca de evaluador de conocimiento.

En ningún caso se les exige a los estudiantes entrar en complicadas discusiones metalingüísticas sobre los contenidos de la lección a estas alturas de su aprendizaje, pero de haber una discusión metalingüística debería ser en la lengua nativa de ellos.

Paso 2 En grupo, sumen (*add*) los puntos. Escriban los dos países con más puntos.

País 1: _____   País 2: _____

Paso 3 Escriban un informe (*report*). Usen el vocabulario de la lección.

El país más interesante es _____ . La capital es _____ . Nosotros

conocemos un poco (*a little bit*) _____

pero queremos conocer (*we want to know*) _____

El país número dos es _____ . La capital es _____ .

Conocemos _____ pero queremos conocer _____ .

Paso 4 El representante presenta el informe a la clase.

Paso 5 Los grupos y el/la profesor/a comparan y suman los resultados para elegir el país para el viaje de fin de curso.

Paso 6 Foco lingüístico

How difficult or easy was it? Complete this chart. Mark the level of difficulty with a ✓.

Gramática					
Vocabulario					
Pronunciación					
Lectura					
Comprensión					
Escritura					
Contenidos culturales					

Review these aspects with the help of your teacher.

NUESTRA GENTE

01-32 to
01-33

GENTE QUE LEE

ESTRATEGIAS PARA LEER

Predicting content

You can read more Spanish than you think! By observing the overall format of a text, including the layout, titles, and subtitles, as well as any accompanying photographs, graphics, maps, tables, or charts, you can generally derive information about the topic, the type of text, the purpose, or the audience. Finally, your knowledge of the world allows you to form hypotheses and make predictions about what you are going to read.

The title of a text can help you anticipate the topic. Subtitles are used to organize information in the text. They tell you the type of information you will find and the order in which it will be presented. Before beginning to read a text, spend a couple of minutes thinking about the title and identifying the subtitles. If you use this technique, you will soon realize you understand more about the text than you thought you did!

ANTES DE LEER

1–18 Los hispanos en Estados Unidos.

¿Verdadero (*true*) (V) o falso (F)?

V   F   NO SÉ

___ ___ ___   1. La mitad (*half*) del total de los hispanos vive en dos estados: California y Texas.

___ ___ ___   2. El porcentaje más alto (*highest*) de población hispana está en el sur de Estados Unidos.

___ ___ ___   3. El número de hispanos del estado de Nueva York es de casi (*almost*) el 20%.

___ ___ ___   4. Washington es el estado con menos (*least*) porcentaje de hispanos de todo el país.

___ ___ ___   5. El estado de Texas tiene el segundo (*second*) porcentaje más alto de población hispana.

1–19 Activando estrategias

1. Mira el título y los subtítulos del texto. ¿Qué información contienen?

☐ Información sobre México

☐ Información sobre los hispanos en Estados Unidos

☐ Información demográfica

☐ Información geográfica

☐ Información económica

☐ Información sobre las causas de un fenómeno

☐ Información científica

2. Ahora observa el mapa. ¿Qué nueva información te ofrece (*does it offer you*)?

A LEER

LOS HISPANOS: PRIMERA MINORÍA DE ESTADOS UNIDOS

Un informe publicado por la Oficina del Censo de Estados Unidos confirma dos tendencias[1]: los hispanos son la primera minoría de Estados Unidos, la más joven y la que crece[2] a un ritmo más acelerado. Los hispanos suman ya más de 45 millones y medio de personas. Esto representa el 15% del total de la población del país. Los nuevos datos de la Oficina del Censo revelan también que una de cada dos personas que nacieron[3] o llegaron[4] a Estados Unidos entre julio de 2006 y julio de 2007 es de origen hispano. Es decir[5], la mitad de la población "nueva", por nacimiento[6] o por

inmigración, viene de padres latinos o de un país latinoamericano. También el informe dice que uno de cada cuatro niños en Estados Unidos es hispano.

Causas

El crecimiento de la población hispana se debe a su mayor tasa de natalidad[7]: desde 1990, la población hispana ha crecido[8] un 38%, pero la población total de Estados Unidos ha crecido solamente un 4%. Otra causa es la inmigración: una cuarta parte de los hispanos que viven en Estados Unidos no son residentes legales.

Zonas geográficas

Más del 50% de la población hispana se concentra en Texas, California y Nueva York, pero en los últimos años ha habido[9] una gran emigración de hispanos a ciudades del sur, el medio oeste y las llanuras[10] centrales.

Expectativas

Si la tendencia se mantiene, la Oficina del Censo calcula que en 2050 los hispanos van a ser[11] la cuarta parte de la población total del país.

[1] trends
[2] grows
[3] were born
[4] arrived
[5] in other words
[6] birth
[7] birth rate
[8] has grown
[9] there has been
[10] plains
[11] will be

DESPUÉS DE LEER

1-20 ¿Comprendes?

1. ¿Qué porcentaje de la población total de Estados Unidos es hispana?
   a. 45%　　　b. 15%　　　c. 25%

2. ¿Qué porcentaje de la población nueva de Estados Unidos es hispana?
   a. 15%　　　b. 50%　　　c. 25%

3. Di (*say*) dos causas del crecimiento de la población hispana.

1-21 Expansión

¿Y en tu ciudad? Describe la presencia de población hispana en tu ciudad, estado o país.

4. ¿Verdadero o falso?
   a. El 40% de los niños en Estados Unidos es hispano.
   b. Hay muy pocos hispanos en el medio oeste.
   c. La tasa de hispanos va a subir (*will increase*) en los próximos años.

01-34 to
01-37

GENTE QUE ESCRIBE

ESTRATEGIAS PARA ESCRIBIR

Writing as a process

The process of writing a text in Spanish will be more manageable if you follow these steps (Pasos). We will examine them more closely in the following lessons.

Paso 1 Consider the topic, the purpose of your writing, and your intended audience. Then brainstorm to generate ideas. The information must be directly related to the purpose and relevant for your audience.

1–22 Writing Task

You are studying abroad in a Spanish-speaking country. You would like to meet a Spanish-speaking student in order to practice the language and learn more about the culture. The online student newspaper has a section where you can post an ad.   Here is your **purpose** and **audience**.

You will want to include personal information, interests, contact information, and reasons why you want this exchange.   Here is the **information** you may want to include.

Paso 2 Write an outline to decide the order in which you will present your information.

– Saludo (greeting)   – Información personal   – Intereses   – Razones   Here is your outline.

Paso 3 Write a first draft using your outline.

Paso 4 Edit the **content**. Make sure it is relevant to the topic and is well developed.

Paso 5 Edit the **organization**. Make sure your text is well organized and has a logical sequence. Use connectors (see Beyond the Sentence). Make all necessary changes.

Paso 6 Check the **grammar**. Are you using grammatical structures from the current lesson or from previous ones? Correct common grammatical errors, such as subject-verb agreement, noun-adjective agreement, verb conjugations and tenses, and pronouns.

Paso 7 Check the **vocabulary**. Make sure the words you are using express your intended meaning. Use words from this lesson.

Paso 8 Check **spelling**, **punctuation**, **capitalization**, and **accent marks**.

MÁS ALLÁ DE LA FRASE (*BEYOND THE SENTENCE*)

Basic sentence connectors

A random collection of sentences rarely constitutes a text. In order to go beyond the sentence level, you need mechanisms to give cohesion to your text.

- **y** (*and*)   Enrique Iglesias es de España, **y** Ricky Martin es de Puerto Rico.
- **pero** (*but*)   La población hispana ha crecido mucho, **pero** la anglosajona no.
- **porque** (*because*)   Quiero visitar España **porque** me interesa la cultura.
- **también** (*also*)   Los hispanos se concentran en Nueva York y Texas; **también** en Florida.

COMPARACIONES

1–23 La herencia hispana en Estados Unidos

Describe las fotos. ¿Qué te sugieren? ¿Qué lugares quieres visitar? ¿Por qué?

1–24 Conoce más de Puerto Rico

Lee este texto y después responde a las preguntas.

Puerto Rico forma parte de un archipiélago al este del mar Caribe. Es un Estado Libre Asociado (ELA) de Estados Unidos, conocido como *Commonwealth of Puerto Rico*, Puerto Rico tiene autonomía política y los puertorriqueños son ciudadanos de Estados Unidos con los mismos derechos que el resto, excepto que no pueden votar en las elecciones presidenciales.

La población de Puerto Rico se compone mayoritariamente de criollos (descendientes de españoles y otros europeos), una población amerindia casi extinguida, negros africanos y una pequeña minoría asiática. Las investigaciones recientes demuestran que muchos puertorriqueños son mulatos con vestigios amerindios taínos en grados variables. Después están los descendientes de los negros africanos traídos a la isla como esclavos durante la conquista. Finalmente, la minoría asiática (alrededor del 1% de la población) proviene de China y Japón.

1. Marca qué tipo de información ofrece este texto.

☐ histórica ☐ lingüística ☐ económica ☐ política
☐ geográfica ☐ étnica ☐ social ☐ artística

2. Identifica estas palabras en el texto: *amerindio, criollo, mulato, taíno.* Lee las definiciones y relaciona cada definición con la palabra correspondiente.

   1. Persona nacida en la América Latina colonial, descendiente de inmigrantes de Europa.
   2. Miembro de una cultura prehispánica de Puerto Rico.
   3. Persona de cualquiera (*any*) de los pueblos nativos de América.
   4. Persona con mezcla de las razas negra y blanca.

3. Compara la situación de un ciudadano estadounidense con la de un puertorriqueño. Usa estos conceptos.

   el autogobierno   el ciudadano   el/la representante del Congreso
   el voto   la constitución la lengua

CULTURA

Los puertorriqueños en Estados Unidos son el segundo grupo hispano más grande. Hay más de cuatro millones de puertorriqueños en Estados Unidos. La comunidad más grande está en la ciudad de Nueva York. Hay muchos puertorriqueños notables en Estados Unidos, por ejemplo los cantantes Marc Anthony y Jennifer López, la jueza del Tribunal Supremo Sonia Sotomayor y el diseñador Óscar de la Renta.

Información para la actividad 1–23
El objetivo de Comparaciones es que los estudiantes adquieran una conciencia cultural del mundo hispanohablante a través de algunos de sus productos culturales, incluyendo productos de Estados Unidos, para compararlos entre sí.

Las fotos tratan de fomentar la reflexión sobre el pasado hispano de Estados Unidos.

Foto 1: Misión del Álamo en San Antonio, Texas. La Batalla de El Álamo en 1836 enfrentó al ejército de México contra una milicia de secesionistas texanos.
Foto 2: Castillo de San Marcos, que resguardaba San Agustín, primera ciudad europea en Estados Unidos, fundada por españoles.
Foto 3: Costa de la ciudad de Miami donde se concentra un alto índice de población hispana.
Foto 4: Hispanos durante la campaña de Barak Obama.

Información para la actividad 1–24
Los objetivos son (a) la reflexión sobre la composición étnica de Puerto Rico y, por extensión, de América, y (b) comparar y contrastar la situación de Puerto Rico con la del resto de Estados Unidos.

Respuestas para la actividad 1–24

1. Histórica, geográfica, política, étnica, social.
2. 1. Criollo 2. Taíno
   3. Amerindio 4. Mulato

Sugerencias/expansión para la actividad 1–24
Pida a los estudiantes que reflexionen sobre la composición étnica de su país, y sobre los siguientes puntos: *¿Es Puerto Rico una nación? ¿Pueden votar los puertorriqueños en las elecciones de Estados Unidos? ¿Tienen representantes en el Congreso y/o Senado?* etc.

Información para Cultura
Las notas culturales sobre los hispanos/latinos en Estados Unidos. Son pequeñas "pinceladas" para desarrollar en los estudiantes una conciencia del mundo hispanohablante que le rodea en su propio país y del impacto de este grupo en el conjunto de Estados Unidos.

 VOCABULARIO

Los números (Numbers)

uno	*one*
dos	*two*
tres	*three*
cuatro	*four*
cinco	*five*
seis	*six*
siete	*seven*
ocho	*eight*
nueve	*nine*
diez	*ten*
once	*eleven*
doce	*twelve*
trece	*thirteen*
catorce	*fourteen*
quince	*fifteen*
dieciséis	*sixteen*
diecisiete	*seventeen*
dieciocho	*eighteen*
diecinueve	*nineteen*
veinte	*twenty*

Los intereses (Hobbies)

el baile	*dance*
el cine	*movies*
la comida	*food*
la cultura	*culture*
el deporte	*sport*
la fiesta	*festivity/party*
la fotografía	*picture*
la gente	*people*
la historia	*history*
el idioma	*language*
la naturaleza	*nature*
las noticias	*news*
la política	*politics*
el tema	*topic*
la tradición	*tradition*
el viaje	*trip*

La geografía (Geography)

la ciudad	*city*
el estado	*state*
el habitante	*inhabitant*
la montaña	*mountain*
el mundo	*world*
el país	*country*
el paisaje	*landscape*
la playa	*beach*
la población	*population*

Adjetivos (Adjectives)

aburrido/a	*boring*
bonito/a	*beautiful*
difícil	*difficult*
divertido/a	*fun*
fácil	*easy*
grande	*big*
interesante	*interesting*
pequeño/a	*small*
verdadero/a	*true*

Para la clase (For the classroom)

el apellido	*last name*
el/la compañero/a de clase	*classmate*
la cosa	*thing*
el grupo	*group*
el nombre	*first name*
la pareja	*pair*
la pregunta	*question*
la respuesta	*answer*
la tarea	*task/homework*
el teléfono	*phone*
el trabajo	*work*

Verbos (Verbs)

adivinar	*to guess*
aprender	*to learn*
buscar	*to look for*
conocer (zc)	*to know / to be familiar with*
escribir	*to write*
escuchar	*to listen*
estudiar	*to study*
hablar	*to speak*
leer	*to read*
mirar	*to look*
participar	*to participate*
querer (ie)	*to want*
saber (irreg.)	*to know (a fact)*
ser (irreg.)	*to be*
tener (ie)	*to have*
trabajar	*to work*

CONSULTORIO GRAMATICAL

1 Present Tense of the Verbs *Ser* and *Llamarse*

	SER	LLAMARSE
(yo)	soy	me llamo
(tú)	eres	te llamas
(él, ella, usted)	es	se llama
(nosotros/as)	somos	nos llamamos
(vosotros/as)	sois	os llamáis
(ellos, ellas, ustedes)	son	se llaman

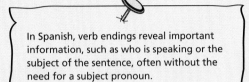

In Spanish, verb endings reveal important information, such as who is speaking or the subject of the sentence, often without the need for a subject pronoun.

La identificación personal

● **¿Cómo te llamas? / ¿Cómo se llama usted?**   —*What is your name? / What is your name?* (formal)

○ **Me llamo** Gerardo y soy español, de Madrid.   —*My name is Gerardo, and I am from Spain, from Madrid.*
    Soy Gerardo.   *I am Gerardo.*

2 Gender and Number: Articles and Nouns

The word **nombre** means both **name** (**Elena**, **Andrés**, etc.) and **noun**, a grammatical part of speech, such as the words **casa**, **niño**, **lengua**. Nouns are also called **sustantivos** in Spanish. All nouns in Spanish have gender, either masculine or feminine. The article indicates the gender.

MASCULINE	**el** arte, **el** país	*FEMININE*	**la** mesa, **la** política
	los libros		**las** casas

When a feminine noun begins with a stressed **a**, the singular masculine article **el** is used: **el agua** (*the water*), **el arma** (*the arm*), **el alma** (*the soul*).

Generally (but not always), the gender of the noun can be determined from the ending. Nouns that end in **-a** are usually feminine and those that end in **-o** are generally masculine.

    el libr**o**   **la** cas**a**

However, there are many exceptions to the rule.

    la mano   **la** foto   **la** moto   **el** día   **el** mapa

Most nouns that end in **-ma** are masculine.

    el te**ma**   **el** proble**ma**   **el** trau**ma**   **el** sínto**ma**   **el** dra**ma**

There are, however, some important exceptions, such as: **la cama**

Nouns that end in **-ción/-sión**, **-dad**, **-eza**, and **-ura** are feminine.

la conversa**ción**	**la** difu**sión**	**la** felici**dad**	**la** trist**eza**	**la** hermos**ura**
la ciu**dad**	**la** ver**dad**	**la** situa**ción**	**la** vi**sión**	**la** mi**sión**

Unlike English, Spanish has grammatical gender, which means that all nouns are either masculine or feminine. However, the grammatical gender is not necessarily related to the biological gender of the noun, and in inanimate objects it does not follow any particular logic.

Nouns that end in **-ista** refer to professions. They can be masculine or feminine depending on the gender of the person. The ending **-ista** does not change.

    el pian**ista** / **la** pian**ista**   **el** deport**ista** / **la** deport**ista**   **el** art**ista** / **la** art**ista**

All nouns have a singular and a plural form.

NOUNS THAT END IN A VOWEL: -s

libro	libros
casa	casas
día	días

NOUNS THAT END IN A CONSONANT: -es

país	países
ciudad	ciudades
excursión	excursiones

 ¡ATENCIÓN!
Be aware of certain changes in spelling and written accent when forming the plural.

-z ———————→ -ces   voz ———————→ voces

-ción ———————→ -ciones   acción ———————→ acciones

The gender and number of nouns have an impact on the gender and number of other words: adjectives, articles, demonstratives, verbs . . .

Estos libros son muy interesantes.
These books are very interesting.

Esta ciudad es muy interesante.
This city is very interesting.

3 The Alphabet and Pronunciation

A a	F efe	K ka	O o	T te	Y i griega
B be[1]	G ge	L ele	P pe	U u	Z zeta
C ce	H hache	M eme	Q cu	V ve (be) chica[2]	
D de	I i	N ene	R ere/erre	W doble ve (be)[3]	
E e	J jota	Ñ eñe	S ese	X equis	

Letters are feminine in Spanish: la ele, la zeta, la hache...

Pronunciación

The /x/ sound (as in **ge**nte) can be spelled: **ja, je, ji, jo, ju, ge, gi**.

The /g/ sound (as in **G**onzález): **ga, go, gu, güe, güi** (**G**arcía, **G**ómez, Paraguay, **G**utiérrez, sigüenza, lingüista), **gue, gui** (**gue**rra, **Gui**nea).

The /s/ sound (as in **si**ete but also as in **ci**udad o **Z**aragoza): **sa, se, si, so, su, ce, ci, za, zo, zu**.

In Spain, the /s/ sound is pronounced /θ/ in words with the letters z and c as in **Z**aragoza or **ci**udad: **za, zo, zu, ce, ci**.

The /k/ sound (as in **C**olombia): **ca, co, cu, que, qui, ka, ke, ki, ko, ku**.

The /b/ sound (as in **B**olivia, **V**enezuela): **ba, be, bi, bo, bu, va, ve, vi, vo, vu**.

The letter w is pronounced as in English (**w**hisky, **w**eb).

The letter h is always silent in Spanish (**h**ablar, **h**acer).

> 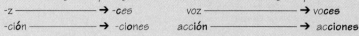 Unlike English, words in Spanish are usually written in a manner that is very consistent with their pronunciation. Once you learn the system, you do not need a dictionary to know how a word is pronounced.

4 Subject Pronouns

1st person	yo	nosotros, nosotras
2nd person	tú	vosotros, vosotros
	usted	ustedes
3rd person	él, ella	ellos, ellas

In Latin America and the United States, the **vosotros/as** form is not used; the **ustedes** form is used for both the formal and informal plural.

> Note that in Spanish five different subject pronouns correspond to the English "you": the informal singular *tú*, the formal singular *usted*, and the formal plural *ustedes*. In Spain, two more subject pronouns are used: the informal masculine plural *vosotros* and the informal feminine plural *vosotras*.
>
> In English we use the pronoun "it" to refer to animals, things, or inanimate objects, but in Spanish there is no single subject pronoun that corresponds to this word.

[1] In some countries it is called be grande or be alta.

[2] In some countries it is called ve pequeña o ve chica. In Spain it is called uve.

[3] In Spain it is called uve doble.

Use of subject pronouns

Personal subject pronouns are not usually necessary in
Spanish. They are used, however, when the speaker:

(a) *wants others to respond (the pronoun appears only
before the first verb in the series):*

- **Yo** soy colombiano, me llamo Ramiro y
estudio español.

○ **Yo,** peruana, me llamo Daniela y estudio
español.

—*I am Colombian, my name is
Ramiro, and (I) study Spanish.*

—*I (am) Peruvian, my name is
Daniela, and (I) study Spanish.*

(b) *refers to more than one person:*

- **Ella** es española y **yo,** cubano.

○ **Yo** me llamo Javier y **él,** Alberto.

—**She** *is Spanish, and* **I** *(am) Cuban.*

—*I am Javier, and* **he** *(is) Alberto.*

(c) *responds to questions about a name. Observe the position of the pronoun:*

- ¿La señora Gutiérrez?

○ Soy **yo.**

- ¿Es **usted** Gracia Enríquez?

○ No, **yo** soy Ester Enríquez.
Gracia es **ella.**

—*Mrs. Gutiérrez?*

—*It's* **me.**

—*Are* **you** *Gracia Enríquez?*

—*No,* **I** *am Ester Enríquez.*
She *is Gracia.*

To talk about things, Spanish has no equivalent for the subject pronoun **it** in English.
- Mira este mapa de Perú. Ø es muy útil.

—*Look at this map of Peru.*
(It) is very useful.

Subject pronouns are generally omitted
in Spanish, unlike in English, since the
form of the Spanish verb indicates the
subject of the sentence.

Yo soy
colombiano.

Yo
también.

Y yo.

5 Demonstrative Adjectives and Pronouns: *Esto; Este/a/os/as*

With a noun:

NEXT TO THE NOUN
este país, **esta** ciudad
estos países, **estas** ciudades

SEPARATED FROM THE NOUN
Éste es mi teléfono.
Ésta es mi ciudad.

With the name of a person:

Éste es Julio.
This *is Julio.*

Éstos son Julio e Iván.
These *are Julio and Iván.*

Ésta es Ana.
This *is Ana.*

Éstos son Ana e Iván.
These *are Ana and Iván.*

Éstas son Ana y Laura.
These *are Ana and Laura.*

With the name of a country or a city:

Esto es Panamá.
This *is Panama.*

To say what something is:

Esto es una foto de mi casa.
This is a picture of my house.

Éste es
mi
teléfono.

Note that the question "What is
this?" in Spanish is *¿Qué es
esto?*, regardless of gender,
because the question sets out to
define something still undefined.

Esto is used to refer to unspecific
objects or things, or to point out
an idea or a concept. *Esto* can
never be used to refer to people.

Información para la actividad 2–1

La sección se abre con seis personajes mexicanos: Mario Molina (ciencia), Carlos Fuentes (literatura), Jorge Ramos (periodismo), Felipe Calderón (política), Lorena Ochoa (deporte) y Julieta Venegas (música), todos muy conocidos en Estados Unidos.

En esta primera fase, cada estudiante trabaja individualmente, escribiendo sus fichas con los datos que tiene en las columnas. Lo importante es que entiendan la información y la asignen a un personaje; acertar o no es secundario.

Respuestas para la actividad 2–1

1. *Mario Molina: 68 años, mexicano, profesor de química, Premio Nobel de química en 1995.*
2. *Carlos Fuentes: 83 años, mexicano, escritor.*
3. *Jorge Ramos: 52 años, mexicano, periodista. Trabaja en Univisión.*
4. *Felipe Calderón: 49 años, mexicano, Presidente de México desde 2006.*
5. *Julieta Venegas: 40 años, méxicoamericana, nacida en California, cantante.*
6. *Lorena Ochoa: 30 años, golfista profesional mexicana, número uno del mundo en su categoría.*

Sugerencias/expansión para la actividad 2–1

Al igual que en el capítulo anterior, al dirigirse a toda la clase usted puede practicar la entonación interrogativa para la comprobación de los datos sobre la profesión, origen y edad de cada persona en las fotos:
E1: *¿Julieta es escritora?*
P: *No, es cantante.*

2–1 ¿Quiénes son?

¿Conoces a estas personas? Describe las fotos y completa las fichas (cards) usando los datos de la página 21.

TAREA

Conocer a un grupo de importantes méxico-americanos en Estados Unidos y organizarlos para una cena (dinner) imaginaria.

NUESTRA GENTE

México
Hispanos/latinos en Estados Unidos

Mario Molina
AP/ Wide World Photos

Carlos Fuentes

Jorge Ramos

Felipe Calderón

Lorena Ochoa

Julieta Venegas

ACERCAMIENTOS

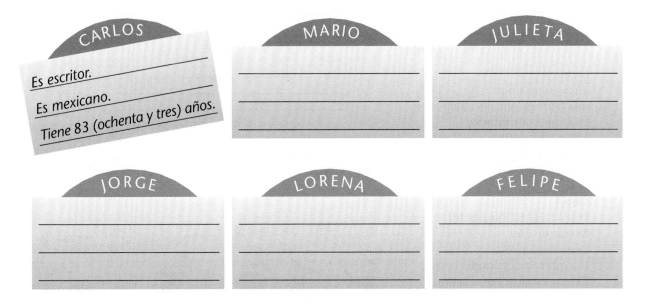

CARLOS

Es escritor.
Es mexicano.
Tiene 83 (ochenta y tres) años.

MARIO

JULIETA

JORGE

LORENA

FELIPE

es profesor/a de química
es jugador/a de golf
es político/a
es periodista
es cantante
es escritor/a

es mexicano/a
es méxico-americano/a

tiene 30 (treinta) años
tiene 40 (cuarenta) años
tiene 68 (sesenta y ocho) años
tiene 83 (ochenta y tres) años
tiene 52 (cincuenta y dos) años
tiene 49 (cuarenta y nueve) años

 Comparen sus datos. Luego, pregunten a su profesor/a si (*if*) son correctos.

EJEMPLO:

E1: Yo **creo que** Jorge es profesor de química.
E2: Yo también **creo que** es profesor.
E3: Yo **creo que no** es profesor… **Creo que** es periodista.

 2–2 ¿De quién (*about whom*) hablan?

1.
• ¡Qué simpático es!
◦ Sí, es una persona **muy** agradable.
• Y **muy** trabajador.
◦ Sí, es cierto. Y **no** es **nada** egoísta…
• No, para nada… Al contrario…

2.
• Es una mujer **muy** inteligente.
◦ Sí, pero es muy tímida…
• Sí, eso sí… Y **un poco** seria…
◦ ¡**Muy** seria…!

¿Hablan de Mario, de Julieta, de Felipe…?

2–3 Atención a la forma

Subraya (*underline*) los adjetivos de las conversaciones en 2–2. Clasifica los adjetivos en masculinos o femeninos.

Ahora observa las expresiones en negrita (*bold*). ¿Qué son? ¿Qué función tienen?

Información para la actividad 2–2
En esta actividad de comprensión auditiva el objetivo es identificar marcadores de género (para saber si hablan de un hombre o de una mujer). Después los estudiantes pueden asignar de forma subjetiva cada conversación a un personaje basándose en el vocabulario (adjetivos) que se usa para describirlos.

Sugerencias/expansión para la actividad 2–2
Al igual que en la actividad anterior, la respuesta se basa en la apreciación subjetiva de los estudiantes. Puede presentarles la forma de expresar dicha apreciación: Yo creo que hablan de…
E1: Yo **creo que** hablan de Julieta.
E2: No, yo **creo que** hablen de Lorena.

Información para la actividad 2–3
Desde sus primeros pasos en el proceso de aprendizaje, se debe animar a los estudiantes a que formulen hipótesis sobre las formas lingüísticas, sin temor a dar respuestas imprecisas o erróneas. Es importante que los estudiantes se acostumbren a hacerse preguntas y a darse posibles respuestas sobre las formas lingüísticas.

Respuestas para la actividad 2–3
Masculinos: simpático, trabajador.
Femeninos: tímida, seria.
Formas comunes en masculino y en femenino: agradable, egoísta, inteligente.
Las expresiones en negrita son adverbios que sirven para cuantificar.

📖 VOCABULARIO EN CONTEXTO

02-01 to
02-10

2–4 La gente del Paseo de la Reforma, en México, D.F.

Observa la ilustración y lee los textos. Esta gente vive en el Paseo de la Reforma. Busca gente con estas características y escribe su nombre.

un niño: _____

un hombre soltero: _____

una persona que hace deporte: _____

una chica que estudia: _____

una mujer soltera: _____

una persona que no trabaja: _____

una persona que trabaja en una aerolínea: _____

Información para la actividad 2–4

Aquí se presentan los contenidos léxicos básicos de la secuencia. Puede iniciar la actividad haciéndoles preguntas a sus estudiantes a modo de calentamiento, para que las contesten mirando solamente la imagen:

P: ¿En qué casa vive un niño / una niña / una persona mayor / una persona que juega al fútbol...?

E1: En la número X.

Respuestas para la actividad 2–4

un niño: *Manuel Ruiz Martínez, David Rosenberg Salas*
un hombre soltero: *Uwe Scherling*
una persona que hace deporte: *Raquel Mora Vilar, Beatriz Salas Gallardo*
una chica que estudia: *Isabel Martínez Soria, Beatriz Salas Gallardo, Raquel Mora Vilar, Sara Mora Vilar, Silvia Bigas Pérez*
una mujer soltera: *Raquel Mora Vilar, Sara Mora Vilar*
una persona que no trabaja: *Isabel Martínez Soria, Juan Gabriel Luis Peña, Beatriz Salas Gallardo, Jorge Rosenberg, Jorge Luis Baeza Puente, Uwe Scherling, Lorenzo Bigas Tomás*
una persona que trabaja en una aerolínea: *Lorenzo Bigas Tomás*

Sugerencias/expansión para la actividad 2–4

Haga algunas preguntas más sobre la información de la actividad de modo que los estudiantes noten el vocabulario.

P: ¿Quién colecciona estampillas? ¿Quién es periodista?

Información para la actividad 2–5

Esta actividad hace que los estudiantes tengan que procesar en detalle la información de 2-4. Asimismo, la actividad le facilita el aprendizaje de un vocabulario básico: el de las relaciones familiares.

Refuerce el significado de las palabras en negrita mediante el trazado de árboles genealógicos en la pizarra.

Casa 1

ISABEL MARTÍNEZ SORIA
Es ama de casa.
Es mexicana.
Hace gimnasia y estudia historia.
Es muy sociable y muy activa.

JUAN GABRIEL RUIZ PEÑA
Trabaja en un banco.
Es mexicano.
Corre y toma fotografías.
Es muy buena persona pero un poco serio.

MANUEL RUIZ MARTÍNEZ
Juega al fútbol.
Es muy travieso (*mischievous*).

EVA RUIZ MARTÍNEZ
Toca la guitarra.
Es muy inteligente.

Casa 2

BEATRIZ SALAS GALLARDO
Es periodista.
Es mexicana.
Juega al tenis y estudia inglés.
Es muy trabajadora.

JORGE ROSENBERG
Es fotógrafo.
Es argentino.
Colecciona estampillas.
Es muy cariñoso.

DAVID ROSENBERG SALAS
Come mucho y duerme poco.

Casa 3

RAQUEL MORA VILAR
Estudia economía.
Es soltera.

Juega al squash.
Es un poco pedante.

SARA MORA VILAR
Estudia derecho.
Es soltera.
Toca el piano.
Es muy alegre.

Casa 4

JORGE LUIS BAEZA PUENTE
Es ingeniero.
Es divorciado.
Toca la batería.
Es muy callado.

UWE SCHERLING
Es profesor de alemán.
Es soltero.
Toca el saxofón.
Es muy simpático.

Casa 5

LORENZO BIGAS TOMÁS
Trabaja en *Mexicana*.
Es divorciado.
Es muy tímido.

SILVIA BIGAS PÉREZ
Es mexicana.
Es estudiante doctoral.
Baila flamenco.

2–5 **Las familias del Paseo de la Reforma**

Observen la información de las casas 1, 2 y 3. Adivinen (*guess*) qué significan las palabras en negrita.

Casa 1: La familia Ruiz. Manuel y Eva son **hijos** de Juan Gabriel.
      Isabel es la **madre** de Manuel y Eva.
Casa 2: Jorge Rosenberg es el **padre** de David.
Casa 3: Raquel y Sara son **hermanas**.

 2–6 **Escucha a dos vecinas (*neighbors*) del Paseo de la Reforma**

¿De quién hablan? ¿Qué dicen?

HABLAN DE…	DICEN QUE…
1. _____ _____	1. _____ _____
2. _____ _____	2. _____ _____
3. _____ _____	3. _____ _____
4. _____ _____	4. _____ _____
5. _____ _____	5. _____ _____

 2–7 **¿Y tu familia?**

Describe a algunos miembros de tu familia. Menciona su profesión y algunas características.

Mi papá es _____. Es _____ y _____.
Mi mamá es _____. Es _____ y _____.
Mi _____ es _____. Es _____ y _____.
Mi _____ es _____. Es _____ y _____.

Comparte (*share*) la información con un/a compañero/a.

EJEMPLO:

E1: Mi papá es **abogado**. Es muy **inteligente**. ¿Y tu papá?
E2: Mi papá es **maestro**, y mi mamá también es **maestra**. Son muy **simpáticos**.

2–8 **Mapa de palabras**

Con la ayuda de tu profesor/a, completa este diagrama.

PROFESIÓN
NACIONALIDAD
PERSONALIDAD
AFICIONES (*interests*)
ESTADO CIVIL

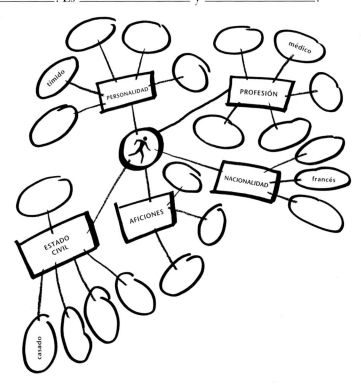

Información para la actividad 2–6
Los estudiantes deben reconocer, en el *input* auditivo, el vocabulario que les permitirá identificar a las personas de las que se está hablando. Es conveniente que lo escuchen más de una vez y que respondan tras escuchar cada uno de los diálogos. Pídales que tomen notas y que luego digan qué palabras reconocieron para dar sus respuestas.

Respuestas para la actividad 2–6

1. Hablan de <u>Uwe Scherling</u> y de <u>Jorge Luis Baeza Puente</u>. Son <u>buenos chicos</u>.
2. Hablan de <u>Beatriz Salas Gallardo</u>, de <u>Jorge Rosenberg</u> y de su hijo <u>David Rosenberg Salas</u>. Son <u>muy simpáticos</u>.
3. Hablan de <u>Isabel Martínez Soria</u> y de <u>Juan Gabriel Ruiz Peña</u>. Tienen <u>dos hijos: Manuel Ruiz Martínez y Eva Ruiz Martínez</u>.
4. Hablan de <u>Sara Mora Vilar</u> y de su hermana <u>Raquel Mora Vilar</u>. <u>Vive con su hermana. Toca el piano</u>.
5. Hablan de <u>Lorenzo Bigas Tomás</u> y de su hija <u>Silvia Bigas Pérez</u>. También hablan de <u>la novia de Lorenzo. Él está divorciado. Su hija baila flamenco y es muy guapa</u>.

Información para la actividad 2–7
La actividad requiere la producción de vocabulario que se ha estado trabajando en la sección.

Información para la actividad 2–8
De la misma manera en que previamente hemos animado a los estudiantes para que formulen hipótesis sobre formas lingüísticas, esta actividad ofrece la oportunidad de desarrollar diversas estrategias de asociación y memorización de vocabulario en contexto.

Sugerencias/expansión para la actividad 2–8
Otras posibles opciones son preparar los campos semánticos en parejas o pequeños grupos para que después un/a represente los escriba en la pizarra; o incluso plantear la actividad como un juego de relación entre palabras escritas e imágenes (un Pictionary®), que puede dar pie a una interesante y divertida competición.

Información para la actividad 2–9

La actividad se centra en la regla de género de adjetivos. Como en otras ocasiones, esta actividad busca que los estudiantes reflexionen sobre la forma lingüística.

Respuestas para la actividad 2–9

	Masculino	Femenino	
Grupo 1: Cambian:	−o	→	−a (argentino, boliviano, etc.)

	Masculino	Femenino	
Grupo 2: No cambian:	−e	→	−e (nicaragüense, costarricense, etc.)

Grupo 3: Añaden −a	consonante → −a (español)

Respuestas (posibles) para la actividad 2–10

un cantante colombiano: *Juanes*
una actriz española: *Penélope Cruz*
una película mexicana: *Amores perros, Y tu mamá también,...*
un actor estadounidense: *Robert de Niro, George Clooney,...*
un escritor mexicano: *Carlos Fuentes, Octavio Paz,...*
un pintor mexicano: *José Orozco, Diego Rivera,...*
un escritor colombiano: *Gabriel García Márquez*
un cantante puertorriqueño: *Ricky Martin*
un político cubano: *Fidel Castro*

Información para la actividad 2–11

La actividad continúa el trabajo con el género y número de los adjetivos e introduce la construcción *de + nombre de país*. Se debe plantear como un concurso. Cada grupo escribe la nacionalidad y profesión de los personajes. Después usted da las respuestas correctas. Gana el grupo que más acierte.

Respuestas para la actividad 2–11

Pedro Almodóvar: *español, director de cine*
Julio Bocca: *argentino, bailarín clásico*
Luis Miguel: *mexicano, cantante*
Maná: *mexicanos, grupo musical*
Carolina Herrera: *venezolana, diseñadora de modas*
Shakira: *colombiana, cantante*
Hugo Chávez: *venezolano, político*
Eva Longoria: *méxicoamericana, actriz*
Plácido Domingo: *español, cantante de ópera*

 GRAMÁTICA EN CONTEXTO

02-11 to 02-26

 2–9 Mexicano, mexicana...

Relacionen estos países con las nacionalidades. Después presten atención a las terminaciones (*endings*) de los adjetivos. ¿Pueden formar el plural?

México	Nicaragua
España	Venezuela
Costa Rica	Ecuador
Honduras	Estados Unidos
Panamá	Cuba

venezolano	hondureño	estadounidense	panameño
venezolana	hondureña	estadounidense	panameña
ecuatoriano	mexicano	costarricense	cubano
ecuatoriana	mexicana	costarricense	cubana
español	nicaragüense		
española	nicaragüense		

Clasifiquen los adjetivos en tres grupos según (*according to*) la regla gramatical de género y número.

2–10 Hispanos famosos

Completen esta lista. El grupo con más respuestas correctas gana (*wins*).

un cantante colombiano _____
una actriz española _____
una película mexicana _____
un actor estadounidense _____
un escritor mexicano _____
un pintor mexicano _____
un escritor colombiano _____
un cantante puertorriqueño _____
un político cubano _____

EJEMPLO:

E1: Una actriz mexicana...
E2: Penélope Cruz.
E1: ¿Es mexicana?
E3: No, es española.

2–11 ¿De dónde son? ¿A qué se dedican?

Vamos a ver (*Let's see*) quién tiene más respuestas correctas.

Pedro Almodóvar	Maná	Hugo Chávez
Julio Bocca	Carolina Herrera	Eva Longoria
Luis Miguel	Shakira	Plácido Domingo

EJEMPLO:

E1: Salma Hayek es colombiana y es actriz.
E2: No es colombiana, es **de** México.

ADJETIVOS

	MASCULINO	FEMENINO
-o/a	simpátic**o**	simpátic**a**
-or/ora	trabajad**or**	trabajad**ora**
-e		inteligent**e**
-a		belg**a**
-ista		pesim**ista**
consonante		difíc**il**, fel**iz**

	SINGULAR	PLURAL
vocal	simpátic**o**	simpátic**os**
	inteligent**e**	inteligent**es**
	trabajad**ora**	trabajad**oras**
consonante	difíc**il**	difíc**iles**
	trabajad**or**	trabajad**ores**

EL NOMBRE

	LLAMARSE
(yo)	**me** llam**o**
(tú)	**te** llam**as**
(él, ella, usted)	**se** llam**a**
(nosotros, nosotras)	**nos** llam**amos**
(vosotros, vosotras)	**os** llam**áis**
(ellos, ellas)	**se** llam**an**

LA NACIONALIDAD

● ¿De dónde es (él/ella)?
○ Es mexicano.
Es de México.
● ¿De dónde eres?
○ Soy mexicano.
Soy de México.

LA PROFESIÓN

● ¿A qué se dedica (él/ella)?
¿Qué hace (él/ella)?
○ Trabaja en un banco.
Es camarero.
Estudia en la universidad.

● ¿A qué te dedicas?
¿Qué haces?
○ Trabajo en un banco.
Soy camarero.
Estudio en la universidad.

Soy arquitecto.

POSESIVOS: RELACIONES FAMILIARES

mi padre	
mi madre	**mis** padres
tu hermano	
tu hermana	**tus** hermanos
su hijo	
su hija	**sus** hijos
nuestro padre	
nuestra madre	**nuestros** padres
vuestro hermano	
vuestra hermana	**vuestros** hermanos
su hermano	
su hermana	**sus** hermanos

En muchos países latinoamericanos se dice: **mi mamá, mi papá** y **mis papás**.

ADVERBIOS DE CANTIDAD

Es **muy** amable.
Es **bastante** inteligente.
Es **un poco** antipática.
No es **nada** sociable.

EL PRESENTE: VERBOS EN -AR -ER -IR

	ESTUDIAR	LEER
(yo)	estudio	leo
(tú)	estudi**as**	le**es**
(él, ella, usted)	estudi**a**	le**e**
(nosotros/as)	estudi**amos**	le**emos**
(vosotros/as)	estudi**áis**	le**éis**
(ellos, ellas, ustedes)	estudi**an**	le**en**

	ESCRIBIR	TENER
(yo)	escrib**o**	**tengo**
(tú)	escrib**es**	**tienes**
(él, ella, usted)	escrib**e**	**tiene**
(nosotros/as)	escrib**imos**	**tenemos**
(vosotros/as)	escrib**ís**	**tenéis**
(ellos, ellas, ustedes)	escrib**en**	**tienen**

LA EDAD

● ¿Cuántos años tiene (él/ella/usted)?
○ Treinta.
   Tiene treinta años.

● ¿Cuántos años tienes?
○ Treinta.
   Tengo treinta años.

¿Cuántos años tiene?

Tengo treinta años.

 2–12 El árbol (tree) genealógico de Paula

Paula habla de su familia. Escucha y completa su árbol genealógico.

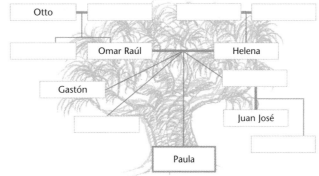

Otto

Omar Raúl   Helena

Gastón

Juan José

Paula

 Compara tus respuestas y las respuestas de tu compañero/a. Después entrevista a tu compañero/a y dibuja (draw) su árbol genealógico.

EJEMPLO:

E1: ¿**Tienes** hermanos?
E2: Sí, **tengo** una hermana.

E1: ¿Cómo **se llama**?
E2: **Mi** hermana **se llama** Laura.

 2–13 ¿Cómo es tu familia?

Averigua (find out) algunas cosas sobre la familia de tu compañero/a. Primero, prepara una lista de preguntas. Tu compañero/a tiene que (has to) usar **muy**, **bastante**, **un poco**, **nada** y un adjetivo.

EJEMPLO:

E1: ¿Cómo es **tu** mamá?
E2: **Mi** mamá es **muy** inteligente.

E1: ¿Es divertida?
E2: Sí, es **bastante** divertida.

2–14 Los verbos en español: -ar, -er, -ir

¿Qué aficiones tienes? Escribe verbos en los espacios en blanco.

-AR { juego, escucho, toco, cocino }   -ER { tengo, leo, soy, como }   -IR { escribo, recibo, salgo }

EJEMPLO:

Pinto cuadros.

_____ música.
_____ un animal en casa.
_____ la guitarra.
_____ poesía.
_____ periódicos.
_____ correos electrónicos.
_____ en Facebook.

_____ al fútbol.
_____ al tenis.
_____ simpático/a.
_____ mucho.
_____ con mis amigos.
_____ platos mexicanos.
_____ (otros)

 Ahora pregunta a tu compañero/a. Después informa a la clase sobre las aficiones de tu compañero/a.

EJEMPLO:

E1: ¿**Juegas** al fútbol?
E2: Sí, y **nado**.

EJEMPLO:

E1: Eva **juega** al fútbol y **nada**.

INTERACCIONES

02-27 to
02-31

ESTRATEGIAS PARA LA COMUNICACIÓN ORAL

Formulating basic questions

Formulating basic questions in Spanish is one of the most crucial strategies for successful interaction with native and non-native (your classmates) speakers of Spanish. There are two types of direct questions: those that are used to elicit information, and those that require a "yes" or "no" answer. Examples of the first type are:

TÚ	*ÉL/ELLA/USTED*
¿**Cómo** te llamas?	¿**Cómo** se llama?
¿**De dónde** eres?	¿**De dónde** es?
¿**Quién** eres?	¿**Quién** es?
¿**Cuántos** años tienes?	¿**Cuántos** años tiene?
¿**Qué** haces? ¿**A qué** te dedicas?	¿**Qué** hace? ¿**A qué** se dedica?
¿**Cómo** eres?	¿**Cómo** es?

The second type of question requires using a verb at the beginning of the sentence:

¿**Lees** novelas?	¿**Lee** novelas?
¿**Juegas** al fútbol?	¿**Juega** al fútbol?
¿**Usas** la computadora?	¿**Usa** la computadora?
¿**Eres** extrovertido?	¿**Es** extrovertido?

Información para la actividad 2–15

Esta actividad y la siguiente permiten a los estudiantes usar el material de las actividades anteriores, combinando ahora el trabajo con varias personas verbales y diversas áreas léxicas que ya hemos cubierto antes: rasgos personales, profesiones, personalidad, relaciones familiares o amistosas, etc. La actividad integra además todas las destrezas: lectura, escritura, audición y habla, por lo que puede ser muy productiva.

Información para la actividad 2–16

La actividad se enfoca en la tercera persona, además de la producción de preguntas y la transmisión de información. De nuevo hay que insistir en la dificultad de integrar diversos contenidos gramaticales y léxicos en la producción lingüística. Como consecuencia, usted debe esperar un mayor índice de error.

2–15 Ahora tú

Completa una ficha (*card*) como ésta. Después da (*give*) la ficha a tu profesor/a. Un/a compañero/a lee la ficha y la clase adivina (*guess*) quién es.

2–16 Una persona especial

Piensa en (*think about*) una persona especial en tu vida: un familiar (*relative*), amigo, compañero/a de estudios, novio/a (*boyfriend/girlfriend*). Completa una ficha como ésta con información sobre (*about*) esa persona.

Ahora formula ocho preguntas a tu compañero/a sobre esa persona especial. Toma notas.

EJEMPLO:

E1: ¿Cómo se llama?
E2: María.
E1: ¿Es una amiga?
E2: No, es una vecina.

Explica a la clase quién es la persona especial con una breve (*brief*) descripción.

EDAD:
Tengo _____ años.

ESTADO CIVIL:
Soy ☐ soltero/a.
☐ casado/a.
☐ viudo/a.
☐ divorciado/a.

PERSONALIDAD:
Soy muy _____.
Soy bastante _____.
Soy un poco _____.
No soy nada _____.

IDIOMAS:
Hablo _____.

AFICIONES: _____

NOMBRE: María
APELLIDOS: Jover Pino
ESTADO CIVIL: soltera
EDAD: 31
PROFESIÓN: trabaja en una compañía de informática
AFICIONES: fotografía, teatro
PERSONALIDAD: muy inteligente y muy activa
RELACIÓN CONTIGO: vecina

NOMBRE: _____
APELLIDOS: _____
ESTADO CIVIL: _____
EDAD: _____
PROFESIÓN: _____
AFICIONES: _____
PERSONALIDAD: _____
RELACIÓN CONTIGO: _____

2–17   La foto

Muestra una foto de un grupo de personas a tu compañero/a: De tu familia, tus amigos, tu club deportivo, etc. Habla sobre estas personas.

EJEMPLO:

E1: Éste es **mi** amigo Bob. Somos **muy** buen**os** amig**os**. Tiene 22 años. Es muy divertid**o**.
E2: ¿Y ést**a** quién es?
E1: Ést**a** es **su** novia, Sarah. Es **muy** simpátic**a**. **Estudia** en mi universidad.

 2–18   La entrevista

Usa estos verbos para formular preguntas y entrevistar (*interview*) a tu compañero/a. Toma notas (*take notes*). Después comparte (*share*) con la clase información interesante sobre tu compañero/a.

jugar	bailar	escribir	estudiar
hablar	leer	vivir	viajar
usar	comer	coleccionar	hacer
tocar	tener	trabajar	dormir

EJEMPLO:

E1: ¿Jueg**as** al fútbol?
E2: No, no jueg**o** al fútbol.
E1: ¿Tien**es** animales en casa?
E2: Sí, **tengo** un gato.
E1: ¿Le**es** libros?
E2: Sí, le**o** novelas.
E1: Mike no jueg**a** al fútbol, le**e** novelas y **tiene** un gato.

 2–19   Situaciones: *Un intercambio de conversación* (*conversation exchange*)

Two American students have just arrived at El Colegio de México (in Mexico City). They go to the conversation exchange office because they want to meet some Mexican students. They are asked to provide their names and some information for the list.

ESTUDIANTE A

You work in the conversation exchange office. Your job consists of interviewing students and writing down their information.

- *Nombre y apellido:*
- *Nacionalidad:*
- *Estudios:*
- *Intereses:*
- *Personalidad:*
- ¿Qué tipo de persona busca (look for)?:

ESTUDIANTE B

You want to meet a Mexican student to practice Spanish and learn more about the culture of the country. Give the information requested and talk about your personality, hobbies, etc.

ESTUDIANTE C

You want to meet a Mexican student to practice Spanish and learn more about the culture of the country. Give the information requested and talk about your personality, hobbies, etc.

Sugerencias/expansión para la actividad 2–17
Otra posible opción que combina el trabajo verbal con el creativo es pedir a los estudiantes que, en lugar de una foto, preparen un sencillo dibujo del mismo grupo de personas.

Información para la actividad 2–18
La actividad se enfoca en la conjugación verbal y la formulación de preguntas. Se practican la primera, segunda y tercera personas del singular (al presentar a la clase). No olvide que en esta sección de *Interacciones* el trabajo de producción requiere un enfoque constante en la morfología verbal, nominal y adjetival, todo lo cual supone un reto importante para el estudiante que acaba de comenzar el aprendizaje del español.

Sugerencias/expansión para la actividad 2–19
Dé tiempo a los estudiantes de prepararse para su papel y de pensar en exponentes lingüísticos y funcionales que le permitan participar con éxito en esta conversación y situación. Recuerde a los estudiantes que en los diálogos van a producirse muchas de las preguntas que tenemos en el recuadro anterior sobre estrategias en la comunicación oral.

TAREA Gente en acción

Conocer a un grupo de importantes méxico-americanos en Estados Unidos y organizarlos para una cena (*dinner*) imaginaria.

PREPARACIÓN

La clase se divide en grupos. Vamos a conocer a diez importantes méxicoamericanos. Pertenecen (*they belong*) a diferentes áreas: política, cultura, artes, deportes, ciencia. ¿Conocen a estos personajes? Completen estas descripciones con las palabras que faltan (*missing*).

1. ELLEN OCHOA
_____ ASTRONAUTA.
TIENE 52 _____.
_____ LA FLAUTA.
ES _____ CALIFORNIA.
DIRIGE EL JOHNSON SPACE CENTER.

2. SANDRA CISNEROS
ES _____ DE NOVELAS.
_____ 56 AÑOS.
_____ ESPAÑOL E INGLÉS.
ES _____ CHICAGO.

3. BILL RICHARDSON
_____ 63 AÑOS.
_____ GOBERNADOR DE
NUEVO MÉXICO.
_____ ESPAÑOL E INGLÉS.
_____ AL BÉISBOL.

4. ROBERT RODRÍGUEZ
ES _____ DE CINE.
_____ 42 AÑOS.
_____ DE TEXAS.
_____ DIVORCIADO.
_____ COMPOSITOR DE MÚSICA.

5. GEORGE LÓPEZ
_____ 50 AÑOS.
_____ ACTOR.
_____ CASADO.
_____ AL GOLF.

6. STEPHANIE COX
_____ FUTBOLISTA.
_____ ESTUDIANTE
_____ 25 AÑOS.
HACE TRABAJO COMUNITARIO.
_____ EN SEATTLE.

7. MARK SÁNCHEZ
ES JUGADOR DE _____
AMERICANO.
TIENE 24 AÑOS.
_____ PARA LA COMUNIDAD
LATINA.
_____ SOLTERO.
ES _____ CALIFORNIA.

8. KEN SALAZAR
_____ DE COLORADO.
_____ SECRETARIO DE
INTERIOR.
TIENE 56 _____.
NO _____ ESPAÑOL.

9. MATT GARZA
ES _____ DE BÉISBOL.
_____ 28 AÑOS.
ES _____ CALIFORNIA.

10. EVA LONGORIA
ES _____ TEXAS.
TIENE 36 _____.
_____ ACTRIZ.
NO _____ ESPAÑOL.

Paso 1 La distribución para la cena

Organicen a estas personas en las tres mesas (*tables*). Es importante tener en cuenta (*keep in mind*) la información que ustedes saben (*you know*) sobre estas personas.

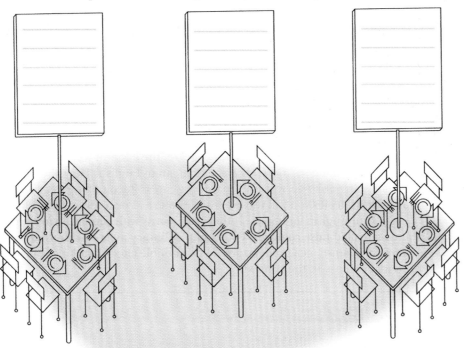

AYUDA

En la mesa 1: Matt, Eva...

Ken **al lado de** Bill **porque**...

George y Robert tienen { **la misma** edad.
el mismo trabajo.
los mismos intereses.

Los dos hablan español.

Paso 2 Ustedes también asisten (*attend*) a la cena. ¿Dónde quieren sentarse (*want to sit*)? Completen la ficha con sus datos. Después seleccionen la mesa para cada estudiante.

Paso 3 Revisen si es necesario la distribución de las mesas.

Paso 4 Un/a representante del grupo presenta a la clase un informe y justifica las decisiones del grupo.

Paso 5 Los grupos y el/la profesor/a comparan sus resultados.

Paso 6 Foco lingüístico.

EDAD:
Tengo _____ años.

PERSONALIDAD:
Soy muy _____.
Soy bastante _____.
Soy un poco _____.
No soy nada _____.

INTERESES
- [ ] Música
- [ ] Cine
- [ ] Animales
- [ ] Espacio
- [ ] Literatura
- [ ] Política
- [ ] Comedia
- [ ] Pintura
- [ ] Fútbol
- [ ] Fútbol americano
- [ ] Béisbol

IDIOMAS:
Hablo _____.

Sugerencias/expansión para la Tarea

Usted debe recordar que en el desarrollo de la tarea su principal función es la de guía y facilitador. Esto significa facilitar el trabajo individual y de los grupos, y si es necesario, proporcionar instrucciones o modelos más detallados para aquellos estudiantes que los necesiten.

Como se indicó en el capítulo anterior, también debe apoyar el proceso de reflexión final sobre el contenido gramatical y las destrezas que se han cubierto a lo largo de los diferentes Pasos.

NUESTRA GENTE

02-32 to
02-34

GENTE QUE LEE

ESTRATEGIAS PARA LEER

Recognizing cognates

When you read something in a foreign language, you will probably not know all the words. You need to know some of them; others you can ignore. Many Spanish words sound, look, and mean the same as words that you know in English. Words that resemble each other and have the same or similar meanings in two languages are called **cognates**. When you are reading or listening in Spanish, the more cognates you can recognize, the easier it will be for you to get the meaning. For example, what does the word *problema* mean in English? How about *texto*? And *situación*? As you read this book you will find many cognates. Recognizing cognates is one of the most important strategies you will use every time you read or listen in Spanish.

¡OJO! In English and Spanish there are words with similar forms but different meanings. These are called **false cognates**. For example, **library** means *biblioteca* in Spanish, not *librería*. *Librería* in Spanish means **bookstore**. Always double check by asking yourself if the meaning you guess makes sense in the context.

ANTES DE LEER

2–20 Arte

¿Qué tipo de arte prefieres? Ordena del 1 al 10 (1 = más interesante; 10 = menos interesante)

☐ escultura   ☐ cine

☐ pintura   ☐ danza

☐ dibujo   ☐ literatura

☐ fotografía   ☐ música

☐ arquitectura   ☐ teatro

¿Cuántos (*how many*) puntos tiene la pintura para ti? ¿Y para la clase?

2–21 ¿Qué tipo de pintura prefieres? Marca tus preferencias

☐ pintura realista   ☐ pintura surrealista

☐ pintura abstracta   ☐ pintura contemporánea

☐ pintura clásica   ☐ pintura pop

¿Quién es tu pintor preferido o tu pintora preferida? ¿Cómo es su pintura?

2–22 Pintores mexicanos

¿Sabes (*do you know*) el nombre de un pintor mexicano famoso o una pintora mexicana famosa? ¿Cuántos sabe la clase?

2–23 Activando estrategias

1. Mira el título y los subtítulos del texto. ¿Qué información te dan (*do they give you*) sobre el texto?
2. Ahora mira las fotos. ¿Qué representan? ¿Qué información te dan sobre el texto?

Información para la actividad 2–22
Posiblemente Diego Rivera y Frida Kahlo sean los pintores mexicanos más conocidos. Si los estudiantes no conocen a ninguno, puede darles información sobre estos artistas y quizá mostrarles alguna de sus obras que fácilmente pueden encontrarse en la web o en un libro de arte.

Diego Rivera (1886–1957): muralista mexicano
Frida Kahlo (1907–1954): pintora mexicana

Información para la actividad 2–23
Aplicando las estrategias de prelectura, los estudiantes deberían ser capaces de responder que el texto es sobre un pintor mexicano y que contiene información sobre su vida, su obra y su fama. Al mirar las fotos, los estudiantes pueden dar alguna característica de su aspecto físico y de su pintura.

A LEER

FRANCISCO TOLEDO, PINTOR MEXICANO

La persona

Francisco Toledo (Oaxaca, 1940) es un pintor mexicano contemporáneo de gran prestigio internacional. Es sencillo, modesto e introvertido. Toledo en un ser humano increíblemente generoso que se preocupa por el bienestar[1] de los indígenas oaxaqueños y por la preservación del patrimonio artístico y

cultural de su país, México. **Actualmente** vive en Oaxaca. Su delgada figura y su rostro moreno de facciones finas son muy familiares para los oaxaqueños y para los extranjeros que visitan la cafetería del Museo de Arte Contemporáneo. Está casado y tiene tres hijos. Es muy famoso pero la fama no ha cambiado[2] la forma de pensar y vivir de Francisco Toledo. Todavía[3] conserva su vida austera y sin pretensiones.

La obra

Francisco es pintor, dibujante y ceramista. Tiene un estilo propio, innovador e intemporal, con éxito y buena crítica. Su arte, muy rico en colores y texturas, presenta elementos de la tradición popular indígena desde una perspectiva contemporánea. En su obra vemos la presencia de la cultura indígena de Oaxaca combinada con los mitos mayas, la huella[4] de un pasado milenario que hasta nuestros días forma parte de la cotidianidad de América Latina.

La fama

Es el artista mexicano vivo más famoso en todo el mundo. Hay[5] obras de Toledo en el Museo de Arte Contemporáneo de Monterrey, en el Palacio de Bellas Artes de la Ciudad de México, en los Museos de Arte Moderno de México, París, Nueva York y Filadelfia, en la New York Public Library y en la Tate Gallery de Londres, entre otros.

[1]well-being
[2]has not changed
[3]still
[4]trace
[5]there are

DESPUÉS DE LEER

2-24 ¿Comprendes?

1. ¿Cómo es Francisco Toledo físicamente? ¿Cómo es su personalidad?
2. ¿A qué se dedica?
3. ¿Tiene familia?
4. ¿Qué dos aspectos combina el arte de Toledo?
5. Describe el estilo de Toledo.
6. En tu país, ¿dónde puedes ir (*where can you go*) para ver la pintura de Toledo?

2-25 Activando estrategias

1. Busca palabras en el texto (nombres, verbos, adjetivos) relacionadas con el arte.
2. Identifica seis cognados en el texto.
3. Busca en el diccionario la palabra en negrita en el texto. ¿Es un cognado?

👣 2-26 Expansión

Piensen en (*think of*) un/a artista interesante y describan a este/a artista (la persona, la obra, la fama) a la clase.

02-35 to
02-36

 GENTE QUE ESCRIBE

ESTRATEGIAS PARA ESCRIBIR

Reviewing the language use (grammar) of your written work

It is useful to keep track of the grammatical structures you have studied so far. When you review the grammar in your composition, make sure that what you have written expresses the meaning you are intending. Remember: It is important to learn the grammatical forms, but you also need to know how to use them. Ask yourself these questions:

a. Does your composition represent a variety of grammatical structures? Or do you repeat the same structures again and again? Are you using them correctly?

b. Have you tried to practice the structures that have just been introduced?

c. Can you confirm that you are using a noun where you need a noun, an adjective where you need an adjective?

d. Does every sentence have a conjugated verb?

e. Have you checked your composition for agreement (in gender and number between articles and nouns, nouns and adjectives, and subjects and verbs?

MÁS ALLÁ DE LA FRASE

Basic connectors to organize information

Using connectors in your writing helps organize your composition and allows your reader to easily follow the information. Good organization can compensate for errors in grammar or vocabulary, and enhances your Spanish writing. Simple organizing connectors are:

- *primero* (first)   - *segundo* (second)   - *tercero* (third)

In order to indicate to the reader that you are introducing your last idea, you can use these connectors:

- *finalmente* (finally)   - *por último* (last)

2–27 Una Carta

Vas a viajar (*you are going to travel*) a México para estudiar durante un semestre. Allí (*there*) vas a vivir (*you are going to live*) con una familia. Escribe una carta a tu familia mexicana. Preséntate (*introduce yourself*) y describe a tu familia con detalle:

- *nombre*   - *profesión*   - *rasgos físicos*   - *aficiones*
- *edad*   - *personalidad*   - *información sobre tu familia*   - *otra información*

> ❗ *¡ATENCIÓN!*
>
> Tu trabajo escrito debe seguir (*follow*) los Pasos 1 a 8 (página 14, Lección 1).
>
> Paso 1: Consider the topic, the purpose of your writing, and your intended audience.
> Paso 2: Write an outline to decide the order in which you will present your information.
> Paso 3: Write a first draft using your outline.
> Paso 4: Edit the content. Make sure it is relevant to the topic and is well developed.
> Paso 5: Edit the organization. Use connectors (see *Más allá de la frase*).
> Paso 6: Check the grammar.
> Paso 7: Check the vocabulary.
> Paso 8: Check spelling, punctuation, capitalization, and accent marks.

Información para la Estrategias para escribir

A partir de esta lección se van a trabajar diversas estrategias relacionadas con los Pasos que representan el proceso de composición textual. Se introduce primero el Paso 7 por razones obvias: En este punto del aprendizaje del español, los estudiantes están adquiriendo la gramática necesaria para poder satisfacer un nivel mínimo de comunicación lingüística (oral o escrita). Por lo tanto la corrección gramatical es y será una prioridad (aunque de ningún modo la única) en la adquisición de la destreza de escritura.

La sección *Más allá de la frase* se ocupará en cada lección del aspecto discursivo de la escritura.

Sugerencias para la actividad 2–27

Pida a los estudiantes que le muestren cierta evidencia del proceso de escritura: borradores, notas, correcciones, etc. También es posible pedirles que escriban una reflexión (en su propia lengua) de los Pasos que han seguido para obtener el producto final y las dificultades asociadas a cada uno de esos Pasos.

Aunque las tareas de escritura se le asignen a los estudiantes como trabajo fuera del aula, se recomienda que ésta, al igual que la de la *Lección 1*, se haga en clase, a modo de taller de escritura, para afianzar así una dinámica del proceso de escritura que queremos que los estudiantes apliquen en cada tarea de escritura.

COMPARACIONES

 2–28 Imágenes

México es un gran mosaico cultural y de costumbres. Cada región mexicana es muy diferente: la historia, las tradiciones, el paisaje, las maneras de vivir, la gente.

Mira el mapa y las fotos de México. ¿Qué muestran (*do they show*)? ¿Qué dicen de México?

2–29 ¿Te sorprende o no?

Lee estos datos sobre México. ¿Te sorprenden?

	SÍ	NO
1. México es la décima (*tenth*) economía del mundo.	❑	❑
2. Un 60% de la población mexicana es mestiza (ascendencia europea e indígena), y un 30% es amerindia (ascendencia indígena).	❑	❑
3. México es el país con más taxis del mundo.	❑	❑
4. El gobierno de México reconoce oficialmente 62 lenguas indígenas. Las más importantes son el náhuatl y el maya, cada una con un millón y medio de hablantes (*speakers*).	❑	❑
5. México tiene más de 100 millones de habitantes. Es el país con más hispanohablantes del mundo.	❑	❑
6. México es uno de los 18 países megadiversos del mundo.	❑	❑

2–30 ¿También es así en tu país?

Habla con la clase de la diversidad de tu país. Compáralo con México.

–lingüística   –racial   –geográfica   –cultural

CULTURA

Los méxico-americanos o chicanos conforman el 12,5% de la población de Estados Unidos. Aproximadamente 31 millones de estadounidenses son de ascendencia mexicana. En total, constituyen el 64% de todos los hispanos y latinos en Estados Unidos. Las zonas con mayor población de ascendencia mexicana son el suroeste (Arizona, California, Colorado, Nuevo México, Texas), Nueva York, Illinois y Filadelfia. Este grupo contribuye de manera notable a todas las áreas de la sociedad: política, arte, literatura, cine, deportes, ciencia y educación.

Información para Comparaciones

La sección busca que los estudiantes tomen conciencia de su conocimiento previo sobre México. También se busca darles información relevante menos conocida, de modo que reflexionen sobre el país vecino y la riqueza cultural, racial, lingüística y geográfica del mismo. Asimismo, se espera que los estudiantes establezcan comparaciones con su propio país y reflexionen sobre la relación de éste con México, y sobre las diferencias y similitudes entre los dos. Finalmente, el pequeño texto sobre los mexicano-estadounidenses pretende que los estudiantes tomen conciencia de la importancia de esta comunidad en Estados Unidos.

Información para la actividad 2–28

1. La Foto 1 muestra unas ruinas aztecas en las afueras de México, D.F., en contraste con los altos edificios modernos del fondo.
2. La Foto 2 muestra una niña participando en una procesión o desfile en el estado de Oaxaca. Está vestida con un traje típico indígena.
3. La Foto 3 muestra un mural de Diego Rivera que representa a Hernán Cortés en el momento en el que conoce a Moctezuma, el emperador azteca.

La clase puede hablar de todos los temas que suscitan estas tres fotos: el pasado indígena de México y cómo se combina con la modernidad, el arte y cómo Rivera refleja el pasado (la conquista), la herencia de México (indígenas, españoles), la importancia del indigenismo hoy en día, etc.

En la actividad siguiente aparecen algunos de estos temas.

 VOCABULARIO

No se incluyen todas las nacionalidades en la lista pues en este punto del aprendizaje no es necesario quer los estudiantes aprendan los veinte vocablos correspondientes. Si desea facilitar la lista completa:

el/la argentino/a *Argentinian*
el/la boliviano/a *Bolivian*
el/la chileno/a *Chilean*
el/la colombiano/a *Colombian*
el/la costarricense *Costa Rican*
el/la cubano/a *Cuban*
el/la dominicano/a *Dominican*
el/la ecuatoriano/a *Ecuadorian*
el/la español/a *Spaniard/Spanish*
el/la estadounidense *U.S. citizen/from the U.S.*
el/la guatemalteco/a *Guatemalan*
el/la hondureño/a *Honduran*
el/la mexicano/a *Mexican*
el/la nicaragüense *Nicaraguan*
el/la panameño/a *Panamanian*
el/la paraguayo/a *Paraguayan*
el/la peruano/a *Peruvian*
el/la puertorriqueño *Puerto Rican*
el/la salvadoreño/a *Salvadorean*
el/la uruguayo/a *Uruguayan*
el/la venezolano/a *Venezuelan*

Nacionalidades y origen *(Nationality and origin)*

el/la argentino/a	*Argentinian*
el/la colombiano/a	*Colombian*
el/la cubano/a	*Cuban*
el/la español/a	*Spaniard/Spanish*
el/la estadounidense	*U.S. citizen/from the U.S.*
el/la europeo/a	*European*
el/la hispano/a	*Hispanic*
el/la latinoamericano/a	*Latin American*
el/la latino/a	*Latino*
el/la mexicano/a	*Mexican*
el/la puertorriqueño	*Puerto Rican*
el/la venezolano/a	*Venezuelan*

Números (20–100) *(Numbers (20–100)*

veinte	*twenty*	treinta	*thirty*
veintiuno	*twenty-one*	treinta y uno	*thirty-one*
veintidós	*twenty-two*	treinta y dos	*thirty-two*
veintitrés	*twenty-three*	cuarenta	*forty*
veinticuatro	*twenty-four*	cincuenta	*fifty*
veinticinco	*twenty-five*	sesenta	*sixty*
veintiséis	*twenty-six*	setenta	*seventy*
veintisiete	*twenty-seven*	ochenta	*eighty*
veintiocho	*twenty-eight*	noventa	*ninety*
veintinueve	*twenty-nine*	cien	*one hundred*

Profesiones *(Professions)*

el/la abogado/a	*lawyer*
el actor	*actor*
la actriz	*actress*
el/la artista	*artist*
el/la camarero/a	*waiter/waitress*
el/la cantante	*singer*
el/la científico/a	*scientist*
el/la cocinero/a	*cook*
el/la deportista	*sportsman/sportswoman*
el/la escritor/a	*writer*
el/la estudiante	*student*
el/la fotógrafo/a	*photographer*
el/la jugador/a	*player*
el/la maestro/a	*teacher*
el/la mesero/a	*waiter/waitress*
el/la médico/a	*doctor*
el/la músico	*musician*
el/la periodista	*journalist*
el/la profesor/a	*professor*
la universidad	*college, university*
el/la pintor/a	*painter*
el/la político/a	*politician*

Familia y relaciones *(Family and relationships)*

el/la abuelo/a	*grandfather/grandmother*
los abuelos	*grandparents*
el/la amigo/a	*friend*
el/la esposo/a	*husband/wife*
el/la hermano/a	*brother/sister*
el/la hijo/a	*son/daughter*
el/la madre	*mother*
el/la mujer	*woman*
el/la niño/a	*boy/girl*
el/la novio/a	*boyfriend/girlfriend*
el/la padre	*father*
los padres	*parents*

Adjetivos: la personalidad *(Adjectives: personality)*

agradable	*pleasant, nice*
alegre	*happy*
amable	*kind*
antipático/a	*unpleasant, unfriendly*
bueno/a	*good*
casado/a	*married*
divorciado/a	*divorced*
egoísta	*selfish*
extrovertido/a	*outgoing*
guapo/a	*good-looking, handsome/pretty*
inteligente	*intelligent*
perezoso/a	*lazy*
serio/a	*serious*
simpático/a	*nice*
soltero/a	*single*
tímido/a	*shy*
trabajador/a	*hard-working*

Verbos: las aficiones *(Verbs: interests)*

bailar	*to dance*
cocinar	*to cook*
coleccionar	*to collect*
comer	*to eat*
correr	*to run*
dormir (ue)	*to sleep*
escuchar música	*to listen to music*
estudiar idiomas	*to study languages*
hacer (irreg.)	*to do, to make*
ir al cine (irreg.)	*to go to the movies*
jugar al fútbol (ue)	*to play soccer*
leer libros	*to read books*
pintar	*to paint*
practicar	*to practice*
tocar (instrumentos)	*to play (instruments)*
trabajar	*to work*
ver películas	*to watch movies*
viajar	*to travel*

CONSULTORIO GRAMATICAL

1 Adjectives

Most adjectives have a masculine and a feminine form.

-o	-a	-os	-as
activ**o**	activ**a**	activ**os**	activ**as**
seri**o**	seri**a**	seri**os**	seri**as**

-or	-ora	-ores	-oras
trabajad**or**	trabajad**ora**	trabajad**ores**	trabajad**oras**

> Because adjectives in Spanish have gender and number, they have to agree with the noun they refer to in both gender and number.

Other adjectives have only one form for both masculine and feminine. Most adjectives that end in -e *or a consonant have one form for both feminine and masculine.*

-e	-es	-ista	-istas
alegr**e**	alegr**es**	optim**ista**	optim**istas**
inteligent**e**	inteligent**es**	deport**ista**	deport**istas**

CONSONANTE (-l, -z...)	CONSONANTE + es (-les, -ces...)
fáci**l**	fáci**les**
feli**z**	feli**ces**
azu**l**	azu**les**

> Note the need to add an **e** before the **s** when forming the plural form of an adjective ending in a consonant:
> *común → comunes*

Adjectives are usually placed after the noun.

una mujer **inteligente**   un niño **grande**   un niño muy **bueno**

But there are some important common exceptions, such as:

un **buen** amigo   un **gran** amigo   una **buena** persona

2 Ser + Adjective

Ser *is the verb used to talk about place of origin, personality, or profession.*

Juan **es** mexicano.
Carla **es** muy simpática.

3 Adverbs of Quantity

Es **muy** simpático.   Es **bastante** trabajadora.
*He is **very** nice.*   *She is **quite** hard-working.*

Son **un poco** tímidos.   No son **nada** sociables.
*They are **a bit** shy.*   *They are **not at all** sociable.*

Caution: **un poco** *is only used for negative qualities.*

un poco antipático, tímida, difícil

> When using a negative word like *nada* (**nothing**) in Spanish, *no* is also needed at the beginning of the sentence: *No hay **nada** aquí.* = There's nothing here/ There isn't anything here.

4 The Present Tense: -ar, -er, and -ir Verbs

In Spanish there are three infinitive endings:

-AR	-ER	-IR
estudi**ar**	le**er**	escrib**ir**
habl**ar**	corr**er**	viv**ir**
est**ar**	ten**er**	dec**ir**

> Some verbs in Spanish are irregular, meaning either that they don't follow the endings of their conjugation or that the stem of the infinitive form changes when conjugating the verb.

Each of these verb groups is conjugated slightly differently,
but **-er** *and* **-ir** *verbs share many common endings.*

	ESTUDIAR	LEER	ESCRIBIR	TENER
(yo)	estudio	leo	escribo	**tengo**
(tú)	estudias	lees	escribes	**tienes**
(él, ella, usted)	estudia	lee	escribe	**tiene**
(nosotros/as)	estudiamos	leemos	escribimos	**tenemos**
(vosotros/as)	estudiáis	leéis	escribís	**tenéis**
(ellos, ellas, ustedes)	estudian	leen	escriben	**tienen**

5 Possesive Adjectives

● ¿Quién es?
○ **Mi** hermano mayor.
  Ésta es mi prima Rosa.

mi padre/**mi** madre → **mis** padres
(my father)/(my mother) *(my parents)*

tu hermano/**tu** hermana → **tus** hermanos
(your brother)/(your sister) *(your siblings)*

su hijo/**su** hija → **sus** hijos
(your/his/her son)/(your/his/her daughter) *(your/his/her children)*

nuestro padre/**nuestra** madre → **nuestros** padres
(our father)/(our mother) *(our parents)*

vuestro hermano/**vuestra** hermana → **vuestros** hermanos
(your brother)/(your sister) *(your siblings)*

su hermano/**su** hermana → **sus** hermanos
(your/his/her brother)/(your/his/her sister) *(your/his/her siblings)*

> In English there are no unique plural forms for cases when what is possessed is plural. Spanish, however, requires plural possessive forms: *mis, tus, sus...*
>
> *mis/tus/sus sueños* (= **my/your/his/her** dreams)
>
> In English there is a gender agreement in the third person (**his/her**) between the possessive form and the possessor (**He** sold **his** pianos). In Spanish, however, there is number agreement between the possessive form and what is possessed (*El vendió sus pianos*) and gender and number agreement in the first- and second-person plural forms: *nuestro/nuestra/nuestros/nuestras* (our) and *vuestro/vuestra/vuestros/vuestras* (your–plural).
>
> *Nuestra casa / nuestras casas* (**our** house / **our** houses)

ADJECTIVE	mi/mis	tu/tus	su/sus
PERSON WHO POSSESSES	yo	tú	él/ella/usted, ellos/ellas/ustedes

6 Talking about Age, Marital Status, Professions, and Nationality and Place of Origin

Talking about someone's age

● ¿Qué edad tiene usted? / ¿Qué edad tienes?   —How old are you? (formal)/(informal)
  ¿Cuántos años tiene/tienes?

○ Veintiún años.   —Twenty-one.
  Tengo veintiún años.   *I'm twenty-one years old.*

> In English the verb **to be** is used to express someone's age, while in Spanish the verb *tener* is used:
>
> *Creo que* **tiene** *cuarenta años.*
> (= I think he **is** forty years old.)

Talking about marital status

Soy, Estoy { soltero/a; casado/a; viudo/a;
divorciado/a; separado/a.

Un, *una*, *unos*, *unas* correspond to the indefinite article **a** or **some** in English.

Éste es Pedro, un amigo = This is Pedro, a friend.

*Éstos son Juan y Ana, **unos** amigos* = These are Juan and Ana, **some** friends.

Talking about professions

● ¿A qué se dedica usted? / ¿A qué te dedicas? / ¿Qué haces?
○ Trabajo en una empresa de informática. Estudio en la universidad. Soy arquitecto.

—What do you do for living? (formal) / (informal) / What do you do?
—I work in a computer company. I go to college. I'm an architect.

Some professions have two forms, and others have just one.

	MASCULINE		FEMININE		INVARIABLE FORM
un	profesor	una	profesora	un/una	periodista, artista, pianista
	vendedor		vendedora	un/una	cantante, ayudante
	médico		médica		
	abogado		abogada		
	presidente		presidenta		

Talking about nationality and place of origin

Unlike English, in Spanish there is NO indefinite article preceding the name of a profession:

Es profesora = She's **a** professor . . . unless the profession is further qualified:

*Es **una** profesora muy buena.*
*Es **una** profesora de mi escuela.*

COUNTRY, CITY, OR TOWN

● ¿De dónde eres?
   ¿De dónde es usted?
○ Soy chileno.
   Soy de Chile.
   De Santiago de Chile.
   De Chile.

—Where are you from? (informal)
   Where are you from (formal)?
—I'm Chilean.
   I'm from Chile.
   From Santiago de Chile.
   From Chile.

MASCULINE ENDING IN -o
peruano, boliviano, cubano, hondureño...

FEMININE ENDING IN -a
peruana, boliviana, cubana, hondureña...

ENDING IN A CONSONANT
alemán, francés, portugués, inglés...

ADD AN a
alemana, francesa, portuguesa, inglesa...

INVARIABLE FORMS
IN -í: iraní, marroquí...
IN -ense: nicaragüense, costarricense, canadiense...
IN -a: belga, croata...

3 GENTE de VACACIONES

TAREA

TAREA

Planificar unas vacaciones en Venezuela.

NUESTRA GENTE

Venezuela
Hispanos/latinos en Estados Unidos

3–1 Un viaje a Venezuela

Mira estas fotos de lugares en Venezuela.
Identifica las fotos con ayuda de tu profesor/a.

Plaza Bolívar en Caracas
Salto Ángel, Parque Nacional Canaima
Pico Bolívar en Mérida (Los Andes)

Maracaibo
Isla de Margarita

EJEMPLO:

E1: Esto es Caracas.

Usa el mapa de la página siguiente para ver dónde están estos lugares.

Información para la actividad 3–1

La actividad sirve de calentamiento para el tema "viajes" al presentar lugares de interés en Venezuela. Al mismo tiempo, ofrece práctica adicional sobre el uso del verbo *ser* para identificar y sobre el uso del verbo *estar* para localizar.

Respuestas para la actividad 3–1

1. Plaza Bolívar en Caracas.
2. Salto Ángel en el Parque Nacional Canaima. Es la cascada más alta del mundo.
3. Pico Bolívar en Mérida (Los Andes). Es la montaña más alta de Venezuela.
4. Iglesia de Santa Lucía en Maracaibo.
5. Isla de Margarita, en el Caribe. Es lugar de vacaciones de miles de turistas nacionales y extranjeros.

ACERCAMIENTOS

3–2 ¿Caracas o el Parque Nacional Canaima?

La agencia de viajes Venezuela Tuya ofrece dos viajes. ¿Qué prefieres?

☐ Ir a Caracas

☐ Ir al Parque Nacional Canaima

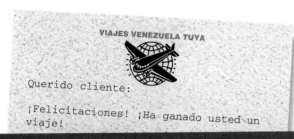

VIAJES VENEZUELA TUYA

Querido cliente:

¡Felicitaciones! ¡Ha ganado usted un viaje!

PARQUE NACIONAL CANAIMA

Viaje por la Laguna de Canaima en canoa

Excursión al Salto Ángel en avioneta

Viaje a la Gran Sabana en camioneta

Visita a la misión Kavanayen

CARACAS

Visita al museo de Arte Contemporáneo y al Capitolio

Subida en teleférico al Hotel Humboldt

Visita a la Casa Natal de Simón Bolívar

Excursión en avión al archipiélago de Los Roques

Ahora completa este texto con los lugares o actividades que te interesan.

En primer lugar, me interesa _____ y en segundo lugar, _____ .
Quiero visitar especialmente _____ y _____ porque me
interesa _____ .

3–3 ¿Adónde va la clase?

Con ayuda de su profesor/a, la clase vota y decide adónde quiere ir.

CULTURA

El Parque Nacional Canaima está en el estado Bolívar, Venezuela. En 1994 la UNESCO lo declaró patrimonio de la humanidad. Es el sexto parque nacional más grande del mundo. Es un parque muy aislado (*isolated*) donde viven los indígenas pemones y habitan diversas especies de animales como el jaguar. Allí está el Salto Ángel, la catarata (*waterfall*) más alta del mundo.

CULTURA

Caracas es la capital de la República Bolivariana de Venezuela, y es el centro administrativo, financiero, comercial y cultural más importante de la nación. Tiene cuatro millones de habitantes. En Caracas hay muchos parques, museos y centros comerciales. Caracas está situada al pie del cerro Ávila y muy cerca (*close*) de la costa.

Información para la actividad 3–2
La actividad requiere que el estudiante lea la información sobre la ciudad de Caracas y el Parque Nacional Canaima. También se les puede dar a los estudiantes descripciones de otros lugares de interés en Venezuela. Note que la producción requerida es mínima.

VOCABULARIO EN CONTEXTO

03-01 to 03-10

3–4 Un test sobre tus vacaciones

¿Qué haces normalmente en vacaciones? Completa esta encuesta (*survey*) con tus preferencias. Usa las fotos para adivinar el significado de las palabras nuevas.

 Ahora habla con tu compañero/a y comparen sus preferencias.

EJEMPLO:

E1: A mí me gusta (*I like*) viajar con mi familia, en verano, y me gusta la playa. ¿Y tú?

E2: Yo prefiero viajar con mis amigos, y me gusta el tren.

¿CON QUIÉN TE GUSTA VIAJAR?	¿CUÁNDO TE GUSTA IR DE VACACIONES?	TUS INTERESES	¿EN TREN, EN AVIÓN…?
❏ Prefiero viajar solo.	❏ En primavera.	❏ Me interesan las grandes ciudades y el arte.	❏ Me gusta ver el paisaje. Prefiero la bicicleta.
❏ Me gusta viajar con mi pareja.	❏ En verano.	❏ Me interesan las culturas diferentes.	❏ Me gusta viajar en avión: es más rápido.
❏ Prefiero viajar con mi familia.	❏ En otoño.	❏ Me gusta la aventura.	❏ No me gustan los aviones. Prefiero el tren.
❏ Me gusta viajar con mis amigos.	❏ En invierno.	❏ Me gusta la playa.	❏ Me gusta viajar en coche.

3–5 Las vacaciones de David, Eduardo y Manuel

Mira las fotos de David, Eduardo y Manuel. Relaciona a estas personas con estas frases.

Viajes a países lejanos: _____

Vacaciones tranquilas con la familia: _____

Contacto con la naturaleza: _____

 Ahora escucha a David, Eduardo y Manuel. Hablan sobre sus vacaciones. ¿Qué dicen? Completa el cuadro.

	ESTACIÓN DEL AÑO	PAÍS/PAÍSES	ACTIVIDADES	TRANSPORTE
DAVID				
EDUARDO (EDU)				
MANUEL				

3–6 Busco compañero/a de viaje

Lean estos tres anuncios (*ads*): son de tres viajes muy diferentes. ¿Les interesa alguno?

conocer la historia, la cultura
y las costumbres de otros pueblos?
Viaje organizado a Mérida, en la
cordillera de los Andes venezolanos.
Subida en teleférico a Pico Espejo.
Excursión con guía al pueblo
colonial de Chiguará.
Visita al parque temático *La montaña
de los sueños*.
Caminata por la Ruta de las
Nieves desde el estado Mérida
hasta el estado Trujillo.

¿Eres aventurero?

¿Te interesan los parques nacionales?
Tenemos dos lugares disponibles para un viaje
al Parque Nacional Los Roques.
Viaje de ida y vuelta en avión desde Caracas.
Visita al cayo (key) de Dos Mesquises
(Programa "Adopta una tortuga").
Buceo (diving), surf y vela (sailing).

¿TE GUSTAN EL SOL, EL MAR Y LA TRANQUILIDAD?

Apartamento muy barato en la
Isla de Margarita.
Para cinco personas.
Muy cerca de la playa.
Golf, paseos a caballo.
Viajes Solimar.

Ahora hablen sobre sus preferencias. Usen estas expresiones:

PREFERENCIAS:

A mí me interesa…
- el viaje al Parque Nacional Canaima.
- el apartamento en la playa.
- otros _____

POR QUÉ?

Me gusta…
- la montaña.
- conocer otras culturas.
- otros _____

Me gustan…
- los viajes organizados.
- los deportes acuáticos (*water sports*)
- otros _____

Quiero…
- visitar Los Roques
- conocer Mérida
- otros _____

EJEMPLO:

E1: A mí me interesa el apartamento en la Isla de Margarita. Me gustan las vacaciones tranquilas.

E2: A mí me interesa el viaje al Parque Nacional Canaima porque me gusta la aventura.

📖 GRAMÁTICA EN CONTEXTO

03-11 to 03-28

🍦🍦 **3–7 ¿Qué es y dónde está?**

Di (*say*) nombres del mapa y pregunta a tu compañero/a qué son y dónde están. Ofrece pistas como…

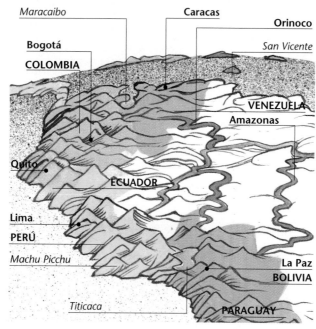

es un río/un lago/una montaña   **está** cerca de/lejos de
está al norte/al sur/al este/al oeste

EJEMPLO:

E1: ¿Qué **es** Maracaibo?
E2: Es una ciudad.
E1: ¿Y dónde **está**?
E2: **Está** en Venezuela, cerca de Colombia.

🍦🍦 **3–8 La capital de Venezuela**

Mira el mapa y lee el texto. Identifica en el mapa los lugares mencionados en el texto.

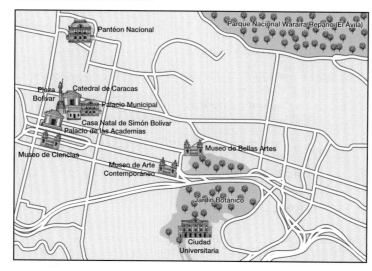

En el pueblo **hay** un supermercado.
El supermercado **está** en la Calle Mayor.
La iglesia y la alcaldía **están** en el centro.

	Singular
Hay	**Hay** una farmacia. **No hay** escuela.
	Plural
	Hay dos farmacias. **Hay** varias farmacias.

(yo)	**estoy**
(tú)	**estás**
(él, ella, usted)	**está**
(nosotros/as)	**estamos**
(vosotros/as)	**estáis**
(ellos, ellas, ustedes)	**están**

El hotel **tiene** piscina, sauna y gimnasio.

En el pueblo **hay** un hotel **y** dos bares.
También hay un casino.
En el pueblo **no** hay cine **ni** teatro.
Tampoco hay farmacia.

	QUERER
(yo)	quiero
(tú)	quieres
(él, ella, usted)	quiere
(nosotros/as)	queremos
(vosotros/as)	queréis
(ellos, ellas, ustedes)	quieren

	GUSTAR
(a mí)	me gusta
(a ti)	te gusta
(a él, ella, usted)	le gusta
(a nosotros/as)	nos gusta
(a vosotros/as)	os gusta
(a ellos, ellas, ustedes)	les gusta

Me gusta | viajar en tren.
         | este pueblo.

Me gustan los pueblos pequeños.

ACUERDO Y DESACUERDO

Con verbos como querer
● (Yo) soy profesor de español.
○ Yo también.
  Yo no.

● (Yo) no tengo dinero para ir en avión.
○ Yo tampoco.
  Yo sí.

Con verbos como gustar
● (A mí) me gusta mucho el cine.
○ A mí también.
  A mí no.

● (A mí) no me gustan las ciudades en
  verano.
○ A mí tampoco.
  A mí sí.

Caracas está a 15 km del mar Caribe. Entre Caracas y el mar está el Parque Nacional El Ávila, uno de los principales atractivos de la ciudad. La historia de Caracas se revela en sus edificaciones, calles y plazas. Dos ejemplos son la Casa Natal de Simón Bolívar y el Panteón Nacional, donde están los restos de Simón Bolívar y de otros héroes de la historia de Venezuela. La Plaza Bolívar está en el centro de la ciudad, junto con la Catedral de Caracas y el Palacio Municipal.

Caracas es un gran centro cultural y tiene muchos museos. El Museo de Bellas Artes es el más antiguo (*the oldest*) de Venezuela. Allí hay una importante colección de arte egipcio. El Museo de Ciencias está en la Plaza Los Museos, el circuito cultural de la ciudad. Además, allí podemos encontrar el Museo de Arte Contemporáneo y el Palacio de las Academias, donde están las academias de historia, medicina, lenguas, matemáticas y ciencias. Además, en la Ciudad Universitaria está el Jardín Botánico, donde hay un instituto de investigación y una amplia colección de arte. La Ciudad Universitaria y el Jardín Botánico son patrimonios de la humanidad.

EJEMPLO:

E1: Esto **es** la catedral, ¿verdad?
E2: Sí, y esto **es** El Museo de Ciencias.

 3–9 En Caracas

Con tu compañero/a, escribe un texto sobre Caracas.

En Caracas **hay** _____, _____ y _____.
También **hay** _____ y _____.
_____ **está** en _____.
_____ **está** cerca de _____ y de _____,
pero **está** lejos de _____.

3–10 De vacaciones

Dos amigos hablan de sus preferencias para las vacaciones. Escucha y completa las frases.

A Marta le gusta(n) _____ y prefiere _____.
No le gusta(n) _____.
Francisco prefiere _____ y _____.
A Francisco tampoco le interesa(n) _____.

3–11 ¿Qué te gusta?

Describe tus gustos respecto a estos temas. Usa las expresiones *me interesa(n)*, *me encanta(n)*, *me gusta(n) mucho*, *no me gusta(n) nada*, etc.

la música hip-hop	las discotecas	trabajar
leer novelas	las playas desiertas	la televisión
los restaurantes étnicos	aprender idiomas	los videojuegos
la política	el cine extranjero	otros _____

EJEMPLO:

E1: A mí **me interesa** mucho la música, especialmente la música clásica.
     Me encanta. No **me gustan** nada las discotecas porque **hay** mucho ruido.

INTERACCIONES

03-29 to 03-31

ESTRATEGIAS PARA LA COMUNICACIÓN ORAL

Expressing agreement and disagreement

In this chapter, you have learned how to express agreement and disagreement with respect to actions (*yo sí, yo no, yo también, yo tampoco*) and preferences (*a mí sí, a mí no, a mí también, a mí tampoco*). In conversation, it is useful to express agreement or disagreement with ideas or opinions as well. Some commonly used expressions in Spanish for expressing agreement are:

- *Tiene(s) razón.*   You are right.
- *(Estoy) de acuerdo.*   I agree.
- *Por supuesto.*   Of course.
- *Estoy contigo (con usted).*   I'm with you.

Common expressions to show disagreement are:

- *No tienes razón.*   You are wrong.
- *No estoy de acuerdo.*   I disagree.
- *De ninguna manera.*   No way.

Remember to learn these expressions as "chunks" of language. They will help you keep conversations going, add fluency to your Spanish, and focus your energy on the accuracy of other parts of the conversation.

 3–12 ¿De acuerdo o no?

Expresa estas opiniones sobre las vacaciones. Tus compañeros/as tienen que expresar acuerdo o desacuerdo con tus opiniones.

- Las mejores (*best*) vacaciones son en diciembre.
- Es mejor viajar solo.
- La montaña es un lugar muy aburrido. Allí hay muchos insectos.
- Los hoteles son muy incómodos (*uncomfortable*).
- Viajar en avión es muy peligroso (*dangerous*).
- Los cruceros (*cruises*) son muy divertidos.

EJEMPLO:
E1: Viajar en tren es muy caro.
E2: **Tienes razón** y además es muy lento.
E3: Yo **no estoy de acuerdo**. Creo que es muy divertido.

3–13 Tus preferencias para viajar

Entrevista a tu compañero/a sobre sus preferencias para viajar. Expresa acuerdo o desacuerdo con sus preferencias y opiniones. En particular, quieres saber…

- ¿Cómo le gusta viajar? (medio de transporte) ¿Por qué?
- ¿Cuándo le gusta viajar? (estación del año y mes) ¿Por qué?
- ¿Adónde le gusta viajar? (lugar) ¿Por qué?
- ¿Con quién le gusta viajar? ¿Por qué?

EJEMPLO:
E1: ¿Cómo **te gusta** viajar?
E2: En carro porque tengo más independencia.
E1: **A mí no. A mí me gusta** viajar en tren.

3–14 ¿De acuerdo?

Completen el cuadro individualmente con estos datos.

gastar dinero	jugar al fútbol	aprender español
madrugar	usar Facebook	ir al cine
limpiar el cuarto	ver partidos (*matches*)	
dormir	de baloncesto	

ENCANTAR		NO GUSTAR		PREFERIR	
A mí	A mi compañero/a	A mí	A mi compañero/a	Yo	Mi compañero/a

Ahora comparen su información. Identifiquen dos cosas en las que (*about which*) están de acuerdo y dos cosas en las que no están de acuerdo. Después presenten sus conclusiones a la clase.

EJEMPLO:

A Mark le gusta gastar dinero y **a mí también**. No le gusta madrugar y **a mí tampoco**.

3–15 Situaciones: *En el hotel*

A student from the United States is in Venezuela on vacation. The student has arrived in Caracas and needs to spend three nights in a hotel. S/he walks into the lobby of Hotel Las Américas and asks the receptionist about the hotel.

El Hotel Las Américas está en Sabana Grande. Esta zona tiene tiendas, bancos, restaurantes y discotecas. La estación de metro está muy cerca del hotel y da acceso al centro de Caracas, sus museos y atracciones culturales. El aeropuerto está a 40 minutos en carro. La reservación de la habitación incluye desayuno y periódicos locales e internacionales. El hotel tiene estos servicios:

Television por cable y satélite	Gimnasio y sauna
Servicio de lavandería	Peluquería
Acceso a Internet	Estacionamiento
Servicio de habitación las veinticuatro horas	Un restaurante y dos bares
Minibar	Piscina cubierta

ESTUDIANTE 1

You work in Hotel Las Américas as a receptionist. The tourist who has just arrived has some questions about the hotel. Answer his/her questions. Do not forget to read the information about the hotel.

ESTUDIANTE 2

You need a hotel that is near the airport and is in a quiet neighborhood. You also want laundry service, Internet access, and if possible, free breakfast. You want an outdoor pool and a gym. You prefer to be close to restaurants and shops.

Información para la actividad 3–14

La actividad ofrece una oportunidad más de trabajar con los pronombres de objeto indirecto en una mayor variedad de formas (*me, te, le, nos*). Además proporciona un mayor margen de libertad para que los estudiantes recojan información sobre el carácter o personalidad de sus compañeros a partir de diversas preguntas, que incluso podrían ser preparadas por los propios estudiantes.

Información para la actividad 3–15

Fíjese en cómo la sección Interacciones ofrece múltiples oportunidades de producción desde un formato más controlado a uno más abierto (y por tanto más difícil para el estudiante). Como ya se ha indicado, el espacio para la fluidez se va ampliando cada vez más y con él los posibles y esperables errores en la corrección gramatical. Tanto el instructor como el estudiante deben estar conscientes de esto.

Tras las dos actividades de *role-play* que los estudiantes realizaron en los capítulos anteriores, usted podrá notar la práctica que han adquirido a la hora de asumir personalidades diferentes y de desarrollar estructuras lo suficientemente adecuadas dentro del contexto comunicativo.

Como siempre, permita a los estudiantes pensar sobre su papel en esta actividad y elaborar preguntas, escribir datos y reflexionar sobre la gramática y el vocabulario que van a necesitar.

Información para la preparación de la Tarea

Como siempre, la tarea tiene varios Pasos que representan diferentes destrezas y niveles de dificultad. El trabajo de usted es guiar a los grupos de estudiantes durante todo el proceso y facilitar el progreso de la tarea. Asimismo, debe resolver dudas, clarificar contenidos gramaticales, etc. Dichas clarificaciones podrán variar de grupo a grupo.

Dé a sus estudiantes suficiente tiempo para preparar individualmente su exposición inicial. Cuando hayan finalizado, introduzca la formación de grupos eligiendo al azar a uno de los últimos estudiantes en hablar. Pregúntele: *¿Con quién puedes formar un grupo? ¿Por qué?* Con varias de estas preguntas, tendrá la base para la distribución de los estudiantes en los grupos; tres o cuatro personas por grupo es el número ideal.

Información para los Pasos 1 y 2 de la Tarea

Empiece con una actividad de comprensión lectora individual, guiando la lectura de los dos textos mediante preguntas relativas a su contenido, como por ejemplo:

¿Dónde está el campamento Ucaima?
¿Qué podemos hacer si vamos allí?
¿Cómo podemos llegar hasta allí?
¿Qué podemos hacer si vamos al albergue Villa del Sol?

Cada uno de los grupos ya formados debe realizar dos actividades sucesivas:

(a) Elegir entre las dos opciones. Para eso deben leer los textos de los dos anuncios y tomar una decisión personal. Luego, deben tomar una decisión en grupo utilizando las estrategias de conversación que se presentan como ejemplo.
(b) Decidir acerca de fechas, alojamiento y actividades. Para ello deben utilizar las muestras que se ofrecen en el recuadro llamado Ayuda.

TAREA Gente en acción

Planificar unas vacaciones en Venezuela.

PREPARACIÓN

Marca tus preferencias.

Viaje:
☐ en carro particular
☐ en tren
☐ en avión
☐ en autobús

Lugar:
☐ playa
☐ montaña
☐ campo
☐ ciudad

Alojamiento:
☐ hotel
☐ campamento
☐ apartamento
☐ pensión (albergue de juventud)

Intereses:
☐ naturaleza
☐ deportes
☐ monumentos
☐ museos y cultura

Explica tus preferencias a la clase.

EJEMPLO:

A mí me interesan los museos y la cultura. Por eso quiero ir a visitar una ciudad. Quiero ir en carro y alojarme en un hotel.

Identifiquen compañeros/as con preferencias similares y formen grupos.

Paso 1 Están en Venezuela y quieren planificar un fin de semana de vacaciones. Para sus vacaciones, elijan entre dos opciones: la Laguna de Canaima o la Isla de Margarita. Lean los anuncios.

CAMPAMENTO UCAIMA EN LA LAGUNA DE CANAIMA

Uno de los lugares más fabulosos del país es la Laguna de Canaima. En esta laguna hay saltos increíbles, islas y montañas. En un viaje en canoa puedes llegar a la Isla Anatoly. Allí puedes ver el Salto del Sapo y el Salto del Sapito. Una experiencia inolvidable es pasar debajo del (*under*) Salto del Sapo, buscando (*looking for*) el Salto del Sapito.

El campamento Ucaima está a dos kilómetros de la famosa Laguna de Canaima, a orillas del río Carrao. Tiene cinco hermosas cabañas con cómodas habitaciones: 10 dobles y 2 triples. Tiene un comedor panorámico, donde sirven comida típica. En el salón Mirador los visitantes pueden disfrutar del hermoso paisaje y de la meditación. Recomendaciones para el viajero: zapatos y ropa deportivos, sombrero o gorra, traje de baño, protector solar, impermeable, repelente y linterna.

PLAN: 4 días/3 noches
Incluye: Boleto aéreo Puerto Ordaz-Canaima-Puerto Ordaz. Tres noches de alojamiento en el campamento con comidas, seguro, traslado aeropuerto-campamento-aeropuerto y excursión al Salto del Sapo.

ALBERGUE VILLA DEL SOL EN LA ISLA DE MARGARITA

Las playas de la Isla de Margarita están entre (*among*) las primeras en el mundo para la práctica del winsurf, con competiciones internacionales. Además, existen dos parques nacionales y tres reservas naturales, casinos, más de 3.000 tiendas, una multitud de restaurantes y una increíble vida nocturna.

El albergue Villa del Sol le ofrece todo lo que (*everything that*) usted necesita para disfrutar sus vacaciones: una hermosa playa, una piscina, 350 días de sol al año y muchas actividades para divertirse. En la villa hay ocho habitaciones con acceso a la piscina, una parrilla de gas y una parrilla de leña.

PLAN: 4 días/3 noches
Incluye: Boleto aéreo Caracas-Isla de Margarita-Caracas. Tres noches de alojamiento en la posada con comidas, seguro, traslado aeropuerto-campamento-aeropuerto y excursión para practicar snorkeling y buceo.

AYUDA

- Yo prefiero ir en junio porque tengo vacaciones en verano.
○ Yo en diciembre.
- A mí me gusta más irme de campamento.
○ Yo prefiero un albergue.
- Yo quiero { practicar deportes de montaña. / hacer excursiones.

	PREFERIR
(yo)	pref**ie**ro
(tú)	pref**ie**res
(él, ella, usted)	pref**ie**re
(nosotros, nosotras)	preferimos
(vosotros, vosotras)	preferís
(ellos, ellas, ustedes)	pref**ie**ren

Paso 4 El/la representante del grupo presenta el plan a la clase.

Paso 5 Los grupos y el/la profesor/a comentan los resultados.

Paso 2 En grupo, hablen de sus preferencias y justifiquen sus opiniones.

EJEMPLO:

E1: Yo **prefiero** el viaje a la Isla de Margarita porque **me interesan** mucho los deportes acuáticos (*water sports*).
E2: A mí no. Yo **prefiero** ir a Canaima porque **hay** montañas.
E3: Yo estoy contigo. También **prefiero** Canaima.
E2: No estoy de acuerdo. Margarita es más interesante porque **hay** playas.

Paso 3 Escriban un plan con la opción elegida (*chosen*) y justifiquen su elección. Usen esta guía como modelo.

Nuestro plan es	ir a _____
	y viajar en el mes de _____.
Queremos	ir a _____ porque _____.
Queremos	alojarnos en _____
	pasar un día en _____y un día en
	_____.
Preferimos	visitar / estar en _____
	porque a _____ le gusta/interesa
	mucho _____.
	nos gusta/interesa _____.

Paso 6 Foco lingüístico.

Información para los Pasos 3 y 4 de la Tarea

Los estudiantes, en grupos, completan el plan según sus preferencias. Recuerde: ésta es la fase donde los estudiantes se centrarán más en la corrección gramatical y léxica.

Luego, un/a representante del grupo explica ante la clase el plan de viaje. El esquema les sirve para su exposición oral pública. Lo ideal es que sean capaces de realizarlo sin leerlo. Sin embargo, el esquema puede servirles de apoyo.

NUESTRA GENTE

03-32 to
03-33

GENTE QUE LEE

ESTRATEGIAS PARA LEER

Guessing the meaning of words using the context

While learning Spanish, you will come across many unfamiliar words. Using the dictionary is not always the best option. Trying to guess what the word means by using the context can often be a very good strategy. When you see an unfamiliar word, look at the surrounding words for contextual clues.

1. Look for definitions, synonyms, or explanations. These are generally very close to the unfamiliar word and sometimes are very explicit.
2. Search for contrasting phrases or antonyms. These could also be found very close to the unfamiliar word.
3. Study the overall meaning of the sentence and try to replace the word with other words or expressions you know.
4. Test the meaning you have guessed based on the context. Does it make sense?

For example, in the sentence "En Venezuela hay magníficas playas con grandes olas para los amantes del surf," you probably do not know the meaning of the word "olas." However, if you look at the surrounding words and search for cognates or other words you know, you will find *playas, grandes, surf.* You can probably guess that "olas" means *waves.*

Now read this text: *En esta zona de playa hay apartamentos donde puedes ver el mar desde la terraza.* What does the word "terraza" refer to?

a. a balcony   b. a city   c. a beach

You probably guessed "a balcony." None of the other options would make sense in this context.

ANTES DE LEER

3–16 Turismo

Define estos tipos de turismo. ¿Cuál te interesa más? ¿Por qué?

1. turismo cultural
2. ecoturismo
3. turismo rural
4. turismo deportivo
5. turismo de aventura
6. turismo gastronómico

3–17 Activando estrategias

1. Mira el título del texto y las fotos. ¿Qué información te dan (*they give you*) sobre el texto?
2. Mira el texto rápidamente. ¿Hay muchos cognados? Identifica algunos en los dos primeros párrafos.

Información para la actividad 3–17
Se espera que los estudiantes apliquen aquí las estrategias de pre-lectura que han estudiado hasta el momento en la sección Estrategias para leer, así como otras que puedan poner en práctica.

A LEER

ECOTURISMO EN VENEZUELA

El ecoturismo es una forma de turismo que tiene como finalidad el acercamiento a la naturaleza, a la fauna y flora en su **entorno** natural. Es un fenómeno en expansión que se practica[1] de diferentes maneras y en diferentes **sitios**: en los bosques, las selvas, los lagos, los ríos, las montañas o los desiertos. En Venezuela hay diversidad de sitios para practicar el ecoturismo.

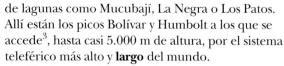

En el este del país están Playa Colorada y el Parque Nacional Mochima, famosos por sus islas, corales y variada flora y fauna; las tranquilas playas de Cumaná y las playas de Puerto Santo, Copey y Caribe en Carúpano. Al sur de Venezuela está el caudaloso[2] río Orinoco y también los parques nacionales Gran Sabana y Canaima con el Salto Ángel.

En el estado Mérida está el Parque Nacional Sierra Nevada con su variada flora, inmensas caídas de agua, ríos, aire puro y muchas otras sorpresas para el más exigente turista. También hay infinidad de lagunas como Mucubají, La Negra o Los Patos. Allí están los picos Bolívar y Humbolt a los que se accede[3], hasta casi 5.000 m de altura, por el sistema teleférico más alto y **largo** del mundo.

Finalmente, la región de Guayana es una extensa zona de selvas con ríos, saltos de agua, abundante y variada flora y fauna, y hábitats de grupos étnicos como los pemones y guaraos. Aproximadamente tres millones de hectáreas de esta región constituyen el Parque Nacional Canaima, el mayor de Venezuela. En el corazón de la Guayana está la maravillosa belleza[4] natural conocida como La Gran Sabana. Esta zona es un paraíso para los ecólogos y los ecoturistas **ya que** allí hay ríos con variadas clases de **peces** y especies de fauna terrestre (monos, tucanes, colibríes, tigres, pumas, osos hormigueros, loros, serpientes y tortugas).

[1]it's practiced   [2]large   [3]you can access   [4]beauty

DESPUÉS DE LEER

3–18 Activando estrategias

1. ¿Qué significan las palabras **entorno**, **sitios** y **peces**? Usa el contexto para responder.
2. ¿Qué significa la expresión **ya que**? Usa el contexto para responder.
3. Busca la palabra **largo** en el diccionario. ¿Es un cognado?

3–19 ¿Comprendes?

1. ¿Por qué es famoso el Parque Nacional Mochima?
2. ¿Dónde está el pico Humboldt?
3. ¿En qué región está el Parque Nacional Canaima?
4. ¿Qué es la Gran Sabana y dónde está?
5. Según (*according to*) el texto, ¿por qué Venezuela es un país ideal para hacer ecoturismo?

3–20 Expansión

Piensen en los posibles efectos negativos del ecoturismo.

GENTE QUE ESCRIBE

03-34 to
03-35

ESTRATEGIAS PARA ESCRIBIR

Reviewing the vocabulary of your written work

When you revise your writing for vocabulary, ask yourself the following questions:

1. Does your composition show how much vocabulary you know?
2. Have you used any false cognates?
3. Have you tried to incorporate new vocabulary and expressions?
4. Have you tried to "translate" complex ideas from English into Spanish? Remember that simplification is often the best solution.
5. Read your composition again and circle any words that are repeated. Is it possible to avoid repetition by using another word or by paraphrasing?

Finally, if you are unsure about a word that you have written, or if you cannot find a word that it is really important for your composition, use the dictionary, but only as a last resort.

MÁS ALLÁ DE LA FRASE

Respuestas para Más allá de la frase
CAUSA: Mucha gente de todo el mundo visita Venezuela porque / ya que tiene docenas de playas bellísimas.
CONSECUENCIA: Venezuela tiene playas bellísimas; por eso / así que mucha gente de todo el mundo visita este país.

Connectors to express cause and consequence

The most common connector for justifying preferences, actions, or opinions is *porque*. However, you should vary the connectors when you write so that it does not sound repetitive. Some other connectors are *ya que* (*since*) and *debido a que* (*due to*). They have the same general meaning as *porque* but are more formal, so they are used more frequently in writing (and less frequently in conversational Spanish).

Sometimes we express the effect or consequence of something before we mention the cause. Note that cause and effect maintain a very close relationship. Read the following examples:

> *Esa zona es un paraíso para los ecólogos **porque allí** hay ríos con variadas clases de peces.*

> *Allí hay ríos con variadas clases de peces; **por eso** esa zona es un paraíso para los ecólogos.*

Note that we express cause or effect according to the order of the information in the sentence.
Another common connector that express effect or consequence is *así que* (*so*).

Read these sentences. Can you join them together in two different ways?

> CAUSA: *Venezuela tiene docenas de playas bellísimas.*

> CONSECUENCIA: *Mucha gente de todo el mundo visita Venezuela.*

3–21 Una carta

Información para la actividad 3–21
El proceso de escritura es el mismo que se ha seguido en las lecciones 1 y 2 (Pasos). Dirija la atención de los estudiantes a la revisión del vocabulario, sin descuidar la de la gramática. Asimismo, pídales que incluyan algunos ejemplos de relación de causa o de consecuencia con sus conectores respectivos.

Un/a amigo/a de Venezuela va a visitarte (*is going to visit you*) en tu ciudad durante las vacaciones de diciembre. Escribe un correo electrónico a tu amigo/a. Explica

- qué hay en tu ciudad;
- dónde está situada;
- los diferentes medios de transporte para llegar allí;
- los deportes y actividades que puedes practicar en ese lugar;
- qué te gusta hacer durante las vacaciones;
- algunos datos curiosos e interesantes sobre ese lugar; y
- otras **razones** para visitar tu ciudad.

 ¡ATENCIÓN!

Tu trabajo escrito debe seguir los Pasos 1 a 8. Presta atención al uso del vocabulario (Paso 7) y revisa la organización y conexión entre las ideas (conectores).

COMPARACIONES

Venezuela y Estados Unidos

¿Creen que Venezuela es un país bien conocido en Estados Unidos?

3–22 Venezuela en el cine

Lee estos dos textos. Después responde a las preguntas.

El tepuy es una meseta abrupta, con paredes verticales y cimas (*summits*) muy planas (*flat*), que frecuentemente supera los 1.000 m de desnivel (*unevenness*) con respecto a la selva circundante. Estas montañas son las formaciones expuestas más antiguas en el planeta. Los tepuyes están normalmente aislados en vez de (*instead of*) formar parte de una cadena (*chain*) común. Por eso tienen el ambiente ideal donde se desarrollan ecosistemas únicos. La mayor parte de los tepuyes (alrededor de 115) está en la zona de la Gran Sabana venezolana. Otro número importante está en el Parque Nacional Canaima. El nombre *tepuy* es originario del idioma indígena pemón y significa "montaña" o "casa de los dioses". Actualmente las leyes venezolanas protegen los tepuyes y los consideran monumentos naturales. En las cimas de estos tepuyes nacen ríos y gigantescas cascadas, como el Salto Ángel, la cascada más alta del mundo.

Tepuy Autana en Amazonas, Venezuela

1. ¿En qué se diferencian los tepuyes de otras montañas?
2. ¿Por qué son los tepuyes importantes?
3. ¿Dónde hay una alta concentración de tepuyes?

Los enormes y misteriosos tepuyes del sureste de Venezuela son el escenario de *Up*, la película animada de Disney-Pixar. La película cuenta (*tells*) la relación entre un viejo gruñón (*grumpy*) y un niño explorador, compañeros de viaje con destino a Venezuela. El Salto Ángel, la catarata más alta del planeta, es el destino final de los personajes. Un equipo de 11 personas encabezado por el director Pete Docter fue (*went*) a la Gran Sabana para investigar el lugar antes de (*before*) decidir la ubicación de la historia. El viaje por avión, barco, vehículos terrestres y finalmente helicópteros tomó (*took*) más de tres días. Primero fueron (*they went*) al Monte Roraima. Desde Roraima viajaron (*traveled*) en helicóptero a Kukenan. Finalmente llegaron (*arrived*) al Auyantepuy, base del Salto Ángel.

Imagen de la película UP con un tepuy al fondo

1. En tu opinión, ¿qué efectos positivos puede tener esta película?
2. ¿Crees que la película puede tener efectos negativos?
3. ¿Conoces otros ejemplos de películas o libros con historias ambientadas en lugares interesantes de tu país o del mundo hispanohablante?

CULTURA

En Estados Unidos hay unos 180.000 habitantes de herencia venezolana y la mayoría se concentra en el sur de la Florida. Muchos de estos venezolano-estadounidenses son profesionales con alta preparación académica. Tres personajes famosos de ascendencia venezolana son la cantante Mariah Carey, el actor Wilmer Valderrama y el jugador de baloncesto Trevor Ariza.

 VOCABULARIO

Los medios de transporte (Transportation)

autobús/bus/ómnibus (el)	*bus*
el avión	*plane*
el barco	*boat*
la bicicleta	*bicycle*
el coche/carro/auto	*car*
el metro	*subway*
el tren	*train*

Turismo y vacaciones (Tourism and vacations)

el aeropuerto	*airport*
la alcaldía	*city hall*
el bosque	*forest*
la calle	*street*
el campo	*countryside*
la carretera	*road, highway*
el centro	*city center, downtown*
la ciudad	*city*
el edificio	*building*
la estación de tren	*train station*
la excursión	*field trip*
el/la guía	*guide*
la iglesia	*church*
la isla	*island*
el jardín	*garden*
el lago	*lake*
el mar	*sea*
la montaña	*mountain*
el parque	*park*
la playa	*beach*
el pueblo	*town*
el río	*river*

Alojamientos y servicios (Lodgings and services)

el aire acondicionado	*air conditioning*
el alojamiento	*lodging*
el apartamento	*apartment*
el banco	*bank*
el boleto	*ticket*
el campamento	*camp*
el dinero	*money*
el gimnasio	*gym*
el hotel	*hotel*
la peluquería	*hair salon*
las instalaciones	*facilities*
la piscina	*swimming pool*
la pista/cancha de tenis	*tennis court*

Las estaciones (Seasons)

la primavera	*spring*
el verano	*summer*
el otoño	*fall*
el invierno	*winter*

Los meses del año (Months of the year)

enero	*January*
febrero	*February*
marzo	*March*
abril	*April*
mayo	*May*
junio	*June*
julio	*July*
agosto	*August*
septiembre	*September*
octubre	*October*
noviembre	*November*
diciembre	*December*

Adjetivos (Adjectives)

antiguo/a	*old*
bello/a	*beautiful*
exótico/a	*exotic*
fabuloso/a	*fabulous*
húmedo/a	*humid*
impresionante	*outstanding*
increíble	*incredible*
maravilloso/a	*marvellous*
peligroso/a	*dangerous*
ruidoso/a	*noisy*
seco/a	*dry*
solitario/a	*lonely*
solo/a	*alone*
tranquilo/a	*calm*

Verbos (Verbs)

alojarse (en)	*to lodge*
alquilar	*to rent*
descansar	*to rest*
elegir (i)	*to choose*
encontrar (ue)	*to find*
llamar	*to call*
navegar	*to sail*
pasear	*to walk*
querer (ie)	*to want*
reservar	*to reserve*
viajar	*to travel*
visitar	*to visit*

Expresiones útiles (Useful expressions)

ida y vuelta	*round trip*
tomar el sol	*to sunbathe*

CONSULTORIO GRAMATICAL

1 *Hay, Estar*

We use **hay** (there is, there are) to talk about the existence of things, places, and services.
We use **estar** to indicate where things are located.

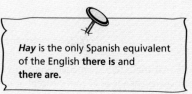

Hay is the only Spanish equivalent of the English **there is** and **there are**.

Hay

If we wish to know whether or not something exists, we use **hay** (or **tener**) and the noun without the article. If it seems logical to expect that there is only one thing in existence, we use a singular noun.

- ¿**Hay** piscina en el campamento?   —**Is there a** pool at the camp?
- No, no **hay** piscina.   —No, **there is** no pool.

- ¿El campamento **tiene** piscina?   —**Does** the camp **have** a pool?
- No, no **tiene**.   —No, it **doesn't**.

Use a plural noun when you expect there to be more than one.

- ¿**Hay** lavanderías en este barrio?   —**Are there** laundromats in this neighborhood?
- No, en este barrio no **hay**.   —No, **there** aren't any in this neighborhood.

- ¿Caracas **tiene** buenos hospitales?   —**Does** Caracas **have** good hospitals?
- Sí, varios.   —Yes, many.

If you are trying to locate something, use the indefinite article (**un/una**).

¿**Hay una** farmacia cerca de aquí? (= necesito una)

> **¡ATENCIÓN!**
>
> En el pueblo **hay**
> - un bar.   SINGULAR
> - una farmacia.
> - dos / tres / ... bares.   PLURAL
> - muchas / varias / ...farmacias.

Estar

We use **estar** to indicate where things are located. **Está** is singular and **están** is plural.

SINGULAR	El restaurante **está** en la avenida Libertador.
	La farmacia **está** en la plaza Bolívar.
PLURAL	Los museos **están** al lado del parque Los Caobos.
	Las farmacias **están** en la plaza Bolívar y en la avenida Libertador.

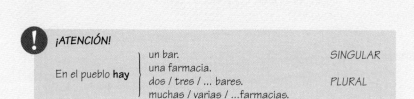

The English verb **to be** corresponds to either *ser* or *estar* in Spanish. You've already studied the use of *ser* to talk about nationality and profession, or to define, identify or describe an object or a person. *Estar* is used to talk about location.

2 *Y, No... ni, También, Tampoco*

En el pueblo hay un hotel y dos bares. **También** hay un casino.
There are two bars and one hotel in town. There is also a casino.

En el pueblo **no** hay cine **ni** teatro. **Tampoco** hay farmacia.
There is neither a theater nor a movie theater in town. There isn't a pharmacy either.

En el pueblo **no** hay restaurante, pero hay dos bares y una cafetería.
There is no restaurant in town, but there are two bars and a cafeteria.

3 *Querer* and *Preferir*: E -> IE

These are two common stem-changing verbs.

	QUERER	PREFERIR
(yo)	quiero	prefiero
(tú)	quieres	prefieres
(él, ella, usted)	quiere	prefiere
(nosotros/as)	queremos	preferimos
(vosotros/as)	queréis	preferís
(ellos, ellas, ustedes)	quieren	prefieren

Quiero	**un apartamento** barato.	*NOUNS*
Prefiero	**las vacaciones** en septiembre.	
Quiero	**visitar** la Casa Natal de Bolívar.	*INFINITIVES*
Prefiero	**ir a / alojarme en** un campamento.	

> Note that these two stem-changing verbs have a stem vowel change in all forms except in *nosotros* and *vosotros*. Other similar stem-changing verbs are: *entender, pensar, empezar.*

4 Verbs to Express Likes and Interests

Verbs used to express likes and dislikes, interests, emotions, or value judgments work in a different way from other verbs you have studied. Whatever causes the emotion, judgment, or feeling is the subject of the sentence and the person who experiences the emotion, judgment, or feeling is the complement.

	Subject	
Me gust**a**	la playa / este bar	*SINGULAR NOUNS*
Me interes**a**	pasear / conocer gente	*INFINITIVES*
Me encant**a**		
Me gust**an**	los deportes / las ciudades	*PLURAL NOUNS*
Me interes**an**		
Me encant**an**		

> Unlike in English, in Spanish the verb **gustar** (*to like*) is used always in the third person, singular or plural, because the things or people that we like or dislike are the grammatical subject of the sentence. ¿*Te gusta* el teatro? (= *Do you like theater?*)

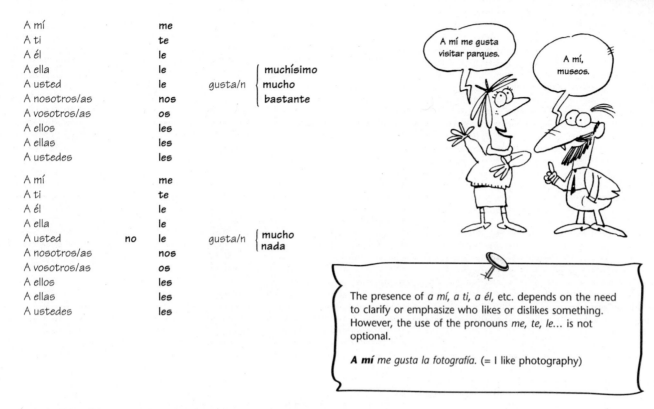

A mí		me		
A ti		te		
A él		le		
A ella		le		muchísimo
A usted		le	gusta/n	mucho
A nosotros/as		nos		bastante
A vosotros/as		os		
A ellos		les		
A ellas		les		
A ustedes		les		

A mí		me		
A ti		te		
A él		le		
A ella		le		
A usted	no	le	gusta/n	mucho
A nosotros/as		nos		nada
A vosotros/as		os		
A ellos		les		
A ellas		les		
A ustedes		les		

> The presence of *a mí, a ti, a él*, etc. depends on the need to clarify or emphasize who likes or dislikes something. However, the use of the pronouns *me, te, le…* is not optional.
>
> **A mí** me gusta la fotografía. (= I like photography)

5 Agreement and Disagreement

With verbs like gustar, interesar, etc., the expression of agreement and disagreement also follows the grammar pattern required by these verbs; that is, the subject of the sentence is the thing or person that causes the specific emotion.

- **(A mí)** me gusta mucho el cine. — *I like movies very much.*
- A mí **también.** — *Me too.*
- A mí **no.** — *Not me.*

- **(A mí)** no me gustan los viajes en verano. — *I don't like trips in the summer.*
- A mí **tampoco.** — *Me neither.*

With all other verbs, the grammar pattern is the usual.

- **(Yo)** soy profesor de español. — *I am a Spanish teacher.*
- Yo **también.** — *Me too.*
- Yo **no.** — *Not me.*

- **(Yo)** no tengo dinero para viajar en avión. — *I don't have money to travel by plane.*
- Yo **tampoco.** — *Me neither.*
- Yo **sí.** — *I do.*

4 GENTE de COMPRAS

TAREA

Planificar una fiesta y comprar regalos.

NUESTRA GENTE

Argentina
Hispanos/latinos en Estados Unidos

Información para la actividad 4–1

La mayoría de los nombres de tiendas que aparecen en el dibujo son comunes en muchos de los países hispanohablantes. Sin embargo, en otros casos es posible encontrar nombres con menor alcance, como *estanco* (tienda en España donde se venden cigarrillos, sellos y boletos de lotería), *almacén* (tienda de artículos de uso diario en Argentina y otros países), *quiosco* (en España y Venezuela, punto de venta de prensa diaria y revistas, en otros países punto de venta de bebidas), *pulpería* (bar o almacén, según el país), *droguería* (tienda de productos de limpieza, en España), etc. Por otra parte, usted puede recibir preguntas por parte de los estudiantes acerca de la traducción correcta para *department store* (grandes almacenes, almacenes, hipermercado, tiendas por departamento) o *convenience store* (almacén, autoservicio, tienda de artículos de uso diario, bodega abasto), entre otros. En último término, las decisiones acerca de qué o cuántas palabras se quieren presentar en clase siempre dependen del criterio de los participantes, o sea del criterio del profesor y del de los estudiantes.

CULTURA

Galerías Pacífico es uno de los centros comerciales más importantes y tradicionales de Buenos Aires, Argentina. Es el centro de compras más frecuentado por los turistas. Es un edificio de 1891 y fue (*was*) la primera sede del Museo Nacional de Bellas Artes. Desde 1945 es una galería comercial. El emblema de Galerías Pacífico es la magnífica cúpula con murales de Antonio Berni y otros artistas argentinos. El edificio es monumento histórico nacional.

Galerías Pacífico

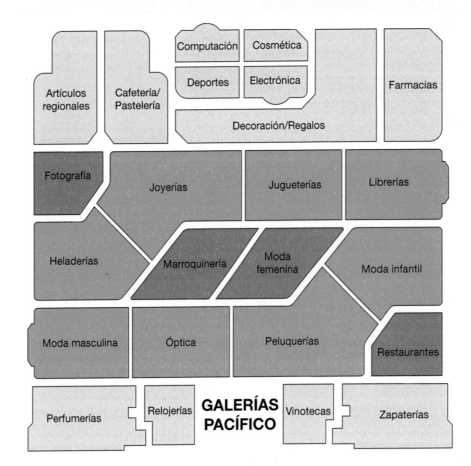

ACERCAMIENTOS

4–1 Galerías Pacífico, centro comercial

Fíjate en los tipos de establecimientos comerciales de Galerías Pacífico. ¿Qué crees que venden (*sell*) en cada uno?

electrodomésticos	ropa de hombre	joyas	cosméticos	computadoras
comida	ropa de mujer	perfumes	bebidas	vino
medicinas	libros	zapatos	helados	anteojos

EJEMPLO:
E1: En las tiendas de moda femenina venden ropa de mujer.
E2: Y en las jugueterías venden juguetes.

4–2 ¿Y tú?

¿Qué tipos de lugares visitas cuando vas de compras (*go shopping*)?

Me gustan mucho los/las _____.
No me gustan los/las _____. Prefiero los/las _____.

Ahora comenta tus preferencias con la clase.

4–3 Galerías Pacífico, Buenos Aires

Estás de visita en Buenos Aires y tienes que (*you have to*) ir de compras. Mira los tipos de tiendas de Galerías Pacífico. ¿Qué tipo de tienda tienes que buscar para comprar…?

un libro	una botella de vino	un iPod	un juguete
unas aspirinas	una cartera nueva	un perfume	una raqueta de tenis

4–4 Un regalo para Elena y para Carlos

Fíjate en la personalidad de Elena y Carlos, sus gustos y preferencias. Prepara una lista de cuatro posibles regalos para cada uno. ¿Dónde puedes comprar los regalos?

PERSONALIDAD DE ELENA
Elena es:
joven
moderna
abierta
simpática
puntual

A Elena le gusta/n:
la música pop
los videojuegos
viajar
las flores

A Elena **no** le gusta/n:
hacer deporte
los cosméticos
los electrodomésticos

PERSONALIDAD DE CARLOS
Carlos es:
más o menos joven
clásico
serio
tímido
puntual

A Carlos le gusta/n:
la música jazz
ir de compras
viajar
los perfumes

A Carlos **no** le gusta/n:
leer
los videojuegos
los electrodomésticos

EJEMPLO:
E1: Puedo comprar una cámara de fotos en una **tienda de fotografía.**

📖 **VOCABULARIO EN CONTEXTO**

04-01 to
04-09

4–5 La lista de Daniel

Daniel va a Galerías Pacífico porque tiene que hacer muchas compras. Además, tiene que comprar un regalo para Lidia, su novia, porque es su cumpleaños. Daniel tiene una lista. ¿A qué tiendas tiene que ir Daniel? Señálalo con una cruz (X).

☐ a una librería
☐ a una perfumería
☐ a un supermercado
☐ a una tienda de ropa de hombre
☐ a una tienda de ropa de mujer
☐ a una tienda de deportes
☐ a una bodega
☐ a una farmacia
☐ a una joyería
☐ a una florería
☐ a una tienda de electrodomésticos
☐ a una pastelería

dos botellas de vino
chaqueta
lentes de sol
pelotas de tenis
desodorante
pilas
medias
revista El Economista
comida para el gato
regalo para Lidia (¿un pañuelo? ¿un reloj?)
computadora portátil
pastel de cumpleaños

4–6 Las compras de Daniel

Éstas son las conversaciones de Daniel en diferentes tiendas.

🔊 Escucha las conversaciones. ¿Qué frase falta en los diálogos?

☐ ¿Cuánto cuesta éste?
☐ ¿Tienen pilas?
☐ Ésta es un poco grande, ¿no?

☐ Sí, pero ¿tiene alguna recomendación?
☐ ¿Aceptan tarjetas de crédito?
☐ ¿De hombre o de mujer?

¿En qué diálogo hace Daniel estas cosas?

Diálogo Número   Diálogo Número

1. se prueba (*tries on*) una chaqueta ☐   4. busca un regalo para su novia ☐
2. quiere usar una tarjeta de crédito ☐   5. quiere comprar algo para él ☐
3. pregunta el precio ☐

4–7 ¿Qué llevan?

Mira el dibujo y lee la información. ¿A quién se refieren estas frases?

1. Lleva ropa muy juvenil. Hoy lleva una camiseta blanca y una falda azul y blanca. Siempre lleva botas.
2. Le gusta la ropa clásica y elegante, pero cómoda. Hoy lleva una chaqueta y una falda marrones y unos zapatos de tacón, marrones también.
3. Le gusta la ropa informal. Lleva siempre jeans y camiseta blanca.
4. Siempre va muy elegante. Lleva pantalones grises, chaqueta azul, camisa blanca y corbata de lazo.
5. Es muy clásico. Siempre va con pantalones, chaleco y chaqueta.
6. Lleva un vestido largo azul y unos zapatos rojos.

4–8 Descripciones

Escribe la descripción de una persona de la clase. Después lee tu descripción a la clase. Tus compañeros/as tienen que adivinar quién es.

4–9 Colores

Lee el texto y mira las fotos. ¿Te gustan las casas? ¿Qué colores tienen?

CULTURA

La Boca es un barrio de la ciudad de Buenos Aires. Es famoso por su equipo de fútbol, el Boca Juniors, y también por sus casas pintadas de colores brillantes. En la calle Caminito puedes ver artistas que bailan y tocan tango. También puedes comprar artículos tradicionales y artesanía.

Información para la actividad 4–6
Se presentan aquí expresiones para pedir información en tiendas y realizar compras. Antes de escuchar las conversaciones, proponga a los estudiantes que miren los dibujos y que imaginen qué ocurre en cada uno de ellos.

Pida a los estudiantes que expliquen qué tipo de problemas tiene Daniel en cada viñeta y que digan en qué tienda del centro comercial se encuentra.

Respuestas para la actividad 4–6
(Audio)
¿Cuánto cuesta éste?—*diálogo 1*
¿Tienen pilas?—*diálogo 4*
Es un poco grande, ¿no?—*diálogo 3*
Sí, pero ¿tiene alguna recomendación?—*diálogo 2*
¿Aceptan tarjetas de crédito?—*diálogo 6*
¿De hombre o de mujer?—*diálogo 5*

1. *se prueba una chaqueta: 3*
2. *quiere usar una tarjeta de crédito: 6*
3. *pregunta el precio: 1*
4. *busca un regalo para su novia: 2*
5. *quiere comprar algo para él: 5*

Respuestas para la actividad 4–7

1. *dibujo 4*
2. *dibujo 6*
3. *dibujo 3*
4. *dibujo 1*
5. *dibujo 5*
6. *dibujo 2*

Información para la actividad 4–9
Esta actividad combina el foco en la producción de vocabulario referido a los colores con un contenido cultural relacionado con un barrio de Buenos Aires. Pregunte a los estudiantes si conocen otros ejemplos de arquitectura caracterizada por colores fuertes.

📖 GRAMÁTICA EN CONTEXTO

04-10 to
04-29

🍦🍦 4–10 ¿Tienes o no?

Pregunta a tu compañero/a si (*if*) tiene o no estas cosas y si necesita algunas de ellas.

computadora	bicicleta	joyas de oro
X-Box	coche	cuenta de Facebook
cámara de video	moto	ropa de diseñador
iPhone	Blackberry	teléfono celular

EJEMPLO:

E1: ¿Tienes coche?
E2: No, no tengo.
E1: ¿Necesitas **uno**?
E2: No, porque no **tengo que caminar** mucho.

🍦🍦 4–11 ¿Cuánto cuestan?

Pregunta a tu compañero/a el precio de las cosas que necesita.

EJEMPLO:

E1: ¿Cuánto **cuesta** un iPhone?
E2: Depende. **Uno** barato **cuesta** 120 dólares.

Ahora comparen sus precios con los de otros estudiantes de clase.

🍦🍦 4–12 Regalos

Ustedes están en una tienda de artesanía en Buenos Aires. Tienen que pensar en cuatro compañeros/as de clase y elegir regalos para ellos. Consideren el precio. Después expliquen su selección.

COLLAR DE PLATA: 97 pesos

TALLA DE MADERA: 521 pesos

VASIJA DE CERÁMICA: 365 pesos

BOMBO: 1.450 pesos

PONCHO DE ALPACA: 230 pesos

FLAUTAS: 34 pesos (cada una)

UN/UNO, UNA, UNOS, UNAS

CON UN NOMBRE

- Quiero
  - **un** libro.
  - **una** cámara.
  - **unos** esquíes.
  - **unas** botas.

SIN UN NOMBRE

- Yo también quiero
  - **uno.**
  - **una.**
  - **unos.**
  - **unas.**

TENER

(yo)	**tengo**
(tú)	**tienes**
(él, ella, usted)	**tiene**
(nosotros/as)	**tenemos**
(vosotros/as)	**tenéis**
(ellos, ellas, ustedes)	**tienen**

- ¿Tienes coche?
- Sí, tengo **un** BMW.

¿Tienes coche?

No, no tengo.

NECESIDAD U OBLIGACIÓN

TENER	QUE	INFINITIVO
Tengo	que	ir de compras.
Tienes	que	llevar corbata.
Tiene	que	trabajar.

PRECIO

- ¿Cuánto **cuesta/vale** esta camisa?
- Cincuenta dólares.

- ¿Cuánto **cuestan** estos zapatos?
- Cuestan doscientos pesos.

NÚMEROS

100 cien	600 seiscientos/as
200 doscientos/as	700 **setecientos/as**
300 trescientos/as	800 ochocientos/as
400 cuatrocientos/as	900 **novecientos/as**
500 **quinientos/as**	1.000 **mil**

101 **ciento** uno
151 **ciento** cincuenta y uno
3.100 tres mil **cien**
3.150 tres mil **ciento** cincuenta
100.000 **cien** mil
110.200 **ciento** diez mil doscientos

From 200 to 999

	MASCULINO	FEMENINO
300	trescientos carros	trescient**as** personas
320	trescientos veinte pesos	trescient**as** veinte lib**ras**

COLORES

blanc**o/a**	azul	verde
amarill**o/a**	gris	rosa
roj**o/a**	marrón	naranja
negr**o/a**		

PRONOMBRES OD Y OI

Pronombres Objeto Directo

lo   la   los   las

● Yo compro los platos.
○ No, yo **los** compro.

Pronombres Objeto Indirecto

le   les

● ¿Qué **les** compras a María y a Eduardo?
○ A María **le** compro una mochila y a Eduardo **le** compro un CD.

Me gustan esos pantalones. Yo los tengo iguales.

¿Iguales?

EJEMPLO:

E1: ¿El poncho para Michael?
E2: No, es muy caro. **Cuesta** 230 pesos.

4–13 Atención a la forma

Lee este diálogo. Analiza las frases y la función de las palabras en negrita con la ayuda de tu profesor/a. ¿Para qué (*for what purpose*) se usan estas palabras en un enunciado? ¿Qué función tienen?

- ¿Quién **le** compra el collar a Raquel?
- Yo **le** compro el collar a Raquel.
- No, no, yo **lo** compro.

- ¿Y quién **le** compra las flautas a Ricardo?
- Yo **le** compro las flautas.
- **Las** compra Rick.
- No, yo **las** compro.

4–14 ¿Quién compra qué?

Miren el ejercicio 4–12 y decidan ahora quién compra qué.

EJEMPLO:

E1: ¿Quién **le** compra el poncho a Matt?
E2: Yo **lo** compro. / Yo **le** compro el poncho.

4–15 ¿Qué ropa tienen que llevar (*wear*)?

¿Qué ropa crees que tienen que llevar? Escribe tus respuestas. Después habla con tus compañeros/as para decidir qué ropa es más adecuada.

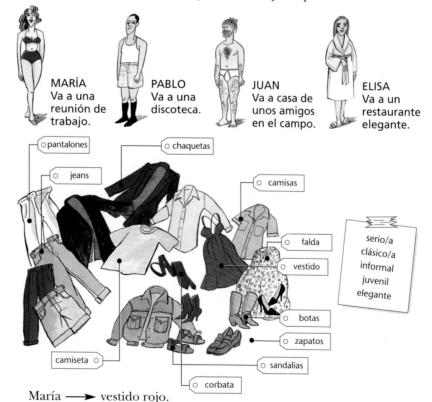

MARÍA
Va a una reunión de trabajo.

PABLO
Va a una discoteca.

JUAN
Va a casa de unos amigos en el campo.

ELISA
Va a un restaurante elegante.

pantalones
chaquetas
jeans
camisas
falda
vestido
serio/a
clásico/a
informal
juvenil
elegante
botas
zapatos
camiseta
sandalias
corbata

María ⟶ vestido rojo.

EJEMPLO:

E1: Yo creo que María **tiene que** llevar el vestido rojo.
E2: Yo creo que no puede llevar**lo**. Es demasiado elegante. Mejor unos pantalones.
E3: Sí, puede llevar**los** con una camisa bonita.

Información para la actividad 4–13
Ésta es una de las actividades que se enfoca en la reflexión y concienciación sobre la forma lingüística, en este caso los pronombres enclíticos. Este paso inicial de reflexión será muy productivo para la futura adquisición de uno de los aspectos más difíciles de la morfología del español. Como ya se ha dicho, los estudiantes deben usar su lengua materna para articular este tipo de reflexiones. Haga que los estudiantes analicen muestras lingüísticas que incorporan pronombres de complemento siempre que sea posible.

El pronombre de complemento indirecto se presentó en la lección anterior mediante la construcción de tipo *gustar*. En este capítulo se presenta por primera vez el pronombre de complemento directo a través de diálogos en los que se puede apreciar claramente su función principal: evitar la repetición innecesaria del nombre al que sustituyen.

En este capítulo se presentan los dos tipos de pronombres para que los estudiantes comiencen a captar el contraste entre los dos. En capítulos posteriores se volverá a examinar el uso de cada uno, así como la manera en que pueden combinarse.

Información para la actividad 4–14
Se retoma la actividad 4–12 con el objetivo de practicar el empleo de los pronombres complemento antes del verbo conjugado. Si los estudiantes lo necesitan, permítales que escriban sus frases y piensen en el tipo de pronombre que necesitan (directo o indirecto), el género y número, y la colocación (antes del verbo).

Información para la actividad 4–15
La actividad combina la perífrasis *tener que + infinitivo* con la posición del pronombre después (o antes) del conjunto de la perífrasis, y con el uso del léxico introducido en esta lección.

Sugerencias/expansión para la actividad 4–15
La clase puede continuar con esta actividad. Por ejemplo, usted o un estudiante puede decir a la clase que tiene que ir a alguna parte, y los demás le dan recomendaciones.

📖 **INTERACCIONES**

04-30 to
04-32

Información para Estrategias
para la comunicación oral
La formulación de preguntas
directas, especialmente con
preposición, es uno de los aspectos
lingüísticos más importantes de
este programa de lengua y se
trabajará durante todo el libro.
Facilite la práctica de preguntas
siempre que tenga oportunidad.
Procure que los estudiantes usen
distintos tipos de preguntas en sus
conversaciones, para así reforzar la
comprensión de las construcciones
interrogativas directas.

ESTRATEGIAS PARA LA COMUNICACIÓN ORAL

Formulating direct questions (I)

Direct questions often occur in conversations and are used to get information. These questions are introduced by interrogative words. Here are some ways of formulating direct questions.

• *¿dónde?* + verb	*¿Dónde está el barrio La Boca?*
• *¿cómo?* + verb	*¿Cómo vamos a ir?*
• *¿cuándo?* + verb	*¿Cuándo quieres ir?*
• *¿cuánto?* + verb	*¿Cuánto cuesta este sombrero?*
• *¿cuánto/a/os/as?* + noun	*¿Cuánto dinero tienes?*
• *¿cuál/es?* + verb	*¿Cuál es más barata: ésta o ésta?*
• *¿qué?* + verb	*¿Qué te interesa más: el mar o la montaña?*
• *¿qué?* + noun	*¿Qué viaje te interesa más?*
• *¿quién/quiénes?* + verb	*¿Quién quiere ir a Argentina?*

With a preposition:

• *¿de dónde?*	*¿De dónde eres?*
• *¿desde cuándo? ¿hasta cuándo?*	*¿Hasta cuándo quieres estar en Buenos Aires?*
• *¿con cuánto/a/os/as?*	*¿Con cuántos amigos quieres viajar?*
• *¿a qué? ¿con qué? ¿de qué? ¿en qué?…*	*¿En qué hotel quieres alojarte?*
• *¿a quién? ¿con quién? ¿de quién?…*	*¿Con quién quieres viajar?*

Información para la
actividad 4–16
La actividad tiene una fase inicial
de desarrollo de preguntas, seguida
de una entrevista a un compañero
y finalmente la toma de una
decisión común que luego habrá
que presentar a la clase.

Para la primera fase, esté atento a
posibles errores en la posición de
las preposiciones en las preguntas
que las requieren.

Expansión para la
actividad 4–16
Usted puede traer un mapa a la
clase y pedir a los estudiantes que
elijan un lugar que les gustaría
visitar y que no conocen todavía.
En parejas, cada estudiante le
dice el lugar ideal al otro, y su
compañero/a debe darle consejos
sobre el equipaje que necesita para
cada caso.

Información para la
actividad 4–17
La actividad ofrece una
combinación de objetivos
lingüísticos, comunicativos
y culturales, en este caso
relacionados con la compra de
productos argentinos típicos en
tres diferentes regiones del país.
Como prólogo a la actividad, hable
con los estudiantes sobre la
diversidad geográfica de Argentina.

 4–16 ¿Dónde, cómo, cuándo, con quién?

Ustedes van a hacer un viaje juntos a una ciudad argentina. Pueden ir con otras personas. Tienen que elegir uno de estos lugares:

• A Buenos Aires en diciembre

• A Río Gallegos en julio

• A Santa Rosa en agosto

Preparen seis preguntas para su compañero/a. Decidan sobre el lugar, la ropa, el transporte, el dinero, etc. Escriban toda la información excepto el lugar elegido (*chosen place*).

EJEMPLO:

E1: ¿**Cuándo** quieres ir tú de vacaciones?
E2: Yo, en agosto.
E1: ¿**Adónde** prefieres ir?
E2: A Mendoza.

Ahora compartan la información con la clase. La clase tiene que adivinar adónde van ustedes.

 4–17 Tres viajes de compras

Ya (*already*) están en Argentina y quieren ir de compras un fin de semana (*weekend*) a una de estas tres regiones. Lean la información y usen el mapa. Después, el grupo tiene que decidir adónde ir. ¿Qué eligen? ¿Por qué?

1. Buenos Aires

ARTESANÍAS. Puedes encontrar una representación de todo el país y particularmente de la Pampa (cuchillos, mates y bombillas de plata y alpaca), abrigos y prendas de vestir de cuero.

ANTIGÜEDADES. Tienen mejores precios que en Estados Unidos o Europa.

CENTROS COMERCIALES. Hay modernos centros comerciales como Alto Palermo, Galerías Pacífico y el Buenos Aires Design.

2. Pampa

PLATA O ALPACA. Cuchillos gauchos, mates, bombillas y marcos.

TALABARTERÍA. Lazos y ornamentos para caballos en cuero, bolsos, llaveros, carteras, agendas y libretas, cigarreras y prendas de vestir. Y también mates rústicos de calabaza forrados en cuero o con plata.

3. Noroeste

TEJIDOS. Fantásticos tapices de Catamarca, telas de Mendoza con diseños araucanos, ponchos de lana de oveja o llama y tejidos de lana de alpaca.

PIEDRAS SEMIPRECIOSAS. En Catamarca, la rodocrosita o rosa del inca, piedra nacional argentina.

Y también vinos de la región, objetos de ónix verde de La Toma (San Luis) y cestería con fibras vegetales. Instrumentos musicales indígenas en Tucumán, Jujuy y Santiago del Estero.

EJEMPLO:

E1: Yo quiero ir a la Pampa, porque me interesa la artesanía gaucha. Quiero comprar un mate.
E2: Yo prefiero Buenos Aires. En Buenos Aires también puedes comprar un mate.

 4–18 Regalos

Deciden comprar un regalo para sus compañeros/as del grupo. Digan a sus compañeros/as qué regalo eligen y dónde lo compran.

EJEMPLO:

E1: Yo **le** compro una cartera de cuero a Matt. **La** compro en Buenos Aires.
E2: Yo **le** compro un mate a Alex. **Lo** compro en Santa Rosa, en la Pampa.

4–19 Situaciones: *En la tienda de artesanía*

Two friends are in a handicraft store in Santa Rosa. They need to buy gifts for two family members. The store specializes in gaucho art and accessories.

ESTUDIANTE A

You are the owner of the store. Answer the customers' questions. You may want to give them some suggestions.

ESTUDIANTE B

You are in the gift shop looking for two inexpensive gifts. You have only 100 pesos.

ESTUDIANTE C

You are in the gift shop looking for two gifts. You have 2.000 pesos.

sombrero gaucho
60 pesos

mates
102 pesos

cartera de cuero
410 pesos

mochila
36 pesos

pulsera de plata
313 pesos

pendientes de plata
860 pesos

Información para la actividad 4–18
Se continúa la misma situación de 4–17, y en esta ocasión el trabajo en grupo requiere la toma de decisiones. Esto sirve de premisa para volver a practicar el uso de los pronombres en un contexto significativo.

Información para la actividad 4–19
Esta actividad situacional retoma múltiples elementos que son meta de la lección. No olvide que hasta este momento ésta es la actividad conversacional más "libre" de la sección *Interacciones* y también de la lección. Como ya se ha sugerido en las lecciones anteriores, permita que los estudiantes trabajen previamente para pensar en su papel y en los elementos lingüísticos y conversacionales que necesitan. Permita también que tomen agunas notas.

Información para la Tarea
Fíjese en que en esta actividad se ponen en uso varios de los recursos aprendidos en las páginas anteriores: presencia/ausencia del indefinido *uno*, pronombres de objeto directo (*lo, la, los, las*) y su posición antes o después del verbo/perífrasis verbal, etc.

Sugerencias para la Tarea
La *Tarea* tiene dos partes: planificar la fiesta (Paso 1) y decidir regalos para tres personas (Paso 2). Realice el Paso 1 en tres fases. En la primera, cada uno/a decide las cosas que puede aportar con el fin de practicar el vocabulario. En la segunda fase, los estudiantes trabajan en pequeños grupos para completar las dos primeras columnas: lo que se tiene y lo que se necesita. En la tercera fase, los estudiantes deciden cuánto quieren gastar para cada cosa (tercera columna) y quién se encarga de comprarlo o de proporcionarlo (cuarta columna).

Recuerde que el Paso 3 es aquel en el que los grupos formalizan por escrito el producto de su trabajo colaborativo. Indique a los estudiantes que en esta fase deben prestar especial atención a la gramática y al vocabulario.

TAREA  Gente en acción

Planificar una fiesta para la clase y decidir regalos para dos compañeros/as y el/la profesor/a.

 PREPARACIÓN

Es diciembre y tienen que planificar una fiesta antes de las vacaciones de invierno. Además (*also*), tienen que hacer un regalo a dos estudiantes de la clase y a su profesor/a.

Paso 1 Revisen el vocabulario nuevo del cuadro. Usen el vocabulario y las preguntas para decidir qué tienen, qué necesitan, cuánto quieren gastar (*spend*) y quién hace cada cosa.

	¿Qué tenemos?	¿Qué necesitamos?	¿Cuánto cuesta(n)?	¿Quién lo/la/los/las compra/trae (*bring*)?
refrescos				
cervezas				
agua mineral				
pasteles				
vino				
sillas				
discos				
pizzas				
flores				
papas fritas				
pan				
platos de plástico				
vasos				
servilletas				
....				
....				

EJEMPLO:

E1: Tenemos que traer música. ¿Quién trae CDs?
E2: Yo tengo muchos CDs; puedo traer**los**.
E1: Muy bien, Ashley **los** trae. ¿Y las bebidas?
E3: Yo puedo comprar**las**.
E1: De acuerdo, tú **las** compras.

┌─ **AYUDA** ─┐

¿Quién **puede** traer…?

	traer flores.
Yo **puedo**	hacer pizzas.
	comprar cervezas.

	PODER
(yo)	**pue**do
(tú)	**pue**des
(él, ella, usted)	**pue**de
(nosotros/as)	podemos
(vosotros/as)	podéis
(ellos, ellas, ustedes)	**pue**den

Paso 2 Ahora tienen que decidir…

• qué regalo les van a hacer a sus compañeros/as.
• qué regalo le van a hacer a su profesor/a.
• dónde lo van a comprar.
• cuánto cuesta.

---

1. Al/a la profesor/a **le** regalamos _____ porque _____.

   Lo/la/los/las compramos en _____ y cuesta(n) _____.

2. A _____ **le(s)** compramos _____ porque _____.

   Lo/la/los/las compramos en _____ y cuesta(n) _____.

3. A _____ **le(s)** damos _____ porque _____.

   Lo/la/los/las compramos en _____ y cuesta(n) _____.

Paso 3 Escriban un plan. Tienen que incluir…

• las cosas que necesitan para la fiesta.
• quién hace cada cosa.
• qué presupuesto (*budget*) total que necesitan.
• qué regalos quieren comprar, para quién y por qué.
• cuánto cuestan los regalos.
• dónde compran los regalos.
• _____.

Paso 4 El/la portavoz del grupo presenta el plan a la clase. Los grupos y el/la profesor/a comentan los resultados.

Paso 5 Foco lingüístico.

NUESTRA GENTE

04-33 to
04-34

GENTE QUE LEE

ESTRATEGIAS PARA LEER

Identifying and using topic sentences

The topic sentence of a paragraph states its main idea. The following sentences support the main idea with additional information, explanations, examples, comparisons, and so on. The topic sentence is usually the first sentence in a paragraph. Topic sentences also organize the text. An effective reading strategy for tackling a text in Spanish is to identify the topic sentences in each of the paragraphs. Let's read the following paragraph:

Buenos Aires es una de las ciudades preferidas por los turistas para hacer compras. Argentina recibe más de 200.000 visitantes por mes y la mayoría pasa por los centros comerciales de Buenos Aires. Algunas guías y medios de comunicación extranjeros colocan a esta ciudad entre los cinco mejores destinos para adquirir productos de buen precio y calidad.

The first sentence gives you the main idea of the paragraph. The other sentences in the text expand on this information. Identifying the topic sentence allows you to better understand the text, its topic, and its subtopics.

ANTES DE LEER

4–20 Ir de compras

Habla con tu compañero/a sobre estos temas.

1. ¿Te gusta ir de compras? ¿Qué tipo de tiendas visitas? ¿Por qué?
2. ¿Hay alguna ciudad donde vas de compras? ¿Por qué?
3. ¿Qué cosas compras cuando viajas?
4. Comparen la ciudad en la que estudian con su ciudad de origen respecto a las compras y los precios. ¿Hay diferencias?

4–21 Activando estrategias

Mira la lectura. Lee el título y la frase temática (*topic sentence*) de cada párrafo. Luego responde a estas preguntas:

1. ¿Cuál es el tema de la lectura?
2. ¿Cuáles son los cuatro subtemas?

DESPUÉS DE LEER

4–22 ¿Comprendes?

1. ¿Por qué dos razones muchos extranjeros van de compras a Buenos Aires?

   _____ y
   _____ .

2. ¿Cuántos turistas viajan a Argentina cada (*each*) mes, aproximadamente?

3. ¿Qué productos son más populares entre los turistas extranjeros?

4. Mónica, una turista de España, compra libros y discos en Buenos Aires. ¿Por qué?

5. ¿Qué estrategia usan los centros comerciales para atraer a los turistas?

A LEER

BUENOS AIRES, LA CAPITAL DE LAS COMPRAS

Buenos Aires es una de las ciudades preferidas por los turistas no solo (*not only*) para bailar y comer, sino también (*but also*) para hacer compras. Algunas guías y medios de comunicación extranjeros **la** colocan (*place*) entre los cinco mejores destinos del mundo para adquirir productos de buen precio y calidad. Argentina recibe más de 200.000 visitantes por mes y la mayoría pasa por los centros comerciales de Buenos Aires.

Las razones que atraen a los extranjeros a Buenos Aires son principalmente dos: un cambio favorable y buenos precios en relación con otras ciudades del mundo. Según la Secretaría de Turismo, los visitantes invierten un **promedio** de US$1.100 en un día de compras. En la calle Florida, en el **corazón** de la capital argentina, está Galerías Pacífico, el centro comercial más visitado por los extranjeros. En este centro comercial, las compras de los turistas representan el 70% de sus ventas.

La mayoría de los turistas que vienen de compras a Buenos Aires son de Brasil, Chile, España, Estados Unidos y México, en ese orden. Los productos más buscados son la ropa masculina y femenina, por la calidad de las telas, y los artículos de cuero. Humberto, un visitante de Brasil, dice que le atraen especialmente los productos de cuero y la ropa en general. **Los** compra acá porque son muy buenos y baratos. Sin embargo, Mónica Farías, de España, dice que a ella **le** interesan los libros y los discos compactos, porque cuestan menos que en su país.

Los centros comerciales tienen una estrategia bien definida para atraer al turista fanático de las compras. El turista sube al avión y allá **lo** esperan videos sobre las compras en Buenos Aires. Luego en el aeropuerto **lo** esperan carteles de promoción. En el hotel, con las llaves del cuarto, recibe un mapa de las tiendas y centros comerciales y cupones de descuentos.

4–23 Activando estrategias

1. Mira las dos palabras en negrita en el párrafo 2. ¿Qué significan "corazón" y "promedio"? ¿Cómo lo sabes?

2. Identifica cuatro cognados que te ayudan a comprender mejor el texto.

3. Presta atención a los pronombres en negrita "la" (p. 1), "los" y "le" (p. 3) y "lo" (p. 4).

Identifica a qué o quién se refieren (*they refer to*).

4. Examina tus predicciones sobre el contenido del texto en 4–21. ¿Fueron [*were they*] correctas?

4–24 Expansión

¿Conoces otras ciudades donde es barato comprar? ¿A qué países van los turistas de Estados Unidos para ir de compras?

Información para la actividad 4–23

1. Corazón significa *heart.* Promedio significa *average.* El contexto permite adivinar su significado.
2. Hay muchos: turistas, productos, estrategia, capital, hotel,...
3. "la" = la ciudad de Buenos Aires
   "los" = los productos
   "le" = a ella, Mónica
   "lo" = el turista
4. Las respuestas pueden variar.

GENTE QUE ESCRIBE

04-35 to 04-36

ESTRATEGIAS PARA ESCRIBIR

Editing your written work for content and organization (I)

Although a good command of Spanish grammar and vocabulary is important, writing is much more than putting words together by following a series of rules. You are transmitting ideas and information to your reader, and you have a specific purpose in mind. Sometimes you decide the content, and sometimes you are asked to write something specific. In either case, it is important to have relevant, substantive, and well-developed content. It will help your reader if this content is organized, and follows a logical sequence.

When writing in a foreign language, it is even more important that you pay close attention to the content and the way you organize it. Good content and organization help compensate for any inaccuracies in terms of grammar or vocabulary. Always revise your content and organization before finalizing your work.

MÁS ALLÁ DE LA FRASE

Use of referent words

There are several mechanisms for making a text cohesive. The use of object pronouns (such as *lo, la, les...*) and demonstratives (*éste, esto...*) in a text helps eliminate excessive repetition and gives cohesion to the writing. These referents carry information about previous elements (people, things, places, etc.) in the text. Because they vary in gender and number (masculine or feminine, singular or plural), referent words can replace previous information without making the text ambiguous. One excellent strategy is to revise your draft and look for information that can be replaced with these cohesive mechanisms.

Read this paragraph and examine its cohesion. Can you identify the problem?

En Navidad, ¿quién lleva los juguetes a los niños en Argentina? Los Reyes Magos llevan los juguetes. Los niños escriben cartas a los Reyes y dicen a los Reyes qué quieren. Los Reyes Magos vienen de Oriente en sus camellos, y los camellos son guiados por pajes. Después, la noche del 5 de enero, los reyes van a las casas de los niños y dejan (leave) juguetes para los niños.

Can you make this paragraph more cohesive and less repetitive?

4–25 Una nota con instrucciones

Tienes que hacer las compras de fin de año para cuatro personas de tu familia pero estás enfermo/a. Por esta razón, decides enviar (*send*) a tu mejor amigo/a al centro comercial. Escribe una nota detallada para tu amigo/a que incluya información basada en las siguientes preguntas:

1. ¿A qué personas tiene que comprar regalos?
2. ¿Qué le gusta y no le gusta a cada persona?
3. ¿Qué regalos puede comprar?
4. ¿En qué tiendas tiene que comprarlos?
5. ¿Cuánto dinero puede gastar para cada persona?

 ¡ATENCIÓN!

Tu trabajo escrito debe seguir los Pasos 1 a 8 (página 14, Lección 1). Presta atención al contenido, a la organización (Pasos 4 y 5) y a la conexión entre las ideas (conectores). Incluye referentes, como por ejemplo pronombres, para darle cohesión.

COMPARACIONES

4–26 Compara estas tradiciones con las de tu país

Navidad en Argentina

En la noche del 24 de diciembre muchos argentinos hacen reuniones entre familiares y amigos, cenan y a medianoche (*midnight*) van al árbol para abrir los regalos de Papá Noel. También a las doce tiran fuegos artificiales. En Argentina es verano durante la Navidad, y por eso se hacen comidas frescas: pollo, ensaladas y helados. También son comunes muchas comidas tradicionales europeas como las nueces, los turrones o el pan dulce.

¿Quién trae los regalos?

PAÍS	¿CUÁNDO?	¿QUIÉN?
México, España, Argentina, Puerto Rico	24 de diciembre, 6 de enero	Papá Noel, Reyes Magos
Estados Unidos	24 de diciembre	Santa Claus
Chile	24 de diciembre	El viejo pascuero
Colombia, Venezuela	24 de diciembre	El Niño Dios, Papá Noel

 ### 4–27 Regalos y culturas

En todas las culturas hacemos regalos. Completa este cuadro con tu compañero/a. ¿Hay diferencias?

EN ARGENTINA, CUANDO...	EN ESTADOS UNIDOS...
...nos invitan a comer a casa unos amigos, les llevamos un postre o una botella de vino o licor.	
...es el cumpleaños de un familiar o un amigo, le hacemos un regalo. Cuando las chicas cumplen 15 años y los chicos cumplen 18, les hacemos regalos más costosos.	
...queremos dar las gracias por un pequeño favor, regalamos cosas pequeñas: una tarjeta, un accesorio, un pañuelo...	
...es el 20 de diciembre (día de los novios), le regalamos chocolates, flores, perfumes, etc., al novio o a la novia.	
...es el día de los Reyes Magos (el 5 de enero), les regalamos juguetes o ropa a los niños, pero nada a los adultos.	

CULTURA

Como Estados Unidos, Argentina es un país de inmigrantes y un crisol de diferentes culturas, incluyendo las amerindias (como por ejemplo los mapuches), y de diferentes religiones. En Estados Unidos hay unas 200.000 personas de ascendencia argentina. El perfil de este grupo es similar al de la población general de Estados Unidos, pero su nivel educativo está por encima del promedio nacional.

Dos personajes influyentes de ascendencia argentina en Estados Unidos son Andrés Oppenheimer (periodista) y César Pelli (arquitecto).

Andrés Oppenheimer es editor para América Latina y columnista de *The Miami Herald*, analista político de CNN en Español y autor de varios libros. Su columna semanal "El Informe Oppenheimer" es publicada en más de 60 periódicos de Estados Unidos y América Latina. Fue ganador del Premio Pulitzer en 1987 y seleccionado por Forbes Media Guide como uno de los "500 periodistas más importantes" de Estados Unidos en 1993.

 VOCABULARIO

Las tiendas y las compras *(Stores and shopping)*

el almacén	*grocery store*
la bodega	*wine store*
el cajero, la cajera	*cashier*
el centro comercial	*shopping mall*
el/la vendedor/a	*sales associate*
el dinero	*money*
la florería	*flower shop*
la farmacia	*pharmacy*
la joyería	*jewelry store*
la librería	*bookstore*
la pastelería	*pastry shop*
la peluquería	*hairdresser, barber*
la perfumería	*perfume store*
el precio	*price*
las rebajas	*sales*
el supermercado	*supermarket*
la talla	*size*
la tarjeta de crédito	*credit card*
la tienda de deportes	*sports store*
la tienda de juguetes	*toy store*
la tienda de regalos	*gift store*
la tienda de ropa	*clothing store*
la zapatería	*shoe store*

La ropa y los accesorios *(Clothes and accessories)*

el abrigo	*coat*
el traje de baño	*bathing suit*
la blusa	*blouse*
el bolso	*purse*
el calcetín	*sock*
la camisa	*shirt*
la camiseta	*t-shirt*
la chaqueta	*jacket*
el cinturón	*belt*
la corbata	*tie*
la falda	*skirt*
el gorro	*hat*
los guantes	*gloves*
los pantalones	*pants*
el pañuelo	*handkerchief*
la pulsera	*bracelet*
el reloj	*watch*
la ropa interior	*underwear*
la sandalia	*sandal*
el suéter	*sweater*
el vestido	*dress*
el zapato	*shoe*

Los colores *(Colors)*

amarillo/a	*yellow*
azul	*blue*
blanco/a	*white*
gris	*gray*
marrón	*brown*
naranja, anaranjado/a	*orange*
negro/a	*black*
rojo/a	*red*
rosa	*pink*
verde	*green*
violeta, morado/a	*purple*

Adjetivos *(Adjectives)*

antiguo	*old*
barato/a	*cheap*
caro/a	*expensive*
clásico/a	*classic*
deportivo/a	*sporty*
elegante	*elegant*
informal	*casual*
malo/a	*bad*
moderno/a	*modern*
nuevo/a	*new*
pequeño/a	*small*
precioso/a	*beautiful*
serio/a	*serious*

Verbos *(Verbs)*

ahorrar	*to save*
bailar	*to dance*
comprar	*to buy*
gastar	*to spend*
ir (irreg.)	*to go*
llevar	*to take, to wear*
necesitar	*to need*
olvidar	*to forget*
pagar	*to pay*
poder (ue)	*to be able*
tener (ie)	*to have*
vender	*to sell*

Otras palabras y expresiones *(Other words and expressions)*

estar de rebajas	*to be on sale*
hacer un regalo	*to give a gift*
ir de compras	*to go shopping*
pasarlo bien/mal	*to have a good time/ not to have a good time*

CONSULTORIO GRAMATICAL

1 Obligations (*Tener Que* + Infinitive) and Needs (*necesitar*)

	TENER
(yo)	**tengo**
(tú)	**tienes**
(él, ella, usted)	**tiene**
(nosotros, nosotras)	**tenemos**
(vosotros, vosotras)	**tenéis**
(ellos, ellas, ustedes)	**tienen**

- ¿Tienes coche?
- Sí, tengo un BMW.

Tener que + *infinitive is used to express an obligation:*

Tengo		
Tienes		estudiar para el examen.
Tiene	**que**	comprar un regalo.
Tenemos		traer el vino a la cena.
Tenéis		
Tienen		

Tener que + infinitive (= to have to + do something):

Tengo que estudiar para el examen.
(= I have to study for the exam.)

You can express a need using **necesitar** + *infinitive / noun.*

Necesito comprar *una computadora.*
I need to buy a computer.

Necesito *una* **computadora.**
I need a computer.

In English we often use the verb **need** to express obligation:

You need to study for that exam.

However, in Spanish we use **tener que** to express an obligation:

Tienes que estudiar para ese examen.

2 Use of *Un/Uno, Una, Unos, Unas*

Un, una, unos, unas *can go before the noun:*

Tengo **un** hermano y **una** hermana.
I have a brother and a sister.

Tengo **unos** libros bastante interesantes.
I have some very interesting books.

Uno, una, unos, unas *can take the place of a noun:*

- ¿Tienes **billetes** de cinco dólares?
- Sí, aquí tengo **uno**. Toma.

- ¿Tienes unas sandalias rojas?
- Tengo **unas**, pero son muy viejas.

—Do you have five-dollar **bills**?
—Yes, here is **one**. Take it.

—Do you have red sandals?
—I do, but **they** are very old.

English draws a distinction between the indefinite articles *a/an* and the word *one*. *One* is only used for counting. In Spanish there is no such distinction. In Spanish we use *un/una* if the noun follows, and *uno/una* if the noun is not in the sentence:

Hay un niño en la puerta. (= There's a child at the door.)

- *¿Hay niños en la clase?* (= Are there any children in class?)
- *Solo uno.* (= Just one.)

> **¡ATENCIÓN!**
>
> When speaking of pieces of clothing, personal possessions, or services, do not use **un/una** with **tener** (or similar verbs) if it is understood that there is only one object or service.
>
> - ¿Tienes teléfono celular? — Do you have a cell phone?
> - Sí, claro. — Yes, of course.
>
> - ¿La casa tiene piscina? — Does the house have a pool?
> - No, pero tiene cancha de tenis. — No, but it has a tennis court.

3 Numbers from 100 to 1.000

100 cien	400 cuatrocientos/as	700 **setecientos/as**	1.000 **mil**
200 doscientos/as	500 **quinientos/as**	800 ochocientos/as	1.000.000 **un millón**
300 trescientos/as	600 seiscientos/as	900 **novecientos/as**	

When the number 100 is followed by any number lower than 100, we say **ciento**.

100 **cien**	101 **ciento** uno
	151 **ciento** cincuenta y uno
3.100 tres mil **cien**	3.150 tres mil **ciento** cincuenta
100.000 **cien** mil	110.200 **ciento** diez mil doscientos
100.000.000 **cien** millones	102.000.000 **ciento** dos millones

The hundreds, from 200 to 999, agree in gender with the noun.

	MASCULINO	FEMENINO
300	trescient**os** carr**os**	trescient**as** person**as**
420	cuatrocient**os** veinte pes**os**	cuatrocient**as** veinte págin**as**

> 1.000 is never expressed with **un**, just **mil**.
>
> *Me costó **mil** pesos.* (= It cost me a thousand pesos.)
>
> Unlike English, in Spanish one cannot say *twenty-one hundred* when referring to the amount 2.100. We say *dos mil cien*.
>
> Years in Spanish must also be expressed as a four-digit number and are not broken into two as they sometimes are in English, as 19-85 (nineteen eighty-five).

4 Asking for and Stating the Price of Something

	SINGULAR	SINGULAR
	cuest**a** esta camisa?	(La camisa) cuest**a** 72 dólares.
	val**e** este suéter?	(El suéter) val**e** 480 pesos.
¿Cuánto		
	PLURAL	PLURAL
	cuest**an** estos pantalones?	(Los pantalones) cuest**an** 110 pesos.
	val**en** estos zapatos?	(Los zapatos) val**en** 50 dólares.

To ask for the total price, we use
¿Cuánto es?

5 Third-Person Direct and Indirect Object Pronouns

OI *The third person indirect object pronouns (OI) are* **le** *and* **les**. *They usually refer to people.*

	SINGULAR	PLURAL
MASCULINE AND FEMININE	**le**	**les**

- ¿Qué **le** regalas a tu papá para su cumpleaños? —*What do you usually get your father for his birthday?*
- (A mi papá) **le** regalo libros o ropa. —*I usually get* **him** *books and clothes.*

As we saw in Lección 3, their use is mandatory with verbs like gusta or interesar.

A Carlos **le gusta** ir de compras.
Carlos likes going shopping.

A mis amigas **les interesa** mucho la historia de Buenos Aires.
My friends are very interested in the history of Buenos Aires.

OD *The third-person direct object pronouns (OD) are* **lo, la, los,** *and* **las***. They can refer to people or things.*

	MASCULINE	FEMININE
SINGULAR	**lo**	**la**
PLURAL	**los**	**las**

- ¿Dónde compras esta fruta? Es muy buena. —*Where do you buy this fruit? It's very good.*
- **La** compro en el mercado central. —*I buy* **it** *in the central market.*

- ¿Dónde venden esos libros? Son muy interesantes. —*Where do they sell those books? They're very interesting.*
- **Los** venden en la librería que está en el centro. —*They sell* **them** *at the bookstore downtown.*

¡ATENCIÓN!

Direct objects that are human usually require the preposition **a**:

¿Conoces **a** Juan?

- ¿Conoces **a sus padres?** —*Do you know* **his/her** *parents?*
- No, no **los** conozco. —*No, I don't know* **them**.

- ¿Conoces **estos libros?** —*Do you know* **these** *books?*
- No, no **los** conozco. —*No, I don't know* **them**.

Direct and indirect pronouns usually come before the verb:

A mis padres **les** compramos un CD.
We bought a CD to my parents.

Este libro no **lo** tengo.
I don't have this book.

If the verb is in the infinitive, however, the pronouns follow it, forming a single word:

Los hermanos de Pilar están aquí para **darle** el regalo.
Pilar's brothers are here to give **her** *the gift.*

In structures such as **ir a**, **querer**, **poder**, *and* **tener que** + *infinitive, the pronouns can go in either position, before the conjugated verb or attached to the infinitive:*

Sus hijos quieren dar**le** el regalo.
Sus hijos **le** quieren dar el regalo.
His/her sons want to give **him/her** *the gift.*

> The English *to him* and *to her* correspond to one pronoun in Spanish: *le*.
>
> In Spanish the indirect object pronoun must always be included, even when the indirect object itself is present in the sentence.
>
> A sus padres les gustó la idea. (His/her parents liked the idea.)

- ¿Qué **les** vas a regalar **a tus padres?** —*What are you going to get your parents?*
- Voy a regalar**les** unos CDs. / **Les** voy a regalar unos CDs. —*I'm going to get* **them** *some CDs.*

- ¿Quién puede comprar los platos? —*Who can buy the dishes?*
- Yo puedo comprar**los**. / Yo **los** puedo comprar. —*I can buy* **them**.

Información para la actividad 5–1
Como en otras lecciones, se comienza la sección con un acercamiento a algunos personajes que representan el área temática de la lección y el país.

-Juan Pablo Montoya (Bogotá, 1975) es un piloto de carreras colombiano que, después de haberse retirado de la Fórmula 1 en 2006, ingresó en la NASCAR (*National Association for Stock Car Auto Racing*). Montoya es el único piloto del mundo en haber ganado en su primer intento los títulos CART (el *Championship Auto Racing Team* que ahora se conoce como *Champ Car World Series*), Indianápolis 500 y las 24 Horas de Daytona.

-Edgar Rentería (Barranquilla, 1975) es un beisbolista colombiano. Actualmente es bateador de los Gigantes de San Francisco en las Grandes Ligas. En 2005 jugó con los Medias Rojas de Boston. Rentería fue Guante de oro en 2002 y 2003 y Bate de plata en 2000, 2002 y 2003. Fue el primer colombiano en jugar en las Grandes Ligas.

-Santiago Botero (Medellín, 1972) es, junto con Lucho Herrera, el ciclista colombiano con más etapas ganadas en el Tour de Francia. Es profesional desde 1996. Ha participado en tres ediciones del Tour de Francia y cuatro ediciones de la Vuelta a España. En 2007 ganó la Vuelta a Colombia.

-Radamel Falcao (Santa Marta, 1986) es un futbolista colombiano que juega como delantero en el FC Oporto de la Primera División de Portugal.

-Natalia Sánchez Cárdenas (Villavicencio, 1992) es una gimnasta colombiana. Además de haber ganado una medalla de plata en el campeonato del Mundo de gimnasia en 2008, fue la primera gimnasta colombiana en participar en los Juegos Olímpicos (Pekín, 2008).

5 GENTE en FORMA

5–1 Deportistas colombianos ✓

Observa estas fotos de cinco importantes deportistas colombianos. ¿Qué deporte practican?

EJEMPLO:

Edgar Rentería juega al béisbol. Es jugador de béisbol.

¿Practicas tú alguno de estos deportes? ¿Otros?

hacer gimnasia/yoga
jugar al fútbol/tenis/baloncesto/béisbol/golf
montar bicicleta/a caballo
correr
nadar

EJEMPLO:

Yo juego al fútbol y al tenis.

TAREA

Elaborar una guía de salud (*health guide*) para estudiantes universitarios.

NUESTRA GENTE

Colombia
Hispanos/latinos en Estados Unidos

EDGAR RENTERíA
Jugador de béisbol del equipo San Francisco Giants. Guante de oro en 2002 y 2003.

JUAN PABLO MONTOYA
Uno de los mejores pilotos de Fórmula 1 del mundo. Actualmente es piloto de NASCAR.

NATALIA SÁNCHEZ
Primera gimnasta colombiana en unos Juegos Olímpicos (Pekín, 2008)

RADAMEL FALCAO
Futbolista. Juega en el FC Oporto de Portugal.

SANTIAGO BOTERO
Ciclista y campeón del mundo de ciclismo.

ACERCAMIENTOS

5–2 Para estar en forma

En esta lista hay buenas y malas costumbres (*habits*). ¿Cuáles tienes tú? Marca dos buenas y dos malas. Puedes añadir otras.

Monto bicicleta.	Fumo.	Paso mucho tiempo sentado/a.
Trabajo demasiadas (*too many*) horas.	No bebo alcohol.	Como mucha carne.
Bebo mucha agua.	Bebo demasiado café.	No consumo azúcar.
Como mucha fruta.	Como poca fibra.	Como sólo verduras.
Camino poco.	Hago yoga.	_____
Soy perezoso.	No hago deporte.	_____
	Como muchos dulces.	

 Ahora compara tus costumbres con las de tres compañeros/as.

EJEMPLO:

E1: Yo monto bicicleta y no bebo alcohol, pero duermo poco y como mucha carne.
E2: Yo tampoco bebo alcohol.
E3: Yo tampoco. Yo hago yoga.
E1: ¿Ah sí? Yo también.

5–3 ¿Vida sana?

Marca las cosas que haces de esta lista. ¿Cuántas son? ¿Quiénes en la clase hacen más? ¿Quiénes hacen menos?

Consejos para una vida sana

1. Hacer ejercicio físico cuatro veces a la semana y durante por lo menos cuarenta minutos.

2. Tener un horario regular de las comidas principales.

3. Consumir variedad de frutas y verduras, hasta 600 gramos diarios.

4. Vigilar y moderar el consumo de grasa de productos lácteos.

5. Comer pescado tres o más veces por semana.

6. Tomar pocos refrescos y bebidas con azúcar.

7. Dormir ocho horas diarias.

8. Beber dos litros de agua cada día.

5–4 ¿Haces yoga?

Lee este anuncio de un estudio de yoga. ¿Te interesa? ¿Por qué?

YogaStudio

Clases para principiantes o avanzados. ¡Cuando haces yoga, tu salud flota! El yoga mejora la salud de quienes lo practican. Principales beneficios físicos del yoga:

- Tonificación.
  - Desarrollo de los músculos.
    - Fortalecimiento de la columna, firmeza y estabilidad de la postura.
      - Liberación de toxinas.
        - Descanso mayor durante la noche.
          - Mejora de la circulación sanguínea.
            - Calma

Información para la actividad 5–2

En esta actividad se realiza un trabajo de comprensión lectora y posterior interacción oral en grupos de dos o tres personas sobre costumbres y hábitos relacionados con la salud. Los estudiantes tienen a su disposición las expresiones lingüísticas con los verbos en la forma conjugada. No necesitan más que entender su significado y conectar apropiadamente (*y, pero, pues*) las distintas frases. También deben utilizar apropiadamente los pronombres de sujeto. Todo ello lo tienen ejemplificado en la muestra de diálogo.

Sugerencias/expansión para la actividad 5–2

Al final se puede hacer un sondeo con toda la clase para ver qué hábitos han recibido más votos positivos y cuáles han recibido más votos negativos.

Información para la actividad 5–3

Primero haga la actividad de forma individual. Después haga un cálculo estadístico con toda la clase. Note que a lo largo de la sección aparecen vocabulario, expresiones de frecuencia y otras formas gramaticales que serán foco de la lección en páginas posteriores. Sin embargo, como la sección representa un primer acercamiento, no es necesario entrar en explicaciones más allá de la clarificación del significado (si algo no se comprende). Recuerde que los estudiantes son capaces de comprender mucho más de lo que han adquirido desde el inicio del curso.

Información para la actividad 5–4

Esta actividad de comprensión sirve para introducir la sección de Vocabulario, cuyo primer ejercicio gira en torno al yoga. La clase puede hablar de cómo esta disciplina ayuda con los problemas que se habrán mencionado anteriormente (*dormir poco, comer mal*, etc.)

VOCABULARIO EN CONTEXTO

05-01 to
05-08

5–5 Partes del cuerpo

Completa los espacios en blanco.

la cabeza	el codo
el cuello	la espalda
el brazo	los ojos
la mano	la boca
la cintura	la nariz
la pierna	la frente
la rodilla	el pecho
el pie	la cadera

¿Qué actividades son buenas para…

1. las piernas?

2. la espalda?

3. los brazos?

4. el corazón?

EJEMPLO:

Saltar es bueno para las piernas.

saltar	hacer ejercicio
correr	hacer yoga
nadar	montar bicicleta
dar un paseo	subir escaleras

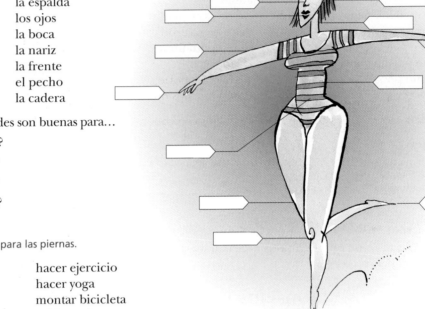

 ### 5–6 Posturas básicas de yoga

Un estudiante del grupo da instrucciones y los otros hacen las posturas.

Los orígenes del yoga nos transportan a India y están muy ligados a la cultura hindú y budista. Estas culturas siempre han buscado la liberación del espíritu a través de ejercicios corporales, la respiración y la meditación. Yoga significa "yugo" o "unión". El yoga más popular en Occidente se basa en cinco principios: la Savasana (relajación), la Pranayama (respiración), las asanas (ejercicios), la Dhyana (pensamientos positivos) y la meditación.

Cuatro asanas (posturas) básicas:

1. Postura de oración: De pie, con los pies y las piernas juntos, estirar y relajar la columna. Inhalar profundamente y exhalar. Llevar las palmas de las manos juntas frente al pecho, a modo de saludo respetuoso.

2. Postura de la montaña: De pie, colocar las dos piernas juntas, con las manos planas en el suelo y los brazos estirados. Levantar las caderas y bajar la cabeza para formar una V invertida. Inhalar profundamente y exhalar.

3. Flexión de rodillas: Sentado con las piernas estiradas y la columna erguida. Inclinar el tronco hacia adelante y sujetar los pies con las manos sin doblar las rodillas.

4. El árbol: De pie con los pies paralelos y las piernas firmes y extendidas. Mirar al frente, los brazos extendidos tocando la mitad de los muslos. Flexionar una de las piernas y colocarla contra (*against*) la pierna que mantiene el peso (*weight*) del cuerpo. Levantar los brazos y unir las manos por encima de la cabeza.

Información para la actividad 5–5

La actividad tiene dos partes: en la primera se introduce el vocabulario de las partes del cuerpo, y en la segunda los estudiantes deben hacer frases usando un verbo de actividad y una parte del cuerpo. Note que el empleo del infinitivo en su función como sustantivo en esta actividad contrasta con uno de los usos habituales del gerundio inglés (*jumping is good for your legs.*)

Sugerencias/expansión para la actividad 5–5

Puede empezar comentando cosas como:

P: *¿Cuál de estas actividades hacen? Yo, por ejemplo, siempre subo las escaleras a pie. Es bueno para las piernas.*

Información para la actividad 5–6

Comience tratando el texto como actividad de comprensión lectora. Una vez que la clase haya comprendido el texto, usted puede iniciar la actividad oral, o la puede iniciar un/a estudiante. En la última parte de la actividad, los estudiantes tienen que escribir instrucciones para una postura más de yoga. Cuando hayan terminado, puede pedir a algunos de ellos que lean sus instrucciones para el resto de la clase, o bien que, en grupos, un/a estudiante dé instrucciones para que el resto haga la postura.

Respuesta (posible) para la actividad 5–6

Sentado, con las piernas flexionadas y cruzadas, los ojos cerrados, la espalda recta, los brazos extendidos y las manos apoyadas en las rodillas. Juntar los dedos de la manos: el pulgar y el índice. Inhalar y exhalar lentamente.

¿Puedes escribir las instrucciones para esta postura?

5. _____

_____

_____

_____

_____

_____

_____

_____

_____

5–7 ¿Hacen deporte los colombianos?

Una persona de la radio quiere saber si los colombianos hacen deporte. Escucha las dos entrevistas.
¿Todos practican algún deporte? ¿Qué deporte?

		Sí	No	DEPORTE
Conversación 1	señora:	☐	☐	_____
	señor:	☐	☐	_____

		Sí	No	DEPORTE
Conversación 2	mujer 1:	☐	☐	_____
	mujer 2:	☐	☐	_____
	mujer 3:	☐	☐	_____

5–8 ¿Y tú?

Ahora entrevista a tu compañero/a. Prepara cinco preguntas para saber si está en forma. Luego
expliquen al resto de la clase…

-las cosas que hacen los dos, y
-las cosas que sólo hace uno de ustedes.

EJEMPLO:

E1: Los dos jugamos al tenis.
E2: Y los dos esquiamos.
E1: Y él/ella juega al fútbol, pero yo no.

Información para la actividad 5–9

El foco de la actividad es los verbos irregulares, los verbos reflexivos y las expresiones de frecuencia (algunas de las metas gramaticales de la lección). De nuevo, el estudiante debe formular preguntas y responder (formas "yo" y "tú"). Finalmente, con los datos obtenidos, se le pide a los estudiantes que hagan una valoración en la que deben usar la información recogida.
E: *Creo que X tiene estrés porque…*

Sugerencias/expansión para la actividad 5–9

Puede preguntar a los estudiantes si conocen otras causas de estrés para ampliar la lista; pídales que intenten formularlas en español. También puede pedirles que, en relación con la lista dada, formulen las cosas que hay que hacer para prevenir y combatir el estrés:
E: Hay que comer a la misma hora cada día.

Información para la actividad 5–10

Es fundamental contextualizar al máximo lo que los estudiantes van a escuchar antes de escucharlo. Primero haga que los estudiantes miren las imágenes y lean el "avance" de lo que dice cada persona. Indíqueles que deben completar tres fichas de tres personas distintas (los dibujos indican quiénes son). Luego indíqueles qué tipo de información específica deben identificar.

Estructure la actividad en dos fases:

1. En primer lugar, realice una audición (o dos) para la obtención de datos.
2. Seguidamente, los estudiantes deberán formular los consejos adecuados según los datos que hayan obtenido.

Note que la perífrasis *tener que* + infinitivo ya se ha trabajado anteriormente (*Lección 4*) para hablar de obligaciones. Indique a los estudiantes que en este caso la función es diferente: consejos, recomendaciones.

 GRAMÁTICA EN CONTEXTO

 5–9 Causas del estrés

05-09 to 05-28

El estrés no ayuda nada a estar en forma. Tiene muchas causas y síntomas. Algunos están en esta lista. Entrevista (*interview*) a tu compañero/a y anota sus respuestas.

Comer **cada día** a una hora distinta.
Pensar **todo el tiempo** en los estudios.
Ir **siempre** apurado (*in a hurry*) a todas partes.
Ir **muchas veces** al médico por cualquier cosa (*for anything*).
Dormir **casi siempre** menos de seis horas diarias.
Despertarse **a menudo** por la noche.
Discutir (*argue*) **todos los días** con la familia o con los amigos.

EJEMPLO:

E1: ¿**Comes cada día** a una hora distinta?
E2: No, **siempre como** a la misma hora.

¿Crees que tu compañero/a tiene estrés? ¿Por qué?

5–10 Buenas y malas costumbres

Escucha a estas personas en una entrevista de radio y anota lo que hacen. ¿Qué consejo (*advice*) le das a cada una?

EJEMPLO:

Tiene que hacer ejercicio **todos los días**.

¿Usted cree que lleva una vida sana?

¿Yo...? No mucho.

A

Como mucha verdura, no fumo, tomo mucho café...

B

Cada día doy un paseo de una hora.

C

¿Lleva en general una vida sana?
☐ Sí ☐ No
¿Por qué? _____
_____
_____
Un consejo:
Tiene que _____ (frecuencia) _____
A

¿Lleva en general una vida sana?
☐ Sí ☐ No
¿Por qué? _____
_____
_____
Un consejo:
Tiene que _____ (frecuencia) _____
B

¿Lleva en general una vida sana?
☐ Sí ☐ No
¿Por qué? _____
_____
_____
Un consejo:
Tiene que _____ (frecuencia) _____
C

Comparte luego tus respuestas con la clase.

EL PRESENTE DE INDICATIVO

VERBOS REGULARES

HABLAR	COMER	VIVIR
hablo	como	vivo
hablas	comes	vives
habla	come	vive
hablamos	comemos	vivimos
habláis	coméis	vivís
hablan	comen	viven

VERBOS IRREGULARES

DORMIR	DAR	IR	HACER
duermo	doy	voy	hago
duermes	das	vas	haces
duerme	da	va	hace
dormimos	damos	vamos	hacemos
dormís	dais	vais	hacéis
duermen	dan	van	hacen

Se conjugan como **dormir:** jugar, poder, **acostarse**

o, u > ue

LA FRECUENCIA

siempre
muchas veces
de vez en cuando
a menudo
nunca

¿No comes carne?

No, no como nunca carne.

Nunca voy al gimnasio por la tarde.
No voy **nunca** al gimnasio por la tarde.

los { lunes
martes
miércoles
jueves
viernes
sábados
domingos }

los fines de semana
todos los días, **cada** día
todas las semanas, **cada** semana

LEVANTARSE

Me	levanto	Nos	levantamos
Te	levantas	Os	levantáis
Se	levanta	Se	levantan

Son verbos reflexivos: acostar**se**, dormir**se**, despertar**se**, duchar**se**

Tengo que levantar**me** a las seis.
No queremos levantar**nos** tarde.
Pueden levantar**se** a las nueve.
¿A qué hora **se** levantan?

LA CUANTIFICACIÓN

Duermo **demasiado**.
Estás **demasiado** delgada.

Trabajo demasiado.

Come { **demasiado** chocolate.
demasiada grasa.
demasiadas papas.
demasiados dulces.

Estás **muy** delgada.
Trabaja **mucho**.

Tiene { **mucha** experiencia.
mucho trabajo.

Trabaja { **muchas** horas.
muchos domingos.

RECOMENDACIONES Y CONSEJOS

PERSONAL

No descansas bastante. **Tienes que** dormir **más**.
Tienes mucho estrés. **Tienes que** trabajar **menos**.

IMPERSONAL

Hay que
Es necesario
Es bueno
Es importante
} hacer ejercicio.

ESTAR CON ADJETIVOS

Expresa estados físicos o anímicos, NO características.

Está gordo / delgado / cansado.
Está triste / alegre / preocupado / aburrido.

 5–11 Más ideas para estar en forma

Escriban una lista de consejos. ¿Qué pareja tiene la lista más larga?

	estar delgado/adelgazar	
	estar en forma	
	estar gordo/engordar	(no) **tienes que** _____
Si (no) quieres	**estar** fuerte	(no) **es bueno** _____
	estar ágil	
	estar joven	(no) **es importante** _____
	estar alegre	(no) **es necesario** _____

 5–12 Para vivir 100 años

Para vivir 100 años son necesarias tres cosas:
A. alimentarse bien,
B. tener equilibrio (*balance*) físico, y
C. tener equilibrio anímico.

Relacionen cada una de estas tres cosas con las reglas (*rules*) que aparecen abajo.

EJEMPLO:

E1: "**Hay que** comer **mucho** pescado" tiene relación con "alimentarse bien". Es A.
E2: Y "**no hay que** tomar **demasiadas** bebidas alcohólicas" es A también.

	A	B	C
Comer **mucho** pescado.			
No tomar **demasiadas** bebidas alcohólicas.			
Controlar **mucho** el peso.			
Dar al dinero **poca** importancia.			
Acostarse temprano.			
Disfrutar **mucho** del tiempo libre.			
Relajarse antes de enfrentar un problema.			
Divertirse con los amigos.			
Tener relaciones agradables en la familia y en el trabajo.			
Caminar **mucho**.			
Tener horarios **muy** regulares.			
Levantarse cada día a la misma hora.			

 5–13 Atención a la forma

Identifiquen los verbos reflexivos en el cuadro de la actividad 5–12. Después formulen preguntas para su compañero/a usando estos verbos.

EJEMPLO:

E1: ¿**Te acuestas** temprano normalmente?
E2: No, normalmente **me acuesto** muy tarde.

Respuestas para la actividad 5–10

A. *No. Duerme poco, fuma y juega al fútbol sólo de vez en cuando.*
B. *Sí. Come mucha verdura, no fuma, no toma café, nada a veces, y en verano todos los días.*
C. *Sí. Camina mucho, a veces juega al tenis y monta bicicleta, desayuna cereales con fibra, come carne y pescado a la plancha, come mucha fruta.*

Información para la actividad 5–11
La actividad continúa el trabajo con las recomendaciones y consejos en español. Además introduce el uso del verbo *estar* (no *ser*) con adjetivos para hablar de condiciones o estados físicos o anímicos no inherentes. Usted puede pedir a los estudiantes que reflexionen sobre el contraste con el verbo *ser*, pero sin olvidar que se volverá a examinar en muchas de las lecciones sucesivas. Limite la reflexión al uso de *ser* o *estar* con adjetivos.

Sugerencias/expansión para la actividad 5–11
Pida a los estudiantes que usen algunos verbos reflexivos en la actividad, de modo que puedan reflexionar sobre la colocación de los pronombres (ej.: *es necesario relajarse, hay que divertirse, etc.*).

Información para la actividad 5–12
La actividad se enfoca en varias de las metas gramaticales de la lección de manera receptiva (a través del reconocimiento): los verbos regulares e irregulares, los verbos reflexivos, la cuantificación y la frecuencia. Aproveche esto para pedir a los estudiantes que "noten" el uso de los cuantificadores (con adjetivo, tras verbo, tras nombre).

Sugerencias/expansión para la actividad 5–12
Si desea que los estudiantes trabajen el aspecto productivo, puede pedirles que digan si hacen o no estas cosas, o bien que le pregunten a un compañero si las hace o no.

INTERACCIONES

05-29 to
05-30

ESTRATEGIAS PARA LA COMUNICACIÓN ORAL

Formulating direct questions (II)

In *Lección 4* we studied how to formulate direct questions. The most difficult questions for English speakers in Spanish are those that require a preposition (*a, de, con, en, desde, hasta, entre, hacia, para, por, sobre*) **before** the interrogative word (*qué, quién, cuándo, dónde, cuál, cuánto*). Can you formulate questions for these answers? Always include the preposition + the interrogative word.

*Juan duerme **desde** las doce.* ⟶ *¿**Desde qué** hora duerme Juan?*
*María va al gimnasio **con** sus amigas.* ⟶ *¿**Con quién** va al gimnasio María?*
*Este balón de fútbol es **para** Gustavo.*
*La clase de yoga es **en** el aula 34B.*
*El instructor habla **sobre** la importancia del ejercicio.*
*Juego al béisbol los domingos **con** seis amigos.*
*Mi traje de gimnasia es **de** color verde.*
*Cada martes veo **a** Jacinto en el gimnasio.*
*Los sábados nos levantamos **a** las ocho.*
*Los domingos corremos **hasta** las diez.*

Información para la actividad 5–14
Esta entrevista supone otra oportunidad de practicar la conjugación del presente de indicativo regular e irregular mediante una actividad interactiva en donde usted debería, en la medida de lo posible, tratar de que los estudiantes incorporen el uso de preguntas directas con preposición.

5–14 Entrevista

Investiga las costumbres de un/a compañero/a de clase. Escribe primero las preguntas necesarias para obtener la información.

1. Horas de dormir: *¿Cuántas horas duermes por la noche?*

2. Acostarse:

3. Levantarse:

4. Hacer ejercicio **con** alguien:

5. Frecuencia con que hace ejercicio:

6. Gimnasio **en** que hace ejercicio:

7. Actividades por la mañana:

8. Actividades por la tarde:

9. Tipo de comidas:

10. Lugar(es) en que come normalmente:

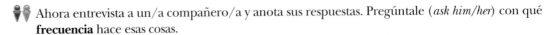 Ahora entrevista a un/a compañero/a y anota sus respuestas. Pregúntale (*ask him/her*) con qué **frecuencia** hace esas cosas.

EJEMPLO:
E1: ¿Cuántas horas **duermes** por la noche?
E2: Siete u ocho, más o menos.
E1: ¿Siempre **duermes** ocho horas?
E2: No, no, **los fines de semana duermo** diez.

Explica a la clase si sus costumbres son similares a las tuyas (*yours*) o no.

5–15 ¿Qué hay que hacer para ser deportista de primera clase?

Lee estos datos sobre una deportista colombiana. Según el texto, ¿qué características son necesarias para ser un/a golfista de primera clase? ¿Puedes pensar en otras? Habla con tu compañero/a.

María José Uribe, nueva estrella del golf profesional

Es colombiana, tiene 20 años y es la nueva golfista latinoamericana que brilla (*shines*) en el panorama internacional. Es la primera golfista latinoamericana en ganar el Abierto de aficionados de Estados Unidos (2007). Después de estudiar en la Universidad de California en Los Angeles (UCLA) y ser parte del equipo aficionado, María José regresó (*went back*) a Colombia en 2009 para ser golfista profesional. Como deportista de alto rendimiento ha tenido que hacer varios sacrificios en su vida social para dedicarle el tiempo a los entrenamientos. María José sabe que "un golfista tiene que ser un deportista muy completo. Necesita el lado mental, el físico y el técnico. Muchas veces el lado mental es el más difícil de conseguir". Disciplina de trabajo y concentración son las claves para el rápido ascenso de la golfista colombiana. María José está consciente del compromiso que significa practicar el golf a un nivel tan competitivo. María José entrena (*trains*) todos los días: "Algunos cuatro horas, otros seis horas, más las dos horas de gimnasio diarias. Sábado y domingo entreno también todo el día".

EJEMPLO:

E1: Para ser un/a golfista de primera clase como Uribe, **hay que entrenar** cada día.
E2: Sí, y también **tienes que tener** mucha concentración.

 5–16 Situaciones: *Una mente sana necesita un cuerpo sano*

Two American students are in the Nueva Lengua School, in Cartagena de Indias, the famous colonial city. The students are taking a four-week summer course. After two weeks they don't feel well, either physically or mentally, so they decide to talk to a counselor. Now they are at the counselor's office.

ESTUDIANTE A

Explain your problems to the counselor. Imagine that these are your problems:

- you can't sleep
- you are shy
- you don't exercise or play sports
- you have difficulty relaxing

ESTUDIANTE B

Explain your problems to the counselor. Imagine that these are your problems:

- you are always tired
- you don't eat well
- you go to sleep very late
- you are nervous by nature

ESTUDIANTE C

You are a student counselor at the school. Two students are in your office. Listen to their concerns. Ask them questions about their habits, and the frequency of their activities. Give them advice and recommendations in order to feel better.

Información para la actividad 5–15
La selección de una persona colombiana procedente de un ámbito deportivo como el golf responde al interés general de *Gente* de no limitarse a visiones parciales de la realidad cultural y social del mundo hispanohablante, que en este caso concreto significaría, por ejemplo, referirse al fútbol, el deporte "rey" en casi todos los países hispanohablantes.

Información para la actividad 5–16
Note que las especificaciones de los "papeles" de los estudiantes requerirán el uso de varias de las metas gramaticales y léxicas de la lección. Asegúrese de que durante la fase de preparación de la situación, los estudiantes tengan en cuenta estos aspectos gramaticales y léxicos.

Información para la Tarea
Como es habitual, esta tarea requiere la integración de varias destrezas (lectura, interacción oral y escritura). El producto final observable es la guía de salud que los estudiantes deben escribir. Trabaje con sus estudiantes en la comprensión de la lista de recomendaciones (fase de Preparación). La selección de recomendaciones que harán en el Paso 2, junto con la recopilación de datos de su realidad (Paso 3), será la base del producto final (Guía de salud).

Use el Paso 6 (Foco lingüístico) como una oportunidad más para que los estudiantes reflexionen sobre su proceso de aprendizaje y sus dificultades. Esta autoevaluación le servirá a usted para determinar qué asuntos necesitan de más práctica o revisión.

Sugerencias para la Tarea
Una forma de enriquecer el producto final y darle una dimensión textual es pedir a los estudiantes que enlacen las recomendaciones con los conectores (Más allá de la frase) que ya conocen.

TAREA 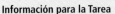 Gente en acción

Elaborar una guía de salud para los nuevos estudiantes de la universidad

PREPARACIÓN

¿Qué podemos hacer para llevar una vida sana en la universidad? Primero, cada miembro del grupo escribe dos recomendaciones para un/a nuevo/a estudiante.

EJEMPLO:

Es muy importante tener buenos amigos y divertirse.

Paso 1 Lean esta lista de 10 recomendaciones. Después tienen que ordenarlas de más importante (1) a menos importante (10).

- Dormir mucho. El sueño (*sleep*) no es normalmente una prioridad para los estudiantes. Esto es un error. Algunas personas pueden funcionar con tres o cuatro horas de sueño, pero la mayoría necesita más. Si no duermes, no puedes concentrarte y rendir en tus clases. Si no puedes dormir ocho horas por la noche, puedes tomar una siesta entre clases.

- Tener un horario regular de dormir. Esto es muy difícil para un estudiante. Algunas veces tienes que levantarte temprano para una clase; otros días no. Los fines de semana duermes hasta las doce. Sin embargo, hay que intentar tener un horario regular e ir a dormir temprano todos los días.

- Comer bien. Los estudiantes universitarios tienden a (*tend to*) engordar porque comen por la noche y comen mucha comida basura (*junk food*). Hay que tomar un buen desayuno para poder concentrarse en clase. También es fundamental beber mucha agua y no beber refrescos.

- No beber alcohol. El alcohol en exceso es peligroso y además engorda. Algunos estudiantes no comen en el día para poder beber alcohol por la noche: esto es una muy mala idea. Es mejor beber muy poco alcohol o no beber nada.

- Comprar o alquilar una bicicleta. Si el clima es bueno, una bicicleta es la mejor forma de ir por el campus, pero no hay que olvidar el casco (*helmet*).

- Pasar tiempo en el centro recreativo. Pagas mucho dinero por este centro, así que tienes que aprovecharlo (*take advantage of it*). Puedes tomar una clase o hacer ejercicio.

- Hacer se chequeos médicos regularmente. Hay que ir al menos (*at least*) una vez al año.

- Vacunarse contra la gripe (*flu*). Las universidades son campos de cultivo de gérmenes: tienes que protegerte.

- Aprender a relajarse. Esto puede ser difícil para un estudiante. Si sacas una C en un examen, no va a ocurrir nada catastrófico. Es buena idea tomar una clase de yoga.

- Ir a los servicios de consejeros en el campus. Los universitarios frecuentemente sufren de ansiedad, depresión, adicción, transtornos alimentarios, etc. Es importante hablar con profesionales.

EJEMPLO:

E1: Para mí, lo más importante es aprender a relajarse. Por eso hago yoga todas las semanas.

E2: Sí, pero es más importante comer bien. Yo por ejemplo nunca como comida rápida.

E3: Estoy de acuerdo con... La salud mental es muy importante.

> ⎯| **AYUDA** |⎯
>
> Para mí **lo más / lo menos** importante es...
> Para mí **lo mejor / lo peor** es...
>
> Tiene(s) razón, **lo más** importante / **lo menos** importante / **lo mejor** / **lo peor** es...
> No tienes razón, **lo más** importante / **lo menos** importante / **lo mejor** / **lo peor** es...
>
> Estoy de acuerdo con...
> No estoy de acuerdo con...

Paso 2 El grupo tiene que seleccionar las cinco recomendaciones más importantes. Después tienen que incluir una más que no esté en la lista. Miren las ideas que escribieron (*you wrote*) en la PREPARACIÓN y seleccionen una. Todos los miembros del grupo tienen que estar de acuerdo.

Paso 3 Escriban la guía para estudiantes.

En la guía tienen que incluir ejemplos de servicios que tiene su campus relacionados con las recomendaciones. Tengan en cuenta (*keep in mind*)...

- servicios e instalaciones (*facilities*) relacionados con el ejercicio físico;
- servicios relacionados con el equilibrio anímico;
- servicios relacionados con la alimentación;
- otros servicios.

SALUD EN EL CAMPUS 101

Todo estudiante que comienza la universidad quiere tener éxito. La clave (*key*) del éxito es llevar una vida sana. ¿Cómo? Aquí tienes seis consejos clave.

1. Es conveniente... porque...

2. Hay que... porque...

3. Es bueno... porque...

4. _____

5. _____

6. _____

Paso 4 El/la representante del grupo presenta la guía a la clase.

Paso 5 Los grupos y el/la profesor/a comentan los resultados.

Paso 6 Foco lingüístico.

📖 NUESTRA GENTE

05-31 to 05-32

GENTE QUE LEE

ESTRATEGIAS PARA LEER

Using a bilingual dictionary (I)

There are many strategies for deciphering the meaning of words that you do not understand, such as using context and identifying cognates. While these strategies can help, sometimes you will need to look up words in a bilingual dictionary. Remember, however, that you do not need to look up every single unknown word, just those that seem to be essential for understanding the text. There are several key aspects that you need to take into consideration when looking up a word's meaning.

1. Before looking up a word, figure out what part of speech it is. Is it a verb? A noun? An adjective? Look at the following sentences and the words in italics:

   Colombia representa una *mezcla* de culturas y razas.
   Los colombianos *mezclan* diversos ingredientes para hacer esa comida tradicional.

   You probably guessed that the first word is a noun, while the second one is a verb. For the first one, you would find this entry in your dictionary:

   > mezcla *nf* mixture, combination; (*fig*) blend; (clothing) tweed

   For the second one, you would find this:

   > mezclar *vt* to mix (up), to blend; (*combinar*) to merge; ~se *vr* to mix, mingle

2. Remember that verbs are listed in their infinitive form and not in their conjugated form.
3. Familiarize yourself with the abbreviations. For example, *vt* means *verbo transitivo* (it takes a direct object), while *nf* means *nombre femenino*. What do you think *vr* means? How about *adj*? What does *nm* mean? And *vi*? And lastly, how about *nm/f*?

ANTES DE LEER

5–17 El arte y la representación humana

¿Cómo crees que representan las figuras humanas estos estilos de pintura? ¿Cuál te gusta más?

1. abstracta   2. realista   3. cubista   4. expresionista

5–18 Activando estrategias

1. Lee el título del texto. ¿Cuál crees que es el tema de la lectura?
2. Identifica la frase temática de cada párrafo. ¿Cuáles son los subtemas de esta lectura?
3. Mira la foto. ¿Cómo son las personas de los cuadros (*paintings*) de Botero?
4. ¿Qué estilo crees que tienen estos cuadros? ¿Por qué?

DESPUÉS DE LEER

5–19 ¿Comprendes?

1. ¿Por qué pinta Botero figuras "gordas"?
2. ¿Qué temas están presentes recientemente en la pintura de Botero?
3. ¿Por qué generan polémica sus cuadros?
4. ¿Cómo es la escultura de Botero?

A LEER

FERNANDO BOTERO: PASIÓN POR EL VOLUMEN

Fernando Botero es un pintor y escultor colombiano nacido en Medellín, Colombia, en 1932. Sus **exposiciones** por todo el mundo (París, Nueva York, Milán, Berlín, Tokio, Moscú…) **lo** hacen hoy el artista latinoamericano más cotizado del planeta. Botero es uno de los pocos artistas que expone sus obras en varias de las avenidas y plazas más famosas del mundo, **como** los Campos Elíseos en París, la Quinta Avenida de Nueva York, el Paseo de Recoletos de Madrid, la Plaza del Comercio de Lisboa o las Pirámides de Egipto.

Botero tiene un estilo muy personal. Los colombianos dicen que Botero es "el que hace las gorditas", pero el artista prefiere el término "volumen". El tratamiento exagerado en sus proporciones de la figura humana es hoy una de las características **inconfundibles** de su obra. En su arte, la **obesidad** de sus personajes es la característica primordial: las figuras **engordan** y se deforman hasta cubrir en buena parte el **lienzo**. Botero emplea la **gordura** como base de una cariñosa **burla** para hacer una crítica de ciertos aspectos de la sociedad. La misma voluptuosidad que se presenta en su pintura se encuentra en la escultura, caracterizada casi siempre por figuras y animales de tamaños grandiosos y desproporcionados de gran singularidad, realizados en bronce o mármol.

Botero ha cambiado su temática a través de los años. A partir de 1960 lleva a cabo, entre su variada temática, una serie de obras en las que parece rendir tributo a los grandes maestros de la pintura universal. Entre estas obras podemos mencionar *Mona Lisa a los doce años* (1959), *Rubens con su esposa* (1965) o *Autorretrato según Velázquez* (1986). En la década de 1980 su afición por los toros le lleva a dedicarse casi exclusivamente a este tema (*La pica*, 1984; *El quite*, 1988). Más recientemente hace **hincapié** en la situación de violencia que se vive en su país y en el mundo, lo que ha generado gran polémica. Por ejemplo, la serie sobre "Abu Ghraib" está compuesta por 78 cuadros que tratan de representar los horrores de la tortura y de la guerra a través de los **sucesos** de la prisión de Abu Ghraib.

Actualmente vive entre París, Nueva York, Bogotá e Italia, desarrollando una técnica en cada uno de sus estudios: en Nueva York pinta pasteles y acuarelas, en París pinta sus grandes óleos y en su casa de Toscana funde sus esculturas de bronce.

5–20 Activando estrategias

1. Observa estas palabras en negrita en el texto: "exposiciones", "inconfundibles", "engordan", "lienzo", "gordura", "burla" e "hincapié". ¿Son nombres, verbos o adjetivos?
2. Busca las palabras en el diccionario. ¿Qué información te da el diccionario sobre estas palabras? ¿Qué significan?
3. ¿Es la palabra "obesidad" un cognado? ¿Y la palabra "sucesos"?
4. ¿Qué función tiene el conector en negrita "como"(párrafo 1)?
5. ¿A qué o quién se refiere el pronombre "lo" (párrafo 1)?

5–21 Expansión

1. ¿Te gusta el estilo de Botero? ¿Por qué?
2. ¿Conoces otros artistas hispanohablantes con un estilo tan peculiar como el de Botero? ¿Y en tu país?

Respuestas para la actividad 5–20

1. *Nombres: exposiciones, lienzo, gordura, burla, hincapié; Adjetivos: inconfundibles; Verbos: engordan.*
2. *-exposiciones:* exhibitions *(nombre femenino; plural, no es la primera acepción en el diccionario. Aparece tras varias otras (exposure, showing) y bajo la rúbrica Arte).*
   -lienzo: canvas *(nombre masculino; aparece tras otras acepciones como* linen, *y bajo Arte).*
   -gordura: fatness *(nombre femenino).*
   -burla: joke *(nombre femenino; aparece tras otras acepciones como* gibe, taunt, *que tienen connotación negativa.*
   -hincapié (nombre masculino, parte de la expresión hacer hincapié en, *que significa* to emphasize, *pero también* to insist on. *En el contexto de la lectura significa* to emphasize.
   -inconfundibles: unmistakable.
   -engordan, verbo engordar: to get fat *(verbo intransitivo). También puede ser transitivo, pero no en este contexto.*
3. obesidad *es un cognado que significa* obesity; sucesos *es un falso cognado que significa* event, incident.
4. como *sirve para introducir un ejemplo de lo que se ha mencionado (*such as*).*
5. *El pronombre* lo *se refiere a Fernando Botero.*

Respuestas (posibles) para la actividad 5–21
Respuestas (posibles) de la segunda pregunta:
En América Latina o España: Frida Khalo (México), Diego Rivera (México), Pablo Picasso (España), Salvador Dalí (España).
En Estados Unidos: Georgia O'Keeffe (modernista, pintaba paisajes y pinturas de flores del desierto), Jackson Pollock (expresionista, desarrolló técnicas como el splashing o el dripping), Andy Warhol (pop art, pintaba productos comerciales icónicos de Estados Unidos).

GENTE QUE ESCRIBE

05-33 to
05-34

Información para Estrategias para escribir
La sección continúa el tema que se inició en la *Lección 4*: la organización del contenido del texto escrito. En este caso se insiste en la importancia del secuenciado lógico de las ideas y de la conexión entre las mismas. Los estudiantes de idiomas tienden a poner énfasis en la corrección gramatical y léxica; es decir, se concentran en el "micronivel" del texto (a nivel local, no de párrafos y texto). También tienden a poner en un papel secundario el contenido en aras de la corrección gramatical. Recuerde a los estudiantes que una buena organización y un desarrollo lógico ayudan a suplir carencias lingüísticas. Asimismo, recuérdeles que la falta de organización o coherencia a menudo afecta ala escritura negativamente, incluso si se ha usado una buena gramática y un amplio repertorio léxico.

ESTRATEGIAS PARA ESCRIBIR

Editing your composition for content and organization [II]

Organization entails logical sequencing and connecting ideas. Observe this two-paragraph text:

> *La cocina colombiana es muy regional, y una visita a Colombia no está completa si no se prueba la comida local, como las "arepas" o el "ajiaco". En algunas regiones se bebe la "chicha", una bebida con alcohol que se obtiene por la fermentación de la fruta o del maíz y que se hace en casa.*
>
> *El alcohol no es generalmente parte de la comida en Colombia y mucha gente prefiere no tomar alcohol cuando come. Sin embargo, en Colombia se consumen bebidas alcohólicas como el aguardiente o la cerveza.*

You may have noticed that the sentence about "la chicha" should have been placed in paragraph two, not in paragraph one. You may also have noticed that the word *alcohol* is repeated and could be replaced with a pronoun (*prefieren no tomarlo*), making the sentence sound more natural.

MÁS ALLÁ DE LA FRASE

Basic connectors for introducing examples and clarifying information

Giving examples to support ideas or to illustrate your point is a useful writing strategy. Likewise, repeating information using different words to clarify your message is another excellent way to ensure that the reader understands your ideas.

Read the following paragraph and pay attention to the expressions in bold. Try to determine which are used to introduce examples and which are used to clarify information.

> *La cocina colombiana es muy regional y una visita al país no está completa si no se prueba la comida local, **por ejemplo** las "arepas" o el "ajiaco". Los colombianos raramente beben alcohol con el alimento, **es decir** (that is), prefieren tomar bebidas no alcohólicas **como** (like) el delicioso café. Esto no significa que los colombianos son abstemios, **o sea** (that is), que no beben alcohol. Todo lo contrario, toman bebidas alcohólicas **tales como** (such as) el aguardiente o la cerveza. En algunas regiones se bebe la "chicha", una bebida con alcohol que se obtiene por la fermentación de la fruta o del maíz y que se hace en casa; **en otras palabras** (in other words), la "chicha" no es un producto comercial.*

5–22 Una carta

Vas a hacer un viaje de estudios a Cartagena de Indias. Antes de viajar quieres obtener información sobre las diferentes opciones que existen en la universidad para llevar una vida sana. Escribe una carta a un amigo colombiano. Primero, prepara una lista con las cosas que quieres preguntarle. Incluye:

- los temas sobre los que (*about which*) quieres información, y
- las preguntas que quieres hacer, como por ejemplo información sobre hospitales, médicos para estudiantes, instalaciones en la universidad para hacer deporte, opciones para comer y otras preguntas.

 ¡ATENCIÓN!

Tu trabajo escrito debe seguir los Pasos 1 a 8 (página 14, Lección 1). Los contenidos de tu carta deben estar bien organizados y ser relevantes. También debe tener una secuencia lógica, cohesión y coherencia (revisa el uso de pronombres de objeto directo e indirecto; introduce ejemplos y clarificaciones).

COMPARACIONES

5–23 El fútbol en Colombia

Lee este texto. Compara la popularidad del fútbol en Colombia y en Estados Unidos.

El fútbol en Colombia es el deporte más popular de ese país y es dirigido por la Federación Colombiana de Fútbol (Colfútbol). La selección nacional de fútbol participa en muchos campeonatos mundiales (Copa del Mundo, 1990, 1994, 1998) y regionales (Copa América). En la actualidad hay 36 clubes profesionales en Colombia. Entre los clubes más importantes están el Deportivo Cali, el Independiente Medellín, America de Cali, Cúcuta Deportivo y los Millonarios de Bogotá. Los dos principales estadios del fútbol colombiano están en Bogotá y en Barranquilla. Dos de sus mejores jugadores son Walter Moreno, defensa del Atlético Nacional de Medellín, y Giovanni Hernández, del Junior Barranquilla.

Información para la actividad 5–23
Esta actividad de Comparaciones incita a una reflexión sobre el fútbol en Colombia y en Estados Unidos, que se puede extender al deporte en general y a la importancia del mismo en las dos regiones. Asimismo, se introduce el mapa de Colombia con el fin de familiarizar a los estudiantes con la geografía del país y sus principales ciudades.

5–24 Jugadores de fútbol hispanohablantes

¿Conoces a estos jugadores? ¿Por qué son considerados dos de los mejores del mundo? ¿Qué actividades y qué sacrificios crees que tienen que hacer para estar entre los mejores del mundo?

EJEMPLO:

Tienen que entrenar todos los días y no pueden acostarse muy tarde.

Lionel Messi

Iker Casillas

Lionel Messi (Argentina)

Lionel Messi tiene 23 años y juega como delantero en el FC Barcelona (España) y en la selección de su país. En 2007 y 2008 fue (*was*) segundo en la votación de mejor jugador del mundo (FIFA) y en 2009 fue nombrado (*was named*) mejor jugador del mundo. En 2008 fue campeón de fútbol en los Juegos Olímpicos de Pekín con su selección.

Iker Casillas (España)

Tiene 30 años y es el portero y capitán del equipo de fútbol español Real Madrid. Fue (*was*) seleccionado mejor portero del mundo en 2008 y 2009. Juega en el Real Madrid desde los 17 años. Con la selección de fútbol de España ganó (*he won*) la Copa de Europa en 2008 y la Copa Mundial en 2010, donde ganó también el Guante de Oro.

¿Conoces a otros futbolistas famosos de Latinoamérica, España o tu país? ¿Quiénes son?

5–25 ¿Qué deportes son los más populares en tu país? ¿Y quiénes son considerados los mejores (*the best*) en estos deportes? ¿Por qué son los mejores?

Información para la actividad 5–24
La actividad continúa el enfoque en el fútbol como deporte "rey" de casi todo el mundo hispanohablante (a excepción del Caribe —Cuba, Puerto Rico, República Dominicana y Venezuela— donde el deporte "principal" es el béisbol). Pida a los estudiantes, después de realizar la actividad, que mencionen otros futbolistas famosos. En general, el tema de esta sección generará mucha discusión, ya que los deportes son un tema muy popular y conocido entre los estudiantes.

CULTURA

En Estados Unidos viven aproximadamente 740.000 personas de ascendencia colombiana. Las comunidades con más población colombiano-estadounidense son Nueva Jersey, Florida, Rhode Island y Nueva York. Los problemas económicos y la violencia son causa de buena parte de la emigración colombiana a Estados Unidos en los últimos años.

Entre los colombianos más importantes en el mundo se destacan el escritor Gabriel García Márquez, premio Nobel de Literatura, el pintor Fernando Botero, el director de cine Víctor Gaviria, la actriz Catalina Sandino Moreno, los cantantes Shakira y Juanes y el científico Manuel Elkin Patarroyo.

🔊 VOCABULARIO

Las partes del cuerpo (Body parts)

la boca	*mouth*
el brazo	*arm*
la cabeza	*head*
la cara	*face*
la cintura	*waist*
el codo	*elbow*
el cuello	*neck*
el corazón	*heart*
la espalda	*back*
la frente	*forehead*
la mano	*hand*
la nariz	*nose*
el ojo	*eye*
la oreja	*ear*
el pelo	*hair*
el pie	*foot*
la pierna	*leg*
la rodilla	*knee*

Los días de la semana (Days of the week)

lunes	*Monday*
martes	*Tuesday*
miércoles	*Wednesday*
jueves	*Thursday*
viernes	*Friday*
sábado	*Saturday*
domingo	*Sunday*

La salud y la alimentación (Health and food)

la actividad	*activity*
el azúcar	*sugar*
la bebida	*drink*
la carne	*meat*
la comida	*food*
el consejo	*advice*
el/la deportista	*athlete*
el dulce	*sweet, candy*
el ejercicio	*exercise*
el equilibrio	*balance*
la fruta	*fruit*
el gimnasio	*gym*
la grasa	*fat*
el pescado	*fish*
el peso	*weight*
la presión, la tensión	*blood pressure*
la tranquilidad	*calm, peacefulness*
la verdura	*vegetable*

Deportes (Sports)

el baloncesto	*basketball*
el béisbol	*baseball*
el fútbol	*soccer*
el tenis	*tennis*

Adjetivos (Adjectives)

ágil	*agile, flexible*
cansado/a	*tired*
complicado/a	*complicated*
delgado/a	*thin*
efectivo/a	*effective*
enfermo/a	*sick*
fuerte	*strong*
gordo/a	*fat*
necesario/a	*necessary*
recomendable	*advisable*
sano/a	*healthy*

Actividades físicas (Physical activities)

adelgazar	*to loose weight*
caminar	*to walk*
correr	*to run*
dar un paseo	*to take a walk*
engordar	*to gain weight*
estar a dieta	*to be on a diet*
estar en forma	*to be fit, be in shape*
estar sentado	*to be seated*
hacer deporte	*to play, to practice sports*
hacer ejercicio	*to exercise*
hacer yoga	*to do yoga*
relajarse	*to relax*
montar bicicleta	*to ride a bike*
saltar	*to jump*
pasear	*to take a walk*

Verbos (Verbs)

acostarse (ue)	*to go to bed*
desayunar	*to have breakfast*
despertarse (ie)	*to wake up*
dormirse (ue)	*to fall asleep*
fumar	*to smoke*
levantarse	*to get up*
sentarse (ie)	*to sit down*
tomar (alcohol)	*to drink (alcohol)*

CONSULTORIO GRAMATICAL

1 Present Indicative of Irregular Verbs

*The stem change **e > ie** occurs in verbs such as **querer, perder, pensar, despertarse**...*

	QUERER		DESPERTARSE
(yo)	quiero	(yo)	me despierto
(tú)	quieres	(tú)	te despiertas
(él, ella, usted)	quiere	(él, ella, usted)	se despierta
(nosotros/as)	queremos	(nosotros/as)	nos despertamos
(vosotros/as)	queréis	(vosotros/as)	os despertáis
(ellos, ellas, ustedes)	quieren	(ellos, ellas, ustedes)	se despiertan

*The stem change **e > i** occurs in verbs such as **decir, servir, seguir, pedir, vestirse**...*

	DECIR	SERVIR
(yo)	digo	sirvo
(tú)	dices	sirves
(él, ella, usted)	dice	sirve
(nosotros/as)	decimos	servimos
(vosotros/as)	decís	servís
(ellos, ellas, ustedes)	dicen	sirven

*The stem changes from **o > ue** in verbs like **poder, acostarse, volver**... and **u > ue** in **jugar**.*

	PODER	ACOSTARSE	JUGAR
(yo)	puedo	me acuesto	juego
(tú)	puedes	te acuestas	juegas
(él, ella, usted)	puede	se acuesta	juega
(nosotros/as)	podemos	nos acostamos	jugamos
(vosotros/as)	podéis	os acostáis	jugáis
(ellos, ellas, ustedes)	pueden	se acuestan	juegan

> Unlike verbs in English, in Spanish stem changes are common in the present tense. Note that changes in the stem occur in the first-, second-, and third-person singular, and in the third-person plural, because these syllables are stressed. The stem does not change in the **nosotros** or **vosotros** forms.

*Some verbs, sometimes called **-go** verbs, are irregular in the **yo** form of the present tense: **hacer, poner, decir, venir, salir, tener**...*

(yo)	hago	pongo	digo	vengo	salgo	tengo

*The verbs **ir, dar, estar** y **saber** are also irregular.*

	IR	DAR	ESTAR	SABER
(yo)	voy	doy	estoy	sé
(tú)	vas	das	estás	sabes
(él, ella, usted)	va	da	está	sabe
(nosotros/as)	vamos	damos	estamos	sabemos
(vosotros/as)	vais	dais	estáis	sabéis
(ellos, ellas, ustedes)	van	dan	están	saben

2 Reflexive Verbs

A reflexive construction is one in which the subject performs and receives the action expressed by the verb.

	DUCHARSE	ABURRIRSE
(yo)	me ducho	me aburro
(tú)	te duchas	te aburres
(él, ella, usted)	se ducha	se aburre
(nosotros/as)	nos duchamos	nos aburrimos
(vosotros/as)	os ducháis	os aburrís
(ellos, ellas, ustedes)	se duchan	se aburren

> In Spanish, many verbs that describe daily habits and personal care require a reflexive pronoun if the same person performs and receives the action: *Me despierto a las siete todos los días.* These verbs can also be used non-reflexively: *Despierto a mi hermana menor a las siete y media.*

Reflexive pronouns are usually placed immediately before the conjugated verb, but with constructions using the infinitive (**-ar, -er, -ir**) or the gerund (**-ndo**), there are two options: the pronouns may still be placed in front of the conjugated verb, or they may be attached to the infinitive or gerund form.

WITH THE INFINITIVE

me tengo que acostar	tengo que acostar**me**
te tienes que acostar	tienes que acostar**te**
se tiene que acostar	tiene que acostar**se**
nos tenemos que acostar	tenemos que acostar**nos**
os tenéis que acostar	tenéis que acostar**os**
se tienen que acostar	tienen que acostar**se**

WITH THE GERUND

me estoy duchando   estoy duchándo**me**

Tienen que acostarse.

3 Recommendations and Advice

The construction **tener que** + *infinitive is used to make personal recommendations.*

● Estoy muy **cansado.**   —I am very tired.
○ Sí, creo que **tienes que dormir** más y **trabajar** menos.   —Yes, I think you need to sleep more and work less.

The construction **hay que** + *infinitive and the expressions* **es necesario / bueno / importante / conveniente** + *infinitive are used to make general recommendations or give advice directed at no one person in particular.*

Para estar en forma **hay que hacer** ejercicio.   Para adelgazar **es importante llevar** una dieta equilibrada.
To be in shape it is necessary to exercise.   *To lose weight it is important to maintain a balanced diet.*

4 Expressing Frequency

Frequency expressions, such as the ones below, may be placed at one of several locations within a sentence.

siempre	casi siempre	a menudo
de vez en cuando	casi nunca	nunca
a veces	algunas/muchas veces	

Vamos a esquiar **siempre** a Chile.
Siempre vamos a esquiar a Chile.

Cada, Todos

Cada *is used only with singular nouns. It maintains the same form with both masculine and feminine nouns.*

cada mes	**cada** semana	**cada** año
(= each month)	(= each week)	(= each year)

To indicate frequency in English, the days of the week require the preposition **on**. *We play tennis **on Saturdays**.* To indicate frequency in Spanish, the definite article must always appear with the days of the week and there is no preposition. *Jugamos al tenis **los sábados**.*

Todos/las *precedes plural nouns. This construction requires the definite article* **los/las.**

todos los días / meses / lunes / martes... (= every day/month/Monday/Tuesday ...)

The singular form **todo el día, toda la semana** *is also used, but the meaning is different:*

todo el día   (= the whole day / all day)

Nunca

nunca + *VERB*   **Nunca** hace ejercicio.
no + *VERB* + nunca   **No** hace ejercicio **nunca**.

5 Quantifying: *Muy, Mucho, Demasiado...*

These words do not change form when modifying verbs or adjectives. When these words precede nouns and are used as adjectives, however, they change form to agree in gender and number.

WITH VERBS	WITH ADJECTIVES	WITH NOUNS

WITH VERBS
Ana trabaja **demasiado**.
Ana works **too much**.

WITH ADJECTIVES
Ana está **demasiado** cansada.
Ana is **too** tired.

WITH NOUNS
Ana trabaja **demasiados** días / **demasiadas** horas.
Ana works **too many** days / **too many** hours.

Estos niños duermen **mucho**.
These children sleep **a lot**.

Estoy **muy** cansado.
I'm **very** tired.

Estos niños duermen **mucho** / **muchas** horas.
These children sleep **a lot** / **many** hours.

Comen muy **poco**.
They eat very **little**.

Yo soy **poco** ágil.
I'm **not very** agile.

Comen **poco** pescado / **pocas** naranjas.
They eat **very little** fish / **very few** oranges.

Emilio no estudia **nada**.
Emilio doesn't study **at all**.

No Roberto no es **nada** fuerte.
Roberto is **not** strong **at all**.

6 *Ser* and *Estar* with Adjectives

Ser + Adjective

*When used with an adjective, **ser** expresses physical, moral, and mental characteristics that define the identity or nature of a subject, such as size, color, shape, religion, nationality, occupation, and disposition.*

- ● ¿**Es** colombiano?
- ○ Sí, de Bogotá. **Es** muy simpático, ¿verdad?
- ● Creo que **es** tenista.

—Is he from Colombia?
—Yes, from Bogota. He is very
nice, right?
—I think he is a tennis player.

Estar + Adjective

Estar *is used with adjectives to describe the state or condition of the subject, especially one susceptible to change. These adjectives do not denote an inherent property of the subject.*

- ● **Estoy** muy cansada hoy.
- ○ ¿**Estás** enferma?
- ● No, sólo **estoy** un poco deprimida.

—I am very tired today.
—Are you sick?
—No, just a little depressed.

> In English, subjective impressions are often expressed by the verbs **to look, to feel, to seem, to act, to taste**. In Spanish, subjective impressions are frequently conveyed using the verb **estar**.

Estar *is also used with adjectives to denote a subjective impression or express a change from the norm, something exceptional.*

- ● ¡Qué delgado **estás**! **Estás** muy guapo.
- ○ ¿Sí? ¡Gracias! ¿Éstos son tus hijos? Son muy altos.
- ● Sí, **están** muy altos para su edad.

—How slender you are! You look very handsome.
—Yes? Thank you! Are those your children? They are very tall.
—Yes, they are very tall for their age.

*Many adjectives can be used with both **ser** and **estar**, but there is usually a difference in meaning. Here are some common examples:*

	with SER	with ESTAR
aburrido	boring	bored
bueno	good	tasty (food)
listo	witty, clever	ready
callado	quiet person	silent
seguro	a sure thing, safe (reliable)	certain, sure (about something)

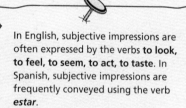

6 GENTE en la CASA y en el TRABAJO

TAREA

Seleccionar un apartamento y un/a compañero/a de apartamento. Amueblar el apartamento.

NUESTRA GENTE

El Salvador
Hispanos/latinos en Estados Unidos

Información para la actividad 6–1

Como en lecciones anteriores, la sección Acercamientos ofrece a los profesores y a los estudiantes la posibilidad de adentrarse en los temas clave del capítulo a través de contenidos culturales (la vivienda y el trabajo en El Salvador). Ésta es una buena ocasión también para explorar el mapa de Centroamérica y ver dónde está situado El Salvador.

Como en otros muchos países latinoamericanos, el tema de la vivienda en El Salvador es motivo de mucho interés por el rápido crecimiento demográfico del país. En una superficie de unos 21.000 km², viven cerca de 6,5 millones de habitantes, con una densidad media de 309 habs/km². Por otra parte, las consecuencias de las catástrofes naturales, terremotos y huracanes en el caso de El Salvador, hacen difíciles las políticas de vivienda a largo plazo. Según el Censo de 1992, hay más de un millón cien mil viviendas ocupadas, lo que representaba un promedio de 4,65 habitantes por vivienda. Este índice es ligeramente más bajo en el caso de la población urbana, que corresponde aproximadamente a la mitad de los salvadoreños. La otra mitad, que reside en asentamientos rurales, está compuesta por familias más extensas, y sus viviendas dan cobijo a 5,05 habitantes por unidad.

6–1 El Salvador y la vivienda (*housing*)

Presta atención a las palabras del texto que están en negrita. ¿Cómo crees que afectan estos factores a las viviendas de este país? Puedes usar estas expresiones.

edificios altos
casas bajas
de ladrillo (*brick*)
de hormigón (*concrete*)

casas grandes / pequeñas
muchas / pocas viviendas
de madera (*wood*)

EJEMPLO:

densamente poblado. Creo que las casas son pequeñas porque vive mucha gente en poco espacio.

CULTURA

La República de El Salvador es el país más pequeño de Centroamérica pero es el más **densamente poblado**. Es un país **tropical** y por eso hay **excelentes condiciones climáticas** durante todo el año que hacen posible disfrutar de la impresionante vegetación natural y las magníficas playas. La mayor parte de la nación es **montañosa**. El país se conoce como la tierra de los **volcanes** y sufre frecuentes **terremotos** (*earthquakes*) que en ocasiones son muy destructivos. Además, su ubicación en los trópicos lo expone también a la acción de los **huracanes**. Estos movimientos sísmicos y violentas tormentas tropicales originan **catástrofes naturales** que destruyen las viviendas (*homes*) de numerosas personas. San Salvador es la ciudad latinoamericana que más veces ha sido destruida por causas naturales (14 terremotos). Por esta razón, las casas donde los salvadoreños viven dependen en gran medida de estos factores naturales. Además, las áreas urbanas están **superpobladas**.

ACERCAMIENTOS

6–2 ¿Qué casa prefieren?

Están estudiando en San Salvador con dos amigos. Quieren alquilar (*rent*) una vivienda para el semestre. ¿Cuál prefieren?

Casa en alquiler en Jardines de la Cima
Precio: $900,00/mes. Construcción de 115 metros cuadrados, dos plantas, jardín, cuatro cuartos, dos baños, una cocina, una sala. Amueblada. Garaje para dos vehículos. Otros Detalles: piso de cerámica, ventanas francesas. Municipio/Ciudad: San Salvador. Instituciones cercanas: Estadio Cuscatlán, autopista Sur.

Breve Descripción: Bonita casa de reciente construcción en zona residencial con seguridad las 24 horas del día.

Apartamento en alquiler en Vistas de Altamira
Precio: $750,00/mes. Construcción de 100 metros cuadrados, una planta, garaje para un vehículo, dos cuartos, un baño, una sala. Sin piscina. Sin amueblar. Otros detalles: pantry de madera en cocina, baños chapados con cerámica, piso de cerámica, closets metálicos en habitaciones. Municipio/Ciudad: San Salvador. Lugares cercanos: Supermercados, Centro comercial Plaza Merliot, La Gran Vía, Las Cascadas y Multiplaza.

Ahora completen este texto:

Preferimos _____ porque hay/tiene _____ y además nos gusta _____. Es importante tener _____ y _____.

6–3 ¿Qué trabajo te interesa?

Necesitas un trabajo mientras (*while*) estás estudiando en San Salvador. ¿Cuál prefieres? ¿Por qué?

UNO

DOS

Gómez y Carrillo, Despacho de Abogados

Asistente de oficina en San Salvador

Perfil requerido:
• Señorita joven (20–35 años) buena presencia
• Buena ortografía
• Conocimiento de las aplicaciones de Windows
• Buen trato con el público
• Con residencia en San Salvador
• Horario de dos a seis de la tarde
• Se valora experiencia previa

Ofrecemos:
• Salario: 12 dólares/hora
• Comienzo: inmediato
• Contrato a tiempo parcial

Enviar carta y currículum de forma electrónica a:
Lic. Gregorio Arzola
garzola@resk26ve.com

Hotel Olé Caribe de San Salvador

Recepcionista bilingüe

Se requiere:
• Mínimo bachiller
• Dominio de español e inglés
• Experiencia en cargo similar
• Disponibilidad inmediata

Preferible:
• Conocimientos de francés hablado

Ofrecemos:
• Salario: a convenir
• Comienzo: inmediato
• Tipo de trabajo: tiempo parcial

Enviar hoja de vida y fotografía por fax a Sra. Oneida Sequera
Fax: (0212) 331.4397

Información para la actividad 6–2
La actividad introduce el tema de la vivienda presentando un *input* escrito (anuncios) que contiene vocabulario nuevo: usted tendrá que facilitar el significado. Tras examinar los textos, los estudiantes completan un párrafo breve con sus preferencias.

Información para la actividad 6–3
Esta actividad también introduce el tema del trabajo presentando *input* escrito (anuncios de empleo). Tanto la actividad 6–2 como ésta son buenas oportunidades para hablar de las diferencias culturales que existen en el ámbito de la vivienda y en el laboral (ej.: requisito de buena presencia para un trabajo).

VOCABULARIO EN CONTEXTO

06-01 to
06-10

6-4 Primer día en el trabajo

Finalmente trabajas en un despacho de abogados. En el edificio trabajan muchas personas. ¿Dónde está tu oficina?

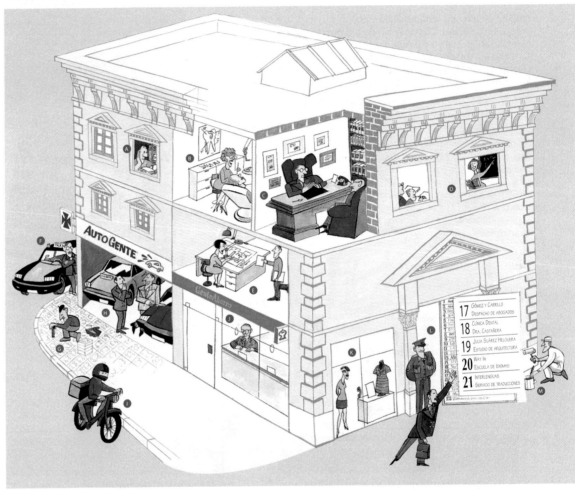

Mira la imagen y escribe la letra correspondiente delante del nombre de cada profesión. Luego compara tus respuestas con las del resto de la clase.

☐ empleado/a de banco   ☐ mensajero/a   ☐ profesora
☐ guardia de seguridad   ☐ dentista   ☐ albañil
☐ traductor   ☐ arquitecta   ☐ pintor
☐ vendedora de una tienda ☐ taxista   ☐ vendedor de automóviles
☐ abogado

EJEMPLO:

E1: Ésta es la profesora, ¿verdad?
E2: No, ésta es la arquitecta. ¿Y éste? ¿El H?
E1: El H es el vendedor de automóviles.

¿Quién trabaja en la oficina número 18? Una _____
¿Y en la número 21? _____

6–5 Cualidades

Digan un aspecto positivo y otro negativo de estas profesiones.

empleado/a de banco   vendedor de automóviles   asistente social
abogado   bombero   médico
profesora   policía   mi profesión ideal: _____

En su opinión, ¿qué cualidades son necesarias para estos trabajos?

Ser (muy)…   **Saber…**
amable / organizado / dinámico /   escuchar / mandar / convencer…
comunicativo…   informática / idiomas…

Estar…   **Tener…**
dispuesto a viajar / acostumbrado   mucha experiencia / un título universitario /
a trabajar en equipo /   mucha paciencia / licencia de conducir…
en buena forma…

EJEMPLO:

E1: Para ser un buen abogado **hay que tener** mucha experiencia.
E2: Sí. Y además **hay que saber** escuchar.
E3: Yo creo que no. Yo creo que **es más importante tener** mucha paciencia.

6–6 ¿Dónde ponemos esto?

Finalmente te mudas (*you move*) a un apartamento en San Salvador con un/a amigo/a. Ahora tienen que decidir dónde ponen algunas cosas.

el armario   el estéreo   el sofá
la computadora   la impresora   el espejo
la cama   el escritorio   el televisor
el sillón   la mesa   dos cosas muy importantes: _____ y _____
las sillas   los estantes

EJEMPLO:

E1: Esta cama, en mi cuarto.
E2: De acuerdo. Y esta mesa, ¿dónde?

 ## 6–7 Apartamento en alquiler (*for rent*)

Francisco llama por teléfono para alquilar un apartamento en San Salvador. Primero, mira los anuncios (*classifieds*) de los dos apartamentos en la página 101: ¿en qué se diferencian los apartamentos?

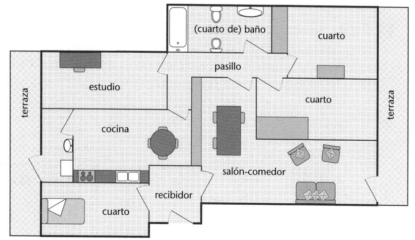

Ahora escucha la conversación telefónica.

1. ¿A qué apartamento crees que llamó Francisco: A o B?

2. ¿Qué característica es muy importante para Francisco? ¿Por qué?

3. ¿Qué decide Francisco? ¿Por qué?

Información para la actividad 6–5
Puede realizar la actividad en dos fases:

a. En primer lugar, los estudiantes aprenden el vocabulario de las profesiones.
b. En segundo lugar, hablan de las cualidades necesarias para cada profesión.

Fíjese que el ejemplo de interacción que se ofrece contiene estructuras que no son nuevas para los estudiantes, sino que se introdujeron en el capítulo anterior.

Información para la actividad 6–6
La actividad introduce vocabulario de los campos semánticos "muebles" y "partes de la casa". Como sabe, hay mucha variedad léxica en el mundo hispanohablante y muchos de estos objetos tienen nombres diferentes según el país o área regional. Usted deberá decidir qué vocabulario quiere introducir en su clase dependiendo de su situación particular.

Sugerencias/expansión para la actividad 6–6
Puede pedir a los estudiantes que escriban una lista de muebles que tienen en su habitación o apartamento, y que luego la compartan con un/a compañero/a.

Información para la actividad 6–7
En una primera fase los estudiantes describen, a partir de los planos, las características de los dos apartamentos. En una segunda fase, se procede a la audición y los estudiantes tratan de averiguar a qué apartamento se refieren. Pida a los estudiantes que le digan qué palabras y expresiones de la audición les ayudaron a responder a las preguntas (cuatro cuartos, dos baños, etc.)

Respuestas para la actividad 6–7

Audio: 1. *Llamó al apartamento A.*
      2. *Francisco necesita mucha luz porque es estudiante.*
      3. *Francisco decide ir a ver el apartamento porque le interesa mucho.*

GRAMÁTICA EN CONTEXTO

06-11 to 06-25

6–8 **Atención a la forma**

Observa los verbos en negrita en estos diálogos. ¿En qué tiempo verbal están? ¿Se refieren a *tú* o a *usted*?

- **Perdone**, ¿sabe cuál es la calle Lima?
- Sí, **mire**, **siga** por esta calle y luego, allí en la plaza, **cruce** a la derecha. Luego **tome** la segunda a la izquierda, y **vaya** derecho hasta el final de la calle.

- Carmela, **contesta** el teléfono, por favor.
- Sí, señora.
- Si es mi esposo, **dile** que lo llamo después.

- Hola, buenas tardes. **Deme** su licencia de conducir, por favor.
- Sí, claro.
- Y **dígame** su dirección, por favor.
- Sí … número 46, Colonia San Benito.

La elección entre *tú* o *usted* es muy difícil. Depende de factores sociales y dialectales. Mira las situaciones de las viñetas. ¿Por qué los personajes eligen una forma de tratamiento y no otra?

6–9 **La primera calle a la derecha**

Mira este mapa y elige una de las direcciones marcadas del 1 al 10. Explica a tu compañero/a cómo ir allá (*there*) desde la Plaza Cívica. Él o ella tiene que adivinar (*guess*) la dirección.

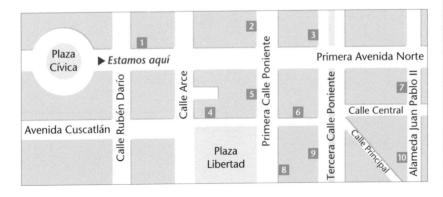

EJEMPLO:

E1: **Sigue** por esta calle y **toma** la segunda a la derecha. Luego **ve** derecho hasta el final.

E2: La Calle Arce.

MANDATOS

	TOMAR	BEBER	SUBIR
(tú)	Toma	bebe	sube
(vosotros/as)	Tomad	bebed	subid
(usted)	Tome	beba	suba
(ustedes)	Tomen	beban	suban

Con pronombres: siénta**te** siénte**se**
                senta**os** siénte**nse**

El imperativo sirve para: ofrecer cosas, dar instrucciones, dar órdenes y dar permiso.

IMPERATIVO: VERBOS IRREGULARES

	IR	DECIR	DAR
(tú)	ve	di	da
(vosotros/as)	id	decid	dad
(usted)	vaya	diga	dé
(ustedes)	vayan	digan	den

	VENIR	PONER	HACER
(tú)	ven	pon	haz
(vosotros/as)	venid	poned	haced
(usted)	venga	ponga	haga
(ustedes)	vengan	pongan	hagan

INDICACIONES EN LA CIUDAD

Ve / vaya por la avenida Roosevelt hasta el boulevard Constitución.

Allí **gira / gire** a la izquierda y luego, **toma / tome** la tercera a la derecha.

Toma / tome el autobús, con dirección a Plaza Las Américas y **baja / baje** en la Plaza

Alegre, allí **cambia / cambie** y **toma / tome** otro autobús dirección sur hasta la iglesia La Ceiba de Guadalupe.

¿Por favor, la calle Central?

Sí, siga por esta calle y tome la primera calle a la izquierda.

SALUDOS Y PRESENTACIONES

- Ésta es Gloria, una amiga.
  Te / le presento a Gloria.
  Os / les presento a Alex.

○ Mucho gusto.
  Encantado/a.
  Hola, ¿qué tal? / ¿Cómo estás/s?
  Es un placer.

REGISTRO: TÚ/USTED

	tú	usted
Presente	tienes	tiene
Imperativo	pasa	pase
Imperativo reflexivo	siéntate	siéntese
Posesivo	tus padres	sus padres
Pronombre	te presento a...	le presento a...

	Vosotros	ustedes
Presente	tenéis	tienen
Imperativo	pasad	pasen
Imperativo reflexivo	sentaos	siéntense
Posesivo	vuestros padres	sus padres
Pronombre	os presento a...	les presento a...

ESTAR + GERUNDIO

estoy	estamos	⎫
estás	estáis	⎬ trabajando
está	están	⎭

Qué estás haciendo? ¿Estás durmiendo?

No, estoy viendo la tele. ¿Y tú?

Estoy leyendo.

hablar	→	hablando
comer	→	comiendo
salir	→	saliendo

| | | Gerundio |

6–10 Saludos y presentaciones

Identifica las expresiones que usan estas personas para saludar (*greeting*), presentarse (*introduce themselves*) o presentar a otros (*introduce others*).

- Milagros, éste es el Señor Fernández, mi jefe.
○ Encantada. ¿Cómo está?
■ Muy bien, ¿y usted?

- ¿Qué tal, Luis? Te presento a Ramón Rodríguez, de la oficina central.
○ Hola, ¿qué tal? ¿Tú trabajas con Fernando?
■ Sí, encantado de conocerlo.

- Abuelo, te presento a un colega de la oficina.
○ ¿Cómo está usted? Soy Juan.
■ Mucho gusto. ¿Cómo estás?
○ Muy bien, ¿y usted?

¿Qué forma de tratamiento usan los personajes de cada diálogo? ¿*Tú* o *usted*? Busca en los diálogos verbos y pronombres que indican *tú* o *usted*.

6–11 Atención a la forma

Escucha estas conversaciones. ¿Usan **tú**, **usted** o **ustedes**? Identifica los verbos y pronombres usados para indicar el tratamiento.

	USAN ...	PRONOMBRES	VERBO EN IMPERATIVO
Diálogo 1:	tú y usted	te (presento)	ven
Diálogo 2:			
Diálogo 3:			
Diálogo 4:			
Diálogo 5:			

 Compara tus resultados con los resultados de un/a compañero/a.

6–12 ¿Qué está haciendo?

Escucha estas breves conversaciones telefónicas. ¿Qué está haciendo...

1. ...MARISA?
2. ...ELISABETH?
3. ...GUSTAVO?
4. ...EL SEÑOR RUEDA?

6–13 ¿Qué está pasando (*happening*)?

Observa las viñetas de 6-8. Elige una y describe a tu compañero/a qué está pasando. Tu compañero/a debe adivinar qué viñeta es.

EJEMPLO:

E1: La empleada doméstica **está contestando** al teléfono.
E2: Es ésta.

INTERACCIONES

06-26 to
06-29

Información para Estrategias para la comunicación oral

La sección Interacciones presenta dos actividades situacionales en lugar de una, como es habitual. Esto es debido al carácter de la lección, de alto contenido funcional y sociolingüístico (tratamiento/registro, saludos y presentaciones, convenciones para la conversación telefónica...). Se ha estimado oportuno incluir actividades de *role-play* como técnica efectiva para practicar este tipo de exponentes funcionales y sociolingüísticos.

Sugerencias/expansión para Estrategias para la comunicación oral

Aquí usted podría usar el audio de 6-12 de nuevo y pedir a los estudiantes que presten atención y anoten las distintas formas de responder al teléfono (*¿sí?, ¿dígame?, ¿aló?, ¿bueno?, ¿quién es?,* etc.) y dejar o no un recado (*dígale que llamé/he llamado, ya la llamo luego, y ¿quiere(s) dejar algún mensaje?, ¿quiere(s) decirle algo?,* etc.).

Información para la actividad 6-15

Esta actividad situacional se centra en el uso del registro formal (usted) y la conversación telefónica. Además los estudiantes deben hablar de su experiencia laboral, con lo que tendrán que poner en uso vocabulario de la lección relacionado con el mundo del trabajo.

ESTRATEGIAS PARA LA COMUNICACIÓN ORAL

Phone conversations

In Spanish, as in English, there is a formulaic approach to a phone conversation. However, there is much variation among Spanish-speaking countries. These are the most common formulas used:

- To answer the phone.
  Aló / ¿Sí? / ¿Diga? / ¿Dígame? / ¿Bueno?

- To ask/identify who is speaking.
  ¿De parte de quién?   *De Julián.*
  ¿Quién llama/habla?   *Soy yo.*
                           Soy Ramón.

- To ask for someone / to reply
  ¿Está Alexis?   *No está.*
  *¿*Alexis?   *No se encuentra.*
  ¿Puedo hablar con Alexis?
  ¿Se encuentra Alexis?

- To take/leave a message.
  ¿Quiere/s dejar(le) un/algún recado?   *Dígale/dile que Ramón llamó* (called).
  ¿Quiere/s dejar(le) un/algún mensaje?   *No, gracias. Yo lo/la llamo* luego/más tarde...

6-14 ¿Aló?

Elige tres personas de la clase para llamarlas por teléfono. Decide primero el propósito de la llamada (*call*). No olvides usar un registro informal (*tú*). Después, llámalas por teléfono.

 6-15 **Situaciones:** *Una entrevista de trabajo por teléfono*

An American student who recently graduated has a phone interview with an American publishing company in El Salvador. S/he is interviewing for a management position.

ESTUDIANTE A

You just graduated with a Master's degree in Business Administration. You have a phone interview with a branch of an American publishing company in San Salvador. Before the interview, prepare a brief résumé with the most relevant information. Give it to the interviewers so that they can read it before the interview. During the phone conversation you need to convince the interviewers that you are an excellent candidate although you have no experience. Remember to use a formal register (*usted* and *ustedes*) and review the formulas for a phone conversation.

ESTUDIANTE B

You are co-director at a branch of an American publishing company in El Salvador. You need a young, but experienced, manager for this branch. After reading this candidate's resume, you decide that **s/he is not the best candidate for the job.** Prepare four questions in advance and then conduct a phone interview. Remember to use a formal register (*usted* and *ustedes*) and review the formulas for a phone conversation.

ESTUDIANTE C

You are co-director at a branch of an American publishing company in El Salvador. You need a young, but experienced, manager for this branch. After reading this candidate's resume, you realize that **s/he may be the best candidate for the job.** Prepare four questions in advance, and then conduct a phone interview. Remember to use a formal register (*usted* and *ustedes*) and review the formulas for a phone conversation.

6–16 Situaciones: *Recomendaciones para viajar por El Salvador*

Two American students are visiting San Salvador for a few days. They want to visit other places in the country, so they call two friends who have been studying there for a while.

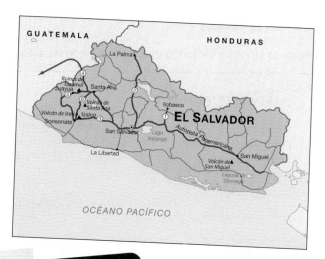

Información para la actividad 6–16
La actividad tiene un componente cultural que usted debería trabajar antes de efectuar el *role-play*: leer los textos, examinar el mapa, estudiar las rutas y mirar las fotos. Tras la exploración de los contenidos culturales, los estudiantes estarán en mejores condiciones de conversar en una situación hipotética como ésta.

ESTUDIANTE A

Having spent six weeks in El Salvador, you are now very familiar with Santa Ana and Sonsonate. Two students who have just arrived asked you for recommendations about places to visit. Give them recommendations based on their interests and preferences. Use the map to give directions on how to get there.

ESTUDIANTE B

Having spent six weeks in El Salvador, you are now very familiar with San Salvador, its surroundings, and San Miguel. Two students who have just arrived asked you for recommendations about places to visit. Give them recommendations based on their interests and preferences. Use the map to give directions on how to get there.

ESTUDIANTE C

You would like to visit other places in El Salvador, so you ask two friends who have been there for a while for recommendations. You love nature.

ESTUDIANTE D

You would like to visit other places in El Salvador, so you ask to two friends who have been there for a while for recommendations. You love traditional handicrafts and architecture.

EJEMPLO:

E1: A mí me gusta mucho la naturaleza. ¿Dónde puedo ir?
E2: **Ve** a Santa Ana y **visita** el volcán. **Luego sube** a la cima para ver el paisaje.
E1: ¿Cómo voy?
E2: **Toma** la autopista Panamericana y **maneja** unos 50 kilómetros.

• La catedral de Santa Ana (Santa Ana). Es de estilo neo-gótico. Fue construida (*was built*) entre 1905 y 1913.

• El volcán de Izalco (Sonsonate). La ciudad de Izalco está situada al este de Sonsonate. Este volcán antiguamente era llamado (*was called*) por los navegantes (*sailors*) "El faro del Pacífico".

• Las ruinas mayas de Tazumal (Santa Ana). Importante y sofisticado asentamiento Maya de los años 100–1200 d.C. Los restos incluyen tumbas, pirámides y templos.

Ilobasco (Cabañas). Es una población precolombina famosa por la elaboración de artesanías de Navidad.

Laguna de Olomega (San Miguel). Está a 15 kilómetros al sudeste de San Miguel. Hay muchos peces de diferentes especies y diversos tipos de aves.

Información para la Tarea
La Tarea tiene dos productos
finales: el primero es dar una lista
de razones por las que dos
personas desean compartir una
casa (al final del Paso 2); el
segundo es un plano de la casa con
la distribución de las habitaciones y
muebles (al final del Paso 5).
Ambos productos son resultado de
la interacción en grupo o pareja,
que incluye entrevistar a dos
compañeros (Preparación), hablar
con los compañeros y decidir con
quién van a vivir (Paso 1), decidir
qué apartamento quieren (Paso 3),
decidir qué muebles necesitan
(Paso 4) y dar instrucciones para
amueblar el apartamento (Paso 5).
Usted debe guiar muy bien a la
clase a través de todo el proceso,
de modo que los estudiantes
puedan ver etapas claras de
trabajo.

TAREA  Gente en acción

Seleccionar un apartamento y un compañero de apartamento. Amueblar el apartamento.

PREPARACIÓN

En grupos de cuatro, entrevisten a dos compañeros/as del grupo para decidir con quién quieren compartir el apartamento. Usen este cuestionario como guía para sus preguntas y tomen notas de toda la información necesaria. No olviden saludar y y usar formas de cortesía.

	ENTREVISTADOS/AS	
	1	**2**
NOMBRE		
DIRECCIÓN		
TELÉFONO		

Por favor di tus preferencias.

1. Habitación propia / Habitación compartida
2. Amueblado / Sin amueblar
3. Ubicación (*location*)
4. Baño individual / Baño compartido
5. Transporte público
6. Piscina, estacionamiento
7. Sus características (personalidad, hábitos, habilidades...)
8. Trabajo(s) actuales (*current*)
9. Características ideales del/de la compañero/a
10. Otra información relevante

EJEMPLO:

E1: ¿Prefieres una habitación propia o quieres compartir habitación?
E2: No, yo necesito un cuarto para mí sólo.

┤ **AYUDA** ├

- ¿**Sabes** cocinar / conducir / ...?
○ No, no sé.
  Sí, cocino muy bien.

(yo)	**sé**
(tú)	sab**es**
(él, ella, usted)	sab**e**
(nosotros/as)	sab**emos**
(vosotros/as)	sab**éis**
(ellos, ellas, ustedes)	sab**en**

Paso 1 Mi compañero/a de apartamento

Hablen con sus compañeros y decidan con quién quieren vivir. Comenten y resuelvan los posibles conflictos. Al final, debe haber dos parejas en el grupo.

Paso 2 Los miembros de cada pareja preparan una breve lista de razones por las que (*reasons why*) quieren vivir juntos (*together*). Un miembro de la pareja lee la lista a la clase.

Paso 3 ¿Qué apartamento?

Observen los dos planos de los apartamentos.
Usando la información que tienen, decidan qué apartamento necesitan.

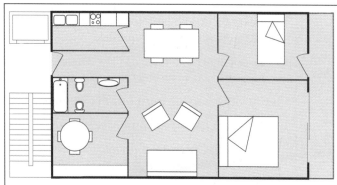

B. Vistas de Altamira. 100 m². Terraza, garaje opcional.
Luminoso, tranquilo y soleado.

A. Amplio apartamento en zona residencial. Muy elegante. Dos garajes y jardín comunitario.

Paso 4 ¿Qué necesitamos?
Hagan una lista de los muebles y utensilios que necesitan para su apartamento.

Paso 5 Usando el plano del apartamento, uno de ustedes decide dónde colocar los muebles y da instrucciones a su amigo/a. Completen el plano con los nombres de los muebles y otras cosas que necesitan.

EJEMPLO:

E1: Pon la mesa y las sillas en el salón, en el centro.
E2: De acuerdo. ¿Dónde pongo la tele? ¿En el salón?
E1: No, **ponla** en la cocina.

Paso 6 El/la representante presenta su plano a la clase.

Paso 7 Los grupos y el/la profesor/a comentan los planos y las decisiones de la clase.

Paso 8 Foco lingüístico.

Información para la actividad 6–17

Puede enfocar el tema de los tipos de vivienda desde un punto de vista cultural (iglús, tipis, rascacielos, cabañas, etc.) o histórico (de las cuevas a las casas de hoy).

Una organización no gubernamental (ONG) es una entidad de carácter privado, con fines humanitarios y sociales definidos por sus integrantes, creada independientemente de los gobiernos locales, regionales y nacionales, así como también de organismos internacionales.

Respuestas para la actividad 6–18

1. *El tema es ONGs relacionadas con la vivienda en El Salvador.*
2. -*Frase temática 1: El Salvador es una nación que lucha por satisfacer las necesidades de vivienda de un gran número de familias.*
   -*Frase temática 2: Hábitat para la Humanidad (HPH) es una ONG sin fines de lucro que está trabajando para ayudar a construir viviendas dignas.*
   -*Frase temática 3: Un Techo para mi País (UTPMP) nace en Chile en 1997.*
   -*Frase temática 4: Sé albañil.*
   -*Subtema 1: el problema de la vivienda en El Salvador*
   -*Subtema 2: qué es HPH (una ONG que hace viviendas en El Salvador)*
   -*Subtema 3: qué es UTPMP (una ONG creada por jóvenes universitarios en Chile)*
   -*Subtema 4: qué puedes hacer tú*
3. *El dibujo presenta personas construyendo casas. Nos indica que el tema del texto es, en efecto, la construcción de viviendas.*

Respuestas para la actividad 6–19

1. *HPH construye y rehabilita casas con trabajo voluntario y donaciones de dinero y materiales. Ofrece préstamos sin interés.*
2. *Construir viviendas de emergencia, hacer proyectos de desarrollo comunitario y construir viviendas definitivas.*
3. *Donar dinero, hacerse voluntario, donar materiales.*
4. *"non-profit"*
5. *2.000 (HPH) + 1.450 (UTPMP) = 3.450*

📖 NUESTRA GENTE

06-30 to 06-31

GENTE QUE LEE

ESTRATEGIAS PARA LEER

Using a bilingual dictionary (II)

In *Lección 5* we saw how important it is to determine the category (noun, verb, adjective, etc.) of a word you don't understand before looking it up in the dictionary. However, several definitions may be given for each entry. This happens with many of the most common Spanish words, so you must decide which of the definitions best fits the context. Always consider the context of a word before looking it up.

Read the following examples:

1. *Prefiero una **casa** de alquiler con dos dormitorios y un baño.*
2. *Me gusta estar en **casa** los fines de semana.*

If you looked up the word *casa* in a bilingual dictionary, you would find something like this:

casa ['kasa] *nf* house; (*hogar*) home; (*edificio*) building

where *casa* has three different meanings: house, home, and building. Going back to the examples above, the first one refers to an actual house, while the second one refers to the concept of home.

ANTES DE LEER

6–17 Casas y ONGs

1. ¿Puedes pensar en diferentes tipos de vivienda usados en diferentes culturas? ¿En qué se diferencian? ¿Qué cosas son esenciales para cualquier casa?
2. ¿En qué tipo de vivienda vives ahora? ¿En qué partes de la casa pasas (*spend*) más tiempo?
3. ¿Sabes qué es una organización no gubernamental (ONG)? ¿Conoces alguna? ¿Qué hace esta organización?

6–18 Activando estrategias

1. Lee el título del texto. ¿Cuál crees que es el tema de la lectura?
2. Identifica la frase temática de cada párrafo. ¿Cuáles son los subtemas de esta lectura?
3. Mira el dibujo. ¿Ofrece información adicional sobre el contenido del texto?

DESPUÉS DE LEER

6–19 ¿Comprendes?

1. ¿Qué hace HPH en El Salvador?
2. UTPMP trabaja con tres propósitos: ¿cuáles son?
3. ¿Qué puede hacer una persona para ayudar a estas organizaciones?
4. ¿Qué significa "sin fines de lucro"?
5. ¿Cuántas casas aproximadamente han construido en total estas ONGs en El Salvador?

A LEER

ONGs EN EL SALVADOR: POR UNA VIVIENDA DIGNA

El Salvador es una nación que lucha por satisfacer las necesidades de vivienda de un gran número de familias. Además de una guerra civil (1980–1992) que causó (*caused*) más de 75.000 **muertes**, en 1998 cerca de 150.000 familias perdieron (*lost*) sus casas, **cosechas** y pertenencias **debido a** los efectos del huracán Mitch. Más tarde, los terremotos de enero y febrero de 2001 dejaron (*left*) sin hogar a miles de familias salvadoreñas. Dos organizaciones no gubernamentales (ONGs), Hábitat para la Humanidad (HPH) y Un Techo Para Mi País (UTPMP), están ayudando a mejorar las condiciones de vivienda de miles de salvadoreños.

Hábitat para la Humanidad es una ONG sin fines de **lucro** que está trabajando para ayudar a construir viviendas dignas. Con trabajo voluntario y donaciones de dinero y materiales, HPH está construyendo y rehabilitando casas sencillas con la ayuda de las familias. HPH ha construido (*has built*) en El Salvador más de 2.000 casas y es la única organización en el país que ofrece **préstamos** sin intereses.

Un Techo para mi País (UTPMP) nace en Chile en 1997. Fue creada (*was created*) por un grupo de jóvenes universitarios y está hoy presente en 15 países de Latinoamérica. UTPMP El Salvador comenzó (*started*) en 2001 y ya cuenta con 1.450 casas construidas en el país y más de 6.000 voluntarios movilizados. Es ya una de las ONGs más importantes de Latinoamérica, **compromete** a miles de jóvenes voluntarios cada año y trabaja junto a cientos de familias necesitadas. Su trabajo se **resume** en tres etapas: la primera es construcción de viviendas de emergencia, la segunda, proyectos de **desarrollo** comunitario y la última es la etapa de la vivienda definitiva.

Sé albañil

Comprométete con la causa de la vivienda adecuada. Dona dinero, hazte voluntario. ¿Qué estás esperando? Ayúdanos a construir nuestro mundo... Por medio de la movilización del voluntariado en temas inherentes a la vivienda adecuada, logramos un mundo más equitativo. El **derecho** humano a una vivienda adecuada tiene que ser una realidad para cada familia.

6–20 Activando estrategias

1. Observa estas palabras en negrita en el texto: "muertes", "cosechas", "lucro", "préstamos", "compromete", "desarrollo" y "derecho". ¿Son nombres, verbos o adjetivos? ¿Qué entrada tienes que buscar en el diccionario? (por ejemplo: "compromete" es un verbo; buscas "comprometer").
2. ¿Qué información te da el diccionario sobre estas palabras? ¿Qué significan? Elige el significado según (*according to*) el contexto de la lectura.
3. ¿Es la palabra "digna" un cognado? ¿Y la palabra "resume"? Usa el diccionario.
4. ¿Qué función tiene el conector en negrita "debido a" (párrafo 1)?
5. ¿Cuántos verbos están en imperativo en el anuncio de UTPMP? ¿Cuál es el infinitivo de esos verbos?

6–21 Expansión

Según la Declaración Universal de Derechos Humanos, toda persona tiene derecho a una vivienda digna. ¿Qué significa esto? ¿Es posible? ¿Cómo?

Información para Estrategias para escribir
El contenido de la sección se refiere al Paso 1 del proceso de escritura. Haga hincapié en que al escribir una carta o cualquier comunicación dirigida a otra persona, los estudiantes tengan en cuenta el registro. Éste tiene un impacto en la gramática que sin duda requiere un buen dominio de la conjugación verbal y de los pronombres.

Sin duda, el voseo es uno de los fenómenos más importantes en el español actual por su extensión (ocupa aproximadamente la tercera parte de Latinoamérica: Argentina, Uruguay, Bolivia, Chile, Paraguay y países centroamericanos como El Salvador, Guatemala, Honduras y Nicaragua) y por las repercusiones que tiene a nivel lingüístico (formas verbales) y social (tratamiento formal e informal). Se llama *voseo* al uso de *vos* como segunda persona singular de sujeto en lugar de *tú* (*tuteo*). Ambos pronombres se suelen usar en situaciones familiares o informales, en contraste con *usted*. En cuanto a las formas plurales, el pronombre *vosotros* ha desaparecido del español de América, donde sólo se emplea la forma *ustedes*.

Información para la actividad 6–22
Las instrucciones no definen el tipo de trabajo que va a solicitar cada estudiante. Esto puede ofrecer un nivel suficiente de autonomía para los estudiantes.

Ofrezca a los estudiantes algunas fórmulas de cortesía generales y útiles para comenzar y concluir la carta. En el primer caso, algunos ejemplos podrían ser: *Estimadas y estimados señoras y señores; Me dirijo a ustedes para...; Les escribo esta carta con el propósito de...*, etc. Una carta de este tipo podría concluir con fórmulas como: *Les agradezco por adelantado su consideración; Quedo a la espera de noticias suyas*, etc.

GENTE QUE ESCRIBE

06-32 to 06-33

ESTRATEGIAS PARA ESCRIBIR

The goal of your composition (context, purpose, reader, and register)

Writing tasks have a real-life goal: we write something within a specific **context**, with a **purpose**, with a specific **reader** in mind, and using the appropriate **register** (informal or formal).

Register is a particularly important and rather difficult element to master in Spanish. As you already know, the use of *tú* (or *vos* in the case of El Salvador), *usted*, *vosotros*, or *ustedes* has a direct impact in verb conjugations, choice of direct and indirect object pronouns, and command forms. Thus, using one or another involves mastering those grammar elements. Observe how the change of register in these paragraphs (from *tú* to *usted*) impacts all the above-mentioned grammar elements:

1. Por favor, enví**a**me unas copias de mi expediente académico. Recuerd**a** además que **te** llamo por teléfono esta semana y tien**es** que encontrar mis papeles a tiempo. Ha**z** fotocopias de todo y quéd**ate** con (*keep*) una copia.
2. Por favor, enví**e**me unas copias de mi expediente académico. Recuerd**e** además que **lo** llamo por teléfono esta semana y tien**e** que encontrar mis papeles a tiempo. Ha**ga** fotocopias de todo y quéd**ese** con (*keep*) una copia.

MÁS ALLÁ DE LA FRASE

Connectors for adding and sequencing ideas

Connectors give a sense of organization to your writing. They help the reader identify the different parts, indicate when a new idea or point is introduced, and signal when the writing is about to end.

- first idea: *para empezar* (to start), *en primer lugar* (in the first place).
- subsequent ideas or points: *en segundo lugar* (in the second place), *en tercer lugar* (in the third place), *para continuar* (to continue).
- final ideas: *por último* (last), *para terminar* (to end).
- summarizing: *para resumir* (to sum up), *en resumen* (in short).
- conclusion: *para concluir* (to conclude), *en conclusión* (in conclusion).
- Adding: *además* (furthermore), *también* (also).

6–22 Una carta de solicitud de empleo

Piensa en un puesto de trabajo ideal (a tiempo parcial) en la Universidad de San Salvador donde estás estudiando. Escribe un carta para solicitar este puesto. Incluye esta información:

1. qué estudias y en qué quieres especializarte;
2. trabajos previos (dónde, cuándo);
3. tus características más destacadas;
4. tus habilidades y destrezas;
5. por qué crees que deben darte el puesto;
6. otra información que creas necesaria.

Considera el propósito de tu carta (¿para qué es?; ¿qué finalidad tiene?), el lector (¿quién es?) y el registro (¿debe ser formal o informal?; ¿por qué?)

 ¡ATENCIÓN!

Sigue los Pasos 1 a 8. Usa conectores para organizar la información y seguir una secuencia lógica.

COMPARACIONES

6–23 Una cooperativa de trabajo en El Salvador

¿Sabes qué es una cooperativa de trabajadores? Lee este texto y responde a las preguntas.

Una cooperativa de trabajo es una asociación autónoma de trabajadores que se unen voluntariamente para formar una organización democrática. Su objetivo es hacer frente a las necesidades y aspiraciones laborales del grupo por medio de una empresa.

La cooperativa de trabajadores "La semilla de Dios" está en La Palma, Chalatenango, El Salvador. Está formada por artesanos que hacen objetos de madera y los pintan con el estilo típico de La Palma. Los hombres trabajan la madera, y las mujeres la pintan y la refinan. La cooperativa es propietaria de unas tierras donde plantan los árboles de donde obtienen gran parte de la madera. Esta forma de cooperativa da trabajo e ingresos a parte de la población local. Sus ingresos permiten más oportunidades educativas para los niños, e incluso les permiten a los trabajadores tener su propio fondo de pensiones.

Origen de la cooperativa
En 1973, Fernando Llort, un artista salvadoreño de fama internacional, llega a La Palma para vivir y trabajar. Ese año abre un taller donde los campesinos aprenden a pintar y diseñar arte. En 1977 se funda una cooperativa donde Llort trabaja hasta 1977. Hoy en día hay más de 100 talleres en La Palma.

1. ¿Qué está haciendo esta cooperativa por el pueblo de La Palma? ¿Qué te parecen este tipo de iniciativas?
2. ¿Conoces ejemplos de cooperativas de trabajo o de otro tipo en tu país?

6–24 Un artista salvadoreño

Lee este texto para saber más del artista más universal de El Salvador. ¿Te gusta el estilo de Llort? ¿Te recuerda a (does it remind you of) otros pintores o estilos?

Fernando Llort
Nace en San Salvador en 1949 y después de estudiar y viajar por todo el mundo, se establece en La Palma,

Chalatenango. Allí el contacto con la naturaleza y la gente inspira su obra. Llort usa diseños sencillos, colores primarios y arte bidimensional. Predominan en sus cuadros las imágenes de la vida rural: campesinos, animales y casas de adobe. Después de la guerra civil sus temas cambian: se observa una conciencia de la pobreza, el valor de la mujer y la importancia de la comunidad. Su trabajo se puede ver en colecciones públicas y privadas de todo el mundo, incluyendo el Museo Privado de la Casa Blanca, El Vaticano y el edificio de Naciones Unidas en Nueva York.

CULTURA

Se estima que dos millones y medio de salvadoreños (uno de cada cuatro) residen fuera de su país. Esto se debe en gran parte a la guerra civil (1980–1992) y a la grave crisis económica que ella provocó. Gran parte de la población salvadoreña en el exterior reside en Estados Unidos, concentrándose principalmente en las áreas de Los Ángeles, Washington, D.C., Maryland, Miami, Nueva Orleans, el norte de Virginia, las principales ciudades de Texas, Nueva York y Nueva Jersey. Se estima que hay 1.400.000 personas de origen salvadoreño en Estados Unidos, lo que convierte a este grupo en el cuarto (fourth) más grande de los grupos hispanos en Estados Unidos (detrás de México, Puerto Rico y Cuba).

Algunos personajes famosos de ascendencia salvadoreña son la modelo Christy Turlington (de mamá salvadoreña) y Arturo Álvarez (de padres salvadoreños), jugador de la liga profesional de fútbol de Estados Unidos y del equipo nacional de El Salvador.

Información para la actividad 6–23
Las cooperativas más comunes son las de consumidores y usuarios, agrarias, de ahorro y crédito, de servicios, de viviendas, de transporte, de turismo, de enseñanza y de comercio. El cooperativismo tiene una larga tradición en Latinoamérica, Europa y Estados Unidos.

Hoy en día las cooperativas tienen un papel importante en la economía de Estados Unidos. La primera cooperativa fue fundada en 1752, cuando Benjamin Franklin formó el Fondo de Contribución de Filadelfia para asegurar las casas perdidas por incendios. Hoy, en Estados Unidos, existen aproximadamente 47.000 cooperativas con aproximadamente 120 millones de miembros, cifra que representa más o menos el 40% de la población. Son especialmente importantes las uniones de crédito (credit unions) que compiten con la banca tradicional, las cooperativas de la industria de la electricidad, las agrícolas, las aseguradoras, las guarderías, las escuelas cooperativas y las cooperativas de trabajadores.

Ejemplos de cooperativas en Estados Unidos son Nationwide Insurance, la quinta aseguradora más importante del país, Farmland Industries, la más grande del país, Dakota Pasta Growers, Berkeley's Cheese Board, etc.

Información para la actividad 6–24
El estilo de Llort se ha comparado al de Joan Miró o Pablo Picasso.

Sugerencias/expansión para la actividad 6–24
Si tiene acceso a ella, use tecnología en el aula (Internet, PowerPoint, etc.) para mostrar a los estudiantes las obras de los artistas plásticos que aparecen en Gente. Describir y comentar cuadros es una actividad muy motivadora y que da pie a una práctica contextualizada del lenguaje a nivel básico (descripción, colores, formas, objetos, expresión de gustos y preferencias, verbos ser, haber (hay), estar, etc.).

 VOCABULARIO

Las partes de la casa *(Areas of the house)*

el ascensor	*elevator*
el baño	*bathroom, toilet*
la cocina	*kitchen*
el comedor	*dining room*
el cuarto	*bedroom, room*
el dormitorio	*bedroom*
el estacionamiento	*parking*
la habitación	*room*
el jardín	*garden, yard*
el pasillo	*corridor, hallway*
la puerta	*door*
el salón, la sala	*living room*
la ventana	*window*

Los muebles *(Furniture)*

el armario	*closet*
la cama	*bed*
el escritorio	*desk*
el estante, la estantería	*shelf*
la mesa	*table*
la silla	*chair*
el sillón	*armchair*
el sofá	*sofa*

Las profesiones *(Professions)*

el/la abogado/a	*lawyer*
el/la albañil	*builder*
el/la bombero/a	*fireman/woman*
el/la cajero/a	*bank clerk; cashier*
el/la cartero/a	*postal carrier*
el/la empleado/a	*employee*
el/la gerente	*manager*
el/la maestro/a	*teacher*
el/la oficinista	*office clerk*
el/la policía	*policeman/woman*
el/la recepcionista	*front-desk attendant*
el/la taxista	*taxi driver*
el/la traductor/a	*translator*

El ambiente laboral *(Work environment)*

el/la candidato/a	*candidate*
la compañía	*company, firm*
el contrato	*contract*
el currículo	*resume, CV*
el dinero	*money*
el empleo	*job; employment*

la empresa	*business; company*
el equipo	*team*
la formación	*training, education*
el negocio	*business*
la oficina	*office*
trabajo	*position; job*
el requisito	*requirement*
el/la solicitante	*applicant*
el sueldo, el salario	*salary, wage*
el título	*degree*

Las características profesionales *(Professional characteristics)*

la capacidad	*ability*
el compromiso	*commitment*
el conocimiento	*knowledge*
el dominio	*mastery*
la experiencia	*experience*
la paciencia	*patience*

Adjetivos *(Adjectives)*

amueblado/a	*furnished*
bilingüe	*bilingual*
céntrico/a	*central*
disponible	*available*
lujoso	*luxurious*
organizado/a	*organized*
paciente	*patient*
peligroso/a	*dangerous*
preparado/a	*prepared*
responsable	*responsible*

Verbos *(Verbs)*

alquilar	*to rent*
amueblar	*to furnish*
cambiar	*to change*
construir (irreg)	*to build*
contratar	*to hire*
despedir (i)	*to fire*
devolver (ue)	*to return*
enviar	*to send*
ganar	*to earn*
irse (irreg)	*to leave*
ofrecer (zc)	*to offer*
perder (ie)	*to lose*
presentar	*to introduce*
seguir	*to continue*
solicitar	*to apply for*

CONSULTORIO GRAMATICAL

1 Command Forms

Regular forms

	TOMAR	BEBER	SUBIR
(tú)	toma	bebe	sube
(vosotros/as)	tomad	bebed	subid
(usted)	tome	beba	suba
(ustedes)	tomen	beban	suban

Irregular forms

	PONER	SER	IR	DECIR	SALIR	VENIR	TENER	HACER
(tú)	pon	sé	ve	di	sal	ven	ten	haz

> Commands in Spanish are just like those in English, except that Spanish has singular and plural forms that depend on how many people are being asked or told to do something.
>
> **Ven** aquí. (= **Come** here.)
>
> **Déjenlo** en la mesa. (= **Leave** it on the table)

Reflexive, direct, and indirect object pronouns (**me, te, lo, la, nos, os, los, las, le, les** y **se**) always follow, and are attached to, affirmative commands. Together they form a single word.

Mírenlo, allí está.   **Dame** ese periódico.
Look at him, he's there.   **Give me** that newspaper.

Pasa, pasa y **siéntate**.
Como on in and **sit down**.

Some changes are made when a pronoun is attached to the command form. If the stressed syllable shifts, a written accent is introduced to maintain the original emphasis.

Mira ——→ **Mírate** en el espejo.
Look at yourself in the mirror. (singular)

Mírate en el espejo.

The final -**d** is dropped before the pronoun **os** (vosotros form).

Mirad ——→ **Miraos** en el espejo.
Look at yourself in the mirror. (plural)

If there are two object pronouns, the order is always indirect object (IO) + direct object (DO). When both pronouns are in the third person, **le** and **les** turn into **se**.

- ¿Puedo llevarme estas fotos?   —Can I take these pictures?
○ Sí, pero luego devuélve**melas**.   —Yes, but give **them** back **to me** later.

- ¿Quieres estos documentos?   —Do you want these documents?
○ No, dá**selos** a Juan. = (da + le + los)   —No, give **them to** Juan.

2 Use of Command Forms

Command forms are used in many contexts.

To give orders and ask others to do something.

Llama al director, por favor.   Carlos, **ayúdame** a llevar esto.
Call the director, please.   Carlos, **help me** carry this.

Por favor, **dígale** que he llamado.
Please, **tell him/her** that I have called.

To give instructions.

- ¿Cómo puedo llamar por teléfono al extranjero?   —How can I call abroad?
○ **Marca** primero el 00 y luego **marca** el prefijo del país.   —First **dial** 00 and then **dial** the prefix for the country.

To give advice.

Haz ejercicio.   **Bebe** más agua.
Exercise.   **Drink** more water.

To offer something or to invite someone to do something.

Toma un poco más de café.   **Ven** a cenar con nosotros esta noche.
Have a little bit more coffee.   Come dine with us tonight.

To give someone permission.

● ¿Puedo llamar por teléfono desde aquí?   —Can I call on the phone from here?
○ Sí, claro. **Llama, llama.**   —Yes, sure. **Go ahead, call**.

Commands are often used to get someone's attention in some common situations:

To introduce someone.

Mira, te presento a Julia.
Look, this is Julia.

To introduce a question.

Oye, ¿sabes dónde está el Museo Nacional?   Disculpa (perdona), ¿dónde está la calle Velasco?
Oiga, ¿sabe dónde está el Museo Nacional?   Disculpe (perdone), ¿dónde está la calle Velasco?
Excuse me, do you know where the Museo Nacional is?   **Excuse me**, where is calle Velasco?

When giving someone something.

Toma, 60 dólares para comprar los libros.   **Tome**, esto es para usted.
Here, 60 dollars to buy the books.   **Here**, it's for you.

3 Formal vs. Informal Register: *Tú* vs. *Usted*; *Vosotros* vs. *Ustedes*

*The use of **tú** and **usted** differs between Latin America and Spain, and also among the countries and regions of Latin America.*

*In general, **tú** is used for informal contexts while **usted** is used for formal ones. However, in some regions in Latin America **usted** is used for both formal and informal contexts.*

***Ustedes** is used in Latin America for both informal and formal contexts. **Vosotros** is used only in Spain for informal contexts while **ustedes** is used for formal ones.*

*The choice of formal or informal register has an impact on the verb forms that we need to use. There are different forms for **tú**, **usted**, **vosotros**, and **ustedes** in all verbal tenses.*

TÚ / USTED	VOSOTROS / USTEDES
Ven (tú) a cenar con nosotros esta noche.	**Venid** (vosotros) a cenar con nosotros esta noche.
Venga (usted) a cenar con nosotros esta noche.	**Vengan** (ustedes) a cenar con nosotros esta noche.
¿**Vienes** (tú) a cenar con nosotros esta noche?	¿**Venís** (vosotros) a cenar con nosotros esta noche?
¿**Viene** (usted) a cenar con nosotros esta noche?	¿**Vienen** (ustedes) a cenar con nosotros esta noche?

The choice of formal or informal register has also an impact on the indirect object pronouns we need to use.

Te gusta (a ti) este apartamento?	**Os** gusta (a vosotros) este apartamento?
Te gusta (a usted) este apartamento?	**Les** gusta (a ustedes/ellos/ellas) este apartamento?
Juan: quiero comprar**te** un regalo.	María, Juan: quiero comprar**os** un regalo.
Señor Díaz: quiero comprar**le** un regalo.	Señores Díaz: quiero comprar**les** un regalo.

The choice of formal or informal register also has an impact on the direct object pronouns we need to use. This is the case with reflexive verbs, where both the verb ending and the pronoun change.

Siénta**te**, por favor. (tú)	Senta**os**, por favor. (vosotros)
Siénte**se**, por favor. (usted)	Siénten**se**, por favor. (ustedes)

Finally, the choice of formal or informal register has an impact on the possessive pronouns used.

Ricardo, **tus** hijos son muy simpáticos.

Señor Díaz, **sus** hijos son muy simpáticos.

María, Juan: **vuestros** hijos son muy simpáticos.

Señores Díaz: **sus** hijos son muy simpáticos.

4 *Estar* + Gerund

The gerund is a form that normally appears with other verbs. Its most common use is in the form **estar** + *gerund, which is used to present actions taking place at the moment of speaking.*

(yo)	**estoy**
(tú)	**estás**
(él, ella, usted)	**está trabajando**
(nosotros/as)	**estamos**
(vosotros/as)	**estáis**
(ellos, ellas, ustedes)	**están**

Unlike English, in Spanish this construction can only be used to express an action currently in progress, never a future action.

El equipo juega mañana a las siete. (= The team is playing tomorrow at seven.)

Messi **está jugando** *muy bien hoy.* (= Messi is **playing** very well today.)

● ¿Está Juan? —Is Juan there?

○ Todavía **está durmiendo**. —He is still sleeping.

Some of the most frequent irregular forms of the gerund:

LEER ⟶ **leyendo**   SEGUIR ⟶ **siguiendo**   PEDIR ⟶ **pidiendo**

OÍR ⟶ **oyendo**   DORMIR ⟶ **durmiendo**

5 Greetings and Introductions

Greetings

Ésta es Gloria, una amiga.
This is Gloria, a friend.

Te/le presento a Gloria, una amiga.
Let me introduce you to Gloria, a friend.

Os/les presento a la Señora Gaviria.
This is Mrs. Gaviria.

Mucho gusto.
Nice to meet you.

Encantado/a.
A pleasure.

Hola, ¿qué tal? / ¿Cómo está?
Hello, how are you? / How are you doing?

Introductions

● Hola, ¿qué tal? —Hello, how are you?

○ Muy bien, ¿y tú? / ¿y usted? —Very well, and you?

● Muy bien, gracias. —Very well, thank you.

○ ¡Hasta mañana / luego / el domingo! —I will see you tomorrow / later / on Sunday!

● ¡Adiós! —Good-bye!

Buenos días   **Buenas tardes**   **Buenas noches**
Good morning   *Good afternoon*   *Good evening*

7 GENTE que VIAJA

Información para la actividad 7–1

Para esta primera actividad de acercamiento al tema de los viajes, los estudiantes utilizarán el vocabulario que aparece en la página, más el relativo a aquellas otras cosas que cada uno necesita habitualmente en los viajes y que no aparece en ella (mapas de carreteras, cámara de fotos, bolsa de aseo, etc.). Por lo tanto, necesitarán el diccionario o, en su lugar, las traducciones que usted les facilite.

7–1 ¿Qué necesitas?

Éstas son cosas que la gente necesita habitualmente en los viajes. ¿Qué son? Identifica cada una de ellas. ¿Qué cosas necesitas cuando viajas? ¿Llevas algo especial?

EJEMPLO:

E1: Yo siempre llevo una cámara de video.

TAREA

Organizar un viaje a la República Dominicana.

NUESTRA GENTE

La República Dominicana
Hispanos/latinos en Estados Unidos

guía turística

mochila

maletas

tarjeta de crédito

pasaporte

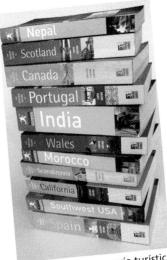

plano de la ciudad

ACERCAMIENTOS

7–2 Cuando viajo…

¿Qué haces normalmente antes, durante y después de un viaje? Ordena las actividades siguientes.

comprar los boletos   revelar las fotos   mirar un mapa
tomar fotos   deshacer la maleta   comprar regalos
hacer la maleta   alquilar un carro   cambiar dinero
escribir postales   buscar alojamiento   obtener un pasaporte
poner fotos en la computadora
otros _____

ANTES

DURANTE

DESPUÉS

 Ahora intercambia tu información con un/a compañero/a.

EJEMPLO:

E1: Yo primero compro los boletos y después hago las maletas.
E2: ¡Yo no, yo primero hago las maletas!

7–3 Pasándolo bien (*having fun*)

Mira la guía sobre la República Dominicana. ¿Qué son estos lugares? ¿Dónde están? ¿Qué puedes hacer en ellos?

1. Los Haitises   2. Las Terrenas   3. Los Altos del Chavón   4. La zona colonial

☀ Pasándolo bien en la República Dominicana

Zona Colonial
Es uno de los lugares favoritos de los jóvenes, por sus cafés y sus tiendas al aire libre. Aquí hay muchos edificios históricos, como la catedral.

Las Terrenas
En la costa norte de la isla, se encuentra la playa más larga y bonita de todo el país. Aquí se puede tomar el sol o bucear en las tranquilas aguas.

Los Haitises
Es un parque nacional formado por un grupo de islas cubiertas de selva tropical. Aquí se pueden apreciar diferentes especies de plantas, pájaros y animales exóticos.

Altos del Chavón (La Romana)
Es un lugar muy bonito situado en una montaña. Aquí se puede estudiar en la escuela de arte, visitar el museo arqueológico, o escuchar conciertos y festivales de jazz en el gran anfiteatro.

Información para la actividad 7–2
La actividad requiere primero el trabajo individual y después el trabajo en pareja. Clarifique antes de comenzar el significado de las palabras que no comprendan.

Respuestas (sugeridas) para la actividad 7–3

1. *En los Haitises puedes ver plantas, pájaros y animales exóticos, puedes disfrutar de la naturaleza, etc.*
2. *En Las Terrenas puedes nadar, tomar el sol, disfrutar del mar, etc.*
3. *En los Altos del Chavón puedes visitar el museo, estudiar arte, escuchar conciertos, disfrutar de la montaña, hacer senderismo, etc.*
4. *En la zona colonial puedes ir de compras, divertirte, ver monumentos y museos, etc.*

VOCABULARIO EN CONTEXTO

07-01 to 07-07

7–4 Un curso de español en Santo Domingo

Rick Jordan es un joven estadounidense inscrito (*registered*) en un curso de español en Santo Domingo. Lee la información del folleto (*brochure*) y responde a las preguntas:

1. ¿Dónde está exactamente el Centro de Español Pedro Henríquez Ureña?
2. ¿Cuánto tiempo dura (*lasts*) el curso?
3. ¿Qué viajes se pueden hacer durante el curso?
4. ¿Dónde pueden alojarse los estudiantes?

7–5 Por teléfono

Escucha las conversaciones de Rick Jordan y elige la información correcta.

Audio 1
En esta conversación, Rick quiere
a. inscribirse en un curso
b. confirmar la hora de un curso
c. reservar una habitación de hotel

Audio 2
En esta conversación, Rick quiere
a. reservar un vuelo a Santo Domingo
b. confirmar un vuelo a Miami
c. cancelar un vuelo a Santo Domingo

Audio 3
En esta conversación, Rick quiere
a. reservar un vuelo a una isla del Caribe
b. cambiar su reservación de hotel
c. reservar una habitación de hotel

Audio 4
Rick deja este mensaje
a. antes de ir de viaje
b. durante su viaje
c. después de regresar de su viaje

7–6 ¿Qué necesita Rick?

Escucha otra vez las conversaciones y completa estas frases con información más específica.

Audio 1
1. El curso comienza el día _____ de _____ a las ocho y media de la mañana.
2. La _____ de la familia dominicana es calle Pedro Bellini, 34. Está muy _____ de la escuela y al lado de la _____.
3. Pero hay un problema: el _____ no está libre hasta el día 3. Por eso el Centro Pedro Henríquez Ureña le va a enviar una lista de _____.

Centro de Español Pedro Henríquez Ureña
Calle Las Mercedes 22,
SANTO DOMINGO

CURSO INTENSIVO DE ESPAÑOL

¿DÓNDE? En una de las más antiguas y hermosas ciudades coloniales del Nuevo Mundo: Santo Domingo, fundada en 1496. Su maravilloso centro colonial es patrimonio mundial de la UNESCO. Santo Domingo es también una próspera ciudad de más de dos millones de habitantes con infinitas posibilidades de ocio. El Centro de Español Pedro Henríquez Ureña está en la zona colonial, en pleno centro de la ciudad.

DURACIÓN: seis semanas
Este curso se ofrece en todos los niveles, desde principiante hasta avanzado. Las clases tienen un máximo de ocho estudiantes.

HORARIO DE CLASES: Las lecciones se ofrecen en la mañana de lunes a viernes, de 8:30 a 1:30.
08:30–10:30   gramática
11:00–12:30   conversación
1:00–1:30   cultura
Por las tardes, usted tiene tiempo para practicar su español. Para los estudiantes interesados, la escuela ofrece un servicio de intercambio lingüístico con hablantes nativos.

ACTIVIDADES CULTURALES:
– visitas guiadas por la ciudad
– curso de parapente o montañismo
– excursiones a Punta Cana, Saona y las cavernas de San Pedro de Macorí
ALOJAMIENTO: con familias o en hotel (la escuela se ocupa de las reservaciones).
PRECIO DE LA MATRÍCULA: $850 (alojamiento y cursos optativos no incluidos).
FORMA DE PAGO: transferencia bancaria, giro postal o tarjeta de crédito.

Audio 2

4. Hay un _____ Miami-Santo Domingo a las 12:35 y otro a las 5:15 de la tarde.

Audio 3

5. Rick quiere _____ una habitación para las noches del 1 y 2 de mayo. Quiere una habitación _____ con _____ .

Audio 4

6. Rick _____ el día 2 de junio.

 7–7 Una vuelta por la República Dominicana

Vamos a hacer un juego. Observen el mapa: tiene las etapas de un viaje por la República Dominicana. Cada fase del viaje está marcada con un color diferente.

DISTANCIAS ENTRE CIUDADES
Puerto Plata–Barahona: 355 km
Barahona–Santo Domingo: 200 km
Santo Domingo–Juan Dolio: 60 km
Juan Dolio–La Romana: 50 km
La Romana–Punta Cana: 105 km
Punta Cana–Samaná: 205 km
Samaná–Río San Juan: 150 km
Río San Juan–Puerto Plata: 165 km

Ustedes tienen que completar este viaje usando ocho medios de transporte diferentes. Deben hacer el viaje en el menor número de días posible.

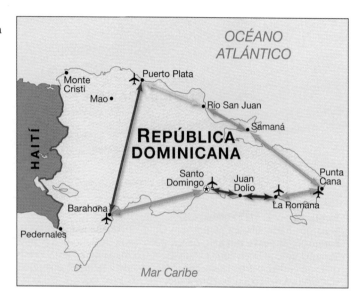

REGLAS DEL JUEGO

■ Los participantes tienen que utilizar todos los medios de transporte como mínimo una vez y visitar todas las ciudades.

■ Sólo pueden usar un medio de transporte en cada etapa (entre dos ciudades) y tienen que pasar la noche en la ciudad a la que llegan.

■ Gana el equipo que necesita menos días para dar la vuelta al país.

■ Sólo pueden recorrer cada día las distancias máximas con cada medio de transporte que están indicadas en la tabla.

DISTANCIAS	kilómetros máximos por día
A PIE	25 km
EN BICICLETA	60 km
EN MOTOCICLETA	200 km
EN TREN	300 km
EN CARRO	400 km
EN AUTOBÚS	500 km
A CABALLO	50 km
EN AVIÓN	1,000 km

EJEMPLO:

E1: De Juan Dolio a La Romana vamos a pie, porque es más corto.
E2: Sí, pero toma dos días. Podemos ir a caballo en un día.

Ahora expliquen a la clase **qué van a hacer** para completar la ruta. Finalmente, decidan qué grupo tiene el viaje más corto.

Información para la actividad 7–6
En la actividad el foco está ahora en la comprensión de información específica (procesado "bottom-up"), en particular en el vocabulario de la lección.

Respuestas para la actividad 7–6
Audio 1
1. *2 de mayo*
2. *dirección; cerca; oficina de turismo*
3. *cuarto; hoteles*

Audio 2
4. *vuelo*

Audio 3
5. *reservar; simple; baño*

Audio 4
6. *regresa*

Sugerencias/expansión para la actividad 7–6
El *input* auditivo incluye recursos de uso muy frecuente para dar y solicitar información, sobre los que usted podría hablar en clase: *quisiera saber, otra cosa, tome nota, llamaba para decir,* etc. Puede ofrecerles la transcripción tras haber terminado la actividad para que se fijen en estos recursos y otros como el uso de *usted.*

Información para la actividad 7–7
Los objetivos principales de la actividad son la práctica del vocabulario sobre viajes y medios de transporte, y la apreciación de las características físicas y naturales de la República Dominicana.

La República Dominicana se sitúa en la parte oriental de la isla La Española y comprende un total de 48.730 km². Ocupa el 74% del territorio de La Española, la cual comparte con el vecino país de Haití.

Información para la actividad 7–8
La República Dominicana goza de una biodiversidad espectacular. En el país hay 254 especies de aves (22 endémicas), 1.411 especies de reptiles (83% endémicas) y 60 especies de anfibios. También hay más de 5.600 especies de plantas. Las áreas protegidas incluyen 14 parques nacionales y 9 reservas científicas, un parque submarino (La Caleta), una reserva de ballenas (Banco de la Plata) y un santuario de aves (Cayo 7 Hermanos). En los últimos años se crearon nuevas áreas protegidas, que aumentan a 18% el área protegida del territorio nacional. La oferta total de visitas de estos espacios protegidos supera el millón y medio de visitantes, sobre todo visitantes nacionales.

Combinado con el reconocimiento de diversos lugares naturales en la República Dominicana, el objetivo principal de esta actividad es contextualizar el empleo de las referencias espaciales.

La actividad ofrece una nueva oportunidad de repasar uno de los usos del verbo *estar* y, en general, el contraste entre *ser* y *estar* que se trabajó con mayor detalle en la *Lección 5*.

GRAMÁTICA EN CONTEXTO

 07-08 to 07-28

7–8 Los parques nacionales de la República Dominicana

Lee el texto de forma individual. Fíjate en las expresiones marcadas en negrita para hablar de la Ubicación.

Parque Nacional Isla Cabritos
El parque nacional Isla Cabritos está en una pequeña isla situada en Lago Enriquillo, **al oeste del** país, **cerca de** la sierra de Bahoruco y muy **lejos de** Santo Domingo. Tiene una extensión aproximada de 24 km². Existen especies que son endémicas de la isla, como las iguanas y también una población significativa del cocodrilo americano.

Parque Nacional de Los Haitises
El parque nacional de Los Haitises se encuentra situado **al norte de** la República Dominicana, muy **cerca de** la Bahía de Samaná, **a 300 km de** la capital. Tiene un bosque tropical y es uno de los espacios con mayor biodiversidad del país y del Caribe. La riqueza en fauna queda reflejada por la presencia del manatí, un mamífero marítimo en peligro de extinción.

Parque Nacional del Este
Este parque **está en** el extremo sureste del país, **cerca de** Punta Cana. Su extensión total es de 310 km². Al sur del parque está la isla Saona. **Desde** el parque **hasta** la isla hay muy poca distancia. Hay 112 especies de aves dentro de los límites del parque. Además, en él se pueden encontrar manatíes y delfines.

Ahora identifiquen en el mapa el lugar donde están los tres parques nacionales. Hagan preguntas a su compañero/a para identificar los parques correctamente.

EJEMPLO:
E1: ¿**Dónde está** el parque Isla Cabritos?
E2: Aquí, **al oeste**, **cerca de** Bahoruco.

 7–9 Posada Caribe

Estás trabajando como recepcionista de una pequeña posada en Punta Cana, una zona turística dominicana. La posada sólo tiene nueve habitaciones. Algunos clientes quieren hacer reservaciones, cambiarlas (*change them*) o confirmarlas. Escucha y anota los cambios en el libro de reservaciones.

Información para la actividad 7–9
Familiarice primero a sus estudiantes con el contenido de la hoja de reservaciones y comente la gran actividad turística que existe en Punta Cana, una playa de arena blanca y palmeras gigantes situada en la costa este de la República Dominicana.

En esta actividad aparece la primera referencia directa a la expresión de futuro con la perífrasis *ir a + infinitivo*, que los estudiantes tendrán que reconocer para completar la actividad (*vamos a llegar el 12, no va a poder ir, vamos a llegar un poco tarde...*)

REFERENCIAS ESPACIALES

DISTANCIAS

● ¿**Cuántos kilómetros hay**

| **de** | Santo | **a** | Punta Cana? |
| **desde** | Domingo | **hasta** | |

○ 205 kilómetros.

estar a... de...
Punta Cana **está a** 205 km **de** Santo Domingo.

estar al norte / al sur / al este / al oeste de...
Punta Cana **está al este de** Santo Domingo.

estar cerca / lejos de...
Punta Cana **está lejos de** Santo Domingo.

PUNTO DE PARTIDA Y DESTINO
De ... a...
desde... hasta...
De Santo Domingo **a** Punta Cana vamos en moto.

DIRECCIÓN
hacia...
Va **hacia** Santiago.

LÍMITE
hasta...
Voy **hasta** Santo Domingo en carro.

RUTA
pasar por...
¿**Pasas por** La Romana para ir a Santo Domingo?

DÍAS Y MESES

| ¿Qué día | llegas / te vas / ...? |
| ¿Cuándo | |

el (día) veintitrés
el veintitrés de mayo
el viernes (próximo)

la semana	
el mes	que viene
el año	

enero, febrero, marzo, abril, mayo, junio, julio, agosto, septiembre, octubre, noviembre, diciembre

LA HORA

- ¿**A qué hora** abren/cierran/empiezan/...?

- ○ A las
  - ocho.
  - ocho y cinco.
  - ocho y **cuarto**.
  - ocho y veinte.
  - ocho y **media**.
  - ocho y veinticinco.
  - **Un cuarto para** las diez.
  - **Cinco para las** nueve.[2]

a las diez **de la mañana** = 10 a.m.
a las diez **de la noche** = 10 p.m.

a la una **de la tarde** = 1 p.m.
a la una y media **de la tarde** = 1.30 p.m.

Está abierto **de** ocho **a** tres.
Está cerrado **de** tres **a** cinco.

- ¿Qué hora es?
  ¿Tiene hora, por favor?
- ○ Las cinco y diez.

Perdone, ¿tiene hora?
Sí, las cinco y diez.
Gracias.

IR + A + INFINITIVO

El día 1... / A las 4... / El martes...

voy		
vas		salir
va	a	llegar
vamos		venir
vais		ir
van		...

ESTAR A PUNTO DE + INFINITIVO
ACABAR DE

- ¿Está abierto el restaurante?
- ○ Sí, pero **están a punto de** cerrar.

- ¿Está abierta la piscina?
- ○ Sí, **acaban de** abrirla.

[2]En España se dice:
nueve **menos** cuarto
nueve **menos** cinco

habitación número	viernes **11**	sábado **12**	domingo **13**
1	GONZÁLEZ	GONZÁLEZ	–
2	MARQUINA	MARQUINA	MARQUINA
3	VENTURA	–	–
4	–	MAYORAL	MAYORAL
5	SÁNCHEZ PINA	SÁNCHEZ PINA	SÁNCHEZ PINA
6	–	–	IGLESIAS
7	LEÓN	SANTOS	COLOMER
8			
9	BENITO	BENITO	–

7–10 ¿Qué van a hacer?

Según la información de los turistas de la Posada Caribe (en 7–9) ¿qué **va a hacer** cada uno de ellos?

1. El señor Marquina _____

2. El señor Sánchez _____

3. La señora Benito _____

4. El señor Galán _____

 7–11 El horario

Es martes y son las 7:55 de la noche. Tienes que ir al supermercado, a la farmacia y al dentista. Pregunta a tu compañero si están abiertos o cerrados estos lugares. Pregunta sobre sus horarios.

EJEMPLO:

E1: ¿Sabes si **está abierta** la clínica dental?
E2: No, los martes abren **de 9 de la mañana a 12 del mediodía**. Por las tardes **está cerrada**.
E1: ¿Y la farmacia?
E2: Sí, **está abierta** pero **están a punto de** cerrar.

RIZOS Peluquería
9 a.m.–8 p.m. (sábados 10 a.m.–2 p.m.)

Restaurante EL ARENQUE
12:00 p.m.–4 p.m.

AYUNTAMIENTO
8 a.m.–3 p.m.

Farmacia IBÁÑEZ
9:30 a.m.–8 p.m.

Dr. Sánchez Trueba
CLÍNICA DENTAL PENÍNSULA
9 a.m. 12 p.m. Lu, mi, vi 6 p.m. 8 p.m.

Supermercado PENÍNSULA
8:30 a.m.–8:30 p.m.

Gimnasio en forma
fitness aeróbic artes marciales
8 a.m.–11 p.m.

Ahora son las tres y diez de la tarde y tienes que ir al ayuntamiento, al supermercado y al restaurante.

EJEMPLO:

E1: ¿**Está abierto** el ayuntamiento?
E2: No, **acaban de cerrar**. Cierran a las 3 de la tarde.

📖 **INTERACCIONES**

07-29 to
07-32

ESTRATEGIAS PARA LA COMUNICACIÓN ORAL

Beyond *sí* and *no*: emphasizing affirmative or negative replies

There are questions that require a *yes/no* reply. The person who asks this type of question is asking for confirmation or rejection of his/her request or idea. However, answering with a simple **sí** or **no** may be considered impolite or uncooperative. One way to show more cooperation is to add more information to the **sí/no** reply. Another possibility is to use different types of affirmative or negative replies.

Observe the following examples:

- ¿Hiciste las maletas (*luggage*)?
  - Sí.

- ¿Hiciste las maletas?
  - Por supuesto. (*Of course.*)

The second reply is more emphatic, and its effect on the recipient is very different. Here are other ways to answer the question affirmatively:

- Claro. (*Of course; Sure.*)
- Claro que sí. (*Of course.*)
- Desde luego. (*Of course.*)

- Por supuesto que sí. (*Of course.*)
- Sí, cómo no. (*Yes, of course.*)

There are also various ways to reject the following request:

- ¿Puedes llevar mis maletas?
  - No.
    - Ni hablar. (*No way.*)
    - Claro que no. (*Of course not.*)
    - Por supuesto que no. (*Of course not; absolutely not.*)

    - Lo siento, pero no. (*Sorry, but the answer is no.*)
    - Desde luego que no. (*Of course not.*)

7–12 En mi ausencia…

Vas a viajar a la República Dominicana por seis semanas para estudiar en la escuela Pedro Henríquez Ureña. Antes de salir, necesitas pedirle muchos favores a tu amigo/a. Escribe una lista de seis favores.

EJEMPLO:

limpiar el apartamento, recoger el correo…

 Ahora pídele a tu amigo/a estos favores. El/ella va a responder de forma afirmativa o negativa. Después intercambien sus papeles (*roles*).

EJEMPLO:

E1: ¿Puedes limpiar mi apartamento mientras (*while*) estoy fuera?
E2: No. ¡Ni hablar!

 ### 7–13 Tu próximo viaje

Seguro que van a viajar en los próximos días o meses; quizá (*maybe*) al final de sus estudios. Sus viajes pueden ser de vacaciones, de trabajo, para visitar a un familiar… Prepara una lista de preguntas para tu compañero/a. Ésta es la lista de temas:

lugar donde viaja	acompañantes	alojamiento
itinerario	actividades planeadas	transporte
razón o razones del viaje	fechas y duración del viaje	

EJEMPLO:

¿Cuándo **vas a viajar**? ¿Qué mes? ¿Qué días?

Ahora conversa con tu compañero/a para saber más de su próximo viaje.

7-14 Situaciones: *un viaje en septiembre*

Two friends go to a travel agency to get information on trips to the Dominican Republic in September. The travel agent gives them information and makes recomendations.

Éstas son las ofertas de viajes de la agencia.

ESTUDIANTE A

You are a travel agent. Two customers are interested in visiting the Dominican Republic. Think about some questions you may ask them to find out their preferences.

_____?

1. ¿_____?

2. ¿_____?

3. ¿_____

DESTINO	VIAJE	DURACIÓN	SALIDA	TRANSPORTE	PRECIO	ALOJAMIENTO
PUNTA CANA		6 días	12 y 19 de septiembre	avión y barco	$2.500	hoteles ***
PLAYA DORADA		17 días	a diario	avión y carro	$2.775	hoteles **** y tiendas
SANTO DOMINGO		15 días	2 y 6 de septiembre	avión y autobús	$780	hoteles **

| Fotografía | Cultura | Mar y playa | Buceo | Naturaleza | Caminatas |

ESTUDIANTE B

You are in a travel agency. You are interested in visiting the Dominican Republic in September. Choose one of these situations and talk with the travel agent.

ESTUDIANTE C

You are in a travel agency. You are interested in visiting the Dominican Republic in September. Choose one of these situations and talk with the travel agent.

1. MARÍA LÓPEZ RUEDA

Mi novio/a y yo comenzamos las vacaciones el 4 de septiembre y tenemos 18 días. Este año queremos salir de Estados Unidos y viajar al Caribe. Nos interesa mucho la República Dominicana, especialmente su historia y su cultura. También nos encanta hacer excursiones y el contacto con la naturaleza. No queremos gastar mucho dinero.

2. JUAN RODRÍGUEZ PALACIOS

Somos dos amigos y queremos viajar unas dos semanas. Empezamos las vacaciones el día 9 de septiembre. Nos gustaría ir a una buena playa y estar en un buen hotel. Ah, y queremos hacer actividades acuáticas: buceo, vela...

EJEMPLO:

E1: Mire, yo le recomiendo un viaje a Punta Cana porque _____.

E2: Pero ¿tienen hoteles de cuatro estrellas?

E1: Por supuesto que sí. Pero son más caros, claro.

Información para la actividad 7–14

Usted debe tener en cuenta la fase de preparación, que en esta actividad incluye el procesado del *input* escrito (ofertas de viaje), la formulación de preguntas (por parte del "agente de viajes") y la comprensión de los papeles de cada "cliente" de la agencia, que en este caso están en español. Recuerde que una buena preparación previa es fundamental para que los estudiantes realicen este tipo de actividad situacional con éxito.

Sugerencias/expansión para la actividad 7–14

Para esta actividad valdría la pena recordar los contenidos culturales que se han trabajado hasta el momento en el capítulo, que abarcan la belleza de las zonas costeras de la República Dominicana. Además, dichos contenidos han planteado la riqueza histórica de Santo Domingo y otros lugares de la isla, como por ejemplo los parques nacionales a los que son tan aficionados los dominicanos.

Por otra parte, usted puede concentrarse en la construcción de preguntas con perífrasis verbales, algo que a veces puede resultar complicado para los estudiantes, sobre todo por el orden en que se presentan los diferentes elementos en la estructura interrogativa.

Información para la Tarea

El producto final observable de esta tarea de grupo debe ser un informe detallado de un plan de viaje (fechas, vuelos, alojamiento, etc.).

El Paso 1 presenta el plan o calendario de trabajo. El Paso 2 requiere la toma de decisiones sobre reservación de vuelo a partir de unos datos dados. Antes de que los estudiantes tomen una decisión sobre la reservación, usted podría describir los contenidos del fax, con atención específica a las abreviaturas (con las etiquetas de compañías aéreas) y a las horas de salida y llegada (como repaso). El Paso 3 también requiere tomar una decisión sobre el alojamiento a partir del *input* (tres anuncios de hoteles). En el Paso 4 se incluye *input* auditivo que añade más información sobre los hoteles y hace que los estudiantes tengan que replantearse sus planes de alojamiento.

Finalmente, en el Paso 5, los estudiantes trabajan en la escritura del producto final: el informe. Es en esta fase en la que usted debe ayudar a las parejas con los aspectos formales del idioma, haciendo énfasis en la gramática (*ir a + infinitivo*, fechas) y en el vocabulario meta de la lección.

TAREA Gente en acción

Organizar un viaje a la República Dominicana.

PREPARACIÓN

Ustedes van a hacer una pasantía (*internship*) en una compañía en la República Dominicana. Tienen que ir a Santo Domingo para un taller (*workshop*) preliminar y a Puerto Plata para una reunión. Organicen su viaje, seleccionen los vuelos y busquen hotel.

Paso 1 Ésta es su agenda de trabajo. Revísenla bien antes de comenzar.

- El día 13 están en Miami.
- El día 14 tienen un taller en Santo Domingo a las 9:30 de la mañana en el centro de la ciudad.
- Tienen una reunión de trabajo en Puerto Plata el día 17 a las 9 de la mañana.
- Tienen que regresar a Miami el día 18 antes de las 6 de la tarde.
- En Santo Domingo quieren alojarse en un hotel céntrico pero sólo pueden pagar $125 por noche.
- En Puerto Plata van a alojarse en casa de la familia de un amigo.

Paso 2 El vuelo
Éste es el fax que recibieron de su agencia de viajes. Examinen todas las opciones y decidan qué reservación de vuelo de ida y vuelta (*round-trip flight*) van a hacer.

AYUDA

el (vuelo) **de las** 7:33 de la noche
el (vuelo) de Copa

Con el vuelo de las 7:33 vamos a llegar
...**a tiempo.**
...**demasiado tarde / temprano**
...**antes de / después de las** doce
...**de día / de noche**

Quiero reservar...
...un boleto para Santo Domingo, en el vuelo de las...
...una habitación para el día...

Paso 3 El hotel

También tienen que hacer una reservación de hotel en Santo Domingo. Éstos son los hoteles que les propone la agencia. ¿Cuál van a reservar?

HOTEL UNIVERSIDAD
* * *
♦ A una cuadra de la Universidad Católica
♦ A 10 minutos del centro de la ciudad
♦ 40 habitaciones con aire acondicionado
♦ Tranquilo y bien comunicado
♦ Sauna y gimnasio

HOTEL SAN PLÁCIDO
HP
* * * *
EN EL CENTRO DE SANTO DOMINGO
Un "cuatro estrellas" muy especial...
• Aire acondicionado • Música • Teléfono
• Caja fuerte • Antena parabólica • Jacuzzi

Hotel EMBAJADOR
* * * * *
• Situación estratégica: primera línea de playa
• Piscina, sauna, sala de ejercicio
• Estacionamiento propio

Vamos a reservar un cuarto en el hotel _____ porque _____.

 Paso 4 Escuchen estas llamadas de teléfono. ¿Tienen que cambiar sus planes de hotel? ¿Por qué?

Paso 5 El plan de viaje

Escriban detalladamente su plan del viaje, incluyendo cómo y cuándo van a viajar y dónde van a alojarse. Justifiquen sus decisiones.

Paso 6 El representante de cada grupo presenta su plan de viaje a su profesor/a y a la clase. Los grupos y el/la profesor/a comentan los planes y deciden quién tiene el mejor plan.

Paso 7 Foco lingüístico.

NUESTRA GENTE

07-33 to
07-34

GENTE QUE LEE

ESTRATEGIAS PARA LEER

Skimming and scanning texts

Skimming and scanning are different styles of reading and information processing.

Skimming is used to quickly identify the main ideas of a text. It enables you to predict what will be in the text before you read it in detail. It is usually done at a much higher speed than normal reading. Some people read the first paragraph, a summary, or other organizers as they move down the page or the screen. You might read the title, subtitles, subheadings, and look at the illustrations. Consider reading the first sentence of each paragraph. Skimming works well for finding dates, names, and places. It might also be used to quickly go over graphs, tables, and charts.

In contrast, **scanning** consists of reading in order to find specific pieces of information. You might want to scan to find data that confirms predictions you have made, or maybe to find answers to particular questions, for example, to look for the price of an airline ticket, the time of arrival of a train, or the address of a hotel. When you scan, you are not interested in the main idea of the passage, but, rather, in a particular bit of information.

Información para la actividad 7–16
Haga que lo estudiantes examinen el texto (*skim*) durante 15–20 segundos. Los estudiantes deberían ser capaces de comentar que se trata de un texto informativo y que ofrece información útil para viajar a la República Dominicana: documentación requerida antes del viaje, solicitud y tipos de visa, duración del trayecto y contactos para obtener más información.

Sugerencias/expansión para la actividad 7–16
Otra forma muy útil de realizar esta actividad es pidiendo a algunos estudiantes que miren el texto durante unos segundos y expliquen a la clase (en su lengua materna) qué información hay en el texto. Esto ejemplifica muy bien la actividad o estrategia conocida como *skimming*.

Respuestas para la actividad 7–17

1. *Necesita un pasaporte válido.*
2. *Se demora unas seis a ocho semanas.*
3. *Guatemala, Panamá, Ecuador y Colombia.*
4. *Una visa de visitante.*
5. *$17. Las visas de múltiple entrada y de negocios son válidas hasta por 1 año.*

ANTES DE LEER

7–15 Viajar al extranjero

1. ¿Te gusta viajar? ¿Por qué?
2. ¿Prefieres viajar en tu propio país o prefieres ir al extranjero? ¿Por qué?
3. ¿Quieres tener en el futuro un trabajo que requiera viajar mucho?
4. ¿Cuál es el lugar más lejos de tu casa que conoces?
5. Para viajar a la República Dominicana necesitas varios documentos. ¿Cuáles crees que necesitas?

_____ un pasaporte   _____ un certificado de salud

_____ una visa   _____ un permiso de trabajo

_____ una tarjeta de turismo   _____ una carta oficial explicando el motivo del viaje

_____ una licencia de conducir   _____ un certificado de nacimiento

7–16 Activando estrategias

1. Lee el título del texto. ¿Qué tipo de información vas a leer?
2. Lee por encima (*skim*) el texto de lectura. Fíjate en los detalles (susbtítulos, estructura). ¿Qué tipo de texto es? ¿Qué información específica nos va a ofrecer?

DESPUÉS DE LEER

7–17 ¿Comprendes?

1. ¿Qué necesita un ciudadano mexicano para entrar en el país?
2. ¿Cuánto tiempo se demora (*takes*) obtener una visa de turismo?
3. Marca los que son correctos. Los ciudadanos de _____ necesitan visa de visitante.

☐ Guatemala   ☐ Panamá   ☐ Colombia

☐ Perú   ☐ Ecuador   ☐ México

☐ Venezuela   ☐ Canadá   ☐ Brasil

4. Si eres de Honduras, ¿qué necesitas?
5. ¿Cuánto cuesta la visa de entrada múltiple? ¿Cuánto tiempo es válida una visa de este tipo?

A LEER

INFORMACIÓN PARA VIAJAR A LA REPÚBLICA DOMINICANA

Los siguientes países requieren una visa de visitante para estar en tránsito:

Costa Rica, Guatemala, Nicaragua, Bolivia, Ecuador, Guyana, Panamá, Colombia, El Salvador, Honduras.

Los ciudadanos de los siguientes países *no* requieren visa de visitante para estar en tránsito o entrar en la República Dominicana pero deben comprar una tarjeta de turismo a la llegada:

Antigua y Barbuda, Chile, México, San Vicente y las Granadinas, Argentina, Dominica, Paraguay, Trinidad y Tobago, Bahamas, Estados Unidos, Perú, Uruguay, Barbados, Granada, San Kitts y Nevis, Venezuela, Brasil, Haití, Santa Lucía, Canadá, Jamaica, Surinam.

Todas las personas deben estar en posesión de un pasaporte válido para entrar en la República Dominicana, excepto los ciudadanos de Canadá y de Estados Unidos que tengan documento de identidad apropiado, como una licencia de conducir o un certificado de nacimiento.

Documentación requerida para visa de visitante

Un pasaporte válido   cuatro fotos
Fotocopia del pasaporte   Boleto de avión de ida
Formulario de solicitud   y vuelta
    Certificado de salud

Método para depositar la solicitud

La **solicitud** se debe hacer en persona en el consulado o en el departamento de servicios consulares de la embajada.

Tiempo de procesamiento

De dos a cuatro días para las tarjetas de turismo; de seis a ocho semanas para las visas de visitante y de negocios que tienen que ser aprobadas por las autoridades en la República Dominicana.

Tipos de visas

Usted puede obtener visa de visitante, visas sencillas y múltiples, y visas de negocios. Las visas de visitante sencillas son válidas por 60 días. Las visas de múltiple entrada y de negocios son válidas hasta por un año. Las tarjetas de turismo son tramitadas para visitantes en la República Dominicana con propósitos de turismo para **estadías** de hasta 90 días. Costo de la solicitud: US $17.

Para más información

Comuníquese con la Embajada o con el Departamento de Servicios Consulares de la Embajada.

7–18 Activando estrategias

1. ¿Qué significa la palabra "estadía"? ¿Cómo lo sabes? ¿Es nombre, verbo o adjetivo?

2. Busca la palabra "solicitud" en el diccionario. ¿Es nombre o adjetivo? ¿Es masculina o femenina? ¿Cuántos significados aparecen en el diccionario? ¿Cuál es el más apropiado?

3. Busca en el texto (*scan*) y averigua si los ciudadanos de tu país necesitan visa y pasaporte. ¿Qué documentos necesitas para entrar en el país?

7–19 Expansión

Compara estos requisitos con los que tiene tu país para permitir la entrada a ciudadanos de otros países. ¿Es tu país más estricto, igual de estricto, o menos estricto? ¿Puedes viajar a algún lugar sin pasaporte?

Respuestas para la actividad 7–18

1. *estadía:* stay. *Es nombre.*
2. *solicitud: nombre femenino. En el diccionario aparecen los significados* diligence, care, concern, request, application. *El más apropiado es* application.
3. *Los ciudadanos de Estados Unidos no requieren visa de visitante ni pasaporte, pero deben comprar una tarjeta de turismo cuando llegan. Además necesitan un documento de identidad apropiado (licencia de conducir, certificado de nacimiento o pasaporte).*

GENTE QUE ESCRIBE

07-35 to
07-36

Información para Estrategias para escribir
ANAT significa anatomía; *n* significa nombre; *vt* significa verbo transitivo (lleva un complemento directo); *f* significa femenino, y *fig* significa uso figurativo.

Usted debería hacer algunas prácticas más sobre las convenciones de los diccionarios. En este sentido, es recomendable que la clase tenga el mismo diccionario, de modo que se pueda trabajar sobre estos temas de manera común. Los diccionarios varían en cuanto a convenciones.

Información para la actividad 7–20
En esta tarea escrita el estudiante tiene la oportunidad de enfocarse en un tema de interés personal. Asimismo, pone en práctica recursos lingüísticos tanto de ésta lección como de lecciones anteriores. Las referencias espaciales son meta específica de la tarea.

Sugerencias/expansión para la actividad 7–20
Es importante que a la hora de dar *feedback* y calificar esta tarea (si es el caso), tenga en cuenta si los estudiantes cumplen o no con los requisitos de la misma (si incluyen expresiones de referencia espacial, vocabulario meta, etc.). En general, trate de usar una rúbrica que contemple todos los aspectos del proceso de escritura, no solamente la corrección gramatical o léxica, y que tenga un criterio basado en la actuación (*performance*) y no solo en la competencia lingüística. Por ejemplo, ¿cumplen con los requisitos de la tarea escrita?, ¿han usado el registro informal?, etc.

Reflexione sobre lo relativo a la cantidad y calidad de errores en la producción escrita: un estudiante quizá haya usado múltiples referencias espaciales y otros contenidos nuevos, mientras que otro estudiante habrá usado solamente contenidos básicos. Posiblemente el primero tendrá más errores que el segundo.

ESTRATEGIAS PARA ESCRIBIR

Using a bilingual dictionary when writing

The writing process may involve using a bilingual dictionary to look up Spanish equivalents of English words and expressions. To use the dictionary correctly, you need to familiarize yourself with it. Look at the entries to learn the meaning of the abbreviations used. Each dictionary is different. Let's work with the following example:

You are writing about the problems that a U.S. citizen **faces** when travelling to Cuba. You really want to use this same idea (to face a problem), so you look up the word **face**.

> **face**   **I.**n (ANAT) *cara, rostro;* (of clock) *esfera;* (side) *cara;* (surface) *superficie* f.
> **II**. vt *mirar a:* (fig) *enfrentarse a;* ~ **down** (person, card) *boca abajo;* **to lose** ~ *desprestigiarse;* **to save** ~ *salvar las apariencias;* **to make a** ~ *hacer muecas;* **in the** ~ **of** (difficulties, etc) *en vista de;* ~ **to** ~ *cara a cara.*

What do these abbreviations (ANAT, n, vt, f, fig) mean? Are you looking for a noun or a verb? Are you looking just for a verb, or an expression? If you followed this process, you will come up with *enfrentarse a*, a reflexive verb that takes a direct object (vt). Likewise, you would use *esfera* to write about the face of your clock, or *cara* when referring to people.

MÁS ALLÁ DE LA FRASE

Using spatial references when writing descriptions

In spatial descriptions, all the locational expressions are often placed at the beginning of sentences (e.g., *To the south, you can find a beautiful river*). This is done to emphasize the importance of location and position. You may need to write spatial descriptions when giving directions to visitors (to your campus or your city), after a trip, to describe where you went, etc. It is not necessary to place all spatial references at the beginning of sentences, but you need to be consistent so that you don't confuse your reader.

Read these sentences:

1. Al norte está Playa Dorada, Santo Domingo al sur, al este Punta Cana y Barahona al oeste.

2. Al norte está Playa Dorada, al sur Santo Domingo, al este Punta Cana y al oeste Barahona.

The second sentence is easier to understand because the writer used space as an organizing principle.

7–20 Un artículo descriptivo

Escribe un artículo sobre un estado o región de tu país para la sección de viajes de un periódico. Describe el mapa del estado y una ruta especialmente interesante. Incluye:

1. referencias espaciales (al norte, al sur...; a... kilómetros de...; de... a...; etc.)

2. registro informal (tú)

3. información sobre la existencia (¿qué hay?) y localización (¿dónde está/n?) de monumentos, parques, museos, etc.

4. otra información relevante (transportes, alojamientos...)

Considera el propósito de este artículo sus lectores (¿quiénes son?) y el registro (informal).

COMPARACIONES

7–21 Viaje a la tierra del béisbol

¿Adónde tienes que viajar en América Latina si te gusta el béisbol? Lee este texto para saber más.

San Pedro de Macorís

La ciudad de San Pedro de Macorís, fundada en el siglo XIX por inmigrantes cubanos, está al este de Santo Domingo, a una hora en carro. La ciudad tiene 125.000 habitantes, una universidad y una bonita catedral. San Pedro es cuna de muchos beisbolistas de fama mundial, como Sammy Sosa de los Texas Rangers. Sosa es el primer latinoamericano y el quinto hombre en alcanzar los 600 jonrones en las Grandes Ligas de Estados Unidos. La influencia de las raíces cubanas de San Pedro se observa no sólo en el béisbol sino también en la industria del azúcar.

La ciudad del béisbol

Entre San Pedro de Macorís y Santo Domingo, a unos kilómetros al oriente del aeropuerto internacional, está la Ciudad del Béisbol. Es un gigantesco complejo de academias de béisbol, campos de juego y jaulas de bateo, dedicado a la producción de jugadores profesionales del béisbol dominicano para exportar al mercado laboral de Estados Unidos. Más del 10% de los jugadores de las Grandes Ligas vienen de la isla, incluyendo varias de sus principales estrellas, como Alex Rodríguez, Vladimir Guerrero, David Ortiz, Pedro Martínez o Manny Ramírez. Seis equipos de las Grandes Ligas de béisbol de Estados Unidos tienen residencia en la Ciudad del Béisbol.

1. ¿Qué información te parece más interesante? ¿Por qué?
2. ¿Conoces otros deportistas dominicanos de origen o de herencia dominicana en Estados Unidos?

7–22 Un Premio Pulitzer dominicano

¿Conoces algunos escritores latinos que triunfan en Estados Unidos? Aquí tienes uno.

Junot Díaz es un escritor dominicano nacionalizado estadounidense que escribe en inglés. Sus libros describen la dura realidad de los emigrantes hispanoamericanos en Estados Unidos. Sus libros más famosos son la colección de cuentos *Drown* (1997) y su novela *The Brief Wondrous Life of Oscar Wao* (2007). En sus libros Díaz expresa la alienación de las personas que se sienten ajenas a dos culturas, la hispánica y la estadounidense, pero también su admiración por el ser humano que sobrevive y supera los problemas de ese contacto cultural. Díaz es el segundo latino en Estados Unidos en ganar el premio Pulitzer, después del escritor cubano-estadounidense Óscar Hijuelos.

1. ¿Cuál es la temática de los libros de Junot Díaz? ¿Crees que les interesa a las personas de Estados Unidos que no son de ascendencia hispana? ¿Por qué?
2. ¿Por qué crees que Junot escribe en inglés?

CULTURA

Los dominicanos forman uno de los grupos más numerosos de latinos en Estados Unidos. Hay aproximadamente 1.200.000 personas de nacimiento o ascendencia dominicana en Estados Unidos. La mayor parte de esta población está en las ciudades del este del país, especialmente en Nueva York. A diferencia de los latinos de ascendencia cubana o mexicana, los dominicano-estadounidenses no están tan activamente involucrados en la política de Estados Unidos. Sin embargo, destacan en numerosas áreas. Algunos dominicanos que triunfan en Estados Unidos son Óscar de la Renta, diseñador, Juan Luis Guerra, cantante, y Thomas E. Pérez, hijo de padres dominicanos, quien es Secretario Auxiliar de Justicia para la División de Derechos Civiles desde 2009.

Información para la actividad 7–21
Esta actividad de Comparaciones permite una reflexión cultural sobre un deporte compartido por Estados Unidos y varios países latinoamericanos, entre ellos la República Dominicana.

El béisbol se juega en Cuba, México, Nicaragua, Panamá, Puerto Rico, la República Dominicana, Colombia y Venezuela. El América Latina, el béisbol comenzó en Cuba, cuando se formó el Club de Béisbol de La Habana en 1868. En 1878 se creó la liga profesional que duró hasta la década de 1960, cuando Fidel Castro la eliminó. Actualmente el béisbol es el principal deporte en Cuba, que ha ganado tres Juegos Olímpicos y dos títulos mundiales.

Algunos beisbolistas destacados de las Grandes Ligas de Estados Unidos son:

Sammy Sosa (R. Dominicana)
Carlos Zambrano (Venezuela)
Omar Vizquel (Venezuela)
Albert Pujols (R. Dominicana)
Alex Rodriguez (Estados Unidos, de ascendencia dominicana)
Manny Ramirez (R. Dominicana)
Bernie Williams (P. Rico)
Roberto Clemente (P. Rico)
David Ortiz (R. Dominicana)
Mariano Rivera (Panamá)
Johan Santana (Venezuela)
Vladimir Guerrero (R. Dominicana)
Pedro Martínez (R. Dominicana)

Información para la actividad 7–22
Se puede mencionar a escritores como Sandra Cisneros, Richard Rodríguez o Oscar Hijuelos. El ejemplo de Junot Díaz se usa en esta sección de Comparaciones para incitar a una reflexión sobre la realidad cultural y social de los latinos en Estados Unidos.

La temática de los libros de Junot Díaz es el biculturalismo (hispano-estadounidense), los inmigrantes latinos en Estados Unidos y los retos que enfrentan en Estados Unidos como miembros de dos culturas.

 VOCABULARIO

Los viajes *(Trips)*

el aeropuerto	*airport*
el boleto	*ticket*
el boleto de ida	*one-way ticket*
el boleto de ida y vuelta	*round-trip ticket*
la cámara de fotos	*camera*
la cancelación	*cancellation*
el destino	*destination*
la dirección	*address*
el equipaje	*luggage*
la excursión	*field trip*
el/la extranjero/a	*foreigner*
el folleto	*prospect, brochure*
el/la guía	*guide*
la habitación	*room*
el hotel	*hotel*
el itinerario	*itinerary*
la llegada	*arrival*
la maleta	*suitcase*
la mochila	*backpack*
la moneda	*currency*
el pasaporte	*passport*
la pensión	*a lodging house*
el permiso de conducir	*driver's license*
la recepción	*reception desk*
el/la recepcionista	*receptionist*
el requisito	*requirement*
el retraso	*delay*
la salida	*departure*
la tarjeta de crédito	*credit card*
la tienda de campaña	*tent*
el viaje	*trip*
la visa, el visado	*visa*
el/la visitante	*visitor*
el vuelo	*flight*

Actividades relacionadas con el viaje *(Travel-related activities)*

cancelar una reservación	*to cancel a reservation*
comprar los billetes	*to buy the tickets*
deshacer la(s) maleta(s)	*to unpack*
facturar la(s) maleta(s)	*to check luggage*
tomar fotos	*to take pictures*
hacer la(s) maleta(s)	*to pack*
hacer cola/fila	*to wait in line*
hacer una reservación	*to make a reservation*
ir de camping, acampar	*to go camping*

irse del hotel	*to check out*
llegar a tiempo	*to arrive on time*
llegar tarde	*to arrive late, to be late*
llegar con retraso	*to be delayed*
montarse en el tren, avión…	*to get on the train, plane . . .*
inscribirse en el hotel	*to check in*
salir del avión, tren, autobús…	*to get off the plane, train, bus . . .*
solicitar una visa	*to apply for a visa*

Medios de transporte *(Means of transportation)*

el autobús (bus, omnibus)	*bus*
el avión	*plane*
el barco	*boat, ship*
la bicicleta	*bicycle*
el caballo	*horse*
el carro (coche, auto)	*car*
el taxi	*cab*
el tren	*train*

Adjetivos *(Adjectives)*

aburrido/a	*boring*
cerrado/a	*closed*
divertido/a	*fun*
gratis	*free*
lento/a	*slow*
lleno/a	*booked*
ocupado/a	*busy*
rápido/a	*fast*
vacío/a	*empty*

Verbos *(Verbs)*

aterrizar	*to land*
descubrir	*to discover*
despedirse de	*to say goodbye*
despegar	*to take off*
empezar (ie)	*to start*
esperar	*to wait*
irse	*to leave*
llegar	*to arrive*
ocuparse (de)	*to take care of*
recoger	*to pick up*
regresar	*to return*
reunirse (con)	*to meet*
volar	*to fly*
volver	*to return*

CONSULTORIO GRAMATICAL

1 Spatial References

POINT OF DEPARTURE AND DESTINATION	de... a...	De Santo Domingo a Punta Cana vamos en moto.
	desde... hasta...	Desde Santo Domingo hasta Punta Cana vamos en moto.
	from . . . to . . .	We travel by motorcycle from Santo Domingo to Punta Cana.
DIRECTION	hacia...	Va hacia Santo Domingo.
	toward...	S/he/it is going toward Santo Domingo.
LIMIT	hasta...	Voy hasta Santo Domingo en carro.
	to . . .	I'm going to Santo Domingo by car.
DISTANCE	estar a... de...	Punta Cana está a 450 km de Santo Domingo.
	to be . . . from . . .	Punta Cana is 450 km from Santo Domingo.
	estar cerca / lejos de...	¿Está lejos de Punta Cana?
	to be near / far from . . .	Is it far from Punta Cana?
		Mi pueblo está muy cerca de aquí.
		My town is very near here.
ROUTE	pasar por...	¿Pasas por La Romana para ir a Santo Domingo?
	to go by . . .	Do you go by La Romana on your way to Santo Domingo?
SPEED	a... kilómetros por hora	Va a 100 kilómetros por hora (100 km/h).
	at . . . kilometers per hour	It moves at 100 kilometers per hour.

2 Time References

Indicating dates and months

In the past
ayer
(yesterday)
anteayer / antes de ayer
(the day before yesterday)
el lunes; **el** lunes **pasado**
(**on** Monday; **last** Monday)
el pasado 16 de julio
(**last** July 16)

In the future
mañana
(tomorrow)
pasado mañana
(the day after tomorrow)
el próximo lunes = **el** lunes **que viene**
(**next** Monday)
el próximo 16 de julio
(**next** July 16)

The article is not used when stating the date:

Hoy **es** lunes 4 **de** septiembre **de** 2006.
Today **is** Monday, September 4, 2006.

Mañana **es** 5 **de** septiembre.
Tomorrow **is** September 5.

The article is used when asking or talking about dates of events:

● **¿Cuándo / Qué día** es tu cumpleaños? —**When** is your birthday?
○ **El dos de** marzo. —**The** second **of** March.

Nos vamos de vacaciones **el** 24 de agosto.
We'll go on vacation on August 24.

El lunes tenemos que viajar a Santo Domingo.
On Monday we have to visit Santo Domingo.

Note that when you give a date in American English, the month goes first, followed by the day. In Spanish it's the other way around, as in British English, so 10/4 is always **10 de abril** and not **4 de octubre**.

Months in Spanish are not capitalized, e.g.: *enero*.

Indicating periods of time

In the past	In the future
la semana pasada	**la semana que viene / la próxima semana**
(last week)	*(next week)*
el mes pasado	**el mes que viene / el próximo mes**
(last month)	*(next month)*
el verano pasado	**el verano que viene / el próximo verano**
(last summer)	*(next summer)*
el año pasado	**el año que viene / el próximo año**
(last year)	*(next year)*

La semana que viene viajamos a Santo Domingo.
Next week we are travelling to Santo domingo.

- ● **¿Cuándo** van de vacaciones?   —When are they/you going on vacation?
- ○ El próximo mes.   —Next month.

Indicating parts of the day

por/en la mañana	**de día**
(in the morning)	*(during the day)*
al mediodía	**de noche**
(at noon)	*(at night)*
por/en la tarde	**esta noche**
(in the afternoon)	*(tonight)*
por/en la noche	**esta mañana**
(in the evening)	*(this morning)*
anoche (= ayer por la noche)	**esta tarde**
(last night)	*(this afternoon)*
antenoche (= anteayer por la noche)	
(the night before last night)	

- ● Me gusta trabajar **de noche / por la noche.** ¿Y a ti?   —I like to work at night. And you?
- ○ Yo prefiero trabajar **por la mañana.**   —I prefer to work in the morning.

3 The Time

To tell time, the article **las** *(except for* **la una**) *is used.*

- ● ¿Qué hora es?   —What time is it?
- ○ **Las** cinco / **La** una.   —Five / one

las dos	(en punto)	(de la madrugada)
		(in the early morning)
las cuatro	y cinco	(de la mañana)
		(in the morning)
las doce	y cuarto	(del mediodía)
		(in the early afternoon)
las tres	y media	(de la tarde)
		(in the afternoon)
veinte	para las diez	(de la noche)
		(in the evening)
un cuarto para	las cinco	(de la mañana)
		(in the morning)

IN SPAIN

| las diez **menos** veinte | (de la noche) | las cinco **menos** cuarto | (de la mañana) |
| twenty **to** ten | (in the evening) | quarter **to** five | (in the morning) |

To indicate the time when something takes place, the structure **a + las (la)** is used.

● **¿A qué hora** abre el club?   —**At what time** does the club open?
○ **A la** una de la madrugada.   —**At** one o'clock in the morning.

To talk about work schedules, store hours, etc. the prepositions **de... a** or **desde... hasta** are used.

● ¿Qué horario tiene la biblioteca?   —What are the library's working hours?
○ **De** nueve **a** cinco.   —**From** nine **to** five.

● ¿Cuántas horas trabajas?   —How many hours do you work?
○ **Desde las** ocho y media **hasta las** seis.   —**From** eight-thirty **until** six.

4 Talking about the Future

The use of a marker indicating a future time period + the present indicative is one way of expressing future actions. This structure presents a future action as part of a plan that has already been decided upon.

Mañana	**voy** a San Pedro.
	(**I'm going to** San Pedro.)
El mes que viene	**regreso** a la República Dominicana.
	(**I am going back** to the Dominican Republic.)
El 15 de julio	**vamos** al teatro.
	(**we are going to** the theater.)
Esta tarde	**nos reunimos** con Marco.
	(**we are meeting** with Marco.)

The a.m. / p.m. system is not used in Spanish as much as in English. It is more common to say the time followed by *de la mañana, de la tarde, de la noche.*

Another way to express future actions is to use **IR a** + infinitive (with or without an explicit indication of time). This form expresses plans or intentions that refer to future actions.

(yo)	**voy**	
(tú)	**vas**	
(él, ella, usted)	**va**	**a** + INFINITIVE
(nosotros/as)	**vamos**	
(vosotros/as)	**vais**	
(ellos, ellas, ustedes)	**van**	

Note that unlike English, in Spanish we cannot use the present progressive to express a future arrangement (I'm eating lunch with Margarita tomorrow.); instead, we use the present indicative with a temporal marker: *Mañana como con Margarita.*

(El próximo año) **vamos a hacer** un viaje por el norte de la isla.
(Next year) **we're going to make** a trip in the north of the island.

¿El señor López? Creo que **va a ir** a Santo Domingo mañana.
Mr. López? I think **he's going to** Santo Domingo tomorrow.

Future actions can also be expressed with the future indicative (with or without explicit indication of a future time). The future indicative is a very consistent tense.

	INFINITIVE + ENDINGS	
(yo)		-é
(tú)	viajar	-ás
(él, ella, usted)	comer	-á
(nosotros/as)	dormir	-emos
(vosotros/as)		-éis
(ellos, ellas, ustedes)		-án

5 Estar a punto de..., acabar de...

To be more precise about the exact moment in which something takes place or has taken place, the structures **ESTAR a punto de** + infinitive (to express the immediate future) and **ACABAR de** + infinitive (to express a very recent past) are used.

El concierto **está a punto de** empezar.   El concierto **acaba de** empezar.
The concert is about to start.   The concert just started.

● ¿Está abierta la farmacia?   —Is the pharmacy open?
○ **No, acaban de cerrar.**   —No, they just closed.

8 GENTE que come BIEN

8–1 Platos (*dishes*) internacionales ✓

¿Qué tipo de cocina te gusta más? ¿De qué país o países? ¿Por qué?
Mira estas fotos. ¿Qué plato prefieres?

Carbonada (Argentina)

Tacos, burritos y enchiladas (México)

Arroz con frijoles negros
(Cuba y Puerto Rico)

Pollo con arroz y frijoles (Cuba)

Paella (España)

Frutas tropicales (Costa Rica,
El Salvador…)

TAREA

Escribir una receta de cocina.

NUESTRA GENTE

Cuba
Hispanos/latinos en Estados Unidos

Información para la actividad 8–1

La actividad pretende activar el conocimiento previo de los estudiantes sobre la comida latinoamericana y española. Por ello se han elegido platos y productos que son muy conocidos en Estados Unidos. El reto de Acercamientos es el probable desconocimiento del léxico referido a las comidas. Facilite a los estudiantes la ayuda necesaria para poder mencionar las comidas que les gustan.

CULTURA

La gastronomía de Cuba es una fusión de cocina española, africana y caribeña. Entre los ingredientes más usados están el arroz, el plátano, las legumbres y la carne de cerdo. El plato nacional es el ajiaco criollo, un conjunto de viandas, vegetales y carnes de diversos tipos. Otros platos cubanos típicos son los tostones o chatinos (trozos de plátano verde aplastados y fritos), el congrí (guiso de arroz con frijoles colorados) y la carne de cerdo asada o frita.

ESTADOS UNIDOS · LAS BAHAMAS · La Habana · Pinar del Río · Cienfuegos · Santa Clara · CUBA · Trinidad · Camagüey · Holguín · Santiago de Cuba · Mar Caribe · JAMAICA

ACERCAMIENTOS

8–2 ¡A comer!

Mira las fotos de la página 128. ¿Qué ingredientes usan estos platos? Usa la lista y pide ayuda a tu profesor o a tus compañeros/as.

EJEMPLO:

E1: ¿Qué es esto?
E2: Fresas.
E1: ¿Cómo se dice *meat* en español?
E2: Carne.

¿Cuáles te gustan? Márcalos con estos signos.

+ = Me gusta/n.
− = No me gusta/n.
? = No lo sé.

☐ frijoles   ☐ tomates   ☐ pollo
☐ bananas   ☐ judías verdes   ☐ cebolla
☐ maíz   ☐ zanahoria   ☐ naranja
☐ papas (patatas) ☐ carne   ☐ mango
☐ arroz   ☐ pimiento   ☐ melón
☐ sandía   ☐ tortillas   ☐ pescado
☐ uvas   ☐ aguacate   ☐ marisco
☐ guisantes   ☐ calabaza   ☐ verdura
☐ mejillones   ☐ ajo   ☐ fruta
☐ gambas   ☐ melocotón

8–3 ¿Y a ti qué te gusta?

Comenta tus gustos con dos compañeros/as.

EJEMPLO:

E1: A mí me gustan mucho las habichuelas. ¿Y a ti?
E2: A mí no, no me gustan nada. Me gusta la fruta, pero la verdura, no.
E3: A mí sí, mucho.

Un/a representante del grupo va a explicar al resto de la clase qué gustos comparten.

EJEMPLO:

A todos nos gustan mucho las naranjas, la piña y el pollo; pero a nadie le gusta el ajo.

¿Cuáles son los dos productos que más le gustan a la clase? ¿Y los que menos le gustan?

Más	1.	2.
Menos	1.	2.

Información para la actividad 8–2

Facilite previamente el significado del vocabulario que los estudiantes no conozcan.

Respuestas (sugeridas) para la actividad 8–2

1. *Pollo con arroz y frijoles: pollo, arroz, frijoles, tomate*
2. *Carbonada: calabaza, carne, maíz, arroz*
3. *Paella: calamares, arroz, mejillones, judías verdes, gambas*
4. *Arroz con frijoles negros: frijoles, cebolla, arroz*
5. *Tacos, burritos y enchiladas: lechuga, tomate, cebolla, queso, aguacate, pimiento, carne*
6. *Frutas tropicales: mango, bananas, sandía, uvas, melocotón, melón, naranja*

VOCABULARIO EN CONTEXTO

08-01 to 08-09

8–4 Tienda Blasco

En el mercado (*grocery store*) Blasco, Celia, la dependienta, está hablando con la señora Millán. Escucha y marca qué compra la señora Millán.

2 **kilos** de naranjas 2 naranjas 1/2 docena de huevos 1 **docena** de huevos 1 **paquete** de café Cubita 1 paquete de azúcar 200 **gramos** de queso fresco	200 gramos de jamón 2 **botellas** de leche 2 **bolsas** de leche 1 botella de ron Legendario 1 botella de ron Varadero 6 **latas** de refresco de cola 10 latas de refresco de cola

Mira las palabras en negrita. ¿Qué otras cosas puedes comprar en este formato?

8–5 La pirámide de alimentos (*food*)

Miren las recomendaciones para comer bien. Usen los dibujos para adivinar el significado de las palabras que no conocen. Después respondan a estas preguntas:

1. ¿Qué hay que comer cada día?
2. ¿Qué debemos comer sólo de vez en cuando?
3. ¿De qué alimentos hay que comer dos o más tazas diarias?
4. ¿Qué debemos beber diariamente?
5. ¿Hay que comer mucha carne cada día?

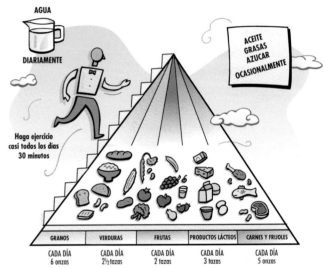

8–6 ¿Cómo comes?

Vamos a averiguar cómo es la dieta de nuestros compañeros para luego darles algunos consejos. Haz una entrevista a tu compañero/a con estas preguntas. Añade dos preguntas más.

	SÍ	NO
¿Comes mucho pescado?		
¿Comes mucha verdura?		
¿Comes mucha carne?		
¿Bebes vino?		
¿Cocinas con aceite de oliva?		
¿Bebes leche?		
¿Comes muchos huevos?		
¿Comes legumbres?		

Según sus respuestas y las recomendaciones de la pirámide, tu compañero/a come…

muy bien   bien   no muy bien   mal   muy mal

¿Tiene que cambiar algún hábito? Informa a la clase.

EJEMPLO:

Josh se alimenta bien. Bebe mucha agua y come mucha verdura, pero tiene que comer menos grasas y dulces.

 8–7 En el restaurante cubano

Noelle, una estudiante estadounidense, va a comer a un restaurante cubano. No conoce la cocina cubana y la mesera le describe cada plato.

Lee el menú y después escucha.

1. Noelle pide, primero, _____

2. Noelle pide, después, _____

3. Noelle pide, de postre, _____

Ahora escucha otra vez. ¿Puedes hacer una lista de algunos ingredientes de estos platos?

8–8 En un restaurante cubano

Imagina que vas a ese restaurante cubano. Piensa qué vas a pedir.

EJEMPLO:

Yo, primero, sopa de pollo.

Ahora unos/unas estudiantes hacen de (*play the role of*) meseros y toman nota de lo que quieren sus compañeros/as. ¿Cuáles son los platos más populares en la clase?

 8–9 Programa de adelgazamiento (*weight loss*)

El hotel balneario Gente Sana ofrece un programa de adelgazamiento. Los clientes pueden adelgazar seis kilos en seis días, pero de una forma sana. ¿Puedes elaborar el menú con tu compañero/a? Compartan luego su propuesta con la clase.

RESTAURANTE HABANERA

MENÚ DEL DÍA

frijoles negros
arroz con maíz a la criolla
sopa de pollo

costillas de cerdo con piña
camarones borrachitos

pudín de piña
arroz con leche de coco

* * * HOTEL BALNEARIO GENTE SANA * * *			
	VIERNES	**SÁBADO**	**DOMINGO**
Desayuno			
Almuerzo Primer plato: Segundo plato: Postre:			
Cena Primer plato: Segundo plato: Postre:			

Información para la actividad 8–10

La actividad combina contenidos culturales (platos de la cocina cubana) y gramaticales (forma de *se* impersonal). En primer lugar enfoque la actividad desde el punto de vista cultural. Los estudiantes pueden hacerlo de forma individual o en grupos/parejas. A continuación, pídales que completen la segunda parte de la actividad, leyendo el texto y poniendo los verbos en la forma impersonal. Los verbos de los textos anteriores (descripciones de platos) les servirán de modelo. Finalmente pida a los estudiantes que describan un plato típico de su país siguiendo el modelo que presenta la actividad.

Respuestas para la actividad 8–10

1. *sopón*
2. *mojito*
3. *carne de cerdo con papaya*
4. *buñuelos*

Texto: *se come, se sirve, se beben, se sirven, se come, se sirve, se comen*

Sugerencias/expansión para la actividad 8–10

Como parte de la reflexión gramatical, usted podría remarcar el contraste entre el pronombre reflexivo *se* en la oración *la familia se reúne para celebrar la fecha* que se encuentra al inicio del texto y los pronombres impersonales que le siguen.

Información para la actividad 8–11

La meta gramatical en la que se enfoca esta actividad es el uso de los cuantificadores y de los cuantificadores negativos. Lea el texto con los estudiantes. Pídales que se fijen en los cuantificadores (en negrita) y que digan qué significan. Después pídales que hagan el trabajo en parejas. Tenga en cuenta que este punto gramatical es bastante complejo y supone un reto para los estudiantes: facilíteles varios ejemplos de su propia dieta (ej.: *Yo como bastante fruta pero poca verdura.*).

Sugerencias/expansión para la actividad 8–11

Durante la reflexión gramatical sobre estas estructuras cuantificadoras, procure que los estudiantes aprecien el valor de la gradación de estas formas (*mucho, demasiado, suficiente, poco, nada*).

📖 GRAMÁTICA EN CONTEXTO

08-10 to 08-25

8–10 Platos típicos y fiestas típicas

Lee estas definiciones de platos y bebidas típicos cubanos. ¿Sabes cómo se llama cada uno?

buñuelos

sopón

carne de cerdo con papaya

mojito

1
Es una sopa típica de Holguín. **Se hace** con carne de cerdo, de pollo, jamón, plátano verde, boniato, yuca, calabaza, arroz y agua. **Se acompaña** con rodajas de limón.

2
Es una bebida muy típica. **Se prepara** con ron blanco, hierbabuena, azúcar y jugo de limón.

3
Es un plato que **se elabora** con carne de cerdo. Lleva cebolla, sal y pimienta. **Se pone** además azúcar y jugo de piña, papaya verde y pimientos rojos.

4
Es un postre muy popular. **Se come** especialmente en fin de año. **Se cocina** con yuca, malanga y boniato. Lleva anís y canela, además de huevos, harina, azúcar y vino. **Se hacen** roscas y se fríen en aceite. Luego **se sumergen** las roscas en un almíbar y se dejan enfriar.

Fíjate en las palabras marcadas en negrita. Ahora completa este texto con formas similares. Usa estos verbos: *comer, beber, servir*.

Las fiestas navideñas en Cuba tienen por lo general un carácter familiar. El 24 de diciembre (Nochebuena y víspera de Navidad) la familia se reúne para celebrar la fecha. Por supuesto, en estas fechas en Cuba se _____ muy bien. _____ cerdo asado, congrí (arroz con frijoles negros) y postres caseros. Además _____ vinos, cerveza fría y licores. Para postre _____ nueces, avellanas o dátiles y, como herencia de España, _____ turrón. El 31 de diciembre es un día para la familia, y en el menú _____ otra vez cerdo; además ese día _____ las 12 uvas a medianoche para despedir el año.

Describe ahora un plato típico de tu país o región y cuándo se come. Sigue los modelos anteriores. Luego, explícaselo a tus compañeros/as.

👥 8–11 ¿Qué frutas y verduras se comen en Cuba?

Lean el texto sobre los hábitos alimentarios de los cubanos.

Las frutas y las verduras son excelentes fuentes de vitaminas y nutrientes. El Instituto de Farmacia y Alimentos de la Universidad de La Habana hizo una investigación con el objetivo de evaluar el consumo de fruta y verdura. Respecto a la fruta, según los datos obtenidos, los cubanos comen **mucha**; en cuanto a la verdura, consumen **suficiente**. Las frutas que más se consumen son el mango, la naranja, la piña, el plátano, el aguacate y el tomate. En cambio, se comen **pocas** uvas porque es un producto de cantidad limitada en la isla. Las frutas y verduras menos populares son la acelga, el apio, la berenjena, la coliflor, la espinaca y la remolacha. El 18% de los cubanos consume **bastante** fruta (a diario) y el 60% la come tres ó cuatro veces por semana. La verdura se come menos: el 39% de los cubanos afirma que come **bastante**, el 48% dice que come **poca** y el 13% afirma que no come **nada de** verdura en una semana.

LA FORMA IMPERSONAL

Con complemento directo
SINGULAR En Cuba **se come** una **carne** muy buena.
PLURAL   En Cuba **se fabrican** excelentes **cigarros** habanos.

Sin complemento directo
Aquí **se vive** muy bien.
En Cuba **se trabaja** mucho.

EN EL RESTAURANTE

● ¿Qué van a comer/pedir?
○ Yo,...
   Primero / después...
   De / para postre,

● ¿Para beber?
○ Vino tinto / blanco / rosado.
   Agua con gas/sin gas.
   Cerveza.
   Jugo de naranja

¿Es carne o pescado?
¿Es fuerte / picante / graso?
¿Qué lleva?
¿Lleva salsa?

CUANTIFICADORES

ANTES DEL NOMBRE

SINGULAR

demasiado arroz/**demasiada** leche
mucho arroz/**mucha** leche
suficiente/**bastante** arroz/leche
poco arroz/**poca** leche
un poco de arroz (= una pequeña cantidad)

PLURAL

demasiados huevos/**demasiadas** peras
muchos huevos/**muchas** peras
suficientes/**bastantes** huevos/peras
pocos huevos/**pocas** peras

ANTES DE UN VERBO

Come **poco** / **mucho**.
Fuma **bastante**.
Trabaja **demasiado**.

CUANTIFICADORES NEGATIVOS

Nombres no contables
No hay azúcar.
No hay **nada de** azúcar.

Nombres contables

SINGULAR

No tengo **ningún** plátano.
No tengo **ninguna** botella.

No tengo **ninguno**.
No tengo **ninguna**.

PLURAL
No tengo plátanos.   **No** tengo.

PESOS Y MEDIDAS

100 gramos de
200 gramos de

un cuarto de kilo/litro de
medio kilo/litro de
tres cuartos de kilo/litro de
un kilo/litro de

un paquete de arroz/sal/azúcar/harina
una botella de vino/agua mineral/aceite
una lata de atún/aceitunas/tomate
una caja de galletas/leche...

Ahora conversen sobre estos hábitos para ver si son iguales en su país y en sus casos particulares.

EJEMPLO:

E1: En Cuba se come **mucha** fruta y verdura, pero aquí se come **poca** fruta.
E2: Yo no como verdura, pero como **bastante** fruta.

 8–12 Comida de excursión a Pinar del Río

La familia Zalacaín va a pasar siete días de campamento en Pinar del Río, una ciudad al oeste de Cuba donde se encuentran dos de las cuatro reservas mundiales de la biosfera declaradas por la UNESCO.

Son cinco personas, tres adultos y dos niños. Tienen que llevar toda la comida porque van a acampar en una zona donde no hay tiendas. Miren la lista. ¿Olvidan algo importante? Eliminen o añadan (*add*) cosas a la lista.

1 docena de huevos	7 kilogramos de carne
15 litros de leche	50 gramos de queso
1/2 litro de aceite	2 plátanos
2 kilogramos de papas	12 kilogramos de manzanas
3 kilogramos de espaguetis	100 gramos de azúcar
1 lata de tomate	11 botellas de vino
2 yogures	

EJEMPLO:

E1: Llevan **pocos** huevos, ¿verdad?
E2: Sí, es verdad. Y llevan **poco** azúcar, ¿no?
E1: Sí, no tienen **bastante** azúcar.

 8–13 Tu plato favorito

Piensa en tu plato favorito y en cómo se prepara. Haz una lista de ingredientes y cantidades aproximadas. Después explica a tu compañero/a el procedimiento para prepararlo.

EJEMPLO:

E1: **Se necesita** un tomate, un poco de cebolla, carne picada (*ground*), una rebanada de queso, un poco de ketchup y mostaza.
E2: ¿Y cómo **se prepara**?
E1: **Se pone** en el pan la carne y **se coloca** encima la cebolla, el tomate y el queso.

Información para la actividad 8–12
Esta actividad de producción ofrece más práctica para profundizar sobre los recursos para cuantificar, además de incorporar las medidas y los pesos.

Sugerencias/expansión para la actividad 8–12
Puede preparar el ejercicio basándose únicamente en la situación y preguntando a los estudiantes qué llevarían ellos para cuatro días de campamento en las mismas condiciones del ejercicio: tres adultos y dos niños. Luego pueden comparar su lista con la que hay en el ejercicio. También se puede proponer esta actividad como final del ejercicio. Cada grupo, después de prepararla, lee su lista al resto de la clase.

Información para la actividad 8–13
Note que la sección ha seguido una progresión como es habitual, desde el reconocimiento del *input* a la producción del output. Esta actividad, la última de la sección, requiere que los estudiantes produzcan una lista de compra y que después den instrucciones para preparar un plato. Aunque usted debe ser selectivo a la hora de elegir actividades para una sesión pedagógica, tenga en cuenta esta secuencia del *input* al *output*. La actividad 8–10 plantea un reto menor (deben reconocer y luego imitar unos modelos de una estructura relativamente sencilla) que la actividad 8–13.

INTERACCIONES

08-26 to
08-28

ESTRATEGIAS PARA LA COMUNICACIÓN ORAL

Verbal courtesy (I)

Verbal courtesy is a universal concept; however, ways of expressing courtesy vary from culture to culture. You already know that when interacting in formal contexts, it is generally more appropriate to use *usted*.

Read this dialogue between a waiter and a customer at a restaurant. Identify all the ways in which verbal courtesy is used.

- *Buenas tardes. **Disculpe**, ¿tienen mesas libres?*
- *Sí, **pase, pase**. **Siéntese** aquí, por favor. ¿Qué va a pedir?*
- *¿Me trae primero una ensalada?*
- *Cómo no. ¿Y después?*
- ***Tráigame** por favor un bistec con papas fritas.*
  [...]
- ***Oiga**, por favor.*
- *Sí, **dígame**.*
- *¿Me puede traer una botella de agua sin gas?*
- *Ahora mismo.*

Note how the use of *usted* is reflected in the verb conjugations. Also, note how the use of command forms (*tráigame, pase, siéntese*) can be considered courteous in certain cases, such as when used to attract someone's attention (*oiga, disculpe*) or to respond (*sí, dígame*). When used alongside expressions such as *por favor*, these command forms can also become courteous.

 8–14 Situaciones: *En el restaurante*

Three students visiting Cuba want to try authentic homemade Cuban food, so they go to a *paladar*. They are looking at the menu and have some questions for the owner about the various dishes and drinks. Then they order their food.

Menú del día

Frijoles negros
Sopón de Holguín

———

Carne de cerdo con papaya

———

Buñuelos o flan

———

Vino o agua
Café

ESTUDIANTE A

You are the owner of this *paladar*. Ask these two visitors questions to find out what they would like to eat. Answer their questions about the dishes. You can also make recommendations. Remember to use verbal courtesy and the *usted* forms.

ESTUDIANTE B

You and your friend are in a Cuban *paladar*. You are lactose intolerant and want to know the ingredients in the dishes. Remember to use verbal courtesy and the *usted* forms.

ESTUDIANTE C

You and your friend are in a Cuban *paladar*. You don't drink coffee or wine, but you love sweets and desserts. Remember to use verbal courtesy and the *usted* forms.

Información para la actividad 8–14
Los paladares constituyen una de las posibles opciones que ofrece la industria turística cubana para comer, junto con restaurantes, hoteles, puestos callejeros, etc. Un paladar es un restaurante privado instalado en una casa particular, en el jardín de una mansión, en el comedor de un piso o en la planta baja de una casa. Por ley, el propietario de un paladar sólo puede servir 12 cubiertos y no tiene derecho a ofrecer carne de res, marisco o langosta. Hay paladares que sirven raciones generosas de comida criolla de excelente calidad. Permita que los estudiantes dispongan de tiempo para revisar el menú, y para comprender y asumir la situación y papel que les corresponde.

Sugerencias/expansión para la actividad 8–14
Usted y/o los estudiantes pueden decidir cambiar las condiciones bajo las cuales se llevarán a cabo los diálogos entre el camarero y los clientes. Es decir, los estudiantes B y C pueden pensar en otras condiciones médicas o personales que les impiden comer ciertos alimentos, y luego plantearlas al camarero, que tendrá que resolver esos inconvenientes de la manera más apropiada para la situación.

8–15 ¿Qué comes?

¿Consumes alguno de estos productos? Completa la siguiente tabla.

DEMASIADO	BASTANTE	POCO/UN POCO DE	NADA DE	PRODUCTO
				café / té
				pescado
				fruta
				verduras
				agua

Ahora intercambia la información con tu compañero/a. Pregúntale a tu compañero/a qué productos consume y en qué cantidad. Luego tu compañero/a te va a preguntar a ti.

EJEMPLO:

E1: ¿Bebes **mucho** café?
E2: No, muy **poco**. Pero tomo **mucho** té. ¿Y tú?
E1: No, yo no bebo **nada de** té. Bebo **mucho** café. **Demasiado**.

 8–16 ¿A qué restaurante vamos?

Están visitando La Habana en viaje de estudios y quieren ir a comer. Lean la información sobre tres lugares y decidan dónde van y por qué. Justifiquen su decisión con datos del texto. Luego expliquen a la clase su decisión.

Paladar *La Cocina de Lilliam*

Éste es uno de los restaurantes más acogedores de la capital. La cocinera y dueña del paladar es Lilliam Domínguez. La residencia está decorada con hermosas antigüedades. Los más distinguidos personajes han comido en este restaurante, entre ellos el presidente estadounidense Carter. Aquí se puede comer la famosa "ropa vieja", un plato tradicional cubano preparado con carne de cordero.

Precio promedio: $9,00

Restaurante *La Mina*

Está ubicado en la esquina de la Plaza de Armas. En este restaurante se puede disfrutar de una gran variedad de menús cubanos, como los tamales, arroz congrí (frijoles negros con arroz blanco) y cerdo asado. También se sirven excelentes cócteles como el mojito y el daiquirí, postres hechos en casa, y el delicioso café "Cubita".

Precio promedio: $17,00

Restaurante *La Bodeguita del Medio*

A un lado de la Plaza de la Catedral, en el casco histórico de la ciudad, está este prestigioso restaurante. La Bodeguita es famosa por ser lugar de encuentro de importantes intelectuales y artistas desde su apertura en 1940, como el famoso escritor estadounidense Ernest Hemingway. La presencia de estas personalidades se ve en cada detalle, fotografías y objetos traídos de todas partes. Es la cuna del famoso cóctel "mojito".

Precio promedio: $25,00

EJEMPLO:

E1: Yo quiero ir al paladar porque es más barato. Además, tienen comida tradicional. Dice que se puede comer "ropa vieja".
E2: No sé… La Mina parece interesante. Y hay comida tradicional también.

Información para la actividad 8–15
La actividad se enfoca exclusivamente en los elementos para cuantificar, sin duda el punto gramatical más complejo de esta lección, en un formato de entrevista.

Información para la actividad 8–16
Ésta es una actividad más "libre" desde el punto de vista de la necesidad o no de usar las metas gramaticales de la lección. Además tiene un marco cultural: los resturantes en La Habana. Como siempre, haga la actividad de lectura primero y comente con los estudiantes el contenido de la misma. Luego pase a la interacción en parejas.

TAREA 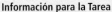 Gente en acción

Escribir una receta de cocina.

PREPARACIÓN

Antes de escribir su receta, vamos a examinar con detalle un plato típico cubano, sus ingredientes y preparación. Se trata del *ajiaco cubano*, el plato nacional de Cuba.

El ajiaco es una sopa propia del campo, pero se come en todos los hogares cubanos. Se compone de diversos ingredientes: vegetales como la yuca o mandioca, la malanga, el ñame o el boniato y diferentes carnes, todo mezclado. También se pueden agregar plátanos verdes y maíz. Éste es un plato tradicional de las poblaciones indígenas de la isla.

Ahora vamos a repasar los ingredientes para preparar el ajiaco.

AYUDA

Se pone/n en { una sartén. / una cazuela. / una bandeja. }

Se pone un huevo.
Se pon**en** tres huevos.

se echa/n   se añade/n
se fríe/n   se asa/n
se hierve/n   se pela/n
se corta/n   se saca/n
se mezcla/n

primero…
después…
luego…
al final…

AJIACO CUBANO

DIFICULTAD: media
TIEMPO: 120 minutos
INGREDIENTES (para seis personas):

tasajo (cecina) :	150 g
carne de cerdo:	145 g
tocino:	80 g
plátano pintón:	200 g
malanga:	200 g
maíz tierno:	200 g
calabaza:	200 g
boniato:	200 g
salsa criolla:	75 g
sal:	40 g
aceite vegetal:	60 ml
agua (aprox.):	2,3 l

Escuchen a Ramón, un cocinero cubano, explicar cómo se prepara el ajiaco. Luego, ordenen los pasos de la receta.

☐ Se corta el tocino.

☐ Se pone el maíz en el caldo.

☐ Se ponen las viandas.

☐ Se fríe el tocino en aceite.

☐ Se corta el tasajo en cinco pedazos.

☐ Se mezcla la carne de cerdo con la salsa criolla.

☐ Se cocina el tasajo durante 30 minutos.

☐ Se añade la carne de cerdo al tasajo.

☐ Se cocina todo 10 minutos más.

Lean ahora la transcripción para comprobar que el orden es correcto.

Bueno, para hacer ajiaco uno tiene primero que remojar el tasajo durante 12 horas. Luego el tasajo se pone a cocinar en agua, durante 30 minutos más o menos. Después se le añade la carne de cerdo y se deja cocinar hasta que esté blando. A continuación se sacan las carnes, se limpia el tasajo y se corta en cinco pedazos. Después de hacer esto, se cuela el caldo, se vierte en la cazuela que usamos antes, se pone al fuego y se incorpora en primer lugar el maíz. Bueno, entonces se deja cocinar el maíz unos 45 minutos y luego se ponen las viandas cortadas en pedazos por orden de dureza, es decir, las más duras primero, las más blandas después. Se cocinan hasta que estén blandas. Después, se corta el tocino en cubos pequeños, se fríe en aceite un poquitico y se mezcla con la salsa criolla. Todo esto se añade al ajiaco. Finalmente, se cocina todo 10 minutos más, ¡y ya está!

Paso 1 Formen grupos de tres o cuatro personas. Decidan entre todos qué plato van a presentar para una colección de recetas de la clase. Puede ser una receta de su país o de un país hispanohablante.

Paso 2 Completen ahora esta ficha. Incluyan una lista detallada de los ingredientes y las cantidades necesarias.

Paso 3 Escriban la receta. Pueden usar la receta del ajiaco como modelo.

Paso 4 Cada grupo explica a la clase el plato que propone y cómo se prepara. La clase puede elegir las mejores recetas.

Paso 5 Foco lingüístico.

DIFICULTAD: _____

TIEMPO: _____

INGREDIENTES: _____
_____
_____
_____
_____
_____
_____
_____
_____
_____

NUESTRA GENTE

08-29 to
08-30

GENTE QUE LEE

ESTRATEGIAS PARA LEER

Word formation and affixes

As you already know, words can take on markers of gender or number (*camarero/a/os/as*). Words can also take other endings that change their category. For example, if you add *-ar* to the noun *cocina*, you get the verb *cocinar*.

Affixes are placed either before words (as prefixes) or after them (as suffixes). For example, the word *cierto* (certain) can take the prefix *in-* and form a new word: *incierto* (uncertain). The word *pescado* can become *pescadería* by adding the affix *-ería* to the first part of the word.

Compound words are single words that are formed by combining two or more other words. For example, the word *paraguas* (umbrella) is formed by two words: *parar* (to stop) and *aguas* (waters). Can you guess what the word *abrelatas* means?

Now take a look at these words: *la verdura* (*verde* + *-ura*), *la naranjada* (*naranja* + *-ada*), *azucarar* (*azúcar* + *-ar*), *abrebotellas* (*abre* + *botellas*), *frutero* (*fruta* + *-ero*). *Can you guess what they mean?*

ANTES DE LEER

8–17 En La Habana

Mira las fotos y pregunta a tu profesor/a sobre estos lugares. Después piensa cuáles te gustaría visitar. Puedes ponerlos en orden de más interesante (1) a menos interesante (6).

1. Catedral de La Habana
2. El capitolio, La Habana
3. Memorial de José Martí
4. Universidad de La Habana
5. Los castillos de La Habana
6. Museo de la Revolución
7. Casa de África

¿En qué lugar has colocado el museo?

8–18 Visitando museos

¿Conoces algún museo sobre comidas o bebidas? ¿Por qué crees que se hacen estos museos? ¿Crees que las comidas y bebidas son elementos que reflejan la cultura de un país? ¿Tienes algunos ejemplos?

8–19 Activando estrategias

Mira durante unos segundos la foto, el texto, su título y subtítulos. ¿De qué crees que trata?

A LEER

EL RON Y EL TABACO DE CUBA: DOS MUSEOS EN LA HABANA

El Museo del Ron

La Fundación Habana Club está situada en el corazón de La Habana Vieja, en un palacio del siglo XVIII. Esta institución **difunde** el conocimiento sobre el ron y su vínculo natural con la cultura cubana. Entre otras atracciones, la Fundación ofrece un museo viviente que reproduce el proceso tradicional de fabricación del ron. El recorrido por este museo termina con una **degustación**. Además hay una galería de arte, una tienda y un bar-restaurante. En la tienda se puede **adquirir** todo tipo de ron Habana Club, además de música tradicional, libros sobre la historia del ron y sobre los bares más famosos de la ciudad considerada centro de la **coctelería** mundial. Dentro del edificio hay un bar, heredero del primer Bar Habana Club del año 1934. Este bar **recrea** el ambiente típico de las mejores bodegas de los años 30. Además es lugar de encuentro de artistas cubanos como pintores y músicos. Aquí se preparan los famosos cócteles cubanos al ritmo del tradicional *son*. En el restaurante se encuentra una buena oportunidad para degustar el sabor de la comida cubana, ya que además de comida internacional se sirven excelentes platos criollos.

El Museo del Tabaco

El Museo del Tabaco es la única institución en Cuba destinada a conservar y mostrar colecciones vinculadas a la cultura del tabaco. Fundado en 1993, está ubicado en un edificio del siglo XVIII en el centro histórico de La Habana. En el museo se puede hacer un recorrido por los aspectos históricos y culturales del tabaco cubano y el proceso de cultivo de la hoja y de fabricación de los famosos puros habanos. También se muestra una colección de utensilios del fumador de los siglos XIX y XX confeccionados con diferentes tipos de metales **preciosos** y otros materiales. Esto demuestra la notable influencia de la industria del habano en artes como la orfebrería, la artesanía, la pintura, la litografía y la cerámica. Es muy interesante también la colección de fotos sobre las grandes personalidades mundiales consumidoras de los famosos puros.

Finalmente, en el mismo museo está La Casa del Habano, una tienda donde se vende todo tipo de habanos y útiles del fumador (encendedores, **cortapuros**, tabaqueras, **ceniceros**...).

DESPUÉS DE LEER

8–20 ¿Comprendes?

1. ¿Cuántas partes tiene la Fundación Habana Club?
2. ¿Cuáles de estos productos se puede obtener en la tienda del Museo del Ron?
   a. música   b. libros   c. arte
3. ¿Cuál de estos datos sobre el Museo del Tabaco es falso?
   a. Tiene una tienda de tabaco.   b. Expone arte y fotografía.   c. Se funda en el siglo XVIII.

8–21 Activando estrategias

1. ¿Qué significan las palabras "degustación", "coctelería" y "cortapuros"? ¿Puedes dividirlas en partes? Si la palabra *ceniza* significa *ash*, ¿qué significa "cenicero"?
2. ¿Qué significan las palabras "recrear", "adquirir" y "preciosos"? ¿Cómo lo sabes?
3. Busca en el diccionario la palabra "difunde". ¿Es nombre, verbo o adjetivo? ¿Qué necesitas buscar? ¿Qué significado es más apropiado en este contexto?

8–22 Expansión

¿Existe algún museo en tu país de este tipo? ¿Cómo es? Si no existe, piensa en un museo hipotético para el pueblo o ciudad donde vives. Justifica tu idea.

Respuestas para la actividad 8–20

1. *cuatro: un museo, una galería de arte, una tienda y un bar-restaurante*
2. *música tradicional y arte*
3. *c. No se funda en el siglo XVIII. Se funda en 1993, y está en un edificio del siglo XVIII.*

Respuestas para la actividad 8–21

1. *degustación = tasting, sampling (de + gustar + ción); coctelería = cocktail bar (cóctel + ería); cortapuros = cigar cutter (corta + puros); cenicero = ashtray (ceniza + ero).*
2. *recrear = to recreate (cognado); adquirir = to acquire, to purchase (cognado, pero en este contexto significa to buy); preciosos = precious (cognado)*
3. *Difunde es un verbo. Hay que buscar difundir. De los varios significados, el más adecuado es to spread.*

08-31 to 08-35

GENTE QUE ESCRIBE

ESTRATEGIAS PARA ESCRIBIR

Writing topic sentences and paragraphs

A good topic sentence (a) is normally at the beginning of a paragraph, (b) states the main idea of the paragraph, (c) focuses exclusively on one topic of interest, and (d) attracts the attention of the reader.

Here is a list of possible topic sentences for an opening paragraph about Santiago de Cuba. Which ones do you think are appropriate? Why?

En Santiago está la primera catedral de Cuba.
El clima de Santiago se caracteriza por tener dos estaciones.
Santiago de Cuba es una ciudad al este de la isla.
Santiago es una ciudad que atrae a muchos turistas.

The remaining sentences in the paragraph should contain details that develop the main idea stated in the topic sentence. When editing your paragraphs, be sure to get rid of any ideas that don't help develop the topic of the paragraph.

MÁS ALLÁ DE LA FRASE

Connectors for organizing information

We have already discussed the importance of organizing and sequencing ideas when writing. Let's review and expand some of these discourse markers:

- First idea: *primero...*(first), *en primer lugar...*(in the first place), *para empezar...*(to start).
- Intermediate ideas: *segundo / tercero...*(second, third), *a continuación...*(next), *después...*(next, after that), *luego...*(next), *en segundo / tercer lugar...*(second / third).
- Final idea: *finalmente...*(last), *al final...*(at the end), *por último...*(finally, last), *para terminar* (to conclude).

8–23 Crítica de un restaurante o comedor

Escribe una crítica de un restaurante que conoces bien para el periódico en español. La crítica debe tener tres partes: el tipo de cocina, el ambiente y un plato especialmente recomendado.

Piensa en los lectores de esta crítica y decide el registro que vas a usar (formal o informal). Después escribe **frases temáticas** para el párrafo de apertura, las tres partes de la crítica y un párrafo final. Presta atención a las frases temáticas:

- ¿Están al principio del párrafo?
- ¿Dan la idea central del párrafo?
- ¿Se centran en un solo tema de interés?
- ¿Atraen la atención del lector?

 ¡ATENCIÓN!

Tu trabajo escrito debe seguir (*follow*) los Pasos 1 a 8 y tener contenidos bien organizados y relevantes. Usa conectores para organizar la información y sigue una secuencia lógica.

COMPARACIONES

8–24 El café en Latinoamérica

¿Cuáles de estos países latinoamericanos producen más café? Ordénalos de mayor a menor.

☐ El Salvador   ☐ Guatemala   ☐ México
☐ Colombia   ☐ Cuba   ☐ Costa Rica

8–25 Café y cultura cubana

¿Sabías que el café de Cuba es de una calidad excelente? Lee este texto para saber más. Luego responde a las preguntas.

E l café forma parte importante de la cultura cubana. Para los cubanos, es parte inseparable de la identidad y cotidianeidad de su gente. El primer cafetal de Cuba data de 1748, pero es después de 1791 cuando se produce en Cuba una avalancha de haciendas cafetaleras con la llegada de colonos franceses de Haití, debido a la revolución en ese país.

Cuba posee la mayor cantidad de ruinas de haciendas cafetaleras con valor arqueológico en todo el mundo, muchas de ellas en buen estado de conservación. Son los primeros cafetales franco-haitianos de Santiago de Cuba y están ubicados al sureste de esa provincia. Además, son patrimonio de la humanidad (UNESCO) desde el año 2000 por su valor histórico. Hay cerca de un centenar, la mayoría ubicados en la provincia de Santiago de Cuba, aunque también hay muchos en Guantánamo. Estos lugares forman un extenso cinturón cafetalero en la región sudeste de Cuba.

Por regla general, los cafetales cubanos están en las serranías de la isla entre 500 y 800 metros sobre el nivel del mar. Esto es debido a que el cafeto, la planta del café, crece muy bien en este microclima. Hoy en día el café cubano no sobresale por grandes volúmenes de exportación, sino por su excelente calidad, sobre todo en la especie *arábica*, que lo ubica entre los preferidos del mundo. Entre las marcas más famosas están Cubita, Hola y la famosa Crystal Mountain.

Roel Caboverde Liacer
Recolectores de café

1. El café forma parte integral de la cultura de Cuba desde sus orígenes. Habla con la clase sobre el papel que tiene el consumo de café en tu propia cultura.
2. Piensa en las diferencias entre el café cubano y el café que se bebe en tu país. ¿Cuáles son?
3. Los patrimonios de la humanidad son lugares históricos y culturales de incalculable valor para la humanidad y pertenecen a todo el mundo. ¿Por qué crees que los cafetales de Cuba están en este grupo? ¿Puedes mencionar algunos lugares en tu país que son patrimonio de la humanidad?

CULTURA

En la actualidad hay en Estados Unidos más de 1,6 millones de cubano-estadounidenses, quienes forman el tercer grupo hispano más grande del país. En Miami y otras áreas de Florida reside el grupo más numeroso, seguido de Nueva Jersey y el oeste de Nueva York. Los cubanos tienen una larga historia de inmigración a Estados Unidos como consecuencia de cambios políticos en la isla y más tarde de factores económicos. La comunidad de origen cubano de Estados Unidos tiene mucha influencia en el mundo de los negocios y la política. Cuatro miembros del Congreso de Estados Unidos y dos del Senado son de ascendencia cubana.

Además de destacarse en la política y los negocios, hay cubano-estadounidenses que sobresalen en el deporte (como Gilbert Arenas, jugador de baloncesto para los Washington Wizards, o Robert Andino, jugador de béisbol con los Orioles de Baltimore), el cine (Rosario Dawson o Eva Mendes), la literatura (el Premio Pulitzer Oscar Hijuelos), o la moda (los diseñadores Narciso Rodríguez e Isabel Toledo).

Información para la actividad 8–24

El café se obtiene a partir de las semillas del arbusto llamado cafeto, que contiene una sustancia estimulante llamada cafeína. El cultivo del café está muy extendido en numerosos países tropicales, en especial Brasil. El café es la segunda mercancía comercializada en el mundo, tras el petróleo.

Los principales productores en América Latina son: Brasil (35% de la producción mundial), Colombia (10%), Guatemala (3%), Honduras (3%), México (3%) y Perú (3 %).

La lista ordenada: Colombia>Guatemala y México>Costa Rica>El Salvador>Cuba.

Información para la actividad 8–25

Los patrimonios (*world heritage*) son espacios que, por diversas razones, constituyen parte de la herencia cultural del mundo entero, más allá de cualquier frontera política o nacional, y por eso son protegidos directamente por la UNESCO. Cuba es miembro de la UNESCO desde 1981. Aparte de los cafetales, otros lugares en Cuba que son patrimonio de la humanidad son La Habana vieja y sus fortificaciones, o el Castillo de San Pedro en Santiago. Estados Unidos es miembro desde 1973, y algunos de los lugares patrimonio de la humanidad en este país son el Parque Nacional del Gran Cañón (1972), el Parque de Yellowstone (1978), la Estatua de la Libertad (1984), Monticello y la Universidad de Virginia en Charlottesville (1987) y el Pueblo de Taos (1992).

Información para las notas culturales

Como tercer grupo hispano más grande del país y además uno de los más movilizados políticamente, los cubao-estadounidenses tienen una gran influencia en Estados Unidos. Procure conversar con sus estudiantes sobre los temas específicos relacionados con la comunidad cubana en Estados Unidos que a ellos les interesen (política, arte, música...), dependiendo de la región donde vivan, o donde esté situado su centro de estudios.

🔊 VOCABULARIO

Alimentos (Food)

el aceite	oil
el aguacate	avocado
el ajo	garlic
el apio	celery
el arroz	rice
el azúcar	sugar
la calabaza	pumpkin
el camarón	shrimp
la cebolla	onion
el cerdo	pork
el champiñón	mushroom
la fresa	strawberry
los frijoles	beans
las habichuelas	green beans
el huevo	egg
el jamón	ham
la lechuga	lettuce
el limón	lemon
el maíz	corn
la mantequilla	butter
el marisco	seafood
la naranja	orange
el pan	bread
el pavo	turkey
la papa / patata	potato
el pepino	cucumber
la pera	pear
la pimienta	pepper (spice)
el pimiento	pepper (vegetable)
la piña	pineapple
el plátano	banana
el pollo	chicken
el queso	cheese
la sandía	watermelon
el tomate	tomato
la uva	grape
la zanahoria	carrot

Bebidas (Drinks)

el agua	water
el café	coffee
el jugo	juice
la leche	milk
el refresco	soft drink, soda pop
el ron	rum
el té	tea
el vino	wine

Las medidas y los envases
(Measures and containers)

la botella	bottle
la caja	box
la cantidad	quantity
la docena	dozen
el gramo	gram
el kilo	kilogram
la lata	can
el litro	liter
el paquete	pack, package
el peso	weight
la taza	cup

La cocina y el restaurante
(Cooking and restaurant)

el aperitivo	appetizer
la cazuela	casserole, pot
el cocido; el guiso	stew
el/la cocinero/a	chef, cook
la copa	wine glass
la cuenta	check, bill
la ensalada	salad
el/la mesero/a	waiter/waitress
la parrilla	grill
el postre	dessert
la propina	tip
la sartén	frying pan
la sopa	soup

Adjetivos relacionados con la cocina
(Adjectives related to cooking)

asado/a	roasted
blando/a	soft
caliente	warm, hot
crudo/a	raw
delicioso/a	delicious
duro/a	hard
fresco/a	fresh
frito/a	fried
fuerte	strong
picante	hot, spicy
rico/a	tasty, delicious
salado/a	salty
soso/a	tasteless
tierno/a	tender

Verbos (Verbs)

añadir	to add
asar	to roast
batir	to beat
calentar (ie)	to heat
cocinar	to cook
cortar	to cut
freír (i)	to fry
hervir (ie)	to boil
merendar (ie)	to have a snack
mezclar	to mix
pedir	to order (in a restaurant)
pelar	to peel

CONSULTORIO GRAMATICAL

1 In a Restaurant

To inquire about the menu

¿Qué lleva la sopa?
What is in the soup?

¿Lleva mucha sal?
Does it have a lot of salt?

¿Es fuerte / picante?
Is it strong / spicy?

¿Qué hay / tienen de postre?
What is for dessert?

¿Tienen pastel de chocolate?
Do you have chocolate cake?

> When asking someone for something, the main difference between English and Spanish is that in English the verb or the action is projected towards the person who asks: **May/Can I have some more bread, please?** In Spanish the verb or the action is projected towards the person being asked: **¿Puede traerme un poco más de pan?**

To order

- **Yo** (voy a tomar) los macarrones y el bistec.   —*I'll have the maccarroni and a steak.*
  Primero / después / para postre,...   *To start / then / for dessert . . .*
  Para beber, agua sin gas.   *I will have non-sparkling water, please*
- **Para mí,** un café por favor.   —*I will have a coffee, please.*

To ask the waiter to bring something

- **¿Me puede traer...**   *Can I have . . .*
  la cuenta?
  un cuchillo / **una** botella de agua...?

  otro vaso de vino / café?   *(WITH NOUNS THAT CAN BE COUNTED)*
  otra cerveza / ensalada?

  un poco de pan / salsa / agua / vino?   *(WITH NOUNS THAT CANNOT BE COUNTED)*

> Note that **un otro** or **una otra** is not correct in Spanish.

¿Me puede traer un poco de sal?

Otro café, por favor.

¿Me trae otra ensalada, por favor?

2 Impersonal *Se*

When the object in a sentence is a singular noun, the verb is also singular.

Aquí **se come un pescado** muy rico.
They eat very good fish here.

En estas tierras **se cultiva arroz.**
They grow rice in this land.

When the object is a plural noun, the verb is also plural.

En Cuba **se fabrican** excelentes **cigarros** habanos.
In Cuba **they make** *excellent* **cigars**.

When the object is not a noun, the verb is always singular.

En Cuba **se cena** tarde.
In Cuba **they have dinner late**.

El ajiaco **se prepara** con carne.
They cook *ajiaco with meat.*

> There is no one-to-one equivalent in English for **se**. Instead, in English the impersonality or lack of subject in a sentence is expressed by using a symbolic subject such as **people**, as in: **People in Cuba have dinner late. / They have dinner late in Cuba**. Rather than a literal translation, a Spanish speaker would employ the impersonal **se** form to convey the same idea.

3 Quantifying

When these words are used as adjectives before nouns, they change form to agree in gender and number.

SINGULAR		PLURAL		
MASCULINE	FEMININE	MASCULINE	FEMININE	
poco	poca	pocos	pocas	(few, little, very little)

mucho	mucha	muchos	muchas	*(many, much, very much, a lot)*
demasiado	demasiada	demasiados	demasiadas	*(too many, too much)*
	suficiente		suficientes	*(enough)*
	bastante		bastante	*(enough, quite a lot)*

Bebe demasiado alcohol.　　　Toma muchos helados.
Come poca fibra.　　　　　　Come demasiadas hamburguesas.
No hace suficiente ejercicio.　Tiene bastantes amigos.

When modifying verbs, these words don't change form, since in these cases they function as adverbs. Their form is always the masculine singular.

Come **poco**.　　　　　Lee **mucho**.
*S/he eats very **little**.*　*S/he reads **a lot**.*

Fuma **bastante**.　　　Trabaja **demasiado**.
*S/he smokes **quite a lot**.*　*S/he works **too much**.*

Come demasiadas golosinas y demasiados bocadillos.

Cuantificadores negativos

To indicate the complete absence of something, we make the sentence negative. The negative quantifying of something depends on what we are quantifying.

1. *When the noun is something that cannot be counted, we always use the singular form:*

No hay azúcar.　　　　**No** pongo sal en la ensalada.
*There is **no** sugar.*　　*I **don't** put salt in the salad.*

No tengo harina.
*I **don't** have **any** flour.*

To emphasize complete absence, sometimes we use **nada** (**de**).

En la nevera **no** hay **nada de** leche.　　No pongo **nada de** sal en la ensalada.
*There is **no** milk in the refrigerator.*　　*I **don't** put **any** salt in the salad.*

Esta receta **no** lleva **nada de** aceite.
*That recipe **does't** include **any** oil.*

If the noun has been mentioned previously, we use the word **nada**.

● ¿Pones sal en la ensalada?　　—Do you put salt in the salad?
○ No, no pongo **nada**.　　　　—No, I don't put **any**.

2. *When the noun is something that can be counted:*

SINGULAR: **No** tengo **ningún** plátano.　　**No** hay **ninguna** manzana.
　　　　　　I **don't** have **any** bananas.　　There **aren't any** apples.

If the noun has been mentioned previously, it may be expressed in subsequent references by the pronouns ninguno/ninguna without repeating the original noun:

● ¿Tienes muchos plátanos?　　　　—Do you have a lot of bananas?
　¿Hay manzanas?　　　　　　　　—Are there any apples?

SINGULAR　　○ No, **no** tengo **ninguno**.　　—No, I **don't** have any.
　　　　　　　No, **no** hay **ninguna**.　　　—No, there **isn't** any.

PLURAL　　　○ **No** tengo plátanos.　　　　—I **don't** have **any** bananas.
　　　　　　　No tengo.　　　　　　　　—I **don't** have **any**.

To ask about the existence or presence of something in English, we use the word **any**:

*Are there **any** strawberries?*
*Is there **any** milk?*

In the same context, in Spanish we don't need a particle corresponding to **any**:

*¿**Hay** fresas?*
*¿**Hay** leche?*

To give a negative answer in Spanish, the verb takes a negative form:

*No **hay** manzanas.*
*No **hay** leche.*

This is in contrast to English:

There are no strawberries.
There is no milk.

¡ATENCIÓN!

Several kinds of nouns that can be counted, however, don't follow this rule. In these cases, we use singular nouns, without articles or adjectives.

Nouns designating facilities, services, or appliances, which tend to be the only one of their kind in a given location: **piscina, teléfono, aire acondicionado, aeropuerto, garaje, jardín...**

No hay piscina en el hotel.   No tengo teléfono en casa.
There is no pool in the hotel.   *I don't have a phone at home.*

Nouns designating personal objects, garments, facial hair, or jewelry, which tend to be the only one of their kind used or worn by an individual at any given time: **computadora, carro, chaqueta, barba, bigote, anillo...**

● ¿Tienes coche?   —*Do you have a car?*
○ No, no tengo coche.   —*No, I don't have a car.*

Nouns designating personal relationships: **madre, novio, jefe...**

María tiene novio.
María has a boyfriend.

Weights and Measures

un kilo de carne	1 kg
un litro de leche	1 l
un cuarto de kilo de carne	1/4 kg
un cuarto de litro de leche	1/4 l
medio kilo de carne	1/2 kg
medio litro de leche	1/2 l
tres cuartos de kilo de carne	3/4 kg
tres cuartos de litro de leche	3/4 l
100 **gramos de** jamón	100 g
250 **gramos de** queso	250 g
una docena de huevos	(= 12)
media docena de huevos	(= 6)

Use the metric system in Spanish-speaking countries.

1 pound ≈ **0.45 kilos**
1 gallon ≈ **4 liters**

9–1 Ciudades peruanas

Mira las fotos de estas tres ciudades. Descríbelas con detalle. ¿Qué ves en ellas? ¿En qué se parecen y en qué se diferencian?

TAREA

Identificar y evaluar los problemas de una ciudad universitaria y proponer soluciones.

NUESTRA GENTE

Perú
Hispanos/latinos en Estados Unidos

Arequipa

Lima

Cuzco

CULTURA

Perú es el cuarto país más poblado de Sudamérica. El 76% de la población vive en ciudades y el 24% en el campo. Las mayores ciudades se encuentran en la costa, como Piura, Chiclayo, Trujillo o Lima, su capital. En la sierra se destacan las ciudades de Arequipa, Cajamarca, Ayacucho y Cuzco. Finalmente, en la selva la más importante es Iquitos.

ACERCAMIENTOS

 9–2 ¿Qué ciudad es?

¿A qué ciudades creen que corresponden estas informaciones? Hay algunas que pueden referirse a varias ciudades. Traten de averiguarlo con la ayuda de las fotos, el mapa y su profesor/a.

	a	b	c	d	e	f	g	h	i	j	k	l	m	n	ñ	o	p
Cuzco																	
Iquitos																	
Lima																	
Arequipa																	

a. Tiene más de ocho millones de habitantes y es una de las 28 ciudades más pobladas del mundo.

b. Es la segunda ciudad más importante del Perú.

c. Está situada en la sierra al sur del Perú.

d. Es la capital de Perú y la ciudad más grande del país.

e. Es la capital del antiguo imperio inca y patrimonio de la humanidad.

f. Está ubicada a orillas del río Amazonas y es la ciudad más importante de la amazonía peruana.

g. Está a orillas del océano Pacífico y tiene playas por toda su costa.

h. Es una ciudad moderna y cosmopolita con mucho entretenimiento y vida cultural.

i. Su clima es tropical, cálido, húmedo y lluvioso, con una temperatura promedio anual de unos 28°C. La temporada de lluvias es de diciembre a marzo y la seca de mayo a septiembre.

j. En el idioma quechua, su nombre significa "ombligo" o centro del mundo.

k. Sus principales industrias son la madera, el ecoturismo y el comercio fluvial.

l. Tiene un puerto marítimo muy importante: El Callao.

m. Su clima es templado, seco y soleado todo el año, con una temperatura diurna de entre 15°C y 18°C, y una temperatura nocturna de hasta 0°C.

n. Sólo se puede llegar a esta ciudad por vía aérea o fluvial.

ñ. Está rodeada de tres volcanes: Misti, Chachani y Pichu Pichu.

o. Hay muchas iglesias y monumentos de estilo colonial.

p. Su clima es templado, nublado y extremadamente húmedo. La temperatura varía entre 13°C y 22°C en el invierno y entre 24°C y 32°C en el verano.

EJEMPLO:

E1: Me parece que la A es Lima porque es la capital de Perú.

E2: Y la B es Cuzco.

E1: ¿Cuzco? No, yo creo que es Arequipa.

 9–3 Otras ciudades

¿Saben en qué países están estas ciudades? Gana el grupo con más respuestas correctas.

Guadalajara	_____	Guayaquil	_____	Mendoza	_____	Medellín	_____
Sucre	_____	Maracaibo	_____	Valparaíso	_____	Sevilla	_____

VOCABULARIO EN CONTEXTO

09-01 to 09-09

Información para la actividad 9–4
La mayor parte del vocabulario del cuestionario es vocabulario meta o activo de la lección, relativo a la ciudad (partes de la ciudad, características y problemas de la ciudad). En esta actividad lo utilizan pasivamente, pero activamente en la actividad 9–5. Además, volverán a necesitarlo en la actividad 9–6.

9–4 Calidad de vida

El ayuntamiento (*city council*) de la ciudad donde estás estudiando te da este cuestionario para conocer la opinión de los estudiantes sobre la calidad de vida de ese lugar.

Contesta individualmente al cuestionario. Luego lee tus respuestas y dale una "calificación" global a la ciudad o pueblo (máximo 10, mínimo 0).

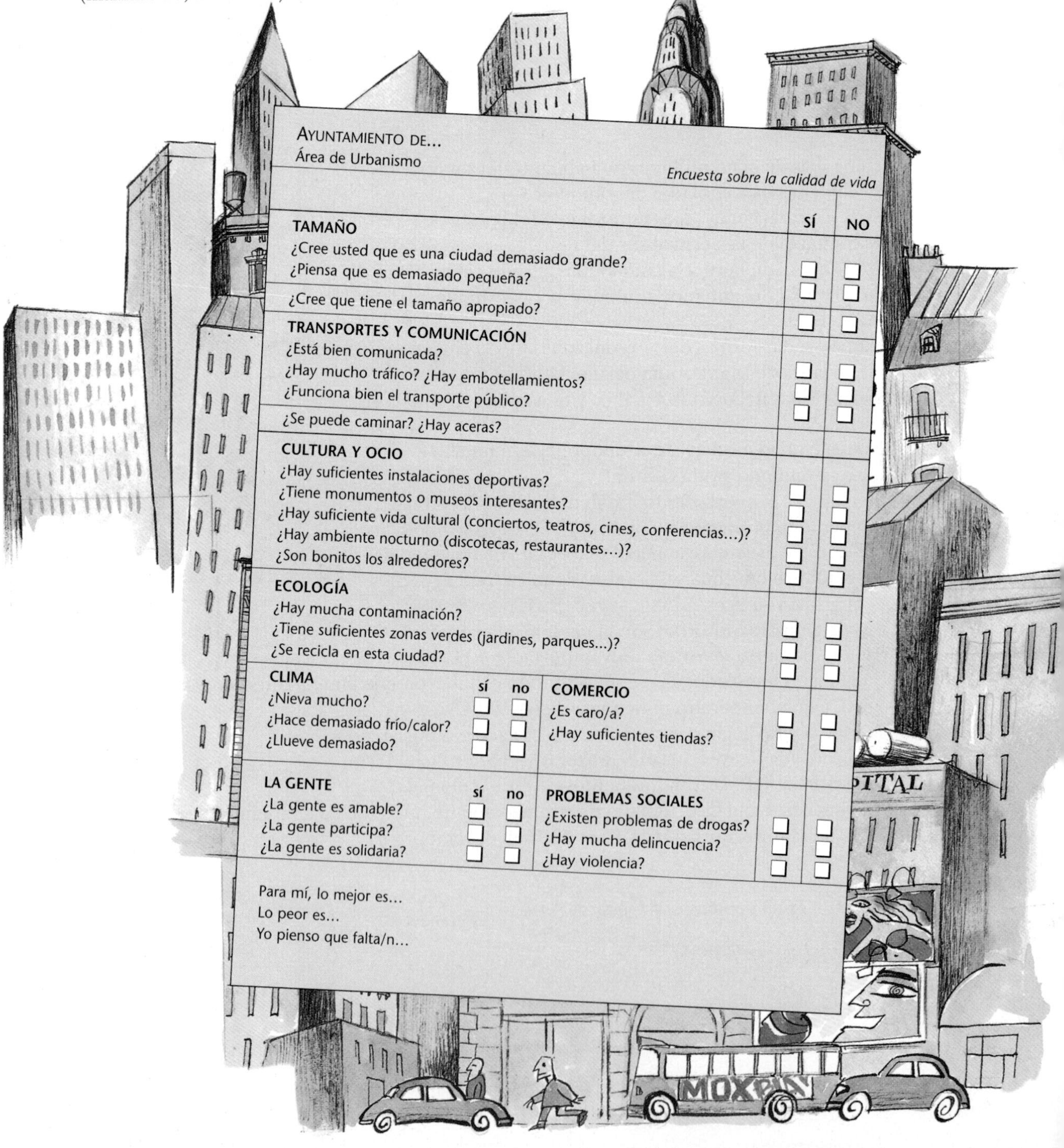

AYUNTAMIENTO DE...
Área de Urbanismo

Encuesta sobre la calidad de vida

	SÍ	NO
TAMAÑO		
¿Cree usted que es una ciudad demasiado grande?	☐	☐
¿Piensa que es demasiado pequeña?	☐	☐
¿Cree que tiene el tamaño apropiado?	☐	☐
TRANSPORTES Y COMUNICACIÓN		
¿Está bien comunicada?	☐	☐
¿Hay mucho tráfico? ¿Hay embotellamientos?	☐	☐
¿Funciona bien el transporte público?	☐	☐
¿Se puede caminar? ¿Hay aceras?		
CULTURA Y OCIO		
¿Hay suficientes instalaciones deportivas?	☐	☐
¿Tiene monumentos o museos interesantes?	☐	☐
¿Hay suficiente vida cultural (conciertos, teatros, cines, conferencias…)?	☐	☐
¿Hay ambiente nocturno (discotecas, restaurantes…)?	☐	☐
¿Son bonitos los alrededores?	☐	☐
ECOLOGÍA		
¿Hay mucha contaminación?	☐	☐
¿Tiene suficientes zonas verdes (jardines, parques...)?	☐	☐
¿Se recicla en esta ciudad?	☐	☐

CLIMA	sí	no
¿Nieva mucho?	☐	☐
¿Hace demasiado frío/calor?	☐	☐
¿Llueve demasiado?	☐	☐

COMERCIO		
¿Es caro/a?	☐	☐
¿Hay suficientes tiendas?	☐	☐

LA GENTE	sí	no
¿La gente es amable?	☐	☐
¿La gente participa?	☐	☐
¿La gente es solidaria?	☐	☐

PROBLEMAS SOCIALES		
¿Existen problemas de drogas?	☐	☐
¿Hay mucha delincuencia?	☐	☐
¿Hay violencia?	☐	☐

Para mí, lo mejor es...
Lo peor es...
Yo pienso que falta/n...

9–5 Mi opinión

Informa a tus compañeros/as de tu decisión. Coméntales los aspectos positivos o negativos que consideras más importantes. Compara tus opiniones con las de tus compañeros/as de grupo.

EJEMPLO:

E1: Mi calificación es cuatro. A mí me parece que no hay suficientes instalaciones deportivas. Además, hay demasiado tráfico.

E2: Pues yo creo que es un siete porque hay mucha vida cultural y entretenimiento, y eso es muy importante.

9–6 Prioridades

Imagina que, por razones de trabajo, tienes que vivir dos años en una ciudad del Perú. ¿Qué es para ti lo más importante que tiene que tener una ciudad? Repasa los aspectos (ecología, clima, cultura y ocio, etc.) del cuestionario de la actividad 9–4 y establece tus prioridades.

Para mí, lo más importante es _____ y también _____.
Lo menos importante es _____ y _____.

9–7 Dos ciudades peruanas para vivir

Lee los textos. Después, haz una lista de los pros y contras de cada ciudad y luego decide qué ciudad prefieres. Explícales a tus compañeros/as de clase las razones de tu elección.

Lima

La ciudad de Lima es una metrópoli de ocho millones de habitantes situada a orillas del río Rímac, frente al océano Pacífico. Es una ciudad moderna en constante crecimiento, pero que mantiene la riqueza de su casco antiguo, declarado por la UNESCO patrimonio cultural de la humanidad. Lima es el primer centro industrial y financiero del Perú. Es una ciudad donde se pueden ver muestras del período de la cultura prehispánica (como por ejemplo el santuario de Pachacamac) y del período colonial (como la Catedral, la plaza de Armas o el Convento de Santo Domingo). Además de su maravilloso casco antiguo con impresionantes conventos e iglesias, y de sus museos y plazas, también está la Lima moderna, con sus grandes edificios, centros comerciales, modernos hoteles, restaurantes, discotecas, bares y una animadísima vida nocturna. Por supuesto, como toda gran ciudad, Lima sufre de problemas como la contaminación, el tráfico y la inseguridad.

Iquitos

La ciudad de Iquitos, con unos 250.000 habitantes, está a orillas del Amazonas. A pesar de ser la ciudad más grande de la amazonía peruana, sólo se puede acceder a ella por vía aérea o fluvial. En Iquitos sobreviven algunas muestras arquitectónicas de interés, como la Casa Eiffel, o los lujosos hoteles y casonas de estilo *art nouveau*, decorados con objetos traídos directamente de Europa. Su Biblioteca Amazónica es una de las más importantes de América. En los alrededores de la ciudad existen algunas etnias nativas que mantienen rasgos culturales originales.

Iquitos tiene además una vida nocturna de gran vitalidad en el boulevard del Malecón Maldonado, en el que hay pubs y restaurantes muy concurridos.

	LIMA	IQUITOS
pros	1.	1.
	2.	2.
	3.	3.
contras	1.	1.
	2.	2.
	3.	3.

Información para la actividad 9–5
Esta actividad y la siguiente son una extensión de la actividad 9–4. En 9–5 los estudiantes comparten sus opiniones sobre la ciudad y utilizan de forma productiva el vocabulario.

Sugerencias/expansión para la actividad 9–5
Para realizar la actividad, hábleles a sus estudiantes sobre las expresiones de opinión: *yo creo que... a mí me parece que... en mi opinión...* que son parte de los objetivos de esta lección.

Información para la actividad 9–6
La actividad sirve de preparación para la lectura de los dos textos en la actividad 9–7, y en ella continúan la producción, esta vez de forma escrita, del vocabulario activo de la lección.

Información para la actividad 9–7
Se trata de un ejercicio en dos fases, la primera individual y la segunda con la clase entera. Primero debe completarse la tabla con los pros y los contras para cada ciudad, y a partir de ahí cada estudiante escoge la ciudad que mejor impresión le causa. Luego cada estudiante explica su elección a la clase. Note que en esta actividad se busca no sólo hacer comparaciones, al menos de forma explícita, sino ampliar el vocabulario y continuar explorando el tema cultural de las ciudades peruanas. Sin embargo, las comparaciones son una de las metas gramaticales de la lección y la actividad sirve como "puente" para la sección de Gramática en contexto.

GRAMÁTICA EN CONTEXTO

09-10 to 09-32

9–8 Mi ciudad

Compara tu ciudad natal con la ciudad donde estudias. Contrasta tu información con la de tu compañero/a.

EJEMPLO:

E1: Mi ciudad tiene **más** discotecas y restaurantes y es **más** bonita **que** ésta. Es divertid**ísima**.

E2: En mi ciudad no hay **tantos** museos **como** en ésta y además es **más** aburrida. Es aburrid**ísima**.

9–9 Atención a la gramática

Lee este texto sobre Cuzco. Fíjate en los pronombres relativos en negrita y clasifícalos en tres grupos. Identifica a qué o quién se refieren.

CUZCO

De día o de noche, Cuzco es una ciudad **que** tiene miles de encantos y atractivos, y **en la que** se puede disfrutar de tantas actividades y diversiones como en una gran ciudad. Es un lugar **donde** se funden la influencia española con el pasado andino, **en el que** todavía hoy se celebra el Inti Raymi o Fiesta del Sol durante el solsticio de invierno el 24 de junio de cada año. Es una ciudad **que** vive principalmente de la agricultura y el turismo. También tiene varias universidades a las que asisten miles de estudiantes cada año. Cuzco es una ciudad **a la que** viajan casi todas las personas **que** visitan Perú y tiene un aeropuerto **al que** se necesita ir para volar a las ruinas de Machu Picchu. En fin, es un lugar **del que** nunca puedes olvidarte.

	PRONOMBRES	SE REFIERE A...
Grupo 1	que	*ciudad*
Grupo 2		
Grupo 3		

9–10 ¿Qué tipo de ciudad te gusta?

Completa estas frases:

A mí me gustan las ciudades **que** _____

A mí me gustan las ciudades **en las que** _____

A mí me gustan las ciudades **donde** _____

A mí me gustan las ciudades **a las que** _____

A mí me gustan las ciudades **de las que** _____

A mí me gustan las ciudades con/sin _____

 Ahora comparte la información con tu compañero/a.

A mí me parece que...
(Yo) pienso / creo que...

Yo (no) estoy de acuerdo { con Juan.
contigo.
con eso.

Sí, tienes razón.

Sí, claro, pero...
Eso es verdad, pero... } + OPINIÓN
Bueno, pero...

Me parece que la economía está muy mal.

Sí, tienes razón.

A mí me parece que se vive mejor en el campo.

Sí, es verdad.

ME GUSTARÍA

Me gustaría { ir a Lima.
visitar Lima.

A mí me parece que vivir cerca del mar.

Me gustaría vivir cerca del mar.

Le gustaría vivir cerca del mar.

9–11 Ciudades del mundo

Piensa en una ciudad mundialmente famosa y escribe cuatro frases para describirla. El resto de la clase va a adivinar qué ciudad es.

EJEMPLO:

Es una ciudad **donde** hay muchos rascacielos.
Es una ciudad **a la que** van muchos turistas.

9–12 ¿París, Londres o Lima?

Elige ciudades para completar las frases.

París	Tokio	Berlín	Moscú
Rabat	Calcuta	Lima	La Habana
Barcelona	Acapulco	Monte Carlo	Ámsterdam
Dublín	Hong Kong	Managua	Las Vegas
Helsinki	Ginebra	Viena	Jerusalén

- A mí **me gustaría** pasar unos días en _____ porque _____
- A mí **me gustaría** ir de vez en cuando a _____ porque _____
- Yo quiero visitar _____ porque _____
- A mí **me gustaría** trabajar una temporada en _____ porque _____
- A mí **me gustaría** vivir en _____ porque _____
- No **me gustaría** nada tener que ir a _____ porque _____

Ahora compara tus deseos (*wishes*) con los de tu compañero/a.

9–13 ¿Campo o ciudad?

Escucha las opiniones de estos dos amigos sobre el campo y la ciudad. ¿Qué prefieren y por qué?

	¿QUÉ PREFIERE?	¿POR QUÉ?
Gonzalo		_____ tiene menos/más _____ que _____
		_____ hay menos/más _____ que _____
		Hace menos/más _____ que _____
Gabriela		_____ tiene menos/más _____ que _____
		_____ hay menos/más _____ que _____
		Hace menos/más _____ que _____

9–14 ¿Y tú?

Piensa en más ventajas y desventajas de vivir en el campo o en la ciudad y después comparte tus opiniones con tu compañero/a. ¿Están de acuerdo?

EJEMPLO:

E1: **A mí me parece que** en el campo necesitas el carro para todo.
E2: **No estoy de acuerdo** porque en la ciudad también lo necesitas.
E1: **Tienes razón**, pero en el campo es **más** difícil vivir sin carro **que** en la ciudad.

Información para la actividad 9–11
Note que se continúa con la producción de los pronombres y frases relativas, ahora de una manera más "libre" y creativa. Observe la progresión de 9–9, 9–10 y 9–11, donde se trabaja con un contenido gramatical desde un punto inicial de identificación en el *input* escrito hasta la producción por parte de los estudiantes. En general procure siempre seleccionar actividades guiándose por este concepto de secuencia (*input-output*).

Información para la actividad 9–12
La forma *me gustaría*, como expresión de un deseo de cumplimiento incierto, se contrasta con *quiero*, como expresión de intenciones.

Información para la actividad 9–13
Note que esta actividad de comprensión auditiva requiere que el estudiante entienda el diálogo de una manera general (quién prefiere qué) y que entienda algunas palabras clave para poder escribir las frases comparativas (aburrido, calor, mosquitos, ruido...).

Respuestas (posibles) para la actividad 9–13
- *Gonzalo prefiere el campo. El campo tiene menos contaminación que la ciudad. En el campo hay menos tráfico que en la ciudad. En el campo hace menos calor que en la ciudad. En el campo hay menos ruido que en la ciudad. En el campo hay más aire puro que en la ciudad y se puede llevar una vida sana y tranquila.*
- *Gabriela prefiere la ciudad. La ciudad es más divertida que el campo. En el campo hay más mosquitos que en la ciudad. La ciudad tiene más vida cultural que el campo.*

Información para la actividad 9–14
Además del foco en las comparaciones, la actividad requiere el uso de expresiones de opinión, acuerdo y desacuerdo. Estos exponentes funcionales son posiblemente uno de los recursos más necesarios y útiles para los estudiantes en este punto del aprendizaje de la lengua, ya que a partir de ahora tendrán que expresar sus opiniones respecto a múltiples temas y en varios contextos diferentes.

INTERACCIONES

09-33 to
09-36

ESTRATEGIAS PARA LA COMUNICACIÓN ORAL

Collaboration in conversation (I)

Communicating in conversation is very different from communicating in writing. When having a conversation, speakers need to make sure they are understood, and that they understand. In real-life conversations there is ambiguity, sentences are shorter and often incomplete, there are many pauses and repetitions... and there is no time for planning. Speakers usually help each other out. This is even more the case when you are speaking a foreign language you are just acquiring.

At certain points in the conversation you need to ascertain whether others are following what you are saying and whether or not they are agreeing with you. These are some of the most common ways that Spanish speakers request this confirmation:

¿(Me) entiendes? / ¿(Me) comprendes?	Do you understand?
¿Sabes?	You know?
¿Entiendes/sabes lo que quiero decir?	Do you understand / know what I mean?
¿OK? ¿Ya? ¿Mmmm?	

Likewise, you can show that you understand by using expressions such as:

(Sí), claro	(Yes), of course
(Sí), entiendo / comprendo	(Yes), I understand
Ya (veo)	I see

These rhetorical questions are important for maintaining the natural flow of conversation, and therefore you should try to incorporate them into your regular interactions.

¿Verdad?	Right?
¿No? ¿No te parece? ¿No crees?	Right? Don't you think?

Escucha otra vez el diálogo de 9–13. Fíjate en estas expresiones que usan Gonzalo y Gabriela. ¿Puedes cambiar las palabras en negrita por otras que expresen lo mismo?

En el campo se está más fresco, **¿no?**
Ya, pero es aburrido, no hay nada, **¿comprendes?**
Sí, claro, pero tiene otras ventajas, **¿sabes?** La tranquilidad, el aire puro... A mí me encanta la naturaleza. Hay personas a las que no les gusta el ruido, **¿entiendes?**
Sí, pero viviendo en el campo no tienen acceso a la vida cultural. Pierden algo, **¿no crees?**

9–15 ¿Frío o calor?

Uno de ustedes va a defender las ventajas de vivir en una ciudad como Fargo (ND) donde hace mucho frío. El otro va a defender las ventajas de vivir en una ciudad donde hace mucho calor como Brownsville (TX). Luego compartan sus opiniones con su compañero/a. ¿Están de acuerdo o no?

EJEMPLO:

E1: **Yo prefiero el calor. Pienso que** en una ciudad como Fargo el invierno debe ser my aburrido, **¿no?**
E2: **No estoy de acuerdo.** Hay nieve y los deportes de invierno son divertidos, **¿no crees?**

9–16 **¿El Barrio Chino o Barranco?**

Están en Lima visitando la ciudad. Hoy tienen que decidir qué área de la ciudad desean visitar. Después de leer la información, decidan adónde van. No olviden que deben hacer comparaciones y llegar a un acuerdo.

El Barrio Chino

La colonia china en el Perú es la tercera en importancia fuera de la República Popular China, con una población de más de 300.000 habitantes. El Barrio Chino está ubicado en pleno casco antiguo de Lima, a muy pocas cuadras del Congreso y del Palacio Presidencial. En esta parte de la ciudad, bohemios, compositores e intelectuales visitan sus conocidos salones de té, pastelerías y restaurantes (chifas) de comida china cantonesa acriollada que hoy forman parte importante de la gastronomía peruana. En esta zona de la capital peruana destacan el Arco Chino, la iglesia de las Trinitarias o el Molino de Santa Clara, entre otros monumentos interesantes.

Barranco

Actualmente, Barranco es el principal barrio bohemio y nocturno de Lima. Aquí se ven casonas de estilo colonial y floridos parques, calles y avenidas, además de acogedores sitios frente al mar. Su clima es seco, a diferencia de otros distritos de la ciudad que son húmedos. En esta parte de la ciudad hay numerosos restaurantes donde se puede degustar la variada gastronomía peruana a cualquier hora. Los espectáculos musicales y culturales abundan en sus calles y en acogedores rincones a orillas del mar. Se debe visitar el viejo Puente de los Suspiros, rincón predilecto de los enamorados, y su malecón.

EJEMPLO:

E1: A mí me parece que el Barrio Chino es **más interesante que** Barranco porque es más exótico, **¿no?**

E2: ¿Más interesante que Barranco? Yo creo que no… creo que Barranco tiene más cosas que ver… **¿no creen?**

E3: Bueno, los dos tienen muchas cosas, pero el Barrio Chino es **el** tercero **más importante del** mundo…

 9–17 **Situaciones: ¿Nueva York o Los Ángeles?**

A Peruvian student wants to visit the United States in February. S/he needs to decide between New York and Los Angeles, and calls a friend in the United States to ask for his/her opinion.

ESTUDIANTE A

You will be visiting the United States for the first time. You love big cities but can't decide between New York and Los Angeles. Call a friend in the United States to ask for his/her opinion. You want to compare different aspects in order to make the best decision. Also, keep in mind that

- you don't like to drive and prefer public transportation.
- you don't like cold weather.
- you love nightlife.
- you enjoy museums.

ESTUDIANTE B

A friend from Lima is coming to the United States for the first time. S/he loves big cities, but can't decide between New York and Los Angeles. Help her/him by comparing different aspects of both cities.

Información para la Tarea
La fase de Preparación de la Tarea tiene como base dos tipos de *input*, escrito y auditivo, basados en una ciudad universitaria. Siguiendo esos modelos, los estudiantes deben identificar los problemas de su propia universidad o colegio y pensar en soluciones que requieran una inversión de dinero. El producto final observable de esta tarea es el informe o plan con esta información.

Sugerencias/expansión para la Tarea
Después de escuchar y reconocer los problemas que afectan a la ciudad universitaria de 45.000 estudiantes, usted puede esbozar otros de sus posibles problemas o de cualquier otra ciudad universitaria: precios de los productos básicos, falta de comunicación entre los estudiantes y la gente de la ciudad, poca variedad de actividades culturales, etc.

El concepto de ciudad universitaria no resulta exclusivo de los campus estadounidenses, ya que hay ciudades de tamaño pequeño o medio en muchos países con grandes y prestigiosas universidades, como Mérida, en Venezuela; Salamanca, en España; o Cholula, en México.

Respuestas para la Tarea (audio)

1. *poco estacionamiento*
2. *dormitorios caros y pequeños*
3. *instalaciones médicas muy lejos y de poca calidad*
4. *delincuencia e inseguridad*
5. *pocas cosas para divertirse*
6. *falta de transporte*

TAREA  Gente en acción

Identificar y evaluar los problemas de una ciudad universitaria y proponer soluciones.

PREPARACIÓN

Una ciudad universitaria o campus universitario se parece bastante a una ciudad real, con sus calles, tiendas, lugares de ocio, viviendas o dormitorios universitarios... Lean esta información sobre una ciudad universitaria que tiene 45.000 estudiantes. Van a tener que tomar decisiones importantes sobre el futuro del campus.

CAMPUS UNIVERSITARIO VILLANUBLA

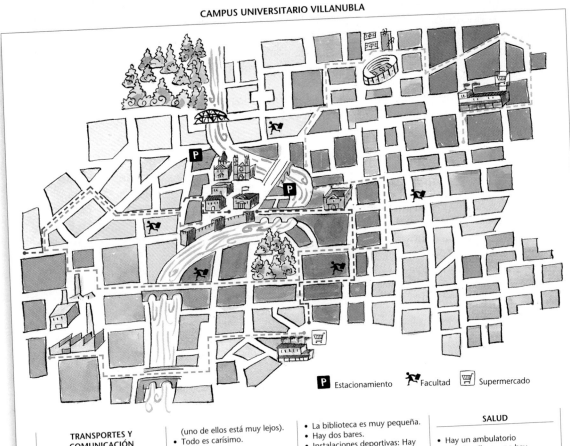

P Estacionamiento   **Facultad**   **Supermercado**

TRANSPORTES Y COMUNICACIÓN

- Pocas líneas de transporte público llegan al campus.
- No hay transporte para ir de una parte a otra del campus.
- Hay graves problemas de estacionamiento, ya que sólo existen dos estacionamientos con capacidad para 600 carros. El decanato dice que no va a construir más estacionamientos.

COMERCIO

- Hay pocas tiendas y sólo dos supermercados en el campus

(uno de ellos está muy lejos).
- Todo es carísimo.
- Una cadena de hamburgueserías quiere construir dos restaurantes, pero no hay otras alternativas.
- La comida de las cafeterías es muy mala.

CULTURA Y OCIO

- Solamente hay un cine y un teatro. El teatro tiene graves problemas económicos y el edificio está en muy mal estado.

- La biblioteca es muy pequeña.
- Hay dos bares.
- Instalaciones deportivas: Hay un estadio de fútbol, una piscina al aire libre y un complejo deportivo (baloncesto, tenis y gimnasio). No hay piscina cubierta ni canchas de tenis.

VIVIENDA

- Las residencias estudiantiles son muy pequeñas y las habitaciones también.
- No hay casas para los estudiantes.

SALUD

- Hay un ambulatorio estudiantil pero no hay hospital. Hay pocos médicos.

SERVICIOS PARA FAMILIAS

- No hay guardería para estudiantes con hijos.

SEGURIDAD

- La delincuencia ha aumentado un 22% con respecto al año anterior.
- No hay policía en el campus.

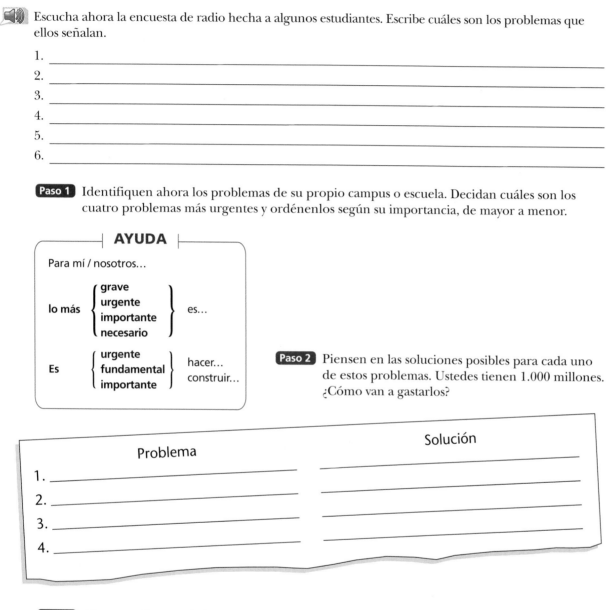

🔊 Escucha ahora la encuesta de radio hecha a algunos estudiantes. Escribe cuáles son los problemas que ellos señalan.

1. _____
2. _____
3. _____
4. _____
5. _____
6. _____

Paso 1 Identifiquen ahora los problemas de su propio campus o escuela. Decidan cuáles son los cuatro problemas más urgentes y ordénenlos según su importancia, de mayor a menor.

AYUDA

Para mí / nosotros...

lo más { grave / urgente / importante / necesario } es...

Es { urgente / fundamental / importante } hacer... construir...

Paso 2 Piensen en las soluciones posibles para cada uno de estos problemas. Ustedes tienen 1.000 millones. ¿Cómo van a gastarlos?

	Problema	Solución
1.	_____	_____
2.	_____	_____
3.	_____	_____
4.	_____	_____

Paso 3 Ahora escriban un informe con toda la información.

EJEMPLO:

Lo más importante es la falta de estacionamientos. Es fundamental construir más. Por eso vamos a invertir 200 millones para construir tres nuevos estacionamientos.

Paso 4 Informe para la clase.
Su representante va a defender las decisiones de su grupo ante las autoridades del campus.

Paso 5 La clase, con la ayuda de su profesor/a, compara los planes de los diferentes grupos.

EJEMPLO:

El grupo 2 piensa que el estacionamiento es más importante que la comida, pero nosotros creemos que no es tan importante.

Paso 6 Foco lingüístico.

Respuestas para Estrategias para leer

a. *Sujeto: el 24% de la población peruana. Complemento: la lengua quechua.*
b. *Sujeto: la antigua ciudadela inca de Machu Picchu. Complemento: en Perú.*
c. *Sujeto: (Tú tácito). Complementos: a la costa de Perú de diciembre a abril.*

Respuestas (posibles) para la actividad 9–19

1. *Con el título y el mapa, los estudiantes deben ser capaces de anticipar que el texto trata de la ciudad de Lima, y de lo que se puede encontrar allí (diferentes áreas o distritos, monumentos, lugares de interés).*
2. *Frases temáticas de cada párrafo:*
   - *Lima es una ciudad de más de 8 millones de habitantes (un tercio de la población total del Perú) y está en proceso de megalopolización. = información general y datos sobre la gran ciudad.*
   - *Lima ofrece impresionantes construcciones coloniales, museos que recrean el milenario pasado peruano en arqueología, historia y arte, y yacimientos arqueológicos preincaicos. = información sobre la historia, el arte.*
   - *Lima cuenta además con una amplia variedad de restaurantes donde se puede probar la cocina peruana, ampliamente reconocida en el mundo. = la cocina de Perú.*
   - *San Isidro, Barranco y Miraflores son los distritos de mayor **atractivo** turístico de la ciudad. = los distritos más conocidos.*

Respuestas para la actividad 9–20

1. *Debido a la inmigración rural de las últimas décadas.*
2. *Barranco está más lejos.*
3. *Para ver cerámica precolombina se puede ir al Museo Arqueológico Rafael Larco Herrera. Para ver construcciones precolombinas se puede ir a templos prehispánicos como Pachacamac, o al centro ceremonial de Huallamarca.*
4. *Al distrito de Barranco o a Miraflores.*

📖 NUESTRA GENTE

09-37 to
09-38

GENTE QUE LEE

ESTRATEGIAS PARA LEER

Word order in Spanish

In Spanish, the order of the words that make up a sentence is quite flexible. This means that

1. the subject of a sentence can appear before or after the verb. Look at these examples:

   Juan *me llama todos los días.*   *Todos los días me llama **Juan**.*

2. the direct object can appear before or after the verb. Look at these examples:

   *Juan compra **los boletos para Perú**.*   ***Los boletos para Perú** los compra Juan.*

The most important elements are moved to the front of the sentence for emphasis. Thus, in the case of 1.2, the speaker or writer wants to emphasize the fact that it is everyday that Juan calls him/her. In the case of 2.2, the emphasis is on the tickets and not on who purchases them.

   Identify the subject and object in the following sentences:

1. La lengua quechua la habla el 24% de la población peruana.
2. En Perú está la antigua ciudadela inca de Machu Picchu.
3. A la costa peruana puedes viajar de diciembre a abril (verano).

ANTES DE LEER

🍦🍦 9–18 Grandes ciudades

Contesta a las siguientes preguntas y después intercambia la información con tu compañero/a.

1. ¿Eres de una gran ciudad, de una ciudad pequeña o de un pueblo? ¿Cuál de estos tres lugares prefieres? ¿Por qué? Compara unos con otros.
2. ¿Qué tiene de atractivo tu ciudad? ¿Cuáles son los lugares más interesantes, las zonas más conocidas? ¿Hay buenas comunicaciones con otras ciudades o países?

9–19 Activando estrategias

1. Lee por encima el texto, su título y el mapa. ¿De qué crees que trata?
2. Observa su estructura y lee las frases temáticas de cada párrafo. ¿Qué información vas a leer?

DESPUÉS DE LEER

9–20 ¿Comprendes?

1. ¿Por qué Lima es una ciudad superpoblada?
2. Según el mapa, ¿qué está más lejos del casco antiguo: San Isidro, Barranco o Miraflores?
3. ¿Dónde puedo ir para ver cerámica precolombina? ¿Y para ver construcciones precolombinas?
4. ¿Y si quiero salir por la noche a divertirme?

A LEER

LIMA, CIUDAD DE LOS REYES

Lima es una ciudad de más de ocho millones de habitantes (un tercio de la población total del Perú) y está en proceso de megalopolización. Es la quinta ciudad más poblada de América Latina y una de las 30 áreas metropolitanas más grandes del mundo. Esta **superpoblación** es producto de la migración rural de las últimas décadas. En esta ciudad se aplica como en ninguna otra ciudad del país el concepto de **comodidad**, ya que facilita la vida de sus habitantes manteniendo muchos de los restaurantes, farmacias, supermercados, **gasolineras** (en Perú llamadas *grifos*), bancos, centros comerciales y tiendas abiertos al público 24 horas al día.

Lima ofrece impresionantes construcciones coloniales, museos que recrean el milenario pasado peruano en arqueología, historia y arte, y yacimientos arqueológicos **preincaicos**. El casco antiguo, declarado patrimonio de la humanidad en 1988, **alberga** monumentos de valor incalculable. La plaza de Armas es el punto de partida para conocer Lima y la Catedral está a un costado de la plaza. El Palacio de Gobierno es la vivienda del presidente. Muy cerca está la Plaza de San Martín, dedicada al famoso libertador y considerada una de las más lindas de Lima. Para conocer mejor la cultura peruana, lo mejor es visitar alguno de los numerosos museos de Lima, como el Museo Arqueológico Rafael Larco Herrera, que expone la mayor colección de cerámica precolombina, o el Museo del Oro. Es posible también encontrar un legado arqueológico en diferentes construcciones y templos prehispánicos como

Pachacamac, centro de peregrinación prehispánico, o el centro ceremonial de Huallamarca.

Lima cuenta además con una amplia variedad de restaurantes donde se puede probar la cocina peruana, reconocida en todo el mundo. En 2006 Lima fue (*was*) declarada capital gastronómica de América Latina en la Cumbre Internacional de Gastronomía. En la cocina peruana se encuentra el aporte de las culturas preincaicas, de la cocina española, de los esclavos africanos, de los chefs franceses de la época de la revolución, y de chinos-cantoneses, japoneses e italianos (llegados entre los siglos XIX y XX).

San Isidro, Barranco y Miraflores son los distritos de mayor **atractivo** turístico. San Isidro es un área residencial con buenos restaurantes, centros comerciales y un bonito parque. El distrito de Barranco alberga a artistas y escritores, y por las noches ofrece espectáculos de todo tipo. Finalmente, los mejores hoteles, restaurantes, centros comerciales y discotecas están en el distrito de Miraflores. En Miraflores está también el Parque Kennedy, punto de reunión de artistas y bohemios.

9–21 Activando estrategias

1. ¿Qué significa la palabra "superpoblación"? ¿Es: nombre o adjetivo? ¿Puedes dividirla en partes?
2. Si "gasolina" significa *gas*, ¿qué significa la palabra "gasolinera"?
3. ¿Qué significa la palabra "comodidad"? ¿De qué palabra viene? ¿Es nombre o adjetivo?
4. Divide la palabra *preincaico* en tres partes. ¿Es nombre o adjetivo? ¿Qué significa?
5. Busca la palabra *atractivo* en el diccionario. Elige su significado según el contexto.
6. Según su contexto, ¿qué significa la palabra *alberga*? ¿Es nombre o verbo?
7. Lee las dos frases subrayadas e identifica el sujeto y el complemento en cada una.

9–22 Expansión

¿Cuáles son las otras cuatro ciudades más grandes de América Latina? ¿Y de tu país? ¿En qué se parecen estas megalópolis y en qué se diferencian?

Respuestas para la actividad 9–21

1. *superpoblación* = overpopulation. *Es un nombre. Sobre + población.*
2. *gasolinera* = gas station
3. *comodidad* = comfort, convenience. *Es un nombre que viene de la palabra cómodo =* comfortable, *la cual es un adjetivo.*
4. *preincaico* = pre-Incaic. *Se divide en pre + inca + ico. Es un adjetivo.*
5. *atractivo puede ser un adjetivo* = attractive, *o un nombre* = attractiveness, appeal. *En este contexto es un nombre.*
6. *alberga* = to house, to shelter. *Es un verbo.*
7. *La Plaza de San Martín (sujeto) está muy cerca (complemento). El Parque Kennedy (sujeto) está en Miraflores (complemento).*

Información para la actividad 9–22

En América Latina (hispanohablante):
- México (22,9 millones de habitantes)
- Buenos Aires (13,8 millones)
- Bogotá (8,6 millones)
- Santiago de Chile (6,0 millones)

En Brasil (América Latina lusoparlante):
- Sao Paolo (21,0 millones)
- Río de Janeiro (12,5 millones)

En España:
- Madrid (6,1 millones)

En Estados Unidos:
- Nueva York (21,9 millones)
- Los Angeles (18 millones)
- Chicago (9,9 millones)
- Washington, DC-Baltimore: (8,3 millones)

GENTE QUE ESCRIBE

09-39 to
09-41

ESTRATEGIAS PARA ESCRIBIR

Adding details to a paragraph

Every sentence in a paragraph should contribute details that develop the idea stated in the topic sentence. Make a list in Spanish of related ideas that develop the topic. Then, organize them in a logical sequence. Write the paragraph and try to make it flow smoothly by using discourse markers. Eliminate anything you don't consider important. Lastly, rewrite your paragraph.

Look at the following topic sentence:

> *Cuzco es un ejemplo de ciudad inca precolombina.*

Which of the following sentences gives unrelated information?

- *Es una ciudad construida con piedra tallada o adobe.*
- *En Perú hay muchas ciudades precolombinas.*
- *Cuzco tiene una gran plaza en el centro.*
- *Las calles de Cuzco son estrechas y rectas.*

Look at the final paragraph, which includes two connectors: *y* and *que* (relative pronoun):

> *Cuzco es un ejemplo de ciudad inca precolombina. Es una ciudad construida con piedra tallada o adobe **que** tiene una gran plaza en el centro **y** calles estrechas y rectas.*

MÁS ALLÁ DE LA FRASE

Connecting information using relative pronouns

Relative pronouns are used to connect two sentences, one dependent on the other. These sentences have two pieces of information: the main idea and the secondary one. Thus, instead of writing two separate sentences such as:

> *Lima es una ciudad muy bonita. Tiene muchos monumentos.*

You may want to integrate both sentences:

> *Lima es una ciudad muy bonita **que** tiene muchos monumentos.*

Don't forget to use prepositions when needed.

> *Lima es una ciudad muy bonita. Voy **a** Lima todos los veranos.* $\longrightarrow$ *Lima es una ciudad muy bonita **a la que** voy todos los veranos.*

Información para la actividad 9–23
El tema de esta tarea de escritura es similar al que se usó en la Tarea global. De este modo los estudiantes podrán activar los contenidos (vocabulario, gramática, temas e ideas) que ya se han usado antes. También pueden enfocarse en la construcción de párrafos, la conexión entre frases y el uso de los pronombres relativos, y otros aspectos del proceso de escritura.

9–23 Carta al alcalde de tu ciudad

Haz una lista de los tres problemas principales que tiene la ciudad en la que vives (tráfico, contaminación, falta de servicios, etc.) y otra lista de tres soluciones posibles. Después escribe una carta al alcalde (*mayor*) para exponerle los problemas y ofrecer soluciones.

Toma en cuenta cuál es el propósito de esta carta y quién es el lector. Elige el registro adecuado. Después escribe un párrafo inicial donde presentas el tema, seguido de (*followed by*) tres párrafos con sus respectivas frases temáticas. Presta atención al desarrollo de cada párrafo.

 ¡ATENCIÓN!

Tu trabajo escrito debe seguir los Pasos 1 a 8 y tener contenidos bien organizados y relevantes. Usa conectores para organizar la información.

COMPARACIONES

9–24 ¿Desde cuándo existen las ciudades?

Las primeras ciudades conocidas aparecen en Mesopotamia y Egipto hace 5.000 años. ¿De cuándo crees que datan estas ciudades?

Chichén Itzá (México)	Teotihuacán (México)	Cádiz (España)	Jamestown (Virginia)
Tikal (Guatemala)	Cholula (México)	San Agustín (Florida)	Cuzco (Perú)

9–25 Caral

¿Sabes cuál es la ciudad más antigua del mundo? ¿Y de América? Lee este texto y responde a las preguntas.

Caral, la primera ciudad de América

El descubrimiento arqueológico de una ciudad de 5.000 años de antigüedad en el norte de Perú es de una magnitud extraordinaria porque permite mostrar que una civilización florecía (*was flourishing*) en el antiguo Perú al mismo tiempo que las civilizaciones de Mesopotamia, China, Egipto e India. La ciudad preincaica de Caral está en el valle de Supe, a 200 kilómetros al norte de Lima. Se trata de la ciudad y la cultura más antiguas del continente americano. El sitio arqueológico de Caral-Supe es una de las primeras "cunas de la civilización" del mundo.

Entre los años 3000 y 1600 a.C., Caral fue (*was*) una ciudad de 65 hectáreas y alrededor de 3.000 habitantes. Sus construcciones de arquitectura monumental y residencial indican la existencia de una economía sólida y de una sociedad con una organización sociopolítica estatal, con una élite gobernante y una población dedicada a la producción agrícola y a la construcción. Con el paso del tiempo, las construcciones en Caral adquieren estructuras cada vez más complejas, lo que indica la evolución de las técnicas de construcción y el conocimiento de las ciencias exactas (aritmética, geometría, astronomía) de las antiguas culturas peruanas.

Caral tiene edificios con plataformas en las que caben dos estadios de fútbol y construcciones de cinco plantas. Algunas de las 32 pirámides encontradas tienen hasta 18 metros de altura. Al pie del Templo Mayor hay grandes plazas circulares, espacios de congregación para los habitantes de la ciudad.

1. ¿Qué similitudes y qué diferencias hay entre una ciudad antigua como ésta y una ciudad moderna?
2. ¿Por qué es importante recuperar los restos de estas ciudades? ¿Qué nos muestran las ruinas de una ciudad milenaria sobre las sociedades que las habitan?
3. ¿Cuáles son otros ejemplos de restos arqueológicos importantes en países hispanohablantes?

CULTURA

En Estados Unidos la comunidad de origen peruano asciende al millón de personas, siendo aproximadamente la mitad ciudadanos estadounidenses. Es una comunidad relativamente reciente; gran parte llegó (*arrived*) al país después de 1990. Esta comunidad vive en muchos lugares pero particularmente en el norte de Nueva Jersey, Nueva York, el Sur de Florida, y el área metropolitana de Washington, DC. La cocina peruana es muy popular en Estados Unidos, especialmente el ceviche y el pollo asado. La Inca Kola, el refresco de Perú, y el pisco, el licor nacional, se venden en muchas áreas con población latina. Los estadounidenses Carlos Noriega (astronauta) y Benjamin Bratt (actor) son de origen peruano.

Mario Vargas Llosa

El tenor Juan Diego Flórez, considerado uno de los mejores del mundo, y el escritor Mario Vargas Llosa, uno de los más importantes novelistas de América Latina, y Premio Nobel de Literatura en 2010, son dos de los peruanos más famosos en todo el mundo.

Información para la actividad 9–24

Chichén Itzá (México): aprox. 525 después de Cristo (d.C.)
Tikal (Guatemala): aprox. 600 antes de Cristo (a.C.)
Teotihuacán (México): aprox. 200 a.C.
Cholula (México): aprox. 200 a.C.
Cádiz (España): aprox. 1100 a.C.
San Agustín (Florida): 1565
Jamestown (Virginia): 1607
Cuzco (Perú): aprox. 1200 d.C.

Información para la actividad 9–25

La ciudad más antigua que ha sido habitada ininterrumpidamente es Damasco, capital de Siria. Las excavaciones han demostrado que el área de Damasco fue habitada desde al menos entre el 10000 y 8000 a.C. Esta ciudad con más de seis mil años de antigüedad es considerada una ciudad santa tanto para el cristianismo como para el Islam. Hoy la ciudad está habitada por más de cuatro millones de personas, y ha sido declarada patrimonio de la humanidad por la UNESCO desde 1979. Las otras ciudades más antiguas del mundo son Jericó en Cisjordania y Shush en Irán (9.000 años); Plovdiv en Bulgaria (7000 a.C.); y Jerusalén en Israel (5.000 años).

Con 5.000 años de antigüedad, la Ciudad Sagrada de Caral es el yacimiento arqueológico conocido más importante. Dicho yacimiento está relacionado con la civilización de Caral-Supe, la más antigua de América, situada en el Valle de Supe, a 200 km al norte de Lima, en el Perú. La civilización de Caral-Supe fue coetánea de otras como las de China, Egipto, India y Mesopotamia (actual Irak, parte de Irán y parte de Siria). Es la ciudad más antigua de América, pero no continuamente habitada, como sería el caso de Cholula en México.

Otros restos arqueológicos de interés están en Tihuanaco (Bolivia), Teotihuacán (México), Copán (Honduras), Tikal (Guatemala), Tenochtitlán (México) o Machu Picchu (Perú). En Estados Unidos, la zona arqueológica más grande e importante de la cultura americana nativa está en el Parque Nacional de Mesa Verde, en Colorado. Los anasazi habitaron esta área desde el 500 d.C. hasta el 1300 d.C.

 VOCABULARIO

La ciudad y los servicios *(Cities and services)*

la acera	*sidewalk*
el alcalde, la alcaldesa	*mayor*
los alrededores	*outskirts*
el aparcamiento	*parking lot*
el ayuntamiento	*city council*
el barrio	*neighborhood*
la cafetería	*coffee shop*
la carretera	*road*
el casco antiguo	*historic district*
la ciudad universitaria	*college campus*
el edificio	*building*
los espectáculos	*shows*
el estacionamiento	*parking lot*
el estadio	*stadium*
la gasolinera	*gas station*
la guardería	*daycare, preschool*
el habitante	*inhabitant*
la iglesia	*church*
el jardín	*garden*
las obras públicas	*public works*
el parque	*park*
el peatón	*pedestrian*
la plaza	*square*
la población	*population*
el puerto	*harbor*
los rascacielos	*skyscraper*
la residencia estudiantil	*dorm*
el semáforo	*traffic light*
la señal de tráfico/tránsito	*traffic sign*
la urbanización	*housing development*
la vida nocturna	*nightlife*
la zona peatonal	*pedestrian zone*
la zona verde	*green zone*

Problemas de la ciudad *(Problems of the city)*

la basura	*garbage, trash*
la calidad de vida	*quality of life*
el caos	*chaos*
la delincuencia	*crime*
el desempleo	*unemployment*
la droga	*drugs*
el embotellamiento	*traffic jam*
el humo	*smoke*
el olor	*smell*
la pobreza	*poverty*
el ruido	*noise*
la violencia	*violence*

El clima y el medio ambiente *(Weather and environment)*

el aire	*air*
el calor	*heat*
el clima	*climate, weather*
la contaminación	*pollution*
la ecología	*ecology*
la lluvia	*rain*
el medio ambiente	*environment*
la niebla	*fog*
la nieve	*snow*
la polución	*pollution*

Adjetivos *(Adjectives)*

acogedor/a	*welcoming, friendly, warm*
ambiental	*environmental*
bien/mal situado/a	*well/badly located*
cálido/a	*warm*
caluroso/a	*hot (weather)*
colorido/a	*colorful*
grave	*serious*
húmedo/a	*humid*
limpio/a	*clean*
nublado/a	*foggy*
peligroso/a	*dangerous*
poblado/a	*populated*
seco/a	*dry*
soleado/a	*sunny*
sucio/a	*dirty*
superpoblado/a	*overpopulated*
templado/a	*cool (weather)*

Verbos *(Verbs)*

aburrirse	*to get bored*
construir	*to build*
contaminar	*to pollute*
crecer (zc)	*to grow*
criticar	*to criticize, to critique*
destinar	*to assign*
disponer de algo	*to have something*
faltar	*to lack*
funcionar	*to function, to work*
instalar	*to install*
instalarse	*to settle down*
llover (ue)	*to rain*
manejar	*to drive*
ocurrir	*to happen*
rebasar	*to exceed*
recibir	*to receive*
reciclar	*to recycle*
rodear	*to surround*

CONSULTORIO GRAMATICAL

1 Comparatives

We compare things that are different. The comparative forms **más... que...** and **menos... que...** can be used to compare nouns or adjectives.

Lima tiene **más** habitantes **que** Arequipa.
Lima has **more** inhabitants than Arequipa.

Arequipa tiene **menos** habitantes **que** Lima.
Arequipa has **less** inhabitants than Lima.

Lima es **más** grande **que** Arequipa.
Lima is **bigger than** Arequipa.

Arequipa es **más** pequeña **que** Lima.
Arequipa is **smaller than** Lima.

Some adjectives have special forms.

más bueno/a, más bien	=	**mejor** (better)	El campo es **mejor que** la ciudad.
más malo/a, más mal	=	**peor** (worse)	La ciudad es **peor que** el campo.
más grande / de más edad	=	**mayor** (older)	Ana es **mayor que** mi padre.
más pequeño/a / de menos edad	=	**menor** (younger)	Raúl es **menor que** su novia.

When referring to size you can use one of two forms: **mayor** or **más grande**, and **menor** or **más pequeño**.

Comparatives can also be used to compare actions (verbs).

VERB + **más / menos** + QUE

Raúl trabaja **más que** su novia.
Raúl works more than his girlfriend.

2 The Superlative

We use this form when we want to stress the superiority of something or someone against all others.

Lima es **la** ciudad **más** grande de Perú.
Lima is the **biggest** city in Peru.

El Amazonas es **el** río **más** caudaloso de Perú.
The Amazon is the **largest** river in Peru.

When it is clear from the context, we do not need to mention the others.

● ¿Cuál es **la ciudad más grande de** Perú?
○ Lima es **la más grande**.

—Which is the **largest** city in Peru?
—Lima is the **largest**.

3 Comparisons of Equality

Nouns

We use **tanto** + noun + **como...** The adjective **tanto** must agree in gender and number with the noun: **tanto/a/os/as... como**.

Arequipa
{
(no) tiene **tanto** turismo **como**
(no) tiene **tanta** contaminación **como**
(no) tiene **tantos** restaurantes **como**
(no) tiene **tantas** zonas verdes **como**
} Iquitos.

Arequipa
{
doesn't have / has **as much** tourism **as**
doesn't have / has **as much** pollution **as**
doesn't have / has **as many** restaurants **as**
doesn't have / has **as many** green areas **as**
} Iquitos.

Verbs

With comparisons of equality involving actions (verbs), the form of **tanto** never changes: **tanto... como**.

María (**no**) duerme **tanto como** Laura.
María doesn't sleep / sleeps **as much as** Laura.

Adjectives

When comparing using an adjective, we use **tan... como...** *The adverb* **tan** *never changes.*

Lima es **tan** bonita **como** Arequipa.   Tu país es **tan** bonito **como** mi país.
Lima is **as** *beautiful* **as** *Arequipa.*   *Your country is* **as** *beautiful* **as** *my country.*

We can also use **igual de... que ...**

Lima es **igual de** bonita **que** Arequipa.
Lima is **as** *beautiful as* **Arequipa**.

Another way to compare two things is to use the adjective **mismo/a/os/as**.

Las dos ciudades tienen	**el mismo**	tamaño.
	la misma	reputación.
	los mismos	problemas.
	las mismas	instalaciones deportivas.

Both cities have	**the same**	size.
	the same	reputation.
	the same	problems.
	the same	sports facilities.

4 Relative Pronouns

Relative pronouns introduce clauses that have the same function as an adjective.

Es una ciudad **que tiene mucha belleza** = Es una ciudad muy bella.

The relative pronoun **que** *doesn't require a preposition when it relates to a subject or a direct object (except when the direct object requires the personal* **a***).*

Es una ciudad **que** tiene mucho encanto.
Es un plato **que** comemos mucho en Perú.

Relative pronouns require a preposition when they relate to any other part of the sentence that originally had a preposition.

Es un lugar	**en el que** (*in which*)	
Es una ciudad	**en la que** (*in which*)	se vive muy bien.
Es un lugar/una ciudad	**donde** (*where*)	

(**En** ese lugar / **En** esa ciudad se vive muy bien)

Es una persona que hace yoga.

Es un lugar	**al que** (*to which*)	
Es una ciudad	**a la que** (*to which*)	voy mucho.
Es un lugar/una ciudad	**adonde** (*where*)	

(**A** ese lugar / **A** esa ciudad voy mucho)

Es un lugar	**por el que** (*through which*)	
Es una ciudad	**por la que** (*through which*)	
Es un lugar	**por donde** (*where*)	paso cada día.

(**Por** ese lugar paso cada día)

5 Expressing and Contrasting Opinions

To give your opinion, you can use:

Yo pienso/creo que } + *OPINION*
A mí me parece que } la ciudad necesita otra escuela.

	PENSAR
(yo)	pienso
(tú)	piensas
(él, ella, usted)	piensa
(nosotros/as)	pensamos
(vosotros/as)	pensáis
(ellos, ellas, ustedes)	piensan

> In Spanish the preposition **with** in the first and second persons is just one word and has a special form: **conmigo, contigo**.
>
> Dice que quieren ir **contigo**.(= He/She says they want to go **with you**.)

When others give their opinion, you can react by agreeing, disagreeing, and/or adding more arguments to theirs.

Yo (no) estoy de acuerdo	con Juan.	I (don't) agree	with Juan.
	contigo.		with you.
	con eso.		with that.

Sí, tienes razón.
Sí, claro,
Eso es verdad, pero } + OPINION
Bueno, pero

Yes, you are right.
Yes, of course,
That's true, but } + OPINION
Right, but

> In this context **lo más** + **adjective** expresses the highest priority. The neuter article **lo** expresses the Spanish equivalent of the English **the thing** or **the idea**. For example: **The most** important thing now is to talk to her. (= **Lo más** importante ahora es hablar con ella.)

To establish priorities:

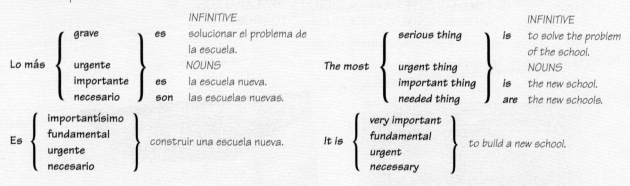

Lo más { grave / urgente / importante / necesario } es / es / son — INFINITIVE solucionar el problema de la escuela. NOUNS la escuela nueva. las escuelas nuevas.

The most { serious thing / urgent thing / important thing / needed thing } is / is / are — INFINITIVE to solve the problem of the school. NOUNS the new school. the new schools.

Es { importantísimo / fundamental / urgente / necesario } construir una escuela nueva.

It is { very important / fundamental / urgent / necessary } to build a new school.

Me gustaría

*To express wishes or desires, it is common to use the conditional form fo the verb gustar: **gustaría**. It can only be followed by a verb.*

Me gustaría vivir en esta ciudad.
I would like to live in this city.

Me gustaría solucionar los problemas de la escuela.
I would like to solve the school's problems.

6 The Weather

Tiene un clima { muy bueno / suave / agradable. / tropical / templado / húmedo / seco.

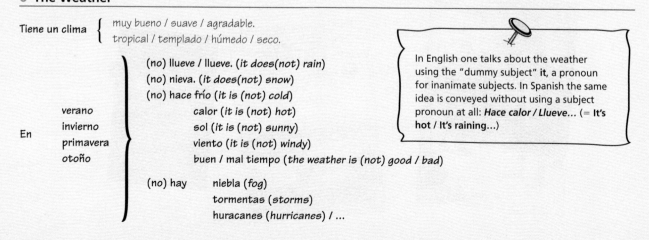

En	verano / invierno / primavera / otoño

(no) llueve / llueve. (*it does(not) rain*)
(no) nieva. (*it does(not) snow*)
(no) hace frío (*it is (not) cold*)
calor (*it is (not) hot*)
sol (*it is (not) sunny*)
viento (*it is (not) windy*)
buen / mal tiempo (*the weather is (not) good / bad*)

(no) hay   niebla (*fog*)
tormentas (*storms*)
huracanes (*hurricanes*) / ...

> In English one talks about the weather using the "dummy subject" **it**, a pronoun for inanimate subjects. In Spanish the same idea is conveyed without using a subject pronoun at all: **Hace calor / Llueve...** (= **It's** hot / **It's** raining...)

10 GENTE e HISTORIAS (I)

10–1 Acontecimientos (*events*) en la historia de América

Mira las imágenes y asocia cada una con un acontecimiento y una fecha. ¿Por qué son importantes en la historia de América?

1492	1. MÉXICO SE INDEPENDIZÓ DE ESPAÑA
1521	2. CRISTÓBAL COLÓN LLEGÓ A AMÉRICA
1565	3. LOS ESPAÑOLES FUNDARON SAN AGUSTÍN (FLORIDA)
1776	4. HERNÁN CORTÉS DERROTÓ EL IMPERIO AZTECA
1821	5. THOMAS JEFFERSON ESCRIBIÓ LA DECLARACIÓN DE INDEPENDENCIA DE ESTADOS UNIDOS

¿Con qué conceptos asocias cada acontecimiento?

la conquista   la libertad   la colonización   la esclavitud   la independencia

TAREA

Escribir la biografía de un personaje famoso a partir de datos previos.

NUESTRA GENTE

Chile
Hispanos/latinos en Estados Unidos.

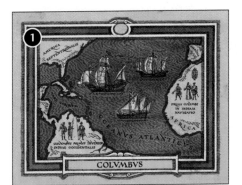

ACERCAMIENTOS

 10–2 Acontecimientos en la historia de Chile

Miren las fechas y asocien cada una con un acontecimiento de la historia de Chile.

1535	1. SALVADOR ALLENDE ES ELEGIDO PRESIDENTE DE CHILE.
1550	2. CHILE RECUPERA LA DEMOCRACIA DESPUÉS DE LA DICTADURA DE AUGUSTO PINOCHET.
1818	3. HAY UN GOLPE DE ESTADO EN CHILE Y COMIENZA LA DICTADURA DE AUGUSTO PINOCHET.
1970	4. EL CONQUISTADOR DIEGO DE ALMAGRO LLEGA A CHILE.
11/09/1973	5. COMIENZA LA GUERRA DE ARAUCO, ENTRE EL PUEBLO INDÍGENA MAPUCHE Y LOS HISPANO-CRIOLLOS DE CHILE.
11/03/1990	6. CHILE SE INDEPENDIZA DE ESPAÑA.
03/2010	7. SEBASTIÁN PIÑERA GANA LAS ELECCIONES PRESIDENCIALES.

EJEMPLO:

E1: La guerra de Arauco en 1818.
E2: ¡Noooo! En 1550.

Comparen sus respuestas con las de otros/as compañeros/as de clase.

10–3 Personajes famosos de la historia de América

Piensa en dos personajes de la historia de América. ¿En tu opinión, por qué son importantes? Comparte esta información con la clase.

Ahora mira las fotos y relaciona a estos cuatro personajes con las descripciones.

Simón Bolívar (1783–1830)
Nació en Caracas, Venezuela, el 24 de julio de 1783. En 1813 luchó contra el ejército español y fue proclamado "El Libertador" de Venezuela. Además, dirigió las guerras independentistas de Colombia, Perú y Ecuador. También fundó Bolivia. Bolívar es considerado uno de los militares más brillantes de todos los tiempos. Murió en Colombia en 1830.

Cristóbal Colón (1451–1506)
Nació en 1451 (hay muchas teorías sobre su lugar de nacimiento) y murió en España en 1506. Fue navegante, almirante y gobernador general de las Indias al servicio de la Corona de Castilla, y es famoso por iniciar la conquista de América en 1492. Hizo cuatro viajes a tierras americanas en 1492, 1495, 1498 y 1502.

Bernardo O'Higgins (1778–1842)
Nació en Chile el 20 de agosto de 1778. En 1808 comenzó su vida política y más tarde su actividad revolucionaria. En 1813 se inició la guerra de la independencia y O'Higgins se incorporó al ejército. Consiguió la independencia de Chile en 1818. Murió en Perú en 1842.

Abraham Lincoln (1809–1865)
Fue el décimosexto presidente de Estados Unidos desde 1861 hasta 1865 cuando fue asesinado. Durante este período ocurrió la Guerra Civil. Lincoln consiguió la abolición de la esclavitud con su Proclamación de Emancipación en 1863.

VOCABULARIO EN CONTEXTO

10-01 to
10-04

10–4 Cuatro décadas

Éstas son las descripciones de cuatro décadas de la historia reciente: los sesenta, los setenta, los ochenta y los noventa. Incluyen algunos de los acontecimientos más importantes. Lean las descripciones e identifiquen a qué década se refiere cada una.

EJEMPLO:

E1: Yo creo que la número dos es de los setenta.
E2: No, no puede ser, porque la invasión de Panamá es de los ochenta.

1

Los _____

La Unión Soviética **invade** Afganistán y **comienza** la Revolución Islámica en Irán. Richard Nixon **dimite** después del escándalo de Watergate. También en esta década **ocurre** el golpe de estado en Chile contra Salvador Allende y el General Augusto Pinochet **toma** el poder para establecer una dictadura militar. En esta década aparecen los primeros microprocesadores, las calculadoras de bolsillo y los videojuegos. Además Estados Unidos **lanza** el primer trasbordador espacial. **Termina** el período de crecimiento y prosperidad económica de las naciones desarrolladas y **comienza** uno de crisis. **Muere** Elvis Presley y los Beatles **se separan**.

2

Los _____

Se **descubre** el virus del SIDA. También se popularizan las computadoras personales, los videocasetes y los discos compactos. **Ocurre** el accidente nuclear de Chernobyl. La Guerra Fría **se intensifica**. Gorbachev **instaura** la Perestroika en la Unión Soviética. El muro de Berlín **cae** y las dos Alemanias **se unifican**. Israel **invade** Líbano. La guerra Irán-Irak **causa** cientos de miles de muertos. Unas 120.000 personas **salen** de Cuba en el barco Mariel con destino a Estados Unidos. En Chile, Augusto Pinochet **proclama** una nueva Constitución, **pierde** las elecciones y **se restaura** la democracia. Estados Unidos **invade** Panamá. David Chapman **asesina** a John Lennon.

3

Los _____

Esta década **es** muy turbulenta y **está** llena de revoluciones. La Unión Soviética **pone** al primer hombre (Gagarin) en el espacio y Estados Unidos pone al primer hombre en la Luna. **Se construye** el muro de Berlín. Estados Unidos trata de terminar con el régimen comunista de Fidel Castro en Cuba. En Estados Unidos **tiene lugar** el movimiento de derechos civiles y **asesinan** a Martin Luther King Jr. Un gran terremoto en el sur de Chile **causa** miles de muertos. Hay muchas protestas estudiantiles en Francia, México y Checoslovaquia. Muchos países europeos **experimentan** un gran crecimiento económico. **Nace** el rock and roll y los Beatles **se convierten** en el grupo musical más popular del mundo.

4

Los _____

En esta década **crece** la globalización y el capitalismo global. **Aumentan** los ataques terroristas en el mundo. **Ocurre** la explosión del Internet y se inventa el DVD. Los científicos **consiguen** clonar a un animal y **empiezan** a usar el ADN para la investigación criminal. La Unión Soviética se desintegra y **termina** la Guerra Fría. En Sudáfrica **se declara** el fin del apartheid. En Chile comienza la Transición a la democracia y en Irlanda **del Norte** el proceso de paz. **Desaparece** la Comunidad Económica Europea y **se crea** la Unión Europea. La música rap y el tecno pop son muy populares.

10–5 Historia y política

Fíjate en los verbos en negrita de los textos anteriores. Expresan acciones relacionadas con contextos históricos o sociopolíticos. Algunos se refieren a personas o países y otros se refieren a acontecimientos. ¿Puedes hacer dos listas?

CAMPO	VERBOS
PERSONAS/PAÍSES	Ejemplo: invadir
ACONTECIMIENTOS	Ejemplo: ocurrir

Ahora haz otra lista con sustantivos relacionados con la historia y la política que aparecen en el texto.

CAMPO	SUSTANTIVOS
HISTORIA/POLÍTICA	Ejemplo: revolución

 ## 10–6 Una biografía: Michelle Bachelet, la primera presidenta de Chile

Lean los datos biográficos de Michelle Bachelet. Asocien los datos con el vocabulario de esta lista.

casarse	vivir	tener
crecer	enamorarse	separarse
la infancia	el nacimiento	la vida
estudiar	la juventud	la niñez
ser	nacer	estar

Datos biográficos

— Santiago, 29 de septiembre de 1951
— Bases aéreas de Chile (1952–1962)
— Washington, DC (1962–1965)
— Medicina–Universidad de Chile (1972–1975; 1979–1982)
— Exilio en Australia y Alemania (1975–1979)
— Esposo Jorge Dávalos (1977–1984)
— Tres hijos
— Ministra de Salud en 2000 y de Defensa en 2002
— Presidenta de Chile (2006–2010)
— Primera presidenta de la historia de Chile

EJEMPLO:

E1: Santiago, 29 de septiembre de 1951 se refiere al **nacimiento**, ¿no?
E2: Sí, **nació** en 1951.

¿Conocen otros presidentes de América? Compartan esta información con la clase.

Información para la actividad 10–7
Esta actividad requiere el reconocimiento en el *input* de formas del pretérito y también de los años. Es conveniente que las escuchen al menos dos veces.

Marcelo Ríos conquistó 18 títulos y llegó a 13 finales en el tour de la Asociación de Tenis Profesional (ATP).

Respuestas para la actividad 10–7
1975: *Nació en Santiago.*
1992: *Fue campeón nacional.*
1993: *Ganó el U.S. Open como junior.*
1994: *Se hizo profesional.*
1995: *Jugó un partido contra Pete Sampras en Roland Garros.*
1998: *Ganó a Agassi en Key Bizcayne, Florida.*

Respuestas para la actividad 10–8
Primer concursante: Pregunta 1: *1973 (incorrecta)* Correcta: *1975*
Pregunta 2: *1850 (incorrecta)* Correcta: *1842*
Pregunta 3: *1865 (correcta)*
Segundo concursante: Pregunta 1: *1970 (correcta)*
Pregunta 2: 1818 *(correcta)*
Pregunta 3: *1973 (correcta)*

Sugerencias/expansión para la actividad 10–8
Como las preguntas de este "concurso" contienen información de esta lección, anime a sus estudiantes a que piensen en cuál es la respuesta correcta. Al final pida a la clase que busque las respuestas correctas para las dos primeras preguntas.

Información para la actividad 10–9
Esta actividad requiere producción o *output* específico: verbos en el pretérito y años. A la hora de compartir la información es conveniente que los estudiantes conjuguen las formas de *yo, él/ella* y *nosotros.*

GRAMÁTICA EN CONTEXTO

10-05 to 10-31

 10–7 La vida de Marcelo Ríos

Escucha este fragmento de una entrevista con Marcelo Ríos, tenista chileno ex-campeón del mundo. Luego completa el cuadro con los acontecimientos mencionados.

1975	**Nació** en Santiago
1992	
1993	
1994	
1995	
1998	

10–8 ¿Cuándo fue?

Escucha las respuestas de dos concursantes del programa "¿Cuándo fue?" ¿Cuál de los dos tiene más respuestas correctas? Completa el cuadro.

	Pregunta 1		Pregunta 2		Pregunta 3	
	Correcto	Incorrecto	Correcto	Incorrecto	Correcto	Incorrecto
Concursante 1						
Concursante 2						

10–9 Años muy importantes

Piensa en años y acontecimientos específicos especialmente importantes en tu vida y completa el cuadro.

	Familia/relaciones	Estudios	Trabajo	Viajes	Otros
2004					

 Ahora compartan y comparen sus datos. ¿Hay algún año importante?

EJEMPLO:
E1: Yo **comencé** mis estudios en la universidad **en 2009**.
E2: Yo también, ¿y tú?
E3: Yo **en el 2008**.

EL PRETÉRITO

VERBOS REGULARES

TERMINAR	CONOCER, VIVIR
terminé	conocí
terminaste	conociste
terminó	conoció
terminamos	conocimos
terminasteis	conocisteis
terminaron	conocieron

VERBOS IRREGULARES MÁS FRECUENTES

SER/IR	TENER	ESTAR
fui	tuve	estuve
fuiste	tuviste	estuviste
fue	tuvo	estuvo
fuimos	tuvimos	estuvimos
fuisteis	tuvisteis	estuvisteis
fueron	tuvieron	estuvieron

HACER	DECIR
hice	dije
hiciste	dijiste
hizo	dijo
hicimos	dijimos
hicisteis	dijisteis
hicieron	dijeron

SABER	DAR
supe	di
supiste	diste
supo	dio
supimos	dimos
supisteis	disteis
supieron	dieron

FECHAS

¿Cuándo	}	nació?
¿En qué año/mes	}	fue?
¿Qué día	}	llegó?

Nació	}	en 1987/en el 87.
Fue	}	en junio.
Llegó	}	el (día) 6 de junio de 1987.

Tuve un accidente.

No me digas... ¿cuándo fue?

USO DEL PRETÉRITO

Presenta la información como acontecimientos. Se usa con marcadores como:

Ayer
Anteayer
Anoche
El otro día
El lunes/martes } **fui** a Santiago de Chile.

El día 6
La semana pasada
El mes pasado
El año pasado

— ¿Y cuándo la conociste?
— El mes pasado, cuando fui a Chile.

SECUENCIA DE ACONTECIMIENTOS

Luego
Después
Entonces
Antes } **viajamos** a Valparaíso.

Fui a la facultad pero **antes** estuve en la biblioteca.

Estuve en la biblioteca y **después** fui a casa.

Antes de + INFINITIVE
Antes de ir a mi casa, estuve en la biblioteca.

Después de + INFINITIVE
Después de estar en la biblioteca, fui a mi casa.

— Antes de ir a Santiago fuimos a Valparaíso.
— ¿Y luego?

BIOGRAFÍAS
a los cinco años...
de niño / joven / soltero / estudiante / mayor...

 10–10 Dos poetas chilenos

Estos dos chilenos universalmente famosos tuvieron muchas cosas en común. Coméntalas con tu compañero/a.

EJEMPLO:

E1: No **usaron** sus nombres reales.
E2: Sí, es verdad, los dos **usaron** pseudónimos.

	Gabriela Mistral	Pablo Neruda
Nombre verdadero:	Lucía Godoy	Neftalí Ricardo Reyes Basualto
Profesiones:	Periodista, maestra, escritora	Maestro, escritor
Género literario:	Poesía	Poesía
Países de residencia:	México, Puerto Rico, Italia, Guatemala, Brasil, Portugal, Estados Unidos	Birmania, Ceilán, Singapur, España, Francia, México, Francia, Italia
Premio Nobel de Literatura:	1945	1971
Otros trabajos:	Cónsul	Cónsul, Embajador
Otros premios:	Premio Nacional de Literatura, Chile	Premio Nacional de Literatura, Chile
Muere en:	Nueva York, Estados Unidos	Santiago (Chile)
Obra más famosa:	*Desolación*	*Veinte poemas de amor y una canción desesperada*

¿Y ustedes? ¿Qué tienen en común? Hablen con su compañero/a para ver qué cosas tienen en común. Después compartan la información.

10–11 El detective privado

Un detective privado está siguiendo a un hombre llamado Valerio Guzmán. Ayer Valerio hizo estas cosas.

7:45 Sale de su casa. Entra en su casa otra vez.
8:00 Sale otra vez a la calle. Camina durante 15 minutos.
8:15 Un carro con una mujer para a su lado. El sube.
8:35 Baja en la Plaza de Armas. Sigue a pie.
8:50 Entra en un edificio de oficinas.

Escribe tú ahora el informe del detective usando el pretérito y expresiones de secuencia.

Información para la actividad 10–10

Esta actividad de producción presenta un reto mayor a los estudiantes, que deben primero procesar información cultural para luego hallar similaridades y expresarlas en español con un verbo en pretérito.

Los otros autores hispanohablantes que han ganado el Premio Nóbel de Literatura son José Echegaray (España, 1904), Jacinto Benavente (España, 1922), Juan Ramón Jiménez (España, 1956), Miguel Angel Asturias (Guatemala, 1967), Vicente Aleixandre (España, 1977), Gabriel García Márquez (Colombia, 1982), Camilo José Cela (España, 1989) y Octavio Paz (México, 1990).

Respuestas (sugeridas) para la actividad 10–10

Los dos fueron maestros.
Los dos fueron escritores / poetas.
Los dos ganaron el premio Nobel y el Premio Nacional de Literatura.
Los dos vivieron en México e Italia.

Sugerencias/expansión para la actividad 10–10

En la actividad de "*follow-up*", los estudiantes, en parejas, se pueden hacer preguntas el uno al otro sobre su fecha de nacimiento, lugar, países de residencia, etc., y comparar sus datos. Esta actividad serviría para reforzar la práctica de las estructuras interrogativas, que *Gente* presenta desde los primeros capítulos. Usted puede ofrecer un ejemplo de cómo este tipo de preguntas sobre el pasado se construye igual que aquéllas sobre el presente vistas anteriormente: *¿cuándo naciste?, ¿dónde naciste?, ¿dónde y qué estudiaste?, ¿en qué ciudades viviste?*, etc.

Información para la actividad 10–11

Esta actividad introduce el uso de las expresiones para secuenciar eventos en el pasado. El trabajo de los estudiantes consiste en convertir los verbos al pretérito pero también en crear una narración coherente a partir de los datos. Como ya se ha dicho, el nivel textual (y no solamente oracional) es uno de los objetivos primordiales del aprendizaje de español con *Gente*.

Respuesta (sugerida) para la actividad 10–11

Valerio salió de su casa a las 7:45 pero luego entró a su casa otra vez. Después de 15 minutos salió otra vez a la calle. Caminó durante 15 minutos y entonces un carro con una mujer paró a su lado. Valerio se subió al carro. Después de viajar en el carro durante 20 minutos, bajó en la Plaza de Armas y siguió a pie. Luego, a las 8:50, entró en un edificio de oficinas.

INTERACCIONES

10-32 to
10-33

ESTRATEGIAS PARA LA COMUNICACIÓN ORAL

Using approximation and circumlocution

Having a conversation in Spanish can be challenging for an English speaker due to a lack of vocabulary. There are many strategies available to you that can keep the conversation flowing. Asking for the Spanish equivalent of a word is an easy strategy you can employ (*Perdona, ¿cómo se dice "envelope" en español?*). There are two other strategies:

1. Approximation: You can try a Spanish word that, although you know is not quite right, has a related meaning. It could be a more general word or a synonym. For example, you may not know the verb *limpiar* (to clean), but you may use *lavar* (to wash) instead. They are not interchangeable, but they are close. Your interlocutor might even provide you with the correct word.
2. Circumlocution: You can "work around" the word or concept that you don't know without switching to English. For example, if you don't know the word *cuchara* (spoon), you may say *la cosa que usas para comer sopa*.

Avoiding conversation or giving up entirely on conveying your message are poor strategies. Likewise, switching back and forth between Spanish and your first language may not be productive if your interlocutor doesn't speak your first language. Approximation and circumlocution, which are strategies that only involve the target language, can be successfully used with any Spanish speaker.

10–12 ¿Quién lo inventó?

Observen estos seis inventos. Su profesor/a les va a dar el nombre de tres inventos a cada uno. Un/a estudiante describe un invento y otro/a estudiante debe tratar de averiguar qué es. Luego pregunten quién lo inventó, cuándo y dónde.

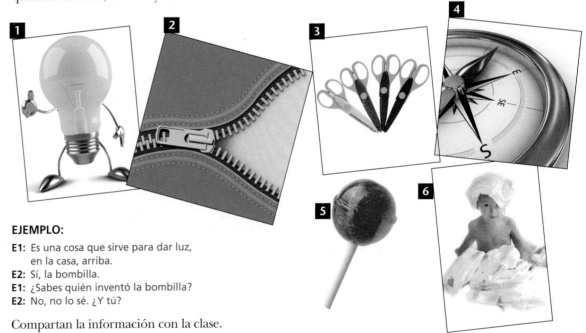

EJEMPLO:

E1: Es una cosa que sirve para dar luz, en la casa, arriba.
E2: Sí, la bombilla.
E1: ¿Sabes quién inventó la bombilla?
E2: No, no lo sé. ¿Y tú?

Compartan la información con la clase.

10–13 ¿Qué hicieron?

Aquí tienen un listado de personas famosas. Háganse preguntas el uno al otro para saber por qué son famosas. Si no saben algunas palabras, usen aproximaciones o circunloquios.

EJEMPLO:

E1: ¿Qué hizo Cristóbal Colón?
E2: Inició la colonización de América.

Louis Pasteur	Isaac Newton	Gabriel García Márquez	Diego de Almagro
Miguel de Cervantes	Alexander Graham Bell	Bernardo O'Higgins	Bill Gates
Don Perignon	Vincent Van Gogh	Albert Einstein	Alexander Fleming

 10–14 Un concurso

La clase se va a dividir en cuatro equipos. Primero juegan dos equipos y después los otros dos.

> **REGLAS DEL CONCURSO**
>
> - Hay dos equipos. Cada equipo prepara, por escrito, seis preguntas sobre hechos del pasado de su país (fechas, personajes, acontecimientos importantes). Luego le hace las preguntas al otro equipo.
> - Cada pregunta bien construida vale un punto. Sólo valen las preguntas de las que se conocen las respuestas. El/la profesor/a las va a corregir antes de empezar el concurso. Deben usar interrogativos.
> - Cada respuesta correcta vale dos puntos.
> - Gana el equipo que obtiene más puntos.

¿Quién...?	¿En qué siglo...?	¿Cuál...?
¿Cuándo...?	¿Con quién...?	¿Desde cuándo...?
¿En qué año...?	¿Por qué...?	

EJEMPLO:

E1: ¿Quién fue el primer presidente de Estados Unidos?

 10–15 Situaciones: *un robo en el dormitorio*

There was a robbery in a dorm last night. A detective is interrogating two students who seem suspicious. S/he is asking questions about their whereabouts the night before.

ESTUDIANTE A

You are a student living in the dorm where the robbery occurred. A detective wants to ask you some questions about the night before. Answer all his/her questions with as much detail as possible, so that s/he can rule you out as a suspect. Don't forget to mention that you were with Student B between 7:00 p.m. and 9:00 p.m.

ESTUDIANTE B

You are a student living in the dorm where the robbery occurred. A detective wants to ask you some questions about the night before. Answer all his/her questions with as much detail as possible, so that s/he can rule you out as a suspect. Don't forget to mention that you were alone in your room between 8:00 p.m. and 9:00 p.m.

ESTUDIANTE C

You are a dectective investigating this robbery. Ask the two suspects what they did the day before from the moment they woke up. The robbery occurred sometime between 7 p.m. and 9 p.m.

Información para la actividad 10–13

Es importante mantener el foco de la actividad en las estrategias compensatorias (ej. Pasteur inventó una cosa que sirve para...) al mismo tiempo que se continúa con la producción de las formas de pretérito y las fechas.

Respuestas para la actividad 10–13

Louis Pasteur desarrolló el proceso de pasteurización (1864) y la vacuna contra la rabia (1885), entre otros inventos.
Alexander Graham Bell inventó el teléfono (1876).
Albert Einstein recibió el Premio Nóbel de Física (1921).
Miguel de Cervantes escribió Don Quijote *(1605).*
Vincent Van Gogh pintó "Noche estrellada".
Diego de Almagro inició la colonización de Chile (1536).
Dom Perignon inventó el champán (1668).
Gabriel García Márquez escribió Cien años de soledad *(1967).*
Bill Gates fundó Microsoft.
Isaac Newton descubrió la ley de la gravedad (1666).
Bernardo O'Higgins liberó Chile (1818).
Alexander Fleming descubrió la penicilina (1928).

Información para la actividad 10–14

La actividad incide una vez más en las construcciones interrogativas en el pasado. Este tipo de actividad promueve el espíritu de competitividad intelectual entre los estudiantes. Su principal papel como profesor será facilitar la elaboración de las preguntas, ser árbitro para decidir si su estructura es correcta o no y marcar el número de respuestas de cada grupo.

Sugerencias/expansión para la actividad 10–14

Puede pedir a los estudiantes que elaboren las preguntas en casa y las traigan a clase para poder hacer el concurso.

Información para la actividad 10–15

Es importante dar tiempo a los estudiantes para que elaboren las preguntas (en el caso del Estudiante C) o para pensar en lo que hicieron el día anterior. Los juegos de situación (*role-playing games*) tratan de fomentar la fluidez por encima de la precisión lingüística, pero no se debe olvidar que una fase previa de preparación (y de foco lingüístico) por parte del estudiante es fundamental en este nivel del aprendizaje.

TAREA Gente en acción

Escribir la biografía de un personaje famoso a partir de datos previos.

PREPARACIÓN

Elige cuál de estos dos personajes de Chile te interesa más. Luego, busca a tres compañeros/as interesados/as en el mismo personaje. Juntos van a escribir una biografía y después la van a presentar a la clase.

Dos vidas apasionantes

El primer presidente socialista de Chile SALVADOR ALLENDE	**El marino que incorporó la isla de Pascua a Chile**
Colaboró en la fundación del Partido Socialista de Chile en 1933. Fue el primer marxista elegido presidente por voto popular en la historia del mundo occidental.	**POLICARPO TORO : 1851–1921** Su vida estuvo unida al mar y gracias a él la isla de Pascua se convirtió en territorio de Chile en 1888.

Paso 1 Escuchen a estos estudiantes chilenos que comentan dos acontecimientos o datos importantes en la vida de cada uno de estos personajes. Tomen nota del año también.

Toro   1: En _____ , _____
         2: En _____ , _____

Allende 1: En _____ , _____
         2: En _____ , _____

Paso 2 Ahora busquen en las cajas de la página siguiente los fragmentos que se refieren a su personaje.

Paso 3 Preparen una ficha con toda la información que tienen. Ordenen la información. Muestren el orden a su profesor/a para comprobar que es correcto.

Paso 4 Incorporen a su narración varios de estos **marcadores de secuencia** para dar fluidez a su narración.

(Número) + día(s) / mes(es) / año(s) después...
Después de (número) día(s) / mes(es) / año(s)...
Ese / aquel día / mes / año...
Más tarde...
Entonces, luego, después,...
Después de + *infinitivo*...
Antes de + *infinitivo*...
Poco / mucho tiempo después...

Paso 5 Preparen una presentación oral para la clase. Cada miembro del grupo presenta una parte, en orden cronológico.

> **AYUDA**
>
> **a los**... años...
> **De** 1986 a 1990
> **Desde** 1986 **hasta** 1990 vivió en París.
> Vivió en París **durante** cuatro años.
> El año **en el que**...
> La época **en la que**...

▶ Fue senador entre 1945 y 1969 y durante esos años se postuló tres veces a la presidencia de Chile sin éxito. La cuarta vez que se postuló ganó las elecciones.

▶ En 1972, asistió a la Asamblea de las Naciones Unidas, donde denunció la agresión internacional hacia su país. Al final de su discurso, la Asamblea lo ovacionó de pie durante varios minutos.

▶ Nació en 1851 en Melipilla, Chile, e ingresó en la Escuela Naval a los 19 años.

▶ Estudió Medicina y recibió su título de médico cirujano en 1932.

▶ En 1870 llegó a la isla de Pascua o Rapa Nui, ubicada a 3.760 km de la costa chilena. Éste era un territorio desconocido para el resto del mundo hasta su descubrimiento el 5 de abril de 1722 por el holandés Roeggeween, en la época de Pascua de Resurrección.

▶ Recorrió las costas de la Patagonia, llegando hasta el río Santa Cruz. Al estallar la guerra ruso-turca se enroló en la Marina británica y recorrió el Mediterráneo y el Medio Oriente.

▶ En 1973 dijo: "...mucho más temprano que tarde, se abrirán las grandes alamedas, por donde pasará el hombre libre para construir una sociedad mejor. ¡Viva Chile, viva el pueblo, vivan los trabajadores!"

▶ En 1887 comenzó las gestiones para la incorporación a Chile de la isla de Pascua. Redactó un documento de estudio sobre el lamentable estado de la población. Negoció con las autoridades francesas y suscribió un compromiso de compraventa. Tomó posesión de Rapa Nui el 9 de septiembre de 1888.

▶ Vivió sus últimos años en Santiago, ciudad donde falleció en 1921.

▶ Gobernó desde 1970 hasta 1973, ya que el 11 de septiembre de 1973 se produjo el golpe de estado que lo destituyó.

Paso 6 Foco lingüístico.

- En 1887 Toro comenzó las gestiones para la incorporación a Chile de la isla de Pascua. Redactó un documento de estudio sobre el lamentable estado de la población. Negoció con las autoridades francesas y suscribió un compromiso de compraventa.
- Vivió sus últimos años en Santiago, ciudad donde falleció en 1921.

Salvador Allende:

- Estudió Medicina y recibió su título de médico cirujano en 1932.
- Fue senador entre 1945 y 1969, y durante esos años se postuló tres veces a la presidencia de Chile sin éxito. La cuarta vez que se postuló ganó las elecciones.
- Gobernó desde 1970 hasta 1973, ya que el 11 de septiembre del 73 se produjo el golpe de estado que lo destituyó.
- En 1972 asistió a la Asamblea de las Naciones Unidas, donde denunció la agresión internacional hacia su país. Al final de su discurso, la Asamblea lo ovacionó de pie durante varios minutos.
- En 1973 dijo: "mucho más temprano que tarde, se abrirán las grandes alamedas, por donde pasará el hombre libre para construir una sociedad mejor. ¡Viva Chile, viva el pueblo, vivan los trabajadores!"

Información para la Tarea, Paso 4
Los marcadores de tiempo se trabajan en diferentes puntos de la lección, dada su importancia tanto en el discurso oral como en el escrito. Dé a los estudiantes algunos ejemplos del uso de estos marcadores si es preciso.

NUESTRA GENTE

10-34 to
10-35

GENTE QUE LEE

ESTRATEGIAS PARA LEER

Following a chronology

When reading biographical or historical texts, you should be able to follow the sequence of events. Writers not always present data in chronological order, and this may lead to misunderstandings. It is important to be familiar with:

(a) time expressions (*la semana pasada, el año siguiente, de niño, en esa época, antes, después*, etc.)

(b) cohesive markers, especially demonstratives (*éste, ése, aquel...*), object pronouns (*lo, la...*), and relative pronouns (*el que, la que...*).

Take a look at this example:

> *Diego de Almagro llegó a América en 1514. Viajó a Perú con Pizarro en 1532 y **a los tres años** partió hacia Chile.*

You need to know that *a los tres años* means "three years later" to understand the sequence of events (first he was in Peru, then in Chile).

Now take a look at this example:

> *Almagro llegó a Chile en 1535. A **éste** le sucedió Valdivia.*

It is important to know that *éste* refers to Almagro (and also that Valdivia is the subject of the sentence) in order to understand that, chronologically, Almagro arrived to Chile before Valdivia.

ANTES DE LEER

10–16 Islas

¿Conoces estas islas? ¿Dónde están? ¿Son países o partes de un país? ¿Cuáles están en Sudamérica?

Groenlandia	Gran Bretaña	Hawai	Islas Canarias	Granada
Cuba	Malvinas	Japón	La Española	Puerto Rico

10–17 Activando estrategias

1. Mira el título de la lectura y las fotos. ¿De qué trata este texto?
2. Identifica la frase temática de cada párrafo. ¿Qué tipo de información vas a encontrar?
3. Busca en el texto fechas (días, años, siglos). ¿Sobre qué período histórico crees que vas a leer?

DESPUÉS DE LEER

10–18 ¿Comprendes?

1. ¿Cuáles son las dos hipótesis sobre el origen de los pobladores de esta isla?
2. ¿Qué originó las guerras tribales en los siglos XVII y XVIII?
3. ¿Qué causó la disminución de población entre 1859 y 1877?
4. ¿Qué representan los moais?

Información para la actividad 10–16

1. Groenlandia: territorio autónomo perteneciente a Dinamarca. Es la isla más grande del mundo.
2. Cuba: país del Caribe
3. Gran Bretaña: la mayor de las islas británicas, parte del Reino Unido. Dividida en tres naciones: Inglaterra, Escocia y Gales.
4. Malvinas: conjunto de islas que son territorio británico. Están en Sudamérica.
5. Hawai: estado de Estados Unidos.
6. Japón: país.
7. Islas Canarias: archipiélago, comunidad autónoma de España.
8. La española; isla con dos países: República Dominicana y Haití.
9. Granada: país en el Caribe.
10. Puerto Rico: isla, estado libre asociado de Estados Unidos.

Respuestas (sugeridas) para la actividad 10–17
Primer párrafo: información general sobre las islas
Segundo párrafo: época de pre-decubrimiento
Tercer párrafo: descubrimiento
Cuarto párrafo: la anexión a Chile

Respuestas para la actividad 10–18

1. (a) la etnia proviene de la Polinesia, (b) la etnia es de origen preincaico (americano)
2. la sobrepoblación
3. Las expediciones europeas con fines de esclavismo, las epidemias que los visitantes traían y los misioneros que llevaban isleños a Haití.
4. Los ancestros de la población rapanui deificados.

A LEER

LA ISLA RAPA NUI

La isla de Pascua está ubicada en la Polinesia, en medio del océano Pacífico. Tiene una superficie de 163,6 km² y una población de unos 3.800 habitantes. El nombre tradicional que recibe esta isla es Rapa Nui, que significa "isla grande" en el idioma rapanui.

Según la tradición oral, el pueblo rapanui llegó a esta isla desde una **mítica** isla llamada Hiva, guiados por Hotu Matu'a, su primer rey, hacia el siglo IV. De acuerdo con algunas investigaciones arqueológicas, esta etnia proviene de la Polinesia, pero otros postulan un origen **preincaico**. Esta sociedad **tribal** estableció centros religiosos, políticos y ceremoniales, y construyó los moai, unas gigantescas cabezas **talladas** en piedra volcánica que representan a sus ancestros deificados. Todavía no se sabe cómo se realizó la construcción y **desplazamiento** de aquellas esculturas, de las que existen cerca de mil distribuidas por toda la isla. La población de Rapa Nui sufrió una crisis de **sobrepoblación** en los siglos XVII y XVIII, lo que provocó guerras entre las tribus. Estas guerras causaron la destrucción de muchos moais.

El capitán de la Armada de Chile, Policarpo Toro, llegó a la isla en 1870. Sin embargo, muchos años antes, en 1722, el holandés Jakob Roggeveen **realizó** el primer contacto europeo. Más tarde varias expediciones europeas visitaron la isla, que se

convirtió en un punto de escala de viajes hacia Oceanía. Entre 1859 y 1863, unos veinte barcos se llevaron alrededor de 2.000 **isleños** a trabajar como esclavos a las haciendas de Perú, matando a gran número de los que no pudieron llevarse. El exterminio de la clase sacerdotal significó una enorme **pérdida**. Años más tarde, en 1877, las epidemias de tuberculosis y **viruela**, redujeron la población a un mínimo de 110 personas.

Dieciocho años después de llegar a la isla, Policarpo Toro la incorporó a Chile. El 9 de septiembre de 1888, Chile consiguió la firma de un tratado con los nativos, representados por su rey Atamu Tekena. Se redactó un documento en español y otro en rapanui. La tradición oral cuenta que el rey Atamu Tekena tomó un **trozo** de **pasto** con **tierra**; luego le entregó el pasto a los **emisarios** chilenos y se quedó con (*kept*) la tierra. La antropóloga Paloma Hucke dice que con ese acto Atamu Tekena le dio la soberanía a Chile, pero se reservó el derecho sobre sus tierras. El gobierno chileno reservó una zona en la costa occidental para la población indígena y utilizó el resto del terreno para el pastoreo de ovejas y vacas. Los isleños no tuvieron derechos de ciudadanía hasta 1966.

10–19 Activando estrategias

1. Di qué significan estas palabras del texto (en negrita), y de qué palabras vienen: "preincaico", "tribal", "sobrepoblación", "isleños". ¿Son nombres o adjetivos?

2. Busca en el diccionario las siguientes palabras: "mítica", "talladas", "desplazamiento", "trozo", "pasto" y "emisarios".

3. Busca la palabra "tierra". ¿Cuántos significados tiene? ¿Cuál es el más adecuado en este contexto?

4. Identifica en los párrafos 3 y 4 todas las expresiones usadas para marcar la secuencia de acontecimientos. ¿Puedes hacer una línea temporal?

5. ¿A qué o a quién se refieren las expresiones subrayadas en el texto?

10–20 Expansión

1. Reflexionen sobre los efectos de la anexión de la isla de Pascua sobre las poblaciones originarias.

2. Piensen en otros ejemplos de islas que ahora son parte de otros países. ¿Cómo fue el proceso de anexión? ¿Qué efectos tuvo en la población?

GENTE QUE ESCRIBE

10-36 to 10-38

ESTRATEGIAS PARA ESCRIBIR

Writing a narrative (I): past actions and events

When you write a narrative, you are telling a story, recounting an event or a series of events in the past. These are some important factors to consider:

1. The actions and events of a narrative may be told in any order, but the most straightforward way is to narrate them in chronological order.
2. The time expressions and cohesive markers are the elements that help you (and your reader) to establish a coherent chronological sequence.
3. You can tell a story about yourself or about someone else. Be sure to pay close attention to the verb forms (first vs. third person) when narrating so that you don't confuse the reader.
4. A narrative consists of (a) past actions or events, and (b) situations and descriptions of the backgrounds in which those actions happened. For now, we will concentrate on actions: what happened and when. In the next chapter we will work on situations and backgrounds.

MÁS ALLÁ DE LA FRASE

Información para Más allá de la frase
Estos marcadores de secuencia se añaden a los que aparecieron en la Tarea, por lo que es buena idea recordar a los estudiantes que tienen dos listas y deben consultar las dos.

Use of time markers in narratives

Time markers are used to give coherence and carry the story forward. Besides the ones you have already learned (Tarea section), you can use the following ones:

Hace (*número*) *día(s) / mese(s) / año(s)…*	(number) Day(s) / month(s) / year(s) ago…
El *mes / año / siglo* ***pasado…***	Last month / year / century…
La *semana* ***pasada…***	Last week…
Al *día /mes / año* ***siguiente…***	The following day / month / year…
A los (*número*) *días / meses / años…*	(number) Day(s) / month(s) / year(s) later…
Desde entonces…	Since then…
Desde ese / aquel *día / año / momento / instante…*	Since that day / year / moment / instant…
En ese/aquel momento / instante…	At that moment / instant…
De repente…	Suddenly…

10–21 Una biografía

Información para la actividad 10–21
Esta tarea de escritura es un reto mayor para los estudiantes que la Tarea en colaboración que hicieron previamente, ya que aquí no se les dan datos previos y los estudiantes deciden el personaje y los datos. La experiencia de la Tarea anterior le será de ayuda para realizar ésta.

Escribe la biografía de una persona que conoces (puede ser un miembro de tu familia, un amigo de la universidad o de tu ciudad, un profesor) o de un personaje famoso.

Piensa en lo que esta persona hizo y en acontecimientos relevantes de su vida y haz una lista. Luego decide la estructura: piensa en los párrafos y las frases temáticas y ordena la información de forma relevante.

Sugerencias/expansión para la actividad 10–21
Es posible que usted quiera guiar más a los estudiantes en cuanto a los contenidos de la Tarea de escritura (por ejemplo, incluir dos datos sobre la infancia, dos sobre la juventud y dos sobre el pasado reciente).

Se deja como siempre a discreción de usted la extensión del producto escrito.

 ¡ATENCIÓN!

Para escribir esta biografía debes seguir los Pasos 1 a 8. Presta atención a la organización cronológica. Usa una variedad de marcadores de tiempo y otros recursos cohesivos. No olvides revisar las formas del pretérito.

COMPARACIONES

10–22 Héroes americanos

¿Qué es un héroe? ¿Cuáles son los héroes de la historia de tu país? ¿De qué época son?

Ahora lee este texto sobre un héroe mapuche. Luego responde a las preguntas.

Lautaro (*Levtraru* en la lengua mapuche) fue un destacado líder militar mapuche en la guerra de Arauco durante la primera fase de la conquista española. Fue prisionero de los españoles durante seis años y en ese tiempo aprendió sus tácticas militares. En 1552 se escapó y regresó a su pueblo. Poco después dirigió una gran sublevación militar contra los españoles. Con la muerte de Lautaro, desapareció una figura notable de la guerra de Arauco.

 Escucha ahora a Joaquín, quien nos da más datos sobre la historia de Lautaro. Anota dos datos importantes.

—¿Cuál fue la causa de Lautaro? ¿Crees que es una causa justa? ¿Por qué?
—¿Qué características del héroe tiene Lautaro?

10–23 Héroes indígenas

¿Conocen a alguno de estos héroes indígenas? Relacionen los nombres con los datos. ¿En qué se parecen a Lautaro? Expliquen las similitudes y diferencias.

A. Toro sentado   B. Caupolicán
C. Atahualpa   D. Tupac Amaru II

1. Jefe indio de la tribu de los sioux Hunkpapa. Vivió entre los años 1831 y 1890. Luchó contra el Séptimo de Caballería, bajo las órdenes del general Custer, en la batalla de Little Big Horn. Esta batalla fue ganada por los nativo-americanos el 25 de junio de 1876.
2. Fue un caudillo mapuche de la guerra de Arauco y sucesor de Lautaro. Junto con Lautaro fue uno de los conductores de los araucanos en las guerras del siglo XVI.
3. Vivió entre 1502 y 1533 y fue gobernante del imperio incaico entre 1532 y 1533. Fue apresado por Pizarro y condenado a muerte.
4. Su verdadero nombre fue José Gabriel Condorcanqui. A finales del siglo XVIII condujo una rebelión indígena contra la burocracia colonial española. Es considerado uno de los precursores de la independencia del Perú.

CULTURA

La comunidad chilena en Estados Unidos es bastante pequeña (unas 110.000 personas). La mayoría reside en Florida, California, Nueva York o Nueva Jersey. Una parte de esta población salió de Chile por motivos políticos (dictadura de Pinochet); otros vinieron para realizar estudios universitarios de posgrado y otros por motivos económicos. California tiene una presencia chilena desde la época de la "fiebre del oro" y varias calles en San Francisco y otras ciudades del norte de California tienen nombres chilenos.

Posiblemente los dos hispanos de ascendencia chilena más conocidos en Estados Unidos sean la escritora Isabel Allende y el académico Arturo Valenzuela. Isabel Allende, ciudadana de Estados Unidos desde 2003, es considerada la más popular novelista iberoamericana y sus novelas están traducidas a más de 27 idiomas. Entre las más importantes están *La casa de los espíritus* (1982) y *Cuentos de Eva Luna* (1989).

Arturo Valenzuela es un experto en análisis político y socioeconómico de Chile, México y el Cono Sur. Es director del Centro de Estudios Latinoamericanos de la Universidad de Georgetown y consejero del *National Council of La Raza*. Fue consejero de Bill Clinton para asuntos de Latinoamérica. El interés de Valenzuela por la consolidación de las democracias en América Latina se manifiesta en su trabajo como asesor, y en varios artículos y textos publicados a lo largo de su carrera.

Información para la actividad 10–22
Los contenidos culturales en esta parte de la lección sirven para reflexionar sobre el pasado indígena de América. En particular, se trata de que tomen conciencia de la lucha indígena que tuvo y tiene lugar en todas partes del continente. Este tema es una expansión del ya tratado en la lectura sobre Rapa Nui.

Información para la actividad 10–23
La actividad invita a los estudiantes a establecer comparaciones culturales, objetivo fundamental de esta sección. Este tipo de actividad desarrolla la conciencia intercultural y global de los estudiantes, al ver que muchos de los procesos históricos de la historia de su país son semejantes a los del resto de América.

Respuestas para la actividad 10–23

1. *Toro sentado. fue un jefe indio norteamericano de la tribu de los sioux Hunkpapa. Vivió entre los años 1831 y 1890.*
2. *Caupolicán (?–1558) fue un caudillo mapuche de la guerra de Arauco.*
3. *Atahualpa (1502–1533). Gobernante de facto del Imperio incaico (1532–1533).*
4. *Tupac Amaru II. Fue un cacique indígena considerado precursor de la independencia del Perú.*

 VOCABULARIO

Biografías *(Biographies)*

la amistad	*friendship*
el amor	*love*
el crecimiento	*growth*
el destino	*destiny*
la generación	*generation*
la infancia	*childhood*
la juventud	*youth*
la muerte	*death*
la niñez	*childhood*
el nacimiento	*birth*
el pensamiento	*thought*
el sentimiento	*feeling*
la vejez	*old age*
la vida	*life*

Conceptos históricos y socio-políticos
(Socio-political and historical concepts)

el acontecimiento	*event*
el acuerdo	*agreement*
el asesinato	*murder*
la conquista	*conquest*
el conquistador	*conqueror*
la costumbre	*custom*
los derechos civiles	*civil rights*
el descubrimiento	*discovery*
el discurso	*speech*
el ejército	*military*
las elecciones	*elections*
la esclavitud	*slavery*
el/la explorador/a	*explorer*
la firma	*signature*
el golpe de estado	*coup d'état*
la guerra	*war*
el/la indígena	*native*
la leyenda	*legend*
la libertad	*freedom*
la manifestación	*demonstration*
el mito	*myth*
el movimiento	*movement*
la patria	*homeland*
la paz	*peace*
el premio	*award*
el pueblo	*people, nation*
la riqueza	*wealth*
el territorio	*territory*
el tratado	*treaty*

Verbos *(Verbs)*

anunciar	*to announce*
aumentar	*to increase*
casarse	*to get married*
casarse con alguien	*to marry someone*
comprometerse	*to get engaged*
conseguir (i)	*to achieve*
crecer (zc)	*to grow up*
darse cuenta de	*to realize*
desarrollar	*to develop*
descubrir	*to discover*
dimitir	*to resign*
divorciarse	*to divorce*
elegir (i)	*to choose, to elect*
enamorarse de	*to fall in love*
fundar	*to found*
ganar	*to win*
interrumpir	*to interrupt*
liberar	*to free*
llegar	*to arrive*
morir (ue)	*to die*
nacer (zc)	*to be born*
ocurrir	*to happen*
partir	*to depart*
perder (ie)	*to loose*
pertenecer zc)	*to belong*
preocuparse	*to worry*
regresar	*to come back*
suceder	*to happen, to follow*
trasladarse	*to move*
unirse a	*to join*

Adjetivos *(Adjectives)*

conocido/a	*known*
conservador/a	*conservative*
desconocido/a	*unknown*
extraño/a	*strange*
feliz	*happy*
progresista	*progressive*
sorprendente	*surprising*

CONSULTORIO GRAMATICAL

1 The Preterite Tense

Regular verbs:

	-AR TERMINAR	-ER CONOCER	-IR VIVIR
(yo)	terminé	conocí	viví
(tú)	terminaste	conociste	viviste
(él, ella, usted)	terminó	conoció	vivió
(nosotros/as)	terminamos	conocimos	vivimos
(vosotros/as)	terminasteis	conocisteis	vivisteis
(ellos, ellas, ustedes)	terminaron	conocieron	vivieron

Two of the most frequently used irregular verbs:

	SER	IR
(yo)	fui	fui
(tú)	fuiste	fuiste
(él, ella, usted)	fue	fue
(nosotros/as)	fuimos	fuimos
(vosotros/as)	fuisteis	fuisteis
(ellos, ellas, ustedes)	fueron	fueron

*In many irregular verbs, the stressed syllable in the preterite is shifted from the final syllable to the stem. This occurs in the first person singular (**yo**) and in the third person singular (**él, ella, usted**).*

tuve, **tu**vo

vine, **vi**no

Verbs that are irregular in the preterite adopt a different stem and usually have these endings:

(yo)	-e
(tú)	-iste
(él, ella, usted)	-o
(nosotros/as)	-imos
(vosotros/as)	-isteis
(ellos, ellas, ustedes)	-ieron

PODER:	pud-	VENIR:	vin-
PONER:	pus-	ESTAR:	estuv-
QUERER:	quis-	SABER:	sup-
TENER:	tuv-		

	HACER	DECIR	DAR
(yo)	hice	dije	di
(tú)	hiciste	dijiste	diste
(él, ella, usted)	hizo	dijo	dio
(nosotros/as)	hicimos	dijimos	dimos
(vosotros/as)	hicisteis	dijisteis	disteis
(ellos, ellas, ustedes)	hicieron	dijeron*	dieron

*Almost all **-er** and **-ir** verbs take **-ieron** in the third person plural; **decir** and some other verbs that end in **-cir** take **-eron**.

2 Use of the Preterite Tense

The preterit tense presents information as an event.

Ayer **llovió.**
It rained yesterday.

Ayer por la noche **estuvimos** en un restaurante muy bueno.
Last night **we were** in a very good restaurant.

Ayer Ana **fue** a una tienda y **se compró** un par de zapatos. Luego **volvió** a casa en taxi.
Yesterday Ana went to a store and **bought** a pair of shoes. Then **went back** home by taxi.

These types of markers often accompany the preterit:

ayer
(yesterday)

anteayer
(the day before yesterday)

anoche
(last night)

el otro día
(the other day)

el lunes / martes...
(on Monday / Tuesday...)

el (día) 6 / 21 /...
(on [day] the 6th, the 21st...)

la semana pasada
(last week)

el mes pasado
(last month)

el año pasado
(last year)

3 Talking about Dates

● ¿Qué día nació su hija?
○ El **(día)** 14 de agosto de 1992.

—*On what day was your daughter born?*
—**On** *August 14, 1992.*

● ¿Cuándo llegaste a Chile?
○ **En** marzo de 1992.

—*When did you arrive in Chile?*
—**In** *March of 1992.*

● ¿Cuándo terminó Juan sus estudios?
○ **En el** 94.

—*When did Juan finish his studies?*
—**In** *'94.*

● ¿En qué año se casó?
○ **En** 1985.

—*In what year did he get married?*
—**In** *1985.*

4 Sequencing Past Events

*To indicate order, use **antes** (**de**), **después** (**de**) y **luego.***

Fui a la facultad, pero **antes** estuve en la biblioteca.
*I went to the school, but **before that** I went to the library.*

Estuve en la biblioteca y **después** fui a la facultad; **luego** volví a casa.
*I was at the library and **afterwards** I went to the school; **then** I went back home.*

Antes de + *INFINITIVE*

Antes de ir a la facultad, estuve en la biblioteca.

Después de + *INFINITIVE*

Después de estar en la biblioteca, fui a la facultad.
After being at the library, I went to the school.

Entonces *is a very common connector that is used...*

- *to refer to a time period that has already been mentioned:*

  Me fui a vivir a Italia en el 71. **Entonces** yo era muy joven.
  *I went to live in Italy in '71. I was very young **then**.*

- *to refer to what happened next:*

  Juan fue a la bibioteca pero no pudo encontrar a su amigo. **Entonces** fue al
  apartamento pero tampoco lo encontró.
  *Juan went to the library but couldn't find his friend. **Then** he went to the
  apartment but couldn't find him there either.*

To sequence actions or events in chronological order:

antes = *before*
después = *after/afterwards*

Note that in Spanish the words for *after* and *before* are followed by an infinitive rather than by an *-ing* form:
Después de **ver** el partido fuimos a cenar. (= *After* **watching** *the match, we went to get dinner.*)

¡...y entonces me besó!

¡Qué romántico!

11 GENTE e HISTORIAS (II)

Información para la actividad 11–1

El material de la sección está orientado hacia la comprensión de contenidos culturales. Lingüísticamente, el objetivo es repasar fechas y el uso del pretérito para referirse a acontecimientos. Sin embargo, usted deberá aclarar/explicar la información histórica con la que los estudiantes no estarán familiarizados. Para ayudar a los estudiantes a acertar en sus respuestas, recuérdeles que fenómenos como la colonización o la independencia son recurrentes en todos los países de América y muchos de ellos sucedieron durante épocas similares.

Respuestas para la actividad 11–1

1821   = 6. Se declaró la independencia de Nicaragua.

1824–1838 = 1. Centroamérica fue una república federal (Costa Rica, El Salvador, Nicaragua, Honduras y Guatemala).

1838   = 7. Nicaragua se separó de la República Federal de Centroamérica.

1927–1933 = 4. Augusto Sandino luchó contra la ocupación estadounidense.

1934–1979 = 5. Fue un periodo de gobiernos militares.

1979   = 3. Ocurrió la revolución sandinista.

1990   = 2. Ocurrieron las primeras elecciones democráticas.

2006   = 8. Daniel Ortega del Frente Sandinista de Liberación Nacional ganó las elecciones.

11–1 Historia de Nicaragua

1821	1. Centroamérica fue una república federal (Costa Rica, El Salvador, Nicaragua, Honduras y Guatemala).
1824–1838	2. Ocurrieron las primeras elecciones democráticas.
1838	3. Ocurrió la revolución sandinista.
1927–1933	4. Augusto Sandino luchó contra la ocupación estadounidense.
1934–1979	5. Fue un período de gobiernos militares.
1979	6. Se declaró la independencia de Nicaragua.
1990	7. Nicaragua se separó de la República Federal de Centroamérica.
2006	8. Daniel Ortega, del Frente Sandinista de Liberación Nacional, ganó las elecciones.

¿Con qué conceptos asocias cada período o acontecimiento?

dictadura	*independencia*	*libertad*	*paz*
democracia	*héroe*	*guerra*	*gobierno*

TAREA

Escribir el relato de un episodio o período de la historia de nuestro país.

NUESTRA GENTE

Nicaragua
Hispanos/latinos en Estados Unidos

CULTURA

Nicaragua es un país centroamericano con una población de cinco millones y medio de habitantes, compuesta por: un 69% de mestizos, un 17% de descendientes de europeos, un 9% de descendientes de africanos y un 5% de población indígena. La lengua oficial es el español, pero en la costa atlántica se habla inglés criollo, miskito y otras lenguas nativas.

Su capital es managus, una ciudad rodeada de lagunas volcánicas.

CULTURA

La ciudad de Managua, la capital de Nicaragua, no tiene un centro porque el terremoto de 1972 lo destruyó. En los años sesenta, Managua era una de las principales capitales de America Latina. Sin embargo, tras el terremoto quedó totalmente devastada. Fueron afectados el 90% de sus edificios y 320.000 personas perdieron sus casas. El total de muertos fue de más de 10.000.

ACERCAMIENTOS

11–2 Geografía de Nicaragua

Mira el mapa en la página anterior y lee estos textos. Después identifica los lugares que se mencionan. ¿Qué información te parece más interesante? Escribe dos frases, cada una con una fecha específica.

En la época colonial, la zona del Pacífico era española, pero la zona del Caribe era inglesa. Las ciudades más importantes de aquella época, fundadas por los españoles, eran León y Granada. Los ingleses tenían influencia en la Costa de Mosquitos, un área que abarcaba toda la costa este de Nicaragua. La ciudad más importante del territorio era Bluefields. Los británicos mantuvieron su influencia sobre el área hasta 1860, cuando reconocieron la soberanía de Nicaragua.

Los Cayos Miskitos son un archipiélago situado en la costa nordeste caribeña de Nicaragua. La reserva biológica Cayos Miskitos es una de las 78 áreas protegidas de Nicaragua desde 1991.

Las Islas del Maíz están ubicadas a unos 70 kms de la costa caribeña de Nicaragua. Son dos islas descubiertas por Cristóbal Colón en su cuarto viaje a las Indias en el año 1504. Las Islas del Maíz fueron un protectorado británico desde 1655 hasta 1894, y después Estados Unidos tuvo el derecho al uso de las islas hasta 1971.

EJEMPLO:

E1: Cristóbal Colón descubrió las Islas del Maíz en 1504.

11–3 Ometepe, la isla del fin del mundo

Lee ahora este texto sobre otra isla de Nicaragua.

La Isla de Ometepe es la más grande del mundo situada dentro de un lago de agua dulce, el Cocibolca, en pleno centro de Nicaragua. Tiene unos 35.000 habitantes, descendientes de toltecas, mayas, aztecas, nahuas, olmecas y chibchas, además de pueblos indígenas que poblaron la isla, que ya estaba habitada desde 1500 a.C. Cuando llegaron a la isla los colonizadores españoles, los indios que la habitaban se refugiaron en las cumbres de los volcanes Concepción y Madera, considerados durante generaciones el hogar de los dioses, y dejaron atrás los petroglifos de sus antepasados, llenos de imágenes misteriosas, que datan aproximadamente del año 300 d.C.

1. El origen y significado de los petroglifos de Ometepe está lleno de misterios e incógnitas. Aunque todo parece indicar que los petroglifos son ejemplos del desarrollo de las civilizaciones indígenas, algunas personas piensan que estos dibujos y grabados fueron hechos por extraterrestres. ¿Qué opinas?

2. ¿Conoces ejemplos similares a los de los petroglifos de Ometepe en otros países de América?

Información para la actividad 11–2

Aunque la actividad tiene un foco en los contenidos (historia y geografía de Nicaragua) y en la comprensión de los mismos, se presenta ya el imperfecto por primera vez. Los estudiantes, sin embargo, no tendrán problemas con la comprensión de los textos. La parte de producción requiere el uso del pretérito (fechas específicas), no del imperfecto.

Sugerencias/expansión para la actividad 11–2

Usted puede pedir a los estudiantes que "noten" la forma del imperfecto del texto 1 como un primer paso de concienciación lingüística.

Información para la actividad 11–3

Esta actividad cultural también presenta un texto donde aparecen tanto formas del pretérito como del imperfecto. Recuerde de nuevo que la fase de producción no requiere el uso del imperfecto.

Hay investigadores que sostienen que los petroglifos de Ometepe forman un mapa aéreo de la isla. Dado que datan del año 300 d.C., no se sabe cómo las civilizaciones indígenas lograron calcular la forma exacta de la isla. Hay gente que piensa que estos dibujos y grabados no fueron creados por los indígenas sino por extraterrestres. Al hablar de este tema, puede hacer referencia también a las famosas líneas de Nazca, en Perú.

Sugerencias/expansión para la actividad 11–3

Usted puede pedir a los estudiantes que "noten" las formas del imperfecto del texto como parte de la concienciación lingüística iniciada en la actividad 11–2. A estas alturas del capítulo, usted no debería adentrarse en explicaciones ni referencias gramaticales complejas. Podría introducir conceptos clave que después van a servir de apoyo en posteriores reflexiones gramaticales, como *evento o momento concreto* para el pretérito y *circunstancias o contexto* para el imperfecto.

📖 VOCABULARIO EN CONTEXTO

11-01 to 11-04

🎙️🎙️ 11–4 Los miskitos

Lean estos textos sobre una etnia de la región de Nicaragua. Después traten de identificar qué palabras faltan.

Los miskitos son un grupo étnico indígena de Centroamérica. Su _____ , que se extiende desde el sur de Honduras hasta el sur de Nicaragua, es muy inaccesible y por eso estuvieron aislados de la _____ española del área. Su origen étnico no está claro pero se cree que provienen de la mezcla de caribes (la población autóctona) y africanos. El rey miskito y los británicos llegaron a un _____ de amistad y alianza en 1740 y después, en 1749, la nación miskita se convirtió en un protectorado. El reino de los miskitos ayudó durante las _____ revolucionarias americanas atacando _____ españolas, y consiguieron numerosas victorias junto a los británicos. Aún así, después de la _____ del tratado de _____ en 1783, los británicos tuvieron que ceder el control sobre la costa.

tratado	firma	guerras	paz	conquista	territorio	colonias

Los colonos españoles comenzaron a llegar a las tierras miskitas en 1787, pero los miskitos continuaron dominando la región debido a su superioridad numérica y a su experiencia _____ . Los miskitos nunca se sintieron controlados por el _____ nicaragüense, y muchos miskitos aún hoy día no se consideran nicaragüenses. El _____ miskito desapareció en 1894, cuando Nicaragua lo ocupó. El 16 de abril de 2009 el pueblo miskito, una comunidad de unas 500.000 personas, se declaró independiente de Nicaragua en una ceremonia en la que nombraron a su máximo _____ , el "wihta tara" o rey de la comunidad. Su objetivo es crear una _____ miskitia.

gobierno	líder	nación	estado	militar

11–5 ¿Cómo eran?

¿Recuerdas algunos de estos personajes que estudiamos en la *Lección 10*? ¿Cómo crees que eran? Usa el banco de adjetivos para describirlos.

valiente	misterioso	honrado	comprometido
cobarde	delgado	atractivo	innovador
conservador	malvado	fuerte	misterioso
liberal	bueno	débil	convincente

1. Simón Bolívar
2. Cristóbal Colón
3. Abraham Lincoln

EJEMPLO:

E1: Creo que Lincoln era un hombre muy valiente y comprometido.

E2: Sí, estoy de acuerdo. Y físicamente era muy delgado y no muy alto.

4.

Toro Sentado

5.

Tupac Amaru II

Información para la actividad 11–4

Además del conocimiento sobre un pueblo indígena de Nicaragua (antes y ahora), el objetivo de esta actividad es la familiarización con un léxico importante para hablar de historia y sociopolítica.

Respuestas para la actividad 11–4

Texto 1
1. *territorio*
2. *conquista*
3. *tratado*
4. *guerras*
5. *colonias*
6. *firma*
7. *paz*

Texto 2
1. *militar*
2. *gobierno*
3. *estado*
4. *líder*
5. *nación*

Sugerencias/expansión para la actividad 11–4

Puede pedir a los estudiantes que escriban frases sobre la historia de su país donde usen el mismo vocabulario.

Información para la actividad 11–5

El ejercicio presenta, de forma indirecta, la noción del imperfecto del verbo *ser* para describir personas en el pasado. Al mismo tiempo, el ejercicio revisa contenidos culturales (personajes célebres) de la lección anterior.

11–6 Augusto Sandino

Mira la foto y lee la descripción de Augusto César Sandino (1895–1934), revolucionario nicaragüense y uno de los personajes más destacados de la historia reciente de Nicaragua.

> Sandino era alto y delgado. Tenía una cara ovalada pero angulosa. En sus ojos oscuros brillaba con frecuencia una simpatía, pero también reflejaban gravedad y reflexión. Su voz era suave, convincente; no dudaba de sus conceptos, y sus palabras eran precisas. Sandino era un ferviente nacionalista y era considerado un buen militar y estadista. Se dice que era muy humano y popular, y que le gustaba mucho hablar con la gente.

¿Puedes pensar ahora en un familiar o amigo muy querido que ya no está vivo o al que no ves desde hace mucho tiempo?

- ¿Cómo se llamaba? _____
- ¿De dónde era? _____
- ¿Qué era (profesión, ocupación)? _____
- ¿Cómo era físicamente? _____
- ¿Cómo era (personalidad)? _____
- ¿Qué aficiones tenía? _____

 Ahora comparte esta información con tu compañero/a.

11–7 Antes y ahora

Completen estas frases para cada uno de estos momentos de la historia de su país.

1. Antes de la llegada de los conquistadores...
2. Antes de la Declaración de Independencia...
3. Antes de la Declaración de Emancipación...
4. A principios del Siglo XX...
5. En la época de la Gran Depresión...
6. Después de la segunda Guerra Mundial...

1. _____ (no) había / existía(n) _____. Ahora _____.
2. _____ (no) tenía(n) _____. Ahora _____.
3. _____ (no) era(n) / estaba(n) / existía(n) _____. Ahora _____.

EJEMPLO:

E1: Antes de la conquista de América había muchos indígenas. Ahora hay pocos.
E2: Sí, y Estados Unidos no existía. Ahora sí.

CULTURA

El primer explorador que recorrió Nicaragua fue Gil González de Avila. La leyenda dice que cuando González de Avila llegó a Nicaragua, el cacique Nicarao gobernaba la región y el nombre "Nicaragua" se deriva del nombre de Nicarao; sin embargo muchos historiadores creen que en realidad deriva del idioma náhuatl, dialecto hablado por sus primitivos pobladores en épocas precolombinas.

Información para la actividad 11–6
Se continúa trabajando con la descripción en el pasado introduciendo un personaje clave de la historia de Nicaragua. Se introducen otros verbos en imperfecto (*tener, gustar*, etc.) que también sirven para describir. La parte de producción no requiere el uso del imperfecto por parte de los estudiantes, pero puede pedirles que usen el mismo verbo para responder.

Augusto Sandino: Nació el 18 de mayo de 1895 en Niquinohomo. Trabajó durante algún tiempo como minero en algunos países de Centroamérica, hasta que en 1926 regresó a su país. Allí pasó a ser jefe liberal durante la Guerra Civil nicaragüense (1926–1927), y se opuso a la presencia militar estadounidense que había comenzado en 1912. Al final consiguió que los norteamericanos se retirasen en 1933, y la pacificación del país quedó en manos de la Guardia Nacional de Anastasio (Tacho) Somoza. El 21 de febrero de 1934, mientras se encontraba negociando el final de las hostilidades con el presidente Juan Bautista Sacasa, Sandino fue asesinado por la guardia de Somoza. El Frente Sandinista de Liberación Nacional (FSLN), que puso fin al régimen somocista en 1979, adoptó tal nombre en honor a Sandino.

Sugerencias/expansión para la actividad 11–6
Continúe pidiendo a los estudiantes que reflexionen sobre el uso de este nuevo tiempo verbal: el imperfecto.

Información para la actividad 11–7
El objetivo de la actividad es continuar reflexionando sobre la noción del imperfecto para describir, en este caso, épocas de la historia y el contraste antes/ahora. Al igual que en los ejercicios anteriores, el imperfecto no debe ser obstáculo para que los estudiantes completen la información.

GRAMÁTICA EN CONTEXTO

 11–8 La vida antes de Internet

11-05 to 11-28

Escucha esta entrevista con tres jóvenes nicaragüenses. Hablan sobre los efectos de Internet en su vida cotidiana. Escribe una de las cosas que estas personas **hacían** antes de Internet y que ahora no hacen.

1. Antes _____ y ahora _____.

2. Antes _____ y ahora _____.

3. Antes _____ y ahora _____.

Ahora lee la entrevista e identifica los verbos **en el pasado**. Haz dos grupos: (1) verbos que se refieren a las **circunstancias o el contexto de un acontecimiento o actividad**, y (2) verbos que se refieren a **actividades o acontecimientos habituales** en el pasado.

11–9 Leyenda de Oyanka

Escucha y lee al mismo tiempo esta leyenda nicaragüense. Después clasifica los verbos en pasado de acuerdo a su significado y uso.

Oyanka, la princesa que se convirtió en montaña

Allá por 1590, en el Valle de Sébaco, habitaba una nación de indígenas matagalpas que trabajaba el oro. Su líder era el cacique Yamboa. Mientras tanto en Córdoba, España, vivía José López de Cantarero. José era un joven guapo y muy ambicioso que quería ir a Nicaragua a buscar aventuras y tesoros en aquella tierra misteriosa. Un día se fue al puerto de Cádiz y allá tomó un barco a América. Cuando llegó a Nicaragua se instaló en Sébaco y allá conoció a la hija del cacique, que se llamaba Oyanka. Oyanka era bellísima y llevaba siempre muchas joyas de oro. José se enamoró de ella y ella de él. Pero José era muy ambicioso y quería saber de dónde extraía Yamboa el oro. Entonces Oyanka condujo a José hasta las montañas, donde había una cueva escondida. José, viendo todo aquel oro, se guardó siete pepitas grandes en su bolso. Cuando salían de la cueva, el caquique los encontró; vendió a José a otra tribu indígena y encerró a la princesa. Oyanka se deprimió tanto que no quiso comer más. Su padre trató de convencerla, pero Oyanka no podía vivir sin José, así que se durmió en un sueño profundo esperando el regreso de José. Pero José nunca regresó. Oyanka se convirtió en montaña y hoy puede verse, al norte del valle de Sébaco, el cerro de Oyanka.

SIGNIFICADO / USO	VERBOS
Circunstancias / contexto	habitaba
Descripción	
Actividad / acontecimiento habitual	trabajaba
Acción puntual	se fue
Acción en progreso (*ongoing*)	

Pretérito: información presentada como **acontecimientos** o **acciones puntuales**, con marcadores como:

Ayer...
Anteayer...
Anoche...
El otro día...
El lunes / martes...
El día 6...
La semana pasada...
El mes / año pasado...
Entre 2006 y 2009...
Por / durante tres meses / años / días...

} **estuve** en Nicaragua.

Imperfecto: información presentada como **circunstancias** en que una acción (pretérito) ocurre

No **tenía** dinero. } Por eso / Así que } no pudo comer en el restaurante.

No llevaba corbata y por eso no me dejaron entrar en el club.

Cuando me encontré con Elvira **llovía** mucho.

Imperfecto: **acción en proceso** cuando otra acción (pretérito) ocurre

Caminaba por la calle cuando vi a Elvira.

Imperfecto: acción repetida o habitual en el pasado, no puntual

Antes **hacía** ejercicio todos los días.

Pretérito: acción repetida o habitual en el pasado durante un límite de tiempo específico

Hice ejercicio cada día durante tres meses.

 11–10 Historia de William Walker

Lean este episodio de la historia de Nicaragua. Después pongan los verbos en pretérito o imperfecto según su uso: (1) acciones o acontecimientos, (2) estados o descripciones, (3) circunstancias y (4) acciones habituales en el pasado.

A mediados del Siglo XIX **COMENZAR** la "fiebre del oro" en California. En aquella época la mayor parte de los viajeros **IR** de la costa este a la costa oeste por mar. Normalmente **VIAJAR** a través de Nicaragua, que **SER** una ruta muy común. Esto **ATRAER** a muchos aventureros, como por ejemplo el estadounidense William Walker. William Walker **SER** un aventurero de Tennessee que **LLEGAR** a Nicaragua en 1855 con 56 hombres, llamados *filibusteros*, para participar en una guerra contra los conservadores. William Walker **QUERER** establecer un estado y controlar la ruta de tránsito a California, y por eso **APODERARSE** del país y **PROCLAMARSE** presidente. Entre 1855 y 1857 **OCURRIR** en Nicaragua la guerra nacional contra William Walker. En aquella época el idioma oficial **SER** el español pero bajo el dominio de Walker **DECLARARSE** el inglés como idioma oficial de Nicaragua. El 19 de marzo de 1857, cuando Walker **ESTAR** en La Hacienda Santa Rosa con sus hombres, las tropas nicaragüenses los **ATACAR** y los **EXPULSAR** del país.

11–11 El detective privado (II)

¿Recuerdas a Valerio Guzmá, en la Lección 10? Esto es lo que Valerio hizo.

7:45 Salió de su casa. Entró en su casa otra vez.
8:00 Salió otra vez a la calle. Caminó durante 15 minutos.
8:15 Un carro con una mujer se detuvo a su lado. Él se subió.
8:35 Se bajó en la Plaza de Armas. Siguió a pie.
8:50 Entró en un edificio de oficinas.

 Ahora escucha lo que Valerio explica a sus colegas a las 9:00 de la mañana. ¿Puedes completar el informe del detective?

ACCIÓN	CIRCUNSTANCIAS
1. **Salió** de casa sin darse cuenta de que _____. No _____.	
2. **Salió** a la calle otra vez pero _____ y _____.	
3. Entonces **vio** a su amiga Elvira que _____.	

CIRCUNSTANCIAS	ACCIÓN
4. _____ y por eso Elvira y Valerio **tardaron** veinte minutos.	
5. _____, así que Valerio **llegó** mojado a la oficina.	

INTERACCIONES

11-29 to 11-31

ESTRATEGIAS PARA LA COMUNICACIÓN ORAL

Collaboration in conversation (II)

When narrating a story or event, the speaker applies certain strategies to make sure that the listener is following the narration. Likewise, the listener uses expressions to show that s/he is understanding. We saw this in *Lección 9*.

As a listener, you may also want to show interest, surprise, and other reactions, with expressions like this:

¡No me digas!	No way!
¿De verdad?	Really? Is that right?
¿En serio?	Seriously?
¿Sí?	Really?
¡Qué bien!	Great!
¡Qué horror!	How awful!
¡Qué miedo!	How scary!
¡Qué pena / lástima!	What a shame!
¡Qué suerte!	How lucky!
¡Qué interesante / aburrido / divertido!	How interesting / boring / fun!
¡Qué gracioso / chistoso!	How funny!
¡Qué desastre!	What a disaster!
!No lo puedo creer!	I can't believe it!
!No te creo!	I don't believe you!
¡Qué mala suerte!	How unlucky!

11–12 Imprevistos, sorpresas, anécdotas

Piensa en tres sorpresas, anécdotas o cosas imprevistas que te ocurrieron en algún momento. Completa este cuadro.

	¿CUÁNDO?	¿DÓNDE?	¿EN QUÉ CINCUNSTANCIAS?	¿QUÉ PASÓ?
1.				
2.				
3.				

 Comparte ahora estas historias con tu compañero/a.

EJEMPLO:

E1: Un verano, cuando era pequeño, mi hermano y yo estábamos en una barca en un lago, en un pueblo pequeño donde vivían mis abuelos. Yo remaba y mi hermano pequeño se cayó al agua. ¡Y yo no sabía nadar!

E2: ¿De verdad? ¡Qué susto! ¿No? ¿Y qué hiciste?

E1: Pues lo agarré por la camiseta y lo subí a la barca.

E2: ¡Qué horror!

Ahora algunos/as voluntarios/as cuentan sus propias historias a la clase. Los demás deben reaccionar con expresiones de interés, sorpresa, etc.

11–13 Antes y ahora

Usa este esquema para describir ciertos aspectos de tu vida que contrastan entre antes y ahora.

	ANTES	FRECUENCIA	AHORA	FRECUENCIA
La comida				
El ejercicio				
Las bebidas				
La lectura				
Los restaurantes				
Las aficiones				
La ropa				
Los viajes / las vacaciones				

 Ahora compara tus datos con los de tu compañero/a.

EJEMPLO:

E1: Yo antes **comía** muchas frutas, cada día, pero ahora casi nunca las como.
E2: Sí, yo también. Yo **comía** mejor que ahora. Ahora como mal.

11–14 Entrevista

Prepara una lista de cinco preguntas para tu compañero/a sobre una de estas etapas de su vida. Luego entrevista a tu compañero/a.

1. Cuando eras niño.

2. Cuando estabas en la escuela secundaria.

3. Antes de llegar a la universidad.

EJEMPLO:

¿Qué hacías cuando eras niño? ¿Quiénes eran tus mejores amigos?

11–15 Situaciones: *Viaje al futuro*

A historical figure travels to the future where a journalist interviews him/her. The journalist wants to focus on two main events in the life of this person.

ESTUDIANTE 1

You are a journalist who has the opportunity to travel through time and interview an important figure from the past. Prepare some questions for him/her related to two events or episodes in his/her life.

ESTUDIANTE 2

You are _____ . You have traveled to the future and are now being interviewed by a journalist. Think about two important events in your life: what happened, what did you do, when, where, and under what circumstances.

Al final de la conversación entre los miembros de las parejas, se les puede pedir que presenten un pequeño informe con los elementos de mayor coincidencia y divergencia sobre su pasado y presente.

Una variación de esta actividad podría ser adoptar la personalidad de terceras personas (reales o imaginarias). Esta opción podría, asimismo, dar pie a un juego de adivinanzas: los estudiantes ofrecen datos sin revelar la identidad del personaje que han adoptado, y sus compañeros, o la clase en conjunto, deberá adivinar de quién se trata.

Información para la actividad 11–14
La actividad se centra en la producción de preguntas usando el imperfecto. La formulación de preguntas continuará siendo un elemento importante (y difícil) durante todo el proceso de aprendizaje.

Sugerencias/expansión para la actividad 11–14
Una posible adaptación de esta actividad sería enfocarse en pequeñas manías o costumbres un poco excéntricas que todo el mundo ha tenido de pequeño o joven, y que han podido o no cambiar con el tiempo. Por ejemplo: *Cuando era niño, siempre me daba miedo caminar solo en casa.*

Información para la actividad 11–15
Es necesario que antes de comenzar la actividad ambos estudiantes decidan de qué figuras y acontecimientos históricos van a hablar. Como en todo ejercicio de improvisación, deles tiempo suficiente para que preparen los papeles que van a interpretar. Asegúrese de que los estudiantes traten de conseguir espontaneidad y fluidez durante la improvisación.

Información para la tarea
Al igual que en la *Lección 10*, esta tarea tiene un mayor enfoque formal que el resto de las tareas del libro: la construcción de una narración que incluya el uso de los pasados y una variedad de marcadores temporales. Este foco formal es necesario con este contenido lingüístico ya que constituye uno de los mayores retos para el estudiante de español.

Probablemente los estudiantes no conocerán este episodio de la historia de Nicaragua, por lo que es importante darles información adicional.

Daniel Ortega nació en La Libertad (Chontales) y estudió en la Universidad Centroamericana de Managua. En 1963 dejó su carrera de derecho para unirse al Frente Sandinista de Liberación Nacional (FSLN). Estuvo en la cárcel desde 1967 hasta 1974 por tomar parte en el atraco a un banco. Inmediatamente después de su liberación fue exiliado a Cuba, pero regresó clandestinamente a Nicaragua para volver a unirse al FSLN e iniciar la definitiva lucha que puso fin al régimen somocista. Fue presidente de Nicaragua entre 1984 y 1990.

En 1934, Anastasio Somoza García, jefe de la Guardia Nacional, llevó a cabo un complot para asesinar a Sandino y tomar el poder. En 1936 derrocó al presidente Sacasa y se proclamó presidente tras unas elecciones llenas de irregularidades celebradas en 1937. En 1956 el presidente Anastasio Somoza fue asesinado. Su hijo, Luis Somoza Debayle, lo sustituyó en el cargo. Un año después venció en las elecciones y ocupó el ejecutivo. En 1967 Anastasio (Tachito) Somoza Debayle, el hijo más joven del antiguo dictador, fue elegido presidente y estableció un régimen autoritario y cruel, que se apoyó en la Guardia Nacional para reprimir cualquier oposición política a su gobierno.

Sugerencias para la tarea
Si es necesario, revise con los estudiantes el listado de conectores temporales, asegurándose de que comprendan bien su significado.

TAREA Gente en acción

Escribir el relato de un episodio o período de la historia de nuestro país.

PREPARACIÓN

Para comenzar vamos a conocer un período importante de la historia de otro país: Nicaragua.

Primero miren la foto y comenten con su profesor/a la relevancia de este personaje en la historia de Nicaragua.

Lean este breve esquema que resume un período de la historia de Nicaragua. El esquema presenta acontecimientos puntuales.

La revolución sandinista (1962–1979)

1962: Se funda el Frente Sandinista de Liberación Nacional (FSLN) para luchar contra la dictadura de los Somoza.
1963: Daniel Ortega se une al FSLN.
1974: El FSLN toma como rehenes a unos funcionarios del gobierno. Consigue la liberación de algunos presos políticos. Se difunde la causa del FSLN en todo el mundo.
1976: El Frente Sandinista se divide en varias tendencias. El apoyo popular crece.
1979: El FSLN lanza la ofensiva final. Somoza renuncia el 17 de julio y huye a Estados Unidos. El 19 de julio los sandinistas celebran el triunfo de su revolución.

Daniel Ortega

Ahora lean estos párrafos descriptivos y colóquenlos en el lugar apropiado del esquema anterior.

- Hay una dictadura militar muy represiva en el país desde 1933. El país es muy pobre y tiene muchos problemas sociales y económicos. La gente quiere un cambio.
- El presidente Luis Somoza es hijo de Anastasio Somoza, primer dictador de la dinastía. Es un hombre sin escrúpulos y trata muy mal a su pueblo.

Finalmente, escriban una narración incluyendo los datos anteriores. Decidan qué verbos deben estar en pretérito y cuáles en imperfecto. Usen varios de estos conectores para dar fluidez a su narración.

Acontecimientos puntuales
- Un mes / año antes (después)…
- Al mes / año siguiente…
- A los dos meses / años…
- Después de un mes / año / tiempo…
- Entonces, luego, (inmediatamente) después…
- Ese / aquel mes / año…
- A partir de + entonces / aquel mes / aquel año / aquel momento…

Circunstancias / contexto
- En aquella época…
- Entonces…

Paso 1 En grupo, decidan qué episodio o período de la historia de su país quieren narrar. Luego preparen una lista de los datos (acontecimientos o acciones) principales de forma cronológica.

Título (fechas)   **Acontecimientos**
Fecha 1: _____
Fecha 2: _____
Fecha 3: _____
Fecha 4: _____
_____: _____

Información para Tarea, Paso 1
La clase puede acordar diferentes opciones para el episodio y el período histórico que se quiere desarrollar en la tarea. En general, se prefiere un acontecimiento o período histórico para el cual sirva de base el texto anterior sobre Nicaragua, que ya consta de los marcadores temporales básicos.

En este Paso, el elemento clave son los verbos en pretérito, en el Paso 2 son los verbos en imperfecto y en el Paso 3 la combinación de los dos tiempos verbales.

Sugerencias para Tarea, Pasos 1 y 2
Usted podría optar por pedir que los Pasos 1 y 2 se preparasen con cierta antelación fuera de la clase, para así concentrar el tiempo en clase en el trabajo colectivo de preparación para la tarea y para los informes orales al final de la tarea.

Paso 2 Escriban ahora sobre las circunstancias relacionadas con cada acontecimiento específico de su lista. Piensen también en descripciones de lugares o personas importantes.

Circunstancias / contextos / descripciones
■ _____
■ _____
■ _____
■ _____

Paso 3 Piensen en algunas relaciones de causa y consecuencia.

--- **AYUDA** ---

Causa y consecuencia

- Pretérito + **porque** + imperfecto
  Se fue porque le **dolía** la cabeza.

- Imperfecto + **y por eso / así que** + pretérito
  Le **dolía** la cabeza así que / y por eso **se fue.**

■ _____ porque _____ .
■ _____ y por eso _____ .

Paso 4 Escriban su relato usando toda la información anterior de forma organizada. No olviden incluir conectores.

Paso 5 Cada miembro del grupo presenta una parte, en orden cronológico, a la clase.

Paso 6 Foco lingüístico.

NUESTRA GENTE

11-32 to
11-33

GENTE QUE LEE

ESTRATEGIAS PARA LEER

Summarizing a text

Summarizing a passage that you have read in Spanish can help you synthesize its most important ideas. When reading a text, try to underline the main ideas and circle the key words and phrases. Then approach the task of summarizing it by asking the following five questions:

¿Quién? o ¿Quiénes?	(Who?)	*¿Dónde?*	(Where?)
¿Qué?	(What?)	*¿Por qué? o ¿Cómo?*	(Why? or How?)
¿Cuándo?	(When?)		

This is especially useful when reading stories or accounts of events that happened in the past.

ANTES DE LEER

11–16 Heroínas

¿Qué es una heroína? Mira esta lista de nombres. ¿Son heroínas? Justifica tus respuestas. Luego piensa en otras y justifica por qué son heroínas. ¿Conoces otras?

1. Juana de Arco (1412–1431)
2. Harriet Tubman (1820–1913)
3. Madre Teresa de Calcuta (1910–1997)
4. Clara Barton (1821–1912)

11–17 Activando estrategias

1. Mira el título y la foto del texto que vas a leer. ¿Qué información te dan sobre este texto? ¿Qué tipo de texto es?

2. Lee la primera frase del texto. ¿Confirma el tipo de texto? ¿De qué período histórico es?

DESPUÉS DE LEER

11–18 ¿Comprendes?

1. ¿Cuántos días duró la lucha?
2. ¿En qué año ocupó la fortaleza el capitán Nelson?
3. Responde a las preguntas y después haz un breve resumen.

¿Qué? _____
¿Quién? _____
¿Dónde? _____
¿Cuándo? _____
¿Por qué? _____

Información para la actividad 11–16

La biografía de las siguientes mujeres famosas servirá como entrada al texto de este capítulo sobre la historia de una heroína nicaragüense. Usted puede pensar en otros ejemplos de mujeres famosas en el mundo hispanohablante, como La Malinche (México), Agustina de Aragón (España), Eva Perón (Argentina), etc.

Juana de Arco (1412–1431): Santa a los 17 años, la francesa Juana de Arco llegó a ser heroína nacional y mártir de la religión por su papel en la resistencia contra los invasores ingleses, y por su muerte en la hoguera.

Harriet Tubman (1820–1913): Harriet Tubman nació esclava en el Condado Dorchester en Maryland. Su nombre era Araminta Ross. Años después, adoptó el nombre de su madre, Harriet. A partir de finales de la década de 1850, trabajó junto con otros líderes que buscaban poner fin a la esclavitud y también luchó por la igualdad de derechos de la mujer.

Madre Teresa de Calcuta (1910–1997): Albanesa de nacimiento. En el año 1948 la Madre Teresa adquirió la ciudadanía hindú y recibió permiso del Papa Pío XII para compartir su vida en las calles de Calcuta con los más pobres, los enfermos y los hambrientos.

Clara Barton (1821–1912): Desde muy pequeña, se distinguió por su voluntad de ayudar a los demás. A los 14 años se convirtió en maestra, después trabajó en una oficina de patentes en Washington mientras seguía ayudando a la gente. Al comenzar la Primera Guerra Mundial, consiguió permiso de sus superiores para cuidar de los soldados heridos. Así fue como conoció el trabajo de la Cruz Roja Internacional en Europa y se convirtió en la primera presidenta de la oficina estadounidense de esta organización humanitaria.

A LEER

RAFAELA HERRERA, UNA HEROÍNA NICARAGÜENSE

A mediados del siglo XVIII, Nicaragua era el principal objetivo de los ataques ingleses a causa de su importancia estratégica y las facilidades que presentaba para la comunicación **interoceánica**. Por eso, en 1762, el gobernador de Jamaica decidió invadir la provincia de Nicaragua por el río San Juan.

El 29 de julio llegó la armada inglesa para apoderarse de la **fortaleza** El Castillo, un lugar que los nicaragüenses usaban para defenderse de los piratas ingleses. El Castillo estaba situado sobre una colina a la orilla derecha del río San Juan. La fortaleza tenía muchos cañones para defenderse de los ataques enemigos. La armada de los invasores británicos contaba con 50 barcos y 2.000 hombres. El día de la invasión la situación en El Castillo no era

buena: el comandante Don Pedro Herrera, que estaba gravemente enfermo, murió poco antes de la llegada de los ingleses.

Inmediatamente después de su llegada, el gobernador de Jamaica pidió las llaves de la fortaleza El Castillo a un soldado, pero en ese momento la hija de Don Pedro, Rafaela Herrera, que tenía sólo 19 años, tomó el mando de la fortaleza. Cuenta la historia que Rafaela Herrera dirigió la lucha contra la expedición de soldados británicos y miskitos, logrando detener**los** después de sostener un combate de varios días. Inmediatamente después de tomar el mando, Rafaela dijo la célebre frase: "Que los **cobardes** se rindan y que los **valientes** se queden a morir conmigo". Después disparó varios **cañonazos** que provocaron el pánico y la huida de muchos de los piratas. Durante varios días y noches combatieron a los ingleses hasta que **éstos** finalmente se retiraron el tres de agosto. Ocho años después la fortaleza cayó en manos del capitán inglés Horacio Nelson, el cual se hizo famoso en la batalla de Trafalgar.

Así fue como Rafaela Herrera pasó a la categoría de heroína. La historia de este personaje está llena de misterios sobre su origen y no se sabe mucho sobre su vida. Sin embargo, hoy es un símbolo de **valentía** y **patriotismo** para las mujeres nicaragüenses.

11–19 Activando estrategias

1. Di qué significan estas palabras del texto y de qué palabras provienen: "interoceánica" y "patriotismo".

2. Busca la palabra "fortaleza" en el diccionario. ¿Cuántos significados tiene? ¿Cuál es el apropiado en este contexto?

3. Si la palabra "cobardes" significa *cowards*, ¿qué significa la palabra "valientes"? ¿Son nombres o adjetivos? ¿Y la palabra "valentía" es un nombre o un adjetivo?

4. Si la palabra "cañón" significa *cannon*, ¿qué significa la palabra "cañonazos"? ¿Cómo se forma esta palabra?

5. ¿A qué o a quién se refieren las palabras subrayadas "detener<u>los</u>" y "<u>éstos</u>"?

6. Identifica el sujeto, el verbo y los complementos de la frase subrayada en el texto.

11–20 Expansión

1. ¿Te parece que Rafaela fue una heroína? ¿Por qué?

2. ¿Una persona que defiende su país es siempre un héroe o heroína? Justifica tu opinión.

GENTE QUE ESCRIBE

11-34 to
11-36

ESTRATEGIAS PARA ESCRIBIR

Writing a narrative (II): including circumstances that surround events

A basic narrative is divided into three parts: (a) the introduction, which sets the scene (situación, contexto, circunstancias) and informs the reader about the events or actions leading up to the main plot of the story; (b) the main events or actions, or high point of the story; (c) the outcome or consequences of the principal events. As you already know, in Spanish this narrative structure is closely related to the effective use of the imperfect or preterit tenses.

1. Identifica las tres partes de la narración en la lectura de la página 193 sobre Rafaela Herrera.
2. Justifica la elección del autor de los tiempos verbales (pretérito o imperfecto) en el primer párrafo y en el segundo.

Información para Más allá de la frase
Éste puede ser un buen momento para recapitular todo lo estudiado en cuanto a conectores o marcadores de tiempo.

MÁS ALLÁ DE LA FRASE

Use of time markers in narratives (II)

As you know past tenses are often introduced by specific time markers. A few markers are exclusive to one tense or the other, but most can be used with both.

These markers require the imperfect tense:

En esa / aquella época...	(*En esa época viajaba mucho; ahora no.*)
Antes...	(*Antes me gustaba la tele; ahora no.*)

While these ones require the preterit tense:

de repente...	(*...de repente oí un ruido.*)
entonces*, luego...	(*No tenía sueño; entonces me puse a ver la tele.*)

*Note that "entonces" can be used either to mark the consequence of an action (as in the example above), or to refer to a period of time in the past:

Entonces no había Internet.   (Back then, there was no Internet.)

The choice of the imperfect or the preterit tenses and the selection of time markers are determined by the way the writer presents the narrative.

11–21 Un acontecimiento memorable

Escribe una narración sobre algo memorable que te ocurrió a ti: un accidente en casa o en la carretera, una sorpresa muy agradable, una primera cita que fue un desastre, la primera vez que hiciste algo, etc. Ten en cuenta las tres partes de la narración y escribe los párrafos correspondientes.

 ¡ATENCIÓN!

Presta atención a la organización cronológica y a la cohesión de los párrafos y del texto. Usa una variedad de marcadores de tiempo y otros recursos cohesivos. Revisa el uso de los tiempos del pasado teniendo en cuenta qué función tienen en la narración: combina contextos y descripciones (uso del imperfecto) con acciones (uso del pretérito).

COMPARACIONES

11–22 Mark Twain en Nicaragua

Lee este texto sobre el viaje del escritor estadounidense Mark Twain a Nicaragua. Después comenta los temas con la clase.

Entre 1866 y 1867 Mark Twain, el periodista y escritor estadounidense autor de clásicos como *Las aventuras de Tom Sawyer* y *Las aventuras de Huckleberry Finn*, recorrió parte de Nicaragua en su viaje desde San Francisco a Nueva York, o sea, del oeste al este de Estados Unidos.

Twain salió de San Francisco en barco el 15 de diciembre de 1866 siguiendo la Ruta del Tránsito, que comunicaba el Atlántico y el Pacífico. Desembarcó en el puerto de San Juan del Sur, en el Pacífico nicaragüense, y desde allá viajó en diligencia hasta el puerto de La Virgen, en la costa suroeste del Lago de Nicaragua. En este puerto abordó un vapor con destino al puerto de San Carlos, situado en la costa sureste del lago. Desde San Carlos viajó por el río en lancha hasta el puerto de San Juan del Norte (o Greytown, como lo bautizaron los ingleses), en la costa atlántica de Nicaragua, donde tomó otro barco rumbo a Nueva York.

Durante su travesía por Nicaragua, Mark Twain elogió las bellezas naturales de la nación centroamericana. Según cuenta en el libro *Mark Twain's Travels with Mr. Brown*, a Twain le impresionó la belleza de la isla de Ometepe, situada en el centro del Lago de Nicaragua, el más grande de Centroamérica. En ese libro, el famoso escritor estadounidense dice de Ometepe:

"En el centro del bello Lago de Nicaragua se levantan dos magníficas pirámides, revestidas por el más suave y concentrado verdor, salpicadas de sombras y por los rayos del sol, cuyas cumbres penetran las ondulantes nubes. Se ven tan aisladas del mundo y su alboroto, tan tranquilas, tan maravillosas, tan sumidas en el sueño y el eterno reposo. [...] Monos aquí y allá; pájaros gorjeando; bellas aves emplumadas. El paraíso mismo, el reino imperial de la belleza —nada que desear para hacerla perfecta".

1. ¿Qué era la Ruta del Tránsito y por qué era famosa principalmente? ¿Por qué iba la gente, como Mark Twain, de la costa oeste a la costa este siguiendo esta ruta?
2. ¿Sabes por qué Twain viajaba con mucha frecuencia?
3. En el texto, Twain habla de dos pirámides. ¿A qué se refiere?

11–23 Viajeros ilustres

Todos estos famosos personajes viajaron por el continente americano con diferentes propósitos. ¿Sabes por dónde viajaron y por qué razón?

1. Lewis (1774–1809) y Clark (1770–1838)
2. Charles Darwin (1809–1882)
3. Francisco de Orellana (1511–1546)
4. Fernando de Magallanes (1480–1521)

CULTURA

En Estados Unidos viven alrededor de 290.000 personas de ascendencia nicaragüense, la mayor parte de ellas en el sur de Florida y California. La inmigración a Estados Unidos comenzó en los años sesenta y estaba motivada por razones económicas. Sin embargo durante los ochenta, y debido a la revolución sandinista, muchas familias de clase alta abandonaron Nicaragua y se establecieron en Estados Unidos. Más tarde, la revolución contra el gobierno sandinista provocó la llegada de más inmigrantes. En 1998 el huracán Mitch asoló el país y dejó a más de dos millones de nicaragüenses sin casa. Por ello muchos recibieron residencia temporal o permanente en Estados Unidos.

Sin duda la mujer latina de ascendencia nicaragüense más influyente en Estados Unidos es Hilda Solís, secretaria de trabajo de Estados Unidos desde 2009. Nació en Los Ángeles y es hija de dos inmigrantes: su papá es mexicano y su mamá es nicaragüense. Hilda fue la primera persona de su familia que asistió a la universidad y pagó su educación con la ayuda de becas federales y con empleos a tiempo parcial. Antes de ser secretaria de trabajo fue congresista por California.

Información para
Comparaciones
El personaje de Mark Twain sirve para conectar el mundo cultural de los estudiantes (un escritor estadounidense) con el mundo cultural del español: Nicaragua.

Información para la actividad 11–22
La Ruta del Tránsito fue usada por muchos emigrantes de las colonias originales de Estados Unidos durante la conquista de California (la Fiebre del Oro).

Las "dos pirámides" son el volcán Madera y el volcán Concepción que están en la isla de Ometepe, en el centro del lago Nicaragua.

Información para la actividad 11–23

1. *Lewis y Clark llevaron a cabo entre 1804 y 1806 la primera expedición terrestre que, partiendo desde el este de Estados Unidos, alcanzó la costa del Pacífico y regresó. Esta expedición tenía el propósito de estudiar las tribus nativas, la botánica, la geología, el terreno y la vida silvestre en la región.*
2. *Charles Darwin fue un científico y naturalista inglés que en 1831 se enroló en un barco de reconocimiento —el Beagle— para emprender una expedición científica alrededor del mundo. La expedición, que duró cinco años, le permitió recoger datos hidrográficos, geológicos y meteorológicos en Sudamérica y otros muchos lugares. Las observaciones de Darwin lo llevaron a desarrollar la teoría de la selección natural.*
3. *Fernando de Magallanes (1480–1521) fue un navegante portugués y el primer europeo en llegar a lo que hoy se conoce como el estrecho de Magallanes, pasando desde el océano Atlántico hasta el océano Pacífico. También inició la expedición que, capitaneada a su muerte por Juan Sebastián Elcano, lograría la primera circunnavegación de la Tierra en 1522.*
4. *Francisco de Orellana realizó en 1541 una expedición en busca de El Dorado que terminó en un viaje por el río Amazonas, al que dio nombre.*

 VOCABULARIO

Acontecimientos y conceptos históricos y político-sociales *(Socio-political and historical concepts and events)*

el apoyo	*support*
el/la aventurero/a	*adventurer*
la bandera	*flag*
el castillo	*castle*
la colonia	*colony*
la colonización	*colonization, settlement*
el/la colonizador/a	*colonist*
el colono	*settler*
el dictador	*dictator*
la dictadura	*dictatorship*
el estado	*state*
la fortaleza	*fortress*
el/la funcionario/a	*government official*
el gobierno	*government*
la independencia	*independence*
la lucha	*fight*
la nación	*nation*
el/la pirata	*pirate*
la pobreza	*poverty*
la revolución	*revolution*
la riqueza	*richess, wealth*
la ruta	*rute*
el/la soldado	*soldier*
el terremoto	*earthquake*
el triunfo	*triumph*
el/la viajero/a	*traveler*

Verbos *(Verbs)*

alimentarse	*to feed (oneself)*
apoderarse (de)	*to take possession of*
apoyar	*to support*
atacar	*to attack*
convertirse en	*to become*
datar de	*to date back to*
desembarcar	*to disembark*
desolar	*to ruin*
embarcar	*to embark, to board*
encerrar	*to lock down, to lock up*
expulsar	*to throw out, to expel*

firmar	*to sign*
formar parte (de)	*to be part of*
gobernar	*to govern*
habitar	*to inhabit, to dwell*
huir	*to escape, to run away*
invadir	*to invade*
luchar	*to fight*
ocasionar	*to cause*
ocurrir	*to take place*
recorrer	*to travel through*
refugiarse	*to take shelter*
retirarse	*to retreat, to withdraw*
romper	*to break*

Adjetivos *(Adjectives)*

cobarde	*cowardly*
conservador/a	*conservative*
defensor/a	*defender*
escondido/a	*hidden*
honrado/a	*honest, decent*
independiente	*independent*
malvado/a	*wicked*
militar	*military*
nómada	*nomadic*
revolucionario/a	*revolucionary*
valiente	*brave*

CONSULTORIO GRAMATICAL

1 The Imperfect Tense

	-AR	-ER	-IR	
	HABLAR	TENER	VIVIR	
(yo)	hablaba	tenía	vivía	
(tú)	hablabas	tenías	vivías	
(él, ella, usted)	hablaba	tenía	vivía	REGULAR
(nosotros/as)	hablábamos	teníamos	vivíamos	
(vosotros/as)	hablabais	teníais	vivíais	
(ellos, ellas, ustedes)	hablaban	tenían	vivían	

	SER	IR	
(yo)	era	iba	
(tú)	eras	ibas	
(él, ella, usted)	era	iba	IRREGULAR
(nosotros/as)	éramos	íbamos	
(vosotros/as)	erais	ibais	
(ellos, ellas, ustedes)	eran	iban	

2 Uses of the Imperfect Tense

The imperfect tense is used to portray various aspects of the background of a story.

■ *Details about the context in which the story takes place, such as the time, date, place, weather, etc.*

Eran las nueve.
It was nine o'clock.

Era de noche.
It was evening.

Hacía mucho frío y **llovía**.
It was very cold and raining.

Estábamos cerca de Managua.
We were near Managua.

■ *The condition and description of the people in the story.*

Estaba muy cansado.
I was very tired.

Me **sentía** mal.
I felt sick.

Yo no **llevaba** anteojos.
I wasn't wearing glasses.

■ *The existence of things that pertain to the story we are telling.*

Había mucho tráfico.
There was a lot of trafic.

Había un camión parado en la carretera.
There was a truck parked on the road.

■ *To contrast the way things are now and the way they used to be.*

Ahora hablo español y portugués. Antes solo **hablaba** inglés.
Now I speak Spanish and Portuguese. I used to speak only English.

Antes **tenía** muchos amigos. Ahora sólo tengo dos o tres.
I used to have a lot of friends. Now I only have two or three.

■ *To talk about habitual actions in the past.*

Cuando era niño, **íbamos** a la escuela a pie porque no había autobuses escolares.
When I was a child, we used to go to school by foot because there weren't any school buses.

Antes no **salía** nunca de noche; no me **gustaba**.
In the past I did not go out at night; I did not like it.

3 Contrasting the Preterit and the Imperfect Tenses

■ *The preterit tense presents information as an event.*

Ayer **llovió**.
It rained yesterday.

Ayer por la noche **estuvimos** en un restaurante muy bueno.
Last night we were in a very good restaurant.

■ *The imperfect tense sets the background to an action that is expressed in the preterit tense.*

Fuimos al cine por la noche y al salir, **llovía**.
We went to the movies in the evening, and it was raining when we came out.

Estábamos en un restaurante muy bueno y **llegó** Rogelio.
We were in a very good restaurant and Rogelio arrived.

■ *These types of markers often accompany the preterit tense:*

ayer
anoche
el lunes / martes...
la semana pasada
el año pasado
anteayer
el otro día
el (día) 6
el mes pasado

4 Relating Past Events: Cause and Consequence

To demonstrate the consequences of an action we can use **así que** *and* **por eso**.

Mónica tuvo que trabajar para pagarse los estudios **porque** su familia no <u>tenía mucho</u> dinero.
*Monica had to work to pay her studies **because** her family didn't have a lot of money.*

Su familia no <u>tenía</u> mucho dinero, **así que** Mónica tuvo que trabajar para pagarse los estudios.
*Her family didn't have a lot of money, **so** Monica had to work to pay her studies.*

Se fue a casa **porque** le <u>dolía</u> la cabeza.
*S/he went home **because** he/she had a headache.*

Le <u>dolía</u> la cabeza, **por eso** se fue a casa.
*S/he had a headache **so** s/he went home.*

12–1 Para llevar una vida sana (*healthy*)…

¿Qué hay que hacer para llevar una vida sana? Den algunas recomendaciones.

EJEMPLO:

Para llevar una vida sana (no) hay que…

12–2 En Costa Rica

¿Qué sabes de Costa Rica? Lee este texto y mira los datos para saber más.

Los datos de la Organización Mundial de la Salud (OMS) indican que Costa Rica es el país con mayor esperanza de vida de América Latina (80,1 años). El sistema de salud de Costa Rica es el segundo mejor sistema de América Latina, superado solo por Chile. A nivel mundial está en el puesto 26.

TAREA

Crear una campaña para la prevención de accidentes o problemas de salud.

NUESTRA GENTE

Costa Rica
Hispanos/latinos en Estados Unidos

	FUENTE (SOURCE)	POSICIÓN MUNDIAL	POSICIÓN EN LATINOAMÉRICA
Desempeño Ambiental (2008)	Universidad de Yale	5	1
Grado de Democracia (2006)	*The Economist*	25	1
Paz Global (2008)	*The Economist*	34	3
Calidad de vida (2005)	*The Economist*	35	3
Índice de Prosperidad (2009)	Instituto Legatum	38	4
Desarrollo humano* (2007)	Naciones Unidas	54	6
Índice de satisfacción de vida	Banco Interamericano de desarrollo	–	1

*El índice de desarrollo humano (IDH) es un indicador social estadístico compuesto de tres parámetros: vida larga y saludable, educación y nivel de vida digno.

Marca las afirmaciones correctas.

1. En Costa Rica se cuida mucho el medioambiente (*environment*).
2. Costa Rica tiene una de las democracias más estables del mundo.
3. Costa Rica es un país muy pacifista.
4. La calidad de vida en Costa Rica es la más alta de Latinoamérica.
5. Costa Rica es el segundo país más próspero de Latinoamérica.
6. Costa Rica tiene un sistema educativo muy bueno.
7. En general la gente de Costa Rica está contenta con su vida.

Información para la actividad 12–2

Se comienza la sección con una actividad cultural sobre Costa Rica y su sistema de salud, que introduce tanto el tema de la lección (la salud) como el país. Pregunte a los estudiantes sobre el significado de los conceptos de la tabla y ayúdelos con los que no comprendan.

La Organización Mundial de la Salud (OMS), el organismo de las Naciones Unidas especializado en salud, se creó el 7 de abril de 1948. Tal y como establece su Constitución, el objetivo de la OMS es que todos los pueblos puedan gozar del grado máximo de salud que se pueda lograr. La Constitución de la OMS define la salud como un estado de completo bienestar físico, mental y social, y no solamente como la ausencia de afecciones o enfermedades. Los 192 estados miembros de la OMS gobiernan la organización a través de la Asamblea Mundial de la Salud. La Asamblea está compuesta por representantes de los estados miembros de la OMS.

Respuestas para la actividad 12–2

1. *cierto*
2. *cierto*
3. *cierto*
4. *falso (es la tercera tras Chile y México)*
5. *falso (es el cuarto tras Chile, Uruguay, Argentina)*
6. *cierto*
7. *cierto*

ACERCAMIENTOS

12–3 Consejos para un corazón sano

Un periódico costarricense publicó estos consejos para prevenir problemas de corazón. Léelos y decide si te estás cuidando bien.

¿Qué tal su corazón? ¡Cuídelo!

¿FUMA?
Si fuma, **déjelo.**
No será fácil. Al 50% de los fumadores les cuesta mucho.
Hay tratamientos que ayudan (chicles, parches, acupuntura, etc.), sin embargo la voluntad es lo más importante.

¿TIENE LA TENSIÓN ALTA?
Si las cifras de tensión son superiores a 140 de máxima y 90 de mínima, **visite** al médico.
La hipertensión es peligrosa. No causa molestias pero poco a poco va deteriorando las arterias y el corazón. Si está tomando medicinas, **no deje** el tratamiento.

¿TIENE EL COLESTEROL ALTO?
Si tiene el colesterol superior a 240 mg/dl, **reduzca** el consumo de grasas animales y **aumente** el de frutas y verduras.

¿BEBE ALCOHOL?
Un poco de vino es bueno para el corazón, pero más de dos vasos al día dejan de ser saludables. Y **no tome** más de cuatro: pueden ser peligrosos.

¿TIENE EXCESO DE PESO?
Divida su peso en kilos por el cuadrado de su altura.
Si el resultado está entre 25 y 29, **reduzca** su peso. Si está por encima de 30, debe visitar a un especialista. Si desea adelgazar, **no haga** dietas extremas.

> **Ejemplo: usted mide 1,73 metros y pesa 78 kilos.**
> **Operaciones:**
> **1. El cuadrado de su altura: $1{,}73 \times 1{,}73 = 3$.**
> **2. El peso dividido entre el cuadrado de su altura: $78 : 3 = 26$.**
> **Conclusión: Usted debe reducir peso.**

¿HACE EJERCICIO?
Dé un paseo diario de 45 minutos: Es el mejor ejercicio a partir de una cierta edad.
Tenga cuidado con los deportes violentos: pueden tener efectos negativos para su corazón.

¿TIENE ALGÚN RIESGO COMBINADO?
Si tiene varios de los factores de riesgo anteriores, debe vigilarlos mucho más.

UN FUMADOR DE 40 AÑOS QUE DEJA DE FUMAR GANA CINCO AÑOS DE VIDA CON RESPECTO A OTRO QUE SIGUE FUMANDO. A LOS DOS AÑOS DE DEJARLO, SU CORAZÓN ES COMO EL DE UN NO FUMADOR.

☐ Cuido bien mi corazón.   ☐ ¡Tengo que cambiar urgentemente de vida!
☐ Tengo que cuidarme un poco más.

👥 Ahora pregunta a tu compañero/a y decide si cuida bien su corazón. ¿Qué tiene que hacer para cuidarse más? Dale algún consejo.

EJEMPLO:

E1: ¿Fumas?
E2: Sí, un poco.
E1: Tienes que dejar de fumar. Es muy malo para el corazón.

VOCABULARIO EN CONTEXTO

12-01 to
12-09

12–4 Un verano tranquilo

Una compañía de seguros elaboró esta campaña informativa para evitar los problemas típicos del verano a sus clientes. Lee los textos y completa estas frases con recomendaciones y consejos.

Información para la actividad 12–4

La actividad propone un repaso de diversas estructuras para hacer recomendaciones que aparecen de manera explícita en la *Lección 4* (*tener que* + *infinitivo*) y la *Lección 5* (*hay que* + *infinitivo*), además del imperativo informal (tú) (*Lección 6*). En este capítulo se presentan formalmente otras dos formas de dar recomendaciones: la perífrasis *deber* + *infinitivo* y la perífrasis *poder* + *infinitivo*.

Trate de que los estudiantes escriban diferentes formas de recomendación con diversas estructuras.

Sugerencias/expansión para la actividad 12–4

Puede pedirles a los estudiantes que busquen en los textos todas las recomendaciones que aparecen, y que piensen sobre las múltiples maneras que existen para esta función lingüística (por ejemplo: es conveniente + *infinitivo*, es aconsejable + *infinitivo*, llame *al médico, el calor* puede *provocar diarrea,* hay que *llevar al paciente al servicio de emergencias,* etc.).

ASEGÚRESE UN VERANO TRANQUILO

Aquí tiene una serie de consejos para evitar problemas de salud frecuentes en esta época del año.

LESIONES PROVOCADAS POR EL SOL

Tomar el sol moderadamente es beneficioso: el sol proporciona vitamina D. Sin embargo, si se toma en exceso, el sol se puede convertir en un peligro.

¿QUÉ HACER?

Quemaduras

Para calmar el dolor es conveniente aplicar agua fría, usar crema hidratante sin grasa y no poner nada en contacto con la piel durante unas horas.

Insolación

Si es ligera, aplíquese paños húmedos por el cuerpo y la cabeza, beba tres o cuatro vasos de agua salada, uno cada cuarto de hora, y descanse en un lugar fresco. Si es grave, llame al médico. Para prevenir quemaduras es aconsejable utilizar cremas con filtros solares, ponerse un gorro o buscar zonas de sombra, especialmente en las horas del mediodía.

INFECCIONES ALIMENTARIAS

El calor hace proliferar frecuentemente gérmenes en algunos alimentos, lo que puede provocar diarreas, vómitos y fiebre. No tome alimentos con huevo crudo o poco cocido. Controle también las fechas de caducidad de los productos emvasados y enlatados.

¿QUÉ HACER?

Tras una intoxicación de este tipo, haga dieta absoluta el primer día. Tome únicamente limonada alcalina (1litro de agua hervida, 3 limones exprimidos, una pizca de sal, una pizca de bicarbonato y 3 cucharadas soperas de azúcar). El segundo día puede tomar ciertos alimentos en pequeñas cantidades: arroz blanco, yogur, plátano, manzana, zanahoria, etc.

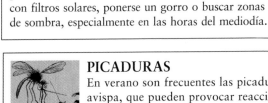

PICADURAS

En verano son frecuentes las picaduras. Las más comunes son las picaduras de abeja y avispa, que pueden provocar reacciones alérgicas, y las de mosquito. Los síntomas más frecuentes son inflamación, dolor y escozor. En algunos casos pueden aparecer diarreas, vómitos, dificultad al tragar, convulsiones, etc. En este caso, hay que llevar al paciente al servicio de emergencias más próximo.

Información para la actividad 12–5

Hágales escuchar a sus estudiantes por separado cada una de las intervenciones. Es recomendable una primera audición para identificar el problema y una segunda para saber qué debe hacer.

Respuestas para la actividad 12–5

1. *Le ha caído mal algo que ha comido; tenía mayonesa; tomarse una manzanilla.*
2. *Le duele la cabeza; ha tomado demasiado sol en la playa; ponerse crema o tomarse una aspirina.*
3. *Le pica mucho el pie; le ha picado algún tipo de insecto; ponerse amoníaco.*

1. Si tomas el sol...

   tienes que _____ una gorra y _____ cremas.

2. Si te quemaste muchísimo...

3. Si comes en un restaurante en verano...

4. Si te pica una abeja...

5. Si tienes diarrea...

6. Si, después de una picadura, tienes vómitos...

7. Si tienes síntomas muy graves...

12–5 Y a ellos, ¿qué les pasa?

¿Qué le pasa?	¿Por qué?	¿Qué tiene que hacer?
1. _____	_____	_____
2. _____	_____	_____
3. _____	_____	_____

12–6 Problemas en vacaciones

¿Has tenido tú alguno de estos problemas durante las vacaciones? ¿Dónde estabas? ¿Con quién estabas? ¿Qué te pasó? ¿Qué síntomas tenías? Cuéntaselo a tus compañeros/as.

EJEMPLO:

Yo una vez estaba en la costa de vacaciones con unos amigos, comimos langosta y a las dos horas me puse enfermísimo... Me dolía mucho el estómago.

12–7 ¿Qué le duele?

Una serie de personas llegan al hospital por razones diferentes. ¿A qué sección deben ir? ¿A qué especialista deben ver?

EJEMPLO:

José Luis tiene que ir a **odontología** en el quinto piso. Tiene que ver al **odontólogo**.

1. A Francisco le duele mucho la garganta, la nariz y los oídos. Está resfriado.
2. Marisa necesita anteojos nuevos.
3. Mercedes trajo a sus hijos a una revisión médica y a ponerles unas vacunas.
4. A José Luis le duelen las muelas.
5. Bartolomé se lesionó jugando al fútbol.
6. Reinaldo tuvo un infarto hace dos meses.
7. Rodrigo tiene depresión y está en tratamiento desde hace seis meses.
8. Rosalinda está embarazada y espera su bebé para noviembre.
9. Marcos está muy enfermo. Tiene cáncer de pulmón.

HOSPITAL SANTA MARÍA MILAGROSA
SAN JOSÉ, COSTA RICA

Cardiología (3er piso)	Odontología (5° piso)
Cirugía general (4° piso)	Oftalmología (5° piso)
Cuidados intensivos (4° piso)	Oncología (4° piso)
Emergencias médicas (1er piso)	Ortopedia (1er piso)
Gastroenterología (4° piso)	Otorrinolaringología (3er piso)
Ginecología (2° piso)	Pediatría (2° piso)
Medicina del deporte (1er piso)	Psiquiatría (3er piso)
Medicina familiar (2° piso)	Radiología (1er piso)

12–8 Síntomas

¿Conoces estas enfermedades? Elige una que conozcas y describe los síntomas, lo que hay que hacer y lo que no se debe hacer. Tu compañero/a tratará de adivinar cuál es.

EJEMPLO:

E1: Cuando tienes esto te duelen los ojos. No hay que tomar el sol, y hay que lavarse bien los ojos.

E2: ¡La conjuntivitis!

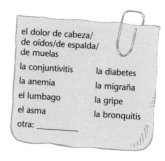

el dolor de cabeza/
de oídos/de espalda/
de muelas

la conjuntivitis   la diabetes
la anemia   la migraña
el lumbago   la gripe
el asma   la bronquitis
otra: _____

Sugerencias/expansión para la actividad 12–6
Recuerde los problemas habituales que los estudiantes encuentran en las estructuras del tipo *Me duele el estómago* por su diferente construcción en inglés (*My stomach hurts*) y el contraste entre el empleo del posesivo en inglés y los artículos definidos en español para hablar de las diferentes partes del cuerpo.

Información para la actividad 12–7
La actividad se centra en el léxico de las especialidades médicas y los nombres de especialistas médicos. Facilite a los estudiantes, a medida que se hace la actividad, el vocabulario correspondiente para designar cada especialista: otorrino (laringólogo/a), oftalmólogo/a u oculista, alergólogo/a, pediatra, odontólogo o dentista, especialista en medicina deportiva, cardiólogo, psiquiatra o siquiatra, ginecólogo/a y oncólogo/a.

Respuestas para la actividad 12–7

1. *otorrinolaringología*
2. *oftalmología*
3. *pediatría*
4. *odontología*
5. *medicina de deporte*
6. *cardiología*
7. *psiquiatría*
8. *ginecología*
9. *oncología*

Sugerencias para la actividad 12–7
Es conveniente que revise con sus estudiantes el vocabulario que se refiere a las partes del cuerpo, o pídales que lo revisen (*Lección 5*). Si no lo ha hecho ya, introduzca las palabras nuevas: garganta, oído, muela, estómago, barriga.

Sugerencias para la actividad 12–8
Usted o los estudiantes pueden plantear otras enfermedades o síntomas aparte de los que aparecen en la actividad, y también pueden discutir los diferentes remedios caseros o especializados que se ofrecen para cada uno. De este modo, el grupo podría apreciar las diferencias que existen entre unas y otras culturas.

GRAMÁTICA EN CONTEXTO

12-10 to 12-36

12–9 La historia clínica

Juan José Morales tuvo que ir a emergencias porque se cayó. El enfermero completó esta ficha.

Nombre: Juan José **Apellidos:** Morales Ramos
Edad: 31 años **Peso:** 85 kilos **Estatura:** 1,81metros
Grupo sanguíneo: A+
Enfermedades: meningitis, hepatitis
Operaciones: apendicitis, menisco
Alergias: ninguna
Observaciones: paciente hipertenso, fumador
Medicación actual: cápsulas contra la hipertensión
Motivo de la visita: dolor agudo en la rodilla izquierda producido por una caída

Ahora escuchen este diálogo entre el enfermero y una paciente. Completen una ficha similar.

Nombre:	Apellidos:
Edad:	Peso:
Grupo sanguíneo:	Estatura:
Operaciones:	Enfermedades:
Observaciones:	Alergias:
Medicación actual:	
Motivo de la visita:	
Diagnóstico preliminar:	

EJEMPLO:

E1: ¿Es alérgico a algo?
E2: Sí, tiene alergia a la penicilina.

12–10 ¡Pobrecitos!

Mira las fotos de Javier, Félix y Juan. Escribe qué les pasa y qué crees que deben y no deben hacer. Usa formas de imperativo y algunos adverbios terminados en -*mente*.

Javier

Félix

Juan

	¿QUÉ LE PASA?	RECOMENDACIONES
Javier		¡**Camina** muy **lentamente**!
Félix		
Juan		

EL IMPERATIVO (MANDATOS)

Formas Regulares

TOMAR

tú	**toma**	no **tomes**
usted	**tome**	no **tome**

COMER

tú	**come**	no **comas**
usted	**coma**	no **coma**

VIVIR

tú	**vive**	no **vivas**
usted	**viva**	no **viva**

Formas Irregulares

HACER

tú	**haz**	no **hag**as
usted	**hag**a	no **hag**a

IR

tú	**ve**	no **vay**as
usted	**vay**a	no **vay**a

RECOMENDACIONES Y ADVERTENCIAS

IMPERSONALES

Cuando se tiene la tensión alta...

...**no hay que comer** sal.

...**no es conveniente comer** sal.

...**no se debe comer** sal.

Tener la tensión alta **puede** ser peligroso para el corazón.

PERSONALES

Si tienes la tensión alta...

...**no comas** sal.

...**no debes comer** sal.

...**puedes** enfermarte.

No coma mucha sal.

ADVERBIOS (−MENTE)

moderada	→	modera**mente**
excesiva	→	excesiva**mente**
frecuente	→	frecuente**mente**
regular	→	regular**mente**
lenta	→	lenta**mente**

12–11 A dieta

Estas amigas comentan dos dietas para adelgazar. ¿En qué consisten? ¿Cuál te parece mejor?

	TIENES QUE...	NO PUEDES...	HAY QUE...
dieta del "sirope"			
dieta del astronauta			

¿Tienes tú otras sugerencias para adelgazar?

12–12 Disfrute de la naturaleza en Costa Rica

Lee este texto sobre las actividades relacionadas con la naturaleza que ofrece Costa Rica. Después completa el cuadro.

- Playas: ideales para la práctica de actividades enfocadas en la naturaleza y el mar, como la pesca deportiva y el buceo, y también para disfrutar del sol y los paseos a orillas del mar. Las playas de la costa del Pacífico son preferidas para la práctica del surf.

- Aventura: Costa Rica es tierra de volcanes, bosques húmedos, enormes cataratas y ríos caudalosos. Esta naturaleza facilita una variada oferta de actividades, que incluye rafting, windsurf, buceo, kayaking, pesca deportiva, o surf.

- Ecoturismo: El país está dividido en 20 parques naturales, ocho reservas biológicas y una serie de áreas protegidas que cautivan a los amantes de las actividades ecoturísticas. La oferta de excursiones es muy variada: desde paseos a caballo hasta caminatas por senderos montañosos y salidas guiadas para la observación de aves. El Parque Nacional Tortuguero es famoso por sus tortugas marinas.

	IMPERATIVO NEGATIVO	IMPERATIVO	TÚ IMPERSONAL
Si vas a las playas...	**no vayas** sin bronceador	**practica** el surf y la pesca	**puedes** bucear / **necesitas** bronceador
Si quieres aventura...			
Si te gusta el ecoturismo...			
Si quieres conocer algún parque natural...			
Si te gustan los animales...			
Si te gusta el deporte...			

Información para la actividad 12–11

Se presenta *input* de audio (dos conversaciones) que contiene varias expresiones de recomendación y advertencia, y el uso del *tú* impersonal (te compras el jarabe, bajas 3 kilos...).

Respuestas para la actividad 12–11

- Dieta del "sirope": *tienes que tomar un jarabe durante diez días; no puedes comer; hay que pasar hambre; hay que ir al médico antes de hacer esta dieta.*
- Dieta del astronauta: *tienes que ayunar una vez por semana, cuando cambia la luna; no puedes tomar sólidos; hay que tomar líquidos (sopas, jugos, infusiones, batidos, etc.).*

Sugerencias/expansión para la actividad 12–11

Pida a los estudiantes que usen el *tú* impersonal para dar otras recomendaciones para adelgazar. Puede preguntarles a los estudiantes si tienen sugerencias para engordar de forma saludable también.

Información para la actividad 12–12

La actividad presenta un *input* textual cuyos contenidos giran en torno a Costa Rica. La actividad requiere la práctica significativa de las estructuras meta (*tú* impersonal e imperativo) a partir de este *input*. Antes de que hagan el ejercicio de producción, comente con los estudiantes los datos sobre Costa Rica.

INTERACCIONES

12-37 to
12-39

ESTRATEGIAS PARA LA COMUNICACIÓN ORAL

Verbal courtesy (II)

As we have seen in *Lección 8* and in this lesson, the command forms have many more functions than just giving orders or commands. We can use them to give advice, recommendations and warnings. Other uses of the command forms are:

1. To attract someone's attention:
   - *Oye / oiga, ¿me puede decir qué hora es?*
   - *Disculpa / disculpe, ¿dónde está la oficina del doctor Rosales?*
   - *Mira / mire, éste es el parque donde quiero ir de vacaciones.*
2. To encourage the listener:
   - *Pasa / pase y siéntate / siéntese, por favor.*
   - *No te preocupes / se preocupe. Todo va a salir bien.*
   - *¿Te importa si uso este libro?*
   - ○ *Sí, claro, úsalo.*
3. In fixed expressions:
   - *¡No me digas!* (You're kidding!)
   - *¡Ven! Vamos a caminar.* (Come on! Let's go for a walk.)

12–13 Con cortesía

Pide a tu compañero/a permiso para hacer estas cosas. Tu compañero/a te debe responder usando imperativos para animarte (*encourage you*).

1. Quieres usar su coche.
2. Has perdido el bolígrafo que tu compañero te prestó. Necesitas otro.
3. Quieres ponerte su abrigo porque tienes frío.
4. Tocas la puerta. Quieres entrar en su cuarto.
5. Quieres comer más pizza.
6. Quieres poner la tele porque hay un partido de fútbol.
7. Has roto el iPod de tu amigo/a. Quieres comprarle otro.

EJEMPLO:

E1: Disculpa, ¿puedo usar tu carro? Tengo que ir al aeropuerto.
E2: Sí, claro, **úsalo**.

12–14 Hacer deporte para estar sano

Completen individualmente el cuadro con información sobre los deportes que practican. Luego intercambien la información. Háganse preguntas para saber más de estos deportes.

DEPORTE	PROPÓSITO	TRES RECOMENDACIONES
1.	Para hacer/jugar a… Si quieres hacer/jugar…	
2.		
3.		

EJEMPLO:

E1: Yo hago surf. Para hacer surf **hay que** tener mucho equilibrio, **tienes que** concentrarte mucho y **debes** nadar muy bien. **Puede** ser peligroso.
E2: Si quiero aprender, ¿qué me recomiendas?
E1: **Mira**, te recomiendo tres cosas: **compra** una buena tabla, **ve** a una buena playa y **practica** mucho.

12–15 A la aventura

Ustedes están de vacaciones en Costa Rica. Uno de ustedes es experto en windsurfing y el otro en rafting. Den tres recomendaciones (basadas en la información de los textos) a su compañero/a.

Windsurfing

 Los vientos que cruzan Costa Rica durante los meses secos crean las condiciones necesarias en la parte noroeste del país para realizar este deporte. En esta región se encuentra el lago Arenal, uno de los puntos más reconocidos y premiados mundialmente. Durante la estación seca el viento alcanza velocidades promedio de 33 millas por hora, algo que solamente pueden manejar los expertos del windsurfing. Durante los meses lluviosos los vientos se calman y es el lugar perfecto para aprender este deporte. La Costa Pacífica (Golfo de Papagayo) es la mejor área para surfeadores con menos experiencia, ya que hay aguas más tranquilas y vientos menos intensos.

Descenso de rápidos (rafting)

 En Costa Rica se encuentran algunos de los mejores ríos del mundo para correr rápidos.

- Pacuare: Este río está en la lista de los 10 mejores del mundo para rafting y kayaking. Su curso atraviesa una serie de increíbles y densos bosques, y tiene al menos 20 cascadas. Su recorrido se puede hacer desde mediados de mayo hasta mediados de marzo.
- Sarapiqui: Un bellísimo río ideal para principiantes, disponible de mayo a mediados de marzo. Tiene salvajes viajes al principio, un suave flotar al final y una sección de interminables rápidos en el medio. Ideal para los amantes de la naturaleza.

EJEMPLO:

E1: ¿Cuándo me recomiendas aprender a hacer windsurf?
E2: Si quieres aprender a hacer windsurf **hazlo** durante los meses de lluvia, porque hay menos viento.

 12–16 Situaciones: *En la clínica estudiantil*

Two students are at the student health clinic. They are in the doctor's office.

ESTUDIANTE A

When you were coming out of the dorm, you tripped and fell down the stairs. As a result, you are now in a lot of pain. Explain your symptoms to the doctor. Answer the doctor's questions as accurately as possible.

ESTUDIANTE B

After having lunch in the cafeteria, you got sick. Several hours passed but you didn't get better, so you decided to go to the doctor. Explain your symptoms to the doctor. Answer the doctor's questions as accurately as possible.

ESTUDIANTE C

You are a doctor at the student health clinic. Two students with different health problems come to see you. Listen to them, ask them questions, make diagnoses, and give them some recommendations.

Información para la actividad 12–15

La actividad está basada en un *input* cultural relevante —Costa Rica— de modo que los estudiantes puedan continuar la reflexión sobre este país y su increíble geografía y naturaleza, ideal para la práctica de muchos deportes.

Comience la actividad preguntando a los estudiantes si conocen o practican los deportes que se mencionan, en qué consisten, qué hay que hacer para practicarlos, etc. Pida a aquellos que los practican que le den a usted recomendaciones. Después haga que los estudiantes conversen en parejas.

Sugerencias/expansión para la actividad 12–15

Tanto en las instrucciones como en los textos de esta actividad, aparecen algunas palabras prestadas del inglés: *windsurfing, rafting, kayaking*. Como otras áreas lúdicas o profesionales (espectáculos, ciencia, informática, etc.), el español presenta la influencia del inglés, una de las lenguas mundiales de más peso. Usted podría reflexionar y plantear en clase el contraste entre estos préstamos "puros" (entran en el español sin cambios ortográficos), y otros "adaptados" al sistema ortográfico español y más usuales en el mundo de los deportes: *fútbol, voleibol, béisbol, set,* etc.

Información para la Tarea
El objetivo final de la tarea colaborativa es la producción de un texto-campaña de prevención de accidentes o problemas de salud. En la fase de Preparación se exploran cinco posibilidades temáticas con apoyo del input visual (imágenes). El Paso 2 ofrece cinco noticias relacionadas con los temas, pero recuerde que los grupos ya habrán elegido un tema en el Paso 1, por lo que sólo deben leer la noticia relacionada con dicho tema. El Paso 3 guía a los grupos sobre los contenidos específicos que deben incluir en su campaña. En este Paso, concéntrese en el trabajo lingüístico que hacen los grupos y ayúdeles con las preguntas que puedan surgir.

Sugerencias para la Tarea
Usted puede utilizar los temas de Preparación para repasar y reforzar vocabulario asociado con cada uno de los mismos. Sería conveniente que todos los temas quedaran cubiertos.

Lógicamente, el formato y diseño del cartel podrá variar en función del tiempo y recursos de los que dispone la clase, desde un papel en blanco con anotaciones y dibujos a mano, hasta un póster de cartón con fotos, gráficos, tablas, etc. Cualquiera que sea el formato acordado por la clase, será importante concluir con la Tarea en forma de votación en el Paso 4.

TAREA *Gente en acción*

Crear una campaña para la prevención de accidentes o problemas de salud.

PREPARACIÓN

¿Cuál de los siguientes temas te parece más interesante? Ordénalos de más a menos interesante.

- ☐ los accidentes de tráfico
- ☐ los trastornos alimenticios (anorexia, obesidad, etc.)
- ☐ la adicción al tabaco
- ☐ las drogadicciones
- ☐ la vida sedentaria

 Ahora observen estas fotos de campañas publicitarias. Relacionen cada una con los temas anteriores. Comenten los mensajes que transmiten y cómo los transmiten. Elijan el tema de su campaña y el dibujo que les sirve como inspiración.

Paso 1 Elaboren una lista de palabras o expresiones relacionadas con el tema que eligieron para su campaña. Usen el dibujo para pensar en palabras. Después piensen en otras imágenes o gráficos que podrían incluir en su campaña.

Paso 2 Para obtener más información, lean la noticia relacionada con el tema que han elegido. ¿Qué datos quieren incluir en su campaña?

1. Aumento de la anorexia

Según la ONU, Argentina es el segundo consumidor mundial de "anorexígenos". Una de cada 10 adolescentes argentinas sufre alguna patología alimentaria y unas 400.000 argentinas optan por consumir diariamente drogas para quitar el hambre. El aumento de su consumo es considerado un síntoma más de la excesiva obsesión por la figura que se vive en muchos países de América Latina. México, Colombia, Perú y Chile también están sufriendo una explosión de casos.

3. Aumenta el alcoholismo en menores

El número de niños y adolescentes que beben en exceso ha aumentado dramáticamente en los últimos años en Latinoamérica. Las estadísticas muestran un aumento del 20% en el número de menores de 18 años admitidos en hospitales por trastornos como envenenamiento de alcohol y un aumento del consumo de alcohol, especialmente en menores de 21 años. Los expertos afirman que parte del problema es el desconocimiento de los peligros del consumo de alcohol.

2. Fumar altera el cerebro "como las drogas"

Según un estudio publicado en el *Journal of Neuroscience*, fumar cigarrillos causa el mismo daño al cerebro que el uso de drogas ilícitas, como la cocaína, produciendo cambios en el cerebro que son evidentes años después de que alguien deja de fumar.

4. Más ejercicio, más felices

Según los científicos, el ejercicio físico intenso libera endorfinas en el cerebro, lo que explicaría la euforia que sienten las personas que lo practican. El ejercicio aumenta la sensación de bienestar y de felicidad.

5. Consumo de drogas en aumento

El aumento global en el consumo de drogas sintéticas supone una carga para toda la sociedad, ya que estas drogas están afectando a los sistemas de salud, que deben costear el tratamiento y la rehabilitación de los pacientes. Los efectos de las drogas sintéticas no son inmediatos, pero su excesivo consumo afecta a ciertas partes del cerebro que controlan los movimientos y la memoria. Estos daños son, en muchos casos, permanentes.

Paso 3 Escriban su campaña, incluyendo

1. la descripción del problema, sus causas y consecuencias principales,
2. una serie de recomendaciones y consejos para evitarlo y combatirlo, y
3. un eslogan.

Paso 4 Presentación de la campaña.
Presenten su folleto en forma de cartel y expongan ante la clase su campaña. La clase decide qué campaña es la mejor.

Paso 5 Foco lingüístico.

AYUDA

Relacionar ideas

La nicotina tiene efectos muy nocivos; **sin embargo**, muchas personas fuman.

La gente bebe mucho por la noche y **por eso** hay tantos accidentes de tráfico.

Adverbios en -*mente*
modera**damente**
excesiva**mente**
especial**mente**
frecuente**mente**

NUESTRA GENTE

12-40 to
12-41

GENTE QUE LEE

ESTRATEGIAS PARA LEER

Considering the type of text

One important pre-reading strategy is to consider the type of text that you will be reading. For example, when you are about to read a newspaper article, you can anticipate certain structures (based on headlines or titles, subtitles, etc.), and a specific writing style. What could you expect to find if you were about to read the following types of texts?

1. a schedule
2. a chart or graphic
3. a short story
4. a children's story

5. a brochure
6. a letter
7. an interview

8. a poem
9. a restaurant menu
10. an e-mail

ANTES DE LEER

12–17 El sistema de salud ideal

Ordena, de más a menos importante, las características de un buen sistema de salud en cualquier país.

☐ acceso gratuito para los ciudadanos con menos recursos

☐ médicos que te prestan mucha atención y que son muy amables

☐ hospitales muy acogedores

☐ bajos precios de los servicios médicos

☐ rapidez en la atención médica (cirugías, urgencias…)

☐ acceso para todo el mundo (visitantes, inmigrantes…)

☐ médicos muy bien preparados

¿Conoces el sistema de salud de tu país? ¿Qué características tiene? Señala los aspectos positivos y los negativos.

12–18 Activando estrategias

1. Considera el título del texto. ¿Es informativo?
2. Mira por encima (*skim*) el texto durante 30 segundos. ¿Qué información has obtenido?
3. Busca la siguiente información en el texto usando la técnica del escaneado (*scanning*):

    A. Número de hospitales y clínicas en Costa Rica.

    B. Porcentaje de visitantes que van a Costa Rica para obtener servicios médicos.

DESPUÉS DE LEER

12–19 ¿Comprendes?

1. Costa Rica es el tercer país en esperanza de vida. Da dos razones que expliquen esto.
2. En Costa Rica no hay ejército. ¿Qué consecuencia positiva tiene este hecho?
3. ¿Por qué muchos médicos de Costa Rica hablan más de un idioma?
4. ¿Cuánto tiene que pagar un extranjero residente para tener acceso al sistema de salud?
5. ¿Por qué muchas personas van a Costa Rica para tener cirugía plástica?

A LEER

CUIDADO MÉDICO DE CALIDAD PARA TODO EL MUNDO

Según un informe de la Organización Mundial de la Salud (OMS), Costa Rica es el tercer país del mundo en esperanza de vida, detrás de Japón y Francia, y delante de Gran Bretaña y Estados Unidos. Esto es **especialmente** relevante si se considera que su renta per cápita es una décima parte de la de esos países. Ciertamente, algunas razones de este fenómeno se pueden encontrar en la forma de vida menos frenética de los costarricenses: los alimentos frescos, saludables y sin **conservantes**, el clima tropical…; sin embargo, la razón principal es que su gobierno continúa un **compromiso** de muchos años: el de ofrecer a cada uno de sus ciudadanos servicio **asequible** en uno de los mejores sistemas sanitarios del mundo.

El sistema médico de Costa Rica es el segundo de América latina y figura entre los 30 mejores del mundo. La ausencia de ejército y el énfasis del gobierno en el bienestar social y educativo de sus ciudadanos han dado como resultado un sistema de salud **altamente** desarrollado. El Dr. Soto, jefe de cirugía del Hospital México, dice que Costa Rica es única en su posición mundial con respecto a la sanidad. "He estudiado todos los sistemas de salud en las Américas y puedo asegurarle que en ninguna parte se puede encontrar lo que ofrece Costa Rica a sus ciudadanos". Con una red estatal de 29 hospitales y de más de 250 clínicas a través del país, el sistema público de salud tiene la responsabilidad de proporcionar servicios médicos de bajo costo a toda la gente de Costa Rica y a cualquier residente extranjero o visitante. Los extranjeros residentes sólo tienen que pagar una pequeña tasa anual basada en sus ingresos.

Generalmente los doctores y dentistas de Costa Rica reciben su entrenamiento médico en Costa Rica. Después viajan al extranjero para formarse en especialidades diversas y lo hacen en excelentes universidades de Europa o Estados Unidos. Por eso no es extraño encontrar médicos que hablan dos o más idiomas. Muchos de ellos trabajan por la mañana en el sistema público y luego en su **consulta** privada.

Se calcula que alrededor del 14% de todos los visitantes que llegan a Costa Rica lo hacen con el propósito de recibir algún tipo de atención médica. Gente de todo el mundo llega para visitar dentistas, tener cirugías de diversos tipos o pasar una temporada en uno de los balnearios del país. Costa Rica también es destino para aquellos que buscan la fuente de la eterna juventud; los cirujanos plásticos de este país atienden diariamente a cientos de visitantes para llevar a cabo reconstrucciones faciales, reducciones o aumentos de pecho, lipoesculturas, eliminación permanente del **vello** no deseado, injertos capilares, borrado de cicatrices, y muchos otros tratamientos de belleza. Además, el costo de estos tratamientos y cirugías suele ser un tercio más bajo que el de otros países como los Estados Unidos, llegando a veces a costar la mitad.

12–20 Activando estrategias

1. Observa las tres palabras del primer párrafo marcadas en negrita: "especialmente", "conservantes" y "compromiso". ¿Crees que son cognados o falsos cognados? Usa el diccionario si no sabes la respuesta.

2. Usa el contexto para adivinar el significado de las palabras "asequible" y "consulta".

3. Si "alto" significa *tall*, ¿qué significa "altamente"? ¿Qué categoría gramatical es y cómo se forma? Busca dos palabras más en el texto de la misma categoría y formación.

4. Busca en el diccionario la palabra "vello". Identifica primero la categoría y dale el significado adecuado al contexto. ¿Sabes un sinónimo?

12–21 Expansión

¿Qué opinas del sistema de salud de Costa Rica? Menciona aspectos positivos y negativos, ¿Conoces otros países con sistemas de salud como éste o mejores?

Información para la actividad 12–20
Esta sección continúa el trabajo que se ha venido realizando durante todo el programa de *Gente* para que los estudiantes desarrollen importantes estrategias para enfrentarse al vocabulario desconocido, de modo que sean lectores más efectivos y, de paso, amplíen su repertorio léxico. El uso del diccionario continúa siendo una destreza fundamenal.

Respuestas para la actividad 12–20

1. *especialmente* = specially (*cognado*); *conservantes* = preservatives (*falso cognado:* conservative *es "conservador" en español*); *compromiso* = commitment (*falso cognado:* compromise *es "solución intermedia" en español*)
2. *asequible* = affordable; *consulta* = doctor's office
3. highly; *adverbio; alta* + -mente. Especialmente, ciertamente, generalmente, diariamente
4. fuzz, soft hair; *pelo*

Información para la actividad 12–21
Según la Organización Mundial de la Salud (OMS), Francia, Italia, Singapur y Omán cuentan con la mejor asistencia sanitaria del mundo. San Marino, Andorra, Malta, España, Austria y Japón completan los 10 primeros puestos. Para confeccionar la clasificación, la OMS utiliza criterios como el nivel de salud general de la población, el grado general de satisfacción con el sistema o el reparto de la carga que supone para los ciudadanos la financiación del sistema de salud.

12-42 to
12-43

GENTE QUE ESCRIBE

ESTRATEGIAS PARA ESCRIBIR

The good foreign language writer

Good writers use similar strategies:

1. They have a plan, but are willing to change it as they write, coming up with new ideas.
2. They are willing to revise, and consider early drafts to be tentative.
3. They delay editing and worry about formal correctness only after they are satisfied with the ideas and the organization.
4. They stop frequently and reread what they have written.
5. They write a bit every day and take breaks. This strategy produces better writing.

MÁS ALLÁ DE LA FRASE

Reviewing your text for cohesion

In order to go beyond the sentence level, you need mechanisms to give cohesion to your text. When reviewing the text, make sure you have used a variety of connectors (to organize, to add and sequence ideas, to introduce examples, to clarify information, or to express relations of cause and effect). The use of referent words that carry information about previous elements (pronouns such as *él, la, ello, lo, la, los, las,* or demonstratives such as *éste, esto,* etc.) will eliminate excessive repetition. To make sure you do not repeat information, revise your draft and look for information that can be replaced with these referents.

1. Find in the text about Costa Rica (A leer section) the following underlined words : "esto", "esos países", "este fenómeno", "muchos de ellos" y "lo". What or who are they referring to? How do they help you as a reader to understand the text?
2. Now find the underlined connectors "sin embargo", "después", "por eso", "luego", "también" y "además". What is their function?

12–22 Artículo informativo

El periódico en español de tu escuela necesita un artículo. Con recomendaciones y consejos para llevar una vida saludable durante el año académico. Escribe tu artículo después de reflexionar sobre los posibles significados de este gráfico.

Salud

mental   social

física

No rompas el equilibrio

 ¡ATENCIÓN!

Para generar ideas, piensa en el propósito de tu artículo y las personas que van a leerlo. Luego desarrolla un esquema y decide cómo quieres organizar la información. Sigue los Pasos 1 a 8 y revisa los mecanismos que has usado para conseguir cohesión textual.

Sidebar (left margin):

Información para Más allá de la frase
La sección se enfoca en la importancia de los mecanismos de cohesión en la fase de revisión de la escritura.

Respuestas para Más allá de la frase

1. "esto": *Costa Rica es el tercer país del mundo en esperanza de vida;* "esos países"; *Japón, Francia, Gran Bretaña y Estados Unidos;* "este fenómeno": *Costa Rica es el tercer país del mundo en esperanza de vida;* "muchos de ellos": *los médicos;* "lo"; *formarse.*
2. "sin embargo": *expresar un argumento opuesto;* "después": *secuenciar eventos, evento posterior;* "por eso": *expresar la consecuencia;* "luego": *secuenciar eventos, evento posterior;* "también": *añadir información;* "además": *añadir información.*

Información para la actividad 12–22
Para esta tarea de escritura, los estudiantes usan el gráfico que les servirá para dar una estructura inicial al texto (cuestiones de salud mental, física y social) y generar ideas (hay que tener amigos, debes hacer ejercicio, etc.)

COMPARACIONES

12–23 Salud y biodiversidad

¿Qué es la biodiversidad? ¿Crees que tiene relación con la salud? Da algunos ejemplos. Luego lee el texto y responde a las preguntas.

Biodiversidad en Costa Rica

Recientes investigaciones sobre biodiversidad y salud humana demuestran que la salud del ser humano depende completamente de la salud del ecosistema. Costa Rica es uno de los mejores ejemplos de un país que se preocupa por su biodiversidad. Está dividido en 20 parques naturales, 8 reservas biológicas y una serie de áreas protegidas. Su excelente sistema de conservación garantiza la supervivencia de las especies autóctonas.

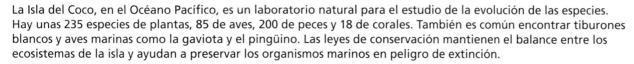

El Parque Internacional La Amistad, patrimonio de la humanidad debido a su excepcional valor universal, tiene un gran número de extraordinarios hábitats. Una mezcla de bosques muy altos y húmedos cubre la mayor parte del territorio. Se han observado más de 263 especies de anfibios y reptiles, así como también mamíferos como pumas, jaguares, monos, etc. Hay más de 400 especies de aves.

La Isla del Coco, en el Océano Pacífico, es un laboratorio natural para el estudio de la evolución de las especies. Hay unas 235 especies de plantas, 85 de aves, 200 de peces y 18 de corales. También es común encontrar tiburones blancos y aves marinas como la gaviota y el pingüino. Las leyes de conservación mantienen el balance entre los ecosistemas de la isla y ayudan a preservar los organismos marinos en peligro de extinción.

1. ¿Existe en tu país una preocupación por la biodiversidad y la salud del medio ambiente? ¿Crees que es suficiente? ¿Hay parques nacionales y espacios naturales protegidos? Da algunos ejemplos.

2. Hagan una lista de seis recomendaciones para el gobierno de su país con el objetivo de mejorar la salud del ecosistema y, consecuentemente, la de todos.

CULTURA

La población de origen costarricense en Estados Unidos asciende a aproximadamente 117.000 personas y se ubica principalmente en California, Florida, Texas y el área de Nueva York. Los costarricenses que emigraron en el pasado a Estados Unidos no lo hicieron por problemas políticos o económicos. Por ello, sólo unos 60.000 costarricenses han emigrado a Estados Unidos desde 1930.

Óscar Arias es el costarricense más conocido a nivel internacional. Recibió el Premio Nobel de la Paz en 1987 gracias a sus esfuerzos para conseguir la paz en América Central. Fue presidente de Costa Rica desde 2006 hasta 2010, y también desde 1986 a 1990.

Óscar Arias

Franklin Chang-Díaz es un astronauta y físico costarricense de nacimiento, nacionalizado estadounidense. Completó su doctorado en ingeniería nuclear en MIT. Fue el primer latinoamericano en la NASA y ha realizado siete misiones en transbordador espacial. En 2005 fundó un laboratorio llamado Ad Astra Rocket en Costa Rica. Su investigación se concentra en la construcción de un motor de plasma que permita la realización de viajes espaciales más rápidos y económicos.

Franklin Chang-Díaz

Información para la actividad 12–23
Esta actividad de Comparaciones pretende una reflexión sobre la salud del planeta, ejemplificando este tema con el caso de Costa Rica. También tiene como objetivo que los estudiantes comparen y contrasten esta situación con las de otros países hispanohablantes y con la de su propio país.

Información para la actividad 12–23
Bajo las Naciones Unidas (ONU) 186 países (no Estados Unidos) firmaron el Convenio sobre Diversidad Biológica en 1992. Este convenio fue el primer acuerdo global cabal para abordar todos los aspectos de la diversidad biológica: recursos genéticos, especies y ecosistemas. Reconocía por primera vez que la conservación de la diversidad biológica es "una preocupación común de la humanidad" y una parte integral del proceso de desarrollo. Además, 2010 fue el Año Internacional de la Diversidad Biológica.

Sitio web sobre biodiversidad en Latinoamérica: http://www.biodiversidadla.org
Sitio web de la Agencia de Protección Ambiental de Estados Unidos: http://www.epa.gov/espanol/

 VOCABULARIO

Medicina: síntomas y enfermedades
(Medicine: symptoms and illnesses)

la alergia	*allergy*
el ataque al corazón	*heart attack*
el cansancio	*tiredness*
el cigarrillo	*cigarette*
el/la cirujano/a	*surgeon*
la cirugía	*surgery*
la consulta	*(doctor's) office*
el dolor	*pain*
el dolor de cabeza	*headache*
el dolor de espalda	*backache*
el dolor de estómago	*stomachache*
el dolor de muelas	*toothache*
el dolor de oídos	*earache*
la enfermedad	*illness, sickness*
la fiebre	*fever*
el/la fumador/a	*smoker*
la gripe	*flu*
la inflamación	*swelling, inflammation*
la insolación	*sunstroke*
el insomnio	*sleeplessness, insomnia*
la intoxicación	*food poisoning*
el jarabe	*syrup*
la lesión	*injury*
el mareo	*dizziness*
el masaje	*massage*
la medicina	*medicine*
el/la médico	*doctor*
la operación	*surgery*
la pastilla	*pill*
el peso	*weight*
la picadura	*sting, bite*
la píldora	*pill*
la quemadura	*burn*
la receta	*prescription*
el régimen	*diet*
el resfriado	*cold*
el riesgo	*risk*
la salud	*health*
el seguro médico	*health insurance*
el servicio de emergencias	*emergency room*
el síntoma	*symptom*
la tensión	*blood pressure*
la tos	*cough*
el tratamiento	*treatment*

Adjetivos *(Adjectives)*

adicto/a	*addicted*
alérgico/a	*allergic*
grave	*severe, serious*
inconsciente	*unconscious*
mareado/a	*dizzy*
peligroso/a	*dangerous*
recomendable	*advisable*

Verbos *(Verbs)*

adelgazar	*to loose weight*
advertir (ie) (de)	*to notice, to warn*
aumentar	*to increase*
caerse	*to fall*
cansarse	*to get tired*
cuidarse	*to take care of oneself*
dejar de	*to stop doing something*
descansar	*to rest*
desmayarse	*to faint*
doler	*to hurt*
enfermarse	*to get sick*
engordar	*to gain weight*
estirarse	*to stretch*
evitar	*to avoid*
fumar	*to smoke*
lesionarse	*to get hurt, to get injured*
marearse	*to get dizzy*
medir (i)	*to measure*
operar	*to operate on*
operarse (de)	*to have surgery*
padecer (zc)	*to suffer*
pesar	*to weight*
picar	*to itch, to sting*
prevenir	*to prevent*
quemarse	*to get burned*
recetar	*to prescribe*
tumbarse	*to lie down*
resfriarse	*to get a cold*
romperse (algo)	*to break (something)*
sudar	*to sweat*
toser	*to cough*
vomitar	*to vomit*

Otras palabras y expresiones
(Other words and expressions)

la advertencia	*warning*
el consumo	*consumption*
enfermarse	*to get sick*
estar resfriado/a	*to have a cold*
hacerse daño	*to hurt oneself*
ponerse enfermo / enfermarse	*to get sick*
tener exceso de peso	*to be overweight*
tener un accidente	*to have an accident*

CONSULTORIO GRAMATICAL

1 Commands Forms

Command forms in Spanish have affirmative and negative forms. In Lección 6 we studied affirmative forms. In this lesson we will review those, and also study negative commands.

(Please see the Consultorio gramatical in Lección 6 for a review of affirmative command forms, and the multiple uses of command forms in Spanish).

REGULAR FORMS

	TOMAR	BEBER	VIVIR
(tú)	toma no tomes	bebe no bebas	vive no vivas
(usted)	tome no tome	beba no beba	viva no viva

¡ATENCIÓN!

When asking others not to do something, the imperative form may come across as aggressive, and therefore it is only used in very casual situations or when softened by other expressions.

Por favor, **no se siente** ahí. Esa silla está rota.   Carlitos, **no comas** tan deprisa......
Please, **don't sit** there. That chair is broken.   Carlitos, **don't eat** so quickly...

IRREGULAR FORMS

HACER	(tú)	haz	no hagas	SALIR	(tú)	sal	no salgas
	(usted)	haga	no haga		(usted)	salga	no salga
PONER	(tú)	pon	no pongas	DECIR	(tú)	di	no digas
	(usted)	ponga	no ponga		(usted)	diga	no diga
SER	(tú)	sé	no seas				
	(usted)	sea	no sea				
IR	(tú)	ve	no vayas				
	(usted)	vaya	no vaya				
VENIR	(tú)	ven	no vengas				
	(usted)	venga	no venga				
TENER	(tú)	ten	no tengas				
	(usted)	tenga	no tenga				

> Ve a clase. Es tarde.
>
> ¡No vayas; espera! ¡Ven aquí!

Use of negative commands

Negative commands are used primarily to make recommendations, give warnings, and give advice.

No fumes tanto; tienes tos.   **No ponga** sal en el pollo y **no beba** alcohol.
Don't smoke so much; you have a cough.   **Don't put** salt on the chicken and **don't drink** alcohol.

No salgas ahora; hay mucho tráfico.
Don't go out now; there is too much traffic.

Pronoun placement

In contrast to what happens with the affirmative imperative, in the negative form the direct object, the indirect object, and reflexive pronouns precede the verb.

Dil**e** a Luisa la verdad.   Esas pastillas, no **las** tomes en ayunas.
Tell Luisa the truth.   Those pills, don't take them before breakfast.

No **le** digas nada a Luisa.   Pónga**se** la chaqueta.
Don't tell anything to Luisa.   Put the jacket on.

Esas pastillas, tóma**las** en ayunas.   No **se** ponga la chaqueta.
Those pills, take them before breakfast.   Don't put the jacket on.

> ¿Me la dejas?
>
> De acuerdo, pero cuídala bien.

2 Recommendations, Advice, and Warnings

As we saw in Lección 5, there are many ways to give recommendations and advice.
These ways can be more or less personal.

IMPERSONAL

Cuando tienes la tensión alta,
Si tienes la tensión alta,
{ no se debe
no hay que
no es bueno
no es aconsejable } comer sal.

When you have high blood pressure,
If you have high blood pressure,
{ *you mustn't*
you shouldn't
it is not good to
it is not recommended to } *eat salt.*

Algunos deportes **pueden** ser peligrosos para el corazón.
*Some sports **can** be dangerous for your heart.*

PERSONAL

Si tienes dolor de estómago,
{ **no comas** sal.
hay que tomar té.
debes tomar té. }

If you have a stomachache,
{ *don't eat salt.*
you should have tea.
you must have tea. }

Si tomas tanto sol, te **puedes** quemar.
If you get so much sun, you can get sunburned.

> Tienes que dejar de fumar.
> Y debes ir al médico,
> no tienes buena cara.

3 Impersonal *Tú*

The second person of a verb can have an impersonal meaning in Spanish. It can also serve as a way to talk about oneself indirectly,
without saying yo.

Si **comes** demasiado, **engordas.**
(= anybody, everybody)
If **you eat** too much, **you get fat.**

Cuando **tienes** dolor de estómago, es bueno tomar té.
(= anybody, everybody)
When **you have** a stomachache, it is good to have tea.

Sales, te acuestas tarde y luego **te sientes** muy mal.
You go out, you go to bed late and then **you feel** very sick.

*Remember that we can also express impersonal with **se** and the third person of the verb (see Lección 8).*

Si **se come** demasiado, **se engorda.**
If **one eats** too much, **one gets fat.**

Cuando **se tiene** dolor de estómago, es bueno tomar té.
When **one has** a stomachache, it is good to have tea.

4 Talking about Health

Questions at the doctor's office

¿Cuál es tu / su grupo sanguíneo?
What's your blood type?

¿Es/eres alérgico a algo?
Are you allergic to anything?

¿Ha/s tenido alguna enfermedad?
Have you ever had an illness?

¿Lo / la / te han operado alguna vez?
Have you ever had surgery?

¿De qué lo / la / te han operado?
What kind of surgery have you had?

¿Toma/s algún medicamento?
Do you take any medication?

¿Cuánto mide/s?
How tall are you?

¿Cuánto pesa/s?
What's your weight?

¿Cómo se/te siente/s?
How do you feel?

¿Qué le/te pasa?
What's the problem?

To describe physical condition

Estoy / estás / está......	cansado/a (tired)	Me / te / le... duele	la cabeza (my/your/his/her head hurts)

Estoy / estás / está......
- cansado/a (tired)
- enfermo/a (sick)
- mareado/a (dizzy)
- resfriado/a (have a cold)

Tengo / tienes / tiene...
- un resfriado (a cold)
- una indigestión (an indigestion)
- gripe (a cold)
- diarrea (diarrea)

Tengo / tienes / tiene... dolor de
- muelas (toothache)
- cabeza (headache)
- barriga (stomachache)

Me / te / le... duele
- la cabeza (my/your/his/her head hurts)
- el estómago (my/your/his/her stomach hurts)
- una muela (my/your/his/her tooth hurts)
- acá (it hurts here)

Me / te / le... duelen
- los ojos (my eyes hurt)
- los pies (my feet hurt)

Me encuentro / me siento...
- cansado (I feel tired)
- débil (I feel weak)
- bien/mal (I feel good/bad)

 ¡ATENCIÓN!
The verb doler is similar to gustar. The subject is the part of the body that hurts, not the person who expresses the condition.

 ¡ATENCIÓN!
The verbs sentirse and encontrarse are reflexive verbs. The subject is the person who experiences the sensation or condition.

	ENCONTRARSE	SENTIRSE
(yo)	me encuentro	me siento
(tú)	te encuentras	te sientes
(él, ella, usted)	se encuentra	se siente
(nosotros/as)	nos encontramos	nos sentimos
(vosotros/as)	os encontráis	os sentís
(ellos/as, ustedes)	se encuentran	se sienten

5 Adverbs Ending in -Mente

These adverbs are formed from the feminine form of an adjective and are commonly used in Spanish to express the way in which something is done.

FEMININE ADJECTIVE + **mente**

moderada	→	modera**mente**
excesiva	→	excesiva**mente**
frecuente	→	frecuente**mente**
lenta	→	lenta**mente**
rápida	→	rápida**mente**

 ¡ATENCIÓN!
The meaning of the adverb created by adding **-mente** is not always the same as that of the adjective from which it was formed.

Yo **personalmente** pienso que eso no es verdad. (≠ de forma personal)
I **personally** think that isn't true.

Hola, Juan, **precisamente** estábamos hablando de ti. (≠ de forma precisa)
Hello, Juan, we were **just** speaking about you.

Seguramente iremos de vacaciones a París. (≠ de forma segura)
We will **most likely** go on vacation to Paris.

¡Hola! **justamente** quería llamarte. (≠ de forma justa)
Hi! I was **just** going to call you.

TAREA

Elaborar una lista de las razones más importantes para aprender español y de las mejores estrategias y recursos para aprenderlo.

NUESTRA GENTE

Paraguay
Hispanos/latinos en Estados Unidos

Información para la actividad 13–1

Esta actividad sirve de apertura al tema del capítulo: las lenguas y su aprendizaje.

El euskera o vascuence (en lengua vasca *euskara*) es un idioma no indoeuropeo hablado actualmente en el norte de España (País Vasco y zona norte de Navarra) y en el extremo suroeste francés (País Vasco Francés). El número de hablantes supera el millón de personas. El *euskara batua* ("euskera unificado") fue creado por la necesidad de unificar los diferentes dialectos bajo un mismo conjunto de normas lingüísticas. En la actualidad, es la versión oficial del idioma que se emplea en la enseñanza, la administración pública, los medios de comunicación, el cine y prácticamente en toda la producción escrita en esta lengua.

La llegada de colonos judíos a Argentina se produjo sobre todo a partir de 1860. La población judía se ha dividido generalmente en dos grandes grupos: los sefardíes y los asquenazí. Los sefardíes son los judíos de origen español. Los asquenazíes eran originarios del este de Europa, hablan yiddish y fueron más conservadores de sus tradiciones.

Buenos Aires ya es la segunda ciudad con mayor número de judíos en el mundo, antecedida sólo por New York y seguida de Jerusalén.

Respuestas para la actividad 13–1

- Hugo es trilingüe porque habla guaraní, español e inglés. Además sabe un poco de francés.
- Edurne es bilingüe en español y euskera.
- Elisabeth es multilingüe porque sabe cuatro lenguas: español, alemán, hebreo e inglés.
- Alberto es el mejor ejemplo de multilingüismo, porque sabe ¡seis lenguas! Además sabe un poco árabe.

Hugo Ramos

Yo soy paraguayo, de un pueblecito cerca de Asunción, la capital. En mi casa, con mi familia, siempre hemos hablado guaraní, pero obviamente todos sabemos castellano y lo hablamos, por ejemplo, en el trabajo. A mí me gusta decir que soy bilingüe y bicultural. Además hablo y escribo inglés y ahora estoy estudiando francés.

Elisabeth Silverstein

Yo soy argentina, de origen alemán. De niña sólo sabía español porque crecí en Argentina. Pero después fui a estudiar a Alemania y allá aprendí el alemán. También tengo conocimientos de hebreo porque soy judía y en mi familia todos hemos aprendido hebreo. En el terreno profesional tengo que leer mucho en inglés porque soy bióloga. La lengua internacional de la ciencia es sin duda el inglés.

Edurne Etxebarría

Yo soy española, del País Vasco. En casa de mis padres siempre hemos hablado euskera, o sea, vasco; nunca español. Mi marido es madrileño y ahora, en casa, con él hablo en español. A los niños mi marido les habla en español y yo en euskera. Además, me parece muy importante aprender inglés, y por eso van a una escuela de idiomas cuatro veces por semana.

Alberto Fernández

Yo soy paraguayo, de San Pedro. Mi pasión son los idiomas. Además del español y el guaraní, que son mis lenguas maternas, tengo un buen nivel de francés, inglés, italiano y portugués. Estudié árabe por tres años pero quiero seguir perfeccionándolo. Y este año quiero empezar con el japonés. Me fascina conocer otros pueblos, otros países, y a mí me parece que la única manera de hacerlo es aprendiendo sus lenguas y sus culturas.

ACERCAMIENTOS

13–1 La importancia de aprender lenguas extranjeras

¿Crees que es importante hablar lenguas? ¿Por qué? Mira las fotos de estas personas y lo que nos dicen sobre este tema.

	¿QUÉ LENGUAS SABEN?	¿POR QUÉ SON BILINGÜES, TRILINGÜES O MULTILINGÜES?
Hugo:		
Edurne:		
Elisabeth:		
Alberto:		

13–2 ¿Y tú?

¿Cuántas características compartes con estas personas? Explícaselo a la clase.

EJEMPLO:

Yo también soy bilingüe, como Hugo, Edurne y Alberto.

Yo también estudié _____ pero no _____
A mí también me gusta(n) _____
Yo también tengo un buen nivel de _____
A mí también me parece que _____

13–3 Miles de lenguas

En el mundo se hablan aproximadamente 6.800 lenguas, repartidas en más de 220 países. ¿Sabes dónde se hablan? Mira la tabla.

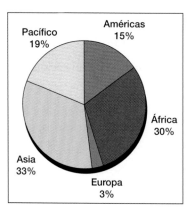

CONTINENTE	POBLACIÓN	LENGUAS VIVAS	PORCENTAJES
África	780 millones	2.011	30%
América	828 millones	1.000	15%
Asia	3.600 millones	2.165	33%
Europa	728 millones	225	3%
Pacífico	30 millones	1.202	19%
Total	6.000 millones	6.703	100%

Éstos son los países con el mayor número de lenguas. La mitad de las lenguas del mundo se habla en tan sólo ocho países:

Papua-Nueva Guinea	832
Indonesia	731
Nigeria	515
India	400
México	289
Camerún	286
Australia	268
Brasil	234

En Latinoamérica hay más de 700 lenguas indígenas. Éstos son los países con mayor número:

México	289	Guatemala	51
Brasil	234	Venezuela	40
Perú	96	Bolivia	33
Colombia	79		

- ¿Qué datos de estos cuadros te parecen más interesantes? ¿Por qué?
- La mitad de las lenguas del mundo está en peligro de desaparición. ¿Por qué crees que desaparece una lengua? ¿Cómo se pueden preservar las lenguas?

Información para la actividad 13–3

Pida a los estudiantes que hagan frases del tipo *En Asia se hablan 3.600 lenguas.* Ésta es una buena oportunidad para practicar los números.

Algunos de estos países (por ejemplo Barbados, Cuba, Corea del Norte, Corea del Sur o Islandia) son monolingües, y otros albergan centenares de lenguas, como es el caso de Papúa-Nueva Guinea.

En Estados Unidos hay unas 175 lenguas indígenas, entre ellas el navajo (150.000 hablantes), chippewa (42.000), cree occidental (35.000), cherokee (23.000), sioux dakota (16.000), apache (15.000), etc.

Se calcula que a finales del siglo XXI, solamente quedará un 15–20% de las lenguas que ahora se hablan.

Sugerencias/expansión para la actividad 13–3

Puede comentar con sus estudiantes estos puntos: (1) los indígenas deben adaptarse a los hábitos de sus ciudades y de sus trabajos y esto provoca que su cultura se vaya perdiendo, (2) las lenguas indígenas suelen carecer de sistemas de escritura tradicionales y se basan en tradiciones orales, con lo cual tienen una posición más débil ante las lenguas mayoritarias, (3) la globalización, y (4) el choque cultural entre la comunidad mayoritaria y la minoritaria, lo que afecta a la actitud de la minoría hacia su propia lengua (adoptan la lengua de la mayoría).

VOCABULARIO EN CONTEXTO

13-01 to
13-09

Información para la actividad 13–4

El guaraní es una lengua de la familia tupí-guaraní hablada en Paraguay (donde es lengua oficial), el noreste de Argentina, el sur de Brasil y el Chaco boliviano. Es la lengua nativa de los guaraníes, un pueblo autóctono de la zona, pero también se habla fuera de la etnia. El guaraní es hablado por casi la totalidad de la población de Paraguay (95%); su uso depende generalmente de la ubicación urbana o rural de los hablantes, lo que hace variar el léxico.

Lo cierto es que resulta difícil encontrar un país monolingüe en el mundo hispano. Ejemplos de países multilingües son Bolivia (aymara, quechua...), Perú (aymara, quechua, jíbaro...), Ecuador (quechua, jíbaro...), Chile (mapuche, aymara...), México (maya, nahuatl...), etc.

Distinga entre bilingüismo oficial y de facto. Oficialmente, son bilingües Paraguay, Perú, Ecuador y Bolivia. En España hay regiones bilingües como el País Vasco, Cataluña, Valencia, Galicia...

Sugerencias/expansión para la actividad 13–4

A medida que trabaja con los ejercicios de la sección de vocabulario, haga que los estudiantes noten y practiquen las palabras relacionadas con las lenguas y su aprendizaje y enseñanza. Recuerde que gran parte de los ejercicios de la lección tienen un acercamiento más implícito que explícito al aprendizaje de vocabulario.

Información para la actividad 13–5

Antes de trabajar con el texto, comente las cuatro afirmaciones con los estudiantes y pregúnteles si están de acuerdo o no. Pídales que expliquen sus opiniones sobre estas afirmaciones. Después pídales que lleven a cabo la actividad de comprensión lectora con dos objetivos: encontrar información específica y buscar palabras relacionadas con las lenguas y la comunicación.

13–4 Paraguay, un país bilingüe

Lee este texto sobre Paraguay. Luego mira el gráfico y coméntalo con la clase.

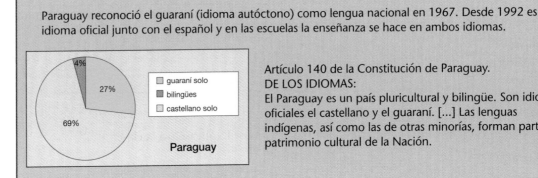

Paraguay reconoció el guaraní (idioma autóctono) como lengua nacional en 1967. Desde 1992 es idioma oficial junto con el español y en las escuelas la enseñanza se hace en ambos idiomas.

- guaraní solo
- bilingües
- castellano solo

4%
27%
69%

Paraguay

Artículo 140 de la Constitución de Paraguay.
DE LOS IDIOMAS:
El Paraguay es un país pluricultural y bilingüe. Son idiomas oficiales el castellano y el guaraní. [...] Las lenguas indígenas, así como las de otras minorías, forman parte del patrimonio cultural de la Nación.

¿Conoces otros países bilingües en Latinoamérica? ¿Y en el resto del mundo? ¿Qué opinas de la enseñanza bilingüe?

13–5 La riqueza de las lenguas

Lee el texto de la página 221 y subraya las partes en las que se desarrollan las siguientes afirmaciones:

1. En una conversación la comunicación no verbal es tan importante como la verbal, o más.
2. El dominio de la gramática, del vocabulario y de la pronunciación no son suficientes para comunicarse en una lengua extranjera.
3. La comunicación no verbal se aprende por imitación.
4. Las reglas propias de la conversación no son iguales en todas las culturas.

Escribe 10 palabras del texto que se relacionan con el tema de las lenguas y la comunicación.

13–6 Anécdotas

Debido a las diferencias culturales, en la comunicación intercultural a veces ocurren problemas. Tres personas nos explican sus experiencias. Escucha las anécdotas, marca la información correcta y completa las frases.

La 1ª persona tuvo problemas con...
La 2ª persona tuvo problemas con...
La 3ª persona tuvo problemas con...

el vocabulario
la distancia física
la gramática
las fórmulas de cortesía
las reglas de conversación

En particular, la 1ª persona _____
En particular, la 2ª persona _____
En particular, la 3ª persona _____

¿Has tenido alguna vez experiencias semejantes? Comparte esta información con la clase.

 ## 13–7 Miles de lenguas

Éstas son las 12 lenguas más habladas del mundo. Intenten clasificarlas en orden según el número total de hablantes, de mayor a menor. Después su profesor/a va a dar las respuestas correctas. Gana el grupo con más aciertos.

francés	portugués	ruso	árabe	hindi	coreano
español	inglés	japonés	chino mandarín	bengalí	alemán

LA **riqueza** DE LAS LENGUAS

¿QUÉ ES UNA LENGUA? ¿UNA GRAMÁTICA Y UN VOCABULARIO? ¿UNOS SONIDOS Y UN ALFABETO? INDUDABLEMENTE, ES ALGO MUCHO MÁS COMPLEJO.

MOVIMIENTOS DE LA CARA

La mayor capacidad expresiva del ser humano está en la cara: sus músculos pueden realizar más de 20.000 movimientos diferentes. Hay movimientos de cejas que duran sólo millonésimas de segundo.

Las reglas de la conversación

Para participar en una conversación no sólo hay que saber hablar: también hay que saber escuchar, saber tomar la palabra y cederla a otro interlocutor.

Si observamos una conversación sin escuchar las palabras, descubriremos el valor de las miradas, los gestos, las posturas. Son los elementos paralingüísticos, que transmiten hasta un 60% ó 65% del significado. Las palabras transmiten sólo el 30% ó el 35% restante.

También la posición de los interlocutores interviene en la comunicación humana. Generalmente evitamos situarnos frente a frente; además, en distintas situaciones preferimos distintas posiciones: en una cafetería, por ejemplo, con amigos o conocidos, nos sentamos al lado de nuestro interlocutor, mientras que en una biblioteca solemos adoptar una distribución en diagonal.

EL VALOR DEL SILENCIO

Tanto el valor como la duración del silencio varían dependiendo de la cultura. En muchas culturas de Europa y América, por ejemplo, no contestarle a quien hace una pregunta es una falta grave de educación. En otras culturas no es así: el silencio puede ser una forma de manifestar indirectamente desaprobación.

Lengua y cultura

El lenguaje de los gestos, de las posturas y del espacio, lo aprendemos de pequeños imitando a los mayores.

Cada sociedad tiene regulada la distancia para hablar con los demás; a quién se le puede mirar directamente a los ojos y a quién no, el tiempo que puede durar la mirada, la postura que conviene adoptar (de pie, sentado, las manos en los bolsillos, etc.), si se puede o no se puede tocar al interlocutor, etc.

Cuando aprendemos una lengua extranjera tenemos que aprender también algunas de esas reglas, especialmente si son distintas de las de nuestra cultura. ■

13–8 ¿Sabes aprender español?

¿Eres buen estudiante de español? Lee el texto y marca las cosas que haces. Comparte tus datos con la clase.

El/La buen/a estudiante de lenguas…

- está dispuesto/a a comunicarse y a aprender en situaciones comunicativas,
- se fija en el contexto para entender el significado de lo que oye o lee,
- intenta descubrir por sí mismo/a reglas de la lengua que estudia,
- no tiene miedo de cometer errores cuando practica y sabe que sin cometer errores no se aprende,
- conoce y aplica diversas técnicas para aprender, para memorizar el vocabulario, para fijar estructuras gramaticales, para perfeccionar la pronunciación, para corregir sus errores y
- sabe que la lengua se usa de diversas maneras, cada una de ellas apropiada a las diversas circunstancias y situaciones: en textos escritos, oralmente, entre amigos, entre desconocidos, etc.

Información para la actividad 13–6
El contenido de la grabación se centra en aspectos no estrictamente lingüísticos que son necesarios para la comunicación; en concreto, en las convenciones sociales que regulan determinados comportamientos en el uso de la lengua.

Respuestas para la actividad 13–6
La 1ª persona tuvo problemas con las fórmulas de cortesía.
La 2ª persona tuvo problemas con la distancia física.
La 3ª persona tuvo problemas con las reglas de conversación.

Información para la actividad 13–7
Sin olvidar que los números que siguen pueden variar según las estadísticas, las respuestas para esta actividad proceden del sitio de internet http://www.lenguasdelmundo.com/ y se refieren a los hablantes nativos de cada lengua (la situación cambia al tomar en cuenta los hablantes no nativos de cada lengua): (1) chino mandarín (China), con 885 millones; (2) español (México), con 358 millones; (3) inglés (Estados Unidos), con 322 millones; (4) árabe (Egipto), con 200 millones; (5) bengalí (Bangladesh), con 189 millones; (6) hindi (India), con 182 millones; (7) portugués (Brasil), con 170 millones; (8) ruso (Rusia), con 170 millones; (9) japonés (Japón), con 125 millones; (10) alemán (Alemania), con 98 millones; (11) coreano (Corea del Sur), con 78 millones; (12) francés (Francia), con 77 millones.

Sugerencias/expansión para la actividad 13–8
Pida a los estudiantes que especifiquen alguna de las cosas que suelen hacer al aprender lenguas. El objetivo de la actividad no es tanto identificar las mejores estrategias para el aprendizaje, sino apoyar el proceso de identificación personal de cada estudiante con las estrategias que a él o ella le sirvan más.

📖 GRAMÁTICA EN CONTEXTO

13-10 to 13-29

👥 **13–9 ¿Qué te parece?**

Clasifica esta lista de actividades de clase según tu opinión. Coméntala con tu compañero/a.

(3) Me parece divertido y útil para aprender
(2) Me gusta mucho pero me resulta muy difícil
(1) Me parece bastante útil pero muy aburrido
(0) No me parece útil

☐ Hablar de temas interesantes en español
☐ Escuchar conversaciones grabadas
☐ Conjugar verbos
☐ Escribir composiciones
☐ Hacer juegos en español
☐ Leer textos interesantes de la prensa

☐ Aprender listas de palabras
☐ Videos (películas, noticias, etc.)
☐ Tratar de descubrir reglas de gramática
☐ Juegos de situación
☐ Escuchar música y cantar en español
☐ Leer textos en voz alta en clase

EJEMPLO:

E1: A mí los videos no **me resultan** útiles.
E2: A mí **me gustan** mucho, **me parecen** muy útiles pero **me resultan** muy difíciles.
E1: A mí **me parece** más interesante hacer juegos. **Me encantan** los juegos.

🔊 **13–10 Problemas y consejos**

Estas personas estudian idiomas y tienen algunos problemas. Escucha sus comentarios y completa la información.

	A ÉL / A ELLA	ÉL / ELLA
1. Tomás	le encanta…	se da cuenta de que… se pone…
2. Fernando	le gusta mucho… le resulta muy difícil…	se cansa de…
3. Yolanda	le cuesta mucho… le da miedo…	se da cuenta de que…
4. José	le cuesta mucho… le parece muy difícil…	se cansa de…
5. Gemma	le da vergüenza… le pone nerviosa…	no se acuerda de… se olvida de…

Atención. ¿Qué diferencia hay entre los verbos de la columna de la izquierda y los de la derecha? ¿Cómo son sus conjugaciones?

👥 **13–11 ¿Y a ti te pasa lo mismo?**

Dile a tu compañero/a qué problemas tienes con el español.

EJEMPLO:

E1: A mí **me cuesta** mucho hablar con nativos. **Me pongo** muy nervioso.
E2: A mí no. A mí **me gusta**. Pero **me parece** muy aburrido estudiar la gramática.

CONTRASTE PERFECTO / PRETÉRITO

EN ESPAÑA

Con el perfecto expresamos situaciones o eventos pasados en períodos **no concluidos** (todavía presente).

Esta semana
Este mes / año /
semestre
Hoy } he estado en Asunción.
Esta mañana /
tarde / noche

Con el pretérito expresamos situaciones o eventos **pasados** en períodos **concluidos**.

La semana pasada
El mes / año /
semestre pasado } estuve en
Asunción.
Ayer...

EN LOS PAÍSES LATINOAMERICANOS Y EN LOS ESTADOS UNIDOS

Se prefiere la conjugación del pretérito en ambas situaciones.

Ayer **estuve** en Asunción.
Hoy **estuve** en Asunción.

Sin embargo, cuando en la oración hay marcadores como siempre, ya, todavía, nunca, y toda mi vida se prefiere el perfecto ya que el marcador hace que la acción continúe hasta el presente:

Siempre **he vivido** en esta casa.
Ya **hemos visto** los mensajes.
Todavía no **he terminado**.
Nunca **he viajado** a Paraguay.
Toda mi vida **he escrito** poemas.

USOS DEL GERUNDIO

Responde a la pregunta ¿cómo?

Yo he aprendido idiomas yendo a clase.

Pues yo sin ir. Solo hablando, y viajando...

ESTAR + GERUNDIO

ACCIÓN EN PROGRESO

Los niños **están aprendiendo** español.

PERFECTO / PRETÉRITO DE **estar** + GERUNDIO = ACTIVIDAD FINALIZADA

Hoy **he estado / estuve trabajando** todo el día.

Ayer **estuve estudiando** hasta las 10.

El verano pasado **estuve estudiando** en Asunción

13–12 ¿Dónde has estado?

Vas a escuchar dos versiones de una conversación. En la primera hablan dos amigos españoles. Después de escucharla, responde a las preguntas.

1. ¿Dónde **ha estado** Ricardo?
2. ¿Qué **ha estado haciendo** Ricardo durante la semana?
3. ¿Cuántas clases **ha tenido** este mes?
4. ¿Por qué **ha decidido** Ricardo aprender guaraní?
5. ¿Qué **hizo** Ricardo hace dos años?
6. ¿Qué **estuvo haciendo** la semana pasada?

Ahora escucha otra versión. Hablan dos amigos latinoamericanos. Luego responde a las preguntas.

1. ¿Dónde **estuvo** Ricardo?
2. ¿Qué **estuvo haciendo** Ricardo durante la semana?
3. ¿Cuántas clases **tuvo** este mes?
4. ¿Por qué **decidió** Ricardo aprender guaraní?
5. ¿Qué **hizo** Ricardo hace dos años?
6. ¿Qué **estuvo haciendo** la semana pasada?

Fíjate en la variación en el uso del **perfecto** (España) y el **pretérito** (Latinoamérica). Hay dos ocasiones en que en ambos diálogos se usa el **pretérito** y dos ocasiones en las que en ambos diálogos se usa el **perfecto**. ¿Cuáles? ¿Por qué?

13–13 Ahora tú

Completa este cuadro con cosas que **hiciste** (o no) y **has hecho** (o no) para aprender y mejorar tu español. Luego intercambia la información con tu compañero/a.

El año pasado _____   este año _____
El mes pasado _____ en cambio este mes _____
La semana pasada _____ pero esta semana _____
Ayer _____   hoy _____

EJEMPLO:

E1: Yo el año pasado **practiqué** mucho pero este año no **he practicado** nada.
E2: Yo por ejemplo ayer **estudié** un poco pero hoy no **he estudiado** nada.

13–14 ¿Qué sabes hacer?

Seguro que en tu vida has aprendido muchas otras cosas. ¿Qué sabes hacer? Dile a tu compañero/a si sabes hacer estas cosas, cuándo y cómo aprendiste.

bailar   manejar
nadar   coser
esquiar   cocinar
tocar un instrumento   otros: _____

EJEMPLO:

E1: ¿Tú sabes esquiar?
E2: Sí, aprendí a esquiar cuando era niño. Soy bastante bueno.
E1: ¿Cómo aprendiste?
E2: Pues **practicando** mucho...

Información para la actividad 13–12
Note que la sección de gramática de la lección se centra tanto en el uso más comúnmente compartido por la mayoría de los países hispanohablantes (o sea, la referencia a acciones que se han llevado a cabo o no en un momento pasado sin referencia específica a un momento concreto, es decir, con valor continuativo, ejemplo: "Siempre me han gustado las lenguas") como en la distinción clara que se establece entre el español americano y el peninsular. Este ejercicio plantea este contraste.

Haga hincapié en la última pregunta (¿Qué estuvo haciendo?) y en el uso del verbo *estar* con gerundio para hablar de acciones en progreso en el presente o en el pasado, como en el ejemplo.

Respuestas para la actividad 13–12
Los tiempos verbales pueden variar según la versión. Hay casos en los que sólo una respuesta es posible.

1. *Ha estado / Estuvo*
2. *Ha estado / estuvo*
3. *Ha tenido / tuvo*
4. *Le le han renovado / renovaron su contrato*
5. *Estudió guaraní*
6. *Estuvo hablando*

Las dos oraciones en las que en ambos diálogos se usa el pretérito son: "hace dos años lo estudié pero luego lo dejé" (debido al marcador hace dos años que claramente sitúa la acción en el pasado), y "la semana pasada estuve hablando con una chica un rato" (debido al marcador la semana pasada que claramente sitúa la acción en el pasado).

Las dos oraciones en las que en ambos diálogos se usa el perfecto son: "Vivo en Paraguay desde hace más de cinco años y todavía no lo he aprendido" (debido al marcador todavía que claramente sitúa la acción en un pasado reciente que continúa hasta el presente), y "¿Ha sido siempre lengua oficial?" (debido al marcador siempre que claramente determina que la acción continúa hasta el presente).

Información para la actividad 13–13
Se plantea el uso del perfecto y del pretérito desde cualquier punto de vista dialectal (variante americana o peninsular).

INTERACCIONES

13-30 to
13-32

Información para Estrategias para la comunicación oral
Para esta lista de expresiones se seleccionaron las más comunes en la mayoría de países de habla hispana, pero usted puede optar por introducir otras que piense pueden ser de utilidad para los estudiantes (*ok, vale, chévere, a la orden*, etc.) según su contexto geográfico e intereses. Usted también podría presentar éstas y otras expresiones en una escala de mayor a menor formalidad o a la inversa, de modo que los estudiantes puedan usarlas en diversos ámbitos sociales con cierta soltura y seguridad. Una posible manera de practicar esta escala en un contexto más real consistiría en hacer preguntas o expresar opiniones diversas que los estudiantes deberían responder con la fórmula más adecuada: *¿Me podrías prestar $20? Esta clase es la más divertida de todas. En esta universidad estudian los mejores estudiantes del mundo*, etc. Las próximas actividades ofrecerán nuevas oportunidades para trabajar con estas expresiones en contexto.

Recuerde que los estudiantes ya conocen algunas expresiones de desacuerdo que se presentaron en la *Lección 3*. En la *Lección 14* se presentan más expresiones de desacuerdo.

Información para la actividad 13–15
Uno de los elementos lingüísticos que diferencia los dos anuncios es un registro más informal en el primero y más formal en el segundo. Los estudiantes podrán encontrar otras diferencias a un nivel puramente visual o de estilo, sin relación necesaria con elementos lingüísticos ni gramaticales.

ESTRATEGIAS PARA LA COMUNICACIÓN ORAL

Expressing agreement during conversation

There are different degrees of expressing agreement, used for different purposes.

Agreement	*De acuerdo.*	Okay.
	Es cierto.	That's true.
	Bueno.	Okay.
	Así es.	That's right.
Strong agreement	*Por supuesto (que sí / que no).*	Of course (not).
	Claro (que sí / que no).	Of course (not).
	Cómo no.	Of course.
	Desde luego (que sí / que no).	Of course (not).
	Sí señor/a.	Of course; that's right.
	Sin lugar a dudas; sin duda.	No doubt about it.
	No cabe duda.	No doubt.
Personal agreement	*Tiene(s) razón.*	You are right.
	Estoy de acuerdo contigo / con usted.	I agree with you.
	Comparto tu / su punto de vista.	I share your point of view.
	Estoy contigo / con usted.	I am with you.
	Opino igual que tú / usted.	I think like you.

 13–15 Una campaña publicitaria: "Aprende idiomas"

Una escuela de idiomas de Asunción quiere lanzar una campaña publicitaria. Dos compañías de publicidad le han presentado dos ideas diferentes. ¿Qué opinan ustedes?

IDIPAR (IDIOMAS DE PARAGUAY) ESPAÑOL Y GUARANÍ PARA EXTRANJEROS

- Porque el multilingüismo es diálogo, cooperación, convivencia internacional
- Porque cuando aprendes lenguas comprendes mejor el mundo que te rodea
- Porque aprender idiomas es enriquecer nuestro horizonte personal
- Porque un país de monolingües es un país pobre

ESPAÑOL Y GUARANÍ: LOS IDIOMAS DE PARAGUAY

- Descubra la aventura de ser bilingüe: aprenda guaraní y español en inmersión
- Descubra nuestras culturas aprendiendo nuestras lenguas
- Viva con una familia que habla guaraní y español
- Conozca a nuestra gente, hable nuestras lenguas, siéntase como en casa

EJEMPLO:

E1: A mí me parece muy interesante la primera: usa frases con "porque".
E2: A mí no; me resulta demasiado repetitivo. Me parece mejor la segunda.
E1: Estoy de acuerdo. Me parece más íntima, no sé… más familiar.

Elijan la mejor campaña y compartan esta información con la clase.

13–16 Condiciones óptimas de aprendizaje

Lean estas afirmaciones y decidan con cuáles están de acuerdo y con cuáles no. Luego presenten su lista a la clase y justifíquenla.

Información para la actividad 13–16
Note que ninguna de estas afirmaciones es verdadera o falsa, sino que dependen de la teoría de adquisición de lenguas que se adopte. La actividad ofrece una oportunidad más a los estudiantes para reflexionar sobre su aprendizaje de lenguas extranjeras. Asimismo, les permite usar expresiones de acuerdo y desacuerdo.

1 Todas las personas aprenden espontáneamente y sin esfuerzo a hablar su propia lengua. Una lengua extranjera también puede aprenderse espontáneamente y sin esfuerzo. Sólo hay que seguir el método adecuado.

2 Lo mejor para el aprendizaje en el aula es crear situaciones de comunicación: los alumnos aprenden la lengua usándola.

3 Hay que pasar algún tiempo viviendo en un país donde se habla la lengua.

4 No hay que frustrarse si, en el contacto con la lengua auténtica, no es posible entenderlo todo desde el primer día. El buen estudiante tiene en cuenta el contexto, la situación y otros elementos para interpretar el sentido de lo que oye o lee.

5 Un factor clave: la motivación. Participar activamente en las tareas de clase y tomar la iniciativa.

6 Una buena medida: tratar temas interesantes. De otro modo, baja la motivación.

7 El aprendizaje de una lengua extranjera es, exclusivamente, un proceso intelectual. Por esa razón, la función principal del profesor es explicar la gramática.

8 Es muy importante el desarrollo de la conciencia intercultural: cada comunidad y cada sociedad tiene diferentes modos de organizar la vida social, y esto se refleja en los usos de la lengua.

9 Y una última ayuda: no sólo hay que aprender la lengua, sino también "aprender a aprenderla". Conocerse a uno mismo como aprendiz y potenciar el uso de más estrategias es muy útil.

EJEMPLO:

E1: Pues estoy en desacuerdo con la primera porque aprender la lengua materna y una extranjera son cosas muy diferentes.
E2: ¡Por supuesto que sí! Son muy diferentes.
E1: ¡Claro que sí!

 13–17 ¿Y tú?

Entrevista a tu compañero/a sobre (a) cómo aprendió español/otra lengua, y (b) qué cosas ha hecho para aprenderlo/a.

EJEMPLO:

E1: ¿Cómo aprendiste español/_____?
E2: Yo, hablando y haciendo ejercicios de gramática. ¿Y tú?
E1: Yo tomando clases. He tomado ya varias clases. ¿Y tú?
E2: Bueno, he viajado bastante a países donde se habla la lengua…

 13–18 Situaciones: *Enseñando español*

A student is in the Language Center because s/he wants to be a tutor in Spanish. A person from the Language Center needs to interview her/him to see if s/he qualifies for this position.

Sugerencias/expansión para la actividad 13–18
Muchas de las preguntas que se plantearon en la actividad anterior (13–17) pueden reciclarse para esta actividad, pero desde otra perspectiva contextual.

ESTUDIANTE A

You would like to work a few hours a week as a Spanish tutor at the Language Center. Ask the Director some questions about the requirements for this position, and answer her/his questions. It is important that you express your opinions about foreign language learning and teaching. Also, explain how you can help other students.

ESTUDIANTE B

You are the Language Center Director. You are interviewing a student who is interested in working as a Spanish tutor. Explain to her/him the requirements for the position, and ask her/him questions in order to determine if s/he can be a good tutor.

TAREA  Gente en acción

Elaborar una lista de las razones más importantes para aprender español, y de las mejores estrategias y recursos para aprenderlo.

PREPARACIÓN

Prepara un cuadro como el de Jorge Dionich, un joven universitario paraguayo. Complétalo y después coméntalo con la clase. Busca a tres compañeros/as con una biografía lingüística similar.

¿CON QUÉ LENGUAS TENGO ALGÚN CONTACTO?	GUARANÍ	ESPAÑOL	INGLÉS	FRANCÉS	JAPONÉS
TIPO DE CONTACTO	Es mi lengua materna.	Es mi lengua materna.	Lo uso en mi trabajo y escucho mucha música.	Voy a Francia todos los veranos.	Tengo unos amigos japoneses.
QUÉ SÉ HACER	Hablar muy bien. Leer muy bien. Escribir bien. Soy nativo.	Hablar, leer, escribir, todo muy bien. Soy nativo.	Leer y comprender bastante bien. Hablar bastante bien y escribir, más o menos.	Puedo defenderme: saludar, pedir comidas, preguntar información.	Saludar, decir "hola", unas pocas cosas más.
CÓMO TUVE CONTACTO CON ESTA LENGUA	En casa, de niño, con mis padres. En la escuela.	En casa con mis padres y en la escuela.	Lo aprendí en la escuela y la universidad. También viajando y oyendo música.	Aprendí un poco yendo a Francia de vacaciones con mi familia.	Escuchando a mis amigos hablarlo.

Paso 1 Razones para aprender una lengua
Lean este texto y después completen el cuestionario.

En su libro *The Tongue-tied American: Confronting the Foreing Language Crisis*, el congresista Paul Simon de Illinois habla de razones económicas, políticas y sociales para estudiar las lenguas extranjeras. En cuanto a las razones económicas, los datos indican que cada año 200.000 estadounidenses pierden su trabajo porque no saben otra lengua; además, un tercio de las corporaciones de Estados Unidos están basadas en el extranjero, o son propiedad de otros países, y cuatro de cada cinco trabajos en Estados Unidos se crea como resultado del comercio con el extranjero. Desde el punto de vista social, el estudio de otras lenguas ayuda a desarrollar una conciencia de pluralismo cultural y una apreciación por otras perspectivas culturales. Finalmente, los datos del Servicio de Admisiones Universitarias (College Board) muestran una correlación positiva entre las puntuaciones de los exámenes SAT y el estudio de una o más lenguas extranjeras. Se sabe además que el conocimiento de lenguas extranjeras mejora destrezas cognitivas como la flexibilidad mental, la creatividad, el pensamiento divergente y la memoria.

1. ¿POR QUÉ ESTUDIO ESPAÑOL?

Marca una o varias respuestas.

❏ Para comunicarme con los latinos en Estados Unidos.
❏ Me interesan la lengua y la cultura de los países de habla hispana.
❏ Viajo frecuentemente a un país de habla española. ¿A cuál? ....
❏ Me interesa la literatura española/latinoamericana.
❏ Necesito el español en mi trabajo o en mis estudios.
❏ Otros motivos:

   ....

2. ¿PARA QUÉ VOY A USAR EL ESPAÑOL?

Marca una o varias respuestas.

❏ Mantener conversaciones con nativos.
❏ Leer periódicos, revistas o novelas.

❏ Leer documentos y textos profesionales.
❏ Ver películas y programas de TV.
❏ Escribir cartas y correos electrónicos personales.
❏ Escribir cartas y otros documentos profesionales.
❏ Otros objetivos: ....

3. MI NIVEL ACTUAL DE ESPAÑOL: AUTOEVALUACIÓN.

Marca tus puntos más fuertes (+), tus puntos más débiles (−) y tus capacidades medias (=).

❏ Hablar.
❏ Comprender.
❏ Escribir.
❏ Gramática.
❏ Vocabulario.
❏ Pronunciación.
❏ Leer.

Respuestas para el Paso 3 de la Tarea

1. *Aprender una lengua depende del contexto social en que se aprende y de los procesos mentales del aprendiz, la persona que aprende.*
2. *Una lengua se aprende.*
   a. *notando y prestando atención a ciertos elementos en el input,*
   b. *descubriendo las reglas de la lengua por uno mismo y*
   c. *hablando mucho con nativos y no nativos.*
3. *Es más efectivo fijarse en palabras clave.*
4. *Leyendo se aprende a leer y hablando se aprende a hablar.*

Paso 2 Usando los datos del texto y los cuestionarios que completaron anteriormente, hagan una lista de cuatro razones y propósitos importantes para aprender español. La lista debe reflejar un consenso entre todos los miembros del grupo.

¿Para Qué?

1. _____
2. _____
3. _____
4. _____

Paso 3 Escuchen esta entrevista con un experto en aprendizaje de lenguas y respondan a estas preguntas.

1. Aprender una lengua depende de _____
   y _____.

2. ¿Cómo se aprende una lengua?
   • _____
   • _____
   • _____

3. ¿Qué es más efectivo?
   ☐ repetir   ☐ fijarse en palabras clave

4. _____ se aprende a leer y _____ se aprende a hablar.

¿Por Qué?

1. _____
2. _____
3. _____
4. _____

Decidan si están de acuerdo o no con el profesor. Redacten una lista de las cuatro maneras más efectivas, en su opinión, de aprender una lengua.

1.
2.
3.
4.

Paso 4 El portavoz del grupo presenta sus decisiones a la clase.

Paso 5 Foco lingüístico.

NUESTRA GENTE

13-33 to 13-34

GENTE QUE LEE

ESTRATEGIAS PARA LEER

Review of vocabulary strategies (I): using a bilingual dictionary

Using a dictionary effectively:

1. What part of speech is the word that you are looking for (verb, noun, adjective, adverb, preposition)?
2. If it is a verb, what is the infinitive form? If it is a noun, what is the masculine singular? That is how it will be listed in the dictionary.
3. Not all dictionaries use the same abbreviations, so make sure that you are familiar with the ones in your dictionary (vt, nm, adj, etc.)
4. Remember: many words have various translations and meanings. Make sure that you choose the correct definition by identifying the context in which the Spanish word is used.

Study this entry: **derecho, a** *adj right, right-hand* • *nm* (privilegio) *right*; (título) *claim, title*; (lado) *right(-hand) side*; (leyes) *law* • *nf right(-hand) side* • *adv straight, directly*; **~s** *nmpl* rights; (de autor) royalties

1. Which parts of speech can this word be?
2. Can you explain the information contained in this entry in your own words?

ANTES DE LEER

13–19 Bilingüismo

¿Hay comunidades bilingües en tu país? ¿Dónde? ¿Cómo crees que estas comunidades usan las dos lenguas: en contextos similares o diferentes? Da ejemplos.

13–20 Activando estrategias

1. Según el título, ¿qué información esperas encontrar en el texto?
2. Lee la primera frase de cada párrafo. ¿Cuál es la idea general de cada uno de los cinco párrafos?

DESPUÉS DE LEER

13–21 ¿Comprendes?

1. ¿En qué áreas se usa el guaraní? ¿Y el castellano?
2. ¿Cuántos paraguayos del campo hablan español en su casa? ¿Cuántos de la ciudad?
3. ¿Qué porcentaje de la población total es bilingüe? ¿Y monolingüe en guaraní?
4. ¿Por qué hay poca literatura escrita en guaraní?
5. ¿Qué importancia tiene la Constitución de 1992?

13–22 Activando estrategias

1. Según el contexto, ¿qué crees que significa la palabra en negrita **forastero**? Ahora búscala en el diccionario y comprueba si tu predicción es correcta.
2. Busca en el diccionario las tres palabras marcadas en negrita en el texto. ¿Qué categoría gramatical tienen en este texto? ¿Qué entradas debes buscar en el diccionario? ¿Cuál es el significado adecuado para cada una?

Respuestas para Estrategias para leer

1. *La palabra "derecho" puede ser adjetivo, nombre masculino, nombre femenino (la derecha), y adverbio.*
2. *- adj = adjetivo*
   - nm = nombre masculino
   - nf = nombre femenino
   - adv = adverbio
   - nmp = nombre masculino plural
   ~s = derechos (cuando es plural significa rights)

   Las palabras entre paréntesis (privilegio, título, lado, leyes, de autor) representan contextos específicos de la palabra en los cuales cambia su significado.

Respuestas (sugeridas) para la actividad 13–20

1. *Información sobre el bilingüismo en Paraguay*
2. *P. 1: población paraguaya hoy*
   P. 2: quién habla guaraní y quién habla español en Paraguay
   P. 3: dónde se usa más cada una de estas lenguas
   P. 4: papel de los paraguayos bilingües en la cultura hispana
   P. 5: importancia del guaraní

Respuestas para la actividad 13–21

1. *Se usa el guaraní sobre todo en las zonas rurales y en el hogar, y el castellano en las áreas urbanas y en actividades de carácter profesional y público.*
2. *Uno de cada cuatro (25%) paraguayos en el campo usa el español para comunicarse en la casa, mientras que un 41% lo hace en las ciudades.*
3. *Un 45% es bilingüe y un 50% es monolingüe en guaraní.*
4. *Porque en el pasado no se enseñaba a leer ni a escribir en esta lengua.*
5. *Convierte el guaraní en lengua oficial, y con ello lo hace lengua obligatoria en la educación.*

A LEER

Lee el siguiente texto de un periódico paraguayo para conocer la situación lingüística en ese país.

PARAGUAY, UN PAÍS BILINGÜE

La población paraguaya actual es el resultado de la mezcla de dos tipos étnicos y culturales diferentes: uno americano y otro europeo, mezcla que ha dado como resultado el Paraguay actual: un país pluricultural y bilingüe, con dos idiomas oficiales: español y guaraní.

La mitad de los paraguayos sólo habla guaraní; en las zonas rurales, tres de cada cuatro personas usan el guaraní para comunicarse en sus hogares, mientras que sólo uno de cada cuatro paraguayos habla el español como medio de comunicación en el hogar (41% en las áreas urbanas). El 45% del total de la población es bilingüe. La lengua española, como en casi todo el continente, ha sido usada desde la creación de la nación paraguaya y cuenta con un número de hablantes considerable, calculado en poco más de la mitad de la población. Mientras el castellano era la lengua usada en documentos oficiales y relaciones con el gobierno cuando se fundó Paraguay, el guaraní se usaba en las relaciones íntimas, familiares y laborales, situación que persiste hoy en día.

Actualmente el guaraní se usa más en el campo, donde reside la mayoría de la población, y el castellano en las áreas urbanas; por eso, se podría decir que en Paraguay existe una cultura rural y otra urbana. Sin embargo, la gran movilidad social entre campo y ciudad produce una situación en la que las dos culturas siempre están en contacto permanente. No obstante, para algunos la única cultura

verdaderamente nacional y paraguaya es la que se expresa en guaraní.

Los paraguayos que también hablan castellano participan de la cultura hispana, pero hablar sólo castellano no **basta**: la cultura del español no es la única cultura del Paraguay. Así, el paraguayo bilingüe es también bicultural. Sin embargo, la literatura en guaraní es escasa porque en el pasado no se enseñaba a leer ni a escribir en esta lengua.

Aunque el guaraní todavía puede considerarse como lengua usada en situaciones informales, su estatus ha empezado a cambiar por su inclusión como lengua oficial en la Constitución Nacional de 1992. Además otro artículo en la Constitución la hace lengua obligatoria en la educación. Ser educado en las dos lenguas es un **derecho** de todo ciudadano paraguayo desde ese año. Cabe mencionar que desde el pasado 13 de diciembre de 2006, el guaraní es uno de los idiomas oficiales del MERCOSUR. Es cierto que el castellano continúa siendo la lengua de mayor prestigio en Paraguay, porque su conocimiento es importante y necesario para las relaciones con los países **vecinos**, el acceso a la educación, la justicia, el gobierno, los puestos de trabajo y la prosperidad económica. Sin embargo, el guaraní se considera índice de la nacionalidad paraguaya y se considera **forastero** a todo el que no lo habla.

13–23 Expansión

¿Qué opinas de la situación del bilingüismo en Paraguay? ¿Crees que puede cambiar? ¿Cómo? ¿Qué problemas y ventajas puede haber en un contexto de bilingüismo total?

GENTE QUE ESCRIBE

13-35 to
13-36

ESTRATEGIAS PARA ESCRIBIR

Punctuation and capitalization: some differences between Spanish and English

1. Questions marks and exclamation points (*exclamaciones e interrogaciones*): in Spanish they are used both at the beginning and at the end of the sentence.

   ¿…? *¿Qué países son bilingües?*   What countries are bilingual?
   ¡…! *¡Qué bonito es Paraguay!*   How beautiful Paraguay is!

2. Upper case and lower case *(mayúsculas y minúsculas)*: in Spanish lower case letters are used to write days of the week, months, seasons, languages, or nationalities.

   El lunes nos vemos.   We'll see each other on Monday
   Marco habla español y ruso.   Marco speaks Spanish and Russian

3. Numbers: in Spanish, whole numbers are separated by a period (.) and decimals by a coma (,). The same occurs with dollars and cents.

   3.567.340   3,567,340   *34,2%*   34.2%
   Me costó 4,95 dólares.   It costed $4.95.

4. Comma (*coma*): in Spanish the semicolon is used after the greeting of both personal or business correspondence.

   Querido Pedro: Dear Pedro,   *Estimados señores:*   Dear sirs,

   A comma (,) is used after each item in a series, but it is omitted before the conjunction.

   Rosa habla chino, japonés, hebreo y ruso.   Rosa speaks Chinese, Japanese, Hebrew, and Russian

5. Colon (*dos puntos*): in Spanish we use a semicolon before introducing a direct quotation. A period (.) is placed outside the quotation marks.

   El presidente dijo: "Hoy es un día memorable". The President said, "Today is a memorable day."

6. Quotation marks (*comillas*): they are used in Spanish to quote direct speech. When citing a question, the question marks go inside the quotation mark.

   Carlos dijo: "¿Vamos a viajar a Paraguay?"   Carlos said, "Are we going to travel to Paraguay"?

13–24 Solicitud de admisión a un curso

Quieres ir a Asunción para mejorar tu español y aprender guaraní. Lee este anuncio de una escuela y haz una lista de temas que quieres tratar en un correo electrónico. Por ejemplo:

- Pedir más información (horarios, método que usan, opciones sobre los alojamientos, actividades fuera de la clase, niveles, etc.).

- Dar información sobre ti mismo/a referida a tu conocimiento de lenguas extranjeras.

Cursos de español y guaraní para extranjeros
Clases intensivas, privadas o grupales (6 estudiantes máx.)
La escuela está ubicada en el centro de la ciudad.
Tasa de inscripción
500 dólares: incluye los libros, el uso de Internet, café y agua.
2 semanas Curso Estándar - 4 horas/día
Módulo de 60 horas: 1.300 dólares (grupo) o 2.800 dólares (individual).
Módulo de 40 horas: 1.100 dólares (grupo) o 1.600 dólares (individual).
1 semana curso de clases particulares - enseñanza 1:1– 4 horas/día
Módulo de 20 horas: 1.000 dólares
2 semanas alojamiento con familia - habitación simple/media pensión
Costo: 1.450 dólares. Incluye tres comidas, limpieza de la ropa, recogida del aeropuerto.

COMPARACIONES

13–25 Lenguas indígenas en Latinoamérica

Lee este texto y comenta luego las preguntas con la clase.

La situación lingüística de Paraguay no es la norma en Latinoamérica, sino la excepción. El mapa lingüístico de América Latina es muy diverso, y depende del curso que siguió la historia de cada país.

Algunos países, como Cuba y Puerto Rico, casi no tienen idiomas autóctonos en su territorio. En la República Dominicana se habla además inglés y un dialecto de origen francés cerca de la frontera con Haití. En Uruguay la mayoría habla español y alrededor de un 3% de la población habla otras lenguas europeas como el italiano.

Hay países, como Guatemala y México, que tienen numerosas comunidades indígenas y donde existen muchos idiomas autóctonos. En México, por ejemplo, hay tres centenares de idiomas autóctonos, pero casi todos sus hablantes son bilingües y hablan también español.

Otros países tienen minorías que hablan un idioma autóctono, pero la casi totalidad de la población habla español. Este es el caso de Costa Rica, Honduras, Nicaragua, el Salvador, Venezuela, Colombia y Panamá. En el cono sur (Argentina y Chile) también existen comunidades que emplean idiomas indígenas, pero su uso es limitado. En Argentina, donde el 95% de los argentinos habla español, se usan además el italiano, varios idiomas autóctonos, el inglés e incluso el galés. En Chile, aparte del español hablado por casi todos los chilenos, se puede oír el alemán, el italiano y dialectos indios como el quechua o el mapuche.

La situación lingüística en América hispánica

Paises que no tienen el español como idioma oficial

Paises que tienen el español como idioma oficial:
Sólo hablan español
Idiomas indígenas minoritarios
Numerosas comunidades indígenas
Entre 40 y 78% de la población hable idiomas indígenas

Finalmente, hay cuatro países donde las lenguas autóctonas son habladas por más del 40% de la población: Bolivia, Perú, Ecuador y Paraguay. Sin embargo, sólo las constituciones de Paraguay, Perú y más recientemente Bolivia reconocen las lenguas indígenas como oficiales. Ecuador reconoce como patrimonio cultural los idiomas autóctonos, como el *quechua*, siendo el español el único idioma oficial. Paraguay fue el primer país que reconoció un idioma autóctono como lengua nacional (en 1967) y lo reconoce como lengua oficial desde 1992, además de impartir educación bilingüe. Perú reconoce el *quechua*, el *aimara* y otras lenguas autóctonas como lenguas oficiales junto con el castellano.

1. Compara la situación de Paraguay, Perú y Bolivia con la del resto de los países hispanohablantes de América Latina. ¿Qué factores pueden causar estas situaciones tan diferentes?
2. En Latinoamérica, con la excepción de Paraguay, Perú y Bolivia, la lengua oficial es la lengua colonial, no las autóctonas. ¿Cuáles son los efectos de la imposición lingüística?
3. ¿Conoces la situación lingüística de España? ¿Cuántas lenguas oficiales tiene? ¿Dónde se hablan?
4. ¿Cuál es la situación en tu propia ciudad o pueblo? ¿Cuántos idiomas hay? ¿Quiénes los hablan?
5. Algunas personas dicen que países como Estados Unidos y Gran Bretaña son espacios monolingües. ¿Estás de acuerdo con esa afirmación?

CULTURA

Paraguay es un país de algo más de seis millones de habitantes. Se estima que hay unas 15.000 personas de ascendencia u origen paraguayo en Estados Unidos. La mayoría vive en Nueva York, Miami y Los Ángeles. Aunque no haya una contribución significativa de esta comunidad a la política, economía, artes o cultura popular de Estados Unidos, se pueden encontrar organizaciones a nivel local que promueven la cultura de Paraguay. Por ejemplo, Paraguay Hecho a Mano, Inc. es una organización sin fines de lucro (*non-profit*) en Wisconsin que promueve la cultura paraguaya educando y exponiendo manualidades (*crafts*) del país. Además, el estado de Kansas y Paraguay son "estados hermanos" y mantienen un programa de colaboración que promueve intercambios en agricultura, artes, comercio y salud. Finalmente, el Museo de Arte de Denver tiene una importante colección de arte indígena paraguayo.

Información para la actividad 13–25

Las preguntas retoman varios de los puntos clave de este capítulo y ofrecen a los estudiantes una última oportunidad de valorar la importancia del multilingüismo en el mundo actual, a pesar de la aparente presión de los movimientos globalizadores a nivel lingüístico y económico.

Los idiomas oficiales de Bolivia son el castellano o español, el aymara y el quechua. Esta situación es más predominante en la región andina y subandina. En la región oriental, también se habla el guaraní.

El idioma oficial de Ecuador es el español, y se hablan unas diez lenguas indígenas, especialmente el quechua. La actual constitución reconoce el carácter plurinacional del Ecuador, y establece que las lenguas indígenas forman parte del patrimonio cultural del país y constituyen lenguas principales de educación en las áreas de su dominio.

Respuestas (posibles) para la actividad 13–25

1. *Un factor importante es el porcentaje de población indígena de los países y el poder político que tenga este grupo en el país. Obviamente este porcentaje mayor o menor tiene que ver con factores históricos: el exterminio total o casi total de indígenas en algunas regiones (ej. Cuba) en contraste con la supervivencia de población nativa en otras (ej. Bolivia).*
2. *La mayor consecuencia de la imposición lingüística es la pérdida de las lenguas indígenas, que son parte importante de la identidad cultural de estos pueblos.*
3. *El idioma oficial en toda España es el castellano o español. Hay otros idiomas cooficiales con el castellano en algunas comunidades autónomas: el catalán (català) en Cataluña e Islas Baleares, el valenciano (valencià) en la Comunidad Valenciana, el gallego (galego) en Galicia y el euskera (euskara) en el País Vasco y la Comunidad Foral de Navarra.*

 VOCABULARIO

Enseñanza y aprendizaje de lenguas
(Teaching and learning of languages)

el aprendiz	*learner*
el aprendizaje	*learning*
la autoevaluación	*self-assessment*
el conocimiento	*knowledge*
el ensayo	*essay*
el error	*mistake*
el escritor	*writer*
el esfuerzo	*effort*
el esquema	*outline*
la estrategia	*strategy*
la explicación	*explanation*
el gesto	*gesture*
el hablante	*speaker*
el idioma	*language*
el lector	*reader*
la lectura	*reading*
la lengua extranjera	*foreign language*
la lengua materna	*mother tongue*
la mayoría	*majority*
el mensaje	*message*
la minoría	*minority*
el nivel	*level*
la redacción	*composition*
la regla	*rule*
el sonido	*sound*
el trabajo escrito	*paper, essay*
la traducción	*translation*

Las lenguas *(Languages)*

el alemán	*German*
el chino	*Chinese*
el coreano	*Korean*
el finlandés	*Finnish*
el francés	*French*
el griego	*Greek*
el hebreo	*Hebrew*
el holandés	*Dutch*
el japonés	*Japanese*
el ruso	*Russian*
el sueco	*Swedish*
el turco	*Turkish*
el vascuense, el euskera	*Basque*

Adjetivos *(Adjectives)*

apropiado/a	*adequate*
bilingüe	*bilingual*

clave	*key*
complejo/a	*complex*
efectivo/a	*effective*
escrito/a	*written*
silencioso/a	*silent*

Verbos *(Verbs)*

acordarse (ue) de	*to remember*
adquirir (ie)	*to acquire*
animar	*to encourage*
aprovecharse de	*to take advantage of*
aumentar	*to increase*
cansarse	*to get tired*
callarse	*to keep/remain quiet*
costar	*to find hard to*
corregirse	*to correct oneself*
darse cuenta de	*to realize*
desanimarse	*to get discouraged*
desarrollar(se)	*to develop*
descubrir	*to discover*
durar	*to last*
frustrarse	*to get frustrated*
imitar	*to imitate*
involucrar	*to involve*
inscribirse	*to enroll, to register*
mejorar	*to improve*
molestar	*to bother*
olvidarse de	*to forget*
perfeccionar	*to perfect*
preocupar	*to worry*

Adverbios de modo *(Modal adverbs)*

atentamente	*attentively*
efectivamente	*really, exactly*
esencialmente	*essentially*
indudablemente	*certainly*
oralmente	*orally*

Otras palabras y expresiones
(Other words and expressions)

cometer errores	*to make mistakes*
prestar atención	*to pay attention*
hacer esquemas	*to prepare outlines*
hacer preguntas	*to ask questions*
hacerse un lío	*to get all mixed up*
tener curiosidad	*to be curious*

CONSULTORIO GRAMATICAL

1 Verbs Like *Gustar*: Expressing Sensations, Feelings, Difficulties, Value Judgments

The majority of verbs that we use to express sensations, feelings or difficulties, or to evaluate activities, are verbs like gustar. These verbs can take an infinitive or a noun. Remember that the subject of the sentence is the thing, activity or person that refers to the feeling, sensation, difficulty, or judgment that you are expressing in the sentence.

	INFINITIVE	NOUN
Me pon**e** nervioso *It makes me nervous*	hacer ejercicios de gramática	el acento de Juan
Me encant**a** / fastidi**a** / molest**a** *I love / I hate / it bothers me*	pronunciar la erre	el libro de español
Me cuest**a** *I find it hard*	leer en español	la pronunciación
Me d**a** miedo *I find it scary*	cometer errores	el examen
Me parec**e** aburrido / divertido *I think it is boring / fun*	memorizar vocabulario	este ejercicio.

The infinitive and the noun can be placed at the beginning of the sentence or after the verb.

Este libro me parece muy interesante.

Sí, me encantan los dibujos.

Estudiar gramática **me parece** aburrido.   INFINITIVE
Me parece aburrido **estudiar** gramática.

I find studying grammar boring.

La pronunciación me resulta difícil.   SINGULAR NOUN
Me resulta difícil **la pronunciación**.

I find pronunciation difficult.

Estos ejercicios me parecen muy buen**os**.   PLURAL NOUN
Me parecen muy buen**os** **estos ejercicios**.

I think these exercises are very good.

2 The Present Perfect

	PRESENT OF **HABER**	PARTICIPLE
(yo)	he	
(tú)	has	est**ado**
(él, ella, usted)	ha	com**ido**
(nosotros/as)	hemos	viv**ido**
(vosotros/as)	habéis	
(ellos, ellas, ustedes)	han	

Like the preterit and imperfect tenses, the present perfect provides us with a way to talk about the past in Spanish.

The present perfect is often used to talk about events in the recent past that continue in the present, or that are closely related to the present moment.

We also use the perfect tense when we are trying to express whether an action has ever taken place or not. The exact time of the event is not important, and therefore expressions such as **alguna vez**, **varias veces**, **nunca**, etc. are commonly used.

> ¿ The present perfect in Spanish corresponds almost exactly to the present perfect in English when the exact time something took place is not specified:
>
> Silvia **ha estado** en Nueva Zelanda.
> (= Silvia **has been** to New Zealand.)
>
> For recent events, where English may use the present perfect: **We've just done this**, Spanish instead uses a completely different verbal construction: **Acabamos de hacer esto.**
>
> The same is true when we talk about continuing states and conditions:
>
> Lleva un año jugando en ese equipo de fútbol. (= S/he's been playing for that soccer team for a year.)

3 The Past Participle

-AR VERBS	-ado	-ER/-IR VERBS	-ido
HABLAR	habl**ado**	TENER	ten**ido**
TRABAJAR	trabaj**ado**	SER	s**ido**
ESTUDIAR	estudi**ado**	VIVIR	viv**ido**
ESTAR	est**ado**	IR	**ido**

Some of the most frequently used irregular past participles are:

VER ⟶ **visto**
ESCRIBIR ⟶ **escrito**
ABRIR ⟶ **abierto**

HACER ⟶ **hecho**
DECIR ⟶ **dicho**
ROMPER ⟶ **roto**

PONER ⟶ **puesto**
VOLVER ⟶ **vuelto**
CUBRIR ⟶ **cubierto**

The past participle is used in the present perfect tense and also with the verb **estar**. Since in the present perfect the participle is part of the verb construction, it never changes form. When it is used as an adjective with the verb **estar**, however, the participle always changes form to agree in number and gender with the noun it modifies.

In the present perfect:

He escrit**o** una carta a Juan.
I have written a letter to Juan.

He escrit**o** un libro.
I have written a book.

He escrit**o** unos artículos.
S/he has written some articles.

With the verb **estar**:

La carta est**á** bien escrit**a**.
The letter is well written.

El libro est**á** bien escrit**o**.
The book is well written.

Los artículo**s** est**án** bien escrit**os**.
The articles are well written.

4 Perfect vs. *Preterit*

Use in the United States and Latin America

In the United States and Latin America, Spanish speakers use the preterit with markers such as **hoy**, **esta mañana**, **esta semana**, **este mes**, **este año**, **estas vacaciones**, **durante mi vida**, etc. This is because they consider the moment when the action takes place to be over.

Esta semana (*This week*) **estuve** en Asunción.
Este mes / año / semestre (*This month / year / semester*) **estuve** en Asunción.
Hoy (*Today*) **estuve** en Asunción.
Esta mañana/tarde/noche (*This morning / afternoon / evening*) **estuve** en Asunción.

Use in Spain

In Spain speakers use the perfect tense to talk about past situations and events ocurred in time periods that the speakers considers not concluded (that is, still present).

Esta semana he estado en Asunción.

Este mes / año / semestre he estado en Asunción.

Hoy he estado en Asunción.

Esta mañana/tarde/noche he estado en Asunción.

The speaker doesn't always express the division of time explicitly; sometimes it is understood by the choice of the perfect or the preterit.

Estuve dos semestres en la Universidad de Asunción.
I spent two semesters at the University of Asunción.

(The experience took place in a period of time that the speaker considers to be over.)

He estudiado dos trimestres en Asunción.
I have studied two semesters in Asunción.

(The experience took place in a past that the speaker doesn't consider to be over.)

Use in the United States, Latin America and Spain

Most speakers use the preterit tense to talk about past situations and events ocurred in time periods that they consider concluded.

La semana pasada (last week) **estuve** en Asunción.

El mes / año / semestre pasado (last month / year / semester) **estuve** en Asunción.

Similarly, most speakers use the present perfect to highlight the continuity of the past into the present. What is expressed is whether an action has ever taken place or not. The exact time of the event is not important, and therefore expressions such as **alguna vez, siempre, nunca, toda mi vida**, etc. are commonly used.

Siempre (always) **me han gustado** las lenguas.

Toda mi vida (all my life) **me han gustado** las lenguas.

Nunca (never) **me han gustado** las lenguas.

However, in the United States and Latin America, speakers sometimes use the preterit, especially in conversational Spanish.

Siempre me gustaron las lenguas.   **Toda mi vida me gustaron** las lenguas.   **Nunca me gustaron** las lenguas.

5 Uses of the Gerund

The gerund often answers different variations of the question "how?".

Viajó a Lima **pasando** por Asunción.   *(MANNER OR MEANS)*
I travel to Lima by way of Asunción.

Aprenderás mejor **hablando** mucho.   *(A CONDITION)*
You will learn better if you speak a lot.

The construction **llevar** + gerund expresses duration.

Anne **lleva** dos años **estudiando** español.
Anne has been studying Spanish for two years.

The construction **estar** + gerund expresses an action in progress.

Los niños **están cantando**.
The boys are singing.

Perfect vs. preterite of estar + gerund

We use these forms to refer to an activity that is over and done. This activity is presented as the principal piece of information, and not as the result of another event.

Hoy **he estado trabajando** hasta muy tarde.   Ayer **estuvimos visitando** el museo de cera.
Today I have been working until very late.   Yesterday we were visiting the wax museum.

In English we use the gerund (-ing form) after *without*; however, in Spanish we use the infinitive after *sin*.

Without studying
Sin estudiar

14 GENTE con PERSONALIDAD

☑ **TAREA**

Elaborar preguntas y hacer una entrevista a una persona de nuestra universidad o entorno.

NUESTRA GENTE

Honduras
Hispanos/latinos en Estados Unidos

CULTURA

Honduras

Honduras es un país centroamericano con una población de aproximadamente ocho millones de habitantes, distribuida de la siguiente manera: un 90% es mestiza, un 6% es amerindia, un 1% es de raza negra y un 3% de raza blanca. Las dos principales ciudades de Honduras son Tegucigalpa, con más de un millón de habitantes, y San Pedro Sula, de aproximadamente un millón de habitantes.

Guillermo Anderson

Guillermo Anderson

Guillermo Anderson es una de las figuras musicales más importantes de Honduras. Nació en La Ceiba, Honduras. Después de recibir su licenciatura en Literatura de la Universidad de California, Guillermo trabajó de músico y actor con diversas compañías profesionales de teatro en Estados Unidos y después regresó a su país, donde desarrolló su carrera artística como cantante. Debido a su trayectoria y a su importante papel en el panorama cultural de Honduras, fue nombrado embajador cultural de su país ante el mundo. Su canción "En mi país" se considera casi un himno en Honduras. Además, Guillermo ha colaborado con el gobierno hondureño y la UNESCO en diferentes causas y campañas de educación y salud. Guillermo y su grupo "Ceibana" fusionan percusiones hondureñas con sonidos contemporáneos, y mezclan ritmos tradicionales de la etnia garífuna con ritmos más conocidos del Caribe, como el "reggae". Sus canciones celebran el amor, la naturaleza y la vida cotidiana en esa bella parte del mundo que es Honduras.

Salvador Moncada

Salvador Moncada

Nació en Tegucigalpa en 1944 y es doctor en medicina, cirugía y farmacología. Sus investigaciones en el área de la farmacología han llevado a avances importantes en esta área de la ciencia. Ha sido profesor en diferentes universidades de Europa, Estados Unidos y Latinoamérica, y ha obtenido reconocimientos a nivel mundial. Actualmente dirige el Instituto Wolfson para la Investigación Biomédica de UCL (*University College London*). A Salvador Moncada le preocupa la modernización de la ciencia y le gustaría ver una conexión mayor entre la ciencia y la gente. Moncada cree que la ciencia siempre tiene que redundar en beneficios para la sociedad, por ejemplo en la creación de riqueza, empleo y mejores condiciones de vida.

ACERCAMIENTOS

14–1 Dos hondureños famosos

Lee la información sobre Guillermo Anderson y Salvador Moncada. Después completa la tabla. Usa los adjetivos del cuadro.

	NOMBRE	PARECE UNA PERSONA...
Me gustaría conocer a...		
Me gustaría trabajar con...		
Me encantaría cenar con...		
Me gustaría ser como...		
No me gustaría ser como...		
(No) me gustaría tener el trabajo de...		

EJEMPLO:

Me gustaría cenar con Guillermo Anderson porque parece una persona muy simpática y alegre.

interesante	simpático	inteligente	con sentido del humor
amable	antipático	trabajador	divertido
agradable	aburrido	tranquilo	desagradable

14–2 Una entrevista

Hagan una entrevista a su compañero/a para saber más de su personalidad. Atención: formulen preguntas completas. Después la clase puede hacer la entrevista a su profesor/a.

TEMAS	TU COMPAÑERO/A	TU PROFESOR/A
Lugar preferido para vivir		
Libro favorito		
Película favorita		
Comida preferida		
Ciudad preferida		
Cualidad que más admira		
Defecto que más odia		
Estación del año preferida		
Manía		
No le gusta...		
Problema que le preocupa		
Color que menos le gusta		
Actor/actriz favorito/a		
Pintor/a favorito/a		
Género musical que más le gusta		

EJEMPLO:

E1: ¿Cuál es tu comida preferida?
E2: El pollo con arroz. ¿Y cuál es tu comida favorita?
E1: Las papas fritas.

Información para la actividad 14–1
Se comienza la sección Acercamientos con información breve sobre Honduras, y sobre dos hondureños conocidos y sus personalidades. Dicha información constituye el tema de la lección. Pida a los estudiantes que identifiquen primero (leyendo los textos) rasgos de la personalidad de cada uno de los personajes.

El ejercicio presenta el tiempo condicional, meta gramatical de esta lección. Aunque es posible que no todos sus estudiantes conozcan el tiempo verbal, usted puede darles el significado (la traducción) de los verbos del ejercicio, de modo que se concentren en el contenido del mismo, o sea, lo que harían o no con los dos personajes.

Clarifique la diferencia entre el verbo *parece* (= s/he seems) y la forma *me parece* (= creo que).

Sugerencias/expansión para la actividad 14–1
Si se desea escuchar la música de Guillermo Anderson, usted o los estudiantes pueden ir a la página web http://www.guillermoanderson.net/discos.htm.

Información para la actividad 14–2
A través de la entrevista, se vuelve a trabajar la formulación de preguntas. Además la actividad permite que los estudiantes conozcan más la personalidad de sus compañeros de clase.

Haga primero el trabajo en parejas (un estudiante entrevista a otro) y luego pida a la clase que formule preguntas para usted.

Sugerencias/expansión para la actividad 14–2
Podría ser productivo el cambio de tratamiento (de *tú* a *usted*) en la formulación de preguntas dirigidas a usted, ya que la Tarea global requiere una entrevista a una persona a la que probablemente habrá que tratar con la forma *usted*.

VOCABULARIO EN CONTEXTO

14-01 to 14-07

14–3 Preguntas personales

Lee ahora las respuestas de Guillermo Anderson a las "Preguntas muy personales". ¿Cómo crees que es? ¿Qué adjetivos se le pueden aplicar de la lista? Piensa en otros.

PREGUNTAS MUY PERSONALES

La clave de la felicidad es...	tomarse la vida con calma.
Su mayor virtud es ...	dicen que soy generoso... pero no sé...
Su mayor defecto es...	la impaciencia.
Su vicio es...	conversar por horas.
¿Qué le indigna más?	El racismo y la indiferencia.
Le preocupa...	la educación de los niños.
Le gustaría conocer a...	Mario Benedetti.
A una isla desierta se llevaría...	una guitarra y muchos libros.
¿Qué cualidad aprecia más en una persona?	la generosidad.
Le da vergüenza...	comer demasiado.
No podría vivir sin...	el mar.
Antes de dormir le gusta...	leer un poco.
¿Qué le gusta más?	La vida.
¿Qué le gustaría ver antes de morir?	Centroamérica unida.
Le pone nervioso...	la gente pesimista.
Le da miedo...	perder a mi esposa y a mis hijas.
Su vida cambió cuando...	regresé a Honduras para hacer música.

optimista	moderno	sociable	idealista
introvertido	valiente	engreído	maleducado
modesto	miedoso	conservador	hablador
complicado	antipático	simpático	egoísta
tranquilo	tímido	generoso	educado
nervioso	seguro	inseguro	alegre
pesimista	extrovertido	triste	sencillo
realista	solitario		

 Ahora comparte tus opiniones con un/a compañero/a.

EJEMPLO:
E1: Yo creo que es un hombre **sociable**.
E2: Sí y también es muy **hablador** porque dice que su vicio es conversar por horas.

14–4 ¿Cómo eres tú?

Hazle ahora la misma entrevista de 14–3 a tu compañero/a. ¿Cómo es él/ella?

14–5 Cualidades

Elige dos cualidades que admiras y dos que detestas en cada una de estas personas. Justifica tus respuestas.

1. Un/a novio/a   2. Una mamá   3. Un/a amigo/a   4. Un/a profesor/a

Información para la actividad 14–3
La actividad se centra en el vocabulario relacionado con el tema "personalidad". La entrevista contiene además parte de la gramática meta de la lección (verbos como *gustar* y el condicional). Aclare el significado de las palabras que los estudiantes no comprendan.

Sugerencias para la actividad 14–3
Puede pedir a los alumnos que agrupen los adjetivos de la lista en parejas de opuestos.

optimista–pesimista   hablador–tímido
moderno–conservador   complicado–sencillo
social–solitario   antipático–simpático
idealista–realista   egoísta–generoso
introvertido–extrovertido nervioso–tranquilo
valiente–miedoso   seguro–inseguro
engreído–modesto   alegre–triste
maleducado–educado

Información para la actividad 14–5
La actividad introduce más vocabulario relacionado con el tema de la lección, en este caso sustantivos que representan cualidades físicas o de la personalidad. Esta actividad se centra en el significado de estos sustantivos, mientras que la 14–6 girará en torno al análisis morfológico de estos sustantivos.

Sugerencias/expansión para la actividad 14–5
Siempre es recomendable que los estudiantes compartan sus opiniones con la clase, o bien en grupos, de modo que puedan argumentar, aunque sea de manera sencilla, a favor o en contra de sus opiniones sobre un tema.

alegría	impaciencia	mediocridad	sensibilidad	fidelidad
amargura	inseguridad	paciencia	seriedad	infidelidad
belleza	bondad	pureza	simpatía	ternura
felicidad	cobardía	sensatez	sinceridad	bondad
generosidad	coherencia	creatividad	tristeza	hipocresía
hermosura	inteligencia	solidaridad	valentía	maldad
honestidad	madurez	dulzura	estupidez	

EJEMPLO:

En un novio admiro la **honestidad** y la **generosidad**, y detesto la **estupidez** y la **hipocresía**.

 ¿Qué cualidades admiran en estas situaciones? Escriban dos para cada caso.

	EN UNA RELACIÓN DE PAREJA	EN UNA RELACIÓN PROFESIONAL	PARA COMPARTIR CASA
LO PEOR ES...			
LO MÁS IMPORTANTE ES...			

14–6 Atención a la forma

Clasifiquen los nombres de 14–6 en cinco grupos, de acuerdo a sus terminaciones. ¿Son estas palabras masculinas o femeninas?

-DAD	
-ÍA	
-URA	
-EZA	
-EZ	
-CIA	

14–7 Gente con cualidades

Estas personas están hablando de otras. Escribe la información sobre cada persona.

	ES... (ADJETIVOS)	CUALIDADES	DEFECTOS
1			
2			
3			
4			
5			

 14–8 Modelos para imitar (o no)

Hagan una lista de tres personajes públicos a quienes admiran y tres a quienes no admiran. Digan las cualidades que admiran de ellos y las que no admiran.

Admiramos a _____ por su _____, _____ y _____
_____ por su _____, _____ y _____
_____ por su _____, _____ y _____
Los tres son personas muy _____ y _____

No admiramos a _____ por su _____, _____ y _____
_____ por su _____, _____ y _____
_____ por su _____, _____ y _____
Los tres son personas muy / poco _____ y nada _____

Información para la actividad 14–9
Esta actividad expone a los estudiantes de forma gradual a dos de los puntos gramaticales de la lección: verbos como *gustar* y el condicional. A partir de un *input* escrito sobre tres personas, sus gustos, costumbres y carácter, los estudiantes deben completar un texto con espacios en blanco de forma individual. El *input* incluye numerosos ejemplos de la gramática de la lección. La parte de producción requiere que los estudiantes usen muchos de los verbos como *gustar* en la tercera persona. El condicional aparece ya dado, por lo que sólo se requiere la comprensión de estas formas verbales con la función de expresar hipótesis.

La segunda parte de la actividad requiere la producción de un texto similar al que se ofrece como *input* (tres fichas). Finalmente la clase escucha esta información y ofrece hipótesis.

📖 GRAMÁTICA EN CONTEXTO

14-08 to
14-38

14–9 ¿Con quién te llevarías (*you would get along*) bien?

Estas personas están buscando amigos. ¿Con quién te llevarías bien? ¿Con quién no? ¿Por qué? Comparte tus opiniones con la clase.

ANA ÁLVAREZ LONDOÑO

Gustos: No soporto a los hombres que roncan ni a la gente cobarde. Me encanta el riesgo, la aventura y conocer gente. Me gusta la música disco y el cine de acción. Soy vegetariana. Tomo demasiado café.

Costumbres: Estudio por las noches, salgo mucho y, en vacaciones, hago viajes largos.

Aficiones: Vela, esquí acuático y parapente.

Manías: Me cae mal la gente que fuma. Tengo que hablar con alguien por teléfono antes de acostarme.

Carácter: Soy un poco despistada y muy generosa. Tengo mucho sentido del humor.

SUSANA MARTOS DÍAZ

Gustos: Odio la soledad y las discusiones. Me encanta la gente comunicativa, bailar y dormir la siesta. Cocino muy bien. Me fastidia limpiar la casa; no me parece tan importante.

Costumbres: Casi siempre estoy en casa. Me encanta estar en casa.

Aficiones: Colecciono libros de cocina y juego al póquer. Tengo seis gatos.

Manías: No puedo salir a la calle sin maquillarme. Me molestan mucho los ruidos.

Carácter: Soy muy desordenada. Siempre estoy de buen humor.

FELIPE HUERTA SALAS

Gustos: La gente que habla mucho y el desorden me ponen nervioso. Me encantan la soledad, el silencio y la tranquilidad. Me gusta la música barroca y leer filosofía. Como muy poco; la comida no me interesa mucho.

Costumbres: Soy muy ordenado. Me levanto muy pronto y hago cada día lo mismo, a la misma hora.

Aficiones: Colecciono estampillas e insectos. También tengo en casa dos serpientes.

Manías: Duermo siempre con los calcetines puestos.

Carácter: Soy muy serio y un poco tímido.

Yo me llevaría bien con _____ porque_____ y podríamos _____. En cambio, me llevaría muy mal con _____ porque _____ . No tendríamos _____ y _____ .

EL CONDICIONAL

	LLEVARSE
(yo)	me llevar**ía**
(tú)	te llevar**ías**
(él, ella, usted)	se llevar**ía**
(nosotros/as)	nos llevar**íamos**
(vosotros/as)	os llevar**íais**
(ellos, ellas, ustedes)	se llevar**ían**

FORMAS IRREGULARES

PODER	podr		ía
SABER	sabr		ías
TENER	tendr	+	ía
QUERER	querr		íamos
HACER	har		íais
			ían

Tomaría clases de piano, pero no tengo dinero.

PREGUNTAS DIRECTAS

¿**Cuál es** tu deporte preferido?
¿**Qué** deporte prefieres: el fútbol o el golf?
¿**A qué hora** te acuestas?
¿**Dónde pasas** las vacaciones?
¿**Con quién** vives?
¿**De dónde** eres?
¿**En qué** hotel te alojas ?
¿**De qué** están hablando?
¿**Con cuál** viajarás?
¿**De cuál** estás hablando?
¿**Desde cuándo** vives en Honduras?
¿**En quién** confías más?
¿**Hacia dónde** se dirige el avión?

PREGUNTAS INDIRECTAS

	cuál...
Me gustaría saber	qué...
Quiero preguntar	dónde...
Me interesa saber	cuándo...
	con quién...
	...

Ahora rellena tú una ficha similar con tu descripción. Tu profesor/a recogerá todas las fichas y las repartirá en la clase. Cada estudiante lee una descripción y explica si se llevaría bien con esa persona o no y por qué.

14–10 ¿Qué más quieres saber?

Finalmente tienes que vivir con la persona de 14–9 más incompatible contigo. ¿Qué más cosas quieres saber? Haz una lista de seis cosas.

Me gustaría saber si _____
cómo _____
qué _____
de dónde _____
desde cuándo _____
con quién _____

14–11 ¿Qué harás?

Los dos deciden escribir una lista donde se comprometen a hacer cinco cosas para asegurar una convivencia sin problemas. Escribe una lista de cinco promesas: cosas que harás o no harás.

EJEMPLO:

(Vas a vivir con Felipe)
Seré muy ordenado y no **dejaré** cosas por el suelo.

Escribe también cinco promesas que la otra persona debe firmar.

EJEMPLO:

(Susana va a vivir contigo)
Limpiarás la casa todas las semanas.

14–12 ¿Qué harías?

Para conocer más a tu compañero/a, te interesa saber qué haría en ciertas situaciones hipotéticas. Hazle preguntas sobre las siguientes situaciones y sobre una inventada por ti.

1. Estás sentado en un autobús y a tu lado hay una señora mayor de pie.

2. Estás en una playa y ves a una persona gritando en el agua.

3. Estás en una boda y ves que llevas una media negra y otra verde.

4. Estás en un banco y llegan unos ladrones para robarlo.

5. Estás en un restaurante y tu novio/novia te dice que se ha enamorado de otra persona.

6. Estás paseando por un parque y ves a tu actor/actriz favorito/a.

7. Estás conduciendo por la carretera y ves a una persona haciendo autostop.

8. _____

EJEMPLO:

E1: ¿Qué **harías** en el autobús?
E2: Por supuesto me **levantaría** y **cedería** mi asiento a la señora.

Información para la actividad 14–10
El foco de esta actividad son las preguntas indirectas. La actividad tiene el mismo contexto que la anterior (las personas que aparecen en 14–9).

Información para la actividad 14–11
Se requiere la producción de las formas de futuro con la función de promesa o compromiso de futuro, uno de los usos más habituales del tiempo futuro del indicativo. Recuérdeles a los estudiantes que el futuro no es la forma más común para hablar de acciones futuras, y por ello no se trabaja mucho en esta lección; sin embargo en la *Lección 18* aparece y se trabaja de nuevo con esta misma función de promesa o seguridad en el futuro. La introducción y aprendizaje del futuro como forma verbal es útil, sin embargo, para la presentación y aprendizaje de la forma del condicional.

Información para la actividad 14–12
El foco de la actividad es la producción de frases donde se usa el condicional para expresar hipótesis. De nuevo, el formato de pregunta–respuesta facilita la interacción oral. Pida a los estudiantes que piensen (cada uno) en otra situación más.

INTERACCIONES

14-39 to
14-41

Información para Interacciones
La secuencia de materiales en la sección Interacciones conduce progresivamente al punto en el que los estudiantes empiezan a trabajar el lenguaje argumentativo, que será un objetivo principal desde ahora y hasta el final de *Gente*. Esto significa que los intercambios de opiniones cobran cada vez más peso.

Si usted lo cree conveniente, puede repasar la sección de Interacciones de la *Lección 13* (expresión del acuerdo).

ESTRATEGIAS PARA LA COMUNICACIÓN ORAL

Expressing disagreement during conversation

Expressing disagreement is as important as conveying agreement. This is especially true when debating an issue. You can express varying degrees of disagreement with these expressions:

Disagreement	*Eso no es así.*	It's not like that.
	No es cierto/verdad.	That's not true.
	No puede ser.	That can't be.
Strong disagreement	*De ninguna manera/ de ningún modo.*	No way.
	Eso es imposible/ absurdo…	That's impossible, absurd…
	Ni hablar.	No way.
	Para nada.	Not at all.
	En absoluto.	Absolutely not.
Personal disagreement	*(Creo que) te equivocas.*	(I believe) you are wrong.
	Estás (totalmente) equivocado.	You are (totally) wrong.
	Estoy en contra.	I am against that.
	No estoy (nada) de acuerdo (contigo).	I disagree (with you).
	No lo veo así.	I don't see it like that.

Información para la actividad 14–13
Se pretende una interacción en pareja donde además de usar el condicional y la expresión de hipótesis, los estudiantes puedan expresar acuerdo y desacuerdo de múltiples formas.

Sugerencias/expansión para la actividad 14–13
En esta actividad se procura que los temas que aparecen en la columna de la izquierda sean conocidos por todos los estudiantes en mayor o menor detalle, de modo que todos puedan expresar su opinión. El espacio en blanco al final de la lista debería servir como aliciente para incluir otros temas que sí sean conocidos por toda la clase.

14–13 ¿Cómo se resolverían estos problemas?

Completa este cuadro con soluciones hipotéticas para estos problemas. Agrega un problema más que te preocupe y da su solución. Luego habla con tu compañero/a para ver si está de acuerdo.

1. Las diferencias entre ricos y pobres (disminuir) con…

2. La contaminación en las grandes ciudades (terminarse) con…

3. La destrucción de la capa de ozono (frenar) con…

4. Los conflictos entre Israel y Palestina (solucionarse) con…

5. La piratería musical (desaparecer) con…

6. _____

EJEMPLO:

E1: En mi opinión, las diferencias entre ricos y pobres **disminuirían** con más **solidaridad** de la gente rica.
E2: Yo no lo veo así: lo importante es tener las mismas oportunidades desde el principio.

 14–14 Nuestra sociedad

Información para la actividad 14–14
La actividad continúa el tema de la actividad anterior —problemas de la sociedad actual— y plantea ahora la toma de decisiones sobre cualidades y defectos de la sociedad en general, fomentando el uso de vocabulario activo de la lección.

Decidan cuáles son los tres defectos más graves de la sociedad en que vivimos, y cuáles son las tres cualidades que debería tener. Luego compartan sus decisiones con la clase.

DEFECTOS	CUALIDADES
1.	1.
2.	2.
3.	3.

EJEMPLO:

E1: Yo creo que el mayor defecto es el egoísmo y la avaricia. La gente es muy egoísta.
E2: No, te equivocas; lo peor es la falta de solidaridad. A la gente no le preocupa la pobreza.
E3: No lo veo así. A muchos les preocupa la pobreza.

14–15 Julio Visquerra, un pintor hondureño

Cada uno de ustedes va a leer un texto sobre un artista hondureño. En cada texto falta parte de la información. Preparen una lista de preguntas para su compañero/a referidas a la información que no tienen.

Cuadro de Julio Visquerra

ESTUDIANTE A

Nació en _____, Honduras, en 1943. De muy niño se trasladó a la ciudad de _____, donde cursó la enseñanza elemental. A lo largo de estos estudios no tuvo estímulos para las actividades artísticas. Al contrario, él dice que _____ siempre desaprobó las muestras de dibujo que le presentaba, criticándolas de forma despectiva. Al principio tuvo muchas dificultades para ganarse la vida, pero logró sostenerse trabajando como vendedor de libros y restaurador de antigüedades. Esto le dio la base para visitar museos, conocer galerías privadas y tratar con numerosos pintores nacionales y extranjeros. Además hizo viajes a países con importante actividad artística, como por ejemplo España y otros países vecinos, principalmente _____. Sus obras han sido expuestas en países como Austria, España, Estados Unidos y Francia. Un elemento básico de la pintura visquerreana es la presencia de _____ en muchos de sus cuadros. Las frutas son el símbolo inequívoco: representan _____, y _____. Por eso las vemos siempre cayendo, casi nunca en estado inerte.

ESTUDIANTE B

Nació en Olanchito, Honduras, en _____. De muy niño se trasladó a la ciudad de La Ceiba, donde cursó la enseñanza elemental. A lo largo de estos estudios no tuvo estímulos para las actividades artísticas. Al contrario, él dice que uno de sus profesores siempre desaprobó las muestras de dibujo que le presentaba, criticándolas de forma despectiva. Al principio tuvo muchas dificultades para _____, pero logró sostenerse trabajando como _____ y _____. Esto le dio la base para visitar museos, conocer galerías privadas y tratar con numerosos _____. Además hizo viajes a países con importante actividad artística, como por ejemplo España y otros países vecinos, principalmente Francia. Sus obras han sido expuestas en países como _____, _____, _____ y _____. Un elemento básico de la pintura visquerreana es la presencia de frutas en muchos de sus cuadros. Las frutas son el símbolo inequívoco: representan vida, esperanza y movimiento. Por eso las vemos siempre cayendo, casi nunca en estado inerte.

EJEMPLO:

E1: ¿**A qué** ciudad se trasladó Julio de niño?
E2: A La Ceiba.

¿Te gustaría conocer a Julio? ¿Por qué? ¿Qué le preguntarías?

14–16 Situaciones: ¿Somos compatibles?

Two students interview each other in order to find out if they are compatible. They want to see if they could share a room during one academic year. Each prepares a questionnaire with six questions about aspects they consider important (personality, habits, etc.). The questionnaires also include three hypothetical situations.

ESTUDIANTE A

You need to interview a potential roommate. Before the interview, you need to prepare a questionnaire with six questions and three hypothetical situations. You are very organized, study quite a lot, and are very traditional.

ESTUDIANTE B

You need to interview a potential roommate. Before the interview, you need to prepare a questionnaire with six questions and three hypothetical situations. You are quite disorganized, don't like to study, and are very liberal.

Información para la Tarea

La *Tarea* incluye el procesado de input auditivo, la producción de preguntas tanto directas (audio) como indirectas (Paso 2), y la interacción entre los estudiantes para tomar decisiones y escribir el producto final: las preguntas de una entrevista.

La fase de Preparación (audio) se puede preparar repasando lo que ya saben de Visquerra (actividad 14–15). En una primera audición, los estudiantes marcan los temas que se tratan en la entrevista. En una segunda audición, los estudiantes responden a las preguntas.

Para la segunda parte de Preparación, permita que escuchen cada una de las respuestas por separado; haga una pausa tras las respuestas para que los estudiantes escriban las preguntas. Haga que luego comparen las preguntas que han escrito con las de otro compañero. Finalmente, revise las preguntas de los estudiantes y anímelos a reformular las que son erróneas.

Durante los Pasos 1, 2 y 3, los estudiantes trabajan en grupos y deciden los temas. También deben decidir el formato de la entrevista (preguntas abiertas o de respuesta múltiple) y la formulación de las preguntas concretas. Pase usted por cada uno de los grupos con el fin de (a) comprobar que haya suficiente variedad en los temas y en los formatos, y (b) ayudarles en la revisión y corrección de las frases escritas.

Respuestas para la Tarea (audio de Preparación)

1. Temas de las preguntas: las pinturas, las experiencias pasadas, la infancia, las opiniones.

Las respuestas para la segunda parte de la entrevista (preguntas borradas) pueden ser:

1. ¿Qué significa la fruta que aparece en muchas de sus obras?
2. ¿Qué colores usa en sus cuadros? ¿Con qué colores comienza sus cuadros? ¿De qué manera comienza usted a pintar sus cuadros?
3. ¿Qué cosas lo ponen triste en la vida?

TAREA Gente en acción

Elaborar preguntas y hacer una entrevista a una persona de nuestra universidad o entorno.

PREPARACIÓN

Escucha la primera parte de esta entrevista con el pintor hondureño Julio Visquerra.

Julio Visquerra

1. ¿Sobre qué temas hace preguntas el periodista? Márcalos a continuación.

- ☐ EL AMOR
- ☐ LAS PINTURAS
- ☐ LAS EXPERIENCIAS PASADAS
- ☐ LA INFANCIA
- ☐ LAS OPINIONES
- ☐ LOS PROYECTOS
- ☐ LOS GUSTOS
- ☐ LA PERSONALIDAD
- ☐ LAS COSTUMBRES

2. ¿Dónde tiene lugar la entrevista?
3. ¿Cómo era Julio de niño? Describe su personalidad.
4. Según Julio, ¿cuál es el secreto del éxito (*success*)?
5. ¿Cuántos años vivió Julio en Europa?

En esta segunda parte de la entrevista se borraron las preguntas. Trata de escribirlas tú.

1. ¿Qué significa la fruta que aparece en muchas de sus obras?

2.

3.

4.

5.

6.

Ahora compara tus preguntas con las de un/a compañero/a.

Paso 1 La persona
Piensen en una persona a quien les gustaría entrevistar. Puede ser un hispanohablante de nuestra universidad, un familiar hispanohablante, alguien de nuestra comunidad, su profesor/a, etc.

Paso 2 Los temas
Pónganse de acuerdo sobre qué temas son los más importantes para conocer bien a alguien. Luego piensen en posibles preguntas relacionadas con esos temas.

```
LISTA DE TEMAS

1. _____

2. _____

3. _____
```

Paso 3 Las preguntas
Cada uno de ustedes debe formular cuatro preguntas. Tengan en cuenta lo que saben sobre la formulación de preguntas. Por ejemplo, podemos preguntar...

¿**Cómo** es usted?

¿**Cuál** es su tipo de arte preferido?

    a. el abstracto
    b. el clásico
    c. todos

¿**Qué** animal le **gustaría** ser?

¿**De qué** cosas se avergüenza usted?

Elijan las mejores preguntas y elaboren el cuestionario con 12 preguntas que van a usar para la entrevista.

Paso 4 Presenten su cuestionario a la clase con las preguntas que prepararon y justifiquen por qué eligieron estas preguntas para esta persona.

Paso 5 La entrevista
Hagan la entrevista a su invitado/a.

Paso 6 Foco lingüístico.

AYUDA

A mí me gustaría saber...

    si...
    dónde...
    con quién...
    por qué...
    qué...
    cuándo...

Ése es un tema **muy** importante / interesante.

Ése **no** es un tema **tan** importante.

Ése es un tema **demasiado** personal.

Me gustaría saber si está casada.

---

4. ¿Le gusta viajar y conocer a gente diferente?
5. ¿Cuánto cuestan sus cuadros?
6. ¿Cómo se le considera en otros países?

Como se puede apreciar, ésta no es una actividad con una única solución. Se trata de valorar la coherencia de las preguntas que escriban los estudiantes, así como la corrección de aquéllas en las que utilizan partículas interrogativas.

Sugerencias/expansión para la Tarea
Idealmente se debería llevar a cabo la entrevista también, que se puede plantear de un modo más o menos personal (entrevista a un compañero de clase, usted, una persona de la universidad, un hablante nativo a quien se invita a clase, etc.).

También se podría entrevistar a varias personas, lo cual permitiría una actividad en común con toda la clase al final de la tarea, con diversos grupos informando sobre las diferentes entrevistas llevadas a cabo.

Esta sección ofrece una buena oportunidad para repasar y aclarar dudas sobre las frases interrogativas en español, y sobre el uso de partículas como *¿Qué?* y *¿Cuál?*.

NUESTRA GENTE

14-42 to
14-43

GENTE QUE LEE

ESTRATEGIAS PARA LEER

Review of vocabulary strategies (II): Word formation and Spanish affixes

Words are formed by adding *affixes* to their roots. For example, the adjective *honestos* is formed by the root *honest* and the affix *-os*. The root contains its meaning; the affix, information about its gender and/or number (in this case, it tells us that the word is masculine and plural). If we added the affixe *des-* to this word, we would change its meaning: *deshonestos* means the opposite of *honestos*. Here are affixes that change the meaning or category of a word by being placed *before* the word:

ante-	(anteponer)	in-/im-	(incierto, imposible)	re-	(reacción, repintar)
anti-	(antibalas, antirobo)	pos-	(posmoderno, posponer)	sobre-	(sobrenatural, sobresalir)
contra-	(contradecir)	pre-	(prehistoria, predecir)	sub-	(subsuelo, submarino)
des-	(descubrir)				

Can you ad an affix to the roots below? Did you make up some new words? What do they mean?

desarrollo (development)	*ataque* (attack)	*título* (title)	*guerra* (war)
aprobar (approve)	*hacer* (do)	*personal* (personal)	*ojos* (eyes)
discutible (debatable)	*nombre* (name)	*mamá* (mom)	*brazo* (arm)

New words are also formed by compounding two words to form a new one. Can you guess what these words mean by looking at their parts?

guardacostas = guardar + costas
telaraña = tela + araña
boquiabierto = boca + abierto
medianoche = media + noche
abrelatas = abrir + latas

portafolio = portar + folio
quitamanchas = quitar + manchas
salvavidas = salvar + vidas
hispanohablante = hispano + hablante
altibajo = alto + bajo

ANTES DE LEER

14-17 Hispanos en la televisión

¿Conoces personajes hispanos en la televisión de Estados Unidos? Nombra algunos.

14-18 Activando estrategias

1. Lee el título del texto y mira el texto por encima. ¿Qué tipo de texto vas a leer? ¿Cómo lo sabes?
2. Lee el primer párrafo. ¿Te da información adicional sobre el contenido del texto?

DESPUÉS DE LEER

14-19 ¿Comprendes?

1. ¿Qué opina América Ferrera de la familia hispana que aparece en su serie. ¿Es estereotípica o no?
2. ¿Qué piensa América Ferrera de la belleza?
3. ¿Tuvo América Ferrera problemas por ser hispana para trabajar en televisión?
4. ¿Cree América Ferrera que hay estereotipos sobre los hispanos en televisión?
5. ¿Qué consejo da América Ferrera a las mujeres que son tímidas?

Información para la actividad 14–17

Puede mencionar a George López (*The George Lopez Show*), América Ferrera (*Ugly Betty*) o Eva Longoria (*Desperate Housewives*), entre otros.

Respuestas para la actividad 14–18

1. *Es una entrevista de prensa a una actriz que interpreta a un personaje famoso en la televisión de Estados Unidos.*
2. *Nos da los temas que se tratan en la entrevista: la serie, su opinión sobre la belleza y el papel de las mujeres latinas en Hollywood.*

Respuestas para la actividad 14–19

1. *No, no piensa que sea estereotípica porque es un padre solo con dos hijas y un nieto, una familia pequeña diferente a la que se suele mostrar en televisión.*
2. *Piensa que hay muchas maneras de ser bello. Dice que hay mujeres que se sienten bonitas mientras que hay otras que no.*
3. *Parece que no, pues dice que se siente afortunada de trabajar en una época donde una latina puede tener una carrera en televisión o cine.*
4. *Sí, ella dice que todavía hay barreras y estereotipos pero que poco a poco se van superando.*
5. *Dice que hay que aprender a superar las inseguridades y la timidez.*

A LEER

AMÉRICA FERRERA: UNA ACTRIZ DE ORIGEN HONDUREÑO

La actriz estadounidense América Ferrera interpreta el papel principal en la serie de televisión estadounidense *Ugly Betty*: la hispana Betty Suárez. Este programa, basado en la serie original colombiana *Yo soy Betty, la fea* fue muy **exitoso** en Estados Unidos entre 2006 y 2010. Para Ferrera, **definitivamente** éste ha sido su mayor logro como actriz. En esta entrevista, Ferrera habla sobre la serie que **protagonizó**, su concepto de belleza y el papel de las mujeres latinoamericanas en Hollywood.

América Ferrera

P: ¿Qué le parece la manera en que se retrata a la familia hispana en *Ugly Betty*. ¿Piensa que esto contribuye a la imagen que tiene el público de Estados Unidos de la comunidad latina?

R: Yo estoy muy **orgullosa** de la manera en que nuestra comunidad es mostrada en la serie, porque la familia de Betty no es tradicional y rompe los estándares típicos. La familia de Betty es pequeña, en contraste con la típica familia latina que se veía en la televisión en el pasado, donde había muchos hijos, y primos, y los abuelos.... . **Sin embargo** la serie trata temas que siempre han sido relevantes dentro de la comunidad latina que vive en Estados Unidos, **como** la emigración o los seguros médicos.

P: ¿Es decir, la serie no intenta presentar un estereotipo de lo hispano?

R: **Exactamente**, porque no hay una familia típica hispana en Estados Unidos. Hay muchas. Los latinos en Estados Unidos viven de formas muy diferentes.

P: Usted se ha convertido en una de las mayores figuras latinas en Hollywood. ¿Ha tenido algún problema en su carrera debido a su apariencia o a su origen?

R: No, nunca. Las cosas han cambiado mucho. Ahora hay latinos en cualquier programa de televisión. Me siento **sumamente** afortunada de vivir en una época donde es posible tener una carrera como latina, **ya que** sé que hace diez o quince años esto no habría sido (*would not have been*) posible. **Asimismo**, pienso que todavía hay barreras y estereotipos, pero **ciertamente** se han dado grandes pasos para superar<u>los</u>.

P: ¿Qué consejo le daría a las mujeres que tienen timidez o inseguridades?

R: Yo les diría que todas las personas tienen sus **inseguridades**, pero hay que aprender a superar<u>las</u>.

P: ¿Por qué piensa que el tema de la belleza ha atraído a tantos espectadores a ver esta serie?

R: En mi opinión, en nuestra sociedad hay un enfoque excesivo en la vanidad y la belleza de las personas, pero yo creo hay muchas maneras de ser bello. Hay mujeres que simplemente se sienten bonitas, como Betty, **mientras que** hay otras que son muy bellas pero no han desarrollado su máximo potencial y no son felices. Ésa es la gran lección de la serie, y creo que por eso atrae a tanta gente.

14–20 Activando estrategias

1. Según el contexto, ¿qué crees que significa la palabra 'protagoniza' (p. 1)? Búscala en el diccionario y comprueba si tu predicción era correcta.

2. ¿Qué función tienen los conectores 'sin embargo', 'como", 'mientras que', y 'ya que'?

3. Busca en el diccionario el conector 'asimismo'. ¿Qué significa y qué función tiene?

4. Mira las palabras terminadas en *-mente*. ¿Cuáles son cognados y cuáles no?

5. Explica cómo se han formado y qué significan estas palabras: 'exitoso', 'orgullosa' e 'inseguridades'.

6. ¿A qué o quién se refieren los pronombres subrayados 'superar<u>los</u>' y 'superlar<u>las</u>' al final del texto?

14–21 Expansión

¿Cómo presenta la televisión de Estados Unidos a los hispanos? ¿Hay estereotipos? ¿Crees que la población hispana está bien representada en la televisión?

Respuestas para la actividad 14–20

1. *"She plays the lead role."*
2. *"sin embargo"* = presenta un argumento alternativo
   "como" = introduce ejemplos
   "mientras que" = contraste
   "ya que" = causa
3. *"asimismo"* = likewise. Añade otra idea.
4. definitivamente = definitely, cognado
   exactamente = exactly, cognado
   sumamente = extremely, no es cognado
   ciertamente = certainly, cognado
5. *"exitoso"* = éxito + oso = successful
   "orgullosa" = orgullo + oso/a = proud
   "inseguridades" = in + segur(o) + idad + es = insecurities

Las dos primeras son adjetivos formados a partir de un sustantivo. La tercera es un sustantivo formado a partir de un adjetivo (seguro/a) con un prefijo in- y los sufijos -dad (que lo convierte en sustantivo) y -es (que lo transforma en plural).

6. *"superar<u>los</u>"* = estereotipos
   "superar<u>las</u>" = inseguridades

Información para la actividad 14–21

Con la excepción de algunas series, los hispanos se han visto relegados a papeles secundarios o estereotipos. Un estudio llevado a cabo por el Centro de Estudios Chicanos de UCLA demuestra que la proporción de latinos en la televisión está muy alejada de la proporción real en la sociedad estadounidense. El estudio indica que los latinos representan el 4% de los personajes en programas de máxima audiencia, y que más de un tercio de las series de televisión no tiene minorías. Sin embargo la situación está mejorando, ya que los estudios y las cadenas (de televisión) están empezando a darse cuenta de que los latinos son más del 15% de la población y cerca del 20% del público que va al cine. Ahora aparecen hispanos que son médicos o abogados, lo que no ocurría antes.

GENTE QUE ESCRIBE

14-44 to
14-45

Sugerencias para Estrategias para escribir
Ofrezca a los estudiantes estos ejemplos para que elijan la traducción apropiada.

ESTRATEGIAS PARA ESCRIBIR

Using a bilingual dictionary

When you write in Spanish, it is sometimes necessary to use a bilingual dictionary. Before looking up words, familiarize yourself with your dictionary. Dictionary entries, especially those for the most commonly used words, are not simple. They contain symbols and abbreviations that you need to recognize and interpret. They are not standard; every dictionary is different. Let's see an example: You are writing about a person you really dislike, and one of the characteristics that bothers you about this person is the fact that he is fake, so you look up this word.

> **fake** n (painting etc) *falsificación* f; (person) *impostor(a)* m/f; ◆ adj *falso* ◆ vt *fingir*; (painting, etc.) *falsificar*

What do these abbreviations mean (n, f, m/f, adj, vt)? Are you looking for a noun, a verb, or an adjective? If you followed the process, you came up with **falso**. Thus, you would write something like this: *Me cae muy mal porque es una persona muy falsa.*

Información para la Más allá de la frase
A estas alturas los estudiantes ya han tenido múltiples ocasiones de darse cuenta de la importancia de los conectores en la cohesión textual, tanto para leer como para escribir en español. En esta sección se repasa la importancia de los conectores de manera general. La lista que aparece no es exhaustiva, sino que da algunos ejemplos. En lecciones posteriores se revisan y amplían las listas de conectores según su función.

MÁS ALLÁ DE LA FRASE

Cohesive writing (II): Using connectors

Cohesive devices include *discourse markers*, also called *transition words* or *connectors*. They can serve multiple functions in a text: to organize information in a sequence (*primero, después...*), to express cause and effect (*por eso, ya que...*), to introduce examples (*por ejemplo, como...*), to clarify information (*o sea, es decir...*), to add information or ideas (*además, también...*), to sequence events in time (*más tarde, antes...*), to summarize ideas (*en resumen, para resumir...*), to introduce conclusions (*en conclusión, para concluir...*), to make generalizations (*en general*), to point out similarities (*de modo similar, igualmente...*); to draw comparisons and contrasts (*en cambio*). We will review these connectors in detail within the next lessons. Always review how you used these cohesive mechanisms during the editing part of the writing process.

14–22 Una reseña sobre tu cantante o grupo musical favorito

Tu cantante o grupo musical favorito va a dar un concierto en tu escuela o universidad. Escribe una reseña para una revista en español. Aquí tienes algunos aspectos que podrías incluir en tu reseña. Puedes pensar en otros.

☐ datos biográficos relevantes   ☐ personalidad y carácter   ☐ influencias

☐ discos y canciones más relevantes   ☐ género(s) y estilo(s)   ☐ temática de sus canciones

> **¡ATENCIÓN!**
>
> Piensa en las personas que van a leer esta reseña (los lectores de la revista). Asegúrate de que hay una secuencia lógica entre los párrafos y dentro de cada párrafo; usa el diccionario para buscar significados y conceptos que no sabes expresar en español; presta atención al uso de conectores.

COMPARACIONES

 14–23 ¿Cómo eran los mayas de Copán?

Lean esta información y decidan cuáles son los seis datos más interesantes para ustedes. Organicen los datos de más a menos interesantes. Escriban su lista y después compárenla con las del resto de la clase.

Conociendo a los mayas de Copán

Las mayas fueron una de las más esplendorosas culturas conocidas de Mesoamérica. Su civilización de más de 3.000 años se extendió por lo que hoy es la parte occidental de Honduras y El Salvador, todo el territorio de Guatemala y Belice y el sur de México. Hoy, cerca de dos millones y medio de personas descienden directamente de antepasados mayas y hablan todavía unos 28 idiomas diferentes.

Durante el período clásico (entre los años 250 a.C. y 900 d.C.) la cultura maya floreció en Copán (Honduras), una de sus más importantes ciudades-estado, la cual contaba con unos 20.000 habitantes. Sin embargo, para el año 1200 d.C. la ciudad estaba abandonada. Tal vez los investigadores puedan algún día resolver el gran misterio de Copán.

Los mayas sobrevivieron seis veces más tiempo que el imperio romano y construyeron más ciudades que los antiguos egipcios. Fueron una de las cinco culturas antiguas que desarrollaron un lenguaje escrito. En Copán está el texto jeroglífico más largo del mundo, que contiene datos calendarios y astronómicos, e información sobre los gobernantes.

Los mayas fueron hábiles arquitectos y escritores, desarrollaron las matemáticas y diseñaron un calendario solar más exacto del que hoy conocemos. Eran politeístas. La belleza era muy importante para los mayas. Llevaban muy poca vestimenta pues no la consideraban importante para su apariencia personal. En cambio, usaban plumas y otras pieles de animales como vestidos y también como joyas.

14–24 Otras antiguas civilizaciones

¿Cómo eran los antiguos pobladores de tu región o país? ¿En qué se parecen y en qué se diferencian?

CULTURA

La población de ascendencia hondureña en Estados Unidos es de aproximadamente 900.000 personas, y está localizada principalmente en grandes ciudades como Nueva Orleans, Miami, Nueva York, Houston y Washington, DC. Los hondureños que han emigrado a Estados Unidos desde los años 60 lo han hecho principalmente por razones económicas.

Roberto Quesada nació en Honduras en 1962 y desde 1989 reside en Nueva York. Ha dado conferencias en varias universidades norteamericanas y en la actualidad es el Primer Secretario de la Embajada de Honduras ante la ONU. Entre los temas que más le preocupan a Quesada, y sobre los que escribe, está la migración latinoamericana a Estados Unidos. *Big Banana*, su tercera novela escrita en inglés, trata de un joven hondureño que quiere triunfar como actor en Estados Unidos y para ello se traslada a Nueva York, donde entra en contacto con la comunidad latina y donde le suceden innumerables aventuras.

Roberto Quesada

Uno de los personajes de ascendencia hondureña más populares en Estados Unidos es la actriz América Ferrera, hija de padres hondureños inmigrantes. Ha sido elegida Mujer latina del año por varias organizaciones, y fue nombrada Líder Latina en 2007 por el Congressional Hispanic Caucus. Ese mismo año ganó el Globo de Oro como mejor actriz.

Información para la actividad 14–23

Las ruinas de Copán fueron declaradas patrimonio de la humanidad por la UNESCO en 1980 y se han convertido en el destino número uno del país. El pueblo es pintoresco y tiene una buena infraestructura turística con hoteles, restaurantes y otros servicios. El sitio recibe más de cien mil visitantes al año. El valle de Copán y sus alrededores mezclan la naturaleza y la fuerza de la antigua civilización maya. Estos factores hacen que sea un destino ideal no sólo para el aficionado a la arqueología, sino también para el apasionado de la naturaleza.

Información para la actividad 14–24

La cultura Clovis fue considerada a mediados del siglo XX como la cultura indígena más antigua en América, con una antigüedad de 13.500 años. El nombre proviene de la localidad de Clovis, en Nuevo México (Estados Unidos). Otras teorías sostienen que el poblamiento ocurrió más temprano (40.000 años). Durante la época clásica maya (200 a.C. – 900 d.C.) las culturas más avanzadas en este territorio eran las culturas del Mississippi, que florecieron en el medio-oeste, el este y el sudeste de los actuales Estados Unidos desde el año ca.700 d.C. Algunos de sus rasgos culturales eran: la construcción de montículos de pirámide truncada, la agricultura con base en el maíz, las redes comerciales, el desarrollo de la jefatura o cacicazgo y la desigualdad social institucionalizada, o la centralización del poder político y religioso en las manos de pocos o de uno. No tenían sistema de escritura ni arquitectura de piedra.

🔊 VOCABULARIO

El carácter y la personalidad
(Personality traits)

la alegría	*happiness*
la amistad	*friendship*
la avaricia	*greed*
la belleza	*beauty*
la bondad	*goodness*
el defecto	*fault, defect*
la dulzura	*sweetness*
el egoísmo	*egoism*
la envidia	*envy*
la estupidez	*stupidity*
la felicidad	*happiness*
la fidelidad	*fidelity, loyalty*
la generosidad	*generosity*
la hipocresía	*hypocrisy*
la honestidad	*honesty*
la impaciencia	*impatience*
la inseguridad	*insecurity*
la inteligencia	*intelligence*
la pedantería	*pedantry*
el sentido del humor	*sense of humor*
la seriedad	*seriousness*
la simpatía	*warmth, charm*
la sinceridad	*sincerity*
el talento	*talent*
la tenacidad	*tenacity*
la ternura	*tenderness*
la vanidad	*vanity*
el vicio	*vice*
la virtud	*virtue*

Adjetivos (Adjectives)

alegre	*happy*
amable	*nice, kind*
autoritario/a	*authoritarian*
avaro/a	*miserly, avaricious*
bello/a	*beautiful*
bonito/a, lindo/a	*pretty*
desordenado/a	*disorderly, untidy*
despistado/a	*absent-minded*
divertido/a	*funny*
educado/a	*well mannered, educated*

egoísta	*selfish*
envidioso/a	*envious, jealous*
fiel	*faithful, loyal*
generoso/a	*generous*
hipócrita	*hypocritical*
honesto/a	*honest*
inseguro/a	*insecure*
maleducado/a	*ill-mannered*
miedoso/a	*fearful*
nervioso/a	*nervous*
optimista	*optimist*
pesimista	*pessimist*
progresista	*liberal*
sensible	*sensitive*
serio/a	*reliable, serious*
sincero/a	*sincere, genuine*
sociable	*sociable, friendly*
hablador	*talkative*
introvertido/a	*introvert*
extrovertido/a	*extrovert*
testarudo	*stubborn*
tierno/a	*tender, soft*
tranquilo/a	*calm, quiet*

Verbos (Verbs)

actuar	*to perform*
angustiar	*to distress*
anunciar	*to announce*
apreciar	*to notice, to appreciate*
borrar	*to delete, to erase*
coleccionar	*to collect*
deprimir	*to depress*
emocionar	*to excite, to touch*
especializarse (en)	*to specialize (in)*
indignar	*to anger*
meditar	*to meditate*
odiar	*to hate*
preocupar	*to worry*
roncar	*to snore*
soportar	*to stand, to bear, to put up with*
suavizar	*to smooth*
tener algo en común	*to have something in common*
tropezar (ie) con	*to run into*

CONSULTORIO GRAMATICAL

1 Verbs Like *Gustar (II)*

The subject of a sentence that contains a verb like gustar is NOT the person experiencing the feeling or the person who makes a value judgment: it is the thing, issue, person, or activity about which one expresses such feeling or judgment. Here is a list of verbs and the grammar that governs this structure.

	gusta		
	encanta	**salir** de noche solo.	*INFINITIVE*
	divierte	**ir** al médico.	
	indigna	**trabajar** mucho.	
	molesta		
	preocupa		
	emociona	**este** programa.	*SINGULAR NOUN*
	da risa / miedo	**esta** noticia.	
(A mí) **me**	interesa		
(A ti) **te**	pone nervioso/a / triste		
(A él, ella, usted) **le**	hace gracia / parece chistoso		
(A nosotros/as) **no**[s]	gustan		
(A vosotros/as) **os**	encantan		
(A ellos, ellas, ustedes) **les**	divierten		
	indignan	**estos** programas.	*PLURAL NOUN*
	molestan	**estas** noticias.	
	preocupan		
	interesan		
	emocionan		
	dan risa / miedo		
	ponen nervioso/a / triste		
	hacen gracia / parecen chistos**os**		

To say we like or dislike someone.

Me		muy/bastante bien.
Te	cae (*ONE PERSON*)	muy/bastante mal.
Le	caen (*SEVERAL PEOPLE*)	regular.
No me cae/n		(muy) bien.

To express varying degrees we can use adverbs.

	me		**muchísimo**	
	te	gusta/n	**mucho**	
	le	interesa/n	**bastante**	
no	me		**demasiado**	
	te	gusta/n	**mucho**	
	le	interesa/n	**nada**	
	me		**mucho** miedo	**mucha** pena
	te	da/n	**bastante** miedo	**bastante** pena
	le		**un poco de** miedo	**un poco de** pena
no	me		**demasiado** miedo	**demasiada** pena
	te	da/n	**mucho** miedo	**mucha** pena
	le		**nada de** miedo	**nada de** pena
	me		**muy** nervioso/a, triste...	
	te	pone/n	**bastante** nervioso/a, triste...	
	le		**un poco** nervioso/a, triste...	
no	me		**muy** nervioso/a	
	te	pone/n	**demasiado** nervioso/a	
	le		**nada** nervioso/a	
	...			

A mí me da mucho miedo salir solo de noche.

A mí no me da nada de miedo.

2 The Future Tense: Form and Uses

Future actions can be expressed with the future indicative (with or without explicit indication of a future time). The future indicative is a very consistent tense, and most verbs have a regular form of the future tense, which is formed by adding endings to the infinitive form.

	INFINITIVE + ENDINGS		**Irregular forms**	
(yo)		-é	TENER	tendr-
(tú)	viajar	-ás	SALIR	saldr-
(él, ella, usted)	comer	-á	VENIR	vendr-
(nosotros/as)	dormir	-emos	PONER	pondr-
(vosotros/as)		-éis	HABER	habr-
(ellos, ellas, ustedes)		-án	DECIR	dir-
			HACER	har-
			PODER	podr-
			SABER	sabr-

Irregular endings: -é -ás -á -emos -éis -án

¡En noviembre correré el maratón de 42 kilómetros 195 metros!

Uses of the future tense

We already know that IR a + infinitive (with or without an explicit indication of time) is a common way to express future actions in Spanish, especially in conversational Spanish and when we express plans or intentions that refer to future actions. The future tense can also be used in both of these sentences. The speaker chose the IR a + Infinitive because s/he is emphasizing that s/he has the intention to do so.

(El próximo año) **vamos a hacer** más ejercicio y trabajar menos.
(Next year) we are going to do more exercise and work less.

Mañana **vamos a revisar** la gramática de la Lección 14.
Tomorrow we are going to review the grammar of Lesson 14.

The future tense is used more often in formal Spanish; it is used to express the result of a condition, to reassure someone about something, or to express a promise.

Si intentas ser más simpático, **tendrás** más amigos.
If you try to be nicer, you will have more friends.

Si tienes pensamientos positivos, **te pondrás** contento.
If you have positive thoughts, you will get happy.

3 The Conditional Tense: Form and Uses

As with the future tense, the conditional is also formed by adding the endings to the infinite form. Those verbs that are irregular in the future are also irregular in the conditional.

Regular forms			**Irregular forms**		
CHARLAR	charlar-		PODER	podr-	
CENAR	cenar-	-ía	SABER	sabr-	-ía
BESAR	besar-	-ías	HACER	har-	-ías
CONOCER	conocer-	-ía	HABER	habr-	-ía
ENTENDER	entender-	-íamos	PONER	pondr-	-íamos
PERDER	perder-	-íais	DECIR	dir-	-íais
IR	ir-	-ían	TENER	tendr-	-ían
VIVIR	vivir-		SALIR	saldr-	
			VENIR	vendr-	

Uses of the conditional tense

We use the conditional to talk about hypothetical actions and situations.

Creo que **me llevaría** bien con tu hermana; parece muy simpática.
I think I would get alone with you sister; she seems very nice.

We also use it to talk about what we would like to do, usually with the verbs **gustar** and **encantar**.

Me gustaría conocer a una persona divertida, inteligente y honesta.
I would like to meet a funny, intelligent and honest person.

Me encantaría salir contigo.
I would love to go out with you.

We can express recommendations and advice.

Yo **iría** a ver esa película: parece que es muy buena.
I would go see that movie: it is supposed to be very good.

Deberías salir más y conocer gente.
You should go out more and meet people.

We can express wishes that are difficult or impossible to achieve.

Tomaría un avión y **me iría** al Caribe ahora mismo.
I would take a plane and go to the Caribbean right now.

Cenaría contigo pero tengo otro compromiso.
I would have dinner with you but I have another commitment.

4 Direct and Indirect Questions

Direct questions

In Lecciones 4 and 5 (Estrategias para la comunicación oral) we studied multiple ways to formulate direct questions. These questions are introduced by interrogative words such as **dónde, cómo, cuándo, cuánto, qué, quién/es, por qué**.

¿Dónde pasas la Navidad?
Where do you spend Christmas?

¿Cómo vas a trabajar, en carro o en autobús?
How do you go to work, by car or by bus?

¿Por qué vienes tan tarde?
Why do you come so late?

Y en esta fotografía, **¿quiénes** son tus padres?
In this picture, who are your parents?

¿Qué haces mañana? / **¿Qué** prefieres, un té o un café? (+ *VERB*)
What are you doing tomorrow? / What do you prefer, a tea or a coffee?

¿Qué carro es mejor? / **¿Qué** tipo de música te gusta? (+ *NOUN*)
Which car is better? / What kind of music do you like?

When we wish to single out a person or a thing from among a group we use **cuál / cuáles**.

● ¿Me das **un libro** para leer esta noche?
○ Sí, claro, estos dos están muy bien...
　¿Cuál prefieres?

—Can you give me a book to read tonight?
—Yes, sure, these two are very good...
　Which one do you prefer?

In questions with a preposition, the preposition is placed before the question word.

¿De dónde eres?
(Where are you from?)

¿A cuál te refieres?
(Which one are you referring to?)

¿De cuál estás hablando?
(Which one are you talking about?)

¿Hasta cuándo serás cantante?
(How much longer will you be a singer?)(*)

¿Con quién hablas cada día?
(Who do you speak with everyday?)

¿Desde cuándo vives en Honduras?
(How long have you been living in Honduras?)

¿Con cuántos músicos viajas?
(How many musicians are you traveling with?)

¿Contra quién juega Honduras?
(Who is Honduras playing against?)

¿En quién confías más?
(Who do you trust more/the most?)(*)

¿En qué hotel te alojas?
(What hotel are you staying in?)

¿De qué están hablando?
(What are they talking about?)

¿Hacia dónde se dirige el avión?
(Where is the plane heading?)(*)

¿A qué te refieres?
(What are you referring to?)

¿Con cuál viajarás?
(Which one will you travel with?)

(*)In these English translations, the preposition disappears.

Indirect questions

Me gustaría saber
Me parece interesante saber
Quiero preguntarte

YES / NO ANSWERS:
si vive solo. *(if he lives alone)*
si le gusta bailar. *(if s/he likes dancing)*

OPEN-ENDED ANSWERS:
dónde vives. *(where you live)*
cómo se llama tu esposa. *(what's your wife's name)*

15–1 Divertirse en España

Lee el texto sobre España. ¿En qué áreas destaca España culturalmente? ¿Qué tipo de diversión les gusta a los españoles?

Ahora fíjate en las cinco fotos. ¿Qué crees que anuncia cada una? ¿Por qué?

una película	una exposición de pintura / de fotografía
una obra de teatro	un bar de tapas / de copas
una discoteca	un espectáculo de danza / magia / flamenco
una ópera	un festival de teatro / de danza / de cine
un restaurante	un concierto de rock / de música clásica

TAREA

Planificar un fin de semana en una ciudad de España.

NUESTRA GENTE

España
Hispanos/latinos en Estados Unidos

CULTURA

España es un país miembro de la Unión Europea y su forma de gobierno es la monarquía parlamentaria. De acuerdo con su Constitución, el castellano es lengua oficial del país y la lengua materna del 89% de los españoles. La Constitución reconoce tres lenguas más: el euskera, el catalán y el gallego, que se hablan en ciertas regiones del territorio español.

España es un país con una riqueza cultural increíble que se manifiesta en todas las áreas: arquitectura, pintura, literatura, música, gastronomía, moda, cine, teatro, danza, fiestas populares, etc. Además tiene uno de los patrimonios culturales más importantes del mundo.

La diversión (cine, teatro, espectáculos, restaurantes, bares y discotecas) se caracteriza por tener lugar en la noche, incluso hasta altas horas de la madrugada. La vida nocturna comienza tarde. Muchos clubes abren a la medianoche y no cierran hasta el amanecer.

ACERCAMIENTOS

3 **4** **5**

CASA PATAS

El punto de referencia del mundo
del flamenco en Madrid

Restaurante con espectáculo en vivo

C/. Canizares, 10 - 28012 Madrid
Teléfono: 91 369 04 96 / 91 369 33 94
Fax: 91 360 02 00
E- mail: cpatas@conservatorioflamenco.org

15–2 ¿Qué les gusta hacer?

Escucha a estas personas. ¿Cuál de estas actividades les gusta hacer los fines de semana?

1. MARTA: _____

2. PABLO: _____

3. JUAN ENRIQUE: _____

4. LORETO: _____

5. CARMIÑA: _____

¿Y a ti? ¿Qué te interesa más? ¿Por qué?

EJEMPLO:

E1: A mí me gusta ir a la ópera.
E2: Pues a mí me gusta ver buenas películas.

15–3 Los sábados por la noche

¿Qué haces normalmente los sábados por la noche? Coméntalo con tus compañeros/as.

	NORMALMENTE	A VECES	(CASI) NUNCA
Voy a algún concierto.			
Voy al teatro.			
Voy al cine.			
Tomo algo con amigos.			
Salgo a cenar.			
Me quedo en casa viendo la tele.			
Voy a casa de amigos.			
Voy a bailar.			
Otras cosas:			

EJEMPLO:

E1: Yo, normalmente, los sábados por la noche me quedo en
casa: veo la tele, leo...
E2: Yo no, yo salgo con amigos a tomar algo, o voy al cine.

VOCABULARIO EN CONTEXTO

15-01 to 15-09

 15–4 ¿Qué hacen los españoles en su tiempo libre?

Lean estos datos del Ministerio de Cultura español sobre las prácticas culturales y de ocio de los españoles.

Frecuencia de hábito (en % de población total)					
	DIARIO	UNA VEZ A LA SEMANA	UNA VEZ AL MES	UNA VEZ AL AÑO	TOTAL
Lectura					
Libros	22,4	30,1	40,9		59,1
Prensa	30,3	58,4	65,3		79,7
Revistas		13,1	40,6		65,0
Bibliotecas		7	13,1	19,1	28,5
Museos				27,4	42,1
Teatro			2,8	23,7	31,9
Opera				2,7	8,7
Conciertos música clásica				8,4	18,3
Conciertos música actual				24,9	42,5
Cine		7,5	31,1	58,6	72,1
Vídeo / DVD	3,3	27,8	42,9		61,8
Televisión					98,0
Radio	59,6	73,1			78,6
Ordenador	15,1	28,3	30,3		51,3
Toros					8,6
Espectáculos deportivos					25

Comenten los datos y saquen al menos cinco conclusiones relevantes sobre los españoles y su ocio.

EJEMPLO:

Los españoles escuchan mucho la radio; los datos dicen que el 59,6% lo hace todos los días y casi el 80% dice que escucha la radio.

¿Crees que estos comportamientos respecto al ocio y la cultura son similares a los de tu país?

 15–5 Planes para el viernes

Es viernes y Valentín no sabe qué hacer. Sus compañeros y compañeras de trabajo están haciendo planes para esta noche. Escucha las cuatro conversaciones.

	¿QUÉ VA(N) A HACER?	¿POR QUÉ?
Clara	No **lo** sabe.	Ha llamado a Tina pero ella tiene planes
Tina	_____	_____
Claudia y Lola	_____	_____
Federico y Alejandro	_____	_____
Ramón y Beatriz	_____	_____

15–6 Tres conversaciones

¿Te has fijado en las palabras y las expresiones que usan en las conversaciones 1, 2 y 3 de 15–5? Escucha otra vez y anota algunas.

CONTEXTO	CONVERSACIÓN 1	CONVERSACIÓN 2	CONVERSACIÓN 3
PROPONER ACTIVIDADES			
ASENTIR			
HACER CITAS	He quedado (quedar con alguien)		
ACTIVIDADES Y LUGARES DE OCIO			

15–7 Guía del ocio

Mira la guía del ocio. Identifica a qué lugares van a ir los personajes y descríbelos.

GUÍA DEL OCIO

■ ÁNGELES CAÍDOS

General Ramos, 3. Cócteles, humor y karaoke hasta las 3 de la madrugada. Tarjetas. Lunes cerrado.

■ EL SÉPTIMO CIELO

Cenas con música clásica. Venus, 15 (esquina Peligro) tel. 234 56 11. Parking clientes.

Especialidad en buey a la parrilla y marisco. Menú gastronómico: 42 €-. Abierto de 8h a 1.30h. Viernes y sábados hasta 2.30h.

HABANA CLUB

Tapas y copas

Salsa y jazz en vivo

Precios jóvenes en un ambiente tropical Mahón, 21 (metro Bilbao / bus 45 y 32)

REAL MADRID – F.C. BARCELONA
Retransmisión desde el Estadio Santiago Bernabéu
HOY a las 22.00 en Antena 3

REAL MADRID - F.C. BARCELONA

CaSa FERNANDO Pizzería Restaurante

Cocina italiana. Ensaladas, pizzas y carnes.
Tel. 902 22 46 78

	¿ADÓNDE VAN?	DESCRÍBELO
Claudia y Lola	_____ _____	_____ _____
Federico y Alejandro	_____	_____
Ramón y Beatriz	_____	_____

15–8 La cita de Valentín

Lean la información sobre Valentín. ¿Con quién creen que puede salir esta noche?

VALENTÍN ES MUY AFICIONADO AL FÚTBOL Y NO LE GUSTA DEMASIADO IR AL CINE.

ACABA DE ROMPER CON ELENA, SU NOVIA, Y ESTÁ UN POCO TRISTE.

ESTÁ UN POCO GORDO, TIENE EL COLESTEROL ALTO Y ESTÁ A DIETA.

NO SOPORTA BAILAR PERO LE ENCANTA LA MÚSICA CLÁSICA.

LE GUSTA CLARA.

	SÍ	NO	¿POR QUÉ?
con Clara			
con Tina			
con Claudia y con Lola			
con Federico y con Alejandro			
con Ramón y con Beatriz			

¿Y tú con quién saldrías (o no) esta noche? ¿Por qué? Compáralo con tus compañeros/as de clase.

Yo (no) saldría con _____ porque_____

Información para la actividad 15–9

Fíjese en que gran parte de las metas gramaticales de la lección son exponentes funcionales (no gramaticales) del español, en este caso hablar sobre espectáculos y productos culturales.

Se han elegido cinco películas de directores españoles o latinoamericanos, y dos estadounidenses. *Los otros* es una película de Alejandro Amenábar, director español; *El secreto de sus ojos* es una película del director argentino Juan José Campanella; *El laberinto del fauno* es del director mexicano Guillermo del Toro, *Volver* es del director español Pedro Almodóvar y *Babel* del mexicano Alejandro González Iñárritu. *Titanic* es del estadounidense James Cameron y *El padrino* es un clásico del cine de Francis Ford Coppola.

Información para la actividad 15–10

La actividad continúa el trabajo con los exponentes funcionales relacionados con los espectáculos que se comenzó en 15–9.

Sugerencias/expansión para la actividad 15–10

Antes de que los estudiantes empiecen a practicar, pídales que cada uno de ellos piense en dos películas distintas (o conciertos, u obras de teatro): una para las expresiones positivas (genial, interesante) y otra para las negativas (un rollo, muy mala). Asimismo podrán aplicarles las valoraciones *a mí me encantó* o *es un tipo de cine que no soporto.*

Información para la actividad 15–11

El foco de la actividad es otra de las metas funcionales de la lección: ponerse de acuerdo para hacer actividades (proponer, preguntar, aceptar o excusarse). Los estudiantes tuvieron oportunidad de escuchar diálogos en la sección anterior donde los participantes realizaban varias de estas funciones comunicativas. El *input* cultural que sirve de base es la información sobre dos de los lugares más emblemáticos de Madrid: el zoo y el museo Thyssen.

El museo se ubica en el Paseo del Prado, y con ello entra en relación con otras dos importantes pinacotecas, el Museo Nacional Centro de Arte Reina Sofía (obras impresionistas, expresionistas, diferentes vanguardias europeas y pintura norteamericana de la

---

 GRAMÁTICA EN CONTEXTO

15-10 to 15-27

 15–9 Cine

¿Has visto algunas de estas películas? Añade dos más a la lista. Luego piensa en una y di algo sobre ella sin mencionar el título. Tus compañeros/as tienen que adivinar el título y decir si la han visto o no.

EJEMPLO:

E1: Es una película de aventuras y sale Harrison Ford. Es **buenísima.**

E2: Sí. ¡Indiana Jones! La he visto también. **Me encantó.**

E3: **¿De qué trata?**

El laberinto del fauno   *El secreto de sus ojos*
Volver   *Titanic*
Babel   *El padrino*

_____   _____

15–10 ¿Habéis visto...?

Recomienda a tus compañeros una buena película. En primer lugar, cada uno de vosotros va a rellenar esta fichas con su película favorita. Luego debéis describir vuestra película y dar vuestra opinión.

Director _____
Salen (actor y/o actriz principales) _____
Trata de: _____
Es _____-ísima. A mí _____

EJEMPLO:

¿Habéis visto Gladiador? Trata de un gladiador romano. Es **de** Ridley Scott. **Sale** Russell Crowe que es un actor **buenísimo.** A mí **me encantó.**

15–11 ¿Te apetece ir al zoo?

Lean la información sobre dos lugares para pasarlo bien una tarde en Madrid. Cada uno de ustedes prefiere un lugar diferente. Traten de convencer a su compañero/a con una propuesta.

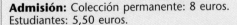

MUSEO THYSSEN-BORNEMISZA, Madrid

Horario
De martes a domingo de 10:00 a 19:00 horas.
Lunes cerrado. La taquilla cierra a las 18:30 horas.
El museo cierra los días 1 de enero, 1 de mayo y el 25 de diciembre.

Admisión: Colección permanente: 8 euros.
Estudiantes: 5,50 euros.

Información
Inaugurado en 1992 tras un acuerdo entre el Barón Thyssen (era su colección privada) y el estado español. Con tres plantas, el museo recorre la historia de la pintura occidental desde el siglo XVIII hasta el siglo XX. De interés especial: los maestros holandeses, las salas de pintura italiana del siglo XVI, las salas impresionistas y expresionistas, *El Paraíso* de Tintoretto y *Arlequín con espejo* de Picasso.

HABLAR SOBRE ESPECTÁCULOS Y PRODUCTOS CULTURALES

- **¿Habéis visto** *Los Otros?*
- Yo no.
  Yo sí, es...
  ...genial / buenísima / divertidísima.
  ...bastante buena / interesante.
  ...un rollo / muy mala.

A mí { me encantó.
      { me gustó bastante.
      { no me gustó nada.

No soporto ese tipo de películas.

Es una comedia. { de miedo/terror/suspense.
una película   { de acción.
               { del oeste.
               { de aventuras.
               { de guerra.
               { de ciencia ficción.

- **¿De quién es?** / **¿Quién es el director?**
- **El director es** Alejandro Amenábar.
  Es una película de Alejandro Amenábar.

- **¿Quién sale?**
- **El protagonista es** Antonio Banderas.
  Sale Penélope Cruz.

- **¿De qué trata?**
- **Trata de** un periodista que va a Bosnia y...

PONERSE DE ACUERDO PARA HACER ALGO

PREGUNTAR A LOS DEMÁS
¿Adónde podemos ir?
¿Qué te/le/os/les apetece hacer?
¿Adónde te/le/os/les gustaría ir?
¿Quieres quedar para hacer algo?

PROPONER
¿Por qué no vamos al cine?
¿Te/os/le/les apetece ir a tomar algo?
Podríamos ir al cine.

ACEPTAR
Vale.
Buena idea.

EXCUSARSE
Es que { hoy   no puedo.
        { esta noche   no me va bien.

LA CITA
¿Dónde quedamos?
¿Quedamos en la puerta del cine?

Hoy no puedo.
Pero podemos quedar
para otro día.

PRESENTE DE SUBJUNTIVO

VERBOS REGULARES

HABLAR	COMER	VIVIR
hable	coma	viva
hables	comas	vivas
hable	coma	viva
hablemos	comamos	vivamos
habléis	comáis	viváis
hablen	coman	vivan

VERBOS IRREGULARES

SER	IR	PODER
sea	vaya	pueda
seas	vayas	puedas
sea	vaya	pueda
seamos	vayamos	podamos
seáis	vayáis	podáis
sean	vayan	puedan

haber	hay-	tener	teng-
poner	pong-	decir	dig-
hacer	hag-	salir	salg-
venir	veng-	saber	sep-

USO DEL SUBJUNTIVO: EXPRESIÓN DE OPINIÓN, PROBABILIDAD Y DUDA

PRESENTAR LA PROPIA OPINIÓN

(Yo) creo que...
(Yo) pienso que...   } + INDICATIVO
En mi opinión,...

   ...ese restaurante **es** carísimo.

(Yo) no creo que...
Dudo que...   } + SUBJUNTIVO
No estoy seguro/a de que...

   ...ese restaurante **sea** carísimo.

EXPRESAR PROBABILIDAD O DUDA

Probablemente...
Tal vez...
(No) es probable   } + SUBJUNTIVO
que...

   ...ese restaurante **sea** carísimo.

(No) es posible que...
Quizá / Tal vez...   } + INDICATIVO
A lo mejor

   ...ese restaurante **es** carísimo.

SER: LUGAR Y HORA DE EVENTOS

La película **es** a las ocho y media.
Es en el Cine Rex.

ZOO AQUARIUM MADRID

Horario
De 10.30 h. hasta el anochecer

Precio
Adultos; 18,50 euros. Niños y tercera edad;
15 euros

Información
El Zoo de Madrid es uno de los más modernos e importantes de Europa y el único que reúne en un mismo espacio un zoológico, un acuario, un delfinario y un aviario. El zoo ocupa una extensión de 20 hectáreas. Además ofrece exhibiciones de focas y leones marinos, un pabellón de naturaleza misteriosa y un invernadero con plantas tropicales.

EJEMPLO:

E1: ¿**Por qué no** vamos al museo Thyssen?
E2: No sé... No **me apetece**. Prefiero ir al zoo.

 15–12 ¿Quedamos?

Llama a tu compañero/a para hacer planes para el sábado por la noche. Deben decidir dónde y cuándo quedarán y qué harán. Tu compañero/a no está seguro/a de poder ir, y tiene que expresar probabilidad o duda.

15–13 Excusas, excusas...

Hablen con su compañero/a para proponerle ir a ciertos eventos. Digan dónde y a qué hora son. Ustedes deben buscar una excusa para no ir, pero traten de ser convincentes.

1. Un concierto de Juanes el sábado por la tarde a las seis.

2. Un partido de baloncesto con su equipo favorito.

3. Una obra de teatro en español.

4. Una fiesta en casa de un/a amigo/a.

5. _____

6. _____

EJEMPLO:

E1: Hay un concierto de Juanes el sábado. ¿Te apetece ir?
E2: **No creo que pueda**. Es que tengo una cena. ¿A qué hora **es**?
E1: **Es** a las ocho.
E2: No sé, me va muy mal.
E1: **Quizá termines** la cena antes.
E2: No sé, **no creo que termine** antes de las ocho.

---

segunda mitad del siglo XX) y el Museo Nacional del Prado (obras de las escuelas inglesa, alemana, holandesa y primeros italianos, aparte de la mejor colección mundial de pintura española de los siglos XVII y XVIII). Con los tres museos queda cubierta prácticamente toda la Historia del Arte Moderno y Contemporáneo hasta nuestros días.

El Zoo de Madrid tiene su origen en la antigua Casa de Fieras del Retiro, fundada por Carlos III hacia 1770. Situada junto al Jardín Botánico, su finalidad principal era la exhibición de los animales que llegaban de las antiguas colonias americanas, completadas con algunos ejemplares de la fauna ibérica y otros pocos procedentes de Asia y África. Tras la Guerra de la Independencia, la Casa de Fieras fue trasladada por Fernando VII hasta el lugar que ocupa en la actualidad, donde permaneció como el principal parque zoológico de Madrid hasta la inauguración del Zoo de la Casa de Campo.

Información para la actividad 15–13
Una meta gramatical importante de esta lección es la introducción del concepto del modo subjuntivo, la forma del presente y algunos de sus usos. Note sin embargo que no hay un énfasis excesivo en la lección. Se trata simplemente de una primera introducción del concepto y su uso en la expresión de la duda y la probabilidad. Como sabe, el acercamiento de *Gente* a la adquisición de la gramática no es descriptivo, sino que se va introduciendo la gramática en función de las necesidades comunicativas.

Esta actividad se enfoca en el uso del subjuntivo para expresar probabilidad o duda y el uso del verbo *ser* para localizar eventos. Además se continúa el trabajo funcional: proponer eventos y actividades.

Sugerencias/expansión para la actividad 15–13
Puede extender la actividad, y con ello la práctica controlada del subjuntivo, hablando de películas, libros y otros espectáculos que van a estrenarse pronto. Los estudiantes pueden expresar su opinión con varios grados de duda (creo que será buenísima, no creo que sea buena, a lo mejor es buena, etc.)

Información para la actividad 15–14

Desde el principio de *Gente*, se ha hecho referencia al contraste aún existente entre las reglas gramaticales que, por lo general, pueden aplicarse como *hard-and-fast rules* (de una manera más o menos tradicional o novedosa) y las cuestiones sociolingüísticas, que ofrecen toda una serie de rasgos no categóricos, sino más bien relacionados con contextos de comunicación más inmediatos e influidos por factores como el nivel de educación, la clase social, el género, o la edad de los interlocutores.

El foco de la actividad es el uso del condicional para expresar cortesía verbal en diferentes contextos (consejos, opiniones, propuestas, etc.). Recuerde que la forma condicional se introdujo en la lección anterior y por tanto se trata de una expansión del uso y de las funciones de dicha forma.

Información para la actividad 15–15

La actividad de producción en parejas combina el uso del condicional para hacer recomendaciones con el uso de verbos como *gustar* para expresar opiniones.

Información para la actividad 15–16

Los estudiantes relacionan individualmente los diferentes tipos de programas con lo que les sugieren los títulos del recorte de periódico. A continuación, en pequeños grupos, hablan sobre las diferencias de esa programación con respecto a la de su país, y comentan sus gustos y preferencias.

La actividad da pie a la reflexión cultural sobre el tipo de televisión que se ve en España y la comparación con Estados Unidos. La programación de las cadenas de televisión españolas presenta una gran influencia de los modelos y formatos anglohablantes, sobre todo los procedentes de Estados Unidos.

Desde el punto de vista lingüístico, se trabaja fundamentalmente el vocabulario relacionado con la televisión y el uso del subjuntivo para expresar duda o probabilidad.

INTERACCIONES

15-28 to 15-30

ESTRATEGIAS PARA LA COMUNICACIÓN ORAL

Verbal courtesy (III)

The conditional tense is widely used in Spanish to express courtesy for different communicative purposes (suggestions, advice, opinions, requests, etc.). Basically, it attenuates whatever is suggested, requested, and so on. Expressing courtesy is not the only function of the conditional tense, and not all verbs can be used in this way. These are the most frequent verbs used in the conditional: *deber, decir, desear, gustar, importar, necesitar, poder, querer, tener que.*

- Advice and suggestions:
  - *- **Deberías** estudiar más.*
  - *- Yo me **llevaría** un paraguas. Está lloviendo.*
- Opinions:
  - *- Yo **diría** que esto no es correcto.*
- Wishes:
  - *- Me **gustaría** ir al cine esta noche.*
- Petitions, requests:
  - *- ¿Le **importaría** bajar el volumen de la radio?*
  - *- ¿**Podrías** prestarme 20 euros?*
- Proposals:
  - *- ¿**Te apetecería** venir conmigo al teatro?*
  - *- ¿Le **gustaría** ir a cenar conmigo?*

In general, the more formal the context, the more advisable it is to use verbal courtesy; however, it is important to note that English and Spanish differ in the use and amount of verbal courtesy. For example, about 60% of all petitions in formal contexts in Spanish are made using the imperative, while in English they constitute only about 20%.

15–14 ¿Qué dirías?

¿Qué dirías a tu compañero/a en cada una de estas ocasiones? Tu compañero/a te debe responder. Recuerden la cortesía verbal.

1. Quieres proponerle ir a cenar contigo.
2. Necesitas su carro/coche porque el tuyo está en el taller.
3. Pasa demasiadas horas enfrente de la tele.
4. Quieres saber qué quiere hacer en su cumpleaños.
5. Quieres saber su opinión sobre el programa de televisión _____
6. Tu amigo/a tiene un examen mañana pero va a salir de fiesta esta noche.

15–15 Te recomiendo...

Recomienda a tu compañero/a un lugar o actividad de ocio en la ciudad donde estudias.

> un lugar para hacer deporte   un restaurante   una discoteca
> un club   un museo   un café   una biblioteca   un parque   un monumento

EJEMPLO:
Si te gusta la música disco, yo iría a Mirabelle. Me encanta.

15–16 ¿Qué ponen hoy en la tele?

Esto es una programación de un canal de televisión español. Intenten adivinar qué tipo de programas aparecen, y pregunten a su profesor/a sobre los programas que no sepan. Después intercambien sus opiniones sobre cada uno de estos tipos de programa y comenten si los ven o no.

Respuestas para la actividad 15–16
- *Primera plana*: programa informativo con reportajes de interés social y humano
- *Dora la exploradora*: programa infantil de procedencia estadounidense (Dora the Explorer, *Univisión*)
- *El programa del verano*: programa magazine de información general para toda la familia
- *Informativos Telecinco*: programa de noticias
- *Aquí hay tomate*: programa de información sobre personajes famosos
- *Pecado original*: telenovela
- *Mira quién baila*: concurso de baile
- *Informativos Telecinco*: programa de noticias
- *Ídolo español*: concurso musical (con un formato muy similar a American Idol)
- *Los Serrano*: comedia familiar producida en España
- *Mujeres desesperadas*: serie estadounidense
- *Madrugada de cine*: programa de cine
- *Documental*: programa de información en profundidad sobre un tema en concreto

Sugerencias/expansión para la actividad 15–16
Puede comparar los horarios de emisión de ciertos programas en España con los del país de sus estudiantes y señalar de qué manera éstos reflejan diferentes costumbres.

Sugerencias/expansión para la actividad 15–17
Antes de empezar la actividad, usted y los estudiantes pueden decidir de qué ciudad o pueblo quieren hablar en el juego de roles. Otra posibilidad es que usted traiga a clase materiales sobre una ciudad de especial interés que después pueden compartir los estudiantes como preparación previa al juego de roles.

	TIPO DE PROGRAMA
08:10 **PRIMERA PLANA** Todos los públicos.	_____
09:10 **DORA LA EXPLORADORA** Todos los públicos.	_____
10:45 **EL PROGRAMA DEL VERANO** Incluye *Karlos Arguiñano en tu cocina*. Todos los públicos.	_____
14:30 **INFORMATIVOS TELECINCO** Todos los públicos.	_____
15:30 **AQUÍ HAY TOMATE** Recomendado para mayores de 13 años.	_____
16:30 **PECADO ORIGINAL** Todos los públicos.	_____
19:35 **¡MIRA QUIÉN BAILA!** Todos los públicos.	_____
20:30 **INFORMATIVOS TELECINCO** Todos los públicos.	_____
21:15 **ÍDOLO ESPAÑOL** Todos los públicos.	_____
22:00 **LOS SERRANO** "Algo sucio" Recomendada para mayores de 13 años.	_____
23:00 **MUJERES DESESPERADAS** Recomendada para mayores de 13 años.	_____
24:00 **MADRUGADA DE CINE** *Terror en la oscuridad.* Recomendada para mayores de 18 años.	_____
02:30 **DOCUMENTAL** *Del hombre al mono.* Todos los públicos	

EJEMPLO:

E1: "Los Serrano" es una película española.
E2: **No creo que sea** una película. Me parece que es una serie de televisión.
E1: A mí las series me encantan. Veo varias todas las semanas. ¿Y tú?

 15–17 Situaciones: *Ocio y entretenimiento*

Two students have just arrived to the place where you study for summer school. They visit the Office of Student Life in order to obtain information about things to do on weekends and in their free time.

ESTUDIANTE A

You are very interested in art (painting, photography. . .) and you like cultural activities, such as exhibitions and concerts. You don't like going out at night very much. You love all types of music, especially classical. You also love quiet places in which to walk and meditate.

ESTUDIANTE B

You love going out at night to bars and discos and dancing. Night life and exotic places are more interesting to you than museums or quiet places.

ESTUDIANTE C

You work for the Office of Student Life. Two students visit your office to obtain information about things to do on weekends and in their free time. Answer their questions and give them suggestions and recommendations based on their interests.

Información para la Tarea

Estratégicamente situada en el centro geográfico de la Península Ibérica, a 646 m de altitud sobre el nivel del mar, Madrid conserva uno de los cascos históricos más importantes entre las grandes ciudades europeas, que se funde armónicamente con las más modernas infraestructuras, una completa oferta de alojamientos y servicios, y la más avanzada tecnología en medios audiovisuales y de comunicación. Todo ello, ha convertido a esta metrópoli en una de las grandes capitales del mundo occidental.

La Tarea combina como es habitual *input* escrito (oferta cultural de Madrid) y auditivo (programa de radio sobre la oferta cultural de Madrid) y la producción oral y escrita por parte de los estudiantes. Durante la fase de Preparación, con el libro cerrado, usted puede leer en voz alta los nombres que aparecen en el documento escrito agrupados como aparece a continuación, y preguntar a los estudiantes cuáles de ellos conocen, qué creen que son, y qué se imaginan que pueden ser aquéllos que no conocen:

1. Calles y Monumentos: El Madrid de los Austria, La Gran Vía, El Barrio de Salamanca, El Parque de El Retiro, La Puerta del Sol, El Barrio de Malasaña.
2. Nombres del espectáculo y el mundo de la cultura: Remedios Amaya, Niña Pastori, Gabriel García Márquez, Museo del Prado, Thyssen-Bornemisza, Centro de Arte Reina Sofía.
3. Otros: Moby Dick Club, Taberna Casa Patas, Montana.

A continuación, los estudiantes leen en el texto "Madrid día y noche" el apartado "Visitas de interés". Cada estudiante debe buscar la información que desconocía en la actividad anterior y confirmar aquella que ya conocía.

En una primera lectura del fragmento de introducción del texto, cada estudiante selecciona la información que personalmente le parece más relevante. Con una segunda lectura, cada estudiante señala sus preferencias para los distintos momentos del fin de semana.

TAREA Gente en acción

Planificar un fin de semana en Madrid, la capital de España.

PREPARACIÓN

Antes de planear las actividades, vamos a leer todas estas informaciones que aparecen en la revista *Gente de Madrid*.

MADRID DÍA Y NOCHE ||||||||

Madrid es una de las ciudades con más vida de Europa. El clima y el carácter de los madrileños han hecho proliferar muchos locales dedicados al ocio. Además de las posibilidades de diversión concretas -zoo, parques de atracciones, museos, etc.- hay innumerables bares, discotecas, cabarets, after hours y locales de música en vivo. En especial si visita la capital de España en primavera o en verano, prepárese para acostarse muy tarde, pues poquísimas ciudades en el mundo tienen una vida nocturna como la de Madrid. En Madrid se sale a cenar entre las 10 y las 11. Se acude a un bar hasta más o menos las 2 y luego se va a una o a varias discotecas. Algunas cierran a altas horas de la madrugada.

VISITAS DE INTERÉS

EL MADRID DE LOS AUSTRIAS
Los edificios más antiguos de Madrid (s. XVI). Pequeñas plazas y las calles con más encanto de la ciudad, ideales para recorrer a pie.

LA GRAN VÍA
El centro de Madrid por excelencia, una calle que nunca duerme. Cafeterías, cines, tiendas, librerías...

LA PLAZA DE SANTA ANA
Centro favorito de reunión de los turistas y estudiantes extranjeros. Ofrece una enorme variedad de bares de tapas, restaurantes, cafés, clubs de jazz, pensiones y hoteles.

EL BARRIO DE SALAMANCA
Una de las zonas más elegantes de Madrid. Tiendas lujosas en calles como Serrano o Velázquez, restaurantes...

EL PALACIO REAL (s. XVIII)
En su interior se pueden admirar cuadros de Goya y de artistas franceses, italianos y españoles. C/ Bailén. De lunes a sábado: 9-18h. Festivos: 9-15h.

LA PUERTA DEL SOL
El centro oficial del territorio español, donde se halla el Km 0 de la red viaria. Bares, tiendas y mucha animación.

EL BARRIO DE CHUECA
El distrito que nunca duerme. La modernidad de Madrid se concentra en sus calles. Restaurantes de diseño, las mejores tiendas de la ciudad, clubs de noche, terrazas...

EL BARRIO DE MALASAÑA
Ambiente bohemio y *underground* en bares de rock y en cafés literarios abiertos hasta la madrugada.

EL PASEO DE RECOLETOS Y LA CASTELLANA
Los edificios más modernos de Madrid, como las sedes de los grandes bancos, la Torre Picasso o las Torres KIO.

EL PARQUE DE EL RETIRO
Un parque enorme con agradables paseos y un lago para remar.

EN CARTEL

SARA BARAS EN MARIANA PINEDA
Sobre una idea de Federico García Lorca y con coreografía de Sara Baras vuelve a Madrid *Mariana Pineda*. 6 únicas funciones. Teatro Lope de Vega (Gran Vía, 57). De martes a jueves, 21h; de viernes a domingo, 22h. Precio: 36 euros.

ARTE Y CULTURA

GABRIEL GARCÍA MÁRQUEZ
Conferencia del escritor G. García Márquez en el Círculo de Bellas Artes: "El concepto de realidad en la narrativa hispanoamericana". Domingo, 18h.

CENTRO DE ARTE REINA SOFÍA
Santa Isabel, 52. Tel. 914 675 062. http://museoreinasofia.mcu.es Organiza interesantes exposiciones de arte contemporáneo que incluyen las últimas vanguardias. Cierra los martes.

MUSEO DEL PRADO
Paseo del Prado. Tel. 913 302 800. http://museoprado.mcu.es. Horario: de martes a domingo, de 9 a 19h. Lunes cerrado. La mejor pinacoteca del mundo. Posee las incomparables colecciones de Goya, Velázquez, El Greco...

TYSSEN-BORNEMISZA
Paseo del Prado, 8. Tel. 913 690 151. www.museothyssen.org. De martes a domingo de 10 a 19h. La mejor colección privada de pintura europea.

DE NOCHE

MOBY DICK CLUB
www.mobydickclub.com. Sala de conciertos, con una original decoración, donde se realizan actuaciones de música transmisiones en directo, actuaciones en vivo. Los lunes a partir de las 23.30h, sesiones a la carta: el público escoge los temas que quiere que toque la banda de música.

LOLITA
www.lolitalounge.net. Ritmos electrónicos, disco y *funk* en dos plantas. Ambientado en la estética de la Dolce Vita y decorado a lo retro, este local ofrece planes alternativos para el ocio: los viernes, proyección de cortometrajes; los jueves, café-teatro y una vez al mes, pasarela de las últimas creaciones de jóvenes diseñadores de moda.

CHOCOLATE
C. Barbieri, 15. Tel. 915 220 133. www.interocio.es/chocolate. Este café-restaurante, situado en Chueca, ofrece una cocina imaginativa, además de un cocktail-bar. Menú de día y de noche.

TABERNA CASA PATAS
C. Cañizares, 10. Tel. 913 690 496. www.casapatas.com. Las noches de flamenco con más duende de Madrid, con artistas de la talla de Remedios Amaya o Niña Pastori, en un tablao nunca saturado por autobuses de turistas. Antes y durante el espectáculo se sirven tapas de jamón, queso, lomo o chorizo, platos de pescadito frito, entrecots y la especialidad de la casa: rabo de toro. Horario de restaurante de lunes a domingo: de 12 a 17h y de 20 a 2h. Espectáculo: L, M, X y J a las 22.30h. V y S a las 24h.

MONTANA
C. Lagasca, 5. Tel. 914 359 901. Restaurante de cocina mediterránea, donde puede degustar los productos de la temporada, la magia de una cocina directa y natural: huevos estrellados, aves y bacalao son algunas de sus especialidades. Menú a mediodía.

DEPORTES

LIGA DE CAMPEONES
Final de la *Champions League* en Madrid. Sábado a las 21h. Estadio Santiago Bernabéu. Entradas: 912 222 345.

Ahora escribe tus preferencias para el fin de semana.

Plan para el fin de semana en Madrid

		ACTIVIDADES
Viernes	viernes por la noche	
Sábado	por la mañana	
	comida del sábado	
	sábado por la tarde	
	sábado por la noche	
Domingo	por la mañana	
	comida del domingo	
	domingo por la tarde	

 Escucha el programa de radio "Gente que se divierte" y completa o modifica tus planes para el fin de semana.

 Paso 1 ¿Qué quieren hacer?
En grupos de seis personas, cada uno/a explica las cosas que más le apetece hacer durante el fin de semana y busca un/a compañero/a para hacerlas. El grupo se dividirá en parejas. Luego, cada pareja tiene que organizar la cita: decidir la hora, el lugar, quién reserva las entradas, etc.

EJEMPLO:

E1: Pues a mí, el sábado por la mañana **me apetece** ir de compras al barrio de Salamanca. ¿A quién le apetece?
E2: A mí.
E1: Pues podemos ir juntos, si quieres.
E2: Vale, ¿a qué hora quedamos? ¿A las diez?
E1: Mejor un poco más tarde, ¿qué tal a las once?
E2: Perfecto.

Paso 2 Ahora cada persona completa su agenda de planes con información específica.

EJEMPLO:

He quedado con Jason el sábado por la mañana a las nueve para ir a la Gran Vía a desayunar.

Paso 3 El grupo escribirá un informe con los seis lugares más populares entre los miembros del grupo. Después presentará su lista a la clase.

Paso 4 Foco lingüístico.

AYUDA

¿Dónde y cuándo?
El concierto **es** a las ocho.
El concierto **es** en el Teatro Real.

Para concertar una citas
¿Cómo
¿A qué hora } **quedamos?**
¿Dónde

¿Quedamos en mi hotel?
¿Te/os/le/les va bien...
...delante del cine?
...a las seis?
...el sábado?

Para proponer otro lugar u otro momento
Preferiría / Me va mejor...
...un poco más tarde.
...por la tarde.

Para hablar de una cita
He quedado a las tres con María para ir al Museo del Prado.

Tras la audición del programa de radio, los estudiantes completan y/o modifican sus planes si lo creen conveniente. Recuerde a los estudiantes que el propósito de la audición no es determinar información específica, sino más bien extraer una idea general para compararla con la información que han escrito previamente (sus planes para el fin de semana).

En el Paso 1 comienza el trabajo en grupo. Es útil disponer de una plantilla para organizar la información. Los estudiantes deberán tomar muchas decisiones, tendrán que trabajar según el esquema conversacional que se ofrece en el ejercicio y utilizar los contenidos de la columna *Ayuda*. Para formar las parejas, un estudiante puede empezar diciendo lo que ha decidido según el modelo: *Pues a mí lo que me apetece hacer el sábado por la mañana es ir de compras al barrio de Salamanca. ¿A alguien más le apetece?* Formadas las parejas, deberán ponerse de acuerdo sobre el lugar y la hora del encuentro.

El Paso 2 requiere trabajo individual: escribir sus planes de fin de semana, con quién han quedado y para qué.

El Paso 3 requiere trabajo en grupo: seleccionar los seis lugares más populares entre los miembros del grupo y presentarlos a la clase.

Sugerencias/expansión para la Tarea
Si lo desea, usted podría optar por adaptar esta actividad a otra ciudad que a sus estudiantes les pareciese de mayor interés. No obstante, convendría que fuese una ciudad o lugar en España, por la orientación general del capítulo hacia este país.

Información para la actividad 15–18
Pedro Almodóvar, Alejandro Amenábar, Luis Buñuel, Icíar Bollaín y Julio Medem son directores de cine españoles. Penélope Cruz y Belén Rueda son actrices españolas. Javier Bardem es un actor español.

Los tres que no son españoles son Alfonso Cuarón, director de cine mexicano; Salma Hayek, actriz mexicana; Benicio del Toro, actor puertorriqueño.

Sugerencias/expansión para la actividad 15–18
El instructor puede preguntar a la clase si conocen otros actores, actrices o directores que sean españoles o de origen hispano: Andy García, John Leguizamo, Edward James Olmos, Jessica Alba, Rosario Dawson, Eva Longoria, Rosie Pérez, Eva Mendes, Jay Hernández, Robert Rodríguez, etc.

Respuestas para la actividad 15–19

1. *El título nos da el título de la película y el tema de la misma. La cita que aparece debajo podría ser una cita de un personaje de la película.*
2. *El Óscar que la película ganó.*
3. *Una reseña de una película.*
4. *La historia que narra la película, el guión, los actores, la música, el director y su estilo.*
5. *Mar adentro es una película de 2004 dirigida por Alejandro Amenábar, director chileno de nacimiento pero con nacionalidad española. La película ganó tanto el Globo de Oro como el Óscar a la mejor película de habla no inglesa en 2004. Está basada en la historia real de Ramón Sampedro, un parapléjico que luchó por una muerte digna.*

Respuestas para la actividad 15–20

1. *Ramón Sampedro, Julia y Rosa*
2. *Los viajes al mar del protagonista (en sueños) y la secuencia del accidente de Ramón*
3. *Con el sorprendente maquillaje y la capacidad de expresividad moviendo solamente el rostro*
4. *El mismo director de la película, Alejandro Amenábar*
5. *Falso*

📖 NUESTRA GENTE

15-31 to
15-32

GENTE QUE LEE

ESTRATEGIAS PARA LEER

Review of pre-reading strategies

Before reading a text in depth, it is important to get a general idea of what you are about to read. Many elements surrounding a text can give you information about its content.

1. What type of text are you reading? A newspaper article, a letter, a recipe, an e-mail, a movie review?
2. Look at visuals, such as pictures, graphics, maps, and charts. These give you an indication on what you are about to read. Try to predict the content.
3. Read the title and subtitles: These can give you an idea of the content, as well as the order in which it will be presented.
4. If the text is organized in clear paragraphs, read the first sentence of each paragraph: In many cases, this is the topic sentence, which tells you what kind of information the paragraph will contain.
5. What do you already know about the topic? Are you familiar with it? If so, it will be easier to understand the text.

These pre-reading strategies are not a substitute for reading. As you read, you will be checking the information from the text against the information that you expected to find.

ANTES DE LEER

15–18 El cine español

Marca los nombres de directores, actores o actrices españoles que conoces. Luego comparte esta información con la clase. Cuidado: hay tres que no son españoles. Identifícalos.

☐ Pedro Almodóvar   ☐ Javier Bardem   ☐ Icíar Bollaín
☐ Alfonso Cuarón   ☐ Luis Buñuel   ☐ Belén Rueda
☐ Alejandro Amenábar   ☐ Benicio del Toro   ☐ Julio Medem
☐ Salma Hayek   ☐ Penélope Cruz

15–19 Activando estrategias

1. Lee el título y la cita que aparece debajo. ¿Qué información anticipan sobre el texto que vas a leer?
2. Observa la foto. ¿Anticipa nueva información?
3. Lee la primera frase del texto. ¿Qué tipo de texto crees que vas a leer?
4. Ahora lee las primeras palabras de cada párrafo. ¿De qué aspectos específicos trata este texto?
5. ¿Qué sabes de la película española *Mar adentro* y de su director Alejandro Amenábar?

DESPUÉS DE LEER

15–20 ¿Comprendes?

1. ¿Qué personajes componen el "triángulo amoroso" de esta película?
2. ¿Cuáles son las dos mejores partes del guión?
3. ¿Con qué dos aspectos demuestra Bardem que es el mejor actor español?
4. ¿Quién es el compositor de parte de la música de esta película?
5. El texto dice que ésta es la mejor película de Amenábar.   Verdadero   Falso

A LEER

MAR ADENTRO: EL DERECHO A MORIR

"¿Quién soy yo para juzgar a los que quieren vivir?"
RAMÓN SAMPEDRO

En la película *Mar Adentro*, Alejandro Amenábar demuestra una excepcional **sabiduría** convirtiendo una historia sobre la muerte en una reflexión sobre la vida.

La historia narrada es ya conocida: Ramón Sampedro, tetrapléjico, lleva ya casi 30 años en una cama al cuidado de su familia. Su única ventana al mundo es la de su habitación, cerca del mar (el mar donde de joven viajó, el mar que le dio la vida y se la quitó). Desde entonces, su único deseo es terminar con su vida dignamente, y en este proceso la **llegada** de dos mujeres altera su mundo: Julia, una abogada que apoya legalmente su lucha, y Rosa, una chica de pueblo **enamorada** de Ramón y convencida de que vivir **merece la pena**. Para **éste**, sin embargo, la persona que de verdad lo ame, lo ayudará a realizar ese último viaje.

El soberbio guión de Amenábar, con el humor e ironía constantes de Ramón Sampedro, ofrece un justo equilibrio entre drama y sonrisas. Por encima de los diálogos, destaca el enfoque de ensueño de los viajes al mar del protagonista, y la secuencia del accidente, un triste momento que cambia la vida **de golpe**.

Un magnífico guión interpretado por magníficos actores. En primer lugar, el protagonista, el magistral Javier Bardem, que muestra una vez más que es, sencillamente, el mejor

actor español que existe, en un **papel** complicado, por el sorprendente maquillaje y por el hecho de limitar la **expresividad** a un rostro, una mirada, y los diálogos de un hombre que sufre y llora riendo. En segundo lugar están los excelentes roles co-estelares y de apoyo de Belén Rueda (Julia, maravillosa y clásica) y Lola Dueñas (Rosa, con una sonrisa que llena la pantalla y pone la parte dulce a este melodrama). Estos dos personajes y Ramón forman un complejo triángulo **amoroso**.

La música, obra del mismo director, es hermosa y sirve de apoyo perfecto al guión: los tres **personajes** principales son acompañados por un tema —compuesto por el director — que reaparece, y la **banda sonora** es de una fuerza tan poderosa como las imágenes. Formando parte de esta banda sonora, unas exquisitas selecciones de ópera —arias y clásicos — nos tocan el corazón.

Esta **cinta** marca un cambio drástico de estilo en la filmografía de Amenábar, definitivamente uno de los mejores directores y compositores que existen. No es la mejor película de este genio detrás de las cámaras, pero será recordada como un canto a la libre voluntad, como una película emocionante, **bellísima**, elegante, como un drama realista, como una historia romántica, que además trata de comprender lo que significa tomar la decisión de dejar de vivir antes de tiempo y defender**la** ante los demás.

15–21 Activando estrategias

1. Si "saber" significa *to know*, ¿qué significa la palabra en negrita "sabiduría"?

2. Según el contexto, ¿qué significan las palabras "papel", "personajes", "banda sonora" y "cinta"?

3. Busca en el diccionario las expresiones "merece la pena" y "de golpe".

4. Explica cómo se han formado las palabras "llegada", "enamorada", "expresividad", "amoroso" y "bellísima".

5. ¿A qué o quién se refieren los pronombres "éste" y "defender<u>la</u>"?

15–22 Expansión

¿Conoces otras películas donde se trata el tema de la eutanasia? ¿Crees que lo hacen de forma objetiva?

GENTE QUE ESCRIBE

15-33 to
15-34

Información para Estrategias para escribir

1. El texto sobre *Mar adentro* (una crítica de cine) es un buen ejemplo de cohesión y coherencia textual. El contenido es relevante e informativo, está bien desarrollado y se cumple el propósito de dar el lector una idea general de la calidad de la película en diferentes aspectos (actores, guión, música, etc.). Los párrafos están bien organizados y cada uno tiene una frase temática referida a un subtema diferente. Es fácil de seguir.

2. Cada párrafo tiene una frase temática al inicio del mismo, para guiar al lector, y desarrolla el tema con más o menos extensión. Cada párrafo trata solo un tema. Un ejemplo de cohesión textual es el párrafo cinco. La expresión *banda sonora* se repite, estableciendo un vínculo entre la frase anterior y la nueva. Otro ejemplo es el párrafo 4, donde el autor usa organizadores discursivos para dar coherencia y organización al párrafo (en primer lugar, en segundo lugar).

ESTRATEGIAS PARA ESCRIBIR

Editing your writing for content, organization, and cohesion

Good writers plan, review, edit, and revise. The planning stage entails considering readers and purpose, developing an outline, and creating topic sentences. Good writers also review what they are writing: they stop and reread, go back and make changes (edit), and plan what to write next. During this part of the process, they focus on the content more than on the language. It is advisable to edit your writing for content and organization before beginning to revise the grammar, vocabulary, and so on.

- Content: is it relevant, interesting, appropriate, well developed? Think again about your readers and the purpose of your writing. Are you achieving this purpose?
- Organization: Are there summary sentences? Are your paragraphs well organized? Is your composition easy to follow?
- Cohesion in paragraphs: Do they have clear topic sentences? Do the other sentences in the paragraph contain more specific information than the topic sentence? Are they related to the topic sentence? Did you repeat key words or structures, or use referent words (pronouns or demonstratives)? Did you connect your sentences with transitions (connectors)?

Take a moment to evaluate the content and organization of the reading *Mar adentro: el derecho a morir*. Analyze the cohesion in the reading. In particular, comment on (a) how the paragraphs achieve coherence (give specific examples), and (b) what specific elements in the sentences and between the sentences help achieve cohesion.

MÁS ALLÁ DE LA FRASE

Expository writing (I): Connectors for adding and sequencing ideas, summarizing, and concluding

Adding:	◆ *también* (also) ◆ *además* (also, moreover; furthermore) ◆ *asimismo* (likewise) ◆ *igualmente* (likewise); *es más* (furthermore)
Sequencing:	◆ *para empezar* (first of all, to start) ◆ *en primer lugar* (first of all, in the first place) ◆ *en segundo lugar* (second of all, in the second place) ◆ *en tercer lugar* ◆ *para continuar* (to continue) ◆ *después* (next) ◆ *a continuación* (then, next) ◆ *al mismo tiempo* (at the same time) ◆ *por último* (finally, last) ◆ *en último lugar* (last)
Summarizing:	◆ *para terminar* (finally) ◆ *para resumir* (to sum up) ◆ *en resumen* (in sum) ◆ *para concluir* (to conclude) ◆ *en conclusión* (in conclusion) ◆ *así pues* (therefore)

Información para la actividad 15–23
La tarea de escritura se facilita con el modelo que han leído previamente y el esquema que se ofrece como guía para organizar los contenidos.

Sugerencias/expansión para la actividad 15–23
No es necesario escribir sobre películas si a los estudiantes no les interesa el cine. Pueden preparar reseñas de diferentes productos culturales, siempre y cuando usted se encargue de proporcionar a los estudiantes los modelos de redacción adecuados.

15–23 Una reseña cinematográfica

Estás a cargo de la sección de cine de una revista en español. Esta semana te toca escribir una reseña sobre _____ (título de la última película que has visto). Aquí tienes algunas ideas. Puedes fijarte en el estilo y formato de la lectura anterior.

- Datos generales: director, actores y actrices, año
- Introducción
- Argumento
- Guión
- Dirección
- Interpretación (actores, actrices)
- Música
- Otros

COMPARACIONES

15–24 Dos ciudades españolas para pasarlo bien

Estos textos describen la oferta cultural y de ocio para jóvenes de estas ciudades.

Bilbao es una moderna metrópoli de más de un millón de habitantes. El Museo Guggenheim es sólo un ejemplo de su modernidad. La vanguardia del arte, la moda, la música y el ocio está presente en Bilbao con grandes conciertos de música pop y rock. Además hay encuentros anuales como la Muestra de Cine Fantástico de Bilbao, o el Festival Internacional de Cine Documental y Cortometraje. Bilbao se ha convertido en un atractivo centro de actividad nocturna para los jóvenes de la zona norte, uniéndose las tradicionales zonas de copas y "marcha" con iniciativas como Bilbao. Gaua (Bilbao. Noche), del Ayuntamiento de Bilbao. Este programa de ocio nocturno ofrece a los jóvenes numerosas actividades lúdicas, juegos, cursos, talleres y sesiones de cine en los diversos barrios de la ciudad.

Barcelona es una ciudad mediterránea y cosmopolita con un riquísimo patrimonio histórico-artístico. La agenda cultural conduce al visitante a museos, exposiciones y a una excelente programación de música, teatro y danza. En Barcelona se organizan numerosos festivales. El BAM (Barcelona Acció Musical), Sónar (Festival Internacional de Música Avanzada y Arte Multimedia) o el BAC! (Barcelona de Arte Contemporáneo) demuestran el interés por las últimas tendencias artísticas y musicales. Las fiestas tradicionales, como las fiestas de la Mercè, o las más modernas como el Festival de Verano del Grec, convocan a los grupos más prestigiosos del panorama internacional. Para la noche, discotecas, salas de música en directo, bares y restaurantes que se encuentran en lugares emblemáticos de la ciudad como la Diagonal, el barrio de Gràcia y terrazas en el Port Olímpic. A orillas del mar Mediterráneo hay muchas playas urbanas en las que disfrutar del buen clima, o practicar windsurf, vela, buceo o piragüismo.

1. ¿Qué te parece lo más interesante de cada una de estas ciudades? Imagina que estás en Bilbao. ¿Qué actividades te interesarían más? ¿Y si estás en Barcelona?

2. ¿Es este tipo de actividades típico de la ciudad donde vives o estudias? ¿Hay diferencias? ¿Qué actividades de ocio hace la gente joven en una ciudad?

CULTURA

En Estados Unidos hay unas 650.000 personas de ascendencia española. La presencia de exploradores y colonizadores españoles en Estados Unidos comienza en 1513 en Florida con Juan Ponce de León. El primer asentamiento español fue la ciudad de San Agustín (Florida), fundada en 1565, seguido de otros en Nuevo México, California, Arizona y Texas. Desde el siglo XIX, Nueva York y Florida han recibido a muchos españoles, y durante la época de la dictadura de Franco (especialmente entre 1936 y 1956) muchos intelectuales se exiliaron a Estados Unidos. El actor Martin Sheen y el astronauta Miguel López Alegría son dos importantes estadounidenses de ascendencia española.

CULTURA

Un número significativo de doctores, ingenieros, artistas y profesores universitarios españoles ha contribuido a la ciencia, la cultura y el arte de Estados Unidos. Algunos de ellos son: José Andrés, cocinero y empresario que ha dado reconocimiento a la gastronomía española; Plácido Domingo, uno de los mejores cantantes de ópera del mundo y Director de la Ópera de Washington y de Los Ángeles; Antonio Banderas, Javier Bardem y Penélope Cruz, actores que han conseguido gran éxito en todo el mundo; Enrique Iglesias y Alejandro Sanz, dos de los cantantes con más fama en Estados Unidos; Valentín Fuster, el mayor experto mundial en cirugía cardiovascular y director de Cardiología del Hospital Monte Sinaí en Nueva York; o Santiago Calatrava, uno de los mejores arquitectos del mundo, que ha construido museos y puentes en Estados Unidos, ha diseñado el rascacielos más alto del país en Chicago y ha diseñado la estación de transportes del World Trade Center, en Nueva York.

P. Domingo

Información para la actividad 15–24
La actividad tiene como contenido cultural otras dos ciudades más de España (Bilbao y Barcelona) y el tipo de actividades de ocio que ofrecen. Estas actividades son representativas de cualquier ciudad o pueblo, donde en mayor o menor medida hay una importante oferta cultural organizada por diversas entidades como ayuntamientos y asociaciones juveniles.

Se pueden establecer muchos contrastes y similitudes en el tipo de actividades de ocio que se ofrecen en España y en ciudades de Estados Unidos. Uno de los contrastes obvios es la actividad durante la noche: mientras que en España casi todas las ciudades organizan festivales y actividades nocturnas para jóvenes, esto no es algo muy común en Estados Unidos.

Sugerencias/expansión para la actividad 15–24
Si tiene estudiantes que han viajado a España o a otro país hispanohablante, pídales que comenten estas diferencias y contrastes.

Información para Cultural
Haga que los estudiantes reflexionen sobre el pasado de Estados Unidos y la influencia española en la historia del país. Después pídales que mencionen ejemplos de influencias de España en Estados Unidos.

 VOCABULARIO

El cine y la televisión (Movies and television)

la actuación	acting, performance
el argumento	plot
la cadena	TV network
el canal	TV channel
la cartelera	movie guide
el cine	cinema, movies
el concurso	contest
el cortometraje	short film
el documental	documentary
la entrada	ticket
el guión	script
las noticias	the news
la película de acción	action movie
de terror	horror movie, thriller
del oeste	western
ciencia ficción	science fiction
policíaca	detective movie
la programación	programming
el/la protagonista	main actor/actress
la retransmisión	broadcasting
la serie	TV series
la taquilla	box office
el telediario	news
la telenovela	soap opera
la temporada	season

Los espectáculos y la oferta cultural (Arts and entertainment)

el baile	dance
la banda sonora	soundtrack
la colección de arte	art collection
el compositor	composer
el concierto	concert
el cuadro	painting
la diversión	enjoyment
la danza	classic or traditional dance
la exposición	exhibition
la música en vivo	live music
la obra de arte	work of art
la obra de teatro	(theater) play
el parque de atracciones/ diversiones	amusement park
el partido de fútbol	soccer game
la plaza de toros	bullfighting ring
el teatro	theater

El ocio y el tiempo libre (Free time and leisure)

el ambiente	atmosphere
la cita	appointment, date
las copas	drinks

el espectáculo	show
la feria	fair
el placer	pleasure
la taberna	bar
la tendencia	trend
la terraza	outdoor seating
la vida nocturna	night life

Adjetivos (Adjectives)

animado/a	lively
conmovedor/a	moving
diurno/a	day
emocionante	exciting, thrilling
encantador/a	charming
entretenido/a	entertaining
genial	extraordinary
impresionante	impressive
innovador/a	innovative
lindo/a	nice
nocturno/a	night
pesado/a	boring, slow, tedious

Verbos (Verbs)

acudir (a)	to attend, to turn up
agradecer (cz)	to thank
amanecer (cz)	to dawn
arrepentirse (ie)	to regret
asistir	to attend, to be present at
celebrarse	to take place, to occur
disfrutar	to enjoy
divertirse (ie)	to have fun
excusarse	to excuse oneself
planear, planificar	to plan
quedar (con)	to make an appointment with
quedarse	to stay
reunirse con	to meet with
salir (lg)	to go out
sorprender	to surprise
sorprenderse	to be surprised, to be amazed

Expresiones útiles (Useful expressions)

concertar una cita	to make an appointment
dar una excusa	to make an excuse
echar un vistazo a	to take a quick look
ir de copas	to go out for a drink
salir a cenar	to go out for dinner
ser un rollo	to be very boring
ser aficionado a	to be a regular of, to be a fan of
tener lugar	to take place
tomar unas copas	to have a drink

CONSULTORIO GRAMATICAL

1 The Present Subjunctive

The present subjunctive is formed by replacing the infinitive endings of the verbs (-ar, -er, -ir), and adding the endings of the present subjunctive to the verb stem.

REGULAR				IRREGULAR			
-AR	**-ER/-IR**	**O/UE**	**E/IE**				
HABLAR	VIVIR	PODER	QUERER	HABER	SER		IR
habl**e**	viv**a**	pued**a**	quier**a**	**hay**a	**se**a		**vay**a
habl**es**	viv**as**	pued**as**	quier**as**	**hay**as	**se**as		**vay**as
habl**e**	viv**a**	pued**a**	quier**a**	**hay**a	**se**a		**vay**a
habl**emos**	viv**amos**	pod**amos**	quer**amos**	**hay**amos	**se**amos		**vay**amos
habl**éis**	viv**áis**	pod**áis**	quer**áis**	**hay**áis	**se**áis		**vay**áis
habl**en**	viv**an**	pued**an**	quier**an**	**hay**an	**se**an		**vay**an

The stem of the present subjunctive of irregular verbs is the same as that of the first person of the present indicative.

The same occurs with other irregular verbs: tener (tengo–tenga), decir (digo–diga), pedir (pido–pida), salir (salgo–salga), sentir (siento–sienta), oír (oigo–oiga), etc.

		INDICATIVE	SUBJUNCTIVE
TENER	(yo)	**teng**o	**teng**-a
PONER	(yo)	**pong**o	**pong**-a
DECIR	(yo)	**dig**o	**dig**-a
HACER	(yo)	**hag**o	**hag**-a
SALIR	(yo)	**salg**o	**salg**-a
VENIR	(yo)	**veng**o	**veng**-a

2 Use of Present Subjunctive to State Your Opinion

The subjunctive mode is used most of the time in subordinate clauses with different functions. In this lesson, we will concentrate on noun clauses.

A noun clause is a subordinate clause that depends on a main clause and that has the same function as a noun; therefore, it can be replaced by a pronoun. It is always introduced by **que**.

Yo creo que **la democracia en España es muy estable hoy día.**

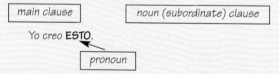

Yo creo **ESTO**.

pronoun

When the verb of the main clause expresses opinion, the noun clause will have a verb in indicative.

creo
pienso
considero   } que + INDICATIVO
me parece

¿Quieres ir al cine esta noche conmigo?

No creo que pueda. Tengo muchísimo trabajo.

Creo que   **iré** a ver esa película: es muy buena.
              puedo salir esta noche: no tengo trabajo.

I think that   **I will go** see that movie: it is very good.
            I can go out tonight: I don't have work.

However, if the main clause is negative, the subjunctive mode is used in the noun clause.

No creo que   **vaya** a ver esa película: es muy mala.
             pueda salir esta noche: tengo mucho trabajo.

I don't think that   **I will go** see that movie: it is very bad.
                 I will be able to go out tonight: I have a lot of work.

3 Use of Present Subjunctive to State Probability or Doubt

When we are certain of something, the verb of the noun clause will be in indicative.

Estoy seguro de que   la película **tendrá** mucho éxito.
I am sure that   *the movie will be very successful.*

Seguro que   el zoo **está** abierto hasta las nueve.
I am sure that   *the zoo is open until 9.*

If we want to express a certain degree of uncertainty, the subjunctive mode will be used in the noun clause.

Es posible que
Es probable que
No estoy seguro de que } la película **tenga** éxito.
Dudo que   el zoo **esté** abierto hasta las nueve.
No creo que

It is possible that
It is probable that
I am not sure that } *the movie will be successful.*
I doubt that   *the zoo will be open until nine.*
I don't think that

Some expressions of probability are followed by the subjunctive mode as independent clauses (not noun clauses).

Posiblemente
Probablemente } esa película **tenga** éxito.
Quizá (*maybe*)   el zoo **esté** abierto hasta las nueve.
Tal vez (*maybe*)

*However, the common expression **a lo mejor** (maybe) always takes indicative.*

A lo mejor esa película **tiene** éxito.

4 Talking about Arts and Entertainment

- ¿Has visto *Mar adentro*?
- ¿Has leído *La tabla de Flandes*?
- ¿Has oído el último disco de *Ojos de brujo*?

- Sí, (no) está muy bien.
- Sí, me encantó / no me gustó nada.
    me gustó muchísimo.
    me pareció algo aburrido/a.
- Sí, es genial / fantástico/a / horrible / extraordinario/a.
- Sí, es buenísimo/a / malísimo/a / divertidísimo/a / aburridísimo/a.
- Sí, es una maravilla / es un desastre / es un rollo.
- Sí, es muy bueno/a / Sí, es muy malo/a.

Have you seen Mar adentro?
Have you read La tabla de Flandes?
Have you heard the last record of Ojos de Brujo?

Yes, it is (not) very good.
Yes, I loved it/I did not like it at all.
  I liked it a lot.
  I thought it was a bit boring.
Yes, it is great/fantastic/horrible/outstanding
Yes, it is really good/really bad/really funny/really boring.
Yes, it is wonderful/a disaster/a bore.
Yes, it is very good/ Yes, it is very bad.

No soporto (*I can't stand*)   películas.
No me interesa (*I am not interested in*)   ese tipo de música.
                                           libros.

 ¡ATENCIÓN!
SUPERLATIVE = ADJECTIVE FORM MINUS THE LAST VOWEL + ísimo/a/os/as

bueno ⟶ buen**ísimo/s**   divertido ⟶ divertid**ísima/s**
interesante ⟶ interesant**ísimo/s**   malo ⟶ mal**ísima/s**

Talking about genres of film, television...

Es una comedia / un drama / una película policíaca.

Es una película de acción / de terror / de aventuras / de ciencia ficción / del oeste.

El director es Almodóvar. = **Es una película de** Almodóvar.

La directora es Icíar Bollaín. = **Es una película de** Icíar Bollaín.

El / la protagonista es ⎫
Sale ⎬ Javier Bardem / Penélope Cruz.

- ● **¿ De qué trata la película?** *(What is the film about?)*
- ○ **Trata de** una chica que se enamora de... *(It's about a girl who falls in love with ...)*

5 Planning and Agreeing on Activities

To ask others what they want to do

¿Adónde podemos ir? *(Where can we go?)*

¿Adónde te/le/os/les gustaría ir? *(Where would you like to go?)*

¿Qué te/le/os/les apetece hacer? *(What do you feel like doing?)*

Proposing an activity

¿Por qué no vamos al cine? *(Why don't we go to the movies?)*

¿Te/os/le/les apetece ir al cine? *(Do you feel like going to the movies?)*

Podríamos ir al cine. *(We could go to the movies)*

Me apetece dar un paseo. *(I feel like going for a walk)*

Me gustaría dar una vuelta. *(I would like to go for a walk)*

Accepting an invitation

Vale, de acuerdo. *(Okay, great)*

Buena idea. *(Good idea)*

Perfecto. *(Perfect)*

Muy bien. *(Very well)*

Declining an invitation

No, es que
(No, the thing is that)
⎧ hoy
⎪ esta noche **estoy ocupado/a.**
⎨ el lunes **no puedo.**
⎩ a las diez

> *Unlike in English, the conditional of **gustar** and other similar verbs is not generally used for accepting invitations, but rather to soften the tone when declining an invitation using an excuse.*
>
> **Me gustaría,** pero... no puedo.
> **Me encantaría,** pero... es que tengo mucho trabajo.

Setting a time and a place to meet

¿Cómo quedamos? *(When / where are we meeting?)*

¿A qué hora ⎰ **quedamos?** *(What time are we meeting?)*
¿Dónde ⎱ **nos vemos?** *(Where are we meeting?)*

¿Quedamos en mi hotel? *(Should we meet in my hotel?)*

- ● **¿Te va bien** el martes? *(Does Tuesday work for you?)*
- ○ No, el martes **me va mal.** Tengo otra cita. *(No, Tuesday doesn't work for me. I have another appointment.)*

¿Qué tal el martes? *(How about Tuesday?)*
        a las diez? *(How about at ten?)*

¿Quieres quedar mañana? *(Do you want to meet tomorrow?)*

Talking about time and place of events

El concierto **es** en el Teatro Real.   El partido **es** a las ocho.
*The concert **is** at the Teatro Real.*   *The game **is** at 8.*

16 GENTE INNOVADORA

16–1 Uruguay: ciencia y tecnología

Lee las dos noticias referidas a Uruguay. ¿Qué nos indican sobre este país?

☑ **TAREA**

Diseñar una "casa inteligente"

NUESTRA GENTE

Uruguay
Hispanos/latinos en Estados Unidos

Sugerencias/expansión para la actividad 16–1
Comience la actividad preguntando a sus estudiantes qué saben de Uruguay. Usted puede darles algunos datos generales.

Información para la actividad 16–2
Esta tarea de toma de decisiones en colaboración requiere una interacción entre los dos estudiantes para decidir el orden de importancia de las innovaciones. Fíjese que casi todas las palabras del campo de la tecnología son cognados y muchas derivan directamente del inglés, por lo que no tendrán problemas para averiguar sus significados.

 16–2 **Tecnología e innovación**

Piensen en beneficios y problemas relacionados con estas innovaciones tecnológicas. Después ordénenlos de más (1) a menos (6) importante para el progreso de la humanidad. Finalmente, compartan y comparen sus ideas con la clase.

	Beneficio	Problema
☐ Teléfono móvil	_____	_____
☐ Internet	_____	_____
☐ Computadora portátil	_____	_____
☐ Carros híbridos	_____	_____
☐ Correo electrónico	_____	_____
☐ Sistema de navegación GPS	_____	_____
☐ Clase virtual	_____	_____
☐ Estación espacial internacional	_____	_____

CULTURA

Uruguay figura en octavo lugar en América en cuanto al acceso digital, es decir, respecto al acceso de su población a las tecnologías de la información y la comunicación. Canadá es el número 1 y sólo Chile supera a Uruguay entre los países de Latinoamérica.

CULTURA

Uruguay se convirtió en 2009 en el primer país del mundo donde cada niño que asiste a la escuela tiene una computadora. La computadora portátil "de 100 dólares" XO fue diseñada para niños, y además de ser duradera, tiene varias innovaciones, entre ellas una pantalla que se puede leer a la luz del sol. Además, se puede cargar con energía solar.

ACERCAMIENTOS

16–3 Más innovaciones

Ahora la clase debe votar para decidir cuál de estas tres innovaciones es la más atractiva.

ROBOT MASAJEADOR
El último grito de la robótica es Tickle, un pequeño robot con dos motores que da masajes. Camina sobre el cuerpo humano para estimular la piel con unas púas de caucho.

AVIÓN PERSONAL
Lo comercializa la empresa Zap y lo llaman Airboard. Está basado en la tecnología militar, pero con capacidad para una sola persona. Es un avioncito que se eleva unos 10 cm del suelo y permite ir a una velocidad de 15 millas por hora (unos 25km/h).

ABRIGO GUARDAESPALDAS
Este revolucionario abrigo para la defensa personal se llama No-contact. Es un abrigo con un dispositivo que da descargas eléctricas de 80.000 voltios si alguien trata de atacar a su portador. El modelo todavía está en etapa de prueba.

 ### 16–4 ¿Para qué sirven?

Aquí tienen una serie de cosas que usamos cada día. ¿Cuándo se inventaron y qué utilidad tienen?

vacuna	papel	tarjeta de crédito	rueda	lápiz
reloj	fotocopiadora	anteojos	fósforos	frenos de disco

AÑO	INVENTO	SIRVE PARA...
5500 a.C.		
105		
1268		
1500		
1565		
1795		
1821		
1902		
1938		
1950		

EJEMPLO:

E1: Yo creo que el lápiz se inventó en 1268.
E2: No, no, fue más tarde: en el año 1795 ó 1821.
E3: No, yo creo que es anterior: en el 1565, porque se inventó en el siglo XVI.
E1: Bueno, y sirve para… escribir, claro.

16–5 Su innovación

Piensen en algo revolucionario e innovador que todavía no exista. ¿Cómo se llama? ¿Qué tiene? ¿Para qué es? Luego completen la ficha y expliquen a la clase su invento. Al final la clase va a votar por el grupo que haya presentado la innovación más original.

Se llama _____

Es un/a _____

que tiene _____

para _____

Información para la actividad 16–6

El foco léxico de la lección es innovación, ciencia y tecnología, con un énfasis en el vocabulario relacionado con las tecnologías de la información y comunicación. También aparecen, como en este caso, palabras que se refieren a objetos de uso cotidiano (cremallera, lavadora) entendidas también como innovaciones en algún momento de la historia.

En España y algunos otros países hispanohablantes, el teléfono celular es más conocido por el nombre de *móvil*. El uso de ordenador en lugar de computadora parece más bien restringido al español de España. Para el bolígrafo, tanto en Argentina como en Uruguay el vocablo más común es *lapicera*. En el Caribe los vocablos más comunes son *bolígrafo* o *lapicero*.

Sugerencias/expansión para la actividad 16–7

Los inventos que se quieren presentar en esta actividad no tienen por qué ser grandes innovaciones a un nivel general, sino más bien objetos que han resultado especialmente útiles para la vida cotidiana de los estudiantes.

Información para la actividad 16–8

La actividad se enfoca en el léxico relacionado con la computadora, un vocabulario de gran utilidad para el estudiante. Fíjese que "aplicación" y "programa" pueden usarse de manera intercambiable. Otras palabras útiles pueden ser PC ("pe ce"), archivador (*folder*), página web o página de internet, en línea (*online*), la red (*web*), navegador (*browser*), tarjeta de memoria (*memory card*).

Sugerencias/expansión para la actividad 16–8

Puede comenzar la actividad pidiendo a los estudiantes que expliquen qué programas tienen instalados en sus computadoras, qué tipo de computadoras tienen, qué hacen cuando tienen que escribir un trabajo para una clase, etc.

📖 VOCABULARIO EN CONTEXTO

16-01 to 16-09

16–6 Inventos para todos

Estos inventos han cambiado nuestras vidas. ¿Cuál de ellos te parece más necesario? ¿Por qué?

EL CIERRE DE CREMALLERA (1912)
Desde que existe, todo cierra mejor y más deprisa: carteras, abrigos, bolsillos, pantalones, etc. En los últimos años le salieron competidores como el velcro y los botones de clip, pero, por el momento, parece que tiene asegurada la supervivencia.

EL BOLÍGRAFO O LAPICERA (1940)
Conocido en Argentina como "la birome", por el nombre de su inventor, el señor Biro, fue patentado y popularizado por el señor Bic. Este invento convirtió la pluma en objeto elegante y de lujo. Su futuro está amenazado por las computadoras, las agendas electrónicas y otros inventos que están cambiando los hábitos de escritura de la gente.

LA LAVADORA (1901)
La primera lavadora apareció gracias a Alva John Fisher. Su uso se popularizó cuando la electricidad llegó a todos los hogares. Desde la máquina de Fisher —un tambor lleno de agua y jabones, con un motor que lo hacía girar— hasta ahora, las lavadoras han evolucionado muchísimo. Algunas lavan y secan la ropa, pueden programarse para ponerse en funcionamiento a horas específicas, reducen el consumo de electricidad, etc.

LA COMPUTADORA (1946)
En 1946 se terminó la construcción del ENIAC (*Electronic Numerical Integrator and Computer* por sus siglas en inglés, o Computador e Integrador Numérico Electrónico), el primer ordenador electrónico de la historia. Era capaz de realizar en un segundo 5.000 sumas y 300 multiplicaciones. A partir de ese momento, la evolución de las computadoras adquirió un ritmo cada vez más acelerado. Una computadora actual es siete millones de veces más rápida que el ENIAC.

EL TELÉFONO CELULAR (1983)
El concepto de una red de radio celular surgió en 1947 en los laboratorios Bell, pero hasta 1983 no se fabricaron los primeros teléfonos celulares. La evolución de estos aparatos de uso personal y su generalización en el mercado han sido espectaculares. Los teléfonos actuales sirven para muchas más cosas que llamar por teléfono, como por ejemplo enviar mensajes de texto, almacenar fotos y música, navegar en Internet o ver la televisión.

LA CÁMARA DIGITAL (1991)
Kodak creó en 1991 la primera cámara digital profesional, dirigida a los profesionales del periodismo fotográfico, pero la primera cámara digital para el mercado de consumo, y que conectaba a una computadora con cable, fue diseñada por Apple en 1994. Su uso se ha extendido de manera impresionante entre el público en general desde el 2003. Las grandes empresas de fotografía ya casi no fabrican las antiguas cámaras analógicas y producen más cámaras digitales.

16–7 Más inventos

¿Qué otras cosas añadirían a la lista de objetos que han cambiado nuestras vidas? Piensen en cuatro inventos y justifiquen sus decisiones.

1. El/la_____ porque _____
2. El/la_____ porque _____
3. El/la_____ porque _____
4. El/la_____ porque _____

Elijan los dos primeros y escriban textos similares a los del ejercicio 16–6.

_____

_____

_____

_____

16–8 ¿Para qué sirven?

Mira los dibujos y examina las partes de la computadora. Después, explica a tu compañero/a cómo es tu computadora actual o una que desees tener.

el ratón

el lector de CD-Rom

el archivo

el cable

el enlace

el ícono

el teclado

el procesador de textos

la pantalla

la memoria

la impresora

el sitio web

Windows xp
el sistema operativo

EJEMPLO:

E1: Mi computadora es una Mac, tiene una pantalla de 20 pulgadas, el disco duro es de tres GBs. Tengo varios programas instalados…

E2: La computadora que quiero es una PC; la pantalla es de 17 pulgadas y el disco duro es de un GB.

16–9 Nuevas tecnologías

¿Conocen estas nuevas tecnologías, programas y aplicaciones? ¿Cómo han cambiado su vida?

Wikipedia	Twitter	Podcasts
Facebook	iPods	Wi-Fi
iTunes	Google	Televisión de alta definición
Napster	Blogs	Otro/a:
Firefox	Consola de videojuegos	_____
Banca en línea	YouTube	

Información para la actividad 16–9

- Wikipedia es una enciclopedia en línea. Sus artículos son redactados por voluntarios, y todos pueden ser editados por cualquier persona que acceda a Wikipedia.
- Facebook es un sitio web gratuito de redes sociales.
- iTunes es un programa de computadora creado por Apple para reproducir, organizar y sincronizar material de audio y video en reproductores multimedia portátiles (como iPods o iPhones), comprar música, películas, etc.
- Napster fue el primer servicio de distribución masiva de archivos de música en formato MP3.
- Firefox es un navegador web gratis y multiplataforma.
- Banca en línea, también llamada e-banking o genéricamente banca electrónica, es la banca a la que se puede acceder mediante Internet.
- Twitter es un servicio gratuito de microblogging que permite a sus usuarios enviar entradas de texto, denominadas "tweets", de una longitud máxima de 140 caracteres.
- iPod es una marca de reproductores multimedia portátiles diseñados por Apple.
- Google es un motor de búsqueda en línea.
- Blog, o bitácora en español, es un sitio web periódicamente actualizado.
- Consola de videojuegos o videoconsola es un sistema electrónico de entretenimiento que ejecuta juegos electrónicos (videojuegos).
- YouTube es un sitio web en el cual los usuarios pueden subir y compartir videos.
- Podcasts: son archivos multimedia (normalmente audio o video) distribuidos mediante un sistema de sindicación que permite suscribirse para bajar los archivos, de manera de que el usuario lo escuche cuando quiera.
- Wi-Fi (siglas en inglés de Wireless Fidelity) es un sistema de envío de datos por redes computacionales que utiliza ondas de radio en lugar de cables.
- Televisión de alta definición (también conocida como HDTV, del inglés High Definition Television) emite señales televisivas en una calidad digital superior a los sistemas tradicionales.

16–10 to
16–31

 GRAMÁTICA EN CONTEXTO

16–10 Bingo

Vamos a jugar al bingo. Antes de comenzar la actividad, cada estudiante escribe seis de las palabras en el cuadro (tarjeta) de abajo. Uno/a de ustedes es el director del juego y describe los objetos (de qué están hechos, qué forma tienen, para qué sirven, etc.), pero sin decir el nombre. Cuando el director describe un objeto, los estudiantes que lo tienen en su cuadro lo marcan. Gana el/la que termine de llenar primero todas las casillas en su tarjeta.

(la) bombilla   (la) linterna   (las) gafas 3D

(el) disco compacto   (el) libro electrónico   (el) escáner

(la) agenda electrónica   (el) enchufe   (el) microondas

(el) iPod   (la) memoria USB

EJEMPLO:

E1: Es una cosa **que** sirve **para** poner los datos de tus amigos, familia, etc. **Se usa** también **para** escribir las cosas que tenemos que hacer cada día. **Es** cuadrado y tiene teclas para escribir. **Se puede** poner en el bolso.

E2: La agenda electrónica.

16–11 Innovaciones ecológicas

Escucha estas tres noticias y después completa las frases.

1. TransMilenio es un sistema de autobuses que _____ y con el que _____. Estos autobuses sirven para _____.

2. La bicilavadora es una máquina que _____ y con la que no _____. Con la bicilavadora se puede _____.

3. La cocina solar es un aparato que _____ y con el que _____. Con la cocina se puede _____ pero no se puede _____.

¿Cuál de estos tres inventos te parece el más importante? ¿Por qué?

16–12 Inventos prácticos, divertidos o imposibles

Aquí hay una lista de cosas que no existen. Relaciona las dos columnas y completa la información que falta. ¿Cuáles de estas cosas crees que son necesarias para el progreso?

una máquina   que **responda** a las órdenes de la voz humana.
un carro   que no **ocupe** más espacio que un libro.
una moto   que **pase** las páginas él solo.
un periódico   que **tenga** más horas por la noche.
un libro   que no **haga** ruido.
un reloj   que no **pueda** superar los 100 km/hora.
una computadora   que _____
un teléfono   que _____
un/una _____   que _____

EJEMPLO:

Yo creo que es necesario inventar un carro **que no haga** ruido.

Información para la actividad 16–10

La actividad se centra en dos de las metas lingüísticas de la lección: descripción de objetos (forma, función, partes, utilidad, funcionamiento, propiedades) y *se* impersonal. Pida a los estudiantes que escriban seis de las palabras en el cuadro. Cuando un estudiante (cada vez uno diferente) describa un objeto, los estudiantes que lo tienen en su ficha lo marcan. Gana el que termine de llenar primero todas las casillas de su ficha.

Información para la actividad 16–11

Pida a los estudiantes que escuchen dos veces la información sobre cada una de las innovaciones. Finalmente, comente con la clase qué innovación les parece más interesante y por qué.

Respuestas (sugeridas) para la actividad 16–11

1. TransMilenio es un sistema de autobuses que *utiliza mucha gente en Bogotá* y con el que *se puede viajar por la ciudad*. Estos autobuses sirven para *transportar gente sin contaminar el medioambiente*.

2. La bicilavadora es una máquina que *funciona con pedales* y con la que no *se contamina el medioambiente*. Con la bicilavadora se puede *lavar la ropa y no contaminar los ríos y lagos*.

3. La cocina solar es un aparato que *sirve para cocinar* y con el que *no se necesita electricidad*. Con la cocina se puede *cocinar de día* pero no se puede *cocinar de noche*.

Información para la actividad 16–12

En esta actividad se continúa el trabajo con el modo subjuntivo que se inició en la lección anterior. Esta actividad se enfoca en el uso del subjuntivo en las cláusulas relativas. Indique a los estudiantes que se fijen en el contraste entre el uso del indicativo en 16–11 (cosas que existen) y el del subjuntivo en las frases de esta actividad (cosas que no existen).

DESCRIBIR OBJETOS

Es un país...
   ...**pequeño**.
   ...**con** mucha tecnología.
   ...**que** tiene muchos teléfonos celulares.

FORMA Y MATERIAL

Es   grande   pequeño/a
de   tela / plástico / madera / cristal / papel

PARTES Y COMPONENTES

un teléfono **con** contestador
(= **que tiene** contestador)
una televisión **con** TIVO
(= **que tiene** TIVO)

UTILIDAD

Sirve para cocinar.
Se usa para escribir.

FUNCIONAMIENTO

Se enchufa.
Se abre solo/a.
Funciona **con** energía solar.

PROPIEDADES

Se puede/No se puede... { conectar / usar en el carro

FRASES RELATIVAS: INDICATIVO O SUBJUNTIVO

Uruguay es un país...
   ...**que tiene** educación gratuita.
¿Conoces algún país...
   ...**que tenga** educación gratuita?

RELATIVOS CON PREPOSICIÓN

Es una cosa...
   ...**con la que** puedes abrir latas
   ...**en la que** pones libros

Es un aparato con el que ahorras mucha electricidad.

SE: IMPERSONALIDAD

En Uruguay **se usan** mucho los teléfonos celulares.

En Uruguay **se ve** a mucha gente con teléfonos celulares.

LO/LA/LOS/LAS, LE/LES

	Objeto directo	Objeto indirecto
él, usted	**lo**	**le**
ella, usted	**la**	**le**
ellos, ustedes	**los**	**les**
ellas, ustedes	**las**	**les**

OI:
● ¿Qué tienes que compra**rle** a Juan?
○ **Le** tengo que comprar una memoria USB.

OD:
● ¿Dónde compraste esa computadora? Es muy buena.
○ **La** compré en Circuit One.

DOBLE PRONOMBRE: INDIRECTO **1** DIRECTO
● ¿Te dieron un premio?
○ Sí, **me lo** dieron la semana pasada.

● ¿A Juan le dieron un premio?
○ Sí, **se** (=le) **lo** dieron la semana pasada.

DUPLICACIÓN DE OBJETO DIRECTO
● ¿Dónde compraste esos pantalones y esa cartera? Son preciosos.
○ **Los pantalones los** compré en Madrid y **la cartera la** compré en Montevideo.

¿Esa cartera la compró en Montevideo?

DUPLICACIÓN DE OBJETO INDIRECTO
A Jaime **le** di los libros y a María **le** envié los discos.

16–13 Uruguay, un país de futuro

Ahora lean los datos sobre Uruguay. Después completen el texto.

Población total	3.477.000
Población por encima del nivel de pobreza	96.5%
Tasa de alfabetización	98% (la más alta de Latinoamérica)
Índice de desarrollo humano (IDH)	0.852 (tercero más alto de Latinoamérica)
Distribución de la riqueza	44.9 (mayor igualdad en Latinoamérica, con Costa Rica)
Educación gratuita	100% (primaria, secundaria y universitaria)
Telecomunicaciones digitalizadas	100%
Porcentaje de PCs por habitante	22,1% (segundo más alto de Latinoamérica)
Porcentaje de usuarios de Internet	20,8%
Acceso a la energía eléctrica	99% del territorio

Uruguay es un país **que** _____ y **en el que se puede** _____. Además es un lugar **donde** _____ y **en el que** _____. Es un país **que** _____, **que** _____ y **donde** _____. Finalmente, es un país **donde se puede** _____.

Ahora piensen en otro país...

…**que tenga** una red de telecomunicaciones altamente digitalizada:
…**en el que** la educación **sea** gratuita:
…**que tenga** una tasa de alfabetización muy alta:
…**en el que** el acceso a Internet y PCs **sea** muy alto:
…**que tenga** acceso a energía eléctrica en gran parte de su territorio:

EJEMPLO:

E1: A ver… un país **que tenga** educación gratuita… ¡Canadá!
E2: Sí, creo que en Canadá **se puede** estudiar gratis.

16–14 ¿Puedes comprármelo?

Piensa en cinco aparatos, aplicaciones o programas que no tengas. Después pregunta a tu compañero/a si puede comprár**telo** o prestár**telo**. Tu compañero/a te dará alguna solución alternativa.

EJEMPLO:

E1: No tengo una memoria USB. ¿Puedes **prestármela**?
E2: No, lo siento, no **te la puedo prestar**, porque sólo tengo una y **la** necesito. Quizá puedas **pedírsela** a tu mamá por tu cumpleaños.

Información para la actividad 16–13
La actividad se centra de nuevo en el contraste entre el uso del indicativo y el subjuntivo en cláusulas relativas, además de los relativos con preposición. Dicho contraste se hace usando un *input* cultural relativo al país meta de la lección.

Comience leyendo la información sobre Uruguay y pidiendo a los estudiantes que comenten los datos que más les llamen la atención. Luego pídales que, en parejas, completen el texto. Haga que se fijen en los relativos con preposición. Al hacer la segunda parte del ejercicio, es importante que reflexionen sobre el contraste entre el uso del indicativo y el del subjuntivo, y que expliquen el porqué del contraste. Recuerde que es conveniente permitir el uso del inglés para todas estas reflexiones metalingüísticas.

Sugerencias/expansión para la actividad 16–13
Usted podría también proponer una actividad de expansión en la que los estudiantes deberán completar una oración que comience con *Busco / Quiero / Necesitamos un país (en) que…* con oraciones como *la gente sea más tolerante y abierta a la diversidad, el gobierno no pueda mentir a sus ciudadanos, los niños vayan a escuelas totalmente gratuitas*, etc.

Información para la actividad 16–14
La actividad se centra en el uso de los pronombres de objeto directo e indirecto. Recuerde la dificultad que supone para los estudiantes la adquisición de estos pronombres y el uso de los mismos, especialmente combinados y sobre todo en la producción oral, cuando no hay tiempo para pensar en sus funciones, colocaciones, etc., como ocurre en la producción escrita. Es posible que los estudiantes necesiten escribir en los primeros intercambios.

Sugerencias/expansión para la actividad 16–14
Puede pedir a los estudiantes que compartan con el resto de la clase algunos de sus intercambios (ej.: *John quiere que le preste mi computadora, pero no puedo prestársela porque la necesito*.).

INTERACCIONES

16-32 to
16-34

ESTRATEGIAS PARA LA COMUNICACIÓN ORAL

Some common expressions used in conversation (I)

- To show surprise or disbelief:

  ¿Sí? (Really?)
  ¿De verdad / veras? (Really?)
  ¡No me digas! (You don't say!)
  ¡No puede ser! (That can't be!)

  ● *Han inventado un robot que puede hacer tu tarea.*
  ○ *¿Sí? ¡No me digas!*
  ● *¿Qué? ¡No puede ser!*

- To show that something is not normal:

  ¡Qué raro! (How weird / odd!)
  ¡Qué extraño! (How strange / odd!)

  ● *Mi computadora es nueva, pero no funciona.*
  ○ *¡Qué raro!*

- To express satisfaction / sadness about recent news or events:

  ¡Qué bien! (Great!)
  ¡Qué suerte! (How lucky!)
  ¡Qué pena / lástima! (How sad!)

  ● *Me han regalado un iPod.*
  ○ *¿Sí? ¡Qué suerte!*
  ● *Pero no tiene cámara de fotos.*
  ○ *¡Ah, **qué pena**!*

- To express a total lack of knowledge about something:

  ¡No tengo ni idea! (I have no idea!)
  ¡Ni idea! (No idea!)

  ● *Oye, ¿cuántos megabites de memoria tiene tu computadora?*
  ○ *¡Ni idea!*

Información para la actividad 16–15
La actividad trata de promover el uso de las expresiones exclamativas que son el foco de la sección Estrategias. Al mismo tiempo, introduce artefactos culturales que dan pie a hablar sobre el país meta (Uruguay) y algunos de sus rasgos culturales: el fútbol, la artesanía, el mate, el carnaval, el arte. En el ejemplo aparece además la duplicación del objeto directo, una función muy usual en el español conversacional. Pida a los estudiantes que usen pronombres para referirse a los objetos.

Sugerencias/expansión para la actividad 16–15
Para trabajar más con la duplicación del objeto directo, puede hacer una actividad con toda la clase donde usted haga preguntas a los estudiantes de modo que la respuesta incluya la duplicación (ej.: ¿Dónde compraste el cuadro? *El cuadro lo compré* en una tienda de arte.)

 16–15 **Las compras en Uruguay**

Uno de ustedes viajó a Uruguay y estuvo en Montevideo dos semanas. Compró muchos recuerdos del viaje para llevar a casa. Muéstrale a tu compañero/a las cosas que compraste. Fíjense en el modelo.

EJEMPLO:

E1: Compré esta estatua en una tienda de artesanía. Es **de cerámica** y está hecha a mano.
E2: ¿A mano? **¡No me digas!**
E1: Sí, a mano. Y era la última que había en la tienda.
E2: ¿Sí? **¡Qué suerte!**
E1: ¿Y el cuadro? **¿Lo** compraste en esa tienda también?
E2: No, **el cuadro lo** compré en el museo.

Tortugas de cerámica hechas a mano

Cuadro de Rubén Galloza, artista uruguayo

Póster del carnaval de Montevideo

Balón de fútbol

Mates

16–16 ¿Tienes…?

Vamos a hacer grupos de cuatro personas. Cada persona del grupo tiene que pedir tres cosas a otros/as compañeros/as de clase. Fíjense en el modelo. El juego termina cuando un grupo consigue reunir las 12 cosas.

ESTUDIANTE A

- un libro digital
- computadora con cámara
- un aparato para escuchar música en el autobús

ESTUDIANTE C

- una tarjeta de crédito sin límite
- un carro con navegador GPS
- algo para hacer café o té en tu cuarto

ESTUDIANTE B

- un teléfono móvil con acceso a Internet
- algo para grabar la voz
- un programa para editar video

ESTUDIANTE D

- una televisión con pantalla plana
- un despertador con música
- una radio digital

EJEMPLO:

E1: ¿Tienes un libro **que sea** digital?
E2: Lo siento, pero no tengo libros **que sean digitales**.
E1: ¡Qué lástima! ¿Y algo **que sirva** para grabar la voz?
E2: Sí, tengo un iPhone **que puede** grabar la voz.
E1: ¡Qué bien! Gracias.

 16–17 ¿Qué hay que inventar?

Inventen un objeto útil para cada uno de estos grupos de personas. Después compartan con la clase sus inventos.

Los despistados (*absent-minded*)   Los perezosos
Los tímidos   Los _____

EJEMPLO:

E1: Para los daltónicos, lápices de colores **que tengan** escrito el nombre de cada color.
E2: Sí, o **que digan** los colores cuando los tocas.

Ahora piensen en dos cosas que les gustaría tener pero todavía no se han inventado.

EJEMPLO:

Un aparato encuentracosas, que encuentre siempre las cosas que estoy buscando.

 16–18 Situaciones: *En la oficina de patentes*

A student has invented a _____. S/he is visiting the patent office to register her/his invention.

ESTUDIANTE A

You invented a _____. You are at the patent office to register your invention. Explain what it is, how it works, what its purpose is, what properties it has, and so on. Be very specific.

ESTUDIANTE B

You work at a the patent office. A student is in your office registering her/his invention. Ask questions related to its purpose, functioning, and properties. React to the inventor's explanations.

Información para la actividad 16–16

La actividad se centra en el uso de las cláusulas relativas con indicativo o subjuntivo. Pida a los estudiantes que usen el ejemplo para crear sus propias peticiones con cláusulas relativas, y que presten especial atención al contraste entre los dos modos cuando hagan peticiones (subjuntivo) y cuando digan si tienen (indicativo) o no tienen (subjuntivo) el objeto.

Información para la actividad 16–18

Fíjese en que la situación que se plantea requiere la puesta en práctica de las metas gramaticales y funcionales de la lección, por lo que resulta de gran utilidad para la integración de todos estos recursos. Por esta razón, ofrece un reto considerable para el estudiante. Deles tiempo para pensar en su invento y elaborar una descripción que contenga dichos recursos gramaticales y funcionales.

TAREA  Gente en acción

Diseñar una "casa inteligente"

PREPARACIÓN

Lean este texto. Después miren la casa y hagan una lista de los problemas que tiene esta familia. Añadan otros problemas que tiene la gente en su vida cotidiana.

¿Qué es la domótica?

Esta palabra viene del latín *domus*, que significa "casa". Es el conjunto de sistemas que automatizan una vivienda y que pueden ser de cuatro tipos: seguridad, ahorro de energía, bienestar y comunicación. Estos sistemas pueden estar integrados por medio de redes interiores y exteriores de comunicación, con cable o inalámbricos, y se pueden controlar desde dentro o fuera de la casa.

EJEMPLO:

Muchas veces no hay agua caliente en un baño porque otra persona está usando la ducha, por ejemplo.

Paso 1 Ahora completen el cuestionario de la página 281.

¿TIENE USTED UNA CASA INTELIGENTE? ¿LE GUSTARÍA TENERLA? RESPONDA A ESTE CUESTIONARIO.

SEGURIDAD

1. ¿Puede usted vigilar a su familia a cualquier hora y desde cualquier lugar? . . . . Sí ☐ No ☐
2. ¿Se encienden y apagan las luces cuando usted no está en casa, para dar
   la impresión de que hay alguien? . . . . Sí ☐ No ☐
3. ¿Tiene alarma de detección de incendios? . . . . Sí ☐ No ☐
4. ¿Se cierra y abren sus persianas de manera segura y puntual? . . . . .Sí ☐ No ☐
5. ¿Tiene cámaras fuera de su casa para ver quién está afuera? . . . . Sí ☐ No ☐

COMODIDAD

6. ¿Se encienden y se apagan las luces de su casa cuando va de un cuarto a otro? . . .Sí ☐ No ☐
7. ¿Se cierran y abren sus persianas en función de la luz solar? . . . . Sí ☐ No ☐
8. ¿Se regula la temperatura de sus cuartos de forma independiente? . . . . Sí ☐ No ☐
9. ¿Puede hacer funcionar su televisor, estéreo, etc., con la voz? . . . . Sí ☐ No ☐
10. ¿Puede dar órdenes a sus electrodomésticos por teléfono? . . . . .Sí ☐ No ☐

AHORRO DE ENERGÍA

11. ¿Se desconectan sus equipos en función del uso de energía? . . . . Sí ☐ No ☐
12. ¿Tiene aparatos que sólo funcionan en horas de tarifa reducida? . . . . Sí ☐ No ☐
13. ¿Usa usted energías renovables? . . . . Sí ☐ No ☐

COMUNICACIÓN

14. ¿Puede usted controlar equipos y aparatos por Internet? . . . . Sí ☐ No ☐
15. ¿Son sus controles inalámbricos? . . . . Sí ☐ No ☐

Paso 2 Elijan los seis problemas más importantes que aparecen en el cuestionario. Completen la tabla con problemas de cada categoría.

SEGURIDAD	COMODIDAD	AHORRO DE ENERGÍA	COMUNICACIÓN
1.	1.	1.	1.
2.	2.	2.	2.

Paso 3 Ustedes van a idear una casa "inteligente". Esta vivienda debe ser ecológica y cómoda, pero no muy cara. Solo puede tener seis innovaciones tecnológicas. Para cada problema que identificaron en el Paso 2, piensen en una tecnología que lo resuelva.

SEGURIDAD	COMODIDAD	AHORRO DE ENERGÍA	COMUNICACIÓN
1.	1.	1.	1.
2.	2.	2.	2.

Paso 4 Nuestra vivienda del futuro.
Presenten su proyecto a la clase explicando y justificando las seis innovaciones. La clase votará por la casa más "inteligente".

Paso 5 Foco lingüístico.

---| **AYUDA** |---

Es una máquina **para**...
Es una herramienta que **sirve para**...
Es un aparato **con el que se puede**...

Nuestra casa...
...tiene un sistema **con el que se puede**...
...tiene unos aparatos **que** sirven **para**...

NUESTRA GENTE

16-35 to
16-36

GENTE QUE LEE

ESTRATEGIAS PARA LEER

The journalistic text (news)

The news text attempts to answer all the basic questions about any particular event—who, what, when, where, and why. The structure of a news piece is sometimes called "inverted pyramid": it starts with key information and gives supporting information in subsequent paragraphs. News stories also meet at least one of these characteristics (relative to the intended audience): proximity, prominence, timeliness, human interest, oddity, or consequence.

Newspapers generally use an expository writing mode and style, but they can incorporate more or less objectivity and sensationalism. A piece of news should be intelligible to the vast majority of potential readers, as well as engaging and succinct. There is normally a headline or title of the story, a sub-headline (a sentence or several sentences near the title), and a first sentence, which normally tries to answer most or all of the five questions. This structure enables readers to stop reading at any point and still come up with the essence of a story.

ANTES DE LEER

16–19 Tecnología en el cine

En los años ochenta comenzó la era digital en el cine. ¿Conoces películas realizadas con técnicas digitales (con computadora)? ¿Cuáles de estas películas crees que son mejores desde el punto de vista tecnológico?

La guerra de las galaxias (1977)	*Terminator 2: Juicio final* (1991)	*The Day After Tomorrow* (2004)
Parque jurásico (1993)	*El señor de los anillos* (2001)	*The Matrix* (1999)
Titanic (1997)	*Forrest Gump* (1994)	*Avatar* (2009)

DESPUÉS DE LEER

16–20 ¿Comprendes?

1. ¿Dónde realizó Álvarez el cortometraje *Ataque de pánico*?
2. ¿Por qué las productoras de Hollywood estaban interesadas en Álvarez?
3. Según Álvarez, ¿cuáles son los tres requisitos para un cortometraje de calidad? ¿Cuál es el requisito más importante?
4. ¿En qué se inspiró Álvarez para realizar su cortometraje?
5. ¿Cuál será el tema de su próxima película? ¿Dónde se filmará?

16–21 Activando estrategias

1. Pronombres objeto. ¿Qué tipo de objeto son: directo o indirecto? ¿A qué o quién se refieren? "lo", "colgarlo", "preguntarle", "le" (p. 2); "manejarlas", comprándolo", "bajándolo" (p. 4).

2. Pronombres relativos: ¿A qué o quién se refieren estos relativos? "en los que", "con los que" (p. 3); "en el que", "lo que", "en los que" (p. 4); "en el que" (p. 6).

3. Expresiones referenciales: ¿A qué se refieren las expresiones "todas las demás" (p. 2), "a todo ello", (p. 4)?

4. ¿Qué significan las palabras "desembarca" (título) y "aterriza" (p.1); "colgó", "desechó" (p.2); "herramientas", "hilo" (p. 4)? Usa el diccionario. ¿Qué entradas debes buscar?

A LEER

DE MONTEVIDEO A HOLLYWOOD

*El uruguayo Federico Álvarez **desembarca** en Hollywood tras destruir Montevideo con robots gigantes*

Después de poner fin a la quietud y sosiego de Montevideo con un **cortometraje** sobre titánicos robots que aniquilan la ciudad, el novel director de cine uruguayo Federico Álvarez **aterriza** en Hollywood dispuesto a comandar una invasión alienígena de dimensiones millonarias.

A sus 31 años, este **montevideano** se ha convertido en el **cineasta** debutante mejor pagado por la industria de Hollywood, después de comprobar la excelencia técnica de *Ataque de pánico*, cortometraje que realizó con sólo 300 dólares y que se convirtió en un "boom" **en cuanto lo colgó** en YouTube. Dos semanas después de colgar**lo** en la red, empresarios de compañías como Dreamworks, Fox y Warner invitaron a Álvarez a Los Ángeles, para preguntar**le**: "Si hiciste esto con 300 dólares, ¿qué serías capaz de hacer con 40 millones?". **Sin embargo**, **en cuanto** el uruguayo escuchó la oferta de la productora de Sam Raimi, director de *Spiderman*, que **le** ofreció 40 millones de dólares para rodar una película de ciencia ficción, **desechó todas las demás**.

A los 8 años, este uruguayo ya filmaba a sus muñecos Playmobil con la cámara de video casera que su padre trajo de Europa, y a los 14 tenía su propio ordenador y sus primeros programas de animación, **en los que** "dibujaba con el ratón", recuerda. Cuando llegó a la universidad para estudiar comunicación, Álvarez ya había rodado y editado tanto que su única obsesión era disponer de equipos técnicos verdaderos **con los que** hacer realidad lo que florecía en su imaginación.

Según Álvarez, la calidad de su cortometraje fue posible porque dispuso de las **herramientas** técnicas necesarias, sabía cómo manejar**las** y contó con un **hilo** argumental (la destrucción de su ciudad natal). A su juicio, cualquiera puede cumplir esos tres requisitos: "Hoy todo el mundo tiene acceso al software, comprándo**lo** o bajándo**lo** de Internet". Aprender a usar esas herramientas también está al alcance de cualquiera[1], pues sólo hay que bajar las instrucciones de uso de la red. El tercer requisito quizá sea el más importante, **ya que** "montones de efectos especiales acumulados, si no hay un mínimo hilo narrativo, no tienen sentido", dice Álvarez. En su caso, la inspiración llegó tras ver un pequeño corto **en el que** unos robots destruían Ámsterdam. "Yo también quise generar la sensación de una historia extraordinaria que ocurre a la vuelta de la esquina"[2], dice. **A todo ello** se sumó su tendencia a "mirar el entorno, observar cómo arde el fuego o cómo se refleja la luz", **lo que** hizo posible el realismo de *Ataque de Pánico*, cuatro minutos de ficción **en los que** cualquier montevideano temblaría de miedo.

Para diseñar las explosiones de los edificios —todos emblemas de la ciudad, como el Palacio Salvo o el Palacio Legislativo— el cineasta se fijó en imágenes de guerras, **en particular** de la guerra de Irak. "La referencia no fue otra película, sino que fue la realidad", resalta.

Gracias a Hollywood, Álvarez volverá a rodar en Uruguay, aunque ahora un **largometraje** millonario, **en el que** adelanta que "no habrá más robots" pero sí una invasión alienígena.

[1]anyone's reach   [2]around the corner

---

5. Palabras compuestas o derivadas. ¿Cómo se han formado y qué significan estas palabras: "cortometraje" (p. 1); "montevideano", "cineasta" (p. 2), "largometraje" (p. 6).

6. Di el significado y función de estos conectores: "en cuanto", "sin embargo" (p. 2); "ya que" (p. 4); "en particular" (p. 5).

16–22 Expansión

1. ¿Piensas que la tecnología ha tenido un efecto positivo o negativo en el cine?

2. ¿Por qué crees que las películas con buenos efectos especiales tienen tanto éxito? ¿Crees que esto es lo más importante en una película?

---

2. "en los que" = los programas de animación; "con los que" = equipos técnicos; "en el que" = el corto; "lo que" = su tendencia a mirar el entorno, observar cómo arde el fuego o se refleja la luz; "en los que" = cuatro minutos de ficción; "en el que" = el largometraje.

3. "todas las demás" = ofertas; "a todo ello" = todo lo que se ha dicho en el párrafo.

4. "desembarca" = *to land, go ashore* (desembarcar, verbo); "aterriza" = *to land* (aterrizar, verbo); "colgó" = *uploaded* (colgar, verbo); "desechó" = *rejected* (desechar, verbo); "herramientas" = *tools* (herramienta, nombre), "hilo" = *thread, theme* (hilo, nombre).

5. "cortometraje" = *short film* (corto+metro+aje); "montevideano" = *person from Montevideo* (montevide+ano); "cineasta" = *filmmaker* (cine+asta); "largometraje" = *full-length or feature film* (largo+metro+aje).

6. "en cuanto" = *as soon as* (marca la secuencia de tiempo); , "sin embargo" = *however* (introduce un argumento opuesto); "ya que" = *since, because* (expresa la causa); "en particular" = *in particular* (especifica)

Información para la actividad 16–22

1. Puede considerar una discusión sobre muchas películas estadounidenses en comparación con las de otros países, donde los efectos especiales no son tan impresionantes, el costo que conlleva hacer películas con efectos, etc.

GENTE QUE ESCRIBE

16-37 to
16-38

ESTRATEGIAS PARA ESCRIBIR

Reviewing the vocabulary and grammar of your written work

Reviewing vocabulary means revising both the **forms** (gender and number issues, agreement, spelling) and the **meanings** of the words or expressions. Ask yourself the following questions:

a. Are words spelled correctly and with the right gender or number, if applicable?
b. Have I used any false cognates?
c. Have I tried to incorporate newly learned vocabulary and expressions?
d. Have I tried to "translate" complex ideas from English into Spanish? (Remember: simplification is often the solution.)
e. Are there repeated words? Could I use synonyms instead? Could I paraphrase instead?
f. Is my composition representative of the amount of vocabulary that I know?

When reviewing grammar, here are some questions you may ask yourself:

a. Does my composition represent a variety of grammatical structures?
b. Have I tried to include any new structures that have just been introduced in class?
c. Does every sentence have a conjugated verb? Are the verb forms correct?
d. Did I use more than one verb tense? Are they correct in their form and their intended use?
e. Have I checked the composition for agreement (gender and number) between articles and nouns, between nouns and all adjectives, and between subjects and verbs?
f. Am I sure that I have used direct and indirect object pronouns correctly?

MÁS ALLÁ DE LA FRASE

Expository writing (II): connectors for giving examples, restating ideas, generalizing, and specifying

Giving an example:	◆ *como* (like, such as) ◆ *como por ejemplo* (such as, for example) ◆ *como ejemplo* (as an example) ◆ *prueba de ello / esto* (proof of this) ◆ *para ilustrar esto* (to illustrate).
Restating:	◆ *o sea* (I mean; that is) ◆ *es decir* (that is); *en otras palabras* (in other words).
Generalizing:	◆ *en general* (generally) ◆ *generalmente* (generally).
Specifying:	◆ *en particular* (in particular) ◆ *(más) específicamente* (more specifically).

16–23 El mejor software del campus

Esta semana la revista en español necesita un artículo que describa los tres tipos de software más útiles para un estudiante que acaba de llegar (*just arrived*) a tu universidad o escuela. El artículo debe tener

- un título;
- una introducción que justifique la elección de este software; y
- tres párrafos que describan **qué necesita** un/a nuevo/a estudiante en materia de software, con una descripción de cada uno de los tipos de software (para qué sirve, cómo funciona, etc.).

Información para la actividad 16–23
El tema de redacción gira en torno a la tecnología necesaria o ideal para un estudiante. Además, con este tema se crea una necesidad de usar cláusulas relativas con subjuntivo, hablar de objetos (forma, función, partes, etc.), usar pronombres objeto y emplear la forma impersonal *se*. Guíe a los estudiantes mediante una lluvia de ideas preliminar (ej.: se necesita una buena computadora con la que puedas hacer todos tus trabajos).

COMPARACIONES

16–24 Ciencia en Uruguay

Lee estas dos noticias. ¿Cuál te parece más interesante? ¿Por qué?

> Julio Ángel Fernández, astrónomo uruguayo, redefinió en 2006 el concepto de "planeta". Como consecuencia de esta propuesta, el sistema solar está integrado por ocho planetas, ya que Plutón no integra la categoría.

> Tres doctores y tres ingenieros uruguayos compartieron con Al Gore el premio Nobel de la Paz en 2007 por su trabajo sobre el cambio climático. Ellos integran el Panel Intergubernamental de Cambio Climático (IPCC por sus siglas en inglés) junto a cientos de científicos de todo el mundo.

16–25 Premios Nobel de las ciencias

Hay solamente siete ganadores de un Nobel en Medicina o Química en Latinoamérica y España. Estos son dos de ellos. ¿Cuál les parece más interesante?

NOMBRE	DISCIPLINA	APORTACIÓN	AÑO	PAÍS
Mario Molina (1943–)	Química	Sus estudios sobre la química de la atmósfera, especialmente sobre la formación y descomposición del ozono, son fundamentales para la prevención del adelgazamiento de la capa de ozono.	1995	México
Severo Ochoa (1905–1993)	Medicina	Sus estudios en el campo de la biología molecular son decisivos para el desciframiento del código genético (ADN) de los seres humanos.	1959	España

AP/Wide World Photos

16–26 Más innovadores

Ordenen estos descubrimientos de más importante (1) a menos importante (4). Justifiquen sus opiniones.

Luis Miramontes	México	primera pastilla anticonceptiva	1951
Jacinto Convit	Venezuela	vacuna contra la lepra	1989
Manuel Elkin Patarroyo	Colombia	investigación para conseguir la vacuna sintética contra la malaria	hoy en día
Carlos Finlay	Cuba	identificación del mosquito que causa la fiebre amarilla	1881

CULTURA

Uruguay tiene unos 3,3 millones de habitantes, de los que aproximadamente 1,1 millones viven en Montevideo, la capital. Durante los años 70 y 80 unos 600.000 uruguayos emigraron a España, Italia, Argentina y Brasil. Unos cuantos miles llegaron a Estados Unidos. En las últimas dos décadas la emigración ha continuado. La población uruguaya o de ascendencia uruguaya en Estados Unidos es muy pequeña (unas 50.000 personas) y se ubica en Miami, Nueva Jersey y Washington, DC.

Información para la actividad 16–24

Se introduce el tema de la ciencia en los países de habla hispana con dos noticias sobre Uruguay como ejemplo de la actividad científica en este país.

En general, Latinoamérica, junto con África y Oceanía, es una las regiones del mundo que menos invierte en investigación científica (2% de la inversión mundial). Ninguno de los países destina más del 1% de su PIB a este asunto. El 80% de la inversión corresponde a México y Brasil. A pesar de los fondos escasos, la calidad de la ciencia desarrollada en los centros latinoamericanos ha mejorado de forma ostensible en los últimos cinco años. Así lo muestra el aumento del número de publicaciones científicas provenientes de Latinoamérica, que ha crecido más que en otras regiones del planeta y mucho más que la propia inversión en I+D (investigación y desarrollo).

Información para la actividad 16–25

Esta actividad tiene como foco la reflexión sobre el tema de la ciencia en Latinoamérica y España, usando algunos exponentes importantes en este terreno. Haga que los estudiantes establezcan comparaciones entre el estado de la ciencia en Estados Unidos y en Latinoamérica, y que piensen en las causas de la gran disparidad que se puede apreciar. Puede hacerles notar el hecho, por ejemplo, de que muchos de estos científicos de renombre se formaron y/o trabajaron en Estados Unidos. Es el caso de Severo Ochoa o Mario Molina.

 VOCABULARIO

Los materiales *(Materials)*

el algodón	*cotton*
el cartón	*cardboard*
el cobre	*copper*
el cristal, vidrio	*glass*
el cuero	*leather*
la lana	*wool*
la madera	*wood*
el metal	*metal*
el oro	*gold*
el plástico	*plastic*
la plata	*silver*
la seda	*silk*
la tela	*cloth*

Ciencia y tecnología *(Science and technology)*

la agenda electrónica	*electronic agenda*
el archivo	*file*
la batería, pila	*battery*
el/la biólogo/a	*biologist*
la cámara digital	*digital camera*
el/la científico/a	*scientist*
el/la computador/a	*computer,*
la computadora de bolsillo	*palmtop computer*
la computadora portátil	*laptop*
el descubrimiento	*discovery*
el disco compacto	*compact disc*
el DVD (reproductor de)	*DVD player*
la electricidad	*electricity*
el enchufe	*plug*
la energía	*energy*
el enlace	*link*
el escáner	*scanner*
la fotocopiadora	*copy machine*
la impresora	*printer*
la máquina	*machine*
la memoria	*memory*
el navegador	*browser*
el ordenador	*computer*
la pantalla	*screen*
el procesador de textos	*word processor*
el ratón	*computer mouse*
la red	*the Web*
el teclado	*keyboard*
el teléfono celular/móvil	*cell phone*
la vacuna	*vaccine*

Adjetivos para describir objetos y aparatos *(Adjectives describing objects and appliances)*

complicado/a	*complicated*
digitalizado/a	*digitized*
económico/a	*inexpensive*
eléctrico/a	*electric*
importado/a	*imported*
inalámbrico/a	*wireless*
lento/a	*slow*
ligero/a	*light*
pesado/a	*heavy*
práctico/a	*convenient, handy*
rápido/a	*fast*
roto/a	*broken*
silencioso/a	*quiet*

Verbos *(Verbs)*

apagar	*to turn off*
arreglar	*to repair, to fix*
averiarse	*to break down*
averiguar	*to find out*
avisar	*to warn, to inform*
bajar	*download*
descubrir	*to discover*
desenchufar	*to unplug*
digitalizar	*to digitize*
encender	*to turn on*
enchufar	*to plug in*
estropearse	*to get damaged, to break down*
funcionar	*to work (for a machine)*
fundirse	*to blow*
grabar	*to record*
inventar	*to invent*
llevar a cabo	*to carry out*
malograrse; averiarse	*to break down*
ocurrir	*to happen*
patentar	*to patent*
prender	*to turn on*
reparar	*to repair, to fix*
romperse	*to break*
subir	*upload*
superar	*to surpass, excel*

CONSULTORIO GRAMATICAL

1 Describing Objects

When describing something, we attach certain qualities or properties to a noun. There are many grammar structures that we can use after the noun:

Una maleta	**pequeña** (*small*)	(ADJECTIVE)
(*A suitcase*)	**negra** (*black*)	

sin ruedas (*without wheels*)
de tela (*made of cloth*)
con cerradura (*with a lock*)   } (PREPOSITION + NOUN)
para una muchacha joven (*for a young woman*)

para viajar (*for traveling*)   (PREPOSITION + INFINITIVE)

We can also use a relative pronoun that introduces a relative clause. The relative clause has the same function as the three structures above (to describe something):

Es una maleta **que no tiene ruedas** = Es una maleta sin ruedas (QUE + *CONJUGATED VERB*)
Es una maleta **que pesa muy poco** = Es un maleta ligera.

To describe shape and material

un objeto / una figura	ADJECTIVE		DE + NOUN
	largo/a (*long*)		tela (*cloth*)
	corto/a (*short*)		cuero (*leather*)
	cuadrado/a (*square*)	**de** (*made of*)	plástico (*plastic*)
	redondo/a (*round*)		madera (*wood*)
	rectangular (*rectangular*)		cristal (*crystal*)
	plano/a (*flat*)		papel (*paper*)

To describe parts and components

una maleta **sin** ruedas (=que no tiene ruedas)   una teléfono **con** pantalla (=que tiene pantalla)
a suitcase **without** wheels   a telephone **with** a screen

To describe the purpose

Es un aparato que **sirve para** medir la temperatura.   Son unos aparatos **sin los que** no podríamos trabajar.
It's a device **used for** measuring temperature.   They are devices **without which** we would not be able to work.

Es un aparato **con el que** se puede hacer café.   Son unas televisiones **a las que** les puedes conectar un iPod.
It's a device **with which** one can make coffee.   They are televisions **to which** you can connect an iPod.

Es una cosa **en la que** se puede poner mantequilla.
It's something **in which** one can put butter.

To describe the operation

Se enchufa. (*You can plug it in.*)
Se abre solo/a. (*It opens automatically.*)
Lleva pilas. (*It works with batteries.*)
Funciona con... (*It works with...*)
      ...gasolina. (*gas.*)
      ...energía solar. (*solar energy.*)

To describe the properties

(No) se puede...   { ...mojar (*get wet*).
                     ...doblar (*bend*).
                     ...usar en el carro.

Es una cosa con la que puedes
hablar con otras personas.
Es de plástico y puede ser de
muchos colores.

¡Un teléfono!

2 Impersonal Se

Impersonal sentences are those that have no explicit subject. The Spanish language has several ways to present information without making the subject explicit. One of them is the use of the pronoun **se** *followed by a verb. The verb is always in the third person singular, except when it is followed by a complement that is plural and is not introduced by a preposition.*

En España **se investiga** sobre fuentes alternativas
de energía. (SE + third-person singular)
In Spain, **research is conducted** *about alternative
sources of energy.*

Se necesita mucho dinero para hacer investigación.
(SE + third-person singular)
A lot of money **is needed** *to conduct research.*

Hoy día **se hacen** muchos teléfonos celulares en
China. (SE + third-person plural)
Today many cell phones **are made** *in China.*

> Se enchufa y se
> aprieta el botón
> verde.
>
> ¿Y ya
> está?
>
> Sí, se enciende
> automáticamente.

- ¿Cómo funciona este teléfono?
- Muy fácil: **se abre, se aprieta** la
  tecla verde y **se marca** el número.

—*How does this phone work?*
—*Very easy: you open it, press the
green key, and dial the number.*

> **¡ATENCIÓN!**
>
> *In Spanish, if reflexive verbs are used, then the impersonal* **se** *is avoided so that it is not repeated. Other impersonal constructions, such as TÚ or UNO/UNA, are used.*
>
> - ¿Y cómo es la vida en la escuela?
> - Bueno, durante la semana, **uno se levanta** temprano para ir a clase.
>
>

(tú) te levantas

3 Direct and Indirect Object Pronouns

We already know that there are two types of object (not subject) pronouns: indirect and direct.

Subject pronouns	Direct object pronouns	Indirect object pronouns
yo	me	me
tú	te	te
nosotros/as	nos	nos
vosotros/as (third person)	os	os
él, usted	lo	le
ella, usted	la	le
ellos, ustedes	los	les
ellas, ustedes	las	les

*The third-person indirect object pronouns (**le** and **les**) usually refer to people.*

Tengo que enviar una copia de este diseño a Juan = **Le** tengo que enviar una copia.
*I have to send a copy of this design to Juan. I have to send **him** a copy.*

*The third-person direct object pronouns (**lo, la, los**, and **las**) can refer to people or things.*

- ¿Dónde compraste esa computadora? Es muy buena.
- **La** compré en Circuit One.

—*Where did you buy that computer? It is very good.*
—*I bought **it** at Circuit One.*

- ¿Y esos CDs?
- **Los** venden en Circuit One también.

—*And those CDs?*
—*They sell **them** in Circuit One as well.*

> **¡ATENCIÓN!**
>
> *Remember that direct objects that are human usually require the preposition* **a**.
>
> - ¿Conoces **a** ese ingeniero?
> - No, no **lo** conozco.
>
> —¿Conoces **a** estos doctores?
> —No, no **los** conozco.

When we use two object pronouns (direct and indirect) in a sentence, the order in which they are positioned is as follows: the indirect object is placed before the direct object pronoun. If both are third person pronouns, the indirect object pronoun le becomes **se**.

- ● ¿Te dieron un premio?
- ○ Sí, **me lo** dieron la semana pasada.

—Did they give you an award?
—Yes, they gave **it to me** last week.

- ● ¿A Juan le dieron un premio?
- ○ Sí, **se** (=le) **lo** dieron la semana pasada.

—Did they give an award to Juan?
—Yes, they gave **it to him** last week.

When a direct or indirect object has already been mentioned in a conversation, it is normally positioned at the beginning of the sentence, before the verb. When the direct object itself is brought to the front of the sentence, we must also use the direct object pronoun. This is called duplication.

- ● ¿Qué quieres hacer con estos libros y esos CDs?
- ○ **Los libros los** voy a regalar y **los discos los** voy a guardar.

—What do you want to do with these books and those CDs?
—I'm going to give **the books** away, and I'm going to keep **the CDs**.

When the indirect object itself is brought to the front of the sentence, the indirect object pronoun follows.

A Jaime le di los libros y **a María le** envié los CDs.
*I gave the books **to Jaime**, and I sent the CDs **to María**.*

4 Subjunctive versus Indicative in Relative Clauses

As we studied in Lección 15, the subjunctive mode is used in subordinate clauses with different functions. In this lesson, we will concentrate on relative clauses (clauses that have the same function as an adjective).

When the relative clause describes people that we know personally, or specific things that we know exist, we use the indicative mode.

Es una maleta **que tiene** ruedas.
*It is a suitcase **that has** wheels.*

Tengo una computadora **que tiene** mucha memoria.
*I have a computer **that has** a lot of memory.*

Es un artista **que diseña** cosas muy prácticas.
*S/he is an artist **who designs** many practical things.*

We use the subjunctive mode, however, to talk about the characteristics of unknown, unspecified, or hypothetical people or things.

Quiero comprar una maleta **que tenga** ruedas.
I want to buy a suitcase with wheels.

Necesito una computadora **que tenga** mucha memoria.
I need a computer with a lot of memory.

¿Conoces a algún artista uruguayo **que diseñe** cosas prácticas?
*Do you know an Uruguayan artist **who designs** practical things?*

5 Relative Clauses with Prepositions

Relative pronouns require a preposition (**de, con, en, a, por, para**, etc.) when they relate to any other part of the sentence that originally had a preposition.

Es una maleta **con la que** viajo mucho. (= Viajo mucho **con** esta maleta.)
*It's a suitcase **with which** I travel a lot. (=I travel a lot with this suitcase.)*

In cases like those described above, the definite article is required and there is always agreement in gender and number with the noun.

Es una una computadora **con la que** puedo acceder a Internet.
Necesito una computadora **con la que** pueda acceder a Internet.
Tenemos unas computadoras **con las que** se puede acceder a Internet.
Necesitamos unas computadoras **con las que** se pueda acceder a Internet.

*It's a computer **with which** I can access the Internet.*
*I need a computer **with which** I can access the Internet.*
*We have computers **with which** the Internet can be accessed.*
*We need computers **with which** the Internet can be accessed.*

Información para la actividad 17–1

La actividad ofrece un primer acercamiento a Bolivia y al tema general de esta lección: la narración. Se presenta información referida al pasado histórico de este país, con verbos en imperfecto ya que se trata de información descriptiva; es decir, datos sobre la situación de Bolivia en el pasado, no sobre eventos ocurridos en momentos específicos.

La República de Bolivia está situada en el corazón de América del Sur. La población boliviana es de 8.274.325 habitantes, de los cuales aproximadamente 55% son indígenas.

Las ruinas de la misteriosa y monumental ciudad de Tiahuanaco se encuentran a pocos kilómetros del lago Titicaca. Aunque en apariencia parece estar en el fin del mundo, sin ningún contacto con el exterior, el lugar se convirtió en el asiento de una poderosa y antiquísima cultura, aparentemente marítima. Los incas conquistaron el territorio en el siglo XIII.

Originalmente, Sucre se llamaba Ciudad de la Plata pero en 1839 se le dio el nombre de Sucre en honor al líder revolucionario Antonio José de Sucre.

En el período 1809–1825, Bolivia lucha por su independencia, que consigue en 1825 gracias a Simón Bolívar.

La Paz es la capital administrativa de Bolivia y forma el núcleo urbano más poblado de Bolivia. Sucre es la capital constitucional de Bolivia y sede de la Corte Suprema de Justicia.

Sugerencias/expansión para la actividad 17–1

Aunque la sección Acercamientos no tiene como objetivo el trabajo con la gramática, sino la exploración temática, es

17–1 Bolivia en la historia

¿Qué sabes de Bolivia? Describe las fotos y di qué te sugieren. Luego lee los datos sobre Bolivia en diferentes puntos de su historia y escribe cuatro frases en que se contrasten los datos.

EJEMPLO:

En 1850 la capital de Bolivia era Sucre, pero desde 1900 es La Paz.

1. Hace 12.000 años	el territorio de Bolivia ya estaba habitado.
2. Antes del siglo XIII	había culturas preincaicas como la de Tiahuanaco.
3. En el siglo XIII	Bolivia era parte del imperio incaico.
4. En el siglo XVI	Bolivia era parte del imperio español.
5. En 1809	Bolivia no era una nación independiente.
6. En 1850	la capital era Sucre. Bolivia era una nación independiente
7. Desde 1900	la capital es La Paz.
8. Hoy día	Bolivia es una nación independiente La Paz y Sucre son las capitales

☑ TAREA

Escribir el final de un relato de misterio.

NUESTRA GENTE

Bolivia
Hispanos/latinos en Estados Unidos

Tiahuanaco, Bolivia

La Paz, Bolivia

Sucre, Bolivia

ACERCAMIENTOS

17–2 Bolivia en la historia (II)

¿Sabías estas cosas sobre Bolivia?

1. La Cultura de Tiahuanaco se desarrollócerca del lago Titicaca.

2. Diego de Almagrollegó al actual territorio de Bolivia en 1535. Fue el primer europeo en pisar territorio boliviano.

3. La ciudad de Potosí fue la mayor productora deplata del mundo en el siglo XVII.

4. Bolivia se declaróindependiente el 6 de agosto de 1825 con el nombre de República de Bolivia, en honor a Simón Bolívar, quienfuesu primer presidente.

5. Entre 1964 y 1982 Bolivia tuvomuchosgobiernosmilitares.

6. En 2006 ganólaseleccionespresidencialesEvo Morales, el actual presidente de Bolivia.

Antiguos indígenas bolivianos

Potosí, Casa de la moneda

EJEMPLO:

No sabía que Almagro fue el primer europeo que llegó a Bolivia.

17–3 Tu país en la historia

Escribe tres frases como las de 17–1 y tres frases como las de 17–2 referidas a tu país. Después comparte esta información con la clase. ¿Lo sabían?

1. Antes del siglo XIII...

2. En el siglo XVI...

3. En _____...

4. En...

5.

6.

VOCABULARIO EN CONTEXTO

17-01 to
17-04

17-4 Una caso misterioso

El martes 13 de abril a las cuatro de la tarde todo parecía normal en el Hotel Presidente de La Paz, Bolivia. Sin embargo, unas horas después, sucedió algo muy extraño: una famosa modelo desapareció de forma misteriosa. Observen a los once personajes que están en el vestíbulo del hotel y lean las once frases. Luego escriban en el cuadro quién creen que dijo cada cosa.

Valerio Pujante "Dejé de fumar el mes pasado".	"Yo viajo mucho. El mes pasado, por ejemplo, estuve en Santiago, en Nueva York y en Madrid".
"Tuve un accidente automovilístico la semana pasada. Por suerte, no fue muy grave".	"Ayer llevé en carro a Laura al club de tenis".
"Ayer llegué con dos de mis hombres a La Paz a una reunión de negocios".	"Ayer llegó un grupo muy grande de turistas y hoy tenemos mucho trabajo".
"Sí, ayer gané".	"Ayer tuve un desfile de moda y hoy tengo una sesión de fotos para *Cosmopolita*".
"El año pasado estuve varias veces en este hotel. Cada año vengo a La Paz en verano y hago entrevistas a los ricos y famosos que pasan sus vacaciones acá".	"Anteayer me llamó el jefe y me dijo que tenía un trabajo para mí, algo fácil y limpio".
"Soy viuda desde el mes pasado".	

HOTEL PRESIDENTE,
MARTES 13 DE ABRIL A LAS 4 DE LA TARDE

EJEMPLO:

E1: "Soy viuda desde el mes pasado".
E2: Eso lo dijo Sonia Vito. En la imagen está vestida de negro.

17-5 Misterio en el Hotel Presidente

Lean este artículo de periódico. Después escriban qué relación tienen los personajes mencionados en el artículo con la modelo desaparecida.

EL PLANETA   Miércoles 14 de abril

Misteriosa desaparición de la "top model" Cristina Rico en un lujoso hotel de La Paz

La Paz / EL PLANETA

Según fuentes bien informadas, la policía no dispone todavía de ninguna pista ni realizó ninguna detención. El inspector Palomares, responsable del caso, declaró que piensa interrogar a clientes y personal del hotel, en busca de alguna pista que aclare el paradero de la modelo.

A la 1h de esta madrugada pasada, el chofer y guardaespaldas de Cristina Rico, Valerio Pujante, avisó a la policía de la misteriosa desaparición de la famosísima "top model" boliviana. Valerio Pujante, de

La modelo Cristina Rico

nacionalidad chilena, la estuvo esperando en la recepción del hotel donde ésta se alojaba. La modelo le había dicho que iba a cenar con un amigo y que iba a salir del hotel a las diez y media de la noche. A las once y media la modelo todavía no había salido de su cuarto y por eso la llamó desde la recepción. Nadie respondió. En ese momento decidió avisar a la dirección del hotel. Después de comprobar que no estaba en su habitación, el director comunicó la extraña desaparición a la policía.

Últimamente Cristina Rico se ha convertido en una de las más cotizadas modelos bolivianas. El mes pasado firmó un contrato millonario con la firma de cosméticos "Bellísima". También fue noticia en los últimos meses por su relación con

Santiago Puértolas, banquero y propietario de la revista 15 segundos y otras revistas del corazón. El conocido hombre de negocios también se encontraba en el hotel la noche de la desaparición.

La agente de la modelo, Sonia Vito, declaró a este periódico: "Es muy extraño. Todo el mundo la quiere. Estamos muy preocupados".

También se aloja en el hotel la tenista Laura Toledo, íntima amiga de la modelo, acompañada por su novio y entrenador, el peruano Carlos Rosales. Laura Toledo declaró que estaba consternada y que no podía encontrar ninguna explicación a la misteriosa desaparición de su amiga. Probablemente la tenista sea la última persona que vio a Cristina, ya que estuvo con ella hasta las diez de la noche en su cuarto.

La popular Clara Blanchart, periodista de la revista 15 Segundos, comentó que la noche de la desaparición también vieron en el hotel al conocido hombre de negocios Enrique Ramírez, que fuentes bien informadas vinculan a una mafia que actúa en el área.

---

1. Valerio Pujante: _____
2. Santiago Puértolas: _____
3. Sonia Vito: _____
4. Laura Toledo: _____
5. Carlos Rosales: _____
6. Clara Blanchart: _____
7. Enrique Ramírez: _____

 17-6 Conversaciones telefónicas

Ahora escuchen las conversaciones telefónicas. ¿Quiénes hablan? Completen el cuadro con sus hipótesis.

	Creo que son...	Creo que están hablando de...	Quizá...
CONVERSACIÓN 1			
CONVERSACIÓN 2			
CONVERSACIÓN 3			

Información para la actividad 17–7
La actividad se centra en el uso del imperfecto y del pluscuamperfecto en la narración. Además introduce a un nuevo personaje: el inspector Palomares que investiga el caso. El *input* escrito es una narración donde aparecen solamente acontecimientos o acciones puntuales (se acostó, sonó, se levantó, se vistió, salió, buscó, etc.). Haga notar a los estudiantes cómo en esta narración la historia avanza debido al exclusivo uso del pretérito.

En parejas, los estudiantes incorporan primero las seis circunstancias que aparecen en la lista. Finalmente, pídales que incorporen los eventos anteriores. Es importante que recuerde a los grupos el valor de los conectores de discurso para redactar este tipo de textos narrativos.

Respuesta (sugerida) para la actividad 17–7
Aquella noche el inspector Palomares se acostó temprano porque __estaba cansado__ y __había tenido un día agotador__. A las 7 de la mañana sonó el teléfono. __El sol ya había salido__. Como siempre: una llamada urgente de la comisaría y un nuevo caso. __Una modelo famosa había desaparecido la noche anterior en el Hotel Presidente__. Se levantó, se vistió y tomó un café rápidamente. Salió inmediatamente a la calle y buscó su viejo carro. __Afortunadamente el día antes lo había estacionado cerca de su casa__. __A esa hora no había mucho tráfico__, así que a las 7.30 llegó al Hotel Presidente de La Paz. Parqueó el carro y fue al mostrador de recepción. __La prensa ya estaba allá__. El director, Cayetano Laínez, lo recibió inmediatamente. __No quería perder tiempo__, así que Palomares fue directo al grano:
—¿Sospecha de alguien?— preguntó Palomares.
—No —respondió el director—, en absoluto.
—¿Cuándo se enteró usted de la desaparición de Cristina Rico?
—A las doce. A las doce de la noche. El chofer vino a verme y me lo explicó. __Yo estaba en el restaurante__.
—¿Habló usted con alguien más?
—Anoche, no. Esta mañana hablé con el recepcionista del hotel.
—Muy bien. Quiero interrogar a todo el personal.

📖 GRAMÁTICA EN CONTEXTO

17-05 to 17-27

👥 17–7 Aquella noche...

En este relato de misterio solamente aparecen acciones (en **pretérito**), pero no las circunstancias en que sucedieron. Escriban otra vez el relato incluyendo las cinco circunstancias donde sea conveniente. Añadan conectores (*y, pero, entonces, así que...*) si es necesario.

> 1
>
> Aquella noche ↘ el inspector Palomares se acostó temprano.   A las 7h de la mañana sonó el teléfono. Como siempre: una llamada urgente de la comisaría y un nuevo caso. Se levantó, se vistió y tomó un café rápidamente. Salió inmediatamente a la calle y buscó su viejo carro. A las 7.30 llegó al Hotel Presidente de La Paz. Estacionó el carro y fue al mostrador de recepción. El director, Cayetano Laínez, lo recibió inmediatamente. Palomares fue directo al grano:
> —¿Sospecha de alguien? —preguntó Palomares.
> —No —respondió el director—, en absoluto.
> —¿Cuándo se enteró usted de la desaparición de Cristina Rico?
> —A las doce. A las doce de la noche. El chofer vino a verme y me lo explicó.
> —¿Habló usted con alguien más?
> —Anoche, no. Esta mañana hablé con el recepcionista   del hotel.
> —Muy bien. Quiero interrogar a todo el personal.

CIRCUNSTANCIAS

1. **Estaba** cansado.
2. La prensa ya **estaba** allá.
3. A esa hora no **había** mucho tráfico.
4. No **quería** perder tiempo.
5. Yo **estaba** en el restaurante.

Ahora añadan al relato que han escrito estos cuatro eventos anteriores. Incluyan también expresiones temporales cuando sea necesario (*la noche antes, el día anterior...*).

1. El sol ya **había salido.**
2. **Había tenido** un día agotador.
3. Una modelo famosa **había desaparecido** en el hotel Presidente.
4. Afortunadamente, lo **había estacionado** cerca de la casa.

👥 17–8 Errores

Un periódico sensacionalista publicó la historia de la desaparición de Cristina Rico, pero hay mucha información incorrecta: ocho errores. Hagan las correcciones necesarias. Luego comparen sus correcciones con las del resto de la clase.

EL PLANETA   Miércoles 14 de abril

Desaparición de famosa modelo

Cristina Rico, una modelo chilena, desapareció anoche del hotel Florida Park. El director del hotel avisó a la policía de la desaparición de Cristina. Cristina es novia del famoso Pablo | García Cano. Su hermana, la tenista Laura Toledo y su novio venezolano, Leonardo Oliveira, la vieron por última vez a las 12 de la noche.

EJEMPLO:

E1: Dice que Cristina Rico es chilena.
E2: Sí, pero no es chilena, **sino** boliviana.

PRETÉRITO VS. IMPERFECTO

El PRETÉRITO
expresa acciones y eventos pasados.

El IMPERFECTO
- evoca las circunstancias que rodean una acción o un evento en el pasado;
- describe lugares, gente, costumbres, ideas u opiniones pasadas.

Estaba cansado y se acostó pronto. (causa–efecto)

Salió a la calle. **Eran las nueve** de la mañana. (contexto temporal)

Cuando se levantó, **hacía** sol.

Yo **pensaba** que Bolivia **tenía** mar.

> Yo pensaba que el español era muy difícil.
>
> Sí, pero es fácil.

PLUSCUAMPERFECTO

había		
habías		estado
había	+	ido
habíamos		dicho
habíais		
habían		

El PLUSCUAMPERFECTO
- expresa acciones, circunstancias o eventos pasados, anteriores a otros.

La noche anterior **había dormido** poco y se acostó pronto.

Cuando se levantó, ya **había salido** el sol.

> Estaba muy cansado y me acosté a las 9 de la noche.
>
> ¿A las 9?
>
> Sí, es que me había levantado a las 5 de la mañana.

ESTAR + GERUNDIO

ESTABA + GERUNDIO

Expresa una acción en progreso que sirve de contexto para otra que sucede al mismo tiempo.

Estábamos dando un paseo cuando vimos a Carmen.

ESTUVE + GERUNDIO

Expresa una acción en progreso que ocurre durante un tiempo específico.

Estuvo estudiando toda la tarde.

> ¿Por qué no viniste al partido?

> No pude. Estuve estudiando todo el día para un examen.

PERO / SINO

NO... SINO

corrige informaciones erróneas. Añade datos contrapuestos.

No fue el domingo **sino** el lunes.
No estuvo en mi casa **sino** en la de Ana.

> No querían pizza con pollo sino con salchicha.

> Lo siento. Me equivoqué.

NO... PERO

corrige informaciones erróneas. Añade datos adicionales no contrapuestos.

No estuvo en mi casa **pero** me llamó por teléfono.

🎙️ 17–9 ¿Qué hizo Cristina el martes?

El inspector Palomares está investigando qué hizo Cristina Rico el martes 13. En la habitación de la modelo encontró estas pistas. ¿Pueden ayudarlo? Completen el cuaderno de notas del inspector escribiendo frases relacionadas a partir de las primeras frases que aparecen en el cuaderno.

ABRIL - APRIL - AVRIL - APRIL

12 Lunes Monday Lundi Montag	**13** Martes Tuesday Mardi Dienstag	**14** Miércoles Wednesday Mercredi Mittwoch

SEMANA WEEK SEMAINE WOCHE ▶ 15

13:
8h: Desayuno con Clara
9h: Gimnasio
10h: Fotos para Ella
1h: Peluquería
2h: Masaje

3h: Comida con Sonia- Arabella
5h: Clase de golf

EL MARTES A LAS 5 DE LA TARDE FUE A CLASE DE GOLF
Dos horas antes había comido con Sonia en Arabella.

_____
_____
_____
_____
_____
_____

🔊 17–10 Coartadas

Escucha a Laura Toledo y Carlos Rosales. ¿Tienen buenas coartadas?

LAURA   ¿Qué **estuvo haciendo**?
         ¿Qué **estaba haciendo** cuando tocaron la puerta de su cuarto?

CARLOS   ¿Qué **estuvo haciendo**?
         ¿Qué **estaba haciendo** cuando lo vio alguien de la recepción?

🎙️ 17–11 Su coartada

Hagan estas preguntas a su compañero/a para ver si tienen una buena coartada. Después expliquen a la clase si creen que su compañero/a es sospechoso/a.

1. ¿Qué estabas haciendo a las 10 de la noche del martes?
2. ¿Qué estuviste haciendo el martes entre las 8 y las 12 de la noche?

EJEMPLO:

Jen es sospechosa porque el martes a las diez **estaba viendo** la tele, sola, en su cuarto.

INTERACCIONES

17-28 to
17-30

ESTRATEGIAS PARA LA COMUNICACIÓN ORAL

Some common expressions used in conversations (II)

- To let someone know about something (emphatic)
  ¿Sabes? (You know?)
  ¿Sabes qué? (You know what?)

  - *¿Adónde vamos: al cine o al teatro?*
  - *¿Sabes qué? Prefiero ir al cine. No me gusta mucho el teatro ¿sabes?*

- To talk about new information about events, people...
  ¿Sabes que...? (Do you know that...?)
  ¿Sabías que...? (Did you know that...?)

  - *¿Sabías que Juan se casó con Rosa?*
  - *No, no lo sabía. / ¡No, no tenía ni idea!*

- *To bring a related topic into the conversation.*
  A propósito... (By the way...)

  - *A propósito, ¿hablaste con Juan sobre la fiesta?*
  - *Sí, ya lo hice, no te preocupes.*

 17–12 ¿Sabías que…?

Lean los datos que su profesor/a les asignó. Compartan la información con su compañero/a.

EJEMPLO:

E1: ¿**Sabías que** la moneda de Bolivia se llama "boliviano"?
E2: No, **no tenía ni idea. A propósito,** ¿sabías tú que el país se llama Estado Plurinacional de Bolivia?
E2: No, **no lo sabía.**

ESTUDIANTE 1

Independencia	6 de agosto de 1825
Moneda	Boliviano
Lenguas oficiales	Español, quechua, aymara y guaraní
	La nueva constitución de 2009 reconoce además 37 lenguas originarias.
Ciudades	Potosí es la segunda ciudad más alta del mundo.
Ríos y lagos	
Río Amazonas	Es uno de los dos ríos más grandes del mundo (con el Nilo).
Lago Titicaca	Es el lago más grande del mundo por encima de 2.000 m de altura.

ESTUDIANTE 2

Nombre oficial	Estado Plurinacional de Bolivia
Datos históricos	
1836–1838	Formó parte de la Confederación Peruano-boliviana.
1883	Perdió definitivamente el departamento del Litoral (actual región de Antofagasta de Chile) y su salida al mar.
1982	Se restauró la democracia en Bolivia.
Población	Tiene unos 10,5 millones de habitantes.
	La población indígena constituye aproximadamente el 55% de la población, la población mestiza el 30%, y la población blanca el 15%.
Lema nacional	"La unión es la fuerza"

Información para la actividad 17–12

Se introducen en Estrategias para la comunicación tres expresiones más (se presentaron otras en la lección anterior). Pida a los estudiantes que usen éstas y otras expresiones de la lección anterior para mantener las conversaciones que se proponen en esta actividad y las siguientes.

Esta actividad utiliza información cultural sobre Bolivia como base del intercambio de información entre los estudiantes. Tras la actividad, comente con los estudiantes la información que han aprendido sobre Bolivia y reflexionen sobre la misma, comparando algunos de los datos con los datos de otros países latinoamericanos que se hayan estudiado recientemente o que conozcan bien.

17–13 ¡No me digas!

Cada uno de ustedes elige una caja y lee sólo la información de esa caja. Después cuenten a sus compañeros/as una anécdota basada en los elementos de la caja. Sus compañeros/as les harán preguntas.

> hace unos días
> en casa tranquilamente
> escuchar un ruido
> ver a unos ladrones en la casa de al lado
> llamar a la policía
> los ladrones escaparse
> estar asustado/a
> dos días antes un robo en la casa de al lado

> anoche
> en casa
> a punto de dormirse
> sonar el teléfono
> escuchar una voz extraña en otro idioma
> llamar dos veces más
> tener miedo
> una hora antes ver película de terror

> ayer por la tarde
> ir por la calle
> encontrar $1.000 en el suelo
> comprarse ropa, discos, libros
> invitar a cenar a un amigo
> la semana antes encontrar $100

> el verano pasado
> en carro por una carretera secundaria
> pararse el carro de repente
> ver un OVNI
> parar frente al carro
> bajar un ser muy extraño
> el año anterior un amigo visitar otro planeta

 17–14 Lo vi en las noticias

Cada uno de ustedes debe escribir dos noticias de la semana pasada. Después cuéntenle estas noticias a su compañero/a. Su compañero/a le va a hacer preguntas sobre las circunstancias que rodearon los eventos.

EJEMPLO:

E1: ¿**Sabes que** robaron un cuadro del Museo de Arte de La Paz?
E2: No, **no tenía ni idea**. ¿Cómo fue?
E1: Pues, parece que a las 4 de la mañana entraron dos hombres y...

 17–15 Situaciones: *Una novela/película interesantísima*

Two students have seen the movie/read the book _____, which tells an interesting story about _____. Another student has not seen/read it, but wants to know what it is about.

ESTUDIANTE A

You and your friend have read the book/seen the movie _____, which is a story about _____. Another friend wants to know what it is about. You tell the story, but you have very bad memory and give a lot of incorrect information.

ESTUDIANTE B

You and your friend have read the book/seen the movie _____, which is a story about _____. Another friend wants to know what it is about. Your friend starts telling the story but s/he has bad memory and gives a lot of incorrect information. You need to correct her/him.

ESTUDIANTE C

You have not seen/read _____ but are very interested in knowing about the story. Ask two friends about it.

Información para la actividad 17–13
La actividad requiere una integración de los tiempos verbales pasados y las formas progresivas (*estar + gerundio*) del pasado en una narración que los estudiantes deben crear a partir de los elementos dados.

Sugerencias/expansión para la actividad 17–13
Permita a sus estudiantes unos minutos para crear su historia. Decida si desea que la escriban o no.

Resultaría interesante que, tras una primera vuelta más guiada por la información en cada caja, los estudiantes preparasen nuevos "ingredientes" para otra serie de anécdotas igualmente imprevisibles. Usted debería recordar que esos ingredientes deberían responder a las siguientes preguntas: 1. ¿Quién? 2. ¿Qué? 3. ¿Cuándo? 4. ¿Dónde? 5. ¿Por qué?

Sugerencias/expansión para la actividad 17–14
En el ejemplo se ofrece una noticia ficticia. Sin embargo, usted puede optar por pedir a sus estudiantes que narren noticias reales extraídas de los medios de comunicación más accesibles en la comunidad, y no necesariamente relacionadas con Bolivia u otros países hispanohablantes.

Sugerencias/expansión para la actividad 17–15
Puede dar unos minutos para que los estudiantes puedan preparar un pequeño guión para el relato que van a exponer a su compañero.

Información para la Tarea

El producto final observable que requiere esta tarea es la creación y la redacción de un final para el relato de misterio que ha sido el hilo argumental de gran parte del capítulo: la desaparición de la modelo Cristina Rico. Recuerde a sus estudiantes que no hay un final "correcto" para esta historia, sino que hay múltiples posibilidades.

La fase de Preparación conlleva la audición de las cinco narraciones correspondientes a cinco personajes de la historia y la recogida de la información principal: *¿Qué?, ¿Dónde?, ¿Con quién?* y *¿Coartada?* Pase la grabación y realice la actividad de obtención de datos de cada uno de los personajes. Note que las dos primeras conversaciones son las mismas que escucharon en la actividad 17–10. Luego, pida a sus estudiantes que los comenten en pequeños grupos. A continuación, puede hacer que los comenten con toda la clase.

En el Paso 1, cada grupo, basándose en la información anterior y en lo que ya saben por fases anteriores de la lección, debe ordenar a los personajes de más a menos sospechosos.

El Paso 2 requiere la elaboración de ocho hipótesis (pequeñas narraciones) diferentes sobre lo que ocurrió. Después el grupo debe elegir las tres más convincentes.

Finalmente el Paso 3 requiere la elaboración del final del relato, una vez elegida la hipótesis más convincente para el grupo. Al final la clase votará por la mejor historia.

TAREA Gente en acción

Escribir el final de un relato de misterio.

🔊 PREPARACIÓN

¿Qué hicieron aquella noche?
Escucha y completa el cuadro con lo que hicieron aquella noche cada uno de los personajes siguientes.
¿Tienen buenas coartadas?

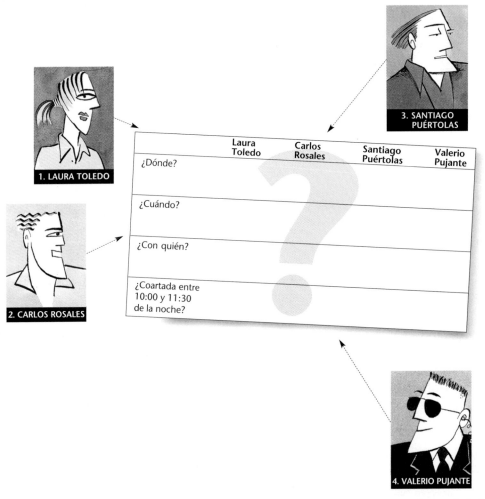

	Laura Toledo	Carlos Rosales	Santiago Puértolas	Valerio Pujante
¿Dónde?				
¿Cuándo?				
¿Con quién?				
¿Coartada entre 10:00 y 11:30 de la noche?				

1. LAURA TOLEDO
2. CARLOS ROSALES
3. SANTIAGO PUÉRTOLAS
4. VALERIO PUJANTE

Ahora hagan grupos de cuatro personas y comprueben que todos comprendieron la información de las audiciones.

Paso 1 Los sospechosos
Pongan a todas estas personas en orden, de más sospechosa a menos sospechosa. Decidan quiénes son sus tres principales sospechosos.

☐ Valerio Pujante ☐ Clara Blanchart ☐ Carlos Rosales

☐ Santiago Puértolas ☐ Pablo García Cano ☐ Juana Ferret

☐ Sonia Vito ☐ Laura Toledo ☐ Enrique Ramírez

...

Paso 2 Sus hipótesis

¿Por qué desapareció Cristina Rico del Hotel Presidente? Formulen hipótesis terminando estas frases.

☐ Cristina había decidido romper el contrato con los laboratorios Bellísima y…

☐ La tenista había descubierto que su novio estaba enamorado de Cristina y…

☐ La representante estaba enamorada de Santiago y…

☐ El chofer y ella habían decidido escaparse a una isla desierta y…

☐ Cristina estaba enamorada de…

☐ La mafia secuestró a Cristina para…

☐ Santiago y Clara querían matar a Cristina porque…

☐ Juana Ferret era la madre de Cristina pero…

¿Cuáles de las posibles explicaciones les parecen más lógicas? Elijan las tres explicaciones más convincentes.

Paso 3 ¿Qué pasó?

AYUDA
A mí **me parece que** …
No puede ser porque…
No fue… **sino**…
No estuvo en… **sino** en…
No cenó con… **sino** con…

¡Ya sé lo que pasó!

El inspector Palomares ya sabe lo que pasó. ¿Y ustedes? Revisen sus hipótesis anteriores y hagan una lista de todos los datos que tienen de ejercicios anteriores. Después escriban una historia contando lo que, en su opinión, sucedió.

Paso 4 Un/a representante de cada equipo presentará el relato a la clase. La clase votará cuál es el relato más convincente.

Paso 5 Foco lingüístico.

Información para la actividad 17–16
El cuento popular es una narración tradicional que se presenta en múltiples versiones, que coinciden en la estructura pero difieren en los detalles.

El cuento literario es el cuento concebido y trasmitido mediante la escritura. El autor suele ser un escritor conocido. Los cuentos cortos (microcuentos o microrrelatos) son narraciones concisas y de una gran intensidad expresiva.

El cuento corto o microcuento nace en la Argentina con Jorge Luis Borges. Julio Cortázar masificó el género con *Historias de Cronopios y de famas* haciéndolo famoso en Europa. Gabriel García Márquez y Juan Rulfo también escribieron cuentos.

Información para A leer
Víctor Montoya (1958–) nació en La Paz, Bolivia. Fue dirigente estudiantil hasta mediados de 1976, año en que la dictadura militar de Hugo Bánzer lo persiguió por sus actividades políticas. Como en todo país asolado por la dictadura y la violencia, fue sometido a tortura y encarcelado. 1977, gracias a Amnistía Internacional, fue llevado al aeropuerto de El Alto, desde donde llegó exiliado a Suecia. En Estocolmo, donde fijó su residencia, dictó lecciones de quechua y dirigió talleres de literatura infantil, cuyo producto culminó en la publicación del libro de texto *Cuentos de jóvenes y niños latinoamericanos* en Suecia, en 1985. Está considerado como uno de los mejores narradores latinoamericanos y como uno de los principales impulsores de la literatura boliviana moderna.

Respuestas para la actividad 17–17

1. *Viajó desde La Paz (Bolivia) hasta Estocolmo (Suecia) como refugiado político.*
2. *No comprendía el idioma sueco.*
3. *Le preguntaron para qué había ido a Suecia.*
4. *Vio el paisaje cubierto de nieve, las casas y cómo oscurecía a las 15:30.*
5. *Lo llevaron a un hotel donde estuvo descansando, viendo la tele y almorzando.*
6. *Lo llevaron a un campamento de refugiados donde aprendió la lengua del país, se acostumbró al clima y se enamoró.*

📖 NUESTRA GENTE

17-31 to 17-32

GENTE QUE LEE

ESTRATEGIAS PARA LEER

Reading a narration

Narration is a universal genre, and there are basic aspects shared by narratives in all languages. They usually begin with an orientation, where the setting of the story is presented (time and place) as well as the characters and their roles; then there is a story line (oftentimes with a problem and a resolution), and finally some sort of conclusion or reflection. When reading narrative texts, try to identify these elements. Narrations can be in the first person (the narrator is part of the story) or in the third person (the narrator is not usually part of the story). Also, make sure you understand the sequence of events. Look for time expressions (*el año siguiente, en esa época*, etc.), and time markers (*antes, durante*, etc.).

ANTES DE LEER

17–16 Cuentos

1. ¿Qué es un cuento? ¿Son los cuentos sólo para niños o también para adultos?
2. ¿Qué escritores famosos de cuentos para adultos conoces? ¿Conoces a alguno de estos escritores?

☐ Gabriel García Márquez (Colombia)   ☐ Juan Rulfo (México)

☐ Jorge Luis Borges (Argentina)   ☐ Julio Cortázar (Argentina)

DESPUÉS DE LEER

17–17 ¿Comprendes?

1. ¿Desde dónde hasta dónde viajó el protagonista/narrador de esta historia? ¿Por qué?
2. ¿Cuál fue el primer problema que tuvo el protagonista cuando comenzó su viaje?
3. ¿Qué le preguntaron los policías en el aeropuerto?
4. ¿Qué vio el protagonista cuando salió a la calle en el auto de la policía?
5. ¿A dónde lo llevaron primero? ¿Qué estuvo haciendo allí?
6. ¿A dónde lo llevaron después? ¿Qué hizo allí?

17–18 Activando estrategias

1. Identifica en el texto las tres partes de una narrativa (orientación, desarrollo y conclusión).
2. Revisa la lista de marcadores de tiempo de la sección Más allá de la frase. Luego subraya todos los que aparecen en el texto y explica su función.
3. Revisa la secuencia de eventos. ¿Hay un orden cronológico?
4. Usa las estrategias de vocabulario que conoces para averiguar el significado de las palabras en negrita. Explica qué estrategias usaste para cada una de ellas.

17–19 Expansión

1. ¿Qué es el país de las maravillas? Busca las referencias a la literatura infantil que aparecen en el texto y explícalas. ¿Por qué crees que el autor las usa?
2. ¿Qué opinión tiene el autor del país donde reside? ¿Es positiva o negativa? Da ejemplos.
3. Compartan sus impresiones sobre la primera vez que llegaron a un país extranjero o un lugar diferente de donde viven.

A LEER

EN EL PAÍS DE LAS MARAVILLAS POR VÍCTOR MONTOYA

El avión despegó como un pájaro gigante y se elevó al cielo, dejando atrás la tierra que me vio nacer. [...] La azafata, una muchacha hecha de marfil y sonrisa, me entregó una caja de comida y dijo algo que no entendí. Después hizo **ademanes** con las manos, como una muda que se dirige a un sordo, pero tampoco entendí. Entonces se volvió y desapareció en el compartimiento que estaba cerca de la puerta de acceso. Me quedé pensativo, avergonzado, al constatar que el idioma, aparte de ser un instrumento de comunicación, era también una barrera infranqueable. Cuando el avión aterrizó en el aeropuerto de Arlanda, tras muchas horas de viaje, salí con el **maletín** en la mano y avancé por un pasillo que me llevó hacia una cabina de control de pasaportes, donde me detuvieron dos policías que, tomándome por los brazos, me condujeron a un cuarto que parecía una oficina. [...] Me senté en la silla de enfrente, sujetando el maletín en la mano.

—¿A qué viniste a Suecia? —me preguntó en español, mientras miraba detenidamente el pasaporte.
—Vine a solicitar asilo político —contesté, mirándolo con la misma intensidad con que él miraba el pasaporte.

[...] Al final del interrogatorio, me hicieron firmar un formulario, imprimieron un sello rojo en el pasaporte y me sacaron rumbo a un garaje, donde estaba aparcado un auto de color azul, que tenía dos sirenas en el techo y una inscripción donde decía: "Polis". Me acomodé en el asiento **trasero**, y el auto, **a poco de** dar vueltas en un laberinto subterráneo, salió hacia un paisaje **blanquecino**, que era el más hermoso que jamás había visto en mi vida. Era invierno y el termómetro marcaba 15 grados bajo cero [...]. En el trayecto, a medida que iba contemplando los bosques y las casas que parecían **arrancadas** de los cuentos de hadas, cayó el manto de la noche a las 15 y 30 de la tarde. En ese instante pensé que el clima de Suecia, con su frío y su oscuridad, era distinto al clima de mi pueblo, donde el sol ardía en la franela azul del cielo y la tierra calentaba los pies.

El auto se detuvo delante de un hotel. En las calles había mujeres hermosas como Blancanieves y hombres enfundados en ropas que me recordaron a los esquimales de las tarjetas postales. Los policías, sin dirigirme la mirada ni la palabra, me bajaron del auto y me acompañaron hasta la oficina del hotel, donde hablaron con el administrador [...] quien, sonriéndome desde detrás del mostrador, me alcanzó las llaves de una habitación. Las paredes de la habitación estaban decoradas con una serie de cuadros y grabados, la cama lucía una sábana impecable, la repisa tenía televisor y teléfono, y el **ropero** era demasiado grande para lo poco que llevaba en el maletín. [...] Prendí el televisor a colores. [...] Estaban transmitiendo un programa culinario, donde dos hombres, vestidos con delantales impecables, preparaban una comida exótica; una visión que, por supuesto, me golpeó de inmediato; era la primera vez que veía a dos hombres en la cocina, manejando los instrumentos con habilidad y destreza.

[...] Cerca del mediodía, ya de pie, bien cambiado y peinado, esperé a los policías que, un día antes, me habían traído al hotel. Y, mientras miraba los copos de nieve que caían danzando a través de la ventana, escuché unos golpes en la puerta. Abrí y me enfrenté al hombre que me entregó las llaves de la habitación. Me saludó en un idioma desconocido, me tomó amigablemente por el brazo y me condujo hacia el restaurante, donde me enseñó una mesa llena de comidas y bebidas. Quedé **boquiabierto** y no supe qué hacer. El hombre del hotel, al verme abobado en medio de tanta comida, me miró a los ojos, se llevó una mano vacía a la altura de la boca, hizo un **ademán** como hacen las madres cuando dan de comer a sus hijos y me señaló la mesa con la otra mano. Después se volvió y se fue. [...] Me retiré hacia una mesa del fondo, desde donde pude observar a quienes comían en abundancia, mientras pensaba en lo injusto del mundo, donde pocos tienen todo y muchos nada. **A ratos**, no podía concebir cómo este país, ubicado en el techo del mundo, podía ser tan rico siendo tan pequeño. Era una verdadera sociedad de consumo, donde se arrojaban los restos de la comida en bolsas de plástico, con la misma facilidad con que se tiraban las ropas usadas, los muebles y los aparatos electrodomésticos.

Cuando volví a la habitación, encontré a los dos policías en la puerta. Uno de ellos [...] dijo: "**Alista** tus cosas". No pregunté por qué. Alisté mi maletín y salí del hotel junto a ellos. Afuera, el frío calaba hasta los huesos y el viento arrojaba puñados de nieve en la cara. El policía abrió la puerta del auto [...] cerró la puerta de un golpe y no volvió a decir palabra, hasta que llegamos a un campamento de refugiados [...] En el campamento de refugiados, que estaba a medio camino entre el infierno y el paraíso, volví a nacer de nuevo. Allí aprendí un nuevo idioma, me acostumbré a un nuevo clima y hasta me enamoré de una muchacha hermosa, cuya sonrisa amplia, tan amplia como la naturaleza sueca, me devolvió las esperanzas que tenía perdidas. Desde ese día han pasado muchos años y en el país de las maravillas han cambiado muchas cosas. Pero ésta es otra historia, que les contaré otro día.

Respuestas para la actividad 17–18

1. *La orientación está en el párrafo 1, hasta que el narrador-autor dice: "Vine a solicitar asilo político". Ahora sabemos dónde está y por qué. El desarrollo son los párrafos 2, 3, y 5. La conclusión es desde "En el campamento de refugiados..." hasta el final.*

2. *después (posterior), entonces (instantaneidad), tras (posterior), a poco de (posterior), a medida que (simultaneidad), en ese instante (simultaneidad), un día antes (anterioridad), mientras (simultaneidad), después (posterior), mientras (simultaneidad), hasta que (punto final), desde (punto inicial).*

3. *Sí hay un orden cronológico.*

4. ademanes = *gestures* (pistas contextuales, como *con las manos*); maletín = *briefcase* (de *maleta*); trasero = *back* (de *tras*); a poco de = *shortly after*; blanquecino = *whitish* (de *blanco*); arrancadas = *snatched away* (*arrancar*); ropero = *closet* (de *ropa*); boquiabierto = *speechless* (de *boca* y *abierto*); ademán = *gesture*; a ratos = *at times*; alista = *prepare* (*alistar*).

Información para la actividad 17–19

1. "El país de las maravillas" es Suecia, pero la expresión se basa en el cuento *Alicia en el País de las Maravillas*, una obra de literatura infantil. Algunas de las referencias que aparecen en el texto sobre la literatura infantil son los cuentos de hadas (p. 2) y las mujeres hermosas como Blancanieves (p. 3).

2. Más positiva. Habla del paisaje más hermoso que jamás había visto (p. 2), casas que parecen de cuentos de hadas (p. 2) y mujeres hermosas como Blancanieves (p. 3), pero también critica la sociedad de consumo (p. 4).

Información para la actividad 17–21
La reflexión cultural que se pretende con esta actividad gira el torno tanto al pasado indígena de Bolivia como a su presente, con un presidente indígena en el poder.

En 2005 Evo Morales obtuvo una mayoría absoluta del 53,74% de votos. El 21 de enero de 2006 Morales asistió a una ceremonia indígena en las montañas sagradas de las antiguas ruinas de Tiahuanaco, donde fue coronado "Apu Mallku" o líder supremo de los pueblos indígenas de Los Andes y recibió regalos de representantes de grupos indígenas de Latinoamérica y del mundo. Evo Morales pertenece a la etnia aymara, nació en el seno de una familia pobre, se declara admirador del ex presidente cubano Fidel Castro y de Hugo Chávez, presidente de Venezuela. Su ascenso al poder se debió a su habilidad para impulsar el movimiento cocalero, conformado por los cultivadores de hoja de coca del país. La nueva constitución de Bolivia del 2008 otorga más poderes al pueblo indígena, como una cuota de parlamentarios indígenas por circunscripciones, o la equiparación de la justicia indígena a un mismo nivel que la justicia ordinaria. Sin embargo, el documento ha sido motivo de numerosas protestas por parte de las regiones más ricas del país.

Información para Estrategias para escribir
Usted puede revisar el cuento de la sección Gente que lee y pedir a los estudiantes que identifiquen estas cinco características en el cuento.

GENTE QUE ESCRIBE

17-33 to 17-34

ESTRATEGIAS PARA ESCRIBIR

Writing a narrative

When writing a narrative in Spanish, keep these recommendations in mind:

1. Pay attention to the pacing of your narrative, so as to keep your readers interested. Pacing a narrative is the art of glossing over insignificant details while focusing on the significant ones.
2. Maintain a consistent point of view (first person or third person).
3. Include appropriate details in your text. Writers include enough pertinent details to make the event being described clear to their readers.
4. Pay attention to your use of preterit, imperfect, and pluperfect.
5. If possible, present your narrative in chronological order, and include enough discourse markers to make your story coherent and easy to follow.

17–20 ¿Cómo nació nuestra escuela?

Escribe un artículo sobre la historia de tu universidad o escuela. El artículo debe

- incluir una introducción u orientación;
- tener una parte central con un buen equilibrio entre descripción y acción;
- incluir un final, conclusión o reflexión.

MÁS ALLÁ DE LA FRASE

Narrative writing: Connectors of time used in narratives

REFERIDOS A UN TIEMPO POSTERIOR

luego, después	*then*
(inmediatamente) después (de)	*immediately after*
más tarde	*later*
enseguida	*right away, immediately*
a las/los ⎫ al cabo de ⎬ + cantidad de tiempo	*amount of time + later*
el/la + día / año / mes / semana + siguiente	*the following / next + day / week / year*
número + días / años / meses + después	*number + days / months / years later*
desde entonces	*since then*
desde ese / aquel momento / día / año	*since that moment/day*

REFERIDOS A UN TIEMPO ANTERIOR

antes (de)	*before, earlier*
número + día / año / semana / mes + antes	*number + day / month / year earlier*
el/la + día / año / semana / mes + antes	*the day / week / month before*

REFERIDOS A LA INSTANTANEIDAD

entonces	*then*
de repente / de pronto	*suddenly*
en ese / aquel momento / instante	*at that moment / instant*

REFERIDOS A LA SIMULTANEIDAD

mientras	*while*
entre tanto	*meanwhile*
al (mismo) tiempo	*at the same time*

COMPARACIONES

17–21 Bolivia: la unión del presente y el pasado

Lee estos dos textos sobre el actual presidente de Bolivia y sobre las ruinas de Tiahuanaco. ¿Cómo se relaciona la información de estos dos textos? ¿Qué crees que significó para la población indígena la elección de Morales?

Evo Morales, presidente de Bolivia

Evo Morales se convirtió en 2006 en el primer indígena en ocupar la presidencia de Bolivia. Morales nació en 1959 en una familia indígena aymara. En 1983 emigró a las selvas tropicales del oriente del país, donde tuvo una importante participación en el movimiento cocalero. Esto le llevó a la escena política. En 2002 se presentó como candidato a la presidencia de Bolivia, y para sorpresa de muchos quedó en segundo lugar. Tres años más tarde ganó las elecciones. Días antes de ser nombrado presidente, Evo Morales fue proclamado máxima autoridad indígena de Bolivia en una ceremonia mística dirigida por sacerdotes de todas las etnias del país y celebrada en el santuario precolombino de Tiahuanaco, a 71 kilómetros al oeste de La Paz. La proclamación de Morales congregó a cientos de periodistas de todo el mundo, que asistieron atónitos a su toma de posesión. Los indios aymaras bolivianos aclamaron al 65° presidente de Bolivia en una ceremonia a la que asistieron decenas de miles de personas.

Tiahuanaco

A 21 kilómetros del lago Titicaca, el mar interior más grande de la tierra, se encuentran los restos del que fue el primer gran conjunto ceremonial de las altas culturas andinas: Tiahuanaco. Tiahuanaco es un enigma más de cuantos componen la historia de las culturas de Los Andes, ya que existen múltiples teorías sobre su origen y desaparición. Arthur Posnansky, descubridor de las ruinas, consideró el emplazamiento como la cuna de la cultura americana, con una antigüedad superior a 14.000 años. Puede decirse que el florecimiento de esta cultura se sitúa entre los años 900 al 1200 de nuestra era.

17–22 El poder indígena en Bolivia

Comenten estas afirmaciones en relación con lo que han leído en 17–21.

1. El 55% de la población de Bolivia se declara indígena, pero los indígenas ganaron el derecho al voto en Bolivia hace sólo 50 años.

2. La planta de coca es la mayor fuente de ingresos y uno de los principales motores de la economía boliviana.

3. Bolivia es uno de los países más pobres de América del Sur, pero tiene la segunda mayor reserva de gas.

4. La Constitución de Bolivia de 2009 contiene todo un capítulo sobre los derechos de las naciones y pueblos indígenas originarios campesinos.

Ahora reflexionen sobre la situación en su país. ¿Incluye la Constitución a este segmento de la población? ¿Está bien representada la población indígena en la política?

CULTURA

La población de ascendencia u origen boliviano en Estados Unidos es pequeña: unas 80.000 personas. Los bolivianos, sobre todo de la clase media, han dejado su país mayoritariamente por razones políticas o económicas. El nivel educativo de los boliviano-americanos es alto y por ello forman un grupo cualificado que estudia en Estados Unidos u ocupa puestos en corporaciones o el gobierno. Su nivel de ingreso es más alto que el de otros grupos hispanos. Esta población se sitúa principalmente en el área de Washington, DC, Los Ángeles y Chicago. En Estados Unidos las tradiciones culturales bolivianas son muy populares. Por ejemplo, los grupos de baile bolivianos de Arlington, Virginia, participan en desfiles, festivales, escuelas y teatros por todo el país.

Entre los personajes bolivianos (de origen o ascendencia) más relevantes en Estados Unidos están Jaime Escalante, un maestro de matemáticas cuya vida se llevó al cine (*Stand and Deliver*, 1987), la actriz Raquel Welch —de padre boliviano—, el escritor de literatura infantil Ben Mikaelsen, o el futbolista Jaime Moreno, jugador del equipo DC United.

Información para la actividad 17–22
Haga que sus estudiantes reflexionen sobre la situación de los indígenas en Bolivia y en otros países, incluyendo el suyo.

La Asamblea General de la Organización de las Naciones Unidas (ONU) sancionó en 2007 la Declaración de los Pueblos Indígenas, que ampara a los más de 370 millones de personas que integran estos grupos. El texto se suscribió tras dos décadas de negociaciones y fue ratificado con 143 votos a favor. Hubo 11 abstenciones y cuatro votos en contra, los de Estados Unidos, Canadá, Nueva Zelanda y Australia. El documento, que no es jurídicamente vinculante, establece los parámetros que permiten a las poblaciones indígenas conservar su cultura y su identidad. Éstos incluyen el derecho a la autodeterminación, el respeto a la propiedad de las tierras en las que se asientan y al uso de los recursos que hay en ella, o la importancia de la educación bilingüe.

 VOCABULARIO

La literatura *(Literature)*

el argumento	*plot*
el/la autor/a	*author*
el cuento	*short story, tale*
el ensayo	*essay*
el/la escritor/a	*writer*
la narración	*narration*
el/la narrador/a	*narrator*
la novela	*novel*
de misterio	*mystery novel*
de aventuras	*adventure story*
de ficción	*fiction novel*
el/la novelista	*novelist*
el personaje	*character*
el/la protagonista	*main character*
el relato	*story, tale*

El relato de misterio *(Mystery story)*

la búsqueda	*search*
la coartada	*alibi*
la comisaría	*police station*
el/la cómplice	*accomplice*
la declaración	*statement*
la desaparición	*disappearance*
la detención	*arrest, detention*
las fuentes	*sources*
el/la guardaespaldas	*bodyguard*
la huella	*trace, print, handprint, footprint*
el/la implicado/a	*person involved*
el interrogatorio	*questioning*
la investigación	*investigation*
el mayordomo	*butler*
el/la millonario/a	*millionaire*
el misterio	*mystery*
la pista	*clue*
la prueba	*proof, evidence*
el secuestro	*kidnapping*
el/la sospechoso/a	*suspect*
el suceso	*incident*
el testigo	*witness*

Verbos *(Verbs)*

aclarar	*to clarify*
contar (ue)	*to tell (a story)*
demostrar (ue)	*to demonstrate*
disfrazarse (de)	*to disguise oneself as*
firmar	*to sign*
fugarse	*to escape*
hojear	*to skim/glance through*
interrogar	*to question*
investigar	*to investigate*
narrar	*to narrate*
relatar	*to tell (a story)*
resolver un caso	*to solve a case*
salir con	*to go out with*
secuestrar	*to kidnap*
sospechar (de)	*to suspect*
suponer	*to suppose*
vincular (a)	*to link*

Otras expresiones *(Other expressions)*

como era de esperar	*as expected*
echar una mano	*to help, to lend a hand*
en efectivo	*cash*
estar harto/a (de)	*to be tired of, fed up with*
ir directo al grano	*to get to the point*
por suerte	*luckily*

CONSULTORIO GRAMATICAL

1 Review: Uses of the Imperfect Tense

The imperfect is used:

■ *To describe the context in which the story takes place: time, date, weather, place, presence of people or things surrounding the incident we are relating, etc.*

Eran las doce de la noche cuando llegó la policía.
It was midnight when the police arrived.

Cuando Palomares entró en el hotel, en la recepción no **había** mucha gente.
When Palomares entered the hotel, there weren't many people in the lobby.

To talk about the condition and description of the people in the story.

Era un hombre alto, moreno; **tenía** unos 30 años.
He was a tall, dark man; he was about 30 years old.

Estaba muy cansado. Me **encontraba** mal.
I was very tired. I was feeling sick.

■ *To contrast a current state of affairs with a previous one.*

Antes **viajaba** mucho. (= Ahora no tanto.)
I used to travel a lot. (=Now, not so much.)

Mi vecino antes **estaba** muy gordo. (= Ahora está menos gordo.)
My neighbor used to be very fat. (=Now he is less fat.)

Antes solo **hablaba** inglés. (= Ahora hablo español y portugués.)
I used to speak only English. (=Now, I speak Spanish and Portuguese.)

■ *To describe past habits or customs.*

De pequeños **íbamos** todos los domingos de campamento.
When we were kids, we used to go camping every Sunday.

Antes no **salía** nunca de noche; no me **gustaba**.
Before, I never used to go out at night; I didn't like it.

Cuando vivía en la costa **iba** mucho a la playa.
When I lived on the coast, I used to go to the beach a lot.

■ *To evoke circumstances. The circumstances surrounding an event can be of several kinds:*

CAUSE–EFFECT

Rosa tuvo que trabajar para pagarse los estudios porque su familia **era** pobre.
Rosa had to work to pay for her own studies because her family was poor.

Juan se fue a casa porque le **dolía** la cabeza.
Juan went home because he had a headache.

Su familia **era** pobre, así que Rosa tuvo que pagarse sus estudios.
Her family was poor, so Rosa had to pay for her own studies.

Le **dolía** la cabeza; por eso Juan se fue a casa.
He had a headache, that's why Juan went home.

SPATIAL CONTEXT

Se levantó tarde; por la ventana **entraba** ya la luz del día.
S/he woke up late; the daylight was already entering through the window.

TEMPORAL CONTEXT

Salió a la calle. **Eran** las nueve de la noche.
S/he went out. It was nine o'clock in the evening.

The same set of circumstances can be expressed in different ways by varying the order of presentation or by changing the conjunctions.

Gustavo **se acostó** temprano. **Estaba** cansado.
Gustavo went to bed early. He was tired.

Estaba cansado y **se acostó** temprano.
He was tired and went to bed early.

Gustavo **se acostó** temprano porque **estaba** cansado.
Gustavo went to bed early because he was tired.

To talk about ideas or opinions that one had before. Sometimes the imperfect expresses surprise or establishes the reason for an excuse.

Yo **creía** que Ana **estaba** casada.
I thought Ana was married.

Yo creía que **eras** hondureño.
I thought you were Honduran.

Yo no **sabía** que la reunión **era** a las cuatro.
I didn't know the meeting was at 4 o'clock.

Perdona, es que **creía** que no **ibas** a venir.
Sorry, I thought you were not coming.

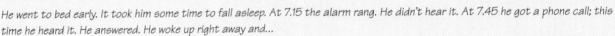

2 Preterit vs. Imperfect

A story is a series of events that we generally tell by using the preterit. With each incident that we relate, we move the story forward.

Se acostó temprano. **Tardó** mucho en dormirse. A las 7.15 **sonó** el despertador. No lo **oyó**. A las 7.45 lo **llamaron** por teléfono; esta vez sí que lo **oyó**. **Respondió. Se levantó** enseguida y...

He went to bed early. It took him some time to fall asleep. At 7.15 the alarm rang. He didn't hear it. At 7.45 he got a phone call; this time he heard it. He answered. He woke up right away and...

With each event we relate, we could also pause to explain what's going on around it. We do this by using the imperfect. These verbs do not move the story forward, but rather expand upon important details.

Aquel día **hacía** mucho calor y **estaba** muy cansado; por eso se acostó pronto. Pero tardó mucho en dormirse: **tenía** muchos problemas y no **podía** dejar de pensar en ellos. A las 7.15 sonó el despertador...

It was a very hot day and he was very tired; so he went to bed early. But it took him some time to fall asleep: he had a lot of problems and couldn't stop thinking about them. At 7.15 the alarm rang...

The preterit presents information as an event.

Ayer Ana **fue** a una zapatería y **se compró** un par de zapatos. Luego **volvió** a casa en taxi.
Yesterday, Ana went to a shoe store and bought a pair of shoes. Then she went back home by taxi.

The imperfect tense presents information as the background of some event or as an ongoing action at the time that something happened.

Ana **estaba** aburrida y no **tenía** nada que hacer. Por eso fue de compras y se compró un par de zapatos.
Ana was bored and didn't have anything to do. For that reason, she went shopping and bought a pair of shoes.

Ayer fui con Ana de compras. Mientras se **compraba** un par de zapatos, yo di una vuelta por el departamento de música.
Yesterday I went shopping with Ana. While she was buying a pair of shoes, I went to the music department.

Cuando **volvía** a casa en taxi, se dio cuenta de que había olvidado su bolso.
When she was going home in a taxi, she realized that she had forgotten her purse.

3 The Pluperfect

This tense is formed with the imperfect of haber + the past participle. As we already know, some past participles (also used to form the present perfect) can be irregular (see Lección 13).

		-AR TRABAJAR	-ER COMER	-IR SALIR
(yo)	había			
(tú)	habías			
(él, ella, usted)	había	trabajado	comido	salido
(nosotros/as)	habíamos			
(vosotros/as)	habíais			
(ellos, ellas, ustedes)	habían			

The pluperfect tense refers to past events that took place before other past events or circumstances. It is used to present an event or circumstance as a premise of another event or circumstance.

PREVIOUS EVENTS = premise
Había dormido muy mal.
He had slept poorly.

Se despertó cansado...Una tormenta no lo **había dejado** dormir. ...se levantó y tomó una ducha.
He woke up tired... A storm had not let him sleep. ...he got out of bed and took a shower.

CIRCUMSTANCES AT THE TIME OF THE EVENT
No **se sentía** nada bien.   **Tenía** un fuerte dolor de cabeza.
She didn't feel well at all.   He had a strong headache.

Estaba viendo la tele yo sola cuando oí ese ruido horrible.

¡Qué miedo!

4 *Estar* + Gerund (Preterit vs. Imperfect)

We use **estar + imperfect** when we want to refer to an action in progress in the past that serves as the frame of reference for the main information (which is in the preterit).

Estaba trabajando cuando escuché la noticia en la radio.
I was working when I heard the news on the radio.

● Yo, señor detective, **estaba durmiendo** cuando desapareció Cristina.   —I, mister detective, was sleeping when Cristina disappeared.
○ ¿Y había alguien más en casa?   —Was there anyone else at home?
● Sí, mis hijos, que estaban estudiando.   —Yes, my children, who were studying.

This structure is also used with verbs other than **estar**, such as **ir** or **venir**, especially when referring to an activity carried out while moving.

Estábamos caminando cuando vimos a Carmen. **Venía hablando** con unas amigas.
We were walking when we saw Carmen. She was talking with some girlfriends.

¿Qué hizo ayer entre las 9 y las 10 de la noche?

Estuve cenando con mi novia en el restaurante Lola.

In contrast, we use **estar + preterite** when we want to refer to the duration of an action that occurs within a specified period of time.

Estuve trabajando toda la tarde.
I was working all afternoon.

● ¿Qué hizo ayer entre las seis y las ocho de la tarde?   —What did you do yesterday between six and eight in the evening?
○ **Estuve revisando** unos documentos.   —I was reviewing some documents.

5 *Pero* vs. *Sino*

Like **but** in English, **pero** introduces an element that contrasts or limits what was said earlier.

Estaba en casa **pero** no quise abrir la puerta.   Toqué la puerta **pero** nadie contestó.
I was home but I didn't want to open the door.   I knocked on the door but no one answer.

When we negate something, we can use **pero** or **sino** (both = but) with different purposes. The phrase **No... pero** negates the erroneous information and then supplies other details.

No estuvo en mi casa, **pero** me llamó por teléfono.   Bolivia **no** tiene acceso al mar,
S/he wasn't in my house, **but** s/he called me on the phone.   **pero** lo tuvo en el pasado.
    Bolivia has no access to the sea, **but** it had it in the past.

No... sino is used to negate and correct erroneous information or suppositions. The two ideas linked are mutually exclusive.

No estuvo en mi casa **sino** en la de Ana.   La capital de Bolivia **no** es Bogotá **sino** La Paz.
S/he wasn't in my house **but** in Ana's.   Bolivia's capital isn't Bogotá **but** La Paz.

18 GENTE de NEGOCIOS

Información para la actividad 18–1

El texto ofrece un acercamiento al tema de la lección (la economía y los negocios) y al país (Panamá). Pida a los estudiantes que observen el mapa y describan lo que ven (países fronterizos, océanos, ciudades, etc.).

La República de Panamá es una franja ístmica con una superficie total de 78.200 km². Panamá cuenta con una población estimada de 3.300.440 habitantes. La mayoría de la población es de origen mestizo criollo (descendientes de indígena y español), aunque existe una gran diversidad étnica. La densidad de la población aumenta notablemente en la región costera del Golfo de Panamá y en las áreas metropolitanas de la Ciudad de Panamá y Colón.

18–1 Economía de Panamá

¿Qué saben de Panamá y su economía? Lean este texto para saber más.

TAREA

Crear un negocio y un anuncio para promoverlo.

NUESTRA GENTE

Panamá
Hispanos/latinos en Estados Unidos

CULTURA

Según datos del Banco Mundial, Panamá tiene el Producto Interior Bruto (PIB) per cápita más alto de la región centroamericana y su economía está en rápido crecimiento. Su moneda oficial es el Balboa, equivalente al dólar estadounidense que circula legalmente en todo su territorio. La política económica de Panamá se basa en el sector de servicios (bancos, comercio internacional, comunicaciones, turismo, empresa privada), que representa el 63% de su producto interno bruto. Panamá tiene un sistema de libre mercado, con énfasis en las exportaciones, y el Canal de Panamá contribuye enormemente a su economía.

18–2 Empresas en Panamá

Observa estas imágenes con logotipos publicitarios de cinco empresas panameñas. ¿A qué área o áreas crees que se dedican?

ACERCAMIENTOS

la publicidad	la alimentación	la inmobiliaria	el ocio	la hostelería
la banca	los animales/las plantas		el diseño	
las artes gráficas	la editorial		el turismo	
la informática	las telecomunicaciones		la educación	

Ahora lee estas descripciones y comprueba si tus predicciones eran correctas.

1. La cadena de Supermercados Mr. Fresco cuenta con diez sucursales abiertas desde 2003. Mr. Fresco se ha convertido en la alternativa predilecta de sus vecinos, ya que sólo en Mr. Fresco puede encontrar frutas y verduras frescas de buena calidad, carnes higiénicamente empacadas, productos que están al día, panadería con pan fresco y la farmacia de todos, FarmaPrecio, con un surtido de productos de muy bajo precio.

2. Aventura en Panamá es una empresa pionera en giras de aventuras en el Parque Nacional Chagres, el río Mamoni, Chiriqui (próximo a Costa Rica) y otros destinos. Ofrecemos *rafting*, escalada, campamento, excursiones y más.

3. El Banco Nacional de Panamá es la primera institución financiera del país con 53 sucursales. Ofrecemos servicios de préstamos personales, hipotecarios, agropecuarios y comerciales. El Banco Nacional de Panamá es de todos los panameños y contribuye al crecimiento económico y progreso social del país.

4. Click Multimedia es una firma de diseño interactivo de sitios web y multimedia. La meta es innovar con soluciones simples y confiables. Tratamos de combinar lo visual con lo funcional. Nuestros principales servicios son diseño gráfico, imagen corporativa, diseño de sitios web, animación en Macromedia Flash, presentaciones multimedia y consultoría.

5. Panamart es una compañía dedicada a artes gráficas impresas en general. Nos especializamos en libros fotográficos de encargo en formato *coffee table*. Poseemos una gran colección de fotografías de Panamá, paisajes, arquitectura y personas, que puede adquirir para usos comerciales en nuestra página web. Centramos nuestros esfuerzos en proyectos que contribuyan a destacar la cultura, el arte y el folklore de Panamá.

18–3 Un empresa

¿Y esta empresa? ¿A qué crees que se dedica?

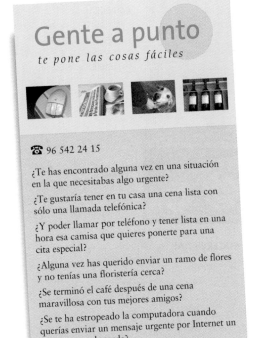

Gente a punto
te pone las cosas fáciles

☎ 96 542 24 15

¿Te has encontrado alguna vez en una situación en la que necesitabas algo urgente?

¿Te gustaría tener en tu casa una cena lista con sólo una llamada telefónica?

¿Y poder llamar por teléfono y tener lista en una hora esa camisa que quieres ponerte para una cita especial?

¿Alguna vez has querido enviar un ramo de flores y no tenías una floristería cerca?

¿Se terminó el café después de una cena maravillosa con tus mejores amigos?

¿Se te ha estropeado la computadora cuando querías enviar un mensaje urgente por Internet un domingo por la tarde?

¿Sabes cuántas cosas podemos hacer por ti?

📖 VOCABULARIO EN CONTEXTO

18-01 to
18-06

18–4 La campaña publicitaria de GENTE A PUNTO

Lee este anuncio para saber cómo funciona la empresa de servicios a domicilio GENTE A PUNTO. Luego completa la encuesta.

Por favor, marque con una X aquellos servicios que usted cree que puede necesitar. ¿Desearía añadir algún otro? Escríbalo en el espacio que le dejamos para sugerencias.

ALIMENTACIÓN
- ☐ PANADERÍA ☀☾ *Pan, pastelería, tortas...*
- ☐ SANDWICHES ☀ *De jamón dulce y queso, de pollo, de verduras...*
- ☐ LICORERÍA ☀☾ *Cervezas, vinos, licores...*
- ☐ SUPERMERCADO ☀☾ *Alimentación, productos de limpieza...*

RESTAURANTES
- ☐ RESTAURANTE TRADICIONAL ☀ *Arroces, carnes, mariscos ...*
- ☐ RESTAURANTE CHINO ☀ *Pollo al curry, rollitos de primavera...*
- ☐ RESTAURANTE ITALIANO ☀ *Pizzas, pastas, ensaladas...*
- ☐ RESTAURANTE MEXICANO ☀ *Tacos, nachos...*

OCIO
- ☐ VIDEO CLUB ☀☾ *Últimas novedades, clásicos...*

EMPRESAS
- ☐ FLORISTERÍA ☀☾ *Flores naturales, plantas, jardinería...*
- ☐ ELECTRICISTA ☀☾ *Reparaciones de urgencia...*
- ☐ CERRAJERO ☀☾ *Cerrajería, aperturas...*
- ☐ LIMPIEZA ☀ *Del hogar, empresas...*
- ☐ INFORMÁTICA ☀ *Computadoras, programas, juegos de video...*
- ☐ MENSAJERÍA ☀ *Nacional e internacional*

VARIOS
- ☐ SERVICIO DE DESPERTADOR ☀☾ *A cualquier hora del día*
- ☐ FELICITACIÓN PERSONAL ☀☾ *A domicilio, por teléfono...*
- ☐ MASAJISTA ☀ *Deportivo, estético, dolencias...*

SUGERENCIAS _____
_____
_____

¿Cómo funciona GENTE A PUNTO?

SERVICIO DE DÍA ☀
De 7 a 24h.
Tel.: 96 542 24 15

Si deseas cualquier cosa durante el día, llama al 96 542 24 15 para realizar tu pedido. Te atenderemos con la máxima rapidez y amabilidad.

SERVICIO PERMANENTE NOCTURNO ☾
De 24 a 7h.
Tel.: 96 542 24 15

Durante la noche también puedes disponer de servicios varios. Para ello tendrás que llamarnos por teléfono y te llevaremos inmediatamente lo que desees: medicamentos, biberones, cigarrillos, comida, pilas, periódicos, flores, un electricista...

Gente a Punto.
Paseo de la Estación, 10

18–5 Servicios

Seleccionen los seis servicios de la empresa GENTE A PUNTO que más les interesan. Luego comprueben si son similares a los que eligieron los demás grupos en la clase.

18–6 Nuevos servicios

Escucha el anuncio de la radio. ¿Cuáles son los nuevos servicios que ofrece GENTE A PUNTO? ¿Cuál te interesa más?

1. _____

2. _____

3. _____

18–7 Más servicios

¿Pueden pensar en dos servicios más para estudiantes que podría ofrecer esta empresa? Escriban un anuncio para uno de ellos similar a los que escucharon en 18–6. Luego léanlo en voz alta. La clase tiene que adivinar qué servicio es.

18–8 Una empresa con futuro en Panamá

Quieren abrir una empresa como GENTE A PUNTO en Panamá, pero primero van a leer unos datos económicos del país. ¿Qué sector de su economía les parece más importante?

ACTIVIDADES ECONÓMICAS	% del PIB
Banca	10%
Comercio	14,1%
Turismo	9,5%
Construcción	4,1%
Transporte y comunicaciones	16,6%
Actividades inmobiliarias y de alquiler	14,7%
Hoteles y restaurantes	4,1%
Enseñanza privada	1,1%
Industrias de manufacturas	7,2%

A partir de la información de la tabla, piensen en cinco tipos de empresa que ustedes podrían crear en Panamá. Cada una debe estar relacionada con una de las actividades económicas. Usen palabras de esta lista.

mercado	compañía	consumidores	desarrollo	importación
exportación	comerciar	invertir	ofrecer	banco

EJEMPLO:

E1: Yo creo que un taller de reparación de carros podría tener futuro.

E2: Y también una agencia de viajes. El turismo es un aspecto muy importante de su economía.

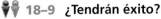

GRAMÁTICA EN CONTEXTO

18-07 to 18-23

18–9 ¿Tendrán éxito?

En el periódico encontraron estos anuncios de unas empresas. Ustedes quieren invertir dinero en una. ¿Creen que tendrán éxito? Den a cada una entre 0 (poco éxito) y 3 puntos (mucho éxito).

NIÑERAS Y NIÑEROS DIVERTIDOS
Tel.: 94 643 56 98
Persona para cuidar sus hijos en menos de 1 hora

La fiesta de Blas
* ¿Fiestas familiares?
* ¿Despedidas de soltero/a?
Llámenos y preocúpese sólo de elegir a sus invitados.

TAREA EXPRÉS
902 67 83 24
Todo tipo de tarea para estudiantes ocupados.
Servicio las 24 horas del día.

CENTRO RÁPIDO ANTIESTRÉS
Masajes las 24 horas del día

Ahora hablen sobre las posibilidades de cada empresa. ¿En cuáles invertirán dinero? Pueden tener en cuenta estas previsiones de futuro y condiciones para el éxito.

CONDICIONES PARA EL ÉXITO
- un servicio rápido
- un catálogo muy amplio
- las últimas novedades
- precios no muy altos
- productos o servicios de calidad

PREVISIONES DE FUTURO
- tener muchos clientes
- ser un éxito
- recibir muchos pedidos
- ser un buen negocio
- dar mucho dinero

EJEMPLO:

E1: ¿Qué te parece el centro antiestrés? ¿Crees que **tendrá** éxito?
E2: Yo creo que sí, especialmente **si ofrece** horarios de tarde y noche, porque **habrá** más estudiantes que quieran relajarse después de trabajar todo el día.

18–10 Para tener éxito…

Escriban seis requisitos para tener éxito en un negocio. Usen diferentes formas impersonales.

EJEMPLO:

Uno necesita tener dinero para invertir.
Se necesita dinero para invertir.
Necesitas dinero para invertir.

18–11 Anuncios

Elijan un anuncio de 18–9 y creen un pequeño texto. Fíjense en el ejemplo.

EJEMPLO:

Niñeras y niñeros divertidos: A **cualquier hora que** nos **llame**, en menos de una hora tendrá en su casa la mejor persona para cuidar a sus hijos. **Estaremos** con ellos **todo** el tiempo que usted **necesite**. Llámenos **cuando quiera** y estaremos allí.

Información para la actividad 18–9
La actividad se centra en una de las metas gramaticales de la lección: el uso de las frases condicionales con *si* seguidas del futuro de indicativo. Note que aunque el futuro de indicativo (que se introduce por primera vez en la *Lección 14*) no es una meta gramatical de esta lección, muchas de las actividades requieren su uso, por lo que esta lección es una buena oportunidad para practicar el uso de este tiempo verbal en un contexto adecuado.

La actividad requiere una interacción oral guiada por la muestra de conversación, en rojo, y por los dos recuadros adjuntos (Previsiones de futuro y Condiciones para el éxito). Comience trabajando con la imagen que acompaña el ejercicio: *¿A quién le gustaría trabajar en esta empresa? ¿Por qué? ¿Quién llamaría a alguna de estas empresas? ¿Por qué?*

Información para la actividad 18–10
El foco gramatical de la actividad es la impersonalidad y las diferentes formas de expresarla en español.

Información para la actividad 18–11
Esta actividad se concentra en la práctica de uno de los puntos gramaticales más complejos de esta lección: las frases relativas con subjuntivo y los diferentes pronombres relativos. Recuerde que el uso del subjuntivo en frases relativas ya se introdujo en la *Lección 16*. En esta lección se incide en la construcción de frases relativas tales como "cualquier + nombre + que + subjuntivo", "todo/a/os/as + artículo + que + subjuntivo", "donde como cuando + subjuntivo".

CONDICIONES CON *SI*

Expresar una condición posible y su resultado

SI + presente indicativo + futuro

- Este hotel, **si ofrece** buen servicio, **tendrá** muchos clientes.
- Y **si** los precios no **son** muy caros, **puede ser** muy popular.

¿Tú crees que esta idea puede ser interesante?

Si diseñamos una buena campaña, será un éxito.

CUALQUIER + NOMBRE

	SINGULAR NOUN	
cualquier	*cliente*	(= any client)
cualquier	*empresa*	(= any business)

Llámenos en **cualquier momento**, pídanos **cualquier cosa**.

CUALQUIERA (= pronombre)

- ¿Cuál prefieres? ¿Éste o aquél?
- **Cualquiera** (=any, it doesn't matter)

TODO/A/OS/AS

CON ARTÍCULO
todo el dinero
toda la pizza
todos los pedidos
todas las botellas

Tenemos **todos los** servicios que usted desea, **toda la** información que necesita.

SIN ARTÍCULO (requiere un pronombre de OD)

- ¿Y el champagne?
- **Lo** bebí **todo**.

- ¿Y las botellas?
- **Las** repartí **todas**.

PRONOMBRES RELATIVOS + SUBJUNTIVO

lo que pidas (= *whatever you order*)
todo lo que pidas (= *everything you order*)
donde quieras (= *wherever you want*)
cuando quieras (= *whenever you want*)
como tú quieras (= *however you want*)

Le llevamos **todo lo que quiera** (neutro), **donde quiera, cuando quiera, como quiera.**

PRONOMBRES OI + OD: SE + LO/LA/LOS/LAS

le, les + lo/la/los/las = se

● ¿Y el pollo?
○ **Se lo** llevaré ahora mismo.
● Sí, por favor, no **se lo** lleves tarde.

Colocación

- Con infinitivos e imperativo afirmativo: después del verbo
  Es necesario llevár**selo** ahora.
  Lléva**selo** pronto, por favor.

- Con perífrasis que tienen infinitivos o gerundios: antes o después del verbo

Se lo debemos llevar pronto.   Debemos llevár**selo** pronto.

Ahora **se lo** están llevando.   Ahora están lleván**doselo**.

¿**Se lo** vas a llevar ahora?   ¿Vas a llevár**selo** ahora?

IMPERSONAL

1) se + tercera persona singular / plural

Cuando **se compra** un producto de calidad, **se paga** un precio mayor.

Cuando **se compran** productos de calidad, **se pagan** precios mayores.

2) segunda persona singular

Cuando **compras** un producto de calidad, **pagas** un precio mayor.

3) uno + tercera persona singular

Cuando **uno compra** un producto de calidad, **paga** un precio mayor.

 18–12 **Esto no es lo que yo pedí**

Un mensajero de GENTE A PUNTO llevó unos pedidos a unos clientes pero cometió errores. Los clientes llaman para protestar. Escucha lo que dicen y escríbelo.

	N° 1	**N° 2**
les llevaron…		
habían pedido…		

Ahora escucha otra vez y fíjate en estas estructuras que usan los interlocutores. Identifica a qué se refieren los pronombres.

DIÁLOGO 1.

> Señora: No. Yo quiero dos pollos. Y tráiganmelos rápido, por favor, que ya son las once de la noche.
> Empleado: No se preocupe. Ahora mismo **se los** envío.
> Señora: ¿Y qué hago con las tortillas? ¿**Se las** doy al mensajero?
> Empleado: Sí, sí, déselas a él por favor.

DIÁLOGO 2.

> Señora: Pues, que yo **las** había pedido bien frías, y **me las** trajeron calientes.
> Empleado: ¿**Se las** llevaron calientes?
> Señora: Exacto. ¿No me puede traer unas cervezas frías?
> Empleado: Sí claro, **las** tengo aquí mismito. **Se las** envío cuando quiera.
> Señora: ¿Cuándo quiera? ¡**Las** quiero ahora mismo!
> Empleado: Sí, por supuesto. Ahora mismito **se las** lleva el mensajero.

 18–13 **Ahora ustedes**

En GENTE A PUNTO hay que repartir los siguientes encargos. Cada cosa debe ir al cliente correcto. Uno/a de ustedes dará órdenes a su compañero/a, y repetirá las órdenes para evitar errores. Su compañero/a debe tomar nota de las instrucciones y repetirlas en voz alta.

PRODUCTO	CLIENTE
Tortillas	Rosamari Huertas
Nachos	Señores Frontín
Vino	Nuria París
Cigarrillos	Gloria Vázquez
Cervezas	Rafael Ceballos
2 Pollos	Sra. Escartín
Pizza	Carmelo Márquez

EJEMPLO:

E1: Los nachos lléva**selos** a los señores Frontín. ¿OK? **Se los** llevas a los Frontín.
E2: OK… los nachos **se los** llevo a los señores Frontín… ¿Qué más?

Información para Estrategias para la comunicación oral

Las últimas tres lecciones de *Gente* se acercan, desde el punto de vista de las estrategias de comunicación, al debate (la argumentación) como modalidad de interacción oral. Recuerde que los exponentes lingüísticos que se presentan para las funciones comunicativas (mostrar falta de comprensión, asegurarse de que se ha comprendido al interlocutor, pedir clarificación, etc.) se aprenden mejor durante la práctica en situaciones comunicativas y de manera contextualizada, no como aspectos gramaticales que hay que analizar.

📖 **INTERACCIONES**

18-24 to
18-25

ESTRATEGIAS PARA LA COMUNICACIÓN ORAL

Estrategias para la comunicación oral

Resources for debating (I)

You already know what basic language resources you can use to express your opinion and to show agreement or disagreement with someone's opinion. In this lesson, and in the next two lessons, we will look at other resources that you are likely to need when debating a topic:

- Stating lack of understanding:
  - *Lo siento, pero no comprendo / entiendo.* (I'm sorry, but I don't understand.)

- Asking for clarification or reformulation:
  - *¿Qué quieres decir?* (What do you mean?)
  - *¿Podrías explicar con más detalle?* (Could you be more specific?)
  - *¿Puedes clarificar eso, por favor?* (Can you clarify that for me, please?)
  - *¿Puedes / podrías darme un ejemplo?* (Can / Could you give me an example?)

- Making sure you understood your interlocutor:
  - *¿Lo que quieres decir es que…?* (You mean that…?)
  - *Entonces, para ti / usted…?* (So, in your opinion / for you…?)
  - *No sé si te / le comprendí bien.* (I'm not sure I understood you.)

- Clarifying further or reformulating your point:
  - *Yo no digo que…+* subjunctive (I'm not saying that…)
  - *Lo que quiero decir es que…* + indicative (What I mean is…)
  - *Me explico:…* (Let me explain:…)
  - *Para clarificar / aclarar:…* (Let me clarify…)

Información para la actividad 18–14

Esta actividad en parejas requiere que los estudiantes pongan en práctica los recursos argumentativos para llegar a un acuerdo. Para fomentar el uso de estos recursos, es conveniente que se use como premisa que los dos estudiantes no están de acuerdo inicialmente con la opinión de su compañero/a.

🎙️ **18–14 Inversiones**

Con la empresa GENTE A PUNTO ganaron mucho dinero. ¿En cuáles de estas nuevas empresas lo invertirán? ¿Por qué? Debatan todas las opciones y completen el cuadro. Pueden invertir en un máximo de tres empresas. No olviden usar los recursos para debatir.

EJEMPLO:

E1: La productora de discos de ópera es una buena inversión porque hay que fomentar este tipo de música.
E2: ¿Qué quieres decir?

	SÍ	NO	PORQUE...
MUNDILENGUA (cadena de escuelas de idiomas)			
PHONUS (marca de teléfonos celulares)			
TURULETA, S.A. (granja ecológica de gallinas)	☐	☐	_____
TRAVIATA (productora de discos de ópera)	☐	☐	_____
VISCONTI (salas de cine)	☐	☐	_____
LA BOMBA, S.A. (cadena de discotecas)	☐	☐	_____
MR. LIMPIO (servicio de limpieza de cuartos de estudiantes)	☐	☐	_____

 18–15 Un anuncio para la nueva empresa

Creen un anuncio publicitario para uno de los negocios en los que han decidido invertir. Luego compartan sus ideas con la clase.

 18–16 Hombres y mujeres de negocios

Decidan a qué personas del grupo les recomiendan cada una de estas empresas, marcando sus respuestas en el cuadro. Luego compartan sus resultados con la clase.

EJEMPLO:

E1: El hotel para animales, ¿se lo damos a John?
E2: No. Mejor se lo damos a Justin, porque le encantan los animales.
E3: Sí, dénmelo a mí, por favor.

	SE LO RECOMENDAMOS A ...	PORQUE ...
Hotel para animales		
Tienda de tatuajes		
Tienda de discos		
Libros usados		
Peluquería		
Cosméticos ecológicos		

 18–17 Situaciones: *Los inversores*

A student has invented a _____ with the name of _____, and s/he wants to start a company. A rich businessman/woman is very interested in this product and wants to invest a substantial amount of money. They are having a meeting.

ESTUDIANTE A

You have invented a _____, and need someone to invest money in a new company. You are having an interview with a potential investor. Explain the type of business you would like to start, and the advantages of such business. Try to convince the potential investor.

ESTUDIANTE B

You are a rich businessman/woman and are very interested in knowing everything you can about a new product called _____. You want to invest in this business but realize that you need more information. Ask the inventor of the new product all you need to know about it.

Información para la actividad 18–15
Esta actividad es una continuación de 18–14 y requiere la producción escrita de un anuncio. Insista en la importancia de usar estructuras lingüísticas y vocabulario de la unidad. Finalmente, pida a las parejas que compartan con la clase su anuncio.

Información para la actividad 18–16
Esta actividad de grupo requiere la toma de decisiones por parte del grupo. Insista en la importacia de que los estudiantes usen los recursos para debatir presentados en la sección Estrategias.

TAREA  Gente en acción

Crear un negocio y un anuncio para promoverlo.

Información para la Tarea
El producto final observable de esta tarea es la descripción de una nueva empresa y la creación de un anuncio para promoverla. Se parte de un *input* escrito en la fase de Preparación (anuncios de empresas). Este *input* sirve para sugerir ideas que serán útiles en los Pasos siguientes. Asimismo, facilita recursos lingüísticos útiles para la tarea. Los estudiantes, individualmente, leen los anuncios y seleccionan el que más les guste. A continuación, los estudiantes forman los grupos de trabajo, y escriben ventajas y desventajas de estos negocios adoptando el punto de vista de los consumidores. Hacen una lista en dos columnas: 1. ventajas y 2. inconvenientes.

El Paso 1 requiere el análisis de mercado antes de la creación de la empresa. Basándose en los datos, los estudiantes deben determinar qué empresa van a crear. En el Paso 2 y 3 elaboran el anuncio tras la toma de decisiones sobre la empresa: servicios, innovaciones, descuentos, etc. Finalmente los estudiantes presentan sus anuncios a la clase.

PREPARACIÓN

Lee estos anuncios de tres empresas innovadoras. ¿Cuál te parece más interesante? ¿Por qué?

Atención a las formas
Identifiquen las formas gramaticales estudiadas en esta lección que se utilizaron en estos anuncios. ¿Qué efecto tienen?

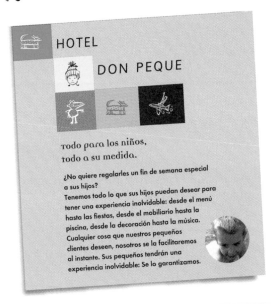

HOTEL DON PEQUE

todo para los niños,
todo a su medida.

¿No quiere regalarles un fin de semana especial a sus hijos?
Tenemos todo lo que sus hijos puedan desear para tener una experiencia inolvidable: desde el menú hasta las fiestas, desde el mobiliario hasta la piscina, desde la decoración hasta la música. Cualquier cosa que nuestros pequeños clientes deseen, nosotros se la facilitaremos al instante. Sus pequeños tendrán una experiencia inolvidable: Se lo garantizamos.

La zapatería virtu@l

Comodidad, rapidez y eficiencia. Compre sus zapatos por Internet. Nosotros se los enviaremos en menos de 48 horas. Usted se los prueba y tiene otras 48 horas para devolvérnoslos. En nuestra zapatería virtual encontrará todas las marcas, todos los estilos y los precios más bajos del mercado.

EL CHEF AMBULANTE

¿**ESTÁ USTED HARTO** de la comida rápida? ¿Ha decidido no comer más pizzas congeladas, arroces recalentados, comida con sabor a envase de papel o de plástico? Nosotros tenemos la solución: no encargue la comida, encargue el cocinero. Vamos a su domicilio cuando usted quiera, nos dice qué quiere comer y se lo prepararemos para la hora que quiera. Si lo desea, también le haremos las compras en el mercado.

 ¿Qué piensan los consumidores?
Escriban dos ventajas y dos desventajas de este tipo de negocios frente a los negocios tradicionales. Tomen el punto de vista de los consumidores, de manera de que el grupo tenga más ideas para su propia empresa.

	VENTAJAS	DESVENTAJAS
Hotel para niños	1.	1.
	2.	2.
Zapatería virtual	1.	1.
	2.	2.
El chef ambulante	1.	1.
	2.	2.

AYUDA

Para referirse a la cantidad de personas

todo el mundo
la gente
la mayoría (de las personas)
mucha gente
casi nadie
nadie

Para expresar impersonalidad

En la Zapatería Virtual...
...**puedes** comprar...
...**uno puede** comprar...
...**se puede** comprar...

Paso 1 Su grupo va a crear una empresa o negocio innovador orientado a la población estudiantil de su escuela o universidad. Primero, piensen en las necesidades de los estudiantes, sus principales clientes. ¿Qué necesitan regularmente? ¿Qué competencia existe en el área? Fíjense en el ejemplo.

NECESIDADES	NEGOCIOS YA EXISTENTES (Competencia)	NEGOCIOS NO EXISTENTES
Cortarse el pelo	1 Nombre: *Clips* Características: *Barato, rápido* 2. Nombre: _____ Características: _____	*Una peluquería que tenga en cada silla una pantalla de vídeo para ver video-clips, noticias, y para acceder a Internet.*
	1. Nombre: _____ Características: _____ 2. Nombre: _____ Características: _____	
	1. Nombre: _____ Características: _____ 2. Nombre: _____ Características: _____	

Ahora su grupo va a decidir qué empresa quiere crear. ¿Cómo la van a llamar?

Paso 2 Elaboren un anuncio

Van a dar a conocer la empresa que crearon por medio de un anuncio. Hay que tomar las siguientes decisiones.

> • Nombre y eslogan de la empresa;
> • Información que dará el anuncio:
>   - servicios que ofrecerá,
>   - innovaciones respecto a otras similares,
>   - posibles descuentos (jóvenes, tercera edad, socios...)
> • Ideas para convencer a la audiencia.

Paso 3 Escriban el guión de su anuncio

Al escribir el anuncio, no olviden usar los recursos lingüísticos que vimos en la lección para convencer a la audiencia.

Paso 4 Presenten su anuncio a la clase

Después de que cada grupo presente su anuncio, la clase decidirá cuál es el mejor por votación.

Paso 5 Foco lingüístico.

Información para la actividad 18–18

El Canal de Panamá constituye uno de los puntos vitales de comunicación para el mercado mundial, como se verá en la lectura. Pero hay otros lugares en el mundo que resultan también importantes para las rutas comerciales, como por ejemplo el Canal de Suez (Egipto), el Canal de la Mancha (Francia e Inglaterra), el Estrecho de Gibraltar (España y Marruecos), etc.

Respuestas para la actividad 18–19

El título nos da el tema de la lectura y anticipa que es una exposición o quizá un artículo (reportaje de prensa, noticia) sobre la ampliación del Canal, con un tono positivo (desarrollo económico).

Respuestas para la actividad 18–20

1. juego = *set* (juego, el)
   esclusas = *locks, floodgates* (esclusa, la)
   hacer frente = *to face up* (frente)
   bolsillos = *pockets* (bolsillo, el)
   se resientan = *suffer* (resentirse, o resentir)
   aparejados = *associated to* (aparejado/a, o aparejar)
   alimentará = *will feed* (alimentar)
2. intermodal = inter + modal (<modo)
   petrolero = petróleo + -ero
   aparejados = a + pareja + -ado
   prevé = pre + ver
   espinoso = espina + -oso
3. ellos = los océanos Atlántico y Pacífico
   darle = a China
   de los cuales = puestos de trabajo

Respuestas para la actividad 18–21

1. *Argumentos:*
   - el referéndum de 2006 fue respaldado por el 78% de los votantes;
   - la ampliación permitirá competir con los principales rivales;
   - importancia de China y el comercio asiático;

📖 NUESTRA GENTE

18-26 to 18-27

GENTE QUE LEE

ESTRATEGIAS PARA LEER

Reading an essay

An essay is written from a subjective point of view: the author presents an argument in a way that supports his or her opinion. Some of the questions you should ask yourself when reading an essay are:

1. What is the author's intention and point of view?
2. What is the author's thesis? Does s/he present it in a convincing way? How? Why not? Remember: a thesis is a claim about a topic, supported with reasons and facts.
3. What type of information does the author include?
4. What kind of tone does the author use?
5. How has the author organized the essay?

ANTES DE LEER

18–18 Comercio mundial

¿Sabes cuáles son las rutas marítimas más importantes para el comercio mundial? ¿Qué sabes sobre el Canal de Panamá?

18–19 Activando estrategias

Mira el título de la lectura y la foto. ¿Qué te dicen sobre el contenido del texto? ¿Anticipa el título qué tipo de texto vas a leer: narración, ensayo, exposición, etc.? ¿Cómo?

DESPUÉS DE LEER

18–20 Activando estrategias

1. Busca en el diccionario las palabras "juego" y "esclusas" (p. 1), "hacer frente" (p. 2), "bolsillos", "se resientan" (p. 4), "aparejados" y "alimentará" (p. 5). ¿Qué entrada buscaste para cada palabra?
2. Explica la formación de estas palabras: "intermodal" y "petrolero" (p.3), "aparejados" y "prevé" (p. 5) y "espinoso" (p. 6). Ayuda: petróleo significa *oil*, y espina significa *thorn*.
3. Identifica a qué o quién se refieren los referentes "ellos" (p.1), "darle" (p. 3) y "de los cuales" (p. 5).

18–21 ¿Comprendes?

1. Resume los argumentos que da el autor para apoyar su tesis.
2. ¿Cuáles son los principales competidores del Canal de Panamá?
3. ¿Cuál es la razón del incremento en el tráfico marítimo entre el Atlántico y el Pacífico?
4. ¿Cuánto dinero le costará a Panamá la ampliación del Canal? ¿De dónde vendrá este dinero?
5. ¿Cuál es el punto más conflictivo de este proyecto?

A LEER

LA AMPLIACIÓN DEL CANAL DE PANAMÁ ABRE SUS COMPUERTAS A UN NUEVO DESARROLLO ECONÓMICO

El Canal de Panamá es el principal motor económico del istmo centroamericano y un pilar del comercio internacional, <u>ya que</u> permite comunicar los océanos Atlántico y Pacífico, y con **ellos**, los intercambios entre Asia y Europa, pasando por América. Esta importancia explica la transcendencia del proyecto de ampliación, iniciado con un referéndum en 2006, respaldado por el 78% de votantes, y que terminará en 2014, cuando abra sus compuertas el nuevo **juego** de **esclusas** en medio de los actos conmemorativos del centenario del Canal.

Quizás el dato que mejor resuma la transcendencia actual y futura del Canal sea el citado por la profesora de la Universidad de Panamá Vielka Vásquez, cuando apunta que, actualmente, por esta infraestructura "transita el 4% del comercio mundial", y gracias a la ampliación, "estaremos en condiciones óptimas, a partir del 2015, de poder **hacer frente** a un aumento de más del 6% del comercio mundial por el istmo de Panamá".

La ampliación hace que Panamá esté en situación óptima de competir con sus dos principales rivales: el Canal de Suez y el sistema **intermodal** estadounidense (los buques llegan a puerto y atraviesan por tierra todo el país), en una época en que el tráfico marítimo entre el Atlántico y el Pacífico está aumentando debido al crecimiento del 7% anual que está teniendo el comercio asiático. China juega un papel fundamental, con su espectacular desarrollo económico y apetito energético, que el istmo centroamericano podrá aprovechar para **darle** servicio con el paso de **petroleros**.

Se estima que durante los 11 primeros años de vida de la ampliación del Canal, se recaudarán unos 30.000 millones de balboas (en torno a 30.588 millones de dólares). Esta cifra es seis veces superior a los 5.200 millones de dólares que ha destinado el gobierno

panameño a todo el proyecto de ampliación del Canal. <u>Además</u>, para que los **bolsillos** de la población no **se resientan**, se financiará la obra con la misma actividad del Canal, incrementando las tarifas que pagan los usuarios de esta infraestructura. La obra permitirá incrementar un 1,2% el PIB actual el país. Y lo más importante, atraerá inversión extranjera y el desarrollo industrial en torno al sector marítimo.

Sólo durante el periodo de obras, se **prevé** un impacto en el empleo de 40.000 puestos de trabajo, **de los cuales** 7.000 estarán directamente relacionados con las labores de construcción. Cuando el tercer juego de esclusas ya esté operativo, el número de puestos de trabajo que llevará **aparejados** oscilará entre 150.000 y 250.000 empleos. El impacto económico de la ampliación del Canal beneficiará no sólo a Panamá, sino a toda Latinoamérica, porque atraerá industria y **alimentará** los intercambios comerciales en la región.

El punto más **espinoso** de todo este proceso ha sido el impacto medioambiental que podía tener la nueva obra; <u>no obstante</u> numerosos estudios han confirmado su viabilidad. Todo proyecto de esa naturaleza va a generar impactos ambientales, porque al construir un tercer juego de esclusas se modifica el paisaje natural. Esa modificación significa que gran parte de la **tierra firme** será inundada, con el consecuente impacto de carácter medioambiental; <u>sin embargo</u> lo fundamental es que ese impacto, según todos los informes hechos por nacionales y extranjeros, será mínimo en comparación a los grandes beneficios que puede generar el Canal.

18–22 Activando estrategias

1. ¿Cuál es la intención del autor y su punto de vista?

2. ¿Cuál es la tesis del autor? ¿Es convincente? ¿Por qué?

3. ¿Qué tipo de información incluye para apoyar su tesis?

18–23 Expansión

¿Puedes pensar en argumentos en contra de este proyecto?

4. ¿Qué argumento del autor te parece más convincente? ¿Por qué?

5. ¿Qué argumento del autor te parece menos convincente? ¿Por qué?

6. ¿Incluye el autor argumentos opuestos?

- beneficios económicos (previsión de 30.000 millones en 11 años);
- aumento del PIB del país;
- inversión extranjera y desarrollo;
- creación de empleo.

2. *El Canal de Suez y el sistema intermodal de Estados Unidos*

3. *El crecimiento del comercio asiático, sobre todo el de China*

4. *La ampliación le costará 5.200 millones de balboas. El dinero vendrá de los beneficios de la actividad del canal (las tarifas que pagan los usuarios).*

5. *El impacto medioambiental de la ampliación*

Respuestas (posibles) para la actividad 18–22

1. *La intención del autor es convencer al lector de los beneficios que tendrá la ampliación del Canal de Panamá que ya ha comenzado.*

2. *La tesis es que la ampliación traerá un gran desarrollo económico a Panamá. Es convincente hasta cierto punto, pero no del todo, porque el lector puede preguntarse (a) cuál es la fuente de todos los datos, (b) por qué no se incluyen más argumentos en contra y sus refutaciones, (c) qué estudios confirman la viabilidad de la obra desde el punto de vista medioambiental, etc.*

3. *Incluye datos estadísticos (porcentaje de votos a favor, porcentaje del comercio marítimo que usa el Canal, crecimiento del comercio asiático) y económicos (cifras del costo, la recaudación, los puestos de trabajo potenciales); también incluye una cita de una profesora y menciona estudios que confirman la viabilidad (sin especificar).*

4. *Sólo al final*

Información para la actividad 18–23
El impacto medioambiental y el impacto en las tierras de los campesinos son argumentos en contra del proyecto. Asimismo, se ha cuestionado el costo real de la obra y el potencial efecto en el 'bolsillo' de los panameños.

18-28 to
18-29

GENTE QUE ESCRIBE

ESTRATEGIAS PARA ESCRIBIR

Estrategias para escribir

The essay: Thesis and development

Writing an essay requires a topic and a thesis. To make your topic into a thesis statement, you need to make a claim about it. Your job is to show your readers that what you claim is true. Look carefully at your thesis and ask yourself: Why do I believe this statement is true? What have I seen or done or read or heard that has caused me to make this statement?

1. Think about a series of reasons that support your thesis and write them down in complete sentences. Each reason will in turn be the basis for the topic sentence of a future paragraph. You will need to support each of these reasons, as well as your general thesis.
2. Develop each reason into a solid, detailed paragraph. Think about the facts, examples, and details that support each of them, and that would help the reader understand your ideas and reasoning. List them under each topic sentence.
3. Finally, develop your paragraphs by filling them with your explanations, clarifications, examples, and/or facts and statistics.

MÁS ALLÁ DE LA FRASE

Writing an essay: Use of connectors and referent words

In any essay, it is crucial that you support your reasoning using facts, examples, clarifications, details, and statistics. You will need to make use of a variety of connectors and referent words. Remember: without organization your reader will not see your point, and your arguments will be weakened.

Identifica los cuatro conectores subrayados en la lectura. ¿Qué significan y qué función tienen?

Información para la actividad 18–24

Introduzca el tema con un comentario general sobre los puntos más destacados: las relaciones comerciales internacionales resultan claramente desfavorables para los países menos industrializados; los problemas que obstaculizan el desarrollo de muchos países están asociados a las condiciones en que elaboran y venden sus productos a los países ricos: monocultivos (café, té, plátanos, azúcar, etc.); hay una escasa influencia a la hora de distribuir el producto de los monocultivos; hay falta de inversión a partir de beneficios que, por lo general, quedan en manos de empresas occidentales, etc. Dentro de las diversas iniciativas surgidas en los últimos tiempos para resolver esta situación (por ejemplo, la propuesta del 0,7% del Producto Interior Bruto, PIB, para el mundo en desarrollo), un gran número de organizaciones no gubernamentales han desarrollado el llamado comercio justo, a través del cual la compra de un kilo de café o de una pieza de artesanía adquiere un trasfondo ideológico y social. Estos productos tienen que cumplir una serie de condiciones: respetar el medio ambiente, unificar criterios laborales para hombres y mujeres, no utilizar a niños en la producción, y tener una estructura de empresa solidaria y participativa.

18–24 Comercio justo

Escribe un pequeño ensayo para el periódico en español donde intentes demostrar los beneficios del comercio justo.

El ensayo debe

- explicar qué es el comercio justo;
- tener un tema y una tesis bien delimitados;
- incluir ejemplos, clarificaciones, explicaciones o datos que apoyen la idea; y
- tener conectores y una secuencia lógica dentro de cada parte y entre las partes.

 ¡ATENCIÓN!

Sigue los Pasos 1 a 8. Piensa en las personas que van a leer este artículo. Luego desarrolla un esquema y decide cómo quieres organizar y presentar la información. Utiliza lo que sabes sobre la escritura de ensayos.

COMPARACIONES

18–25 El Canal de Panamá

Lee estos datos sobre el Canal de Panamá, una empresa para el comercio internacional. Luego marca los tres datos que te parecen más interesantes y explica por qué.

1914	Inauguración del Canal el 15 de agosto
1977	Tratado Torrijos-Carter. El Canal pasa a manos del gobierno panameño en 1999.
Principales usuarios	Bahamas, Grecia, Noruega, Estados Unidos, Filipinas, Ecuador, Alemania, Japón
Rutas principales	- De la costa este de Estados Unidos al lejano oriente (Japón especialmente)
	- De la costa este de Estados Unidos a la costa oeste de Sudamérica
	- Desde Europa a la costa oeste de Estados Unidos y Canadá
Beneficios	- Total de ingresos: 2.007 millones de dólares en 2008.
Para Panamá	- Generación de empleos.
	- Suministro de agua potable a las ciudades de Panamá y Colón.
	- Promoción de la actividad turística.

18–26 Zonas libres o francas

Muchos países tienen áreas libres de impuestos con el fin de promover el desarrollo: son las zonas libres o zonas francas. Lee el texto y responde a las preguntas.

La zona libre de Colón

Colón es la segunda ciudad de Panamá y el principal puerto para el tráfico de casi toda la mercancía de importación y exportación de la nación. Situada en la zona atlántica del Canal de Panamá, es la mayor zona libre de comercio internacional en el hemisferio occidental. Esto se debe a tres razones:: la existencia del Centro Financiero Internacional (con más de 120 bancos de todo el mundo), la libre circulación del dólar estadounidense (a la par con el *balboa*, la moneda nacional), beneficios de impuestos y una ágil red de comunicaciones. Más de 1.600 compañías operan en este puerto, la zona franca más grande del mundo después de Hong Kong y la más importante del mundo occidental. Las empresas lo utilizan para importar, almacenar, ensamblar, reempacar y reexportar sus productos. Otros elementos que apoyan el transporte son: seis aeropuertos, cinco puertos marítimos con todas las facilidades modernas, amplias terminales de contenedores, una carretera interamericana (desde Alaska), otra que se extiende del Atlántico al Pacífico, el Ferrocarril Transístmico, y el Canal de Panamá. La zona libre ofrece un moderno sistema de comunicaciones y un eficiente servicio turístico para sus usuarios, además de un tratamiento tributario especial: "sin impuestos" es la frase clave.

Ciudad de Colón

1. ¿Conoces otras zonas libres o puertos francos en el mundo? ¿Has estado en alguna de ellas?
2. ¿Has comprado alguna vez productos en un aeropuerto internacional libre de impuestos? ¿Dónde estabas y qué compraste? ¿Hay algún lugar en tu país donde no se paguen impuestos?
3. ¿Qué ciudades en tu país crees que tienen más medios para los intercambios comerciales: aeropuertos, puertos, carreteras, etc.? ¿Conoces alguna ciudad hispanohablante famosa por su comercio? ¿Cuáles son sus productos más conocidos?

CULTURA

Panamá es el segundo país más pequeño de Latinoamérica después de Uruguay, con una población de 3.3 millones de habitantes. La población panameña en Estados Unidos —por nacimiento o ascendencia— se estima en unas 130.000 personas, aunque hacia 1970 los panameños constituían uno de los grupos centroamericanos más grandes en Estados Unidos. La ciudad de Nueva York, Florida y California son las tres zonas con más población panameña. Su presencia no sólo es evidente en el sector de los servicios o la mano de obra, sino también en múltiples sectores del gobierno, en la educación y la empresa privada. Los lazos culturales entre Panamá y Estados Unidos son muy importantes, y muchos panameños vienen a Estados Unidos para estudiar o formarse tras la universidad. Entre los panameños más conocidos internacionalmente está el músico y actor Rubén Blades, autor e intérprete de la famosa canción "Pedro Navaja."

Información para la actividad 18–25
El Canal de Panamá, inaugurado el 15 de agosto de 1914, ha acortado distancias y tiempos de comunicación marítima, produciendo adelantos económicos y comerciales. Es la única vía marítima que une a los océanos Atlántico y Pacífico, constituyendo un puente permanente entre distintos mercados, especialmente los establecidos entre las costas este y oeste de Estados Unidos con Japón y Europa respectivamente.

Información para la actividad 18–26
En lenguaje técnico, la expresión zona franca (o zona económica libre) significa "un área del territorio nacional sujeta a un régimen especial, donde podrán establecerse y funcionar empresas, nacionales o extranjeras, que se dediquen a la producción o comercialización de bienes para la exportación, directa o indirecta, así como a la prestación de servicios vinculados al comercio internacional y a las actividades conexas o complementarias a ellas".

Hay muchas zonas francas en los países hispanohablantes. Entre ellas cabría destacar Ceuta y Melilla (España), La Plata (Argentina), Barranquilla (Colombia), Colón (Panamá), Cedros (México). También hay una zona franca en Filipinas llamada Bahía de Subic, la cual fue una antigua base militar estadounidense. Además, en el mundo existe un sinnúmero de puertos libres o puertos francos, así como muchos aeropuertos internacionales. Algunos ejemplos son la ciudad de Trieste en Italia, el puerto de Odessa en Rusia, Nagasaki en Japón, Hong Kong y Macao en China, Singapur, etc.

 VOCABULARIO

Las empresas y negocios
(Companies and businesses)

la alimentación	*food*
el almacén	*warehouse, storage room, store*
las artes gráficas	*graphic arts*
la asesoría	*consulting service*
la cadena	*chain*
el/la cerrajero/a	*locksmith*
la compañía	*company*
el diseño	*design*
la editorial	*publishing company*
el/la electricista	*electrician*
la empresa	*company, business*
la entrega	*delivery*
la floristería	*florist's*
el mercadeo	*marketing*
el mercado	*market*
el negocio	*business*
el pedido	*order*
la publicidad	*advertising*
la reclamación	*claim, complain*
el reparto	*delivery, distribution*
el seguro	*insurance*
el servicio	*service*
el servicio a domicilio	*home delivery*
el taller	*workshop, car repair*
la tintorería	*dry cleaner*
el/la trabajador/a	*worker*

La economía y el comercio
(Economy and commerce)

la agricultura	*agriculture*
la banca	*banking*
el banco	*bank*
el comercio	*trade*
el consumidor	*consumer*
la demanda	*demand*
el desarrollo	*development*
el descuento	*discount*
la exportación	*exports*
la ganadería	*livestock*
la importación	*imports*
los impuestos	*taxes*
la industria	*industry*
la inversión	*investment*
el inversor, inversionista	*investor*
la mercancía	*goods, merchandise*
la minería	*mining industry*
la moneda	*currency*

la oferta	*supply*
el peaje	*toll*
el préstamo	*loan*
el producto interno bruto (PIB)	*gross domestic product*

Adjetivos (Adjectives)

marítimo/a	*sea*
comercial	*business-related*
anticuado/a	*antiquated, out-of-date*
deshonesto/a	*dishonest*
inmobiliario/a	*real estate–related*
justo/a	*fair*
gubernamental	*government-related*
novedoso/a	*novel, new, innovative*
financiero/a	*financial*
empresarial	*business-related*

Verbos (Verbs)

comerciar	*to trade, to do business*
convencer	*to convince*
desarrollar	*to develop*
devolver (ue)	*to return*
disculparse	*to apologize*
diseñar	*to design*
encargar	*to order*
estropear	*to damage, to break*
financiar	*to fund*
fundar	*to found*
inventar	*to invent, to make up*
invertir (ie)	*to invest*
mejorar	*to improve, to make better*
presionar	*to pressure, to put pressure*
promover (ue)	*to promote*
reclamar	*to claim*
surgir	*to emerge*

Otras palabras y expresiones
(Other words and expressions)

a punto	*ready*
a punto de	*on the verge of*
en crecimiento	*growing*
prestar un servicio	*to provide a service*
realizar un pedido	*to order*
solicitar un servicio	*to request a service*
tomar una decisión	*to make a decision*

CONSULTORIO GRAMATICAL

1 *SI* Clauses with Indicative

The most common particle to express a condition is si (=if). When we are referring to a condition that we consider possible, either in the present or in the future, the verb of the conditional clause is always in the present indicative, never in the future. The verb of the main clause (the one that expresses the result of the condition) can be in the present or in the future indicative.

- **Si** este hotel **ofrece** buen servicio, **tendrá** muchos clientes. —If this hotel offers good service, it will have a lot of customers.

○ Y **si** los precios no **son** muy altos, **puede ser** muy popular. —And if prices are not too high, it might be very popular.

2 *Cualquier* + Noun

When accompanying a noun, it doesn't change: it is always masculine and singular.

	SINGULAR NOUN	
cualquier	cliente	(= any client, it does not matter who)
cualquier	empresa	(= any business)

Llámenos a **cualquier hora**, pídanos **cualquier cosa**, y se la llevaremos a **cualquier sitio**.
Call us at any time, ask us anything, and we will take it anywhere for you.

When replacing a noun (i. e. as a pronoun) the form changes to **cualquiera**.

- ¿Cuál prefieres? ¿Éste o aquél? —Which one do you prefer? This one or that one?
○ **Cualquiera.** —Any (it doesn't matter)
- ¿Cuál prefieres? ¿La grande o la pequeña? —Which one do you prefer? The big one or the small one?
○ **Cualquiera.** —Any.

3 Relative Pronouns (*Donde / Cuando / Como / Todo Lo Que...*) + Subjunctive

As we studied in Lección 16, a relative clause has the same function as an adjective. When the relative clause describes people that we know personally, or specific things that we know exist, we use the indicative mode. We use the subjunctive mode to talk about the characteristics of unknown, unspecified, or hypothetical people or things.

Es una empresa **que tiene mucho éxito.** = exitosa
It's a company with a lot of success. = successful

Quiero fundar una empresa **que tenga éxito.** = exitosa
I want to found a company that will be successful.

Other relative pronouns to introduce relative clauses are **donde, como, cuando, lo que,** and **todo lo que**. They are usually followed by the subjunctive because they refer to places, manners, times, quantities, or things that are unknown, unspecified, or hypothetical.

FUTURE	+ SUBJUNCTIVE
Te llevaremos	**lo que** pidas (= whatever you order)
Te llevaremos	**todo lo que** pidas (= everything you order)
Te llevaremos tu pedido	**donde** quieras (= wherever you want)
Lo haremos	**como** tú quieras (= however you want)

They are followed by the indicative when we refer to specific things that we know exist:

Haremos por usted **todo lo que** necesite. (= everything you need)
Por favor, dígame **todo lo que** tengo que saber. (= everything I need to know)

 ¡ATENCIÓN!

Todo/a/os/as is usually accompanied by the corresponding article. When accompanying a noun, the article agrees with the noun.

		NOUN
todo el		dinero
toda la		pizza
todos los		pedidos
todas las		botellas

When replacing a noun that acts as a direct object, we often use the corresponding direct object pronoun: **lo, la, los, las**.

- ● ¿Y el arroz? — And the rice?
- ○ Me **lo** he comido **todo** — I ate it all.

- ● ¿Y los libros? — And the books?
- ○ **Los** he traído **todos**. — I brought them all.

4 Direct and Indirect Object Pronouns: *Se + Lo/La/Los/Las*

When we use two object pronouns (direct and indirect) in a sentence, the order in which they are positioned is as follows: the indirect object is placed before the direct object pronoun. When the indirect object pronouns **le** and **les** are combined with the direct object pronouns **lo, la, los, las**, a change is required: **le** and **les** turn into **se**.

- ● ¿Y el pollo? — And the chicken?
- ○ **Se lo** llevaré ahora mismo. — I will take it to her/him right away.
- ● Sí, por favor, no **se lo** lleves tarde. — Yes, please, don't take it to her/him late.

PRONOUN PLACEMENT

	BEFORE THE VERB	AFTER THE VERB
WITH INFINITIVES AND AFFIRMATIVE COMMANDS		Es necesario llevár**selo** ahora. (It is necessary to take it to her/him now.) Lléva**selo** pronto, por favor. (Take it to her/him soon, please.)
WITH PERIPHRASES	**Se lo** debemos llevar pronto. (We should take it to her/him soon.)	Debemos llevár**selo** pronto.
WITH INFINITIVES AND GERUNDS	Ahora **se lo** están llevando. (Now they are taking it to her/him.)	Ahora están llevándo**selo**.
	¿Se lo vas a llevar ahora? (Are you taking it to her/him now?)	¿Vas a llevárselo ahora?

5 Review of Impersonal Expressions

We can express impersonality in Spanish in three different ways:

1. With the construction **se** + third-person singular / plural.

   Cuando **se compra** un producto de calidad, **se paga** un precio mayor.
   When a quality product is bought, a higher price is paid.

   Cuando **se compran** productos de calidad, **se pagan** precios mayores.
   When quality products are bought, higher prices are paid.

2. With the second-person singular. When using this construction, the speaker is also included or implicated in the action. It is appropriate for spoken language.

   Es una tienda en la que **puedes** elegir entre muchos modelos y **te** sale muy barato.
   Además, si el modelo no **te** gusta más, lo **puedes** cambiar.

   It is a store where you can choose among many models, and it is very cheap.
   Also, if you don't like the model anymore, you can exchange it.

3. With **uno/a** + third-person singular. This structure is most frequent in spoken language.

   Cuando uno quiere productos de calidad, tiene que pagarlos.
   When one wants quality products, one has to pay for them.

This construction is commonly used to express impersonality with a reflexive verb in both spoken and written language, since using the impersonal **se** and the reflexive **se** at the same time is not possible.

   Cuando **uno se acuesta** muy tarde, el día siguiente se siente muy mal.
   When one goes to bed too late, the following day one feels very bad.

Información para la actividad 19–1

Esta actividad y la siguiente presentan un acercamiento al tema de la lección —problemas relevantes para la humanidad hoy en día— y al país: Guatemala. En esta actividad se presenta una serie de temas para que los estudiantes los relacionen con las fotos y, al mismo tiempo, reflexionen sobre la realidad de Guatemala hoy. Todos estos temas o problemas se pueden extrapolar a cualquier país hispanohablante.

El lago de Atitlán está rodeado de volcanes, ciudades y pueblos mayas. Es uno de los lagos más impresionantes y hermosos del mundo. Los bosques que lo rodean son un hábitat importante del quetzal, el pájaro nacional de Guatemala. Gracias al lago, se mantienen en sus alrededores extensas plantaciones de café, caucho, caña de azúcar, té y bananas.

Tikal es la ciudad maya más grande y uno de los principales centros culturales y poblacionales de esta civilización. Los especialistas estiman que en su apogeo tuvo una población de 100.000 a 200.000 habitantes. Entre los edificios que sobreviven están seis grandes templos piramidales y el palacio real. Debido a lo lejos que se encuentra de las ciudades modernas, ninguna expedición científica visitó Tikal hasta 1848. En 1979 el gobierno guatemalteco inició un proyecto arqueológico en Tikal, que continúa hasta el día de hoy. Las ruinas de Tikal han sido declaradas patrimonio de la humanidad.

Ciudad de Guatemala es la capital del país. Su nombre completo es La Nueva Guatemala de la Asunción. Es la ciudad más grande de la república y la metrópolis más grande de América Central. La ciudad tiene además de una gran variedad de restaurantes, hoteles y tiendas, unas 30 galerías y museos. Hay cinco universidades, entre ellas la Universidad de San Carlos, la tercera universidad más antigua de las Américas.

☑ ## TAREA

Debatir sobre un problema mundial y decidir las cinco áreas de actuación más importantes para solucionarlo.

NUESTRA GENTE

Guatemala
Hispanos/latinos en Estados Unidos

Mercado indígena

Ciudad maya de Tikal

Niños en la escuela, Chimaltenango

Ciudad de Guatemala

Lago Atitlán y volcán San Pedro, Guatemala

ACERCAMIENTOS

19–1 Temas de debate

Observa las fotos de Guatemala. Relaciona cada una de ellas con algunos de estos temas de debate.

- Los movimientos indígenas
- La conservación del medio ambiente
- La educación
- Los movimientos ecologistas
- El comercio justo

- La erradicación de la pobreza
- La globalización
- La esperanza de vida
- La contaminación de lagos, ríos y mares
- Otros: _____

19–2 La vida dentro de 90 años

¿Cómo será la vida a finales del siglo XXI? Lee la información sobre cuatro ámbitos diferentes y piensa en las cosas que pasarán en el futuro. Piensa tú en otro ámbito. Después, elige seis temas y escribe una frase para cada uno.

EJEMPLO:

Yo creo que muy pronto podremos comunicarnos con otras civilizaciones.

LA CONSERVACIÓN DEL MEDIO AMBIENTE
- La contaminación de los mares
- La deforestación del planeta
- El agujero de la capa de ozono
- El cambio climático

LOS ADELANTOS CIENTÍFICOS Y TECNOLÓGICOS
- La manipulación genética
- La informática
- La asistencia sanitaria
- Los efectos de la medicina en la esperanza de vida

Otro:

1. _____

2. _____

3. _____

4. _____

5. _____

LAS RELACIONES INTERNACIONALES
- Las guerras y conflictos locales
- Los movimientos migratorios
- El crecimiento de la población mundial
- El comercio mundial

LOS PAÍSES EN VÍAS DE DESARROLLO
- El hambre y la pobreza
- La educación de los niños
- La desigualdad entre países ricos y países pobres

 Ahora seleccionen las tres áreas en que creen que habrá mayores cambios y decidan qué consecuencias tendrán todos estos cambios.

EJEMPLO:

E1: Yo creo que habrá grandes avances en la esperanza de vida.
E2: Yo también. Creo que la gente vivirá mucho más: como 90 ó 100 años de promedio.
E3: Sí, y por eso aumentará la población mundial.

Finalmente, compartan sus ideas con la clase.

Sugerencias/expansión para la actividad 19–1

Por ser ésta la sección de Acercamientos, no se debería esperar de los estudiantes respuestas demasiado elaboradas sobre la relación entre las fotos y los posibles temas de debate. A lo largo del capítulo, usted y los estudiantes encontrarán diversas oportunidades de profundizar en sus opiniones personales.

Información para la actividad 19–2

Los ámbitos sobre los que se deben manifestar los estudiantes están enunciados en el texto del ejercicio bajo cinco categorías: la conservación del medio ambiente, los adelantos científicos y tecnológicos, las relaciones internacionales, los países en vías de desarrollo, y una categoría llamada "otro". En cada uno de estos ámbitos se especifican una serie de temas que pueden ayudar a los estudiantes en su actividad.

En la ficha llamada "otro" se espera que los estudiantes escriban otro ámbito y listen cinco asuntos o problemas relacionados con el mismo.

Se ofrece aquí la posibilidad de repasar uso y forma del futuro de indicativo, que se presentó en la *Lección 14* y se continuó en la *Lección 18.* Además se pide a los estudiantes que manifiesten sus opiniones sobre los temas. En el resto de la lección se desarrolla en profundidad la expresión de la opinión y en general el uso del lenguaje para argumentar.

Sugerencias/expansión para la actividad 19–3

El texto de este ejercicio tiene un tono algo formal y técnico, más propio de la lengua escrita. Para comenzar, se puede plantear el significado de la expresión "tener los días contados", aplicada a los objetos que se mencionan en el texto. Usted puede preguntar a sus estudiantes si creen que esos objetos tienen realmente los días contados y cuáles creen ellos que pueden desaparecer antes. A continuación, los estudiantes escriben sus respuestas individualmente y luego las comparten con toda la clase y comprueban en qué coinciden.

 VOCABULARIO EN CONTEXTO

19-01 to 19-06

19–3 Desaparecerán

En el libro *Palabras, objetos y costumbres que tienen los días contados*, de Isabel Morán, se habla de cosas que no existirán en el futuro. Lee una de sus páginas.

PALABRAS, OBJETOS Y COSTUMBRES
que tienen los días contados

LOS CDs
Desaparecerán. Ya no se venderá música en las tiendas. Solo se escuchará a través de Internet. Se pagará una cuota y a cambio se podrá acceder a toda la música del mundo desde cualquier lugar.

EL ORDEN ALFABÉTICO
Por desgracia, este útil invento de un monje francés del siglo XII perderá casi todo su uso cuando guías telefónicas, obras de referencia y directorios estén en soporte electrónico. Para buscar BORGES, por ejemplo, no habrá ya que recordar si la "g" va antes o después de la "j", sino sencillamente pulsar las teclas correspondientes. O ni siquiera eso: pronunciar el nombre será suficiente porque el programa sabrá reconocerlo.

LAS TARJETAS DE CRÉDITO Y OTRAS IDENTIFICACIONES
El reconocimiento de las personas a partir de las características biométricas (las huellas digitales, el iris o incluso el ADN) sustituirá a todos los sistemas de identificación. Los sensores colocados en cajeros automáticos, comercios, fronteras y organismos oficiales reconocerán de manera inequívoca a las personas, y les permitirán hacer transacciones personales y comerciales o gestiones administrativas sin necesidad de documentos de identificación.

Ahora completa estas frases:

* Los CDs desaparecerán porque _____.
* El orden alfabético desaparecerá porque _____.
* Las identificaciones personales desaparecerán porque_____.

19–4 ¿Sí o no?

Miren las fotos del texto de 19–3. Usen estas expresiones para decir algo sobre cada uno de los objetos.

- lo/la/los/las usa mucha/bastante gente
- todavía se usarán
- ya no se usan
- dejará/n de existir

- desaparecerá/n
- está/n desapareciendo
- continuará/n existiendo

EJEMPLO:

E1: A mí me parece que los lápices desaparecerán.
E2: Sí, yo también lo creo, porque la gente escribe cada vez más en su computadora.

Información para la actividad 19–4

La actividad continúa la reflexión iniciada en 19–3 sobre el futuro de diferentes objetos y costumbres. Note que se introducen las perífrasis *dejar de* + infinitivo, *continuar* + gerundio y *ya no* + verbo, que son metas de la lección. Explique a los estudiantes su significado. Más adelante en esta lección son objeto de estudio.

Sugerencias/expansión para la actividad 19–4

La lista de cosas que aparece al final de la actividad puede ampliarse con aportaciones de los estudiantes o de usted, para así potenciar la creatividad y la aparición de nuevo vocabulario.

¿Y estas otras cosas? ¿Cuáles creen que dejarán de existir?

dinero en efectivo	teléfono celular	periódicos impresos	teatros y cines
anteojos	libros impresos	pasaportes	llaves de metal

EJEMPLO:

E1: Los periódicos impresos continuarán existiendo.
E2: No, yo creo que desaparecerán. La gente no leerá nada en papel.

19–5 Cambios de valores: la calidad de vida

El periódico de hoy publica un artículo sobre los cambios en la sociedad moderna. Es un reportaje sobre una conferencia de un escritor y filósofo alemán contemporáneo. Lee el artículo.

HANS MAGNUS ENZENSBERGER

El lujo superfluo y exhibicionista entra en crisis

El pensador alemán advierte de un peligro que nos amenaza: lo más necesario empieza a ser escaso. En un futuro próximo, lo más valioso serán unas condiciones de vida elementales, como vivir con tranquilidad, tener tiempo para uno mismo o disponer de espacio suficiente.

En la actualidad, los deportistas, los banqueros y los políticos disponen de dinero, de espacio para vivir y hasta cierto punto de seguridad; sin embargo, no disponen de mucho tiempo ni de tranquilidad. Por el contrario, los desempleados y las personas jubiladas suelen tener mucho tiempo, pero no pueden disfrutarlo por falta de dinero, de espacio vital o de seguridad.

Seguramente, los lujos del futuro no consistirán ya en tener muchas cosas (que en realidad son superfluas) sino en una serie de bienes aparentemente muy básicos: tiempo, espacio, tranquilidad, medio ambiente sano y libertad para elegir lo que nos interesa.

En las sociedades desarrolladas, el ritmo de vida actual puede terminar provocando un cambio de prioridades: "En la época del consumo desenfrenado, lo raro, lo caro y codiciado no son los automóviles ni los relojes de oro, tampoco el champaña o los perfumes —cosas que pueden comprarse en cualquier parte— sino unas condiciones de vida elementales: tener tranquilidad, agua potable, aire puro y espacio suficiente."

Ahora con un/a compañero/a haz una lista con todos los valores (materiales y no materiales) que se citan en el artículo.

VALORES MATERIALES	VALORES NO MATERIALES

Subrayen los tres valores de esta lista que consideran más importantes y los tres que consideran menos importantes.

19–6 ¿Y tu ritmo de vida?

¿Cómo vives tú? ¿Tienen más importancia los valores materiales o los no materiales? Escribe una lista con los seis valores más importantes en tu vida.

Ahora comparte la lista con tu compañero/a. ¿En qué coinciden? ¿En qué no coinciden? Compartan la información con la clase.

Información para la actividad 19–5
En esta actividad los estudiantes leen el texto y en parejas confeccionan una lista con los valores que se citan en el artículo. Después comentan y argumentan la razón de sus prioridades.

Respuestas para la actividad 19–5
Valores materiales: dinero, automóviles, relojes de oro, champaña, perfumes

Valores no materiales: espacio para vivir, seguridad, tiempo, tranquilidad, medio ambiente sano, libertad para elegir lo que nos interesa

Sugerencias/expansión para la actividad 19–5
A partir del título y subtítulo del artículo, haga una actividad de prelectura. Pregúnteles a los estudiantes: ¿Cuáles consideran lujos superfluos? ¿Por qué el autor los califica de exhibicionistas?

Según el autor, ¿qué valores podrían convertirse en los más necesarios (valores que ya comienzan a ser escasos)?

Sugerencias/expansión para la actividad 19–6
Esta actividad permite una continuación del ejercicio 19–5 en un contexto más personalizado.

Información para la
actividad 19–7
La actividad de comprensión
auditiva ofrece un *input* breve:
opiniones de algunas personas
respecto a problemas de la
humanidad y el futuro de los
mismos, todas ellas independientes
entre sí, tanto temáticamente como
textualmente. El objetivo es la
producción de opiniones, la
expresión del acuerdo y el
desacuerdo, usando cláusulas
nominales con indicativo o
subjuntivo (uno de los focos
gramaticales de la lección).
Recuerde que ya en la *Lección 15*
se trabajó con este aspecto de la
gramática, que sin embargo
continuará siendo objeto de
estudio en éste y sucesivos niveles
de aprendizaje del español. Insista
en el uso del presente de
subjuntivo con valor de futuro (no
creo que *haya* sida en 2050).

Sugerencias/expansión para la
actividad 19–7
Para la primera audición, pase la
grabación y párela después de
cada opinión. Los estudiantes
escriben una frase que refleje cada
una de las opiniones. En una
segunda audición, pida a los
estudiantes que marquen aquellas
opiniones con las que están de
acuerdo, aquéllas con las que no
están de acuerdo, y aquéllas sobre
las que no se pronuncian. Esto se
puede llevar a cabo con un
mecanismo tan sencillo como los
signos (+), (−) o (0). Después pase
a la discusión en grupos.

Información para la
actividad 19–8
Esta actividad se basa en los
contenidos del input auditivo de
19–7. Se trabaja la meta
gramatical de las oraciones
temporales (*cuando*) con
subjuntivo para hablar del futuro.

Sugerencias/expansión para la
actividad 19–8
Esta actividad puede dar pie a un
juego de encadenamiento de ideas
y práctica de la estructura *cuando*
+ subjuntivo. Tal como se ve en el
ejemplo, la referencia al tiempo
libre en la primera oración viene
seguida de la construcción *cuando
tengamos más tiempo libre*, y a la
referencia sobre disfrutar de la vida
se añadiría *cuando podamos
disfrutar más de la vida* →
viajaremos más y *cuando viajemos
más* → *conoceremos a más gente*
y *cuando conozcamos a más gente*
→ haremos más amigos, etc.

GRAMÁTICA EN CONTEXTO

19-07 to
19-25

19–7 En el año 2050

Escucha los comentarios de estas personas ¿Estás de acuerdo,
tienes dudas o estás en desacuerdo? Escríbelo.

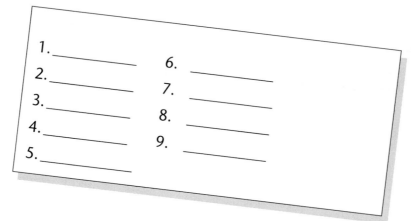

1. _____
2. _____
3. _____
4. _____
5. _____
6. _____
7. _____
8. _____
9. _____

 Ahora comenta tus opiniones con dos compañeros/as. Reaccionen
expresando su opinión personal.

EJEMPLO:

E1: A mí me parece que todavía **habrá** enfermedades graves como el SIDA.
E2: No, **no estoy de acuerdo**. No creo que **haya** SIDA en el 2050.
E3: Pues yo **no estoy muy seguro**. Yo **pienso que** todavía **existirá** el
problema del SIDA.

19–8 Consecuencias de algunos cambios

Ahora expliquen las consecuencias de los cambios que habrá en el
año 2050.

EJEMPLO:

E1: **Cuando** las máquinas **hagan** nuestro trabajo, **tendremos** más tiempo
libre.
E2: Sí, y **cuando tengamos** más tiempo libre, **podremos** disfrutar más de la
vida.

19–9 ¿Seguiremos haciendo lo mismo?

¿Cuáles de estas cosas crees que seguirás haciendo en 2050?
¿Cuáles ya no harás? Señálalo.

1. hablar por teléfono celular
2. escribir correos electrónicos
3. ver películas en una sala de cine
4. usar dinero en efectivo
5. dormir ocho horas diarias
6. ver anuncios en la tele
7. estudiar idiomas
8. comer carne
9. tomar medicinas

EJEMPLO:

E1: Yo creo que **seguiré usando** el correo electrónico, pero ya no lo usaré en
la computadora.
E2: Pues yo **seguiré sin dormir** ocho horas diarias, porque nunca lo hago.

EXPRESIÓN DE OPINIONES

(Yo) *creo que...*
(Yo) *pienso que...*
(Yo) *opino que...*
En mi opinión,...
Estoy seguro/a de que...
Tengo la impresión de que...
    + *INDICATIVO*
    ...el futuro **será** mejor.

(Yo) *no creo / pienso / opino que...*
    + *SUBJUNTIVO*
    ...el futuro **sea** mejor.

Pienso que la
crisis terminará
pronto.

¿Sí? Yo
creo
que no.

EXPRESIÓN DE DUDA O PROBABILIDAD

Estoy seguro de que...
Seguro que...   + *INDICATIVO*
Seguramente...   ...el futuro **será** mejor.

(No) es probable que...
(No) es posible que...
Quizá / Tal vez...
Dudo que...
No estoy seguro/a de que...
    + *SUBJUNTIVO*
    ...el futuro **sea** mejor.

¿Es posible que
tengamos una
reunión el martes?

CUANDO

CON IDEA DE PRESENTE HABITUAL
Cuando + indicativo

Cuando salgo de clase, siempre **paso** por el supermercado para comprar frutas.

CON IDEA DE FUTURO
Cuando + subjuntivo

Cuando llegue el año 2045 habrá bases habitadas en la Luna.
Cuando salga de clase, pasaré por el supermercado para comprar frutas.

Cuando tenga cuatro años, iré al colegio con mi hermano.

CONTINUIDAD E INTERRUPCIÓN

Seguir, continuar	+ gerundio
Seguir sin	+ infinitivo
Dejar de	+ infinitivo
Ya no	+ presente

¿Sigues yendo de vacaciones a Saturno?

No, dejé de ir el año pasado.

Yo sigo sin tener vacaciones.

19–10 ¿Es posible?

Hagan una lista de cinco cosas que creen que harán en el futuro. Usen los datos de las dos columnas.

EJEMPLO:

En el futuro **es muy posible que viva** en una isla desierta.

El año que viene	es probable / posible que
En tres o cuatro años	dudo que
Pronto	seguro que
Dentro de _____ años	creo que
Cuando tenga _____ años	no creo que
	tal vez

Ahora intercambien sus listas. Hagan preguntas sobre las consecuencias de estas cosas.

EJEMPLO:

E1: ¿Qué harás **cuando vivas** en una isla desierta?
E2: Leeré mucho, pasearé, comeré frutas y **tal vez construya** una barca.

19–11 Radiografía de Guatemala

Lean estos datos sobre Guatemala. Después completen el texto con sus opiniones.

Población	13.276.517 habitantes
Lenguas	Español y 21 lenguas indígenas mayas
Demografía	El 45% de la población total desciende de naciones indígenas mayas, el 45% son mestizos y el 10% criollos (descendientes de europeos)
Religión:	Católicos (55%), protestantes (40%), religiones indígenas (5%)
Expectativa de vida:	68,5 años (hombres); 72,2 (mujeres)
Desarrollo:	Más del 50% de la población vive bajo la línea de la pobreza
Analfabetismo:	29% de la población
Unidad monetaria:	Quetzal
Economía y exportaciones:	Rural: café, azúcar, banana, carne, petróleo
Gobierno:	Democracia parlamentaria con un presidente cada cuatro años
Historia reciente	1970 – Programa del gobierno militar para erradicar a activistas de izquierda. Unos 50.000 muertos. 1976 – Un terremoto deja un saldo de 27.000 muertos y más de un millón de personas sin techo. 1960–1996 – Guerra civil. Más de 200.000 muertos, más de 600 masacres en poblados mayas. 2008 – Álvaro Colom es elegido presidente.

Decidan las cosas que más les llaman la atención y les parecen más interesantes. Luego completen este párrafo con sus opiniones.

Creemos que en Guatemala _____ , pero **no pensamos que** _____. Además, **opinamos que** _____.
Nosotros pensamos que **es muy probable que** _____.
En nuestra opinión, en el futuro Guatemala **seguirá** _____ pero **dejará de** _____. También _____ _____.

Información para la actividad 19–9
En esta actividad se incorpora otra meta gramatical: las perífrasis de continuidad e interrupción. Temáticamente se continúa trabajando el tema del futuro y funcionalmente la expresión de la opinión, el acuerdo y el desacuerdo con las opiniones de otros.

Información para la actividad 19–10
La actividad se enfoca en el uso del subjuntivo en la expresión de duda y posibilidad. La segunda parte de de la actividad (consecuencias de estas cosas) promueve además el uso de cláusulas con *cuando* y subjuntivo, así como también el uso de cláusulas con el futuro.

Información para la actividad 19–11
Esta actividad se propone combinar información cultural sobre Guatemala, el país de especial interés en la lección, con una de las metas gramaticales de la lección: el contraste entre indicativo y subjuntivo. Integra por tanto contenidos culturales y reflexión lingüística. La actividad ofrece la oportunidad de emplear construcciones con subjuntivo para expresar opiniones a partir de un modelo definido.

INTERACCIONES

19-26 to
19-27

ESTRATEGIAS PARA LA COMUNICACIÓN ORAL

Resources for debating (II)

When debating an issue, you may have to show partial agreement or disagreement with the opinions expressed by your interlocutor. These expressions will be helpful:

■ Disagreeing in part

• *Sí pero…*	Yes, but…
• *No sé, pero yo creo que…*	I don't know, but I think that…
• *Tal vez sea así / A lo mejor es así, pero…*	Maybe that's so, but…
• *Puede ser que / Quizá tengas razón, pero…*	You may be right, but…
• *Quizá / A lo mejor sí, pero…*	It may be so, but…

■ Expressing possibility, doubt, or skepticism.

• *(Sí), probablemente.*	(Yes), probably.
• *(Sí), es probable.*	(Yes), it is possible.
• *(Sí), puede ser.*	(Yes), maybe.
• *Quizá.*	Maybe.
• *(Yo) no estoy (muy) seguro/a de eso.*	I am not (so) sure of that.
• *No sé…*	I don't know…
• *No lo creo.*	I don't think so.
• *Lo dudo (mucho).*	I (really) doubt it.
• *¿Tú crees? / ¿Usted cree?*	Do you think so?

19–12 En desacuerdo

Uno/a de ustedes debe expresar las opiniones que aparecen en la lista y su compañero/a tiene que responder mostrando desacuerdo parcial, duda o escepticismo. Traten de usar diferentes fórmulas. En total deben mantener cinco conversaciones.

OPINIONES

1. El dinero es mucho más importante que la salud o el amor.

2. Aprender lenguas no es muy necesario: lo más importante es saber inglés.

3. Todos los vicios son malos. Sin excepción.

4. Los amigos son más importantes que la familia.

5. Algunas guerras se pueden justificar.

 19–13 ¿Qué pasará?

Formen grupos de tres personas. Primero, discutan sus opiniones sobre el futuro de estos problemas (si dejarán de existir, seguirán existiendo o ya no existirán).

1. La desigualdad entre hombres y mujeres

2. El calentamiento global

3. El cáncer y otras enfermedades incurables

4. Las epidemias y el hambre

5. La deforestación

EJEMPLO:

E1: Yo creo que las desigualdades dejarán de existir.
E2: No, no estoy de acuerdo en absoluto. Creo que continuarán existiendo.
E3: Quizá, pero no serán tan grandes, ¿no creen?

Ahora un representante del grupo expondrá sus conclusiones a la clase.

 19–14 Mini debates

En grupos de seis, para cada uno de estos temas polémicos, decidan cuál es su posición.

1. La eutanasia

2. Las madres de alquiler

3. Las corridas de toros

4. La caza

5. El boxeo

6. La legalización de la marihuana

EJEMPLO:

E1: En mi opinión, la eutanasia debe ser prohibida.
E2: No, no estoy seguro de que deba ser prohibida porque en algunos casos es necesaria.

Ahora decidan qué tema quieren debatir. Luego se dividirán en dos grupos de tres personas cada uno (a favor y en contra). Escriban los tres argumentos principales para defender su posición.

> GRUPO A: ¿A favor o en contra?
>
> Argumento 1: _____
>
> Argumento 2: _____
>
> Argumento 3: _____

> GRUPO B: ¿A favor o en contra?
>
> Argumento 1: _____
>
> Argumento 2: _____
>
> Argumento 3: _____

Debatan durante unos minutos.

 19–15 Situaciones: *Los candidatos*

Two students are candidates for the presidency of the student council. Each has a list of proposals. Candidates are participating in a public debate in order to defend their proposals. Another student will moderate the debate.

ESTUDIANTE A

You are a candidate for the presidency of the student council. Before starting the debate, prepare a list of five proposals. During the debate, present your proposals, one by one, as opinions. You will listen to your opponent's proposals, but you will not agree with any of them.

ESTUDIANTE B

You are a candidate for the presidency of the student council. Before starting the debate, prepare a list of five proposals. During the debate, present your proposals, one by one, as opinions. You will listen to your opponent's proposals, but you will not agree with any of them.

ESTUDIANTE C

You are the moderator of the debate. Make sure candidates have the same time and opportunity to present their proposals. Do not allow any of them to monolopize the debate. You may ask them to clarify further what they say, and you should open the floor to questions from the audience when you consider it appropriate.

Información para la actividad 19–14
Comience con grupos de seis estudiantes y después, cuando el grupo haya decidido el tema que más le interesa, divídalos en dos grupos de tres personas.

Sugerencias/expansión para la actividad 19–14
Otros posibles temas de debate son la corrupción en la política, la venta de alcohol a menores, el tabaco en lugares públicos, la censura en la televisión la piratería musical, etc. Usted podría marcar un límite de mínima/máxima duración de las intervenciones por parte de cada estudiante (30 segundos, 1 minuto, etc.).

TAREA  Gente en acción

Debatir sobre un problema mundial y decidir las cinco áreas de actuación más importantes para solucionarlo.

PREPARACIÓN

El programa de televisión *A Debate* tiene esta noche un tema muy interesante: "Preparamos hoy el mundo de mañana". En el programa de esta noche los invitados debatirán el futuro del planeta Tierra. Los siete invitados son un grupo de personas que representan a diversos sectores sociales y organizaciones públicas.

CIENTÍFICOS / INVESTIGADORES   POLÍTICOS   FEMINISTAS
ECOLOGISTAS   EMPRESARIOS   ECONOMISTAS
EDUCADORES   JÓVENES   DEFENSORES DE LA FAMILIA
MIEMBROS DE ONGs   ARTISTAS   INTELECTUALES

¿Qué sector social crees que representa cada personaje? ¿Por qué?

 Al principio del programa, el presentador lee algunos titulares (*headlines*) de los periódicos a sus invitados. Relaciona cada noticia con uno o más temas de la lista.

EN LA GUERRA CIVIL EN GUATEMALA, MÁS DE 200.000 PERSONAS DESAPARECIERON O FUERON ASESINADAS.

CRECEN LAS TENSIONES ENTRE PAÍSES RICOS Y PAÍSES POBRES EN LOS FOROS INTERNACIONALES.

LA AUTOMATIZACIÓN HA REDUCIDO EN UN 45% LOS PUESTOS DE TRABAJO EN LA INDUSTRIA DEL AUTOMÓVIL.

250 MILLONES DE NIÑOS EN EL MUNDO TRABAJAN DE FORMA ILEGAL.

130 MILLONES DE NIÑOS NO ASISTEN A LA ESCUELA Y 150 MILLONES ASISTEN A LA ESCUELA MENOS DE CINCO AÑOS.

LAS ÁREAS PROTEGIDAS DE LA SELVA ECUATORIAL OCUPAN SÓLO EL 4,5% DE LA SUPERFICIE TOTAL.

TEMAS / ÁREAS PARA EL DEBATE
- el trabajo y el desempleo
- los desequilibrios entre países ricos y países pobres
- los conflictos armados / la paz mundial
- el desarrollo tecnológico
- la conservación del medio ambiente
- la enseñanza y los sistemas educativos
- los derechos humanos

El presentador va a hacer cinco preguntas a sus invitados. Elige un personaje del debate. Imagina cómo respondería a estas preguntas. Escribe un párrafo para el personaje.

EJEMPLO:

Para Alba Páramo, que es ecologista, lo más importante es la conservación del medio ambiente. Los dos problemas más grandes son la destrucción de la capa de ozono y la deforestación. Por ejemplo, la selva amazónica está en peligro porque las industrias continúan talando árboles. Ella cree que estos problemas dejarán de existir cuando haya más educación medioambiental, sobre todo en las escuelas, y cuando los gobiernos tengan leyes más estrictas para proteger el medio ambiente. Piensa que si las leyes no protegen el medio ambiente, nadie podrá protegerlo.

PREGUNTAS DEL PRESENTADOR

1. ¿Cuál es el tema o área más importante?
2. Díganme dos problemas que tiene el mundo en relación con este tema.
3. Denme un ejemplo específico.
4. ¿Cuándo y cómo se solucionará este problema?
5. Denme razones y argumentos para defender su opinión.

 Paso 1 Preparando nuestro debate
Elijan el tema de la lista anterior que les parezca más importante.

1. Hagan una lista de tres problemas que tiene el mundo actual relacionados con el tema.
2. Den un ejemplo específico de estos problemas.
3. ¿Cuándo y cómo se solucionarán estos problemas? Den posibles soluciones.
4. Preparen razones y argumentos para defender su opinión.

Paso 2 El debate
Su grupo va a debatir con otro grupo de la clase que ha elegido un tema diferente. Cada grupo debe defender su tema y exponer los problemas que con él se relacionan. Además, cada grupo debe explicar claramente por qué considera que su tema es el más importante.

Paso 3 El plan de actuación
Tras el debate, la clase debe llegar a un consenso sobre cuál es el problema más importante y decidir un programa que incluya 6 puntos de actuación.

Paso 4 Foco lingüístico.

Información para la actividad 19–16

Esta actividad plantea una reflexión sobre el tema principal de la lectura: los derechos de las comunidades indígenas y los problemas que enfrentan hoy día. Haga que los estudiantes reflexionen sobre su propio país y los indígenas que forman parte del mismo.

La Red de Información Indígena (http://www.laneta.apc.org/rci/) constituye un excelente primer paso para buscar más información sobre organizaciones indígenas en diversos campos intelectuales, sociales, culturales y políticos.

Respuestas para la actividad 19–17

1. añejos = *old*
   equitativo = *fair*
   incumplida = *broken (promise)*
   sojuzgaron = *conquered*
2. tomar en cuenta = *to keep in mind* (perífrasis; diccionario: cuenta)
   desafía = *it challenges* (verbo desafiar)
   interpelemos = *ask for explanations, speak to* (verbo interpelar)
   vorágine = *maelstrom* (sustantivo la vorágine)
3. desarrollo sostenible = *sustainable development* (es un cognado)
4. los cuales = fenómenos terribles
5. no obstante = *however* (introduce un argumento opuesto)

Respuestas para la actividad 19–17

1. Es un mundo globalizado con muchísimos problemas: discriminación, explotación, pobreza, desigualdad social, con problemas medioambientales graves.
2. Opina que es un problema urgente y que las voces de los pueblos indígenas respecto a este tema no son escuchadas en los foros internacionales.
3. El respeto a su existencia como pueblos, el reconocimiento de su contribución histórica al desarrollo de la humanidad y el derecho a un desarrollo sostenible, digno y equitativo, con pleno acceso y control de sus territorios y recursos.

NUESTRA GENTE

19-28 to
19-29

GENTE QUE LEE

ESTRATEGIAS PARA LEER

Reading an argumentative essay

In argumentative writing, the author tries to persuade readers to agree with the facts or opinions as s/he sees them. In order to read and evaluate the effectiveness of a persuasive text, you can use these questions:

1. What is the writer's claim? Is it stated directly and clearly? Is it wellfocused? If it is not stated explicitly, can the reader recognize it?
2. What reasons or background information is provided to support the claim? Are they organized in order of importance?
3. Are there any fallacies in the argument?
4. Are the arguments supported by reason, ethics, or emotion?
5. How does the text conclude? Does it summarize the claim, or elaborate on its implications?

ANTES DE LEER

19–16 Problemas mundiales

1. Miren esta lista de temas y piensen en dos problemas específicos para cada uno.

EJEMPLO:

La discriminación: de las mujeres en el trabajo, o de los indígenas en muchas partes del mundo.

la discriminación	la especulación	la intolerancia	la pobreza
el medio ambiente	la globalización	la marginación	el racismo
la esclavitud	el hambre	el narcotráfico	el comercio

2. Piensen en las poblaciones indígenas de América Latina o de su país. ¿Cuáles de los problemas anteriores tienen relación directa con ellos?

DESPUÉS DE LEER

19–17 ¿Comprendes?

1. ¿Cómo describe el mundo de hoy Rigoberta Menchú? ¿Qué características tiene?
2. ¿Qué opina Menchú sobre el problema del cambio climático?
3. ¿Qué tres reivindicaciones tienen los pueblos indígenas?
4. ¿Qué problemas deberían dejar de existir en el siglo XXI?
5. ¿Quién puede solucionar, según Rigoberta, estos problemas?

19–18 Activando estrategias

1. ¿Qué significan las palabras "añejos" (p. 1), "equitativo" (p. 4), "incumplida " y "sojuzgaron" (p. 5)? Usa diversas estrategias.
2. Busca en el diccionario "tomar en cuenta" (p. 1), "desafía", "interpelemos" y "vorágine" (p. 5). ¿Qué clase de palabras son? ¿Qué entradas vas a buscar?
3. ¿Qué significa la expresión "desarrollo sostenible" (p. 4)? ¿Cómo lo sabes?
4. Identifica a qué se refiere el referente "los cuales" (p. 5).
5. ¿Qué significa y qué función tiene el conector "no obstante" (p. 3)?

A LEER

REFLEXIÓN SOBRE EL RACISMO Y LA DISCRIMINACIÓN

Por Rigoberta Menchú Tum, activista indígena guatemalteca, Premio Nobel de la Paz y Embajadora de Buena Voluntad de la UNESCO

Estamos iniciando un nuevo siglo en el que problemas tan **añejos** como la discriminación, la xenofobia y la intolerancia siguen existiendo. Podemos preguntarnos si este mundo globalizado es el que queremos para nuestros hijos: la mundialización de las finanzas y de la especulación [...] del narcotráfico, de la pobreza y la marginación, del exterminio de la naturaleza y de la destrucción de la esperanza en el planeta. ¿Debemos permitir la imposición de un pensamiento único que lleva a que sólo una minoría privilegiada —el 20% de la población del mundo— consuma el 80% de lo que produce nuestra Madre Tierra [...]? Todavía estamos a tiempo de reflexionar, de **tomar en cuenta** otras opciones.

Durante miles de años, los pueblos originarios hemos sabido convivir con la naturaleza, respetando sus ciclos de vida y de regeneración. Desafortunadamente, cuando tienen que tomarse en cuenta nuestras sugerencias, proposiciones y advertencias sobre los daños irreversibles que está ocasionando el actual modelo de

desarrollo, se nos ignora y se nos restringe la participación, reproduciendo el mismo sistema excluyente y discriminatorio que domina el resto de los espacios internacionales de decisión.

El cambio climático que está padeciendo el planeta nos empuja a unir esfuerzos para encontrar solución a lo que seguramente, a muy corto plazo, se convertirá en una situación de emergencia global. **No obstante**, en espacios como el Protocolo de Kyoto y la Convención marco de las Naciones Unidas sobre el cambio climático, las voces de los pueblos indígenas fueron totalmente marginadas.

Una de las mejores ilustraciones de ese histórico fenómeno de marginación [...] se manifiesta en los procesos para la participación en la reciente Conferencia mundial contra el racismo, la xenofobia y la intolerancia, que se llevó a cabo en la ciudad de Durban, Sudáfrica. Me refiero a la falta de inclusión en el documento original [...] de un capítulo específico para tratar nuestra realidad. De este modo, no se recoge la esencia de las reivindicaciones que nuestros pueblos han reiterado [...] y que pueden resumirse en el respeto a nuestra existencia como pueblos, el reconocimiento de nuestra contribución histórica al desarrollo de la humanidad y nuestro derecho a un **desarrollo sostenible**, digno y **equitativo**, con pleno acceso y control de nuestros territorios y recursos.

En el mundo de hoy, nuestra presencia **desafía** la **incumplida** promesa del sistema de Naciones Unidas de poner fin a los regímenes neocoloniales que **sojuzgaron** a nuestros pueblos y crearon instituciones de esclavitud y servidumbre. **Interpelemos** a los gobernantes de nuestros países, a los dirigentes de las naciones más poderosas y a los altos funcionarios de los organismos mundiales que dictan las leyes globales, para exigir un alto en el camino para la reflexión y detener esta **vorágine** que nos arrastra. Es tiempo de sumar esfuerzos y sabidurías para revertir fenómenos tan terribles como la destrucción ecológica, el aumento de la pobreza y el hambre, la intolerancia, el racismo y la exclusión, **los cuales** deberían dejar de existir en este milenio.

19–19 Activando estrategias

Evalúa el estilo argumentativo o persuasivo del texto.

1. Identifica la tesis. ¿Dónde está?

2. ¿Qué razones da la autora para apoyar la tesis?

3. ¿Hay ejemplos para apoyar la tesis?

4. Da algún ejemplo de los recursos retóricos que la autora emplea.

5. ¿Se apoyan los argumentos en razonamientos, ética o emociones? Da ejemplos.

19–20 Expansión

Son todos estos problemas exclusivos de las comunidades indígenas?

GENTE QUE ESCRIBE

19-30 to 19-33

ESTRATEGIAS PARA ESCRIBIR

Writing argumentative texts (I)

The goal of an argumentative text is to convince your readers that your central claim is correct. This claim is like a thesis statement, and it is not objective, but subject to debate. Because of this, it is very important to foresee and overcome objections. Consider these questions:

1. What could the opposing arguments be?
2. How can I refute these arguments?
3. Who are my readers, and how opposed could they be to my arguments?

Write each point and develop it into a paragraph. You will need arguments that support your claim and others that refute it. Try to convince your readers by using reason, ethics, or emotion, and combine them into a single convincing argument.

- Introduction: explain why the issue is important.
- Statement of the claim: explain your claim and give background information.
- Proposition: state your central proposition (thesis) and perhaps announce important sub points that will be presented.
- Refutation: examine opposed arguments.
- Confirmation: develop and support your own claim. You can use examples, facts, and statistics to back up your claims.

MÁS ALLÁ DE LA FRASE

Connectors for argumentative texts

- To add more arguments: *además, también* (also, moreover); *incluso* (even)
  El gobierno se ha equivocado con esa decisión. **Incluso** *el presidente lo ha reconocido.*
- To underscore an argument: *en cualquier caso, de cualquier forma, de todas maneras, de todos modos* (in any event/case)
  No es una buena solución pero, **en cualquier caso**, *es la única que podemos aplicar ahora.*
- To introduce opposed arguments: *no obstante* (nevertheless), *sin embargo* (however)
  Es un país muy rico; **no obstante**, *gran parte de la población vive en la miseria.*
- To refer to an already-mentioned topic: *en cuanto a* (as for), *con respecto a* (with respect to)
  En cuanto a *los problemas ambientales, la deforestación es sin duda uno de los más graves.*
- To conclude: *en conclusión* (in conclusion), *en suma* (to sum up), *para terminar* (to end)

Sugerencias/expansión para la actividad 19–21

Usted podría ahora hacer un repaso de los diversos temas que se han tratado durante la lección como primer paso para que cada estudiante escoja un tema para la argumentación por escrito. Otro paso previo, y que después usted deberá supervisar con cuidado, consiste en aclarar el contraste entre las técnicas de argumentación oral que se presentaron en actividades anteriores, y las técnicas de argumentación escrita, que se tratan en este capítulo y en lo que resta del libro.

19–21　Un carta argumentativa

Elige un tema sobre el que tengas una opinión que quieras defender. Luego escribe una carta para la sección de opinión del periódico en español. Antes de empezar a escribir, prepara una lista de los aspectos que vas a tratar y los argumentos que vas a ofrecer para cada punto. Aquí tienes algunas ideas que te ayudarán a escribir tu texto.

- puntos a favor
- puntos en contra
- clarificaciones
- ejemplos
- conclusiones
- razones
- contradicciones
- otros

COMPARACIONES

19–22 Derechos indígenas en Guatemala

Lean este texto sobre los indígenas de Guatemala.

Guatemala es el país hispanohablante con mayor presencia indígena, superando el 50% de la población total del país. Estas poblaciones hablan más de 21 lenguas indígenas. Sin embargo, históricamente la organización del estado guatemalteco no ha reflejado la naturaleza multiétnica de la sociedad. Actualmente esta situación está cambiando como resultado de varios factores: la respuesta de las organizaciones mayas a las violaciones de sus derechos a comienzos de la década de 1980, la apertura democrática iniciada posteriormente en el país, y los espacios de participación y debate abiertos tras los acuerdos de paz. El acuerdo sobre identidad y derechos de los pueblos indígenas de 1995, rubricado por el gobierno de Guatemala, abrió las puertas a un debate público sobre el tema indígena. Este acuerdo constituye un avance en la lucha de los pueblos indígenas y el punto de partida de un proceso de reivindicación de sus derechos.

Festival
San Pedro de la Laguna,
Matías González Chavajay

¿Cuál de estos derechos les parece más fundamental? Ordénenlos de más a menos importante. Justifiquen sus respuestas.

- ☐ derecho a la no discriminación étnica
- ☐ derecho al reconocimiento de su pasado histórico
- ☐ derecho al reconocimiento de sus identidades lingüísticas y culturales
- ☐ derecho a sus propias leyes
- ☐ derecho a la protección de su medio ambiente
- ☐ derecho a sus tierras y utilizar y a controlar sus recursos naturales

19–23 El gran reto de Guatemala

Lee este párrafo de un texto sobre el futuro de Guatemala.

En Guatemala, la brecha entre ricos y pobres es más que evidente. Más del 50% de la población vive por debajo de la línea de pobreza. Entre tanto, el 10% de la población más rica recibe el 40,3% del total de ingresos del país. Una de las soluciones para cerrar esta brecha es fomentar la reinversión en el área social: **el que invierte en educación y salud, invierte en el futuro de su país.**

1. Lee la frase en negrita. ¿Estás de acuerdo? ¿Por qué?
2. ¿Conoces algunos ejemplos de países hispanohablantes con un buen sistema educativo? ¿Y con un buen sistema de salud?
3. ¿Qué factores crees que son más importantes para determinar el progreso y futuro de tu país?

CULTURA

La llegada de guatemaltecos a Estados Unidos no fue significativa hasta finales de los años setenta, cuando las circunstancias políticas y económicas llevaron a miles, tanto profesionales como indígenas y campesinos, a emigrar a Estados Unidos. Se estima que desde 1980 más de 300.000 guatemaltecos han llegado a Estados Unidos. En total hay unos 875.000 guatemaltecos de origen o ascendencia, el grupo más grande de un país centroamericano después de los salvadoreños. El mayor grupo se halla en Los Ángeles, seguido de Houston, Chicago, Nueva York, Washington, DC, y el sur de Florida. Los guatemaltecos contribuyen de múltiples maneras a la vida artística, académica, científica y cultural del país.

Un ejemplo de ello es el guatemalteco Luis Von Ahn, profesor de la universidad Carnegie Mellon, un genio pionero del campo de la computación humana y una de las personas más influyentes en el campo de la tecnología en Estados Unidos. Actualmente Von Ahn trabaja en un proyecto mundial de digitalización de más de 100 millones de libros.

Luis Von Ahn

Información para la actividad 19–22

La actividad requiere poner en orden una serie de derechos que las poblaciones indígenas de muchos países del mundo llevan reclamando durante siglos. No hay obviamente una respuesta correcta, pero la actividad promoverá sin duda la reflexión y la toma de conciencia por parte de los estudiantes sobre uno de los temas más relevantes de las sociedades y culturas hispanohablantes.

Como ejemplos del relativo avance en el tema de los derechos indígenas, puede mencionar el caso de Bolivia, por ejemplo, donde la nueva Constitución de 2008 otorga más poderes al pueblo indígena, o el caso de México, donde la Ley de los Derechos Lingüísticos del 2001 da el rango de "lenguas nacionales" en igualdad de condiciones con respecto al español a las lenguas indígenas. Sin embargo, el camino que queda por recorrer es largo.

OTROS PAÍSES CON UN ALTO PORCENTAJE DE POBLACIÓN INDÍGENA

País	Blancos	Mestizos	Amerindios
Bolivia	15,0%	28,0%	55,0%
Ecuador	9,9%	41,0%	39,0%
Guatemala	4,0%	42,0%	53,0%
México	15,0%	70,0%	14,0%
Perú	12,0%	32,0%	45,5%

Información para la actividad 19–23

Un informe del Banco Mundial sobre la pobreza en Latinoamérica hace mención de lo siguiente: "Latinoamérica y el Caribe sufren las tasas más altas de repetición y abandono escolar en el mundo". La mitad de los niños que empiezan el primer año de educación nunca terminan el cuarto año. Cada año, 29% de los estudiantes de primaria son repetidores y 42% de los estudiantes de primer año son también repetidores. Los bajos logros académicos son el factor más asociado con la probabilidad de pertenecer al 20% más pobre de la población. Para mayor información sobre la situación actual de la enseñanza en general en los países hispanohablantes, se puede revisar la página de Internet de la UNESCO en español, o en otra de las lenguas oficiales de la organización en http://www.unesco.org.

 **VOCABULARIO**

Los grupos sociales
(Social groups)

la clase social	*social class*
el/la indígena	*native*
el/la marginado/a	*marginalized*
el/la mestizo/a	*person of mixed race*
la organización no gubernamental (ONG)	*non-governmental organization (NGO)*
los pobres	*poor*
el/la refugiado/a	*refugee*
los ricos	*rich*

La ciencia y el medio ambiente
(Science and environment)

el adelanto científico	*scientific advance*
los bienes de consumo	*consumer goods*
el cambio climático	*climate change*
la capa de ozono	*ozone layer*
la conservación	*conservation*
el consumo	*consumption*
la contaminación	*pollution*
la esperanza de vida	*life expectancy*
la exploración del espacio	*space exploration*
la ingeniería genética	*genetic engineering*
las mareas negras	*oil spill, large oil slick*
el medio ambiente	*environment*
los recursos naturales	*natural resources*
la sequía	*drought*
el subsuelo	*underground*
la tala de árboles	*tree-felling*
la tierra	*earth*
los viajes espaciales	*space travels*

Asuntos de interés mundial
(World affairs)

el comercio justo	*fair trade*
el crecimiento	*growth*
el desarrollo	*development*
el desempleo	*unemployment*
la desigualdad	*inequality*
la enfermedad	*sickness*
la esclavitud	*slavery*
la guerra	*war*
el hambre	*hunger*
la igualdad	*equality*
la justicia social	*social justice*
la libertad	*freedom*
el movimiento migratorio	*migration movement*

el país en vías de desarrollo	*developing country*
la paz mundial	*world peace*
las personas sin hogar, sin techo	*homeless*
la pobreza	*poverty*
la riqueza	*wealth, richness*

Adjetivos *(Adjectives)*

desafortunado/a	*unfortunate, less fortunate*
desarrollado/a	*developed*
desconfiado/a	*distrustful, suspicious (of)*
digno/a	*honorable, decent*
escaso/a	*rare*
escéptico/a	*skeptical*
ético/a	*ethical*
libre	*free*
medioambiental	*environmental*
privilegiado/a	*privileged*
valioso/a	*valuable*

Verbos *(Verbs)*

agotarse	*to run out, to be used up*
agravar	*to make worse, to aggravate*
ahorrar	*to save*
alimentar	*to feed*
amenazar	*to threaten*
atreverse	*to dare*
autorizar	*to authorize*
botar	*to throw away*
contradecir (irreg.)	*to contradict*
descartar	*to discard*
diagnosticar	*to diagnose*
disfrutar	*to enjoy*
empezar (ie)	*to start*
iniciar	*to start*
mentir (ie)	*to lie*
opinar	*to express an opinion*
pasar	*to happen*
posponer (irreg.)	*to postpone*
prever	*to foresee*
solucionar	*to solve*

Otras palabras y expresiones
(Other words and expressions)

por desgracia	*unfortunately*
profundamente	*deeply*
sacar conclusiones	*to draw conclusions*

CONSULTORIO GRAMATICAL

1 Use of Subjunctive to State Opinions

*The subjunctive mode is used in subordinate noun clauses. A noun clause is a subordinate clause that depends on a main clause and that has the same function as a **noun; therefore, it could be replaced by a pronoun**. It is always introduced by **que**.*

Yo creo que **el cambio climático es un asunto muy importante** (= *I think climate change is a very important matter*).

main clause	noun (subordinate) clause

Yo creo **ESTO**.

      pronoun

*When the verb of the main clause expresses **opinion**, the noun clause will have a verb in indicative.*

(Yo) creo (*I think/believe*)
(Yo) pienso (*I think*)
(Yo) considero (*I consider*)   }   que + *INDICATIVE*
(A mí) me parece (*It seems to me*)   el cambio climático **es** un asunto muy importante.

Creo que   la pobreza **es** el principal problema del mundo.
          hay mucha deforestación en la selva amazónica.

I think   poverty is the main problem in the world.
          there is too much deforestation in the Amazon forest.

However, if the main clause is negative, the subjunctive mode is used in the noun clause.

(Yo) **no** creo
(Yo) **no** pienso
(Yo) **no** considero   }   que + *SUBJUNCTIVE*
(A mí) **no** me parece   el cambio climático **sea** un asunto muy importante.
No tengo la impresión de

No creo que   la pobreza **sea** el principal problema del mundo.
           haya mucha deforestación en la selva amazónica.

2 Use of Subjunctive to State Probability or Doubt

When we are certain of something, the verb of the noun clause will be in the indicative mode.

                         INDICATIVE
Estoy seguro/a de que   la guerra **terminará** pronto.
I am sure that   the war will end soon.

Seguro que
Seguramente   }   se **solucionará** el problema del medio ambiente.
Surely   the problem of the environment will be solved.

However, if we want to express a certain degree of uncertainty, the subjunctive mode will be used in the noun clause.

Yo estoy seguro de que funcionará.

¿Usted cree? Yo dudo que se ponga en marcha.

Es posible que funcione, pero... ¿para qué sirve?

Es posible que (*It's possible that*)
Es probable que (*It's probable that*)
No estoy seguro de que (*I'm not sure that*)   }   *SUBJUNCTIVE*
Dudo que (*I doubt that*)   la guerra termine pronto.
No creo que (*I don't think that*)   se **solucione** el problema del medio ambiente.

Some expressions of probability are followed by the subjunctive mode as independent clauses (not noun clauses).

Posiblemente (Possibly)
Probablemente (Probably) } la guerra **termine** pronto.
Quizá (Maybe)   se **solucione** el problema del medio ambiente.
Tal vez (Maybe)

However, the common expression **a lo mejor** (maybe) always takes the indicative mode.

A lo mejor   se **soluciona** el problema del medio ambiente.
                         la guerra **termina** pronto.

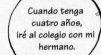

3 *Cuando* + Subjunctive: Talking about the Future

To talk about a future event that is, in turn, related to another future action or state, we can use the construction **cuando** + subjunctive.

Cuando tengamos más tiempo, iremos a Argentina de vacaciones.
When we have more time, we will go to Argentina on vacation.

Cuando llegue el año 2045, habrá bases habitadas en la Luna.
When the year 2045 arrives, there will be inhabited bases on the Moon.

However, when we are referring to a past or present event, we use the indicative.

Cuando tengo tiempo, leo libros de ciencia ficción.
Cuando tenía cinco años, leía muchos cuentos.

When I have time, I read science-fiction books.
When I was five years old, I used to read many stories.

Other conjunctions to express time are:

En cuanto (as soon as)
Tan pronto como (as soon as)
Siempre que (as long as)
Mientras (while, as long as)
Hasta que (until, for as long as)

En cuanto
Tan pronto como
Siempre que   } **pueda**, voy a colaborar con una organización no gubernamental.
Mientras
Hasta que

4 Expressing Continuity or Interruption

These verbal constructions are used to express actions that either continue, or stop occurring.

Seguir + *GERUND*

Juan **sigue** viviendo en Guatemala. (= *continues to live in Guatemala*)

Seguir sin + *INFINITIVE*

José **sigue sin** encontrarse bien. (= *continues NOT to feel well*)

Dejar de + *INFINITIVE*

Gracia **dejó de** trabajar. (= *stopped / quit working*)

Ya no + *PRESENT INDICATIVE*

Gracia **ya no** trabaja. (= *no longer works*)

Seguir + gerund denotes an ongoing action: *Juan still lives in Guatemala.*

Seguir sin + infinitive refers to something that still hasn't happened: *José still doesn't feel well.*

Dejar de + infinitive expresses an action that has been discontinued: *Gracia quit working.*

Ya no + present indicative likewise indicates an activity that no longer takes place: *Gracia doesn't work anymore.*

TAREA

Seleccionar una película en español para ver durante las vacaciones

NUESTRA GENTE

Ecuador
Hispanos/latinos en Estados Unidos

👥 20–1 Cuatro películas llenas de emociones ☑

Lean individualmente estas sinopsis de cuatro películas. Luego asocien cada póster con una sinopsis. ¿Qué aspectos les ayudaron?

Información para la actividad 20–1

La actividad introduce el tema de la lección —las relaciones entre personas, sus sentimientos y sus personalidades— a través de un *input* textual —argumento de cuatro películas—. Una de las películas es una producción ecuatoriana. Los cuatro pósters de las películas sirven de soporte visual.

Respuestas para la actividad 20–1

A. *El hijo de la novia*
B. *Amores perros*
C. *Los abrazos rotos*
D. *Qué tan lejos*

Sugerencias/expansión para la actividad 20–1

Usted puede obtener información sobre estas películas y directores en http://www.labutaca.net/

Puede ayudar a sus estudiantes con estas preguntas:
- Lugar en que transcurre la acción: ¿campo, ciudad?
- Tiempo de la acción: ¿presente, pasado, futuro?
- Protagonistas: ¿individuales, parejas, grupos sociales?
- Temática: ¿social, psicológica, histórica…?
- Género: ¿comedia, drama, bélico, terror, ciencia ficción…?

Si se dispone de Internet en el aula, usted puede proyectar los trailers de estas películas.

El hijo de la novia (2001)
Director: Juan José Campanella
País: Argentina

Los abrazos rotos (2009)
Director: Pedro Almodóvar
País: España

Amores perros (2000)
Director: Alejandro González Iñárritu
País: México

Qué tan lejos (2007)
Director: Camilo Luzuriaga
País: Ecuador

ACERCAMIENTOS

A Rafael Belvedere está descontento con la vida que lleva pero es incapaz de dar un giro. No puede conectarse con sus cosas, con su gente; nunca tiene tiempo. Sobrevive estresado y adicto a su celular. No tiene ideales, vive agobiado en el restaurante fundado por su padre; está divorciado, no se ha tomado el tiempo suficiente para ver crecer a su hija Vicky, se siente solo, no tiene amigos y elude un mayor compromiso con su novia. Además, hace más de un año que no visita a su madre, que padece de Alzheimer y está internada en una residencia. Rafael sólo quiere que lo dejen en paz. Pero una serie de acontecimientos inesperados obligará a Rafael a replantearse su situación y en el camino, ayudará a su padre a cumplir el viejo sueño de su madre: casarse por la iglesia.

B Ciudad de México, un fatal accidente automovilístico. Tres vidas chocan entre sí y nos revelan lo peor de la naturaleza humana: traición, angustia, pecado, egoísmo, esperanza, dolor, muerte. Octavio, un joven adolescente, decide fugarse con Susana, la esposa de su hermano. El Cofí, su perro, se convierte en un vehículo para conseguir el dinero necesario para poder escapar juntos, complicando un triángulo pasional en donde el amor clandestino se convierte en un camino sin retorno. Al mismo tiempo, Daniel, un hombre de 42 años, deja a su esposa y a sus hijos para irse a vivir con Valeria, una hermosa modelo. El mismo día en que ambos festejan su nueva vida, el destino conduce a Valeria a ser atropellada en un trágico accidente. ¿Qué hace un hombre que cree tenerlo todo y un solo instante le cambia la vida?

C Mateo es un guionista de cine que catorce años antes sufrió un accidente automovilístico. En el accidente perdió la vista y a Lena, la mujer de su vida. Este hombre usa dos nombres: Harry Caine, seudónimo con el que firma sus trabajos literarios y guiones, y Mateo Blanco, su nombre real, con el que vive y firma las películas que dirige. Después del accidente, Mateo Blanco decide ser solamente su seudónimo, Harry Caine, y se convence de que Mateo Blanco murió junto a su amada Lena. Harry es un hombre solitario que vive gracias a los guiones que escribe y a la ayuda de su directora de producción, Judit García, y de Diego, el hijo de ésta. Una noche Diego tiene un accidente, y Harry se hace cargo de él. Diego le pregunta por la época en que era Mateo Blanco, y Harry le cuenta a Diego lo ocurrido hace catorce años. Ésta es una historia dominada por la fatalidad, los celos, el abuso de poder y la traición. Una historia emocionante y terrible cuya imagen más expresiva es la foto de dos amantes abrazados, rota en mil pedazos.

D Esperanza es una española que llega a Ecuador para conocer el país. En su viaje conoce a Teresa, una ecuatoriana que se presenta con el nombre de "Tristeza" y que quiere encontrarse con su amor. Las dos unen sus intereses en una peculiar experiencia que les llevará a recorrer el país. A través de huelgas, acontecimientos populares, solas o en compañía de otros viajeros, Esperanza y Teresa van a aprender mucho sobre su entorno. Pero sobre todo, se van a conocer a sí mismas. Se trata de una *road movie* muy emotiva que presenta la aventura de dos veinteañeras en tierras de Ecuador a través de nuevas técnicas narrativas.

20–2 Los personajes y sus sentimientos

¿A qué película(s) crees que corresponden estas afirmaciones sobre sus personajes?

1. Los personajes están enamorados.
2. El protagonista se lleva mal con mucha gente.
3. Los protagonistas desarrollan una amistad.
4. El protagonista es una persona solitaria.
5. Unos personajes traicionan a otros.
6. Hay personajes casados que se enamoran de otras personas.

¿Puedes pensar en otras películas que respondan a esas características?

20–3 ¿Final feliz?

Señala cuál de estas películas crees que tiene un final feliz y cuál no. ¿Puedes mencionar películas famosas que tengan un final triste?

Respuestas para la actividad 20–2

1. Amores perros, Los abrazos rotos, Qué tan lejos
2. El hijo de la novia
3. Qué tan lejos
4. El hijo de la novia, Los abrazos rotos
5. Amores perros, Los abrazos rotos
6. Amores perros

Información para la actividad 20–3
En principio, sólo *El hijo de la novia* tiene un final que podría considerarse como feliz, mientras que el resto de las cintas presenta finales menos convencionales, con elementos trágicos e indefinidos.

Sugerencias/expansión para la actividad 20–3
Tras mencionar este punto, usted también podría preguntar no sólo sobre finales felices o tristes, sino también sobre otras opciones: *¿Alguien puede mencionar / explicar un final de película extraño, curioso, divertido, especial, diferente…?*

VOCABULARIO EN CONTEXTO

20-01 to 20-06

20–4 Citas célebres

Lean estas citas y clasifíquenlas en estas áreas. Escriban el número de cada cita en el lugar correspondiente.

SENTIMIENTOS

AMOR Y AMISTAD	ODIO Y ENEMISTAD	MIEDO	FELICIDAD Y ALEGRÍA	TRISTEZA	ENVIDIA

1. "Si se juzga al amor por sus efectos, se parece más al odio que a la amistad."
   La Rochefoucauld

2. "Perdona siempre a tu enemigo. No hay nada que le enfurezca más."
   Oscar Wilde

3. "El miedo puede llevar a los hombres a cualquier extremo."
   George Bernard Shaw

4. "El odio es la demencia del corazón."
   Byron

5. "El hombre más feliz es el que hace la felicidad del mayor número de sus semejantes."
   Denis Diderot

6. "Lo único peor que estar enamorado es no estar enamorado."
   Paul Hurgan

7. "La alegría es la piedra filosofal que todo lo convierte en oro."
   Franklin D. Roosevelt

8. "La verdadera felicidad no consiste en tenerlo todo, sino en no desear nada."
   Séneca

9. "Sólo un idiota puede ser totalmente feliz."
   Mario Vargas Llosa

10. "Triste época la nuestra. Es mas fácil desintegrar un átomo que superar un prejuicio."
    Albert Einstein

11. "Cualquier hombre puede llegar a ser feliz con una mujer, con tal de que no la ame."
    Oscar Wilde

12. "El enamoramiento es un estado de miseria mental en que la vida de nuestra conciencia se estrecha, empobrece y paraliza."
    José Ortega y Gasset

Hagan dos listas: una lista de las citas con las que están de acuerdo y otra de las citas con las que no están de acuerdo. Expliquen a la clase las razones de su acuerdo o desacuerdo con estas citas.

20–5 Problemas y conflictos

Fíjate en las ilustraciones y luego escucha a estas personas. Están hablando de los problemas de otras personas que conocen.

¿Qué les pasa? Trata de resumir el conflicto.

QUIÉNES TIENEN EL PROBLEMA:	QUÉ RELACIÓN TIENEN:	QUÉ LES PASA:
1. _____	_____	_____
2. _____	_____	_____
3. _____	_____	_____
4. _____	_____	_____

Escucha otra vez y asocia cada imagen con un diálogo.

Asocia cada expresión con uno o varios personajes de las situaciones anteriores. ¿Quiénes...

1. ...se llevan muy mal? _____

2. ...están deprimidos? _____

3. ...están celosos? _____

4. ...están sorprendidos? _____

5. ...están preocupados? _____

6. ...están contentos? _____

7. ...están enojados? _____

8. ...están tristes? _____

9. ...están felices? _____

10. ...están enamorados? _____

20-6 Estados de ánimo

Piensen en cómo reaccionan ante estas situaciones. Usen los adjetivos que aparecen en la tabla.

celoso/a	triste	feliz	nervioso/a
preocupado/a	contento/a	sorprendido/a	molesto/a
deprimido/a	asustado/a	tranquilo/a	decepcionado/a

- Cuando mi profesor/a no viene a clase...
- Cuando alguien me da un regalo sin una razón particular...
- Cuando mi novio/a sale por la noche con otro/a muchacho/a...
- Cuando veo las imágenes de una guerra...
- Cuando alguien toma prestada mi ropa sin pedirme permiso...
- Cuando viajo en avión y hay mucha turbulencia...
- Cuando mi profesor/a va a dar los resultados de un examen...
- Cuando voy al dentista...

EJEMPLO:

E1: Yo, cuando el profesor no viene a clase, estoy sorprendido. ¿Y tú?
E2: Yo estoy sorprendida también, ¡y feliz!

20-7 Más adjetivos

Estos adjetivos de personalidad forman pares de opuestos. ¿Puedes encontrarlos?

abierto/a	alegre	extrovertido/a	antipático/a	autoritario/a	sociable
cerrado/a	trabajador/a	flexible	dialogante	perezoso/a	egoísta
inflexible	responsable	generoso/a	irresponsable	mentiroso/a	triste
modesto/a	sincero/a	orgulloso/a	introvertido/a	tímido/a	simpático/a

Información para la actividad 20–8
La actividad tiene como foco el trabajo con las expresiones de sentimiento y emoción (verbos como *gustar*) seguidas de infinitivo o subjuntivo. A partir de una aproximación a la vida actual en el Ecuador —noticias— se requiere que los estudiantes expresen qué sentimientos y emociones les produce la información. Esta combinación de perspectivas culturales y personales se mantiene a lo largo de la presentación del contraste entre los modos indicativo y subjuntivo, de manera que los estudiantes puedan acercarse a este complejo concepto gramatical desde diferentes puntos. Para todas estas actividades, usted y los estudiantes pueden apoyarse en las expresiones que aparecen en la columna con material gramatical.

GRAMÁTICA EN CONTEXTO

20-07 to 20-27

👥 20–8 Reacciona

Lean estos seis titulares. ¿Con qué conceptos relacionan cada uno de ellos?

pobreza   medioambiente   política   cultura
desempleo   indígenas   derechos   deporte
economía   emigración   naturaleza   sociedad

1. El Amazonas está sufriendo la peor sequía en más de 30 años. Muchas comunidades están sin alimentos ni bebida.

2. En el Ecuador se hablan 10 lenguas indígenas, siendo el quechua la que cuenta con la mayor cantidad de hablantes. La actual Constitución de Ecuador establece que las lenguas indígenas forman parte del patrimonio cultural del país y constituyen lenguas principales de educación en las áreas de su dominio.

3. Uno de los peores desastres medioambientales del mundo ocurrió en Ecuador. Cuando la compañía Texaco retiró sus operaciones de perforación en la selva del Ecuador en 1994, dejó atrás una enorme extensión contaminada. Los desechos abandonados envenenaron los ríos y los arroyos de los cuales las comunidades indígenas y los agricultores dependen para beber, bañarse y lavar.

4. Se estima que 1,5 millones de ecuatorianos han salido del país en los últimos años en busca de mejores oportunidades de empleo, debido a la crisis financiera de 1999 y a la actual crisis económica.

5. Estados Unidos consiguió la clasificación anticipada al Mundial de Sudáfrica 2010 al vencer a Honduras 3–2. Sin embargo, la selección de Ecuador no se clasificó al perder contra la de Chile 0–1. Los aficionados estaban muy tristes y muchos no tenían palabras. "Estoy muy triste. No puedo creer que nos encontremos en esta situación", mencionó Álvaro Arteaga, mientras lloraba abrazado a su pequeño hijo.

6. Ecuador se ha convertido en el primer país del mundo que reconoce en su Constitución derechos inalienables a la naturaleza, convirtiéndola de esta manera en sujeto de derecho. Ecuador, uno de los países más biodiversos del mundo, tiene ecosistemas únicos como la selva amazónica o el archipiélago de las Galápagos. Las últimas estadísticas revelan que Ecuador es uno de los 15 países con mayor biodiversidad del planeta.

7. En la ciudad ecuatoriana de Latacunga transmite un canal de televisión con el 30% de la programación en quechua, intentando revitalizar una lengua que estuvo marginada durante siglos. Se estima que entre 6 y 13 millones de personas hablan el quechua, principalmente en Bolivia, Perú y Ecuador.

¿Qué emociones les producen?

EJEMPLO:

E1: A mí **me da mucha lástima que haya** desastres naturales tan terribles como el del Amazonas.

E2: Sí, especialmente **me pone triste que haya** gente sin alimentos ni agua.

SUBJUNTIVO: SENTIMIENTOS Y EMOCIONES

me te le	da	vergüenza... miedo... risa... ...
nos os les	pone	contento/a... triste... de buen / mal humor...
	duele...	

... + INFINITIVO
...que + SUBJUNTIVO

Me da miedo que la policía me descubra.

No te preocupes, Florencio.

Me da miedo estar solo.
(A MÍ)   (YO)
Me pone triste que la gente se pelee.
(A MÍ)   (LA GENTE)
Me duele que María no me llame.
(A MÍ)   (MARÍA)

VERBOS REFLEXIVOS: SENTIMIENTOS Y EMOCIONES

Ponerse

me	pongo	triste, contento/a... de buen / mal humor...
te	pones	
se	pone	
nos	ponemos	tristes nerviosos/as...
os	ponéis	
se	ponen	

La niña **se pone** nerviosa...   + INDICATIVO
Me enojo mucho...   ...**cuando** la gente se pelea.
Luis **se siente** muy mal...   ...**si** la gente se pelea.
Me pongo triste...

SUBJUNTIVO: CONSEJOS Y VALORACIONES

IMPERSONALES: CON INFINITIVO
Es bueno / interesante / necesario **escuchar** a los hijos.

PERSONALES: CON SUBJUNTIVO
Es bueno / interesante / necesario **que** (tú) **escuches** a tus hijos.

ESTAR + ADJETIVO

● ¿Qué le pasa?

○ Está
{
contento / **preocupado** por
su novia / **nervioso.**
enojado conmigo / contigo /
con él / con ella / con...
de buen/mal humor.
}

● ¿Cómo está?

○ Está
{
muy contento/a.
bastante nervioso/a.
}

SER + ADJETIVO

● ¿Cómo es?

○ Es **muy**   amable.
    bastante   agradable.

Es **poco** generoso/a. (ADJETIVOS
POSITIVOS)

Es **un poco** egoísta. (ADJETIVOS
NEGATIVOS)

No es **nada**
{
celoso/a.
egoísta.
}

CAMBIOS EN LAS PERSONAS

CAMBIOS DE ESTADO DE ÁNIMO

Ponerse
{
nervioso/a.
contento/a.
triste.
de mal / buen humor.
}

CAMBIOS DE CARÁCTER Y PERSONALIDAD

Volverse
{
reservado/a.
muy tímido/a.
más sensible.
}

DESARROLLO O EVOLUCIÓN PERSONAL

Hacerse
{
rico/a.
ecuatoriano/a.
}

● Juan **se puso** muy nervioso cuando me
vio.

○ Sí, desde que su esposa lo dejó **se ha
vuelto** muy introvertido.

● ¿Cuántas casas tiene Manuel?

○ Creo que tiene ocho casas. **Se hizo**
millonario cuando ganó la lotería.

> Se ha vuelto
> un poco raro
> desde que se ha
> hecho rico.

 20–9 Y tú, ¿cómo te sientes?

Cada miembro del grupo
escribe en un papelito
cuatro frases sobre cómo se
siente en determinadas
situaciones: tres verdaderas
y una falsa. Luego se las lee
a sus compañeros/as y
ellos/as tienen que decir
cuáles son verdad y cuál no.

> **EJEMPLO:**
> ■ **A mí me da muchísimo miedo ir**
>   al dentista.
> ■ **A mí me pone de mal humor que**
>   mis amigos no me **llamen** por teléfono.
> ■ **Yo me pongo muy nervioso**
>   cuando tengo que hablar en público.
> ■ **Me duele mucho que me digan**
>   mentiras.

 20–10 Cambios

Imaginen qué les pasó, y en qué situación, a estas personas.

1. Cuando la vio, Jacobo **se puso** nerviosísimo.
2. Mónica **se puso** de muy mal humor cuando su profesor se lo dijo.
3. Javier antes era muy idealista pero después de lo que le pasó **se
   ha vuelto** más realista.
4. Mercedes **se puso** muy contenta. No lo esperaba.
5. Parece prematuro, pero Julián ya **se ha hecho** ecuatoriano.
6. ¿Viste a Roberto? Su hermana casi no lo reconoce: **se ha vuelto**
   irresponsable y perezoso.
7. Finalmente Esteban tomó la decisión de **hacerse** sacerdote.
8. Rosa **se volvió** loca.

EJEMPLO:

E1: Jacobo estaba en una fiesta, llegó la muchacha que le gusta y por eso **se
       puso** nervioso.
E2: Sí, o **se puso** nervioso porque vio a su ex novia.

20–11 La primera cita

La revista *El Cosmopolita* publicó este artículo. ¿Estás de acuerdo con
todo lo que dice?

LOS OCHO CONSEJOS BÁSICOS PARA UNA PRIMERA CITA

1. Es importante ponerse guapo/a, pero sin abusar del perfume o la colonia.

2. Es necesario lavarse los dientes y no comer ajos ni fumar: a la otra persona quizás no le guste el olor.

3. Es aconsejable que el chico lleve dinero suficiente para invitar a la chica.

4. No es necesario que le cuentes todo sobre ti en la primera cita, pero sí que te muestres como una persona segura y con carácter.

5. Es mejor que no hables de tu ex y, sobre todo, no hagas comparaciones.

6. Para ganar la confianza de la otra persona, es útil hablar de asuntos personales, de la infancia, mostrar en general una imagen sincera.

7. También es recomendable no decirle que te gusta: espera que la otra persona lo diga primero.

8. Y, para terminar, es bueno dejar que él o ella te llame por teléfono al día siguiente.

Identifica las construcciones **es + adjetivo + infinitivo** y **es +
adjetivo + que + subjuntivo**.

¿Puedes escribir dos consejos más para una primera cita?

Es importante que _____

Es aconsejable _____

**Información para la
actividad 20–9**
El ejemplo que se facilita a los
estudiantes incorpora el contraste
entre verbos reflexivos y verbos
que se construyen como *gustar*
para expresar sentimientos y
emociones. Insista en esta
importante distinción gramatical y
haga que usen las dos estructuras
en sus frases escritas.

**Sugerencias/expansión para la
actividad 20–9**
Efectúe, en primer lugar, una
preparación de la actividad con
toda la clase. Así se facilitará la
generación de ideas para tener
suficiente material con el que
escribir luego las fichas, mientras
se trabajan los aspectos
gramaticales y de vocabulario.
A tal efecto, prepare usted con
antelación un conjunto de frases
equivalentes a las cuatro que da
como muestra el ejercicio, en las
que usted dará información sobre
sí mismo. Léaselas a los
estudiantes en voz alta; ellos deben
adivinar cuáles son verdaderas y
cuál es falsa. Esto servirá de
ejemplo para la actividad que ellos
tendrán que preparar más tarde.
Invíteles a leer las cuatro que
ofrece el ejercicio, y pregúnteles a
quiénes de ellos les pasan esas
cosas u otras parecidas.

**Sugerencias/expansión para la
actividad 20–10**
El instructor puede trabajar, en
primer lugar, con la comprensión
de las ocho frases. Los estudiantes
subrayan los verbos de cambio y
razonan en cada caso su elección.
En esta primera fase ya pueden
imaginar la situación y los
personajes de alguna de las frases.
En la segunda fase, en parejas,
imaginan y escriben las situaciones
que pueden haber provocado las
diferentes actitudes.

**Información para la
actividad 20–11**
El foco gramatical de la actividad
es el contraste entre el uso del
subjuntivo y el uso del infinitivo en
cláusulas nominales introducidas
por expresiones de valoración o
consejo (*ser* + *adjetivo*).
Concéntrese primero en el
contenido del artículo pidiendo a
los estudiantes que opinen sobre el
mismo. Después lean el texto de
nuevo y pida a los estudiantes que
identifiquen los dos tipos de
construcción.

INTERACCIONES

20-28 to
20-29

ESTRATEGIAS PARA LA COMUNICACIÓN ORAL

Resources for debating (III)

When debating an issue, you will need strategies to make sure that you have opportunities to express your points of view. It is also important to ensure that your interlocutor is following your arguments.

- Interrupting and taking the floor

Perdón / disculpa, pero…	(Sorry/excuse me, but …)
¿Podría decir algo?	(Can I say something?)
Lamento interrumpir, pero…	(Sorry to interrupt, but …)
Perdona/e que interrumpa, pero…	(Sorry to interrupt, but …)

- Requesting confirmation of an opinion, or maintaining someone's attention

…¿no?	(…right?; …isn't it?)
…¿verdad?	(…right?)
…¿no crees / cree?	(…don't you think?)
…¿no te / le parece?	(…don't you think?)

 20–12 Problemas de convivencia

Cada uno de ustedes tiene uno de estos problemas. Lean su problema individualmente y después expliquen su problema a sus compañeros/as. Traten entre todos de resolver sus diferencias.

Información para la actividad 20–12
Esta actividad situacional promueve la discusión en grupos y da la oportunidad a los estudiantes de poner en práctica las estrategias para debatir de una manera contextualizada. Note que la actividad tiene dos partes: en la primera parte los estudiantes discuten sus problemas, mientras que en la segunda parte dan recomendaciones a sus compañeros/as.

ALEJANDRO

Es argentino. Un gourmet y un excelente cocinero, pero nunca lava los platos. Es muy desorganizado, especialmente en la cocina. Le encanta hacer fiestas en casa con muchos amigos y ver películas de terror. El olor a tabaco lo pone de mal humor y los animales lo ponen nervioso.

JESÚS

Es español. Le gusta muchísimo ver fútbol en televisión; es fanático del Real Madrid. Fuma mucho y le gusta comer hamburguesas y escuchar música hasta muy tarde. Es bastante tacaño en los gastos de la casa. Los animales lo ponen de mal humor y le molesta mucho el sonido del teléfono.

RICARDO

Es ecuatoriano. Es muy despistado: siempre se olvida de pagar su parte del alquiler y de limpiar el baño. Tiene un perro, Bafú, al que le encanta comer hamburguesas crudas. Las películas de terror le dan mucho miedo y el fútbol no le gusta y lo pone de mal humor.

JOAQUÍN

Es venezolano. Es el más sano de todos: sólo come verduras y frutas. No le gusta nada la tele, especialmente cuando transmiten fútbol, y las personas que no limpian ni son ordenadas lo ponen de muy mal humor. Pasa horas en el teléfono hablando con novias y amigos, y cuando suena el teléfono se pone muy contento. Se acuesta todos los días muy temprano y no soporta el ruido.

EJEMPLO:

E1: Yo no soporto la tele todo el día; me vuelve loco.

E2: ¿Sí? A mí me pone de mal humor el olor del tabaco y…

E3: Perdona que interrumpa. Tú siempre estás viendo esas películas que me dan miedo. Quizá deberías ver menos la tele, **¿no?**

Ahora traten entre todos de resolver sus diferencias dando recomendaciones.

EJEMPLO:

E1: Creo que es importante que dejes de fumar dentro de la casa.
E2: Sí, de acuerdo, pero es necesario que seas más ordenado, **¿no crees?**

 20–13　El arte transmite emociones

Aquí tienen tres obras maestras de un famoso pintor ecuatoriano. Tienen que elegir una de las obras para el museo de su ciudad. Hablen sobre los sentimientos y emociones que cada una refleja. También de los sentimientos que provoca en ustedes. Después decidan qué cuadro escogen.

Oswaldo Guayasamin, "La Madre el Nino". 1989. Photo Nicolas Osorio Ruiz. Museo Fundacion Guayasamin, Quito - Ecuador

Ternura

> ### Oswaldo Guayasamín (1919–1999)
> La obra humanista de este pintor ecuatoriano, señalada como expresionista, refleja el dolor y la miseria que soporta la mayor parte de la humanidad y denuncia la violencia que le ha tocado vivir al ser humano en el siglo XX. Sus cuadros de manos crispadas y rostros de angustia reflejan la realidad del indígena latinoamericano.

Fundacion Guayasamin

El Presidente

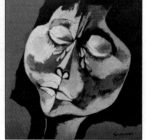

Fundacion Guayasamin

Niño llorando

EJEMPLO:

E1: **A mí** la *Niño llorando* me pone muy triste. Refleja mucha tristeza.
E2: Sí, a mí también.

 20–14　Situaciones: *¿Qué me aconsejas?*

Two students are talking about problems they encounter in personal relationships. A friend gives them advice and recommendations.

ESTUDIANTE 1

You argued with your best friend about something silly, and now you are upset with each other. You are stubborn, and your friend, too. You haven't spoken to each other in two months. Neither of you wants to be the first to initiate contact again.

ESTUDIANTE 2

You are very much in love with your partner, but you can't stand your partner's mother. She is a very unfriendly woman. You are rather shy and nervous. You are afraid to tell your partner, who is very sensitive to your feelings but is getting increasingly upset about the situation. You don't know what to do.

ESTUDIANTE 3

You are very savvy about personal relationships. Two of your friends tell you their problems and look to you for advice. Give them some advice.

Información para la Tarea
El objetivo de la tarea es que los estudiantes decidan qué película (de entre cuatro) verían durante las vacaciones. El producto final es un informe escrito que justifique el orden en que se colocaron las cuatro películas. La tarea combina *input* auditivo, visual y escrito, y requiere la producción oral y escrita.

Durante la Preparación, pida a los estudiantes que lean las cuatro descripciones y completen la tabla. El Paso 1 require escuchar a un crítico de cine y sus comentarios sobre cada una de las cuatro películas. A continuación proyecte los cuatro tráilers (Paso 2). Con toda la información recogida y las discusiones previas, pida al grupo que ponga las películas en orden de interés y que escriba un informe para presentar a la clase.

TAREA   Gente en acción

Seleccionar una película en español para ver durante las vacaciones

PREPARACIÓN

Lean las sinopsis de estas cuatro películas. Dos se presentaron al principio de la lección. Después completen el cuadro.

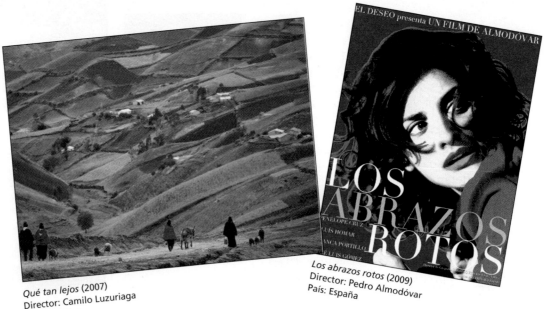

Qué tan lejos (2007)
Director: Camilo Luzuriaga
País: Ecuador

Los abrazos rotos (2009)
Director: Pedro Almodóvar
País: España

Diarios de motocicleta (2004) de Walter Salles

El laberinto del fauno (2006) de Guillermo del Toro

	DIRECTOR	PAÍS	GÉNERO	TEMA
Qué tan lejos				
Los abrazos rotos				
Diarios de motocicleta				
El laberinto del fauno				

En 1952, dos jóvenes argentinos, Ernesto Guevara y Alberto Granado, emprenden un viaje por carretera para descubrir la verdadera América Latina. Los dos amigos dejan el familiar entorno de Buenos Aires en una desvencijada motocicleta del año 1939, imbuidos de un romántico espíritu aventurero. Aunque la moto se avería, los viajeros prosiguen en auto-stop. Poco a poco van tomando contacto con una Latinoamérica diferente, reflejada en las personas que encuentran en su viaje; el cambio en sus perspectivas parece encontrar reflejo en la variedad de la geografía por la que transitan. Su ruta los lleva hasta las alturas de Machu Picchu, donde las majestuosas ruinas y la extraordinaria presencia de la herencia inca ejercen un profundo efecto sobre ambos.

España, año 1944. Ofelia, una niña de 13 años, se traslada junto a su madre Carmen, convaleciente a causa de un avanzado estado de gestación, hasta un pequeño pueblo en el que se encuentra Vidal, un cruel capitán del ejército franquista, nuevo marido de Carmen y por el que Ofelia no siente ningún afecto. La misión de Vidal es acabar con los últimos vestigios de la resistencia republicana, escondida en los montes de la zona. Una noche, Ofelia descubre las ruinas de un laberinto donde se encuentra con un fauno, una extraña criatura que le hace una increíble revelación.

Paso 1 Escuchen la opinión de este crítico de cine sobre las cuatro películas. Tomen notas de los aspectos positivos y negativos que menciona, y digan si es una crítica positiva o negativa.

	POSITIVOS	NEGATIVOS	VALORACIÓN	TOTAL
Qué tan lejos				
Los abrazos rotos				
Diarios de motocicleta				
El laberinto del fauno				

Paso 2 Vean ahora los tráilers de estas cuatro películas. ¿Qué sentimientos y emociones les producen?

Paso 3 Teniendo en cuenta lo que saben de las películas y la crítica que han escuchado, decidan cuál de estas películas quieren ver durante las vacaciones. Pongan las películas en orden de interés, de mayor a menor.

Paso 4 Escriban un párrafo para cada película justificando por qué la colocaron en ese orden de interés. Presenten sus conclusiones a la clase.

Paso 5 Foco lingüístico.

20-30 to
20-31

Respuestas para la actividad 20–15

1. *verdadero*
2. *falso; estas especies se adaptan mejor a los cambios, y por eso precisamente sobreviven mejor que las que no tienen tanta movilidad.*
3. *verdadero*
4. *falso; son 5.000 millones de dólares anuales.*
5. *falso; son 20.000 al año.*
6. *verdadero; el otro 98% ha desaparecido o evolucionado hacia nuevas especies.*

En Estados Unidos existe *The Endangered Species Program,* que depende del *U.S. Fish & Wildlife Service.* (http://www.fws.gov/)

Respuestas para la actividad 20–16

1. *Más de 70 especies*
2. *Los turistas y la migración*
3. a. *Falso, se han vuelto agresivos en los últimos años.* b. *Falso, porque en realidad no son ecoturistas.* c. *Verdadero, la isla además presenta la tasa más alta de crecimiento del Ecuador.*
4. *Antes había cientos de miles de tortugas gigantes; ahora sólo quedan unas 15.000.*
5. *Porque las islas Galápagos constituyen el 78% de los ingresos por turismo del país.*

Respuestas para la actividad 20–17

1. cenizas = *ashes*; derramó = *spilled*; cupo = *quota*; radicada = *based*. Diccionario o contexto.
2. asentamientos = a+sentar+miento = *settlement*; sobreexplotación= sobre+explotación = *over exploitation*
3. embestidas = *lunges* (embestida, nombre); encalló = *ran aground* (verbo, encallar); desechos = *waste* (desecho, nombre).
4. "modernidad" y "ecoturistas". El autor las usa con sentido de ironía.
5. sin embargo = *however*; no obstante = *however*; o sea = *that is to say.*
6. como consecuencia de todo esto = *consecuencia*; ya que = *causa.*

NUESTRA GENTE

GENTE QUE LEE

ESTRATEGIAS PARA LEER

Reading an argumentative essay: Cause and effect

By using cause and effect, the writer gives us her/his arguments about the causes and consequences of an event, phenomenon, or problem. As in any persuasive text, there is always a claim. The author usually gives us some background so that we can better understand the problem. Then, the text will introduce a convincing argument to persuade us that the presented causes and effects are plausible. In order to do that, the author uses facts, supportive evidence, examples, or anecdotes. The text usually ends by summarizing the claim, elaborating on it, emphasizing the consequences, or encouraging readers to take some action.

ANTES DE LEER

20–15 El medio ambiente

¿Cuáles de estas afirmaciones crees que son verdaderas (V) y cuáles falsas (F)?

☐ El ser humano es una de las causas más importantes de la extinción de fauna y flora.
☐ Las especies con más movilidad son las más amenazadas de extinción.
☐ Ecuador es uno de los países con mayor biodiversidad del planeta.
☐ El comercio de especies en extinción mueve 500 millones de dólares anuales.
☐ La actual tasa global de extinción es de unas 2.000 especies al año.
☐ En la historia de la tierra han vivido 500 millones de especies; ahora queda el 2%.

¿En qué regiones de tu país existen especies amenazadas? ¿Hay organizaciones para protegerlas?

DESPUÉS DE LEER

20–16 ¿Comprendes?

1. ¿Cuántas especies están en peligro de extinción en las Galápagos?
2. ¿Cuáles son los dos factores que amenazan la biodiversidad de las islas?
3. ¿Verdadero o falso? El texto dice que...
   a. Las tortugas y tiburones son normalmente muy agresivos.
   b. La mayor parte de los visitantes son ecoturistas.
   c. En las islas vive demasiada gente.
4. Antes había _____ tortugas gigantes; ahora sólo quedan _____.
5. ¿Por qué este problema tiene una difícil solución?

20–17 Activando estrategias

1. ¿Qué significan las palabras en negrita "cenizas", "derramó" (p. 2), "cupo" (p. 3), "radicada" (p. 5)? ¿Qué estrategias usaste para averiguar sus significados?
2. ¿Cómo se han formado y qué significan las palabras "asentamientos" y "sobreexplotación" (p. 4)?
3. Busca en el diccionario las palabras en negrita "embestidas" "encalló" (p. 2) y "desechos" (p. 4). Primero determina si son nombres, adjetivos o verbos; después determina cuál es la entrada que tienes que buscar.
4. Explica el significado de los tres conectores subrayados.
5. Identifica un conector de consecuencia en el párrafo 3 y un conector de causa en el párrafo 5.

A LEER

LAS ISLAS GALÁPAGOS, AMENAZADAS

A mediados del siglo XIX, el marino y escritor Herman Melville escribió en su diario de viaje que el archipiélago de las Galápagos "... parecía un grupo de volcanes con el aspecto que el mundo tendría después de un incendio devastador". ¿Fue una premonición?

Situado en el océano Pacífico a mil kilómetros de las costas de Ecuador, el archipiélago de Colón o islas Galápagos, uno de los más frágiles ecosistemas del mundo, continúa sufriendo las **embestidas** de la "modernidad". En 1985, un incendio gigantesco destruyó 400 km^2 de vegetación en Isabela (la mayor de las islas), y en 1994, en el mismo lugar, otro incendio redujo a **cenizas** 3.000 hectáreas de cultivos. En 2001, un buque que **encalló** frente a la isla San Cristóbal **derramó** un millón de litros de petróleo.

En las Galápagos, donde Charles Darwin concibió su teoría de la evolución de las especies (1835), habita el 50% de las aves, el 32% de las plantas, el 86% de los reptiles y el 23% de la fauna marina de la costa del Pacífico. <u>Sin embargo</u>, debido a la afluencia masiva de visitantes que las empresas navieras **disfrazan de** "ecoturistas", la biodiversidad de las Galápagos (con un patrimonio exclusivo de 1.900 especies) está gravemente amenazada. El número de visitantes crece cada año. Inicialmente el **cupo** anual era de 12.000 turistas. En 1979 llegaron 11.475 y en 1993 la cifra se elevó a 46.810. En 2002 llegaron más de 100.000 personas. Como consecuencia de todo esto, más de 70 especies están en peligro de extinción. Lobos marinos, tortugas y tiburones, especies que siempre fueron muy dóciles en el ecosistema de estas islas, se están volviendo agresivas. La tortuga gigante o galápago figura en el *Libro rojo de especies amenazadas*, publicado por la Unión Mundial para la Naturaleza. En 1535 existía en las Galápagos medio millón de tortugas gigantes pero a principios de 1900 se habían reducido a 250.000. Hoy quedan unas 15.000.

Otra de las causas de este desastre es la migración de colonos del continente, atraídos por el dólar fácil del turismo. La tasa de crecimiento de población de la provincia de Galápagos es de un 6% anual, la más alta de Ecuador. Actualmente, más de 10.000 habitantes pueblan la región, demasiados colonos para unas islas que exigen que se respete su disciplina de vida. Los **asentamientos** urbanos conllevan la **sobreexplotación** de los recursos marinos, la acumulación de **desechos**, y la introducción de enfermedades, plantas e insectos, entre otros.

La Fundación Charles Darwin (**radicada** en las islas desde 1959) recomienda que se congelen el flujo turístico y la migración. <u>No obstante</u>, es poco lo que se puede hacer, ya que las islas constituyen el 78% de los ingresos por turismo de Ecuador, <u>o sea</u>, más de 100 millones de dólares anuales.

20–18 Activando estrategias: la argumentación de causa y efecto.

1. ¿Cuál es el objetivo del autor del texto?
2. ¿Cómo argumenta el autor sobre el problema específico?
3. ¿Ofrece ejemplos?
4. ¿Cómo termina la argumentación?
5. ¿Qué aspectos mejorarías?

20–19 Expansión

Piensen en cuatro soluciones concretas para mejorar el problema de la destrucción medioambiental.

20-32 to 20-33

GENTE QUE ESCRIBE

ESTRATEGIAS PARA ESCRIBIR

Writing argumentative texts (II): cause and effect

In order to write cause–effect arguments, you should consider these recommendations:

1. State the problem and give the readers some background.
2. Consider a number of possible and appropriate causes for this problem, and the consequences or effects in question.
3. Try to offer a convincing argument to persuade readers that the causes and effects presented are plausible. Use facts, supportive evidence, examples, or anecdotes.
4. Some causal statements are not arguments but established facts ("smoking can cause lung cancer"). Try to avoid these kinds of statements.
5. Discuss alternate causes (the ones that readers may have in mind) and provide a reasoned dismissal of them.

MÁS ALLÁ DE LA FRASE

Connectors of cause and effect

- To introduce cause: *ya que* (since), *dado que* (given that), *a causa de que* (due to), *debido a que* (due to), *puesto que* (since), *como* (since), *a causa de* (due to), *dado/a/os/as* (given).

  *Resolver el problema ecológico es difícil **ya que / dado que / puesto que** muchas empresas se oponen.*

  ***Como** muchas empresas se oponen, resolver el problema ecológico es difícil.*

  *Resolver el problema ecológico es difícil **debido a/ a causa de / dada** la oposición de las empresas navieras.*

- To introduce consequence: *(y) por eso* (because of that), *entonces* (so), *por (lo) tanto* (therefore), *en/como consecuencia* (in/as a consequence), *por consiguiente* (therefore, consequently), *así que* (so).

  *Las empresas se oponen, **y por eso / y por consiguiente** es difícil resolver este problema.*

  *Las empresas se oponen; **así que / por lo tanto / como consecuencia** es difícil resolver este problema.*

Now write six sentences that contain cause–effect relationships using this information:

1. Muchas especies están en peligro de extinción.
2. Un excesivo número de turistas continúa visitando la zona.

20–21 Un artículo de opinión

Elige uno de estos temas relacionados con el medioambiente y escribe un artículo de opinión.

vertidos ilegales	ruidos	erosión y desertización
pesticidas	efecto invernadero	destrucción del ozono

Antes de escribir, sigue estas recomendaciones:

1. determina el público a quien está dirigido el artículo,
2. especifica el problema (dónde, cuándo, quién, etc.),
3. determina la(s) causa(s) de este problema y los efectos o consecuencias,
4. piensa en algunos ejemplos específicos y algunos datos que sustenten tus argumentos,
5. piensa en alguna estrategia para persuadir al público.

COMPARACIONES

20–22 Ecuador, en la mitad del mundo

Lean este texto sobre Ecuador y después respondan a las preguntas.

Ecuador se ubica en la costa occidental de Sudamérica y es atravesado por la línea equinoccial. En 1736, los científicos franceses Pierre Bouguer, Louis Godin y Charles Marie de La Condamine, junto con los marinos españoles Jorge Juan y Antonio de Ulloa, y el científico ecuatoriano Pedro Vicente Maldonado, llevaron a cabo la empresa más grande jamás intentada y determinaron que el paralelo cero pasa por el territorio ecuatoriano. Un monumento que representa al mundo fue construido en 1979 para conmemorar ese gran momento. Sin embargo, aunque el monumento premia el ingenio de la misión de científicos europeos y ecuatorianos, se sabe que hace miles de años los indígenas ya habían ubicado este punto, guiados por los rayos del sol. Estos antiguos pobladores (pre-incaicos) celebraban las fiestas del equinoccio el 21 de marzo y 23 de septiembre.

La mitad del mundo

Este monumento de forma piramidal-cuadrangular tiene la orientación geográfica de los cuatro puntos cardinales y se encuentra localizado en la línea ecuatorial de latitud cero grados, cero minutos y cero segundos. Esta línea pasa por diversos países y continentes, pero únicamente hay un solo país que lleva su nombre: La República del Ecuador. En el extremo superior de la pirámide hay un globo terráqueo. La orientación del globo corresponde a la posición real de la Tierra. En el interior del monumento se puede visitar el Museo Etnográfico, donde se pueden ver muestras de los diferentes grupos étnico-culturales del país. El objetivo del museo es presentar a Ecuador como un país multiétnico, pluricultural y multilingüístico.

1. ¿Sabes si hay otros países hispanohablantes por donde pasa la línea del Ecuador? ¿Y otros países del mundo? ¿Has estado en algunos de ellos? ¿Sabes por qué países pasa el meridiano de Greenwich? ¿Has visitado algunos de ellos?
2. Piensa en otros monumentos famosos de tu país o de otros países. ¿Qué conmemoran o representan? ¿Se construyeron para provocar sentimientos específicos (orgullo, alegría, reflexión, etc.)? ¿Con qué otros objetivos se construyeron?

20–23 El mercado de Otavalo

En este texto se habla del pueblo de Otavalo, Ecuador.

En una mañana de sábado, cualquier recoveco de sus calles se llena de bullicio; gritos en quechua; mujeres hilando ponchos, chaquetas de alpaca y manteles multicolor. Así respira Otavalo, en la sierra norte de Ecuador, una población de 20.000 habitantes a menos de dos horas de Quito y su mercado indio, uno de los más importantes de Latinoamérica, donde cada sábado los lugareños dispensan de todo: bordados, pendientes, artesanías, animales y fruta fresca. La historia se repite cada día, pero el sábado más, con esa mezcla de colores, jarana y energía multiplicada por mil.

Desde primera hora de la mañana, la vida aquí gira en torno a la plaza de los ponchos. La llaman así porque es el producto más reclamado por los turistas. A su alrededor, puestos y más puestos; se calcula que hay cerca de mil. Los otavalos tienen una larga tradición de comerciantes y tejedores y su actividad textil es su principal fuente de ingresos. Existe una gran cantidad de tejedores que utilizan talleres artesanales, pero existen también familias que tienen fábricas modernas, lo que ha incrementado la productividad y la producción destinada al mercado nacional e internacional.

Qué opinas de esta forma en que los pueblos indígenas se sustentan y desarrollan su propia economía? ¿Conoces otros ejemplos?

CULTURA

Se estima que en los últimos 30 años entre el 3% y el 5% de la población ecuatoriana ha emigrado a Estados Unidos. Actualmente alrededor de medio millón de ecuatorianos vive en Estados Unidos, la gran mayoría (60%) en el área de Nueva York. Los ecuatorianos constituyen el cuarto grupo latino más grande de esta ciudad, después de los puertorriqueños, dominicanos y mexicanos. El segundo grupo más grande se halla en el área de Los Ángeles. Su perfil económico es diverso y abarca tanto a la clase obrera como a empresarios y universitarios que se incorporan al mundo profesional como doctores o ingenieros. Un grupo que contribuye de manera única a la economía y sociedad de Estados Unidos es el formado por los indios otavaleños, cuyos textiles se exportan a todo el mundo.

Información para la actividad 20–22

El primer contenido cultural de la sección Comparaciones es Ecuador como país por donde pasa la línea que lleva su nombre. Se invita a los estudiantes a reflexionar sobre este tema y a pensar en otros países por donde pasa esta línea.

Otros países atravesados por la línea del Ecuador son Santo Tomé y Príncipe, Gabón, República Democrática del Congo, Uganda, Kenya, Somalia, Maldivas, Malasia, Borneo, Colombia y Brasil.

Nota curiosa: Al norte del monumento está la Ciudad Mitad del Mundo, de estilo colonial. Muchas personas visitan la ciudad para probar suerte con la báscula, pues allí se puede pesar hasta tres libras menos. Como este lugar está muy alejado del centro de gravedad, la atracción que ésta genera hacia los cuerpos es menor y pesamos menos en toda la línea del Ecuador.

El meridiano de Greenwich pasa por, entre otros países, Inglaterra, Francia, España, Marruecos, Gambia, Senegal, Guinea, Burkina-Fasso, Costa de Marfil, etc. Se adoptó como meridiano inicial en 1884, como resultado de una conferencia internacional (25 países) en Washington, DC.

Algunos ejemplos de este tipo de monumentos son el pilón en Key West, Florida, que marca las 90 millas de distancia con respecto a Cuba; la estatua de Colón al final de la Rambla de Barcelona; el Morro de San Juan de Puerto Rico, el Monumento a los Héroes de la Restauración en Santiago (República Dominicana), el Obelisco de la Avenida 9 de Julio en Buenos Aires, la Puerta de Alcalá en Madrid, etc.

Información para la actividad 20–23

La actividad propone una reflexión sobre Otavalo y sus habitantes, y en general una toma de conciencia por parte de los estudiantes sobre los pueblos indígenas en América Latina y sus modos de desarrollo sustentable.

Otro ejemplo de desarrollo sustentable es Puno, en Perú, cuyos habitantes se dedican de manera muy exitosa a la cría de alpacas y la exportación de este preciado tejido.

 VOCABULARIO

Sentimientos y emociones
(Feelings and emotions)

los celos	*jealousy*
la envidia	*envy*
la forma de ser	*the way someone is*
la fuerza	*strength*
el miedo	*fear*
la pena	*sorrow*
el sueño	*dream*
la vergüenza	*shame, embarrassment*

Adjetivos: personalidad, sentimientos y emociones
(Personality, feelings, and emotions)

abierto/a	*open-minded*
agradable	*nice*
anticuado/a	*old-fashioned*
antipático/a	*unpleasant*
asustado/a	*scared*
autoritario/a	*authoritarian*
celoso/a	*jealous*
cerrado/a	*narrow-minded*
comprensivo/a	*understanding*
decepcionado/a	*disappointed*
deprimido/a	*depressed*
desconcertante	*disconcerting, upsetting*
dialogante	*open, open-minded*
dulce	*sweet*
egoísta	*selfish*
generoso/a	*generous*
idealista	*idealist*
insoportable	*unbearable, intolerable*
loco/a	*crazy*
maravilloso/a	*wonderful*
mentiroso	*liar*
modesto/a	*modest*
molesto/a	*bothersome, tiresome*
nervioso/a	*nervous*
orgulloso/a	*proud*
perezoso/a	*lazy*
poderoso/a	*powerful*
preocupado/a	*worried*
profundo/a	*profound*
raro/a	*strange*
responsable	*responsible*

rígido/a	*rigid, inflexible*
sincero/a	*honest*
sociable	*friendly*
sorprendido/a	*surprised*
trabajador/a	*hardworking*
tranquilo/a	*calm, quiet*

Verbos *(Verbs)*

alabar	*to praise*
atraer(se)	*to attract*
averiarse	*to break down*
discutir	*to argue about something*
enojarse	*to get angry*
entenderse con	*to get along with*
gritar	*to shout*
molestar	*to bother*
molestarse	*to get upset*
pelearse	*to fight, to have an argument*
preocupar	*to worry*
preocuparse de	*to worry about, to care*
prohibir	*to forbid*
renunciar a	*to renounce, to give up*
soportar	*to bear, to put up with*
transformarse	*to transform oneself/itself*

Relaciones personales y sentimientos
(Personal relations and feelings)

aguantar a	*to put up with*
caer bien/mal	*to like/dislike someone*
dar lástima	*to feel sorry for someone/something*
enamorarse de	*to fall in love with*
estar de buen/mal humor	*to be in a good/bad mood*
estar enfadado/disgustado (con)	*to be mad at someone*
estar harto de	*to be fed up with*
hacer caso a	*to pay attention to*
llevarse bien/mal con	*to (not) get along with*
pasar verguenza	*to be embarrassed*
ponerse celoso/a	*to get jealous*
ponerse contento/a	*to get happy*
sentirse angustiado/a	*to feel anguish/stress*
tener celos (de)	*to be jealous (of)*
tener miedo (a/de)	*to be afraid (of) (about)*

CONSULTORIO GRAMATICAL

1 Use of Subjunctive with Verbs Like Gustar (Feelings and Emotions)

The majority of verbs that we use to express sensations, emotions, or feelings are verbs like **gustar**. *These verbs can take an infinitive, a noun, or a subordinate clause with a verb in the subjunctive mode. Here is a list of verbs and the grammar that governs this structure.*

(A mí) **me** (A ti) **te** (A él, ella, usted) **le** (A nosotros/as) **nos** (A vosotros/as) **os** (A ellos, ellas, ustedes) **les**	gusta encanta divierte indigna molesta preocupa emociona da risa / miedo interesa pone nervioso/a pone triste hace gracia	**ver** pintura cubista. **ir** a los museos. **trabajar** mucho.	INFINITIVE
		la pintura cubista. este cuadro.	SINGULAR NOUN
	gustan encantan divierten indignan molestan preocupan interesan emocionan dan risa / miedo ponen nervioso/a, ponen triste	las obras de arte. estos cuadros.	PLURAL NOUN

To express varying degrees of feeling, we can use adverbs.

me te le	gusta/n interesa/n	**muchísimo** **mucho** **bastante**	**no**	me te le	gusta/n interesa/n	**demasiado** **mucho** **nada** **nada de nada**
me te le	da/n	**mucho** miedo **bastante** miedo **un poco de** miedo	**mucha** pena **bastante** pena **un poco de** pena	**no**	me te le	da/n	**demasiado** miedo **mucho** miedo **nada de** miedo	**demasiada** pena **mucha** pena **nada de** pena
me te le	pone/n	**muy** nervioso/a, triste... **bastante** nervioso/a, triste... **un poco** nervioso/a, triste...	**no**	me te le	pone/n	**muy** nervioso/a **demasiado** nervioso/a **nada** nervioso/a

*We use the infinitive construction when the person who carries out the action (***ver, vivir...***) and the person who experiences the emotion (***dar vergüenza, preocupar...***) are one and the same.*

Me da vergüenza **ver** esas cosas.
(a mí)   =   (yo)
Seeing those things makes me ashamed.

¿No **te preocupa vivir** en un mundo así?
  (a ti)   =   (tú)
Doesn't it worry you to live in a world like that?

Me pone nervioso **estar** solo en casa.
(a mí)   =   (yo)
Being home alone makes me nervous.

A Juan le fastidia ver tanta pobreza en el mundo.
  (a él)   =   (él)
Seeing so much poverty in the world bothers Juan.

When the person who carries out the action (**ver, vivir...**) and the one who experiences the emotion (**dar vergüenza, preocupar...**) are not the same person, we use the construction **que** + subjunctive.

Me da pena que me **digas** eso.
(a mí)   ≠   (tú)
It makes me sad that you are telling me that.

Me pone nervioso **que estés** solo en casa.
(a mí)   ≠   (tú)
It makes me nervous that you are home alone.

¿No **te preocupa** que la gente **viva** en un mundo así?
(a ti)   ≠   (la gente)
Doesn't it bother you that people live in a world like that?

A Juan **le fastidia que sus hijos vean** tanta pobreza.
(a él)   ≠   (sus hijos)
It bothers Juan that his children see so much poverty.

Regardless of whether there is a change of subject or not, the construction **si / cuando** + indicative can be used with expressions with the verb **dar** (**lástima, pena, vergüenza...**).

Me da mucha pena cuando **veo** esas cosas.
(a mí)   (yo)

Me da mucha pena si tú **ves** esas cosas.
(a mí)   (tú)

> Me da vergüenza que mi hijo salga a la calle así.

> A mí no me da nada de vergüenza. ¡Al contrario!

2 Reflexive Verbs to State Feelings and Emotions

Some verbs that are used to express feelings and emotions can have both a grammatical form, like that of **gustar**, and a reflexive form. Their meanings are the same, but they are grammatically different.

Me pone nervioso/a. *(It makes me nervous.)*
Me pone triste. *(It makes me sad.)*
Me pone contento/a. *(It makes me sad.)*
Me pone de buen/mal humor. *(It puts me in a good / bad mood.)*

me pongo nervioso **(ponerse).** *(I get nervous.)*
me pongo triste **(ponerse).** *(I get sad.)*
me pongo contento **(ponerse).** *(I get happy.)*
me pongo de buen/mal humor **(ponerse).** *(I get in a good / bad mood.)*

Me enfada **ver estas cosas.**
It makes me mad to see these things.

Me enfado cuando veo estas cosas.
I get mad when I see these things.

Me pone triste **que veas estas cosas.**
It makes me sad that you see these things.

Me pongo triste si veo estas cosas.
I get sad if I see these things.

> No me gusta nada la situación del medio ambiente.

> Sí, a mí me preocupa que el gobierno no haga nada.

Remember that the third-person pronoun is different in reflexive verbs and in verbs with a grammatical form like that of **gustar**. The reflexive pronoun is **se**, while the pronoun of verbs like gustar is **le**.

El profesor **se preocupa** por los estudiantes.
(SUJETO)

Al profesor **le preocupan** los estudiantes.
↑   (SUJETO)
(**A** el profesor)

3 Use of Subjunctive to State Advice and Value Judgments

We use the infinitive construction when the advice we give is generic and we are not explicitly directing it towards anyone in particular.

	ADJECTIVE	INFINITIVE
Es	fundamental	**ayudar** a los pobres.
Me parece	interesante	**visitar** los museos de esta ciudad.
	necesario	
	importante	

It is	crucial	to help the poor.
	interesting	to visit the museums of this city.
	necessary	
	important	

However, when we are referring the advice to a specific person, we use **que** + subjunctive.

	ADJECTIVE	que + SUBJUNCTIVE
Es	fundamental	**que ayudemos** a los pobres.
Me parece	exagerado	**que visites** los museos de esta ciudad.
	importante	
	necesario	

4 Changes in People

There are three reflexive verbs that are used to express changes in people.

1) We use **ponerse** to express spontaneous and non-permanent changes in someone's frame of mind.

Se puso muy nerviosa cuando vio a su ex novio.
She became / got very nervous when she saw her ex-boyfriend.

Me puse enfermísimo después de comer ese pescado.
I became / got very sick after eating that fish.

2) We use **volverse** to talk about more permanent changes in character, personality, or behavior.

Marta se ha vuelto más sensible.
Marta has become more sensitive.

Usually, this involves a change toward a negative condition.

Julian se ha vuelto un poco egoísta.
Julian has become a little bit selfish.

Se volvió muy autoritario.
He became very authoritarian.

Se volvió un poco extraño desde que se hizo rico.

3) **Hacerse** is used to express personal, professional, or social development, or evolution that is decided by the subject.

Nos hemos hecho viejos.
We have grown old.

Mi abuela **se hizo** rica invirtiendo en la bolsa.
My grandmother got rich by investing in the stock market.

Gonzalo **se ha hecho** un experto en el tema.
Gonzalo has become an expert in this subject.

Después de pasar 15 años en Ecuador, Javier **se hizo** ecuatoriano.
Javier became Ecuadorian after spending 15 years in Ecuador.

5 *Ser* + Adjective vs. *Estar* + Adjective

When used with an adjective, **ser** expresses personality or moral characteristics that define the identity or nature of a subject.

● ¿Cómo es?		—How is she like?
○ Es **muy**	amable.	—She is very kind.
Es **bastante**	agradable.	—She is quite nice.

Estar is used with adjectives to describe the state or condition of the subject, especially one susceptible to change.
These adjectives do not denote an inherent property of the subject.

● **Estoy** muy cansada hoy.	—I am very tired today.
○ ¿**Estás** enferma?	—Are you sick?
● No, sólo **estoy** un poco deprimida.	—No, I'm just a little depressed.

● ¿Qué le pasa?	—What's wrong with him?
○ **Está preocupado** por su novia.	—He's worried about his girlfriend.
enfadado conmigo.	mad at you.
triste.	sad.

Verb Charts

REGULAR VERBS: SIMPLE TENSES

Infinitive Present Participle Past Participle	Indicative						Subjunctive		Imperative
	Present	Imperfect	Preterit	Future	Conditional	Present	Imperfect	Commands
hablar hablando hablado	hablo hablas habla hablamos habláis hablan	hablaba hablabas hablaba hablábamos hablabais hablaban	hablé hablaste habló hablamos hablasteis hablaron	hablaré hablarás hablará hablaremos hablaréis hablarán	hablaría hablarías hablaría hablaríamos hablaríais hablarían	hable hables hable hablemos habléis hablen	hablara hablaras hablara habláramos hablarais hablaran	habla (tú), no hables hable (usted) hablemos hablad (vosotros), no habléis hablen (Uds.)
comer comiendo comido	como comes come comemos coméis comen	comía comías comía comíamos comíais comían	comí comiste comió comimos comisteis comieron	comeré comerás comerá comeremos comeréis comerán	comería comerías comería comeríamos comeríais comerían	coma comas coma comamos comáis coman	comiera comieras comiera comiéramos comierais comieran	come (tú), no comas coma (usted) comamos comed (vosotros), no comáis coman (Uds.)
vivir viviendo vivido	vivo vives vive vivimos vivís viven	vivía vivías vivía vivíamos vivíais vivían	viví viviste vivió vivimos vivisteis vivieron	viviré vivirás vivirá viviremos viviréis vivirán	viviría vivirías viviría viviríamos viviríais vivirían	viva vivas viva vivamos viváis vivan	viviera vivieras viviera viviéramos vivierais vivieran	vive (tú), no vivas viva (usted) vivamos vivid (vosotros), no viváis vivan (Uds.)

REGULAR VERBS: PERFECT TENSES

	Indicative									Subjunctive		
Present Perfect		**Past Perfect**		**Preterite Perfect**		**Future Perfect**		**Conditional Perfect**		**Present Perfect**		**Past Perfect**
he	hablado	había	hablado	hube	hablado	habré	hablado	habría	hablado	haya	hablado	hubiera	hablado
has	comido	habías	comido	hubiste	comido	habrás	comido	habrías	comido	hayas	comido	hubieras	comido
ha	vivido	había	vivido	hubo	vivido	habrá	vivido	habría	vivido	haya	vivido	hubiera	vivido
hemos		habíamos		hubimos		habremos		habríamos		hayamos		hubiéramos
habéis		habíais		hubisteis		habréis		habríais		hayáis		hubierais
han		habían		hubieron		habrán		habrían		hayan		hubieran

IRREGULAR VERBS

Infinitive Present Participle Past Participle	Indicative						Subjunctive		Imperative
	Present	**Imperfect**	**Preterit**	**Future**	**Conditional**	**Present**	**Imperfect**	**Commands**
andar	ando	andaba	anduve	andaré	andaría	ande	anduviera	anda (tú),
andando	andas	andabas	anduviste	andarás	andarías	andes	anduvieras	no andes
andado	anda	andaba	anduvo	andará	andaría	ande	anduviera	ande (usted)
	andamos	andábamos	anduvimos	andaremos	andaríamos	andemos	anduviéramos	andemos
	andáis	andabais	anduvisteis	andaréis	andaríais	andéis	anduvierais	andad (vosotros),
	andan	andaban	anduvieron	andarán	andarían	anden	anduvieran	no andéis
								anden (Uds.)
caer	caigo	caía	caí	caeré	caería	caiga	cayera	cae (tú),
cayendo	caes	caías	caíste	caerás	caerías	caigas	cayeras	no caigas
caído	cae	caía	cayó	caerá	caería	caiga	cayera	caiga (usted)
	caemos	caíamos	caímos	caeremos	caeríamos	caigamos	cayéramos	caigamos
	caéis	caíais	caísteis	caeréis	caeríais	caigáis	cayerais	caed (vosotros),
	caen	caían	cayeron	caerán	caerían	caigan	cayeran	no caigáis
								caigan (Uds.)
dar	doy	daba	di	daré	daría	dé	diera	da (tú),
dando	das	dabas	diste	darás	darías	des	dieras	no des
dado	da	daba	dio	dará	daría	dé	diera	dé (usted)
	damos	dábamos	dimos	daremos	daríamos	demos	diéramos	demos
	dais	dabais	disteis	daréis	daríais	deis	dierais	dad (vosotros),
	dan	daban	dieron	darán	darían	den	dieran	no deis
								den (Uds.)

IRREGULAR VERBS (CONTINUED)

Infinitive / Present Participle / Past Participle	Indicative					Subjunctive		Imperative
	Present	Imperfect	Preterit	Future	Conditional	Present	Imperfect	Commands
decir / diciendo / dicho	digo / dices / dice / decimos / decís / dicen	decía / decías / decía / decíamos / decíais / decían	dije / dijiste / dijo / dijimos / dijisteis / dijeron	diré / dirás / dirá / diremos / diréis / dirán	diría / dirías / diría / diríamos / diríais / dirían	diga / digas / diga / digamos / digáis / digan	dijera / dijeras / dijera / dijéramos / dijerais / dijeran	di (tú), no digas / diga (usted) / digamos / decid (vosotros), no digáis / digan (Uds.)
estar / estando / estado	estoy / estás / está / estamos / estáis / están	estaba / estabas / estaba / estábamos / estabais / estaban	estuve / estuviste / estuvo / estuvimos / estuvisteis / estuvieron	estaré / estarás / estará / estaremos / estaréis / estarán	estaría / estarías / estaría / estaríamos / estaríais / estarían	esté / estés / esté / estemos / estéis / estén	estuviera / estuvieras / estuviera / estuviéramos / estuvierais / estuvieran	está (tú), no estés / esté (usted) / estemos / estad (vosotros), no estéis / estén (Uds.)
haber / habiendo / habido	he / has / ha / hemos / habéis / han	había / habías / había / habíamos / habíais / habían	hube / hubiste / hubo / hubimos / hubisteis / hubieron	habré / habrás / habrá / habremos / habréis / habrán	habría / habrías / habría / habríamos / habríais / habrían	haya / hayas / haya / hayamos / hayáis / hayan	hubiera / hubieras / hubiera / hubiéramos / hubierais / hubieran	
hacer / haciendo / hecho	hago / haces / hace / hacemos / hacéis / hacen	hacía / hacías / hacía / hacíamos / hacíais / hacían	hice / hiciste / hizo / hicimos / hicisteis / hicieron	haré / harás / hará / haremos / haréis / harán	haría / harías / haría / haríamos / haríais / harían	haga / hagas / haga / hagamos / hagáis / hagan	hiciera / hicieras / hiciera / hiciéramos / hicierais / hicieran	haz (tú), no hagas / haga (usted) / hagamos / haced (vosotros), no hagáis / hagan (Uds.)
ir / yendo / ido	voy / vas / va / vamos / vais / van	iba / ibas / iba / íbamos / ibais / iban	fui / fuiste / fue / fuimos / fuisteis / fueron	iré / irás / irá / iremos / iréis / irán	iría / irías / iría / iríamos / iríais / irían	vaya / vayas / vaya / vayamos / vayáis / vayan	fuera / fueras / fuera / fuéramos / fuerais / fueran	ve (tú), no vayas / vaya (usted) / vamos, no vayamos / id (vosotros), no vayáis / vayan (Uds.)

IRREGULAR VERBS (CONTINUED)

Infinitive / Present Participle / Past Participle	Indicative Present	Imperfect	Preterit	Future	Conditional	Subjunctive Present	Imperfect	Imperative Commands
oír / oyendo / oído	oigo / oyes / oye / oímos / oís / oyen	oía / oías / oía / oíamos / oíais / oían	oí / oíste / oyó / oímos / oísteis / oyeron	oiré / oirás / oirá / oiremos / oiréis / oirán	oiría / oirías / oiría / oiríamos / oiríais / oirían	oiga / oigas / oiga / oigamos / oigáis / oigan	oyera / oyeras / oyera / oyéramos / oyerais / oyeran	oye (tú), no oigas / oiga (usted) / oigamos / oíd (vosotros), no oigáis / oigan (Uds.)
poder / pudiendo / podido	puedo / puedes / puede / podemos / podéis / pueden	podía / podías / podía / podíamos / podíais / podían	pude / pudiste / pudo / pudimos / pudisteis / pudieron	podré / podrás / podrá / podremos / podréis / podrán	podría / podrías / podría / podríamos / podríais / podrían	pueda / puedas / pueda / podamos / podáis / puedan	pudiera / pudieras / pudiera / pudiéramos / pudierais / pudieran	
poner / poniendo / puesto	pongo / pones / pone / ponemos / ponéis / ponen	ponía / ponías / ponía / poníamos / poníais / ponían	puse / pusiste / puso / pusimos / pusisteis / pusieron	pondré / pondrás / pondrá / pondremos / pondréis / pondrán	pondría / pondrías / pondría / pondríamos / pondríais / pondrían	ponga / pongas / ponga / pongamos / pongáis / pongan	pusiera / pusieras / pusiera / pusiéramos / pusierais / pusieran	pon (tú), no pongas / ponga (usted) / pongamos / poned (vosotros), no pongáis / pongan (Uds.)
querer / queriendo / querido	quiero / quieres / quiere / queremos / queréis / quieren	quería / querías / quería / queríamos / queríais / querían	quise / quisiste / quiso / quisimos / quisisteis / quisieron	querré / querrás / querrá / querremos / querréis / querrán	querría / querrías / querría / querríamos / querríais / querrían	quiera / quieras / quiera / queramos / queráis / quieran	quisiera / quisieras / quisiera / quisiéramos / quisierais / quisieran	quiere (tú), no quieras / quiera (usted) / queramos / quered (vosotros), no queráis / quieran (Uds.)
saber / sabiendo / sabido	sé / sabes / sabe / sabemos / sabéis / saben	sabía / sabías / sabía / sabíamos / sabíais / sabían	supe / supiste / supo / supimos / supisteis / supieron	sabré / sabrás / sabrá / sabremos / sabréis / sabrán	sabría / sabrías / sabría / sabríamos / sabríais / sabrían	sepa / sepas / sepa / sepamos / sepáis / sepan	supiera / supieras / supiera / supiéramos / supierais / supieran	sabe (tú), no sepas / sepa (usted) / sepamos / sabed (vosotros), no sepáis / sepan (Uds.)
salir / saliendo / salido	salgo / sales / sale / salimos / salís / salen	salía / salías / salía / salíamos / salíais / salían	salí / saliste / salió / salimos / salisteis / salieron	saldré / saldrás / saldrá / saldremos / saldréis / saldrán	saldría / saldrías / saldría / saldríamos / saldríais / saldrían	salga / salgas / salga / salgamos / salgáis / salgan	saliera / salieras / saliera / saliéramos / salierais / salieran	sal (tú), no salgas / salga (usted) / salgamos / salid (vosotros), no salgáis / salgan (Uds.)

IRREGULAR VERBS (CONTINUED)

Infinitive / Present Participle / Past Participle	Indicative					Subjunctive		Imperative
	Present	Imperfect	Preterit	Future	Conditional	Present	Imperfect	Commands
ser / siendo / sido	soy eres es somos sois son	era eras era éramos erais eran	fui fuiste fue fuimos fuisteis fueron	seré serás será seremos seréis serán	sería serías sería seríamos seríais serían	sea seas sea seamos seáis sean	fuera fueras fuera fuéramos fuerais fueran	sé (tú), no seas sea (usted) seamos sed (vosotros), no seáis sean (Uds.)
tener / teniendo / tenido	tengo tienes tiene tenemos tenéis tienen	tenía tenías tenía teníamos teníais tenían	tuve tuviste tuvo tuvimos tuvisteis tuvieron	tendré tendrás tendrá tendremos tendréis tendrán	tendría tendrías tendría tendríamos tendríais tendrían	tenga tengas tenga tengamos tengáis tengan	tuviera tuvieras tuviera tuviéramos tuvierais tuvieran	ten (tú), no tengas tenga (usted) tengamos tened (vosotros), no tengáis tengan (Uds.)
traer / trayendo / traído	traigo traes trae traemos traéis traen	traía traías traía traíamos traíais traían	traje trajiste trajo trajimos trajisteis trajeron	traeré traerás traerá traeremos traeréis traerán	traería traerías traería traeríamos traeríais traerían	traiga traigas traiga traigamos traigáis traigan	trajera trajeras trajera trajéramos trajerais trajeran	trae (tú), no traigas traiga (usted) traigamos traed (vosotros), no traigáis traigan (Uds.)
venir / viniendo / venido	vengo vienes viene venimos venís vienen	venía venías venía veníamos veníais venían	vine viniste vino vinimos vinisteis vinieron	vendré vendrás vendrá vendremos vendréis vendrán	vendría vendrías vendría vendríamos vendríais vendrían	venga vengas venga vengamos vengáis vengan	viniera vinieras viniera viniéramos vinierais vinieran	ven (tú), no vengas venga (usted) vengamos venid (vosotros), no vengáis vengan (Uds.)
ver / viendo / visto	veo ves ve vemos veis ven	veía veías veía veíamos veíais veían	vi viste vio vimos visteis vieron	veré verás verá veremos veréis verán	vería verías vería veríamos veríais verían	vea veas vea veamos veáis vean	viera vieras viera viéramos vierais vieran	ve (tú), no veas vea (usted) veamos ved (vosotros), no veáis vean (Uds.)

STEM-CHANGING AND ORTHOGRAPHIC-CHANGING VERBS

Infinitive / Present Participle / Past Participle	Indicative					Subjunctive		Imperative
	Present	Imperfect	Preterit	Future	Conditional	Present	Imperfect	Commands
almorzar (z, c) almorzando almorzado	almuerzo almuerzas almuerza almorzamos almorzáis almuerzan	almorzaba almorzabas almorzaba almorzábamos almorzabais almorzaban	almorcé almorzaste almorzó almorzamos almorzasteis almorzaron	almorzaré almorzarás almorzará almorzaremos almorzaréis almorzarán	almorzaría almorzarías almorzaría almorzaríamos almorzaríais almorzarían	almuerce almuerces almuerce almorcemos almorcéis almuercen	almorzara almorzaras almorzara almorzáramos almorzarais almorzaran	almuerza (tú) no almuerces almuerce (usted) almorcemos almorzad (vosotros) no almorcéis almuercen (Uds.)
buscar (c, qu) buscando buscado	busco buscas busca buscamos buscáis buscan	buscaba buscabas buscaba buscábamos buscabais buscaban	busqué buscaste buscó buscamos buscasteis buscaron	buscaré buscarás buscará buscaremos buscaréis buscarán	buscaría buscarías buscaría buscaríamos buscaríais buscarían	busque busques busque busquemos busquéis busquen	buscara buscaras buscara buscáramos buscarais buscaran	busca (tú) no busques busque (usted) busquemos buscad (vosotros) no busquéis busquen (Uds.)
corregir (g, j) corrigiendo corregido	corrijo corriges corrige corregimos corregís corrigen	corregía corregías corregía corregíamos corregíais corregían	corregí corregiste corrigió corregimos corregisteis corrigieron	corregiré corregirás corregirá corregiremos corregiréis corregirán	corregiría corregirías corregiría corregiríamos corregiríais corregirían	corrija corrijas corrija corrijamos corrijáis corrijan	corrigiera corrigieras corrigiera corrigiéramos corrigierais corrigieran	corrige (tú) no corrijas corrija (usted) corrijamos corregid (vosotros) no corrijáis corrijan (Uds.)
dormir (ue, u) durmiendo dormido	duermo duermes duerme dormimos dormís duermen	dormía dormías dormía dormíamos dormíais dormían	dormí dormiste durmió dormimos dormisteis durmieron	dormiré dormirás dormirá dormiremos dormiréis dormirán	dormiría dormirías dormiría dormiríamos dormiríais dormirían	duerma duermas duerma durmamos durmáis duerman	durmiera durmieras durmiera durmiéramos durmierais durmieran	duerme (tú) no duermas duerma (usted) durmamos dormid (vosotros) no durmáis duerman (Uds.)

STEM-CHANGING AND ORTHOGRAPHIC-CHANGING VERBS (CONTINUED)

Infinitive / Present Participle / Past Participle	Indicative					Subjunctive		Imperative
	Present	Imperfect	Preterit	Future	Conditional	Present	Imperfect	Commands
incluir (y) incluyendo incluido	incluyo incluyes incluye incluimos incluís incluyen	incluía incluías incluía incluíamos incluíais incluían	incluí incluiste incluyó incluimos incluisteis incluyeron	incluiré incluirás incluirá incluiremos incluiréis incluirán	incluiría incluirías incluiría incluiríamos incluiríais incluirían	incluya incluyas incluya incluyamos incluyáis incluyan	incluyera incluyeras incluyera incluyéramos incluyerais incluyeran	incluye (tú), no incluyas incluya (usted) incluyamos incluid (vosotros), no incluyáis incluyan (Uds.)
llegar (g, gu) llegando llegado	llego llegas llega llegamos llegáis llegan	llegaba llegabas llegaba llegábamos llegabais llegaban	llegué llegaste llegó llegamos llegasteis llegaron	llegaré llegarás llegará llegaremos llegaréis llegarán	llegaría llegarías llegaría llegaríamos llegaríais llegarían	llegue llegues llegue lleguemos lleguéis lleguen	llegara llegaras llegara llegáramos llegarais llegaran	llega (tú) no llegues llegue (usted) lleguemos llegad (vosotros) no lleguéis lleguen (Uds.)
pedir (i, i) pidiendo pedido	pido pides pide pedimos pedís piden	pedía pedías pedía pedíamos pedíais pedían	pedí pediste pidió pedimos pedisteis pidieron	pediré pedirás pedirá pediremos pediréis pedirán	pediría pedirías pediría pediríamos pediríais pedirían	pida pidas pida pidamos pidáis pidan	pidiera pidieras pidiera pidiéramos pidierais pidieran	pide (tú), no pidas pida (usted) pidamos pedid (vosotros), no pidáis pidan (Uds.)
pensar (ie) pensando pensado	pienso piensas piensa pensamos pensáis piensan	pensaba pensabas pensaba pensábamos pensabais pensaban	pensé pensaste pensó pensamos pensasteis pensaron	pensaré pensarás pensará pensaremos pensaréis pensarán	pensaría pensarías pensaría pensaríamos pensaríais pensarían	piense pienses piense pensemos penséis piensen	pensara pensaras pensara pensáramos pensarais pensaran	piensa (tú), no pienses piense (usted) pensemos pensad (vosotros), no penséis piensen (Uds.)
producir (zc) produciendo producido	produzco produces produce producimos producís producen	producía producías producía producíamos producíais producían	produje produjiste produjo produjimos produjisteis produjeron	produciré producirás producirá produciremos produciréis producirán	produciría producirías produciría produciríamos produciríais producirían	produzca produzcas produzca produzcamos produzcáis produzcan	produjera produjeras produjera produjéramos produjerais produjeran	produce (tú), no produzcas produzca (usted) produzcamos producid (vosotros), no produzcáis produzcan (Uds.)

STEM-CHANGING AND ORTHOGRAPHIC-CHANGING VERBS (CONTINUED)

Infinitive Present Participle Past Participle	Indicative					Subjunctive		Imperative
	Present	Imperfect	Preterit	Future	Conditional	Present	Imperfect	Commands
reír (i, i) riendo reído	río ríes ríe reímos reís ríen	reía reías reía reíamos reíais reían	reí reíste rio reímos reísteis rieron	reiré reirás reirá reiremos reiréis reirán	reiría reirías reiría reiríamos reiríais reirían	ría rías ría riamos riáis rían	riera rieras riera riéramos rierais rieran	ríe (tú), no rías ría (usted) riamos reíd (vosotros), no riáis rían (Uds.)
seguir (i, i) (ga) siguiendo seguido	sigo sigues sigue seguimos seguís siguen	seguía seguías seguía seguíamos seguíais seguían	seguí seguiste siguió seguimos seguisteis siguieron	seguiré seguirás seguirá seguiremos seguiréis seguirán	seguiría seguirías seguiría seguiríamos seguiríais seguirían	siga sigas siga sigamos sigáis sigan	siguiera siguieras siguiera siguiéramos siguierais siguieran	sigue (tú), no sigas siga (usted) sigamos seguid (vosotros), no sigáis sigan (Uds.)
sentir (ie, i) sintiendo sentido	siento sientes siente sentimos sentís sienten	sentía sentías sentía sentíamos sentíais sentían	sentí sentiste sintió sentimos sentisteis sintieron	sentiré sentirás sentirá sentiremos sentiréis sentirán	sentiría sentirías sentiría sentiríamos sentiríais sentirían	sienta sientas sienta sintamos sintáis sientan	sintiera sintieras sintiera sintiéramos sintierais sintieran	siente (tú), no sientas sienta (usted) sintamos sentid (vosotros), no sintáis sientan (Uds.)
volver (ue) volviendo vuelto	vuelvo vuelves vuelve volvemos volvéis vuelven	volvía volvías volvía volvíamos volvíais volvían	volví volviste volvió volvimos volvisteis volvieron	volveré volverás volverá volveremos volveréis volverán	volvería volverías volvería volveríamos volveríais volverían	vuelva vuelvas vuelva volvamos volváis vuelvan	volviera volvieras volviera volviéramos volvierais volvieran	vuelve (tú), no vuelvas vuelva (usted) volvamos volved (vosotros), no volváis vuelvan (Uds.)

SPANISH TO ENGLISH VOCABULARY

A

abajo *below* (5)
abandonar *to abandon* (11)
abarcar *to include* (11)
abeja *bee* (12)
abierto/a *open-minded* (20)
abobado/a *amazed; spellbound* (17)
abogado/a *lawyer* (2)
abolición *abolition* (10)
abordar *to tackle, to approach* (11)
abrazar *to embrace* (20)
abrebotellas *bottle opener* (8)
abrelatas *can opener* (8)
abrigo *coat* (4)
abril *April* (3)
abrir *to open* (7)
absurdo *absurd* (14)
abuelo/a *grandfather/grandmother* (2)
abuelos *grandparents* (2)
abundancia *abundance* (17)
aburrido/a *boring* (1) (7)
aburrirse *to get bored* (9)
abusar *to abuse* (20)
abuso *abuse* (20)
acá *here* (12)
acabar de *to have just* (7)
acampar *to go camping* (7)
a causa de que *due to* (20)
acceder *to access* (3)
accidente *accident* (10)
acción *action* (11)
aceite *oil* (8)
acelga *Swiss chard* (8)
acercamiento *approach* (3)
aclamar *to acclaim; applaud* (17)
aclarar *to clarify* (17)
acogedor/a *welcoming; friendly; warm* (9)
acomodarse *to make onself comfortable* (17)
acompañante *companions* (7)
aconsejable *advisable* (20)
acontecimiento *event* (10)
a continuación *next* (8)
acordarse (ue) de *to remember* (13)
acostarse (ue) *to go to bed* (5)
acostumbrarse *to become accustomed* (17)
actividad *activity* (5)
actor *actor* (2)
actriz *actress* (2)
actuación *acting; performance* (15)
actualmente *currently* (2)
actuar *to perform; act* (14)
acuario *aquarium* (15)
acudir (a) *to attend; turn up* (15)
acuerdo *agreement* (10); *agreemente* (3)
acumulación *accumulation* (20)
acumular *to accumulate* (16)
adecuado/a *appropriate* (4)

adelanto científico *scientific advance* (19)
adelgazamiento *thinning* (16)
adelgazar *to lose weight* (5)
ademán *gesture* (17)
además *besides; moreover* (4)
a diario *daily activity* (8)
adicción *addiction* (5)
adicto/a *addicted* (12)
a diferencia de *in contrast to* (7)
adivinar *to guess* (1)
adjetivo *adjective* (1)
admirar *to admire* (14)
adolescente *adolescent* (20)
adquirir (ie) *to acquire* (4)
advertencia *warning* (12)
advertir (ie) (de) *to notice; warn* (12)
aeropuerto *airport* (1)
a favor *in favor of* (19)
afectar *to affect* (11)
afición *interest* (2)
aficionado/a *fan* (5)
afirmar *affirm* (8)
afluencia *affluence* (20)
afortunado/a *fortunate* (14)
afuera *outside* (16)
agarrar *to get hold of; take* (11)
agenda electrónica *electronic agenda* (16)
ágil *agile; flexible* (5)
agobiar *to oppress; put down* (20)
agosto *August* (3)
agotarse *to run out; to be used up* (19)
agradable *agreeable* (5); *pleasant; nice* (2)
agradecer (zc) *to thank* (15)
agravar *to make worse* (19)
agrícola *agricultural* (9)
agricultura *agriculture* (18)
agropecuario/a *agricultural; farming* (18)
agua *water* (1)
aguacate *avocado* (8)
agua mineral *mineral water* (4)
aguantar a *to put up with* (20)
aguardiente *brandy; hard liquor* (5)
agudo/a *acute* (12)
agujero *hole* (19)
ahora *now* (11)
ahorrar *to save* (4)
ahorro *savings* (16)
aire *air* (9)
aire acondicionado *air conditioning* (3)
aislado/a *isolated* (3)
ajeno/a *distant; alien* (7)
ajo *garlic* (8)
ajustar *to adjust to* (15)
alabar *to praise* (20)
a la derecha *to the right* (6)
a la izquierda *to the left* (6)
alameda *tree-lined avenue* (10)
albañil *builder* (6)

albergar *to house* (9)
albergue *lodging* (3)
alcalde/esa *mayor* (9)
alcaldía *city hall* (3)
alcance *reach; scope* (16)
alcanzar *to be enough; reach* (7)
al contrario *on the contrary* (14)
alegre *happy* (2)
alegría *happiness* (14)
alemán *German* (13)
Alemania *Germany* (18)
alergia *allergy* (12)
alérgico/a *allergic* (12)
alfabetización *literacy* (16)
al final *finally* (8)
algo *something* (11)
algodón *cotton* (16)
alguien *someone* (17)
alguno/a *some* (10)
alianza *alliance* (11)
alimentación *food* (18)
alimentar *to feed* (5)
alimentarse *to feed (oneself)* (11)
alimento *food* (8)
alistar *to get ready* (17)
allá *there* (4)
allí *there* (2)
alma *soul* (1)
almacén *warehouse; storage room; store* (18)
almacenar *to warehouse; store* (18)
al menos *at least* (5)
almíbar *syrup* (8)
almirante *admiral* (10)
al mismo tiempo *at the same time* (15)
aló *hello* (6)
alojamiento *lodging* (3)
alojarse (en) *to lodge* (3)
a lo mejor *maybe* (15)
alquilar *to rent* (3)
alquiler *rent* (6)
alrededor *around; about* (10)
alrededores *outskirts; surroundings* (9)
altibajos *ups and downs* (14)
alto/a *high* (1)
altura *height* (12)
amabilidad *friendliness* (18)
amable *nice; kind* (2)
amanecer (zc) *to dawn* (15)
amante *lover* (12)
amar *to love; to like a lot* (20)
amargura *bitterness* (14)
amarillo/a *yellow* (4)
ambicioso/a *ambitious* (11)
ambiental *environmental* (9)
ambiente *atmosphere* (8)
ambos *both* (13)
ambulante *traveling* (18)
ambulatorio *outpatient department* (9)

a mediados de *about the middle of* (11)
amenazar *to threaten* (19)
a menudo *often* (5)
amigo/a *friend* (2)
amistad *friendship* (10)
amor *love* (10)
ampliación *extension* (18)
amplio/a *ample* (6)
amueblado/a *furnished* (6)
amueblar *to furnish* (6)
añadir *to add* (8)
anaranjado/a *orange* (4)
anécdota *anecdote* (11)
añejo/a *old* (19)
anexión *annexation* (10)
anfiteatro *amphitheater* (7)
anguloso/a *angular* (11)
angustia *anguish* (20)
angustiar *to distress* (14)
anillo *ring* (8)
animación *animation; liveliness* (15)
animado/a *lively* (15)
animar *to encourage* (12)
anímico/a *of the mind* (5)
aniquilar *to annihilate* (16)
anís *anise* (8)
año *year* (12)
anoche *last night* (10)
anochecer *sunset; nightfall* (15)
anotar *to note* (5)
ansiedad *anxiety* (5)
anteayer *day before yesterday* (7)
antena parabólica *satellite dish* (7)
anteojos *eyeglasses* (4)
antepasado *ancestor* (11)
anteponer *to place before; to prefer* (14)
antes (de) *before* (3)
antes de ayer *day before yesterday* (7)
antibalas *bulletproof* (14)
anticipar *to anticipate* (18)
anticuado/a *antiquated; out-of-date* (18);
   old-fashioned (20)
antigüedad *antique* (4)
antiguo/a *old* (3)
antipático/a *unpleasant; unfriendly* (2)
antirobo *anti-theft* (14)
antropólogo/a *anthropologist* (10)
anunciar *to announce* (10)
anuncio *ad* (3)
apagar *to turn off* (16)
aparato *device* (16)
aparcamiento *parking lot* (9)
aparejar *to prepare; equip* (18)
apariencia *appearance* (14)
apartamento *apartment* (3)
apellido *last name* (1)
aperitivo *appetizer* (8)
apertura *opening* (8)
apetecer *to feel like doing* (15)
a pie *by foot* (11)
apio *celery* (8)

aplicación *application* (16)
aplicar *to apply* (9)
apoderarse (de) *to take possession of* (11)
aporte *contribution* (9)
apoyar *to support* (11)
apoyo *support* (11)
apreciación *appreciation* (13)
apreciar *to notice; appreciate* (7)
aprender *to learn* (1)
aprendiz *learner* (13)
aprendizaje *learning* (13)
a principios de *at the beginning of* (20)
aprobar *to approve* (14)
apropiado/a *adequate* (13)
a propósito *by the way* (17)
aprovechar *to benefit from* (13)
aprovecharse de *to take advantage of* (13)
aproximadamente *approximately* (2)
apuntar *to point; write down* (18)
a punto *ready* (18)
a punto de *on the verge of* (18)
apurado/a *in a hurry* (5)
árabe *arabic* (13)
árbol *tree* (2)
archipiélago *archipelago* (11)
archivo *file* (16)
arder *to burn* (17)
argentino/a *Argentinian* (2)
argumento *plot* (15)
aritmética *arithmetic* (9)
arma *arm; weapon* (1)
armada *navy* (11)
armario *closet* (6)
arqueológico/a *archeological* (8)
arquitecto *architect* (2)
arquitectura *architecture* (2)
arrancar *to start; pull out* (17)
arrastrar *to sweep along* (19)
arreglar *to repair; fix* (16)
arrepentirse (ie) *to regret* (15)
arrojar *to throw* (17)
arroyo *stream* (20)
arroz *rice* (8)
arte *art* (2)
artesanía *craft; artisan work* (4)
artes gráficas *graphic arts* (18)
artista *artist* (2)
asado *roast* (8)
asado/a *roasted* (8)
asamblea *assembly* (10)
asar *to roast* (8)
ascendencia *descent; extraction; ancestry* (2)
ascender *to ascend; climb; promote* (9)
ascenso *ascent* (5)
ascensor *elevator* (6)
asegurar *to assure* (12)
asentamiento *settlement* (6)
asequible *affordable* (12)
asesinar *to murder* (10)
asesinato *assassination; killing* (10)
asesor/a *advisor; consultant* (10)

asesoría *consulting service* (18)
asiento *seat* (14)
asilo *asylum* (17)
asimismo *likewise* (14)
así pues *therefore* (15)
así que *so* (3)
asistencia *assistance; care* (19)
asistente *assistant* (6)
asistir *to attend; be present at* (2)
asma *asthma* (12)
asociar *to associate* (20)
asunto *affair* (19)
asunto de interés mundial *world affairs* (19)
asustado/a *scared* (20)
asustar *to frighten* (17)
atacar *to attack* (11)
ataque *attack* (10)
ataque al corazón *heart attack* (12)
atentamente *attentively* (13)
aterrizar *to land* (7)
a tiempo completo *full-time* (6)
a tiempo parcial *part-time* (6)
atmósfera *atmosphere* (16)
átomo *atom* (20)
atracción *attraction* (8)
atractivo/a *attractive* (9)
atraer(se) *to attract* (4)
atravesar *to cross* (12)
a tráves de *across; through* (5)
atreverse *to dare* (19)
atropellar *to run down; knock down;*
   assault (20)
aula *classroom* (13)
aumentar *to increase* (10)
aumento *increase* (18)
aunque *although* (18)
ausencia *absence* (7)
austero/a *austere* (2)
autobús *bus* (3)
autóctono/a *indigenous; native* (11)
autoevaluación *self-assessment* (13)
automatizar *to automate* (16)
automóvil *car* (6)
autopista *highway* (6)
autor/a *author* (11)
autoridad *authority* (17)
autoritario/a *authoritarian* (14)
autorizar *to authorize* (19)
avalancha *avalanche* (8)
avance *advance* (14)
avanzar *to move forward; make progress* (17)
avaricia *greed* (14)
avaro/a *miserly; avaricious* (14)
ave *bird* (6)
avellana *hazelnut* (8)
aventurero/a *adventurous* (11)
avergonzado/a *ashamed* (17)
averiarse *to break down* (16)
averiguar *to find out* (2)
aviario *aviary* (15)
avión *plane* (3)

avisar *to warn; inform* (16)
avispa *wasp* (12)
ayer *yesterday* (7)
ayudar *to help* (6)
ayunas *breakfast* (12)
ayuntamiento *city hall* (7)
azafato/a *flight attendant* (17)
azúcar *sugar* (5)
azucarar *to sweeten* (8)
azul *blue* (4)

B

bailar *to dance* (2)
baile *dance* (1)
bajar *download* (16); *to go down; get out* (13)
bajo/a *low; below* (6)
ballena *whale* (17)
balneario *spa* (12)
baloncesto *basketball* (3)
banca *banking* (18)
banco *bank* (3)
banda sonora *soundtrack* (15)
bandeja *tray* (8)
bandera *flag* (11)
baño *bathroom; toilet* (6)
banquero/a *banker* (19)
barato/a *cheap* (4)
barco *boat; ship* (3)
barra *bar* (12)
barrera *barrier* (14)
barriga *stomach* (12)
barrio *neighborhood* (9)
barroco/a *Baroque* (14)
bastante *enough* (5); *quite a lot* (8)
basura *garbage* (9); *junk food* (5)
batalla *battle* (11)
batería *battery* (16)
batir *to beat* (8)
bautizar *to baptize* (11)
beber *to drink* (5)
bebida *drink* (5)
beca *scholarship* (11)
béisbol *baseball* (5)
belleza *beauty* (3)
bello/a *beautiful* (3)
beneficiar *to benefit* (18)
beneficioso/a *beneficial* (12)
berenjena *eggplant* (8)
besar *to kiss* (14)
biblioteca *librar* (2)
bicicleta *bicycle* (3)
bien *well; good* (11)
bienes de consumo *consumer goods* (19)
bienestar *well-being* (2)
bien/mal situado/a *well/badly located* (9)
bigote *mustache* (8)
bilingüe *bilingual* (6)
biodiversidad *biodiversity* (12)
biografía *biography* (10)
biólogo/a *biologist* (16)

biométrico/a *biometric* (19)
bistec *steak* (8)
blanco/a *white* (4)
blando/a *soft* (8)
blanquecino/a *whitish* (17)
blusa *blouse* (4)
boca *mouth* (5)
boca abajo *face down* (7)
bodega *wine store* (4)
boleto *ticket* (3)
boleto de ida *one-way ticket* (7)
boleto de ida y vuelta *round-trip ticket* (7)
bolígrafo *pen* (12)
boliviano/a *Bolivian* (2)
bolsa *stock market* (20)
bolsillo *pocket* (10)
bolso *purse* (4)
bombero/a *fireman/woman* (6)
bombilla *lightbulb* (4)
bombo *drum* (4)
bombón *candy* (18)
bondad *goodness* (14)
bonito/a *beautiful; pretty* (1)
boquiabierto/a *astonished; speechless* (14)
bordado *embroidery* (20)
borrado *removal* (12)
borrar *to delete; to erase* (14)
bosque *forest* (3)
bota *boot* (4)
botar *to throw away* (19)
botella *bottle* (8)
botón *button* (16)
boxeo *boxing* (19)
brazo *arm* (5)
brecha *gap* (19)
breve *brief* (2)
brillar *to shine* (5)
británico/a *British* (10)
bronce *bronze* (5)
bronquitis *bronchitis* (12)
bruja *witch* (15)
bucear *to dive* (7)
buceo *diving* (3)
bueno *hello* (6)
bueno/a *good* (2); *tasty* (5)
buey *ox* (15)
bullicio *noise* (20)
buñuelo *fritter* (8)
buque *ship; boat* (18)
burla *joke* (5)
burocracia *bureaucracy* (10)
bus *bus* (3)
buscar *to look for; search* (1)
buscar en el texto *to scan* (7)
búsqueda *search* (17)

C

caballo *horse* (4)
cabaña *cabin* (3)
caber *to fit; hold* (13)

cabeza *head* (5)
cabo *end* (5)
cacique *chief* (11)
cada *each* (1)
cadena *chain* (3); *TV network* (15)
cadera *hip* (5)
caducidad *lapse* (12)
caer *to fall* (10)
caer bien/mal *to like/dislike someone* (20)
caer(se) *to fall down* (11)
café *coffee* (8)
cafetalero/a *coffee grower* (8)
cafetería *coffee shop* (9)
cafeto *coffee tree* (8)
caja *box* (8)
cajero/a *bank clerk; cashier* (4)
cajero automático *automatic teller machine* (19)
calabaza *pumpkin* (4)
calcetín *sock* (4)
calendario *calendar* (14)
calentamiento global *global warming* (19)
calentar (ie) *to heat* (8)
calidad *quality* (4)
cálido/a *warm* (9)
caliente *warm; hot* (8)
calificación *rating; qualification; grade* (9)
callado/a *quiet; silent* (5)
callarse *to keep/remain quiet* (13)
calle *street* (3)
calmar *to calm* (5)
calor *heat* (9)
caluroso/a *hot (weather)* (9)
cama *bed* (6)
cámara de fotos *camera* (7)
cámara de video *video camera* (7)
cámara digital *digital camera* (16)
camarero/a *waiter/waitress* (2)
camarón *shrimp* (8)
cambiar *to change* (2)
cambio *change* (4)
cambio climático *climate change* (19)
camello *camel* (4)
caminar *to walk* (5)
caminata *hike* (7)
camino *road; journey* (20)
camión *truck* (11)
camisa *shirt* (4)
camiseta *t-shirt* (4)
campamento *camp* (3)
campaña *campaign* (12)
campeonato *championship* (5)
campesino/a *peasant; country folk* (6)
campo *countryside* (3); *field* (7)
Canadá *Canada* (18)
canal *TV channel* (15)
cancelación *cancellation* (7)
cancelar una reservación *to cancel* (7)
cáncer *cancer* (12)
cancha *court* (9)
canción *song* (14)
candidato/a *candidate* (6)

canela *cinnamon* (8)
cañón *cannon* (11)
cañonazo *cannonshot* (11)
cansado/a *tired* (5)
cansancio *tiredness* (12)
cansarse *to get tired* (12)
cantante *singer* (1)
cantidad *quantity* (2)
caos *chaos* (9)
capacidad *ability* (6)
capa de ozono *ozone layer* (14)
capaz *capable* (16)
capitán *captain* (5)
cara *face* (5)
cara a cara *face to face* (7)
carácter *character* (14)
característica *characteristic* (5)
caracterizar *to characterize* (15)
cargar *to charge* (16)
cargo *position; job* (6)
caribeño/a *Caribbean* (8)
cariñoso/a *tender a* (5)
carne *meat* (5)
caro/a *expensive* (4)
carrera *career* (10)
carretera *road; highway* (3)
carro *car* (4)
carta *letter* (4)
cartel *poster; handbill* (4)
cartelera *movie guide* (15)
cartera *wallet* (4)
cartero/a *postal carrier* (6)
cartón *cardboard* (16)
casa *house* (6)
casado/a *married* (2)
casarse *to get married* (10)
casarse con alguien *to marry someone* (10)
cascada *waterfall* (3)
casco *helmet* (5)
casco antiguo *historic district* (9)
casero/a *domestic; homemad* (8)
casi *almost* (1)
casona *big house* (9)
castellano *Spanish* (13)
castillo *castle* (11)
catalán *Catalan* (15)
catarata *waterfall* (3)
catástrofe *catastrophe* (6)
catastrófico/a *catastrophic* (5)
católico/a *Catholic* (19)
catorce *fourteen* (1)
caucho *rubber* (15)
caudaloso *large (river)* (3)
caudillo *leader; chief; strong man* (10)
causa *cause* (5)
causar *to cause* (6)
cautivar *captivate* (12)
cayo *key* (3)
caza *hunting* (19)
cazuela *casserole; pot* (8)
cebolla *onion* (8)

cecina *beef jerky; dried beef* (8)
ceder la palabra *to give the floor* (13)
celebrar *to celebrate* (11)
celebrarse *to take place; occur* (15)
célebre *famous* (11)
celos *jealousy* (20)
celoso/a *jealous* (20)
cena *dinner* (2)
cenar *to dine* (6)
cenicero *ashtray* (8)
ceniza *ash* (20)
centenar *hundred* (8)
céntrico/a *central* (6)
centro *city center; downtown* (3)
centro comercial *shopping mall* (4)
ceramista *ceramicist* (2)
cerca de *near* (7)
cercano/a *nearby* (6)
cerdo *pork* (8)
cerebro *brain* (12)
cero *zero* (17)
cerrado/a *closed* (7); *narrow-minded* (20)
cerradura *lock* (16)
cerrajería *locksmith's shop* (18)
cerrajero/a *locksmith* (18)
cerrar *to close* (1)
cerro *mountain* (11)
certificado *certificate* (7)
certificado de nacimiento *birth certificate* (7)
cerveza *beer* (4)
cestería *basket making* (4)
champaña *champagne* (19)
champiñón *mushroom* (8)
chapado/a *plated* (6)
chaqueta *jacket* (4)
charlar *to chat* (14)
chequeo médico *medical checkup* (5)
chicle *gum* (12)
chileno/a *Chilean* (2)
chino/a *Chinese* (13)
chistoso/a *funny* (11)
chocar *to clash* (20)
chofer *chauffer* (17)
cicatriz *scar* (12)
ciclo *cycle* (19)
cien *one hundred* (2)
ciencia *science* (14)
ciencia ficción *science fiction* (15)
científico/a *scientist* (2)
cientos *hundreds* (4)
cierre *zipper* (16)
ciertamente *certainly* (14)
cierto/a *certain* (5); *true* (13)
cifra *figure* (18); *sign* (12)
cigarrera *cigar/cigarette case; cigar/cigarette maker or vendor* (4)
cigarrillo *cigarette* (12)
cigarro *cigar* (8)
cima *summit* (3)
cinco *five* (1)
cincuenta *fifty* (2)

cine *cinema; movies; movie theater* (1)
cineasta *film enthusiast; film critic* (16)
cintura *waist* (5)
cinturón *belt* (4)
circulación sanguínea *circulation of blood* (5)
circundante *surrounding* (3)
circunstancia *circumstance* (11)
cirugía *surgery* (12)
cirujano/a *surgeon* (12)
cita *appointment; date* (15)
citar *to cite* (18)
ciudad *city* (1)
ciudadanía *citizenship* (10)
ciudad universitaria *college campus* (9)
claro *of course; sure* (7)
claro que no *of course not* (7)
clase *class* (10)
clase social *social class* (19)
clásico/a *classic* (4)
clasificar *to classify* (11)
clave *key* (5)
clima *climate; weather* (6)
climático/a *climatic* (19)
coartada *alibi* (17)
cobarde *cowardly* (11)
cobardía *cowardliness* (14)
cobre *copper* (16)
coca *coca plant* (17)
cocalero *coca grower* (17)
coche *car* (4)
cocido *stew* (8)
cocina *cooking* (8); *kitchen* (6)
cocinar *to cook* (2)
cocinero/a *chef; cook* (2)
coco *coconut* (8)
cóctel *cocktail* (8)
codiciar *to covet* (19)
cocido/a *cooked* (12)
código *code* (1)
código genético (ADN) *genetic code (DNA)* (16)
codo *elbow* (5)
coherencia *coherence* (14)
colaborar *to collaborate* (10)
colar (ue) *to strain* (8)
colección *collection* (7)
coleccionar *to collect* (2)
colección de arte *art collection* (15)
colega *colleague* (11)
colesterol *cholesterol* (12)
colgar (ue) *to hang* (16)
colibrí *hummingbird* (3)
coliflor *cauliflower* (8)
colina *hill* (11)
collar *necklace* (4)
colocar *to place* (4)
colombiano/a *Colombian* (2)
colonia *colony* (11)
colonización *colonization; settlement* (10)
colonizador/a *colonist* (11)
colono *settler* (11)

colorido/a *colorful* (9)
columna *column* (5)
coma *comma* (13)
comandante *commander* (11)
comedor *dining room* (3)
comentar *to comment* (6)
comenzar (ie) *to begin; start* (5)
comer *to eat* (2)
comercial *business-related* (18)
comercializar *to commercialize* (16)
comerciante *merchant* (20)
comerciar *to trade; do business* (18)
comercio *commerce; trade* (18)
comercio justo *fair trade* (19)
cometer errores *to make mistakes* (13)
comida *food* (1)
comilla *quotation mark* (13)
comisaría *police station* (17)
comodidad *comfort* (9); *convenience* (17)
cómodo/a *comfortable* (3)
como era de esperar *as expected* (17)
cómo no *of course* (3)
como por ejemplo *for example; such as* (16)
compañero/a de clase *classmate* (1)
compañía *company; firm* (6)
comparación *comparison* (9)
compartir *to share* (1)
competir *to compete* (18)
complejo/a *complex* (7)
complemento *object* (8)
complicado/a *complicated* (5)
cómplice *accomplice* (17)
componer *to compose; fix* (5)
compositor *composer* (15)
comprar *to buy* (4)
compraventa *buying and selling* (10)
comprender *to understand* (7)
comprensivo/a *understanding* (20)
comprobar *to check; confirm* (18)
comprometerse *to get engaged* (10)
compromiso *commitment* (5)
compuerta *floodgate; sluice* (18)
computación *computing* (4)
computador/a *computer* (16)
computadora de bolsillo *palmtop computer* (16)
computadora portátil *laptop* (4)
comsumidor *consumer* (18)
comunicar *to inform; contact* (11)
comunidad *community* (6)
concebir *to conceive* (17)
concertar una cita *to make an appointment* (15)
conciencia *awareness* (6)
concierto *concert* (15)
concluir *to conclude* (6)
concurso *contest* (15)
condenar *to condemn* (10)
conducir *to lead; to drive* (7)
conductor *leader; driver* (10)
conectarse *to get along with* (20)

conexión *connection* (4)
confiable *dependable* (18)
confianza *confidence* (20)
confiar *to trust* (14)
congelado/a *frozen* (18)
congelarse *to freeze* (20)
congresista *member of congress* (11)
conmemorar *to commemorate* (20)
conmemorativo/a *commemorative* (18)
conmigo *with me* (9)
conmovedor/a *moving* (15)
conocer (zc) *to know / to be familiar with* (1)
conocido/a *known* (10)
conocimiento *knowledge* (13)
conquista *conquest* (10)
conquistador *conqueror* (10)
consciente *conscious* (5)
consecuencia *consequence* (19)
conseguir (i) *to achieve* (10); *to obtain* (5)
consejero/a *counselor* (5)
consejo *advice* (5)
conservación *conservation* (8)
conservador/a *conservative* (10)
conservante *preservative* (12)
conservar *to conserve* (2)
considerar *to consider* (8)
constatar *to verify* (17)
constituir *to make up* (2)
construir (irreg) *to build* (6)
consulta *(doctor's) office* (12)
consultorío/a *office* (18)
consumidor/a *consumer* (8)
consumo *consumption* (5)
contaminación *pollution* (9)
contaminar *to pollute* (9)
contar (ue) *to tell (a story)* (3)
contar (ue) con *to count on* (6)
contenedor *container* (18)
contenido *contents* (6)
contigo *with you* (9)
continuar *to continue* (11)
contra *against* (5)
contradecir (irreg.) *to contradict* (19)
contradicción *contradiction* (19)
contratar *to hire* (6)
contrato *contract* (6)
contribuir *to contribute* (2)
convaleciente *convalescent* (20)
convencer *to convince* (6)
conveniente *convenient* (5)
conversación *conversation* (2)
conversar *to converse* (8)
convertir *to convert* (15)
convertirse en *to become* (10)
convincente *convincing* (11)
convivir con *to live with* (19)
copa *drink* (15); *wine glass* (8)
copia *copy* (6)
copo *snowflake* (17)
corazón *heart* (3)
corbata *tie* (4)

cordero *lamb* (8)
cordillera *mountain range; the Andes* (3)
coreano *Korean* (13)
corregir *to correct* (10)
corregirse *to correct oneself* (13)
correr *to run* (2)
corridas de toros *running of the bulls* (19)
cortapuro *cigar cutter* (8)
cortar *to cut* (8)
cortarse el pelo *to cut one's hair* (18)
cortesía *courtesy* (6)
corto/a *short* (7)
cortometraje *short film* (15)
cosa *thing* (1)
cosecha *harvest* (6)
coser *to sew* (13)
cosméticos *cosmetics* (18)
costa *coast* (10)
costado *side* (9)
costar (ue) *to cost* (4); *to find hard to* (13)
costarricense *Costa Rican* (2)
costilla *rib* (8)
costoso/a *costly* (4)
costumbre *custom* (10); *habit* (5)
cotidianidad *daily activity* (2)
cotidiano/a *everyday* (11)
cotizar *to quote* (5)
crear *to create* (6)
creatividad *creativity* (14)
crecer (zc) *to grow* (1); *to grow up* (10)
crecimiento *growth* (9)
creer *to believe* (6)
crema *cream* (12)
criatura *creature* (20)
crisol *melting pot* (4)
crispar *to tense with pain* (20)
cristal *glass* (16)
crítica *review* (2)
criticar *to critique* (9)
cronológico/a *chronological* (10)
crucero *cruise* (3)
crudo/a *raw* (8)
cruzar *to cross* (12)
cuaderno *notebook* (17)
cuadra *block* (9)
cuadrado/a *square* (16)
cuadro *painting* (5); *table* (11)
cuál *which* (4)
cualquier *any* (1)
cuándo *when* (4)
cuánto(s) *how many; how much* (2)
cuarenta *forty* (2)
cuarto *bedroom; room* (6); *fourth* (6); *quarter* (7)
cuatro *four* (1)
cuatrocientos/as *four hundred* (4)
cubano/a *Cuban* (2)
cubrir *to cover* (5)
cuchara *spoon* (10)
cucharada *tablespoon* (12)
cuchillo *knife* (4)

cuello *neck* (5)
cuenta *check; bill* (8)
cuento *short story; tale* (7)
cuento de hada *fairy tale* (17)
cuero *leather* (4)
cuerpo *body* (5)
cuestionario *questionnaire* (6)
cueva *cave* (11)
cuidado *care* (12)
cuidar *to care for* (12)
cuidarse *to take care of oneself* (12)
culinario/a *culinary* (17)
cultivar *to grow* (8)
cultivo *growing* (5)
cultura *culture* (1)
cumbre *summit* (11)
cumpleaños *birthday* (4)
cuna *crib; birthplace* (7)
cuota *membership fees* (19)
cupo *course* (20)
cupón *coupon* (4)
cúpula *dome* (4)
currículo *résumé; CV* (6)
curso *course* (1)

D

dado/a/os/as *given* (20)
dado que *given that* (20)
daño *damage; harm* (12)
danza *dance (classic or traditional)* (2)
danzar *to dance* (17)
dar *to give* (1)
dar lástima *to feel sorry for someone/ something* (20)
dar miedo *to scare; frighten* (13)
dar risa *to make laugh* (14)
darse cuenta de *to realize* (10)
dar una excusa *to make an excuse* (15)
dar una vuelta *to go for a walk* (17)
dar un paseo *to take a walk* (5)
dar vergüenza *to embarrass* (13)
datar *to date* (11)
datar de *to date back to* (11)
dátil *date (fruit)* (8)
dato *date; piece of information* (10)
de acuerdo *okay* (13)
debajo de *under* (3)
debatir *to debate* (19)
deberse *to be owing to* (6)
debido a *due to* (3); *owing to* (6)
década *decade* (5)
decanato *dean* (9)
decena *ten* (17)
decepcionado/a *disappointed* (20)
decidir *to decide* (6)
décima *tenth* (2)
decir (irreg.) *to say* (1)
declaración *statement* (17)
declarar *to declare* (10)
de cualquier forma *in any case / event* (19)

de día *during the day* (7)
dedicarse *to dedicate oneself* (2)
de dónde *from where* (4)
defecto *fault; defect* (14)
defensor/a *defender* (11)
definitivamente *definitively* (14)
deforestación *deforestation* (19)
deformar *to deform* (5)
de golpe *suddenly* (15)
degustación *tasting* (8)
degustar *to taste* (8)
deificar *to deify* (10)
dejar *to leave* (6); *to permit* (8)
dejar de *to stop doing something* (12)
de la madrugada *in the early morning* (7)
de la mañana *in the morning* (7)
de la noche *in the evening* (7)
delantal *apron* (17)
delante de *in front of* (17)
de la tarde *in the afternoon* (7)
deletrear *to spell* (1)
delfín *dolphin* (7)
delfinario *dolphinarium* (15)
delgado/a *slender; thin* (2)
delicioso/a *delicious* (8)
delincuencia *crime* (9)
demanda *demand* (18)
demasiado/a *too much; too many* (5)
demencia *dementia* (20)
de modo similar *similarly* (14)
demostrar (ue) *to demonstrate* (8)
de ninguna manera *no way* (3)
de niño/a *as a child* (14)
de noche *at night* (7)
dentista *dentist* (7)
dentro de *inside* (8)
de nuevo *again* (17)
denunciar *to denounce* (10)
de parte de *on the part of* (6)
depender *to depend* (13)
dependiente/a *store clerk* (8)
deporte *sport* (1)
deportes acuáticos *water sports* (3)
deportista *sportsman/sportswoman* (2)
deportivo/a *sporty; casual* (3)
depresión *depression* (5)
deprimido/a *depressed* (5)
deprimir *to depress* (14)
deprimirse *to become depressed* (11)
de pronto *suddenly* (17)
derecha *right* (6)
derecho *law* (10)
derechos civiles *civil rights* (10)
de repente *suddenly* (11)
derivar *to derive* (11)
derramar *to spill* (20)
derrotar *to destroy* (10)
desacuerdo *disagreement* (3)
desafiar *challenge* (19)
desafortunadamente *unfortunately* (19)

desafortunado/a *unfortunate; less fortunate* (19)
desanimarse *to get discouraged* (13)
desaparecer *to disappear* (10)
desaparición *disappearance* (17)
desaprobación *disapproval* (13)
desaprobar *to disapprove* (14)
desarrollado/a *developed* (19)
desarrollar *to develop* (10) (18); *to development* (3)
desarrollar(se) *to develop* (13)
desarrollo *development* (17)
desastre *disaster* (11)
desayunar *to have breakfast* (5)
desayuno *breakfast* (5)
descansar *to rest* (3)
descanso *rest* (5)
descarga *discharge; shock* (16)
descartar *to discard* (19)
descender *to descend* (14)
descendiente *descendent* (11)
descenso de rápidos *rafting* (12)
descifrar *to decode* (16)
descomposión *decomposition* (16)
desconcertante *disconcerting; upsetting* (20)
desconectar *disconnect* (16)
desconfiado/a *distrustful; suspicious (of)* (19)
desconocido/a *stranger* (13); *unknown* (10)
desconocimiento *ignorance* (12)
descontento/a *discontent* (20)
describir *to describe* (7)
descubrimiento *discovery* (9)
descubrir *to discover* (7)
descuento *discount* (4)
desde *until* (5)
desde cuándo *since when* (4)
desde luego *of course* (7)
desde luego que no *of course not* (7)
desear *to desire* (11)
desechar *to discard; reject* (16)
desecho *waste* (20)
desembarcar *to disembark* (11)
desempeño *fulfillment; performance* (12)
desempleado/a *unemployed* (19)
desempleo *unemployment* (9) (19)
desenchufar *to unplug* (16)
desenfrenado/a *unbridled* (19)
deseo *wish* (9)
desfile *parade* (17)
deshacer *to unpack* (7)
deshonesto/a *dishonest* (18)
desierta *desert* (14)
desigualdad *inequality* (19)
desintegrar *to disintegrate* (10)
desmayarse *to faint* (12)
desnivel *unevenness* (3)
desodorante *deodorant* (4)
desolar *to ruin* (11)
desorden *mess* (14)
desordenado/a *disorderly; untidy* (14)
desorganizado/a *disorganized* (20)

despacho *office* (6)
despacio *slow* (1)
despectivo/a *disrespectful* (14)
despedir (i) *to fire* (6)
despedirse (i) de *to say goodbye to* (7)
despegar *to take off* (7)
despertador *alarm clock* (17)
despertarse (ie) *to wake up* (5)
despierto/a *awake* (17)
despistado/a *absent-minded* (14)
desplazamiento *displacement* (10)
desprestigiarse *to lose* (7)
después (de) *next; after; afterwards* (8)
destacar *to stand out; emphasize* (5)
destinar *to assign* (9)
destino *destination* (3); *destiny* (10)
destituir *to dismiss; remove* (10)
destreza *skill* (6)
destrucción *destruction* (19)
destruir *to destroy* (6)
desvencijado/a *rickety; falling apart* (20)
desventaja *disadvantage* (18)
detallado/a *detailed* (4)
detección *detection* (16)
detención *arrest; detention* (17); *detention* (17)
detener *to stop; detain* (11)
detener(se) *to halt* (11)
deteriorar *deteriorate* (12)
determinar *to determine* (20)
de todas maneras *in any case / event* (19)
de todos modos *in any case / event* (19)
detrás de *behind* (12)
devastador/a *devastating* (20)
devastar *devastate* (11)
de verdad *really* (11)
de vez en cuando *once in a while* (5)
devolver (ue) *to return* (6)
diagnosticar *to diagnose* (19)
dialogante *open; open-minded* (20)
diarrea *diarrhea* (12)
dibujante *draftsman* (2)
dibujar *to draw* (2)
dibujo *drawing* (2)
diciembre *December* (3)
dictador *dictator* (11)
dictadura *dictatorship* (10)
diecinueve *nineteen* (1)
dieciocho *eighteen* (1)
dieciséis *sixteen* (1)
diecisiete *seventeen* (1)
diente *tooth* (18)
dieta *diet* (8)
diez *ten* (1)
difícil *difficult* (1)
dificultad *difficulty* (8)
difundir *to spread* (8)
diga *hello* (6)
digitalización *digitalization* (19)
digitalizado/a *digitized* (16)
digitalizar *to digitize* (16)
digno/a *honorable; decent* (6)

diligencia *diligence* (11)
dimitir *to resign* (10)
dinámico/a *dynamic* (6)
dinastía *dynasty* (11)
dinero *money* (3)
dirección *address* (7)
dirigir *to direct* (10)
disco compacto *compact disc* (16)
discriminación *discrimination* (19)
disculparse *to apologize* (18)
disculpe *excuse me* (8)
discurso *speech* (10)
discutible *debatable* (14)
discutir *argue* (5)
diseñador/a *designer* (7)
diseñar *to design* (6) (14)
disfrazarse (de) *to disguise oneself as* (17)
disfrutar *to enjoy* (3)
disminución *reduction* (10)
dispensar *to excuse; pardon; grant* (20)
disponer de algo *to have something* (9)
disponible *available* (6)
dispositivo *device; mechanism* (16)
dispuesto *disposed; available; ready* (6)
distribución *distribution* (2)
distribuir *to distribute* (10)
distrito *district* (15)
diurno/a *daily* (9)
diversión *enjoyment* (8); *fun* (1)
divertido/a *fun* (1); *funny* (14)
divertirse (ie) *to enjoy oneself* (3);
   to have fun (15)
divorciado/a *divorced* (2)
divorciarse *to divorce* (10)
doblar *to bend* (5)
doce *twelve* (1)
docena *dozen* (8)
dócil *docile* (20)
documental *documentary* (15)
dólar *dollar* (16)
doler (ue) *to hurt* (11)
dolor *pain* (12)
dolor de barriga *stomachache* (12)
dolor de cabeza *headache* (12)
dolor de espalda *backache* (12)
dolor de estómago *stomachache* (12)
dolor de muelas *toothache* (12)
dolor de oídos *earache* (12)
domicilio *domicile; legal residence* (18)
dominar *to dominate* (11)
domingo *Sunday* (5)
dominicano/a *Dominican* (2)
dominio *mastery* (6)
donación *donation* (6)
dónde *where* (4)
dormir (ue) *to sleep* (2)
dormirse (ue) *to fall asleep* (5)
dormitorio *bedroom* (6)
dos *two* (1)
doscientos/as *two hundred* (4)
droga *drug* (12)

drogadicciones *drug addictions* (12)
ducharse *to shower* (5)
dudar *to doubt* (11)
dueño/a *owner* (8)
dulce *sweet; candy* (5)
dulzura *sweetness* (14)
duplicación *duplication* (16)
duración *duration* (7)
duradero/a *long-lasting* (16)
durante *during* (7)
durar *to last* (7)
dureza *hardness; harshness* (8)
duro/a *hard* (8)
DVD (reproductor de) *DVD player* (16)

E

echar una mano *to help; to lend a hand* (17)
echar un vistazo a *to take a quick look* (15)
ecología *ecology* (9)
ecologista *ecologist* (19)
economía *economy* (18)
económico/a *inexpensive* (16)
ecosistema *ecosystem* (12)
ecuatoriano/a *Ecuadorian* (2)
edad *agenda* (9)
edificación *edification* (3)
edificio *building* (3)
editar *to publish* (16)
editorial *publishing company* (18)
educado/a *well-mannered; well-educated* (14)
efectivamente *really; exactly* (13)
efectivo/a *effective* (5)
efecto *effect* (6)
eficiencia *efficiency* (18)
egipcio/a *Egyptian* (14)
egoísmo *egoism* (14)
egoísta *selfish* (2)
ejercer *to exert* (20)
ejercicio *exercise* (5)
ejército *military* (10)
elaborar *to elaborate* (8)
elección *choice* (9)
elecciones *elections* (10)
electricidad *electricity* (16)
electricista *electrician* (18)
eléctrico/a *electric* (16)
electrodomésticos *electronic appliance* (4)
elegante *elegant* (4)
elegir (i) *to choose* (1); *to elect* (3)
elevar *to elevate* (16)
eliminar *to eliminate* (8)
eludir *to elude* (20)
embajador/a *ambassador* (14)
embarazada *pregnant* (12)
embarcar *to embark; to board* (11)
embestido/a *ravage; havoc* (20)
embotellamiento *traffic jam* (9)
emigración *emigration* (14)
emigrante *emigrant* (7)
emigrar *to emigrate* (12)

emocionante *exciting; thrilling* (15)

emocionar *to excite; to touch* (14)

emotivo/a *emotional* (20)

empacar *to pack up* (18)

empezar (ie) *to begin; start* (6)

emplazamiento *site; location* (17)

empleado/a *employee* (6)

emplear *to employ* (5)

empleo *job; employment* (6)

emplumado/a *fledged* (11)

empobrecer *impoverish* (20)

emprender *to undertake* (20)

empresa *business; company; firm* (6)

empresarial *business-related* (18)

empresario *manager; promoter* (15)

empujar *to push* (19)

en absoluto *absolutely not* (14)

enamorado/a *lover* (9)

enamoramiento *infatuation* (20)

enamorarse de *to fall in love with* (10)

encabezar *to head; lead* (3)

encallar *to run aground* (20)

encantador/a *charming* (15)

encantar *to love; to like a lot* (3); *to please* (13)

encanto *charm* (9)

encargar *to order* (18)

encendedor *lighter* (8)

encender *to turn on* (16)

encerrar *to lock down; to lock up* (11)

enchufar *to plug in* (16)

enchufe *plug* (16)

encima *on top* (8)

en/como consecuencia *in/as a consequence* (20)

en conclusión *in conclusion* (6)

en contra *against* (19)

encontrar (ue) *to find out* (3)

encontrarse (ue) *to find oneself* (12)

en crecimiento *growing* (18)

en cualquier caso *in any case / event* (19)

en cuanto a *as for* (16); *with respect to* (13)

encuentro *meeting; conference* (15)

encuesta *survey* (3)

en efectivo *cash* (17)

en el extranjero *abroad* (1)

enemigo/a *enemy* (11)

enemistad *enmity* (20)

energía *energy* (16)

energía solar *solar energy* (16)

enero *January* (3)

enfadado/a *angry* (20)

énfasis *emphasis* (12)

enfermarse *to get sick* (12)

enfermedad *illness; sickness* (12)

enfermo/a *sick; ill* (4)

enfoque *focus* (14)

enfrentar *to confront* (5)

enfrente (de) *in front of* (17)

enfriar *to cool down* (8)

enfriarse *to get cold* (8)

enfundado/a *to sheathe; wear* (17)

enfurecer *to infuriate* (20)

engordar *to gain weight* (5)

engreído/a *conceited; vain* (14)

enlace *link* (16)

enlatado *canned* (12)

enojado/a *angry; annoyed* (20)

enojarse *to get angry* (20)

enorme *huge; enormous* (15)

en otras palabras *in other words* (5)

en primer lugar *in the first place* (6)

en punto *on the dot; sharp* (7)

en resumen *in short* (6)

enriquecer *to enrich* (13)

enrolar *to enroll* (10)

ensalada *salad* (4)

ensamblar *to join; to assemble* (18)

ensayo *essay* (13)

enseguida *at once; right away* (17)

en segundo lugar *in the second place* (6)

enseñanza *teaching* (13)

en serio *seriously* (11)

ensueño *daydream; fantasy* (15)

en suma *to sum up* (19)

entender *to understand* (1)

entenderse con *to get along with* (20)

enterarse *to find out* (17)

en tercer lugar *in the third place* (6)

entonces *so* (20); *then* (11)

entorno *setting; environment; climate* (3)

en torno a *around* (20)

entrada *entry* (6); *ticket* (15)

entrar *to enter* (19)

entre *among* (3)

entrega *delivery* (18)

entregar *to hand over; give; deliver* (10)

entrenador/a *trainer* (17)

entrenamiento *training* (5)

entrenar *to train* (5)

entre tanto *meanwhile* (17)

entretenido/a *entertaining* (15)

entretenimiento *entertainment* (9)

entrevistar *to interview* (1)

en último lugar *last* (15)

envasar *to pack* (12)

envase *container* (8)

envenenamiento *poison* (12)

en vez de *instead of* (3)

enviar *to send* (4)

envidia *envy* (14)

envidioso/a *envious; jealous* (14)

en vista de *in the face of* (7)

en voz alta *out loud* (18)

epidemia *epidemic* (10)

época *epoch; era* (10)

equilibrio *balance* (5)

equinoccio *equinox* (20)

equipaje *luggage* (7)

equipo *team* (3)

equitativo/a *fair; just* (6)

equivocarse *to be wrong* (14)

erguido/a *erect* (5)

erradicación *eradication* (19)

error *mistake* (13)

escala *scale* (10)

escalada *climbing* (18)

escalera *staircase* (5)

escanear *to scan* (12)

escáner *scanner* (16)

escapar *to escape* (10)

escaso/a *rare* (19)

escena *scene* (17)

escénico/a *scenic* (15)

escepticismo *skepticism* (19)

escéptico/a *skeptical* (19)

esclavitud *slavery* (10)

esclavo *slave* (10)

esclusa *lock* (18)

esconder *to hide* (18)

escondido/a *hidden* (11)

escozor *stinging; burning sensation* (12)

escribir *to write* (1)

escrito/a *written* (13)

escritor/a *writer* (2)

escritorio *desk* (6)

escrúpulo *scruples* (11)

escuchar *to listen* (1)

escuela *school* (7)

escultor/a *sculptor* (5)

escultura *sculpture* (2)

es decir *in other words* (1)

esencia *essence* (19)

esencialmente *essentially* (13)

esfera *face (of a clock)* (7)

esfuerzo *effort* (12)

eslogan *slogan* (12)

es más *furthermore* (15)

espacial *spatial* (10)

espaguetis *spaghetti* (8)

espalda *back* (5)

español *Spanish* (11)

Española *Hispaniola* (10)

español/a *Spaniard/Spanish* (2)

especial *special* (7)

especializarse (en) *to specialize (in)* (14)

especialmente *especially* (18)

especie *species* (6)

especificar *to specify* (20)

específico/a *specific* (11)

espectáculo *show* (15)

espectáculos *shows* (9)

especulación *speculation* (19)

espejo *mirror* (6)

esperanza *hope; expectancy* (12)

esperanza de vida *life expectancy* (19)

esperar *to wait; to hope* (4)

espina *thorn* (18)

espinaca *spinach* (8)

espinoso *thorny; difficult; dangerous* (18)

esplendoroso/a *splendour* (14)

espontáneamente *spontaneously* (13)

esposo/a *husband/wife* (2)

esquema *outline* (13); *scheme* (11)

esquiar *to ski* (5)
esquimal *Eskimo* (17)
esquina *corner* (16)
estabilidad *stability* (5)
estable *stable* (12)
establecer *to establish* (6)
estación *season* (3); *station* (16)
estacionamiento *parking; parking lot* (6)
estacionar *to park* (17)
estadía *stay* (7)
estadio *stadium* (9)
estadista *statesman* (11)
estadístico/a *statistical* (12)
estado *state* (1)
estado civil *marital status* (2)
Estados Unidos *United States* (10)
estadounidense *U.S. citizen/from the U.S.* (2)
estallar *to break out* (10)
estampilla *stamp* (14)
estándar *standard* (14)
estante/estantería *shelf* (6)
estar *to be* (1)
estar a dieta *to be on a diet* (5)
estar a punto de *to be at the point of* (7)
estar de acuerdo *to agree* (3)
estar de buen/mal humor *to be in a*
  good/bad mood (20)
estar de rebajas *to be on sale* (4)
estar en contra *to be against* (14)
estar enfadado/disgustado (con) *to be mad*
  at someone (20)
estar en forma *to be fit; be in shape* (5)
estar harto/a (de) *to be tired of; fed up with* (17)
estar harto de *to be fed up with* (20)
estar resfriado/a *to have a cold* (12)
estar sentado *to be seated* (5)
estatal *state* (12)
este *east* (3)
estelar *stellar* (15)
estéreo *stereo* (6)
estereotípico/a *stereotypical* (14)
estereotipo *stereotype* (14)
estética *aesthetic* (15)
estilo *style* (2)
estimar *to estimate* (6)
estirar *to stretch; to extend* (5)
estrategia *strategy* (13)
estratégico/a *strategic* (11)
estrecho/a *narrow* (9)
estrella *star* (5)
estrés *stress* (5)
estresado/a *stress* (20)
estricto/a *strict* (7)
estropear *to damage; to break* (18)
estropearse *to get damaged; to break down* (16)
estructura *structure* (10)
estudiante *student* (2)
estudiantil *student* (18)
estudiar *to study* (1)
estudio *studio* (6)
estupidez *stupidity* (14)

etapa *stage* (6)
eterna *eternal* (12)
ético/a *ethical* (19)
etiqueta *label* (1)
etnia *ethnic group; race* (10)
étnico/a *ethnic* (11)
europeo/a *European* (2)
euskera *Basque* (15)
eutanasia *euthanasia* (19)
evaluar *to evaluate* (8)
evitar *to avoid* (12)
exactamente *exactly* (14)
exagerado/a *exaggerated* (5)
examinar *to examine* (4)
excelente *excellent* (8)
excesivamente *excessively* (12)
exceso *excess* (5)
excluyente *exclusive* (19)
excursión *field trip* (3)
excusarse *to excuse oneself* (15)
exhalar *to exhale* (5)
existir *to exist* (8)
éxito *success* (2)
exitoso/a *successful* (14)
exótico/a *exotic* (3)
expedición *expedition* (10)
expediente *expedient; means* (6)
experiencia *experience* (6)
experto *expert* (20)
explicación *explanation* (13)
explicar *to explain* (5)
exploración del espacio *space exploration* (19)
explorador/a *explorer* (10)
exponer *to expose* (5)
exportación *exportation* (18); *exports* (18)
exportar *to export* (7)
exposición *exhibition* (15); *exposition* (5)
expresar *to express* (18)
expresividad *expressivity* (15)
exprimir *to express* (12)
expulsar *to expel* (11); *to throw out; to expel* (11)
extenderse *to extend; stretch* (14)
exterminio *extermination* (10)
extraer *to extract* (11)
extranjero/a *foreigner* (2)
extraño/a *strange; odd* (10)
extraterrestre *extraterrestrial* (11)
extrovertido/a *extrovert* (14); *outgoing* (2)

F

fabricación *making; production* (8)
fabricar *to make* (8)
fabuloso/a *fabulous* (3)
facción *faction* (2)
fácil *easy* (1)
facilidad *ease* (17)
facilitar *to facilitate* (9)
facturar la(s) maleta(s) *to check luggage* (7)
facultad *school* (10)
falda *skirt* (4)

fallecer *to die* (10)
faltar *to lack* (9)
fama *fame* (6)
familiar *relative* (2)
farmacia *pharmacy* (3)
farmacología *pharmacology* (14)
fase *phase* (7)
fastidiar *to bother* (13)
fatalidad *fatality* (20)
febrero *February* (3)
fecha *date* (7)
felicidad *happiness* (14)
feliz *happy* (10)
fenómeno *phenomenon* (3)
feria *fair* (15)
ferrocarril *railroad* (18)
ferviente *fervent* (11)
festejar *to celebrate* (20)
festival *contest* (1)
fibra *fiber* (4)
ficha *card* (2)
fidelidad *fidelity; loyalty* (14)
fiebre *fever* (10)
fiel *faithful; loyal* (14)
fiesta *festivity/party* (1)
fijar *to fix* (13)
fijarse en *to notice* (7)
Filipinas *Philippines* (18)
filmar *to film* (16)
filosofía *philosophy* (14)
filósofo *philosopher* (19)
filtro *filter* (12)
finalmente *finally* (2)
financiar *to fund* (18)
financiero/a *financial* (18)
finanzas *finances* (19)
fin de semana *weekend* (4)
fingir *to pretend; imagine* (14)
finlandés *Finnish* (13)
fino/a *fine* (2)
firma *signature* (10)
firmar *to sign* (10)
firmeza *firmness* (5)
físico/a *physical* (5)
flauta *flute* (4)
flexión *push-up* (5)
flexionar *to bend* (5)
flor *flower* (18)
florecer *to flourish* (9)
florería *flower shop* (4)
floristería *florist's shop* (18)
flotar *to float* (5)
fluidez *fluency* (10)
flujo *flower* (20)
folleto *prospect; brochure* (7)
fomentar *to foment* (19)
fondo *back* (17); *fund* (6)
forastero/a *outsider* (13)
formación *training; education* (6)
forma de ser *the way someone is* (20)
formar parte (de) *to be part of* (11)

formato *format* (18)
fórmula *formulario* (19)
formular *formulate* (14)
formulario *form* (17)
forrado/a *lined; bound* (4)
fortalecimiento *strengthening* (5)
fortaleza *fortress* (11)
fósforo *match* (16)
fotocopiadora *copy machine; photocopier* (16)
fotografía *picture* (1)
fotógrafo/a *photographer* (2)
frágil *fragile* (20)
francés *French* (13)
Francia *France* (12)
franela *flannel* (17)
frase *sentence* (4)
frase temática *topic sentence* (4)
frecuentemente *frequently* (12)
freír (i) *to fry* (8)
frenar *to brake* (12)
freno *brake* (16)
frente *forehead* (5)
fresa *strawberry* (8)
fresco/a *fresh* (4)
frijoles *beans* (8)
frío *cold* (9)
frito/a *fried* (8)
frontera *border* (13)
frustrarse *to get frustrated* (13)
fruta *fruit* (5)
frutero *fruit seller; fruit dish* (8)
fuego *fire* (8)
fuente *source* (8) (17)
fuera de *outside of* (6)
fuerte *strong* (5)
fuerza *strength* (20)
fugarse *to escape* (17)
fumador/a *smoker* (12)
fumar *to smoke* (5)
funcionar *to function; to work* (5)
funcionario/a *government official* (11)
fundado/a *founded* (7)
fundar *to found* (10)
fundirse *to blow* (16)
fútbol *soccer* (2)

G

gafas *glasses* (16)
galés/galesa *Welsh* (13)
gallego *Galician* (15)
gamba *shrimp* (8)
ganadería *livestock* (18)
ganador *winner* (4)
ganar *to earn* (6); *to win* (2)
garaje *garage* (17)
garantizar *to guarantee* (12)
gasolinera *gas station* (9)
gastar *to spend* (3)
gato *cat* (4)
gaviota *seagull* (12)

generación *generation* (10)
generar *to generate* (12)
género *genre* (14)
generosidad *generosity* (14)
generoso/a *generous* (14)
genial *extraordinary; great* (15)
genio *genius* (19)
gente *people* (1)
geografía *geography* (1)
gerente *manager* (6)
gérmen *germ* (5)
gestación *gestation* (20)
gestión *management* (10)
gesto *gesture* (13)
gigante *giant* (17)
gigantesco/a *gigantic* (7)
gimnasio *gym* (3)
girar *to turn* (16)
giro *turn* (20)
giro postal *money order* (7)
globalización *globalization* (19)
globo *globe* (20)
gobernador *governor* (10)
gobernar *to govern* (11)
gobierno *government* (11)
golfista *golf player* (5)
golpear *to hit* (17)
golpe de estado *coup d'état* (10)
gordo/a *fat* (5)
gorjear *to trill* (11)
gorra *cap* (3)
gorro *hat* (4)
grabado *etching* (11)
grabar *to record* (16)
gracias *thanks; thank you* (1)
gracioso/a *funny* (11)
grado *degree* (12)
gráfico *graphic* (12)
gramo *gram* (8)
Gran Bretaña *Great Britain* (10)
grande *big* (1)
granja *farm; country house* (18)
grano *bean* (17)
grasa *fat* (5)
gratis *free* (7)
gratuito *free* (12)
grave *severe; serious* (9)
gravedad *gravity* (11)
Grecia *Greece* (18)
griego *Greek* (13)
grifo *gas station (Perú)* (9)
gripe *flu* (5)
gris *gray* (4)
gritar *to shout* (20)
grito *yell* (20)
Groenlandia *Greenland* (10)
gruñón *grumpy* (3)
grupo *group* (1)
grupo sanguíneo *blood type* (12)
guantes *gloves* (4)
guapo/a *good-looking; handsome/pretty* (2)

guardacostas *coast guard* (14)
guardaespaldas *bodyguard* (17)
guardar *to keep* (16)
guardería *daycare; preschool* (9)
guardia de seguridad *security guard* (6)
guatemalteco/a *Guatemalan* (2)
gubernamental *government-related* (18)
guerra *war* (5)
guía *guide* (3)
guiar *to guide; direct* (4)
guión *script* (15)
guionista *scriptwriter* (20)
guisantes *pea* (8)
guiso *stew* (8)
gustar *to like; be pleasing to* (3)

H

haber *to have (in compound tenses)* (1)
habichuelas *green beans* (8)
habilidad *skill; cleverness* (17)
habitación *room* (3)
habitante *inhabitant* (1)
habitar *to inhabit; to dwell* (11)
hábito *habitación* (8)
hablador/a *talkative* (14)
hablante *speaker* (2)
hablar *to speak* (1)
hace calor *it is hot* (9)
hace frío *it is cold* (9)
hacer (irreg.) *to make; to do* (2)
hacer caso a *to pay attention to* (20)
hacer cola/fila *to wait in line* (7)
hacer de *to play the role of* (8)
hacer deporte *to play; to practice sports* (5)
hacer ejercicio *to exercise* (5)
hacer esquemas *to prepare outlines* (13)
hacer la(s) maleta(s) *to pack* (7)
hacer muecas *to make a face* (7)
hacer preguntas *to ask questions* (13)
hacerse (irreg.) *to become* (20)
hacerse daño *to hurt oneself* (12)
hacerse un lío *to get all mixed up* (13)
hacer una reservación *to make a reservation* (7)
hacer un regalo *to give a gift* (4)
hacer yoga *to do yoga* (5)
hace sol *it is sunny* (9)
hace viento *it is windy* (9)
hacia *toward* (7)
hacienda *estate; farm* (10)
hallar *to find* (20)
hambre *hunger* (12)
hamburguesa *hamburger* (20)
harina *flour* (8)
harto/a (de) *fed up (with)* (18)
hasta *until* (10)
hasta cuándo *until when* (4)
Hawai *Hawaii* (10)
hay *there is; there are* (1)
hebreo *Hebrew* (13)

hecho *fact* (10)
hectárea *hectare* (3)
heladería *ice cream shop* (4)
helado *ice cream* (4)
hemisferio *hemisphere* (18)
heredero/a *heir/heiress* (8)
herencia *heritage* (3)
hermano/a *brother/sister* (2)
hermosura *beauty* (14)
héroe *hero* (10)
heroína *heroine* (11)
herramienta *tool* (16)
hervir (ie) *to boil* (8)
híbrido/a *hybrid* (16)
hidratante *hydrating* (12)
hierbabuena *mint* (8)
higiénico *hygienic* (18)
hijo/a *son/daughter* (2)
hilar *to spin* (20)
hilo *thread* (16)
hincapié *emphasis; stress* (5)
hipocresía *hypocrisy* (14)
hipócrita *hypocritical* (14)
hipotecario/a *mortgage* (18)
hipótesis *hypothesis* (10)
hispano/a *Hispanic* (2)
hispanohablante *Spanish speaker* (14)
historia *history* (1)
hogar *home* (6)
hoja *leaf* (6)
hojear *to skim/glance through* (17)
hola *hello* (1)
holandés/a *Dutch* (10)
hondureño/a *Honduran* (2)
honestidad *honesty* (14)
honesto/a *honest; decent* (11)
hora *hour* (5)
horario *schedule* (5)
hormigón *concrete* (6)
hostelería *hotel management; hotel business* (18)
hotel *hotel* (3)
hoy en día *these days* (19)
huelga *strike* (20)
huella *trace; print* (2)
huevo *egg* (8)
huida *flight* (11)
huir *to escape; to run away* (11)
húmedo/a *humid* (3)
humo *smoke* (9)
huracán *hurricane* (6)

I

ida y vuelta *round trip* (3)
idealista *idealist* (20)
identificar *to identify* (6)
idioma *language* (1)
ídolo *idol* (15)
iglesia *church* (3)
ignorar *to be ignorant; not know* (19)
igual *same; equal* (8)

igual... de *as ... as* (9)
igualdad *equality* (19)
igual de *equally* (7)
ilegal *illegal* (20)
ilícito/a *illegal* (12)
ilustración *illustration* (20)
ilustrar *to illustrate* (16)
ilustre *illustrious* (11)
imagen *image* (3)
imaginar *to imagine* (19)
imbuido/a *imbued* (20)
imitar *to imitate* (13)
impaciencia *impatience* (14)
imperio *empire* (9)
impermeable *raincoat* (3)
implicado/a *person involved* (17)
importación *imports* (18)
importado/a *imported* (16)
importar *to matter* (12)
imposición *imposition* (19)
impresión *impression* (19)
impresionante *impressive* (15); *outstanding* (3)
impreso/a *printed* (18)
impresora *printer* (16)
imprevisto/a *unforeseen* (11)
imprimir *to impress* (17)
impuestos *taxes* (18)
inalámbrico/a *wireless* (16)
inauguración *inauguration* (18)
incapaz *incapable* (20)
incendio *fire* (16)
incierto/a *uncertain* (8)
inclinar *to lean* (5)
incluir *to include* (4)
incluso *even; including* (19)
incógnito/a *unknown* (11)
incómodo/a *uncomfortable* (3)
inconfundible *unmistakeable* (5)
inconsciente *unconscious* (12)
incorporar *to incorporate; unite* (8)
increíble *incredible* (3)
incrementar *to increase* (18)
incumplir *to break* (19)
independencia *independence* (10)
independiente *independent* (11)
independizar *to become independent* (10)
indicar *to indicate* (9)
índice *index* (12)
indígena *indigenous person; native* (2)
indigestión *indigestion* (12)
indignar *to anger* (14)
indudablemente *certainly* (13)
industria *industry* (18)
inequívoco/a *unmistakeable* (14)
inesperado/a *unexpected* (20)
infancia *childhood* (10)
infección *infection* (12)
infidelidad *infidelity* (14)
infierno *hell* (17)
inflamación *swelling; inflammation* (12)

influyente *influential* (4)
información *information* (5)
informal *casual* (4)
informática *computer science; computers* (6)
informe *report* (1)
infraestructura *infrastructure* (18)
infranqueable *insurmountable; unbridgeable* (17)
ingeniería *engineering* (12)
ingeniería genética *genetic engineering* (19)
ingeniero/a *engineer* (20)
ingenio *ingenuity; inventiveness* (20)
inglés/inglesa *English* (11)
ingresos *income* (6)
inhalar *to inhale* (5)
iniciar *to start* (10)
injerto *graft* (12)
injusto *injustice* (17)
inmediatamente *immediately* (11)
inmersión *immersion* (13)
inmigración *immigration* (11)
inmigrante *immigrant* (4)
inmobiliario/a *real estate–related* (18)
innovador *innovator* (2)
innovador/a *innovative* (15)
innovar *to innovate* (18)
inolvidable *unforgettable* (3)
inscribirse *to enroll* (13); *to register* (7)
inscrito/a *registered* (7)
inseguridad *insecurity* (9)
inseguro/a *insecure* (14)
insolación *sunstroke* (12)
insomnio *sleeplessness; insomnia* (12)
insoportable *unbearable; intolerable* (20)
inspirar *to inspire* (6)
instalaciones *facilities* (3) (5)
instalar *to install* (9)
instalarse *to settle down* (9)
instantaneidad *instantaneity* (17)
instante *instant* (10)
instaurar *to establish* (10)
instrumento *instrument* (2)
inteligencia *intelligence* (14)
inteligente *intelligent* (2)
intemporal *timeless* (2)
intensidad *intensity* (17)
intentar *to try; intend* (14)
intercambio *exchange* (2)
interés *hobby* (1); *interest* (11)
interesante *interesting* (1)
interesar *to interest* (3)
internar *to intern* (20)
interpelar *to question* (19)
interpretación *performance* (14)
interrogar *to question* (17)
interrogatorio *questioning* (17)
interrumpir *to interrupt* (10)
intoxicación *food poisoning* (12)
introvertido/a *introverted; shy* (14)
inundar *to inundate* (18)
invadir *to invade* (10)
inventar *to invent; to make up* (10)

invernadero *greenhouse; glasshouse* (15)
inversión *investment* (18)
inversionista *investor* (18)
inversor/a *investor* (18)
invertir (ie) *to invest* (9)
investigación *research; investigation* (16)
investigador/a *researcher* (19)
investigar *to research; investigate* (16)
invierno *winter* (3)
invitado/a *guest* (18)
invitar *to invite* (20)
involucrado/a *involved* (7)
involucrar *to involve* (13)
ir (irreg.) *to go* (2)
ir a *to be going to* (1)
ir de camping *to go camping* (7)
ir de compras *to go shopping* (4)
ir de copas *to go out for a drink* (15)
Irlanda *Ireland* (10)
ironía *irony* (15)
irse (irreg.) *to leave* (6)
irse del hotel *to check out* (7)
isla *island* (3)
isleño *islander* (10)
istmo *isthmus* (18)
Italia *Italy* (10)
itinerario *itinerary* (7)
izquierda *left* (6)

J

jabón *soap* (16)
jamás *never* (20)
jamón *ham* (8)
Japón *Japan* (10)
japonés *Japanese* (13)
jarabe *syrup* (12)
jarana *revelry; trick; jest* (20)
jardín *garden; yard* (3)
jaula de bateo *batting cage* (7)
jeroglífico *hieroglyphic* (14)
jonrón *home run* (7)
joven *youth* (6)
joya *jewelry* (14)
joyería *jeweler* (4)
jubilar *to retire* (19)
judías verdes *green beans* (8)
judío/a *Jewish* (13)
juego *game* (7)
juego de video *video game* (18)
jueves *Thursday* (5)
jugador/a *player* (2)
jugar (ue) *to play* (2)
jugo *juice* (8)
juguete *toy* (4)
juguetería *toy store* (4)
julio *July* (3)
junio *June* (3)
junto/a *together* (6)
justicia social *social justice* (19)
justo/a *fair; just* (18)

juvenil *juvenile* (4)
juventud *youth* (10)

K

kilo *kilogram* (8)

L

laberinto *labyrinth* (17)
lado *side* (5)
ladrillo *brick* (6)
ladrón *thief* (17)
lago *lake* (3)
lamentar *to lament; be sorry* (20)
lana *wool* (4)
lancha *motorboat* (11)
langosta *lobster* (12)
lapicera *pen* (16)
lápiz *pencil* (16)
largometraje *full-length film; feature film* (16)
lástima *shame; pity* (11)
lata *can* (8)
latino/a *Latino* (2)
latinoamericano/a *Latin American* (2)
lavadora *washing machine* (16)
lavandería *laundromat* (3)
lavar *to wash* (10)
lazo *bond* (4)
lección *lesson* (14)
leche *milk* (8)
lechuga *lettuce* (8)
lector *reader* (13)
lector de CD-Rom *CD-Rom reader* (16)
lectura *reading* (13)
leer *to read* (1)
leer por encima *to skim* (7)
legalización *legalization* (19)
legumbres *legumes* (8)
lejano/a *far* (18)
lejos de *from from* (7)
leña *wood* (3)
lengua *language* (13)
lengua extranjera *foreign language* (13)
lengua materna *mother tongue* (13)
lentamente *slowly* (12)
lentes de sol *sunglasses* (4)
lento/a *slow* (7)
león marino *sea lion* (15)
lesión *injury* (12)
lesionarse *to get hurt; to get injured* (12)
levantarse *to get up* (5)
levantar *to lift* (5)
ley *law* (3)
leyenda *legend* (11)
liberación *release* (5)
liberar *to free* (10)
libertad *freedom* (10)
libre *free* (8) (19)
librería *bookstore* (2)
libreta *notebook* (4)

libro *book* (2)
licencia de conducir *driver's license* (6)
licor *liquor* (4)
licorería *liquor store* (18)
líder *leader* (10)
lienzo *canvas* (5)
liga *league* (6)
ligado/a *linked* (5)
ligero/a *light* (12)
límite *limit* (7)
limón *lemon* (8)
limonada *lemonade* (12)
limpiar *to clean* (3)
limpio/a *lantern* (9)
lindo/a *nice* (15); *pretty* (14)
línea *line* (10)
linterna *lantern; lamp* (3)
listo/a *clever; ready; witty* (5)
literario/a *literary* (20)
litro *liter* (5)
llamada *call* (18)
llamar *to call* (3)
llamarse *to be called* (1)
llanuras *plains* (1)
llave *key* (11)
llavero *key ring; key maker* (4)
llegada *arrival* (7)
llegar *to arrive* (1)
llegar a tiempo *to arrive on time* (7)
llegar con retraso *to be delayed* (7)
llegar tarde *to arrive late; to be late* (7)
lleno/a *booked* (7)
llevar *to carry* (6); *to live (a healthy life)* (12); *to wear* (4)
llevar a cabo *to carry out* (16)
llevarse bien/(mal) con *to (not) get along with* (14)
llorar *to cry* (15)
llover (ue) *to rain* (9)
lluvia *rain* (9)
lluvioso/a *rainy* (9)
lobo marino *seal* (20)
localización *location* (7)
localizar *to locate* (1)
loco/a *crazy* (20)
lógico/a *logic* (5)
logotipo *logo* (18)
lograr *to achieve* (6)
lomo *back* (15)
loro *parrot* (3)
lo siento *sorry* (7)
lucha *fight* (11)
luchar *to fight* (6)
lucro *profit* (6)
lúdico/a *playful* (15)
luego *next; then* (8)
lugar *place* (3)
lugareño *villager* (20)
lujoso/a *luxurious* (6)
lunes *Monday* (5)
luz *light* (16)

M

macarrones *macaroni* (8)
madera *wood* (6)
madre *mother* (2)
madrileño/a *resident of Madrid* (15)
madrugada *early morning* (7)
madrugar *to get up early* (3)
madurez *maturity* (14)
maestro/a *teacher* (2)
maíz *corn* (5)
majestuoso/a *majestic* (20)
maldad *wickedness* (14)
malecón *seafront* (9)
maleducado/a *ill-mannered* (14)
maleta *suitcase* (7)
maletín *briefcase* (17)
malo/a *bad* (4)
malograrse *to break down* (16)
malvado/a *wicked* (11)
mamífero *mammal* (7)
mañana *tomorrow* (7)
manatí *manatee* (7)
mandar *to send* (6)
mando *command* (11)
manejar *to drive* (6)
manía *mania* (14)
manifestación *demonstration* (10)
manifestar *to show* (10)
mano *hand* (5)
mantel *tablecloth* (20)
mantener *to maintain* (9)
mantequilla *butter* (8)
manto *mantle; cloak* (17)
manualidad *craft* (13)
manzana *apple* (8)
maquillarse *to put on makeup* (14)
máquina *machine* (16)
mar *sea; ocean* (3)
maravilla *marvel* (17)
maravilloso/a *marvellous; wonderful* (3)
marcador *marker* (11)
marcar *to dial* (6)
marco *frame; mark* (4)
mareado/a *dizzy* (12)
marearse *to get dizzy* (12)
mareas negras *oil spill; large oil slick* (19)
mareo *dizziness* (12)
marfil *ivory* (17)
marginación *marginalization* (19)
marginado/a *marginalized* (19)
marido *husband* (20)
marihuana *marijuana* (19)
marino *sailor* (20)
marisco *seafood* (8)
marítimo/a *maritime; sea* (7)
mármol *marble* (5)
marrón *brown* (4)
martes *Tuesday* (5)
marzo *March* (3)
más... que *more than* (9)

masaje *massage* (12)
masajista *masseuse* (18)
matar *to kill* (17)
mate *small pot* (4)
matemáticas *mathematics* (14)
máximo *maximum* (11)
mayo *May* (3)
mayordomo *butler* (17)
mayoría *majority* (3)
mayúscula *uppercase letter* (13)
medianoche *midnight* (4)
medicamiento *medication* (12)
medicina *medicine* (12)
médico *doctor* (2)
medida *measure* (8)
medioambiental *environmental* (18)
medio ambiente *environment* (9)
mediocridad *mediocrity* (14)
mediodía *noon* (7)
medios de transporte *transportation* (3)
medir (i) *to measure* (12)
meditar *to meditate* (14)
mejillón *mussel* (8)
mejor *the best* (3); *better* (9)
mejorar *to improve; to make better* (5)
melocotón *peach* (8)
memoria *memory* (16)
memorizar *to memorize* (13)
mencionar *to mention* (5)
menos *less* (1)
mensaje *message* (6)
mensajería *courier service* (18)
mensajero/a *courier* (18)
mente *mind* (5)
mentir (ie) *to lie* (19)
mentiroso/a *lying; deceptive* (20)
menú *menu* (8)
mercadeo *marketing* (18)
mercado *market; grocery store* (7)
mercancía *goods; merchandise* (18)
mercardo laboral *labor market* (7)
merecer (zc) *to merit; be worth* (15)
merendar (ie) *to have a snack* (8)
mes *month* (3)
mesa *table* (2)
mesero/a *waiter/waitress* (2)
meseta *plateau* (3)
mestizo/a *biracial; person of mixed race* (11)
meta *goal* (18)
metal *metal* (16)
método *method* (13)
metro *subway* (3)
metrópoli *metropolis* (15)
mexicano/a *Mexican* (2)
mezcla *mixture* (11)
mezclar *to mix* (5)
microondas *microwave* (16)
miedo *fear* (11)
miedoso/a *fearful; scary* (14)
miembro *member* (5)
mientras *while* (6)

mientras tanto *while* (11)
miércoles *Wednesday* (5)
migración *migration* (9)
migraña *migraine* (12)
mil *thousand* (4)
milenario *millenial* (9)
milenio *millenium* (19)
militar *military* (10)
milla *mile* (16)
millón *million* (4)
millonario/a *millionaire* (17)
minería *mining industry* (18)
mínimo *minimum* (10)
minoría *minority* (13)
minúscula *lowercase letter* (13)
mirada *glance* (15)
mirar *to look* (1)
miseria *misery* (20)
mismo/a *same* (9)
misterio *mystery* (17)
misterioso/a *mysterious* (11)
mitad *half* (1)
mítico/a *mythic* (10)
mito *myth* (2)
mobiliario *furniture* (18)
mochila *backpack* (4)
moda *fashion* (4)
moderadamente *moderately* (12)
moderar *to moderate* (5)
moderno/a *modern* (4)
modesto/a *modest* (20)
modificar *to modify* (18)
mojado/a *wet* (11)
molestar *to bother* (13)
molestarse *to get upset* (20)
molestia *discomfort* (12)
molesto/a *bothersome; tiresome* (20)
monarquía *monarchy* (15)
moneda *currency* (7)
monje/monja *monk/nun* (19)
mono *monkey* (3)
montaña *mountain* (1)
montañismo *mountain climbing* (7)
montañoso/a *mountainous* (12)
montar bicicleta *to ride a bike* (5)
montarse en el tren, avión, autobús *to get on the train, plane, bus . . .* (7)
monte *mountain* (20)
montevideano *resident of Montevideo* (16)
montón *pile; heap; mass* (16)
morado/a *purple* (4)
moreno/a *dark* (2)
morir (ue) *to die* (10)
mostaza *mustard* (8)
mostrar *to show* (1)
motivar *to motivate* (11)
moto *motorcycle* (16)
motocicleta *motorcycle* (20)
movilizado/a *mobilized* (6)
movimiento *movement* (10)

movimiento migratorio *migration movement* (19)
muchas veces *many times* (5)
mudarse *to move* (6)
muebles *furniture* (6)
muela *tooth* (12)
muerte *death* (6)
multiétnico/a *multiethnic* (19)
mundial *worldwide; international* (5)
mundialización *globalization* (19)
mundo *world* (1)
muñeco/a *doll* (16)
muro *wall* (10)
músculo *muscle* (5)
museo *museum* (6)
música *music* (2)
música en vivo *live music* (15)
músico *musician* (2)
muslo *thigh* (5)

N

nacer (zc) *to be born* (10)
nacimiento *birth* (1)
nación *nation* (6)
nacionalidad *nationality* (2)
nacionalizado/a *nationalized* (7)
nada *hardly* (2); *none; not any; nothing* (8)
nadar *to swim* (11)
nadie *no one* (18)
naranja *orange* (4)
narcotráfico *drug trafficking* (19)
nariz *nose* (5)
narración *narration* (11)
narrador/a *narrator* (17)
narrar *to narrate* (11)
natal *native* (9)
naturaleza *nature* (1)
navegador *browser* (16)
navegante *sailor* (6)
navegar *to sail* (3)
Navidad *Christmas* (4)
naviera *shipping company* (20)
necesario/a *necessary* (5)
necesidad *necessity* (6)
necesitar *to need* (4)
negocio *business* (6)
negrita *bold* (2)
negro/a *black* (4)
nervioso/a *nervous* (14)
nevera *refrigerator* (8)
nicaragüense *Nicaraguan* (2)
niebla *fog* (9)
nieve *snow* (9)
ni hablar *no way* (7)
niñero/a *babysitter* (18)
niñez *childhood* (10)
ningún; ninguno/a *none; not any* (8)
nivel *level* (5)
no cabe duda *no doubt* (13)
noche *night; evening* (6)

nocturno/a *nightly* (15)
nómada *nomadic* (11)
nombrar *to name* (5)
nombre *first name* (1)
no me digas *no way* (11)
no obstante *however* (19)
nordeste *northeast* (11)
noroeste *northwest* (12)
norte *north* (3)
Noruega *Norwegian* (18)
noticias *news* (1) (15)
novecientos/as *nine hundered* (4)
novedad *novelty* (18)
novedoso/a *novel; new; innovative* (18)
novela *novel* (17)
novela de aventuras *adventure story* (17)
novela de ficción *fiction novel* (17)
novela de misterio *mystery novel* (17)
novelista *novelist* (17)
noventa *ninety* (2)
noviembre *November* (3)
novio/a *boyfriend/girlfriend* (2)
nublado/a *foggy* (9)
nueve *nine* (1)
nuevo/a *new* (4)
nuez *nut* (4)
número *number* (1)
nunca *never* (5)

O

oaxaqueño/a *Oaxacan* (2)
obesidad *obesity* (5)
obligar *to obligate* (20)
obra *work* (5)
obra de arte *work of art* (15)
obra de teatro *(theater) play* (15)
obras públicas *public works* (9)
obrero/a *worker* (20)
observar *to observe* (6)
obtener *to obtain* (5)
ocasionar *to cause* (11)
océano *ocean* (10)
ochenta *eighty* (2)
ocho *eight* (1)
ochocientos *eight hundred* (4)
ocio *leisure* (9)
octubre *October* (3)
ocupado/a *busy* (7)
ocupar *to occupy* (11)
ocuparse (de) *to take care of* (7)
ocurrir *to happen; take place* (9)
odiar *to hate* (14)
odontología *dentistry* (12)
oeste *west* (3)
ofensiva *offensive* (11)
oferta *offer (7); supply* (18)
oferta cultural *entertainment* (15)
ofertas *sales* (7)
oficina *office* (6)
oficinista *office clerk* (6)

ofrecer (zc) *to offer* (1)
oído *ear* (12)
oír *to hear* (17)
ojo *eye* (5)
óleo *oil painting* (5)
olor *smell* (9)
olvidar *to forget* (4)
olvidarse de *to forget* (13)
ómnibus *bus* (3)
once *eleven* (1)
ónix *onyx* (4)
operación *surgery* (12)
operar *to operate on* (12)
operarse (de) *to have surgery* (12)
opinar *to express an opinion* (19)
opinión *opinion* (19)
oportunidad *opportunity* (6)
optimista *optimist* (14)
óptimo/a *optimal* (18)
opuesto/a *opposite* (18)
oración *sentence; oration; prayer* (5)
oralmente *orally* (13)
orden *order* (4)
ordenado/a *orderly* (14)
ordenador *computer* (15)
oreja *ear* (5)
organización no gubernamental (ONG) *nongovernmental organization (NGO)* (6)
organizado/a *organized* (6)
organizar *to organize* (2)
orgulloso/a *proud* (14)
orientación *direction* (17)
oriente *east* (7)
origen *origin* (2)
originario/a *native* (17)
orilla *bank* (3)
oro *gold* (11)
ortografía *spelling* (6)
oscilar *to oscillate* (18)
oscuridad *obscurity* (17)
oscuro/a *dark* (11)
o sea *that is to say* (14)
oso *bear* (3)
oso hormiguero *anteater* (3)
otoño *fall* (3)
ovacionar de pie *to give a standing ovation* (10)
ovalado/a *oval-shaped* (11)
oveja *sheep* (4)

P

pabellón *pavilion; canopy; banner* (15)
paciencia *patience* (6)
paciente *patient* (6)
padecer (zc) *to suffer* (12)
padre *father* (2)
padres *parents* (2)
pagar *to pay* (4)
página *page* (10)
país *country* (1)

paisaje *landscape* (1)

país en vías de desarrollo *developing country* (19)

pájaro *bird* (7)

paje *page; valet; attendant* (4)

palabra *word* (11)

paladar *palate; taste* (8)

pan *bread* (8)

panadería *bakery* (18)

panameño/a *Panamanian* (2)

pánico *panic* (11)

paño *cloth* (12)

pantalla *monitor* (16); *screen* (1)

pantalones *pants* (4)

pañuelo *handkerchief* (4)

Papá Noel *Father Christmas* (4)

papa / patata *potato* (8)

papas fritas *French fries* (4)

papel *paper* (16); *role* (14)

paquete *pack; package* (8)

paraguas *umbrella* (8)

paraguayo/a *Paraguayan* (2)

paraíso *paradise* (3)

paralelo *parallel* (20)

paralizar *to paralyze* (20)

parámetro *parameter* (12)

parapente *paragliding* (7)

para que *for what purpose* (4)

parar *to stop* (8)

parche *patch* (12)

parecer *to appear* (5)

pared *wall* (3)

pareja *pair* (1)

parrilla *grill* (3), (8)

parque *park* (3)

parque de atracciones/diversiones *amusement park* (15)

párrafo *paragraph* (4)

participar *to participate* (1)

partido *game; match* (3)

partido de fútbol *soccer game* (15)

partir *to depart* (10)

pasado *past* (11)

pasado mañana *day after tomorrow* (7)

pasantía *internship* (7)

pasaporte *passport* (7)

pasar *to happen* (19); *to spend* (6)

pasarela *gangplank* (15)

pasar lista *to take attendance* (1)

pasarlo bien *to have a good time* (4)

pasarlo mal *not to have a good time* (4)

pasar vergüenza *to be embarrassed* (20)

pase *come in* (8)

pasear *to take a walk* (3)

pasillo *corridor; hallway* (6)

pasión *passion* (5)

pastel *cake* (4)

pastelería *pastry shop* (4)

pastilla *pill* (12)

pasto *pasture* (10)

pastoreo *grazing* (10)

patentar *to patent* (16)

patología *pathology* (12)

patria *homeland* (10)

pavo *turkey* (8)

paz *peace* (10)

peaje *toll* (18)

peatón *pedestrian* (9)

pecado *sin* (20)

pecho *breast; chest* (12)

pedantería *pedantry* (14)

pedazo *piece* (8)

pedido *order* (18)

pedir *to order (in a restaurant)* (8)

peinar *to comb* (17)

pelar *to peel* (8)

pelearse *to fight; to have an argument* (20)

película *film* (2)

película de acción *action movie* (15)

película del oeste *western* (15)

película policíaca *detective movie* (15)

película de terror *horror movie* (15)

peligro *danger* (7)

peligroso/a *dangerous* (3)

pelo *hair* (5)

pelota *ball* (4)

peluquería *hairdresser; barber* (3)

pena *grief; sadness; sorrow* (11)

pendiente *earring* (4)

penetrar *to penetrate* (11)

pensamiento *thought* (10)

pensar (en) *to think (about)* (2)

pensión *lodging house* (7)

peor *worse*, (8); *the worst* (5)

pepino *cucumber* (8)

pepita *seed* (11)

pequeño/a *small* (1)

pera *pear* (8)

pérdida *loss* (10)

perdonar *to pardon* (20)

peregrinación *pilgrimage* (9)

perezoso/a *lazy* (2)

perfeccionar *to perfect* (13)

perfil *profile* (20)

perforación *drilling* (20)

perfumería *perfume store* (4)

periódico *newspaper* (3)

periodista *journalist* (2)

período *period* (11)

permiso *permission* (12)

permiso de conducir *driver's license* (7)

permiso de trabajo *work permit* (7)

permitir *to permit* (6)

pero *but* (1)

persiana *blind; shutter* (16)

personaje *character* (3)

personalidad *personality* (2)

personas sin hogar sin techo *homeless* (19)

persuadir *to persuade* (20)

pertenecer (zc) *to belong* (10)

pertenencia *belonging* (6)

peruano/a *Peruvian* (2)

pesado/a *boring; slow; tedious* (15); *heavy* (16)

pesar *to weigh* (12)

pescadería *fishmonger; fish market* (8)

pescado *fish* (5)

pesimista *pessimistic* (14)

peso *weight* (5)

pesticida *pesticide* (20)

petróleo *oil; petroleum* (19)

petrolero/a *oil* (18)

pez *fish* (3)

picado/a *ground* (8)

picadura *sting; bite* (12)

picante *hot; spicy* (8)

picar *to itch; to sting* (12)

pico *peak; beak* (3)

pie *foot* (5)

piedra *rock; stone* (10)

piel *skin* (12)

pierna *leg* (5)

pila *battery* (4)

pilar *pillar* (18)

píldora *pill* (12)

pimienta *pepper (spice)* (8)

pimiento *pepper (vegetable)* (8)

piña *pineapple* (8)

pinacoteca *art gallery* (15)

pingüino *penguin* (12)

pintar *to paint* (2)

pintor/a *painter* (2)

pintura *painting* (2)

pionero/a *pioneer* (18)

piragüismo *canoeing* (15)

pirámide *pyramid* (6)

pirata *pirate* (11)

piscina *swimming pool* (3)

pista *clue* (17); *court; rink* (3)

pizca *pinch* (12)

placer *pleasure* (15)

planear *to plan* (15)

planificar *to plan* (15)

plano *map; plan* (7)

plano/a *flat* (3)

planta *floor* (4)

plástico *plastic* (16)

plata *silver* (4)

plataforma *platform* (9)

plátano *banana* (8)

plato *dish* (4)

playa *beach* (1)

plaza *square* (9)

plaza de toros *bullfighting ring* (15)

plazo *period; term; time* (19)

pleno/a *full* (9)

pluma *feather* (14); *pen* (16)

población *population* (1)

poblado/a *populated* (6)

poblador/a *settler* (10)

poblar *to populate* (20)

pobres *poor* (19)

pobreza *poverty* (6)

poco *a little bit* (1)

poder *power* (10)

poder (ue) *to be able to; can* (4)

poderoso/a *powerful* (20)

policía *policeman/woman* (6)

politeísta *polytheist* (14)

política *politics* (1)

político/a *politician* (2)

pollo *chicken* (4)

polución *pollution* (9)

poner (irreg.) *to put* (8)

poner nervioso/a *to make nervous* (13)

ponerse *to become* (20)

ponerse celoso/a *to get jealous* (20)

ponerse contento/a *to get happy* (20)

ponerse enfermo *to get sick* (12)

por aquí cerca *nearby* (3)

porcentaje *percentage* (12)

por consiguiente *therefore; consequently* (20)

por desgracia *unfortunately* (19)

por ejemplo *for example* (5)

por encima de *on top of* (5)

por eso *because of that* (4); *so* (11)

por la mañana *in the morning* (7)

por la noche *in the evening* (7)

por la tarde *in the afternoon* (7)

por lo tanto *therefore* (20)

porque *because* (1)

por supuesto *of course* (3)

portafolio *portfolio* (14)

portavoz *spokesman* (4)

portero/a *goalkeeper* (5)

portugués *Portuguese* (11)

por último *last* (2)

por vía aérea *by air* (9)

por vía fluvial *by water* (9)

posada *inn* (7)

posgrado *postgraduate* (10)

posición *position* (12)

posmoderno/a *postmodern* (14)

posponer (irreg.) *to postpone* (19)

postal *postcard* (7)

postre *dessert* (4)

postular *to run (for office)* (10)

postura *posture* (5)

potenciar *to empower* (13)

practicar *to practice* (2)

práctico/a *convenient; handy* (16)

precio *price* (4)

precioso/a *beautiful* (4); *precious* (8)

precisamente *precisely* (12)

preciso/a *precise* (11)

predecir *to predict* (14)

predicción *prediction* (14)

predominar *to predominate* (6)

preferir *to prefer* (6)

prefijo *prefix* (6)

pregunta *question* (1)

preguntar *to ask questions* (17)

preincaico/a *pre-Inca* (9)

prejuicio *prejudice* (20)

prematuro/a *premature* (20)

premiado/a *prized* (12)

premio *prize; award* (4)

premonición *premonition* (20)

prenda de vestir *garment* (4)

prender *to turn on* (16)

prensa *press* (15)

preocupado/a *worried* (20)

preocupar *to worry* (13)

preocuparse de *to worry about; care* (20)

preparar *to prepare* (8)

presencia *presence* (19)

presentador *presenter* (19)

presentar *to introduce* (1)

presentarse *to introduce oneself* (1)

presionar *to pressure; to apply pressure* (18)

presión/tensión *blood pressure* (5)

préstamo *loan* (6)

prestar *to lend* (12)

prestar atención *to pay attention* (4)

prestar un servicio *to provide a service* (18)

prestigio *prestige* (2)

presupuesto *budget* (4)

pretensión *pretension* (2)

prevenir *to prevent* (12)

prever *to foresee* (19)

previo/a *previous* (6)

primavera *spring* (3)

primer/a *first* (1)

prioridad *priority* (5)

prisionero *prisoner* (10)

privado/a *private* (11)

privilegiado/a *privileged* (19)

privilegiar *to privilege* (19)

probar *to try on* (4)

problema *problem* (2)

procesador de textos *word processor* (16)

proclamar *to proclaim* (10)

producir *to produce* (10)

producto interno bruto (PIB) *gross domestic product* (18)

productos lácteos *dairy products* (5)

profesión *profession* (2)

profesor/a *professor* (2)

profundamente *deeply* (19)

profundo/a *deep* (5); *profound* (20)

programación *programming* (15)

progresista *progressive; liberal* (10)

prohibir *to forbid* (20); *to prohibit* (19)

proliferar *to proliferate* (12)

promedio *average* (4)

promesa *promise* (19)

promover (ue) *to promote* (18)

pronombre *pronoun* (5)

propietario/a *proprietary* (6)

propina *tip* (8)

propio/a *own* (6)

proponer *to propose* (8)

proporcionar *to provide* (12)

proposición *proposition* (19)

propósito *goal* (6)

propuesta *proposal* (8)

proseguir *to continue; follow* (20)

próspero/a *prosperous* (12)

protagonista *main actor/actress* (15); *main character* (17)

protagonizar *to play the role of* (14)

protectorado *protectorate* (11)

protector solar *sunblock* (3)

proteger *to protect* (5)

protestar *to protest* (18)

protocolo *protocol* (19)

provenir *to come from* (10)

provincia *province* (8)

provocar *to provoke* (11)

próximo/a *next* (7)

proyectar *project* (14)

proyecto *project* (19)

prueba *proof; evidence* (17)

púa *spine; tooth* (16)

publicidad *advertising* (18)

público/a *public* (6)

pudín *pudding* (8)

pueblo *people; nation* (10); *town* (3)

puente *bridge* (15)

puerta *door* (6) (17)

puerto *harbor* (9); *port* (11)

puertorriqueño *Puerto Rican* (2)

puesto de trabajo *position; job* (6)

puesto que *since* (20)

pulmón *lung* (12)

pulsar *to press* (19)

pulsera *bracelet* (4)

puñado *handful* (17)

punto *point* (12)

punto de partida *starting point* (7)

puntual *punctual* (11)

pureza *purity* (14)

Q

quedar (con) *to make an appointment with* (15)

quedarse *to be (located); be left; remain* (10); *to stay* (15)

quemadura *burn* (12)

quemar *to burn* (12)

quemarse *to get sunburned* (12)

querer (ie) *to want* (1)

queso *cheese* (8) (18)

quietud *calm; quietness* (16)

química *chemistry* (16)

quince *fifteen* (1)

quinientos/as *five hundred* (4)

quitamanchas *cleaner; stain remover* (14)

quitar *to get rid of* (12)

quizá *maybe* (7)

R

racismo *racism* (19)
radicarse *to settle* (20)
raíz *root* (7)
ramo *bunch; branch* (18)
rápidamente *rapidly* (12)
rapidez *rapidity* (18)
rápido/a *fast* (7)
raro/a *weird; odd; strange* (16)
rascacielos *skyscraper* (9)
rato *while; time* (17)
ratón *computer mouse* (16)
rayo *ray* (11)
razón *reason* (4)
razonamiento *reasoning* (19)
reaccionar *to react* (11)
realidad *reality* (11)
realizar *to make* (17)
realizar un pedido *to order* (18)
rebajas *sales* (4)
rebanada *slice* (8)
rebasar *to exceed* (9)
rebelión *rebellion* (10)
recado *message* (6)
recaudar *to collect* (18)
recepción *reception desk* (7)
recepcionista *front-desk attendant* (6);
  receptionist (7)
receta *prescription* (12); *recipe* (8)
recetar *to prescribe* (12)
recibir *to receive* (4)
reciclar *to recycle* (9)
reciente *recent* (9)
recientemente *recently* (5)
reclamar *to claim* (18)
recoger *to pick up* (7)
recomendable *advisable* (5)
recomendación *recommendation* (12)
recomendar *to recommend* (18)
reconocer *to recognize* (11)
recordar *to remind* (6)
recorrer *to travel through* (11)
recoveco *turn; bend* (20)
recto/a *straight* (9)
recuperar *to recuperate* (10)
recursos *resources* (18)
recursos naturales *natural resources* (19)
red *network* (12); *the Web* (16)
redacción *composition* (13)
redactar *to edit* (10)
redondo/a *round* (16)
reducir *to reduce* (10)
referente *referent* (18)
referir *to refer* (4)
refinar *to refine* (6)
reflejar *to reflect* (11)
reflexión *reflection* (11)
refresco *soft drink; soda pop* (8)
refugiado/a *refugee* (17)
refugiarse *to take refuge* (11)

refutar *to refute* (19)
regalar *to give a gift* (4)
regalo *gift* (4)
regeneración *regeneration* (19)
régimen *diet* (12)
registro *register* (6)
regla *rule* (5)
regresar *to come back; return* (10)
regreso *return* (11)
rehén *hostage* (11)
reino *kingdom* (11)
reinversión *reinvestment* (19)
reiterar *to reiterate* (19)
reivindicación *to claim* (19)
relajación *relaxation* (5)
relajarse *to relax* (5)
relatar *to tell (a story)* (17)
relato *story; tale* (17)
rellenar *to fill out* (14)
reloj *watch* (4)
remojar *to soak; steep* (8)
remolacha *beet* (8)
rendirse *to surrender* (5)
renovable *renewable* (16)
renunciar a *to renounce; to give up* (20)
reparar *to repair; to fix* (16)
repartir *to distribute* (14)
reparto *delivery; distribution* (18)
repasar *to review* (9)
repelente *repellent* (3)
repetir *to repeat* (1)
repisa *shelf* (17)
replantearse *to rethink; reconsider* (20)
reportaje *interview; story; feature* (19)
reposo *repose* (11)
represivo/a *repressive* (11)
reproducir (zc) *to reproduce* (8)
requisito *requirement* (6)
rescribir *rewrite* (17)
reseña *review* (14)
resentirse *to resent* (18)
reservar *to reserve* (3)
resfriado *cold* (12)
resfriarse *to get a cold* (12)
residencia estudiantil *dorm* (9)
residir *to reside* (6)
resolver (ue) *to resolve* (6)
resolver un caso *to solve a case* (17)
respaldar *to back* (18)
respecto a *with respect to* (18)
respetar *to respect* (19)
respirar *to breathe* (20)
responder *to respond* (7)
responsable *responsible* (6)
respuesta *answer* (1)
restante *remaining* (13)
restaurante *restaurant* (8)
restaurar *to restore* (17)
resto *rest* (3)
restringir *to restrict* (19)
resultado *result* (13)

resumen *summary* (11)
resumir *to sum up* (6)
retirarse *to retreat; to withdraw* (11)
reto *challenge* (19)
retórico/a *rhetorical* (19)
retorno *return* (20)
retransmisión *broadcasting* (15)
retraso *delay* (7)
retratar *to portray; depict* (14)
reunión *meeting* (7)
reunir *to have; include* (14)
reunirse (con) *to meet* (7)
revelación *revelation* (20)
revelar *to reveal* (3)
revelar fotos *to develop* (7)
revestido/a *clad* (11)
revisar *to review* (2)
revisión *revision; review* (12)
revista *magazine* (4)
revolución *revolution* (8)
revolucionario/a *revolucionary* (11)
rey *king* (4)
rico/a *rich* (2); *tasty; delicious* (8)
riesgo *risk* (12)
rígido/a *rigid; inflexible* (20)
rincón *corner* (9)
río *river* (3)
riqueza *richness; wealth* (7)
risa *laughter* (14)
ritmo *rhythm* (8)
robo *robbery* (10)
rodaja *slice* (8)
rodear *to surround* (9)
rodilla *knee* (5)
rojo/a *red* (4)
rollito de primavera *spring roll* 19
rollo *film* (15)
romper *to break* (11)
romperse (algo) *to break (something)* (12)
ron *rum* (8)
roncar *to snore* (14)
ropa *clothing* (3)
ropa interior *underwear* (4)
ropero *closet; wardrobe* (17)
rosa *pink* (4)
rosca *roll (bread)* (8)
rostro *face* (2)
roto/a *broken* (16)
rueda *wheel* (16)
ruido *noise* (9)
ruidoso/a *noisy* (3)
ruina *ruin* (8)
rumbo a *bound for* (11)
ruso/a *Russian* (13)
rústico/a *rustic* (4)
ruta *route* (7)

S

sábado *Saturday* (5)
sábana *sheet* (17)

saber (irreg.) *to know (a fact)* (1)
sabiduría *wisdom; knowledge* (15)
sabor *flavor* (8)
sacar *to take (out)* (5)
sacar conclusiones *to draw conclusions* (19)
sacerdotal *priestly* (10)
sacrificio *sacrifice* (5)
sal *salt* (8)
sala *living room* (6)
salado/a *salty* (8)
salida *departure* (7)
salir (lg) *to go out* (15)
salir a cenar *to go out for dinner* (15)
salir con *to go out with* (17)
secuestrar *to kidnap*
sospechar (de) *to suspect*
salir del avión, tren, autobús... *to get off the plane, train, bus...* (7)
salón/sala *living room* (6)
salpicado/a *flecked* (11)
saltar *to jump* (5)
salto *jump; leap; gap* (3)
salto de agua *waterfall* (3)
salud *health* (5)
saludable *healthy* (12)
saludar *to greet* (6)
salvadoreño/a *Salvadorean* (2)
salvaje *savage* (12)
salvar las apariencias *to save face* (7)
salvavidas *life preserver* (14)
sandalia *sandal* (4)
sandía *watermelon* (8)
sanitario/a *sanitary* (19)
sano/a *healthy* (5)
santuario *sanctuary* (9)
sartén *frying pan* (8)
satisfacción *satisfaction* (12)
satisfacer *to satisfy* (6)
seco/a *dry* (3)
secuencia *sequence* (5)
secuestro *kidnapping* (17)
secundario/a *secondary* (11)
seda *silk* (16)
seguido de *followed by* (9)
seguir *to continue* (6); *to follow* (2)
según *according to* (2)
segundo/a *second* (1)
seguramente *surely* (12)
seguro *insurance* (18); *safe; certain; a sure thing* (5)
seguro médico *health insurance* (12)
seis *six* (1)
seiscientos/as *six hundred* (4)
seleccionar *to select* (5)
sello *seal; stamp* (17)
selva *jungle* (3)
semáforo *traffic light* (9)
semana *week* (17)
semanal *weekly* (4)
semejante *fellow man* (20)
semestre *semester* (13)

semilla *seed* (6)
senador *senator* (10)
señalar *to signal* (12)
señal de tráfico/tránsito *traffic sign* (9)
sencillo *simple; plain; modest* (2)
sendero *path* (12)
sensatez *common sense* (14)
sensibilidad *sensitivity* (14)
sensible *sensitive* (14)
sentarse (ie) *to sit down* (5)
sentido del humor *sense of humor* (14)
sentimiento *feeling* (10)
sentir *to be sorry; feel* (11)
sentirse angustiado/a *to feel anguish/ stress* (20)
separarse *to separate* (10)
septiembre *September* (3)
sequía *drought* (19)
ser (irreg.) *to be* (1)
ser aficionado a *to be a regular of; be a fan of* (15)
ser humano *human being* (16)
serie *TV series* (15)
seriedad *seriousness* (14)
serio/a *reliable; serious* (2)
ser un rollo *to be very boring* (15)
servicio *service* (3)
servicio a domicilio *home delivery* (18)
servicio de emergencias *emergency room* (12)
servidumbre *servitude* (19)
servilleta *napkin* (4)
servir (i) *to serve* (5)
sesenta *sixty* (2)
sesión *session* (17)
setecientos *seven hundred* (4)
setenta *seventy* (2)
seudónimo *pseudonym* (20)
sí *of course* (7); *hello* (6)
si *if* (2)
SIDA *AIDS* (19)
siempre *always* (5)
sierra *mountains* (9)
siete *seven* (1)
siglo *century* (10)
significado *meaning* (11)
significar *to mean* (1)
siguiente *following* (10)
silencioso/a *silent; quiet* (13)
silla *chair* (4)
sillón *armchair* (6)
símbolo *symbol* (11)
simpatía *sympathy; warmth; charm* (11)
simpático/a *nice* (2)
sinceridad *sincerity* (14)
sincero/a *sincere; genuine; honest* (14)
sin embargo *nevertheless* (4)
sin fines de lucro *nonprofit* (13)
sino *but; but rather* (17)
sinopsis *synopsis* (20)
síntoma *symptom* (12)

sísmico/a *seismic* (6)
sistema de navegación GPS *GPS navigation system* (16)
sistema operativo *operating system* (16)
sitio *site* (3)
situación *situation* (2)
situar *to situate* (6)
soberanía *sovereignty* (10)
sobre *about* (2)
sobreexplotación *overexploitation* (20)
sobrenatural *supernatural* (14)
sobresalir *to stand out; excel* (8)
sobrevivir *to survive* (7)
sociable *friendly* (20); *sociable; friendly* (14)
sociedad *society* (10)
sofá *sofa* (6)
sofisticado/a *sophisticated* (6)
sojuzgar *to subdue* (19)
sol *sun* (9)
soldado *soldier* (11)
soleado/a *sunny* (9)
soledad *solitude; loneliness* (14)
soler (ue) *to usually do something* (13)
solicitante *applicant* (6)
solicitar *to apply for* (6)
solicitar una visa *to apply for a visa* (7)
solicitar un servicio *to request a service* (18)
solicitud *application* (7)
solidaridad *solidarity* (14)
sólido/a *solid* (9)
solitario/a *lonely* (3)
solo/a *alone* (3)
soltero/a *single* (2)
solucionar *to solve* (9)
sombra *shadow* (11)
sonar (ue) *to sound* (20)
sonido *sound* (13)
sonreír *to smile* (17)
sonrisa *smile* (15)
sopa *soup* (8)
sopera *soup tureen* (12)
soportar *to tolerate; bear; put up with* (14)
sordo/a *deaf* (17)
sorprendente *surprising* (10)
sorprender *to surprise* (15)
sorprenderse *to be surprised; amazed* (15)
sorprendido/a *surprised* (20)
sorpresa *surprise* (3)
sosiego *calm; peace; quiet* (16)
soso/a *tasteless* (8)
sospechar *to suspect* (17)
sospechoso/a *suspect* (17)
sostener *to sustain* (11)
sostenible *sustainable* (19)
step *paso* (1)
suave *soft* (9)
suavizar *to smooth* (14)
subida *rise; ascent* (3)
subir *to raise; go up* (1); *upload* (16)
sublevación *revolt; uprising* (10)
subrayar *to underline* (2)

subsuelo *underground* (14)
suceder *to happen; to follow* (10)
suceso *incident* (5)
sucio/a *dirty* (9)
sucursal *branch* (18)
sudar *to sweat* (12)
sudeste *southeast* (8)
sueco *Swedish* (13)
sueldo/salario *salary; wage* (6)
sueño *dream* (20); *sleep* (5)
suerte *luck* (11)
suéter *sweater* (4)
suficiente *enough* (8)
sufrir *to suffer* (5)
sugerencia *suggestion* (19)
sugerir *to suggest* (17)
sumar *to add; add up; amount to* (19)
sumergir *to dip* (8)
sumido/a *absorbed* (11)
superar *to overcome* (14); *to surpass; excel* (16)
superficie *surface* (7)
superfluo/a *superfluous* (19)
supermercado *supermarket* (4)
superpoblado/a *overpopulated* (9)
supervivencia *survival* (12)
suponer *to suppose* (17)
sureste *southeast* (3)
surgir *to emerge* (18)
suroeste *southwest* (2)
surtido *stock; supply* (18)
suscribir *to sign; endorse* (10)
sustentar *to sustain; support; feed; nourish* (20)
sustituir *to substitute* (19)
susto *fright* (11)

T

tabaco *tobacco* (8)
tabaquera *tobacco pouch* (8)
taberna *bar* (15)
tabla *table* (12)
tacaño/a *stingy* (20)
tacón *heel* (4)
táctica *tactic* (10)
tala de árboles *tree-felling* (19)
talento *talent* (14)
tales como *such as* (5)
talla *size* (4)
tallado/a *carved* (9)
taller *workshop; car repair* (18)
tal vez *maybe* (15)
tamaño *size* (5)
también *also* (1)
tampoco *neither* (3)
tan... como *as... as* (9)
tanto... como *as... as* (9)
tapiz *tapestry* (4)
taquilla *box office* (15)
tardar *to be late* (11)
tarde *late* (7)
tarea *task/homework* (1)

tarifa *tariff* (16)
tarjeta de crédito *credit card* (4)
tasa *rate* (12)
tasa de natalidad *birth rate* (1)
tasajo *dried beef* (8)
tatuaje *tattoo* (18)
taxi *cab* (7)
taxista *taxi driver* (6)
taza *cup* (8)
té *tea* (8)
teatro *theater* (2)
tecla *key* (16)
teclado *keyboard* (16)
técnica *technique* (5)
tecnológico/a *technological* (19)
tejedor/a *weaver* (20)
tejer *to weave; to knit* (4)
tela *cloth* (4)
telaraña *spider web* (14)
tele *television* (11)
telediario *news* (15)
teléfono *phone* (1)
teléfono celular/móvil *cell phone* (16)
telenovela *soap opera* (15)
televisor *television* (6)
tema *topic* (1)
templado/a *cool (weather)* (9)
templo *temple* (6)
temporada *season* (15)
temprano *early* (7)
tenacidad *tenacity* (14)
tendencia *trend* (1)
tender (ie) a *to tend to* (5)
tener (ie) *to have* (1); *to have a good time* (4)
tener algo en común *to have something in common* (14)
tener celos (de) *to be jealous (of)* (20)
tener curiosidad *to be curious* (13)
tener en cuenta *to keep in mind* (2)
tener exceso de peso *to be overweight* (12)
tener éxito *to be successful* (5)
tener lugar *to take place* (15)
tener miedo (a/de) *to be afraid (of) (about)* (20)
tener que *to have to* (2)
tener razón *to be right* (3)
tener un accidente *to have an accident* (12)
tenis *tennis* (4)
tenista *tennis player* (5)
tensión *blood pressure* (5) (12)
teoría *theory* (17)
tercer; tercero/a *third* (2)
tercio *third* (9)
terminación *ending* (2)
terminar *to end* (8)
termómetro *thermometer* (17)
ternura *tenderness* (14)
terraza *outdoor seating* (15)
terremoto *earthquake* (6)
territorio *territory* (10)
tesis *thesis* (19)

tesoro *treasure* (11)
testarudo *stubborn* (14)
testigo *witness* (17)
tetrapléjico *quadriplegic* (15)
texto *text* (2)
tiburón *shark* (12)
tienda de campaña *tent* (7)
tienda de deportes *sports store* (4)
tienda de juguetes *toy store* (4)
tienda de regalos *gift store* (4)
tienda de ropa *clothing store* (4)
tierno/a *tender; soft* (8)
tierra *land; earth* (11)
tímido/a *shy* (2)
tintorería *dry cleaner* (18)
típico/a *typical* (8)
tirar *to throw; throw away* (17)
titular *headline* (19)
título *degree* (6)
tocar *to touch* (5)
tocar (instruments) *to play* (2)
tocino *bacon* (8)
todavía *still* (2)
tomar *to take* (3)
tomar (alcohol) *to drink (alcohol)* (5)
tomar el sol *to sunbathe* (3)
tomar en cuenta *to take into account* (19)
tomar fotos *to take pictures* (7)
tomar notas *to take notes* (2)
tomar prestado/a *to borrow* (20)
tomar una decisión *to make a decision* (18)
tomar unas copas *to have a drink* (15)
tomate *tomato* (8)
tonificación *toning* (5)
tormenta *storm* (6)
torta *cake* (18)
tortuga *turtle* (3)
tos *cough* (12)
toser *to cough* (12)
toxina *release* (5)
trabajador/a *hardworking* (20); *worker* (18)
trabajar *to work* (1)
trabajo *position; job* (6)
trabajo en equipo *team work* (6)
trabajo escrito *essay; paper* (13)
tradición *tradition* (1)
traducción *translation* (13)
traductor/a *translator* (6)
traer *to bring* (4)
tráfico *traffic* (9)
tragar *to swallow* (12)
traición *betrayal* (20)
traje *suit* (5)
traje de baño *bathing suit* (4)
tranquilidad *calm; peacefulness* (5)
tranquilo/a *calm; quiet* (3)
transcendencia *transcendence* (18)
transformarse *to transform oneself/itself* (20)
transitar *to go through* (20)
transmitir *to transmit* (17)
transportar *to transport* (5)

transtorno *disorder; disturbance* (5)
trasbordador *ferry* (10)
trasero/a *rear* (17)
trasladarse *to move* (10)
trastorno alimenticio *eating disorder* (12)
tratado *treaty* (10)
tratamiento *treatment* (5)
tratar de *to try* (11)
travesía *crossing* (11)
trayecto *journey; route; path* (17)
trayectoria *trajectory* (14)
trece *thirteen* (1)
treinta *thirty* (2)
treinta y dos *thirty-two* (2)
treinta y uno *thirty-one* (2)
tren *train* (3)
tres *three* (1)
trescientos/as *three hundred* (4)
triángulo *triangle* (15)
tribu *tribe* (10)
trimestre *trimester* (13)
triste *sad* (14)
tristeza *sadness* (14)
triunfar *to triumph* (7)
triunfo *triumph* (11)
tronco *trunk* (5)
tropezar (ie) con *to run into* (14)
trozo *piece; fragment; passage* (8)
tumba *tomb* (6)
tumbarse *to lie down* (12)
turco *Turkish* (13)
turismo *tourism* (3)
turrón *type of Christmas candy* (4)

U

ubicación *location* (3)
únicamente *only* (12)
único/a *unique* (12)
Unión Europea *European Union* (10)
Unión Soviética *Soviet Union* (10)
unirse a *to join* (10)
universidad *college; university* (2)
uno *one* (1)
unos/as *some* (2)
urbanización *housing development* (9)
urgencia *emergency* (12)
uruguayo/a *Uruguayan* (2)
uso *use* (11)
usuario/a *user* (18)
utensilio *utensil* (6)
útil *useful* (8)
utilizar *to use* (18)
uva *grape* (8)

V

vaca *cow* (10)
vacaciones *vacation* (1)

vacío/a *empty* (7)
vacuna *vaccine* (16)
valentía *courage* (14)
valer *to be worth* (4)
valiente *brave* (11)
valioso/a *valuable* (19)
valle *valley* (9)
valor *value* (6)
vanidad *vanity* (14)
vascuense *Basque* (13)
vasija *vase* (4)
vaso *glass* (12)
vecino/a *neighbor* (2)
vegetales *vegetables* (8)
vehículo *cartero/a* (6)
veinte *twenty* (1)
veinticinco *twenty-five* (2)
veinticuatro *twenty-four* (2)
veintidós *twenty-two* (2)
veintinueve *twenty-nine* (2)
veintiocho *twenty-eight* (2)
veintiséis *twenty-six* (2)
veintisiete *twenty-seven* (2)
veintitrés *twenty-three* (2)
veintiuno *twenty-one* (2)
vejez *old age* (10)
vela *sailing* (3)
vello no deseado *unwanted hair* (12)
velocidad *velocity* (16)
vencer *to overcome; defeat; win* (20)
vendedor/a *sales associate* (4)
vender *to sell* (4)
venezolano/a *Venezuelan* (2)
venir *to come* (6)
ventaja *advantage* (9)
ventana *window* (6)
ver *to see* (2)
verano *summer* (3)
verdad *true; right* (9)
verdadero/a *true* (1)
verde *green* (4)
verdor *greenness* (11)
verdura *vegetable* (5)
vergüenza *shame; embarrassment* (13)
verter *to pour* (8)
vestíbulo *lobby; foyer* (17)
vestido *dress* (4)
vestimenta *clothes* (14)
vez *time; instant* (8)
viajar *to travel* (2)
viaje *trip* (1)
viajero/a *traveler* (11)
viajes espaciales *space travels* (19)
vianda *meat* (8)
vicio *vice* (14)
vida *life* (10)
vida nocturna *nightlife* (9)
vidrio *glass* (16)
viento *wind* (9)

viernes *Friday* (5)
vigilar *to watch* (5)
vincular (a) *to link* (17)
viñeta *vignette* (6)
vino *wine* (8)
vinoteca *collection of wines* (4)
violación *violation* (19)
violencia *violence* (9)
violeta *purple* (4)
virtud *virtue* (14)
viruela *smallpox* (10)
visa/visado *visa* (7)
visitante *visitor* (7)
visitar *to visit* (2) (3)
víspera de Navidad *Christmas Eve* (8)
viudo/a *widower/widow* (2)
vivienda *housing* (6)
viviente *living* (8)
vivir *to live* (2)
volar (ue) *to fly* (7)
volcán *volcano* (6)
voltio *volt* (16)
volumen *volume* (5)
voluntad *will* (12)
voluptuosidad *voluptuosity* (5)
volver (ue) *to return* (7)
volverse (ue) *to become* (20)
vomitar *to vomit* (12)
vómito *vomit* (12)
vorágine *whirl* (19)
votación *voting* (5)
voto *vote* (17)
voz *voice* (11)
vuelo *flight* (7)
vuelta *walk* (15)

X

xenofobia *xenophobia* (19)

Y

ya *already* (4)
yacimiento *site* (9)
ya no *no longer* (19)
ya que *since; as* (3)
yogur *yogurt* (8)
yuca *yucca* (8)

Z

zanahoria *carrot* (8)
zapatería *shoe store* (4)
zapato *shoe* (3)
zona peatonal *pedestrian zone* (9)
zona verde *green zone* (9)

ENGLISH TO SPANISH VOCABULARY

A

abandon *abandonar* (11)
ability *capacidad* (6)
abolition *abolición* (10)
about *sobre* (2); *alrededor* (10)
abroad *en el extranjero* (1)
absence *ausencia* (7)
absent-minded *despistado/a* (14)
absolutely not *en absoluto* (14)
absorbed *sumido/a* (11)
absurd *absurdo* (14)
abundance *abundancia* (17)
abuse *abusar, abuso* (20)
access *acceder* (3)
accident *accidente* (10)
acclaim *aclamar* (17)
accomplice *cómplice* (17)
according to *según* (2)
accumulate *acumular* (16)
accumulation *acumulación* (20)
achieve *conseguir (i)* (10); *lograr* (6)
acquire *adquirir (ie)* (4)
across *a tráves de* (5)
act *actuar* (14)
acting *actuación* (15)
action *acción* (11)
activity *actividad* (5)
actor *actor* (2)
actress *actriz* (2)
acute *agudo/a* (12)
ad *anuncio* (3)
add *añadir* (8); *sumar* (19)
addicted *adicto/a* (12)
addiction *adicción* (5)
address *dirección* (7)
adequate *apropiado/a* (13)
adjective *adjetivos* (1)
adjust to *ajustar* (15)
admiral *almirante* (10)
admire *admirar* (14)
adolescent *adolescente* (20)
advance *avance* (14)
advantage *ventaja* (9)
adventure story *novela de aventuras* (17)
adventurous *aventurero/a* (11)
advertising *publicidad* (18)
advice *consejo* (5)
advisable *aconsejable* (20); *recomendable* (5)
advisor *asesor/a* (10)
aesthetic *estética* (15)
affair *asunto* (19)
affect *afectar* (11)
affirm *afirmar* (8)
affluence *afluencia* (20)
affordable *asequible* (12)
after *después (de)* (8)
afterwards *después (de)* (8)

again *de nuevo* (17)
against *contra* (5); *en contra* (19)
agenda *edad* (9)
agile *ágil* (5)
agree *estar de acuerdo* (3)
agreeable *agradable* (5)
agreement *acuerdo* (10)
agricultural *agrícola* (9); *agropecuario/a* (18)
agriculture *agricultura* (18)
AIDS *SIDA* (19)
air *aire* (9)
air conditioning *aire acondicionado* (3)
airport *aeropuerto* (1)
alarm clock *despertador* (17)
alibi *coartada* (17)
alien *ajeno/a* (7)
allergic *alérgico/a* (12)
allergy *alergia* (12)
alliance *alianza* (11)
almost *casi* (1)
alone *solo/a* (3)
already *ya* (4)
also *también* (1)
although *aunque* (18)
always *siempre* (5)
amazed *abobado/a* (17)
ambitious *ambicioso/a* (11)
among *entre* (3)
amount to *sumar* (19)
amphitheater *anfiteatro* (7)
ample *amplio/a* (6)
amusement park *parque de atracciones/diversiones* (15)
ancestor *antepasado* (11)
ancestry *ascendencia* (2)
anecdote *anécdota* (11)
anger *indignar* (14)
angry *enfadado/a* (20)
anguish *angustia* (20)
angular *anguloso/a* (11)
animation *animación* (15)
anise *anís* (8)
annexation *anexión* (10)
annihilate *aniquilar* (16)
announce *anunciar* (10)
annoy *enojado/a* (20)
answer *respuesta* (1)
anteater *oso hormiguero* (3)
anthropologist *antropólogo/a* (10)
anticipate *anticipar* (18)
antiquated *anticuado/a* (18)
antique *antigüedad* (4)
anti-theft *antirobo* (14)
anxiety *ansiedad* (5)
apartment *apartamento* (3)
apologize *disculparse* (18)

appear *parecer* (5)
appearance *apariencia* (14)
appetizer *aperitivo* (8)
applaud *aclamar* (17)
apple *manzana* (8)
applicant *solicitante* (6)
application *aplicación* (16); *solicitud* (7)
apply *aplicar* (9)
apply for *solicitar* (6)
apply pressure *presionar* (18)
appointment *cita* (15)
appreciate *apreciar* (7)
appreciation *apreciación* (13)
approach *acercamiento* (3)
appropriate *adecuado/a* (4)
approve *aprobar* (14)
approximately *aproximadamente* (2)
April *abril* (3)
apron *delantal* (17)
aquarium *acuario* (15)
arabic *árabe* (13)
archeological *arqueológico/a* (8)
archipelago *archipiélago* (11)
architect *arquitecto* (2)
architecture *arquitectura* (2)
Argentinian *argentino/a* (2)
argue *discutir* (5)
arithmetic *aritmética* (9)
arm *brazo* (5)
armchair *sillón* (6)
around *alrededor* (10); *en torno a* (20)
arrest *detención* (17)
arrival *llegada* (7)
arrive *llegar* (1)
art *arte* (2)
art collection *colección de arte* (15)
art gallery *pinacoteca* (15)
artisan work *artesanía* (4)
artist *artista* (2)
as... as *igual... de, tan... como, tanto... como* (9)
as a child *de niño/a* (14)
ascend *ascender* (9)
ascent *ascenso* (5); *subida* (3)
as expected *como era de esperar* (17)
as for *en cuanto a* (16)
ash *ceniza* (20)
ashamed *avergonzado/a* (17)
ashtray *cenicero* (8)
ask questions *hacer preguntas* (13); *preguntar* (17)
assassination *asesinato* (10)
assault *atropellar* (20)
assemble *ensamblar* (18)
assembly *asamblea* (10)
assign *destinar* (9)
assistance *asistencia* (19)
assistant *asistente* (6)
associate *asociar* (20)

assure *asegurar* (12)
asthma *asma* (12)
astonished *boquiabierto/a* (14)
asylum *asilo* (17)
at least *al menos* (5)
atmosphere *ambiente* (8); *atmósfera* (16)
at night *de noche* (7)
atom *átomo* (20)
at once *enseguida* (17)
attack *atacar* (11); *ataque* (10)
attend *acudir (a)* (15); *asistir* (2)
attendant *paje* (4)
attentively *atentamente* (13)
at the beginning of *a principios de* (20)
at the same time *al mismo tiempo* (15)
attract *atraer(se)* (4)
attraction *atracción* (8)
attractive *atractivo/a* (9)
August *agosto* (3)
austere *austero/a* (2)
author *autor/a* (11)
authoritarian *autoritario/a* (14)
authority *autoridad* (17)
authorize *autorizar* (19)
automate *automatizar* (16)
available *disponible, dispuesto* (6)
avalanche *avalancha* (8)
avaricious *avaro/a* (14)
average *promedio* (4)
aviary *aviario* (15)
avocado *aguacate* (8)
avoid *evitar* (12)
awake *despierto/a* (17)
award *premio* (4)
awareness *conciencia* (6)

B

babysitter *niñero/a* (18)
back *espalda* (5); *fondo* (17); *respaldar* (18)
backache *dolor de espalda* (12)
backpack *mochila* (4)
bacon *tocino* (8)
bad *malo/a* (4)
bakery *panadería* (18)
balance *equilibrio* (5)
ball *pelota* (4)
banana *plátano* (8)
bank *banco* (3); *orilla* (3)
bank clerk *cajero/a* (4)
banker *banquero/a* (19)
banking *banca* (18)
banner *pabellón* (15)
baptize *bautizar* (11)
bar *barra* (12); *taberna* (15)
barber *peluquería* (3)
Baroque *barroco/a* (14)
barrier *barrera* (14)
baseball *béisbol* (5)
basketball *baloncesto* (3)
basket making *cestería* (4)

Basque *euskera* (15); *vascuense* (13)
bathing suit *traje de baño* (4)
bathroom *baño* (6)
battery *batería* (16); *pila* (4)
batting cage *jaula de bateo* (7)
battle *batalla* (11)
be *estar* (1); *ser (irreg.)* (1)
be (located) *quedarse* (10)
be able to *poder (ue)* (4)
beach *playa* (1)
be a fan of *ser aficionado a* (15)
be afraid (of) (about) *tener miedo (a/de)* (20)
be against *estar en contra* (14)
beak *pico* (3)
bean *grano* (17)
beans *frijoles* (8)
bear *oso* (3); *soportar* (14)
beat *batir* (8)
be at the point of *estar a punto de* (7)
beautiful *bello/a* (3); *bonito/a* (1);
    precioso/a (4)
beauty *belleza* (3); *hermosura* (14)
be born *nacer* (10)
be called *llamarse* (1)
because *porque* (1)
because of that *por eso* (4)
become *convertirse en* (10); *hacerse (irreg.)*
    (20); *ponerse (irreg.)* (20); *volverse (ue)* (20)
become accustomed *acostumbrarse* (17)
become depressed *deprimirse* (11)
become independent *independizar* (10)
be curious *tener curiosidad* (13)
bed *cama* (6)
be delayed *llegar con retraso* (7)
bedroom *cuarto* (6); *dormitorio* (6)
bee *abeja* (12)
beef jerky *cecina* (8)
be embarrassed *pasar verguenza* (20)
beer *cerveza* (4)
beet *remolacha* (8)
be fed up with *estar harto de* (20)
be fit *estar en forma* (5)
before *antes (de)* (3)
begin *comenzar (ie)* (5); *empezar (ie)* (6)
be going to *ir a* (1)
behind *detrás de* (12)
be ignorant *ignorar* (19)
be in a good/bad mood *estar de buen/mal
    humor* (20)
be in shape *estar en forma* (5)
be jealous (of) *tener celos (de)* (20)
be late *llegar tarde* (7); *tardar* (11)
believe *creer* (6)
belong *pertenecer (zc)* (10)
belonging *pertenencia* (6)
below *abajo* (5); *bajo/a* (6)
belt *cinturón* (4)
be mad at someone *estar
    enfadado/disgustado (con)* (20)
bend *doblar* (5); *flexionar* (5); *recoveco* (20)
beneficial *beneficioso/a* (12)

benefit *beneficiar* (18)
benefit from *aprovechar* (13)
be on a diet *estar a dieta* (5)
be on sale *estar de rebajas* (4)
be overweight *tener exceso de peso* (12)
be owing to *deberse* (6)
be part of *formar parte (de)* (11)
be pleasing to *gustar* (3)
be present at *asistir* (2)
be right *tener razón* (3)
be seated *estar sentado* (5)
besides *además* (4)
be sorry *lamentar* (20); *sentir* (11)
be successful *tener éxito* (5)
be surprised *sorprenderse* (15)
be tired of *estar harto/a (de)* (17)
betrayal *traición* (20)
better *mejor* (9)
be used up *agotarse* (19)
be very boring *ser un rollo* (15)
be worth *merecer (zc)* (15); *valer* (4)
be wrong *equivocarse* (14)
bicycle *bicicleta* (3)
big *grande* (1)
big house *casona* (9)
bilingual *bilingüe* (6)
bill *cuenta* (8)
biodiversity *biodiversidad* (12)
biography *biografía* (10)
biologist *biólogo/a* (16)
biometric *biométrico/a* (19)
biracial *mestizo/a* (11)
bird *ave* (6); *pájaro* (7)
birth *nacimiento* (1)
birth certificate *certificado de nacimiento* (7)
birthday *cumpleaños* (4)
birthplace *cuna, lugar de nacimiento* (7)
birth rate *tasa de natalidad* (1)
bite *picadura* (12)
bitterness *amargura* (14)
black *negro/a* (4)
blind *persiana* (16)
block *cuadra* (9)
blood pressure *presión/tensión* (5)
blood type *grupo sanguíneo* (12)
blouse *blusa* (4)
blow *fundirse* (16)
blue *azul* (4)
board *embarcar* (11)
boat *barco* (3); *buque* (18)
body *cuerpo* (5)
bodyguard *guardaespaldas* (17)
boil *hervir (ie)* (8)
bold *negrita* (2)
Bolivian *boliviano/a* (2)
bond *lazo* (4)
book *libro* (2)
booked *lleno/a* (7)
bookstore *librería* (2)
boot *bota* (4)
border *frontera* (13)

boring *aburrido/a* (1) (7); *pesado/a* (15)
borrow *tomar prestado/a* (20)
both *ambos* (13)
bother *fastidiar, molestar* (13)
bothersome *molesto/a* (20)
bottle *botella* (8)
bottle opener *abrebotellas* (8)
bound *forrado/a* (4)
bound for *rumbo a* (11)
box *caja* (8)
boxing *boxeo* (19)
box office *taquilla* (15)
boyfriend/girlfriend *novio/a* (2)
bracelet *pulsera* (4)
brain *cerebro* (12)
brake *frenar* (12); *freno* (16)
branch *ramo* (18); *sucursal* (18)
brandy *aguardiente* (5)
brave *valiente* (11)
bread *pan* (8)
break *romper* (11)
break (something) *romperse (algo)* (12)
break down *averiarse* (16); *estropearse* (16); *malograrse* (16)
breakfast *ayunas* (12); *desayuno* (5)
break out *estallar* (10)
breast *pecho* (12)
breathe *respirar* (20)
brick *ladrillo* (6)
bridge *puente* (15)
brief *breve* (2)
briefcase *maletín* (17)
bring *traer* (4)
British *británico/a* (10)
broadcasting *retransmisión* (15)
brochure *folleto* (7)
broken *roto/a* (16)
bronchitis *bronquitis* (12)
bronze *bronce* (5)
brother/sister *hermano/a* (2)
brown *marrón* (4)
browser *navegador* (16)
budget *presupuesto* (4)
build *construir (irreg.)* (6)
builder *albañil* (6)
building *edificio* (3)
bulletproof *antibalas* (14)
bullfighting ring *plaza de toros* (15)
bunch *ramo* (18)
bureaucracy *burocracia* (10)
burn *quemadura* (12); *quemar* (12); *arder* (17)
burning sensation *escozor* (12)
bus *autobús; bus; ómnibus* (3)
business *empresa* (6); *negocio* (6)
business-related *comercial; empresarial* (18)
busy *ocupado/a* (7)
but *pero* (1); *sino* (17)
butler *mayordomo* (17)
butter *mantequilla* (8)
button *botón* (16)

buy *comprar* (4)
buying and selling *compraventa* (10)
by air *por vía aérea* (9)
by foot *a pie* (11)
by the way *a propósito* (17)
by water *por vía fluvial* (9)

C

cab *taxi* (7)
cabin *cabaña* (3)
cake *pastel* (4); *torta* (18)
calendar *calendario* (14)
call *llamada* (18); *llamar* (3)
calm *calmar* (5); *tranquilidad* (5); *tranquilo/a* (3)
camel *camello* (4)
camera *cámara de fotos* (7)
camp *campamento* (3)
campaign *campaña* (12)
can *lata* (8)
can (be able to) *poder (ue)* (4)
Canada *Canadá* (18)
cancel *cancelar* (7)
cancellation *cancelación* (7)
cancer *cáncer* (12)
candidate *candidato/a* (6)
candy *bombón* (18); *dulce* (5)
canned *enlatado* (12)
cannon *cañón* (11)
cannonshot *cañonazo* (11)
canoeing *piragüismo* (15)
can opener *abrelatas* (8)
canopy *pabellón* (15)
canvas *lienzo* (5)
cap *gorra* (3)
capable *capaz* (16)
captain *capitán* (5)
captivate *cautivar* (12)
car *carro* (4); *coche* (4); *automóvil* (6)
card *ficha* (2)
cardboard *cartón* (16)
care *cuidado* (12); *preocuparse de* (20)
career *carrera* (10)
care for *cuidar* (12)
Caribbean *caribeño/a* (8)
car repair *taller* (18)
carrot *zanahoria* (8)
carry *llevar* (6)
carry out *llevar a cabo* (16)
cartero/a *vehículo* (6)
carved *tallado/a* (9)
cash *en efectivo* (17)
cashier *cajero/a* (4)
cash register *cajero automático* (19)
casserole *cazuela* (8)
castle *castillo* (11)
casual *deportivo/a* (3); *informal* (4)
Catalan *catalán* (15)
catarata *waterfall* (4)
catastrophe *catástrofe* (6)

catastrophic *catastrófico/a* (5)
Catholic *católico/a* (19)
cauliflower *coliflor* (8)
cause *causa* (5); *causar* (6); *ocasionar* (11)
cave *cueva* (11)
CD-Rom reader *lector de CD-Rom* (16)
celebrate *celebrar* (11); *festejar* (20)
celery *apio* (8)
cell phone *teléfono celular/móvil* (16)
central *céntrico/a* (6)
century *siglo* (10)
ceramicist *ceramista* (2)
certain *cierto/a; seguro* (5)
certainly *ciertamente* (14)
certificate *certificado* (7)
chain *cadena* (3)
chair *silla* (4)
challenge *desafío, reto* (19)
champagne *champaña* (19)
championship *campeonato* (5)
change *cambiar* (2); *cambio* (4)
chaos *caos* (9)
character *personaje* (3); *carácter* (14)
characteristic *característica* (5)
characterize *caracterizar* (15)
charge *cargar* (16)
charm *encanto* (9); *simpatía* (11)
charming *encantador/a* (15)
chat *charlar* (14)
chauffer *chofer* (17)
cheap *barato/a* (4)
check *comprobar* (18); *cuenta* (8)
check luggage *facturar la(s) maleta(s)* (7)
check out *irse del hotel* (7)
cheese *queso* (8)
chef *cocinero/a* (2)
chemistry *química* (16)
chest *pecho* (12)
chicken *pollo* (4)
chief *cacique* (11)
childhood *infancia; niñez* (10)
Chilean *chileno/a* (2)
Chinese *chino/a* (13)
choice *elección* (9)
cholesterol *colesterol* (12)
choose *elegir (i)* (1) (3)
Christmas *Navidad* (4)
Christmas Eve *víspera de Navidad Nochebuena* (8)
chronological *cronológico/a* (10)
church *iglesia* (3)
cigar *cigarro* (8)
cigar/cigarette case *cigarrera* (4)
cigar/cigarette maker or vendor *cigarrera* (4)
cigar cutter *cortapuro* (8)
cigarette *cigarrillo* (12)
cinema *cine* (1)
cinnamon *canela* (8)
circulation of blood *circulación sanguínea* (5)
circumstance *circunstancia* (11)
cite *citar* (18)
citizenship *ciudadanía* (10)

city *ciudad* (1)
city center *centro* (3)
city hall *alcaldía* (3); *ayuntamiento* (7)
civil rights *derechos civiles* (10)
clad *revestido/a* (11)
claim *reclamar* (18); *reivindicación* (19)
clarify *aclarar* (17)
clash *chocar* (20)
class *clase* (10)
classic *clásico/a* (4)
classify *clasificar* (11)
classmate *compañero/a de clase* (1)
classroom *aula* (13)
clean *limpiar* (3); *limpio/a* (9)
cleaner *quitamanchas* (14)
clever *listo/a* (5)
cleverness *habilidad* (17)
climate *clima* (6); *entorno* (3)
climate change *cambio climático* (19)
climatic *climático/a* (19)
climb *ascender* (9)
climbing *escalada* (18)
cloak *manto* (17)
close *cerrar* (1)
closed *cerrado/a* (7)
closet *armario* (6); *ropero* (17)
cloth *paño* (12); *tela* (4)
clothes *vestimenta* (14)
clothing *ropa* (3)
clothing store *tienda de ropa* (4)
clue *pista* (17)
coast *costa* (10)
coast guard *guardacostas* (14)
coat *abrigo* (4)
coca grower *cocalero* (17)
coca plant *coca* (17)
cocktail *cóctel* (8)
coconut *coco* (8)
code *código* (1)
coffee *café* (8)
coffee grower *cafetalero/a* (8)
coffee shop *cafetería* (9)
coffee tree *cafeto* (8)
coherence *coherencia* (14)
cold (illness) *resfriado* (12)
cold (temperature) *frío* (9)
collaborate *colaborar* (10)
colleague *colega* (11)
collect *coleccionar* (2); *recaudar* (18)
collection *colección* (7)
college *universidad* (2)
college campus *ciudad universitaria* (9)
Colombian *colombiano/a* (2)
colonist *colonizador/a* (11)
colonization *colonización* (10)
colony *colonia* (11)
colorful *colorido/a* (9)
column *columna* (5)
comb *peinar* (17)
come *venir* (6)
come back *regresar* (10)

come from *provenir* (10)
come in *pase* (8)
comfort *comodidad* (9)
comfortable *cómodo/a* (3)
comma *coma* (13)
command *mando* (11)
commander *comandante* (11)
commemorate *conmemorar* (20)
commemorative *conmemorativo/a* (18)
comment *comentar* (6)
commerce *comercio* (18)
commercialize *comercializar* (16)
commitment *compromiso* (5)
common sense *sensatez* (14)
community *comunidad* (6)
compact disc *disco compacto* (16)
companions *acompañante* (7)
company *compañía* (6)
comparison *comparación* (9)
compete *competir* (18)
complex *complejo/a* (7)
complicated *complicado/a* (5)
compose *componer* (5)
composer *compositor* (15)
composition *redacción* (13)
comptentious *despectivo/a* (13)
computer *computador/a* (16); *ordenador* (15)
computer mouse *ratón* (16)
computers *informática* (6)
computer science *informática* (6)
computing *computación* (4)
conceited *engreído/a* (14)
conceive *concebir* (17)
concert *concierto* (15)
conclude *concluir* (6)
concrete *hormigón* (6)
condemn *condenar* (10)
conference *encuentro* (15)
confidence *confianza* (20)
confirm *comprobar* (18)
confront *enfrentar* (5)
connection *conexión* (4)
conqueror *conquistador* (10)
conquest *conquista* (10)
conscious *consciente* (5)
consequence *consecuencia* (19)
consequently *por consiguiente* (20)
conservation *conservación* (8)
conservative *conservador/a* (10)
conserve *conservar* (2)
consider *considerar* (8)
consultant *asesor/a* (10)
consulting service *asesoría* (18)
consumer *comsumidor* (18); *consumidor/a* (8)
consumer goods *bienes de consumo* (19)
consumption *consumo* (5)
contact *comunicar* (11)
container *contenedor* (18); *envase* (8)
contents *contenido* (6)
contest *concurso* (15); *festival* (1)
continue *seguir* (6); *continuar* (11)

contract *contrato* (6)
contradict *contradecir (irreg.)* (19)
contradiction *contradicción* (19)
contribute *contribuir* (2)
contribution *aporte* (9)
convalescent *convaleciente* (20)
convenience *comodidad* (16)
convenient *conveniente* (5); *práctico/a* (16)
conversation *conversación* (2)
converse *conversar* (8)
convert *convertir* (15)
convince *convencer* (6)
convincing *convincente* (11)
cook *cocinar* (2); *cocinero/a* (2)
cooked *codido/a* (12)
cooking *cocina* (8)
cool (weather) *templado/a* (9)
cool down *enfriar* (8)
copper *cobre* (16)
copy *copia* (6)
copy machine *fotocopiadora* (16)
corn *maíz* (5)
corner *esquina* (16); *rincón* (9)
correct *corregir* (10)
correct oneself *corregirse* (13)
corridor *pasillo* (6)
cosmetics *cosméticos* (18)
cost *costar (ue)* (4)
Costa Rican *costarricense* (2)
costly *costoso/a* (4)
cotton *algodón* (16)
cough *tos*; *toser* (12)
counselor *consejero/a* (5)
count on *contar (ue) con* (6)
country *país* (1)
country folk *campesino/a* (6)
country house *granja* (18)
countryside *campo* (3)
coup d'état *golpe de estado* (10)
coupon *cupón* (4)
courage *valentía* (14)
courier *mensajero/a* (18)
courier service *mensajería* (18)
course *curso* (1)
court *pista* (3); *cancha* (9)
courtesy *cortesía* (6)
cover *cubrir* (5)
covet *codiciar* (19)
cow *vaca* (10)
cowardliness *cobardía* (14)
cowardly *cobarde* (11)
craft *artesanía* (4); *manualidad* (13)
crazy *loco/a* (20)
cream *crema* (12)
create *crear* (6)
creativity *creatividad* (14)
creature *criatura* (20)
credit card *tarjeta de crédito* (4)
crib *cuna* (7)
crime *delincuencia* (9)
critique *criticar* (9)

cross *atravesar* (12); *cruzar* (12)
crossing *travesía* (11)
cruise *crucero* (3)
cry *llorar* (15)
Cuban *cubano/a* (2)
cucumber *pepino* (8)
culinary *culinario/a* (17)
culture *cultura* (1)
cup *taza* (8)
currency *moneda* (7)
currently *actualmente* (2)
custom *costumbre* (10)
cut *cortar* (8)
cut one's hair *cortarse el pelo* (18)
CV *currículo* (6)
cycle *ciclo* (19)

D

daily *diurno/a* (9)
daily activity *cotidianidad* (2); *a diario* (8)
dairy products *productos lácteos* (5)
damage *daño* (12); *estropear* (18)
dance *bailar* (2); *baile* (1); (classic or traditional) *danza* (2); *danzar* (17)
danger *peligro* (7)
dangerous *espinoso* (18); *peligroso/a* (3)
dare *atreverse* (19)
dark *moreno/a* (2); *oscuro/a* (11)
date *cita* (15); *datar* (11); *dato* (10); *fecha* (7)
date (fruit) *dátil* (8)
date back to *datar de* (11)
dawn *amanecer (cz)* (15)
day after tomorrow *pasado mañana* (7)
day before yesterday *anteayer, antes de ayer* (7)
daycare *guardería* (9)
daydream *ensueño* (15)
deaf *sordo/a* (17)
dean *decanato* (9)
death *muerte* (6)
debatable *discutible* (14)
debate *debatir* (19)
decade *década* (5)
December *diciembre* (3)
decent *digno/a* (6); *honesto/a* (11)
deceptive *mentiroso/a* (20)
decide *decidir* (6)
declare *declarar* (10)
decode *descifrar* (16)
decomposition *descomposión* (16)
dedicate oneself *dedicarse* (2)
deep *profundo/a* (5)
deeply *profundamente* (19)
defeat *vencer* (20)
defect *defecto* (14)
defender *defensor/a* (11)
definitively *definitivamente* (14)
deforestation *deforestación* (19)
deform *deformar* (5)
degree *grado* (12); *título* (6)
deify *deificar* (10)

delay *retraso* (7)
delete *borrar* (14)
delicious *delicioso/a* (8); *rico/a* (8)
deliver *entregar* (10)
delivery *entrega* (18); *reparto* (18)
demand *demanda* (18)
dementia *demencia* (20)
demonstrate *demostrar (ue)* (8)
demonstration *manifestación* (10)
denounce *denunciar* (10)
dentist *dentista* (7)
dentistry *odontología* (12)
deodorant *desodorante* (4)
depart *partir* (10)
departure *salida* (7)
depend *depender* (13)
dependable *confiable* (18)
depict *retratar* (14)
depress *deprimir* (14)
depressed *deprimido/a* (5)
depression *depresión* (5)
derive *derivar* (11)
descend *descender* (14)
descendent *descendiente* (11)
descent *ascendencia* (2)
describe *describir* (7)
desert *desierta* (14)
design *diseñar* (6) (14)
designer *diseñador/a* (7)
desire *desear* (11)
desk *escritorio* (6)
dessert *postre* (4)
destination *destino* (3)
destiny *destino* (10)
destroy *destruir* (6)
destruction *destrucción* (19)
detailed *detallado/a* (4)
detain *detener* (11)
detection *detección* (16)
detective movie *película policíaca* (15)
detention *detención* (17)
deteriorate *deteriorar* (12)
determine *determinar* (20)
devastate *devastar* (11)
devastating *devastador/a* (20)
develop *desarrollar* (10) *desarrollar(se)* (13); *revelar fotos* (7)
developed *desarrollado/a* (19)
developing country *país en vías de desarrollo* (19)
development *desarrollar* (3); *desarrollo* (17)
device *aparato* (16); *dispositivo* (16)
diagnose *diagnosticar* (19)
dial *marcar* (6)
diarrhea *diarrea* (12)
dictator *dictador* (11)
dictatorship *dictadura* (10)
die *morir (ue)* (10)
diet *dieta* (8); *régimen* (12)
difficult *difícil* (1); *espinoso* (18)
difficulty *dificultad* (8)

digital camera *cámara digital* (16)
digitalization *digitalización* (19)
digitize *digitalizar* (16)
digitized *digitalizado/a* (16)
diligence *diligencia* (11)
dine *cenar* (6)
dining room *comedor* (3)
dinner *cena* (2)
dip *sumergir* (8)
direct *dirigir* (10); *guiar* (4)
direction *orientación* (17)
dirty *sucio/a* (9)
disadvantage *desventaja* (18)
disagreement *desacuerdo* (3)
disappear *desaparecer* (10)
disappearance *desaparición* (17)
disappointed *decepcionado/a* (20)
disapproval *desaprobación* (13)
disapprove *desaprobar* (14)
disaster *desastre* (11)
discard *descartar* (19); *desechar* (16)
discharge *descarga* (16)
discomfort *molestia* (12)
disconcerting *desconcertante* (20)
disconnect *desconectar* (16)
discontent *descontento/a* (20)
discount *descuento* (4)
discover *descubrir* (7)
discovery *descubrimiento* (9)
discrimination *discriminación* (19)
disembark *desembarcar* (11)
disguise oneself as *disfrazarse (de)* (17)
dish *plato* (4)
dishonest *deshonesto/a* (18)
disintegrate *desintegrar* (10)
dismiss *destituir* (10)
disorder *transtorno* (5)
disorderly *desordenado/a* (14)
disorganized *desorganizado/a* (20)
displacement *desplazamiento* (10)
disposed *dispuesto* (6)
disrespectful *irrespetuoso* (14)
distant *ajeno/a* (7)
distress *angustiar* (14)
distribute *distribuir* (10); *repartir* (14)
distribution *distribución* (2); *reparto* (18)
district *distrito* (15)
distrustful *desconfiado/a* (19)
disturbance *transtorno* (5)
dive *bucear* (7)
diving *buceo* (3)
divorce *divorciarse* (10)
divorced *divorciado/a* (2)
dizziness *mareo* (12)
dizzy *mareado/a* (12)
do *hacer (irreg.)* (2)
do business *comerciar* (18)
docile *dócil* (20)
doctor *médico* (2)
doctor's office *consulta* (12)
documentary *documental* (15)

doll *muñeco/a* (16)
dollar *dólar* (16)
dolphin *delfín* (7)
dolphinarium *delfinario* (15)
dome *cúpula* (4)
domestic *casero/a* (8)
domicile *domicilio* (18)
dominate *dominar* (11)
Dominican *dominicano/a* (2)
donation *donación* (6)
door *puerta* (6) (17)
dorm *residencia estudiantil* (9)
doubt *dudar* (11)
download *bajar* (16)
downtown *centro* (3)
do yoga *hacer yoga* (5)
dozen *docena* (8)
draftsman *dibujante* (2)
draw *dibujar* (2)
draw conclusions *sacar conclusiones* (19)
drawing *dibujo* (2)
dream *sueño* (20)
dress *vestido* (4)
dried beef *cecina* (8); *tasajo* (8)
drilling *perforación* (20)
drink *beber* (5); *bebida* (5); *copa* (15)
drink (alcohol) *tomar (alcohol)* (5)
drive *conducir* (7); *manejar* (6)
driver *conductor* (10)
driver's license *licencia de conducir* (6);
  permiso de conducir (7)
drought *sequía* (19)
drug *droga* (12)
drug addictions *drogadicciones* (12)
drug trafficking *narcotráfico* (19)
drum *bombo* (4)
dry *seco/a* (3)
dry cleaner *tintorería* (18)
due to *debido a* (3); *a causa de* (20)
duplication *duplicación* (16)
duration *duración* (7)
during *durante* (7)
during the day *de día* (7)
Dutch *holandés/a* (10)
DVD player *DVD (reproductor de)* (16)
dwell *habitar* (11)
dynamic *dinámico/a* (6)
dynasty *dinastía* (11)

E

each *cada* (1)
ear *oído* (12); *oreja* (5)
earache *dolor de oídos* (12)
early *temprano* (7)
early morning *madrugada* (7)
earn *ganar* (6)
earring *pendiente* (4)
earth *tierra* (11)
earthquake *terremoto* (6)
ease *facilidad* (17)

east *este* (3); *oriente* (7)
easy *fácil* (1)
eat *comer* (2)
eating disorder *trastorno alimenticio* (12)
ecologist *ecologista* (19)
ecology *ecología* (9)
economy *economía* (18)
ecosystem *ecosistema* (12)
Ecuadorian *ecuatoriano/a* (2)
edification *edificación* (3)
editar/corregir *redactar* (10)
education *formación* (6)
effect *efecto* (6)
effective *efectivo/a* (5)
efficiency *eficiencia* (18)
effort *esfuerzo* (12)
egg *huevo* (8)
eggplant *berenjena* (8)
egoism *egoísmo* (14)
Egyptian *egipcio/a* (14)
eight *ocho* (1)
eighteen *dieciocho* (1)
eight hundred *ochocientos* (4)
eighty *ochenta* (2)
elaborate *elaborar* (8)
elbow *codo* (5)
elect *elegir (i)* (3)
elections *elecciones* (10)
electric *eléctrico/a* (16)
electrician *electricista* (18)
electricity *electricidad* (16)
electronic agenda *agenda electrónica* (16)
electronic appliance *electrodomésticos* (4)
elegant *elegante* (4)
elevate *elevar* (16)
elevator *ascensor* (6)
eleven *once* (1)
eliminate *eliminar* (8)
elude *eludir* (20)
embark *embarcar* (11)
embarrass *dar vergüenza* (13)
embarrassment *vergüenza* (13)
embassador *embajador/a* (14)
embrace *abrazar* (20)
embroidery *bordado* (20)
emerge *surgir* (18)
emergency *urgencia* (12)
emergency room *servicio de emergencias* (12)
emigrant *emigrante* (7)
emigrate *emigrar* (12)
emigration *emigración* (14)
emotional *emotivo/a* (20)
emphasis *énfasis* (12); *hincapié* (5)
emphasize *destacar* (5)
empire *imperio* (9)
employ *emplear* (5)
employee *empleado/a* (6)
employment *empleo* (6)
empower *potenciar* (13)
empty *vacío/a* (7)
encourage *animar* (12)

end *cabo* (5); *terminar* (8)
ending *terminación* (2)
endorse *suscribir* (10)
enemy *enemigo/a* (11)
energy *energía* (16)
engineer *ingeniero/a* (20)
engineering *ingeniería* (12)
English *inglés/inglesa* (11)
enjoy *disfrutar* (3)
enjoyment *diversión* (8)
enjoy oneself *divertirse (ie)* (3)
enmity *enemistad* (20)
enormous *enorme* (15)
enough *bastante* (5); *suficiente* (8)
enrich *enriquecer* (13)
enroll *enrolar* (10); *inscribirse* (13)
enter *entrar* (19)
entertaining *entretenido/a* (15)
entertainment *entretenimiento* (9); *oferta
  cultural* (15)
entry *entrada* (6)
envious *envidioso/a* (14)
environment *entorno* (3); *medio ambiente* (9)
environmental *ambiental* (9);
  medioambiental (18)
envy *envidia* (14)
epidemic *epidemia* (10)
epoch *época* (10)
equal *igual* (8)
equality *igualdad* (19)
equally *igual de* (7)
equinox *equinoccio* (20)
equip *aparejar* (18)
era *época* (10)
erase *borrar* (14)
erect *erguido/a* (5)
eradication *erradicación* (19)
escape *escapar* (10); *fugarse* (17); *huir* (11)
Eskimo *esquimal* (17)
especially *especialmente* (18)
essay *ensayo* (13); *trabajo escrito* (13)
essence *esencia* (19)
essentially *esencialmente* (13)
establish *establecer* (6); *instaurar* (10)
estate *hacienda* (10)
estimate *estimar* (6)
etching *grabado* (11)
eternal *eterna* (12)
ethical *ético/a* (19)
ethnic *étnico/a* (11)
ethnic group *etnia* (10)
European *europeo/a* (2)
European Union *Unión Europea* (10)
euthanasia *eutanasia* (19)
evaluate *evaluar* (8)
even *incluso* (19)
evening *noche* (6)
event *acontecimiento* (10)
everyday *cotidiano/a* (11)
evidence *prueba* (17)
exactly *efectivamente* (13); *exactamente* (14)

exaggerated *exagerado/a* (5)
examinar *examinar* (4)
exceed *rebasar* (9)
excel *sobresalir* (8); *superar* (16)
excellent *excelente* (8)
excess *exceso* (5)
excessively *excesivamente* (12)
exchange *intercambio* (2)
excite *emocionar* (14)
exciting *emocionante* (15)
exclusive *excluyente* (19)
excuse *dispensar* (20)
excuse me *disculpe* (8)
excuse oneself *excusarse* (15)
exercise *ejercicio; hacer ejercicio* (5)
exert *ejercer* (20)
exhale *exhalar* (5)
exhibition *exposición* (15)
exist *existir* (8)
exotic *exótico/a* (3)
expectancy *esperanza* (12)
expedient *expediente* (6)
expedition *expedición* (10)
expel *expulsar* (11)
expensive *caro/a* (4)
experience *experiencia* (6)
expert *experto* (20)
explain *explicar* (5)
explanation *explicación* (13)
explorer *explorador/a* (10)
export *exportar* (7)
exportation *exportación* (18)
exports *exportación* (18)
expose *exponer* (5)
exposition *exposición* (5)
express *expresar* (18); *exprimir* (12)
express an opinion *opinar* (19)
expressivity *expresividad* (15)
extend *estirar* (5); *extenderse* (14)
extension *ampliación* (18)
extermination *exterminio* (10)
extract *extraer* (11)
extraction *ascendencia* (2)
extraordinary *genial* (15)
extraterrestrial *extraterrestre* (11)
extrovert *extrovertido/a* (14)
eye *ojo* (5)
eyeglasses *anteojos* (4)

F

fabulous *fabuloso/a* (3)
face *cara* (5); *rostro* (2)
face (of a clock) *esfera* (7)
face down *boca abajo* (7)
face to face *cara a cara* (7)
facilitate *facilitar* (9)
facilities *instalaciones* (3) (5)
fact *hecho* (10)
faction *facción* (2)
faint *desmayarse* (12)

fair *equitativo/a* (6); *feria* (15); *justo/a* (18)
fair trade *comercio justo* (19)
fairy tale *cuento de hada* (17)
faithful *fiel* (14)
fall *caer* (10); *otoño* (3)
fall asleep *dormirse (ue)* (5)
fall down *caer(se)* (11)
falling apart *desvencijado/a* (20)
fall in love with *enamorarse de* (10)
fame *fama* (6)
famous *célebre* (11)
fan *aficionado/a* (5)
fantasy *ensueño* (15)
far *lejano/a* (18)
far from *lejos de* (7)
farm *granja* (18)
farming *agropecuario/a* (18)
fashion *moda* (4)
fast *rápido/a* (7)
fat *gordo/a* (5); *grasa* (5)
fatality *fatalidad* (20)
father *padre* (2)
Father Christmas *Papá Noel* (4)
fault *defecto* (14)
fear *miedo* (11)
fearful *miedoso/a* (14)
feather *pluma* (14)
feature *reportaje* (19)
feature film *largometraje* (16)
February *febrero* (3)
fed up (with) *harto/a (de)* (18)
fed up with *estar harto/a (de)* (17)
feed *alimentar* (5); *sustentar* (20)
feed (oneself) *alimentarse* (11)
feel *sentir* (11)
feel anguish/stress *sentirse angustiado/a* (20)
feeling *sentimiento* (10)
feel like doing *apetecer* (15)
feel sorry for someone/something *dar lástima* (20)
fellow man *semejante* (20)
ferry *trasbordador* (10)
fervent *ferviente* (11)
festivity/party *fiesta* (1)
fever *fiebre* (10)
fiber *fibra* (4)
fiction novel *novela de ficción* (17)
fidelity *fidelidad* (14)
field *campo* (7)
field trip *excursión* (3)
fifteen *quince* (1)
fifty *cincuenta* (2)
fight *lucha* (11); *luchar* (6); *pelearse* (20)
figure *cifra* (18)
file *archivo* (16)
fill out *rellenar* (14)
film *filmar* (16); *película* (2); *rollo* (15)
film critic *cineasta* (16)
film enthusiast *cineasta* (16)
filter *filtro* (12)

finally *finalmente* (2); *al final* (8)
finances *finanzas* (19)
financial *financiero/a* (18)
find *hallar* (20)
find hard to *costar (ue)* (13)
find oneself *encontrarse (ue)* (12)
find out *averiguar* (2); *encontrar (ue)* (3); *enterarse* (17)
fine *fino/a* (2)
Finnish *finlandés* (13)
fire *despedir (i)* (6); *fuego* (8); *incendio* (16)
fireman/woman *bombero/a* (6)
firm *compañía; empresa* (6)
firmness *firmeza* (5)
first *primer/a* (1)
first name *nombre* (1)
fish *pescado* (5); *pez* (3)
fish market *pescadería* (8)
fishmonger *pescadería* (8)
fit *caber* (13)
five *cinco* (1)
five hundred *quinientos/as* (4)
fix *componer* (5); *fijar* (13); *reparar* (16); *arreglar* (16)
flag *bandera* (11)
flannel *franela* (17)
flat *plano/a* (3)
flavor *sabor* (8)
flecked *salpicado/a* (11)
fledged *emplumado/a* (11)
flexible *ágil* (5)
flight *huida* (11); *vuelo* (7)
flight attendant *azafato/a* (17)
float *flotar* (5)
floodgate *compuerta* (18)
floor *planta* (4)
florist's *floristería* (18)
flour *harina* (8)
flourish *florecer* (9)
flower *flor* (18); *flujo* (20)
flower shop *florería* (4)
flu *gripe* (5)
fluency *fluidez* (10)
flute *flauta* (4)
fly *volar (ue)* (7)
focus *enfoque* (14)
fog *niebla* (9)
foggy *nublado/a* (9)
follow *seguir* (2); *suceder* (10)
followed by *seguido de* (9)
following *siguiente* (10)
foment *fomentar* (19)
food *alimentación* (18); *alimento* (8); *comida* (1)
food poisoning *intoxicación* (12)
foot *pie* (5)
forbid *prohibir* (20)
forehead *frente* (5)
foreigner *extranjero/a* (2)
foreign language *lengua extranjera* (13)
foresee *prever* (19)

forest *bosque* (3)

for example *por ejemplo* (5)

forget *olvidar* (4); *olvidarse de* (13)

form *formulario* (17)

format *formato* (18)

formulario *fórmula* (19)

formulate *formular* (14)

fortress *fortaleza* (11)

fortunate *afortunado/a* (14)

forty *cuarenta* (2)

for what purpose *para que* (4)

found *fundar* (10)

founded *fundado/a* (7)

four *cuatro* (1)

four hundred *cuatrocientos/as* (4)

fourteen *catorce* (1)

fourth *cuarto* (6)

foyer *vestíbulo* (17)

fragile *frágil* (20)

fragment *trozo* (8)

frame *marco* (4)

France *Francia* (12)

free *gratis* (7); *libre* (8); *liberar* (10); *gratuito* (12)

freedom *libertad* (10)

freeze *congelarse* (20)

French *francés* (13)

French fries *papas fritas* (4)

frequently *frecuentemente* (12)

fresh *fresco/a* (4)

Friday *viernes* (5)

fried *frito/a* (8)

friend *amigo/a* (2)

friendliness *amabilidad* (18)

friendly *sociable* (14)

friendship *amistad* (10)

fright *susto* (11)

frighten *asustar* (17); *dar medio* (13)

fritter *buñuelo* (8)

from where *de dónde* (4)

front-desk attendant *recepcionista* (6)

frozen *congelado/a* (18)

fruit *fruta* (5)

fruit dish *frutero* (8)

fruit seller *frutero* (8)

fry *freír (i)* (8)

frying pan *sartén* (8)

fulfillment *desempeño* (12)

full *pleno/a* (9)

full-length film *largometraje* (16)

full-time *a tiempo completo* (6)

fun *diversión; divertido/a* (1)

function *funcionar* (5)

fund *financiar* (18); *fondo* (6)

funny *chistoso/a* (11); *gracioso/a* (11); *divertido/a* (14)

furnish *amueblar* (6)

furnished *amueblado/a* (6)

furniture *mobiliario* (18); *muebles* (6)

furthermore *es más* (15)

G

gain weight *engordar* (5)

Galician *gallego* (15)

game *juego* (7); *partido* (3)

gangplank *pasarela* (15)

gap *brecha* (19); *salto* (3)

garage *garaje* (17)

garbage *basura* (9)

garden *jardín* (3)

garlic *ajo* (8)

garment *prenda de vestir* (4)

gas station *gasolinera* (9)

gas station (Perú) *grifo* (9)

generate *generar* (12)

generation *generación* (10)

generosity *generosidad* (14)

generous *generoso/a* (14)

genetic code (DNA) *código genético (ADN)* (16)

genetic engineering *ingeniería genética* (19)

genius *genio* (19)

genre *género* (14)

genuine *sincero/a* (14)

geography *geografía* (1)

germ *gérmen* (5)

German *alemán* (13)

Germany *Alemania* (18)

gestation *gestación* (20)

gesture *ademán* (17); *gesto* (13)

get a cold *resfriarse* (12)

get all mixed up *hacerse un lío* (13)

get along (poorly) with *llevarse bien/(mal) con* (14)

get along with *conectarse, entenderse con* (20)

get angry *enojarse* (20)

get bored *aburrirse* (9)

get cold *enfriarse* (8)

get damaged *estropearse* (16)

get discouraged *desanimarse* (13)

get dizzy *marearse* (12)

get engaged *comprometerse* (10)

get frustrated *frustrarse* (13)

get happy *ponerse contento/a* (20)

get hold of *agarrar* (11)

get hurt *lesionarse* (12)

get injured *lesionarse* (12)

get jealous *ponerse celoso/a* (20)

get married *casarse* (10)

get out *bajar* (13)

get ready *alistar* (17)

get rid of *quitar* (12)

get sick *enfermarse, ponerse enfermo* (12)

get sunburned *quemarse* (12)

get tired *cansarse* (12)

get up *levantarse* (5)

get up early *madrugar* (3)

get upset *molestarse* (20)

giant *gigante* (17)

gift *regalo* (4)

gift store *tienda de regalos* (4)

gigantic *gigantesco/a* (7)

give *dar* (1); *entregar* (10)

give a gift *hacer un regalo; regalar* (4)

give a standing ovation *ovacionar de pie* (10)

given *dado/a/os/as* (20)

given that *dado que* (20)

give the floor *ceder la palabra* (13)

give up *renunciar a* (20)

glance *mirada* (15)

glass *vaso* (12); *cristal* (16); *vidrio* (16)

glasses *gafas* (16)

glasshouse *invernadero* (15)

globalization *globalización; mundialización* (19)

global warming *calentamiento global* (19)

globe *globo* (20)

gloves *guantes* (4)

go *ir (irreg.)* (2)

goal *meta* (18); *propósito* (6)

goalkeeper *portero/a* (5)

go camping *acampar; ir de camping* (7)

go down *bajar* (13)

go for a walk *dar una vuelta* (17)

gold *oro* (11)

golf player *golfista* (5)

good *bien* (11); *bueno/a* (2)

good-looking *guapo/a* (2)

goodness *bondad* (14)

goods *mercancía* (18)

go out *salir (lg)* (15)

go out for a drink *ir de copas* (15)

go out for dinner *salir a cenar* (15)

go out with *salir con* (17)

go shopping *ir de compras* (4)

go through *transitar* (20)

go to bed *acostarse (ue)* (5)

go up *subir* (1)

govern *gobernar* (11)

government *gobierno* (11)

government official *funcionario/a* (11)

government-related *gubernamental* (18)

governor *gobernador* (10)

GPS navigation system *sistema de navegación GPS* (16)

grade *calificación* (9)

graft *injerto* (12)

gram *gramo* (8)

grandfather/grandmother *abuelo/a* (2)

grandparents *abuelos* (2)

grant *dispensar* (20)

grape *uva* (8)

graphic *gráfico* (12)

graphic arts *artes gráficas* (18)

gravity *gravedad* (11)

gray *gris* (4)

grazing *pastoreo* (10)

great *genial* (15)

Great Britain *Gran Bretaña* (10)

Greece *Grecia* (18)

greed *avaricia* (14)

Greek *griego* (13)

green *verde* (4)

green beans *habichuelas* (8); *judías verdes* (8)

greenhouse *invernadero* (15)

Greenland *Groenlandia* (10)

greenness *verdor* (11)

green zone *zona verde* (9)

greet *saludar* (6)

grief *pena* (11)

grill *parilla* (3); (8)

grocery store *mercado* (7)

gross domestic product *producto interno bruto (PIB)* (18)

ground *picado/a* (8)

group *grupo* (1)

grow *crecer (zc)* (1); *cultivar* (8)

growing *cultivo* (5); *en crecimiento* (18)

growth *crecimiento* (9)

grow up *crecer (zc)* (10)

grumpy *gruñón* (3)

guarantee *garantizar* (12)

Guatemalan *guatemalteco/a* (2)

guess *adivinar* (1)

guest *invitado/a* (18)

guide *guía* (3); *guiar* (4)

gum *chicle* (12)

gym *gimnasio* (3)

H

habit *costumbre* (5)

habitación *hábito* (8)

hair *pelo* (5)

hairdresser *peluquería* (3)

half *mitad* (1)

hallway *pasillo* (6)

halt *detener(se)* (11)

ham *jamón* (8)

hamburger *hamburguesa* (20)

hand *mano* (5)

handbill *cartel* (4)

handful *puñado* (17)

handkerchief *pañuelo* (4)

hand over *entregar* (10)

handsome/pretty *guapo/a* (2)

handy *práctico/a* (16)

hang *colgar (ue)* (16)

happen *ocurrir* (9); *suceder* (10); *pasar* (19)

happiness *alegría* (14); *felicidad* (14)

happy *alegre* (2); *feliz* (10)

harbor *puerto* (9)

hard *duro/a* (8)

hard liquor *aguardiente* (5)

hardly *nada* (2)

hardness *dureza* (8)

hardworking *trabajador/a* (20)

harm *daño* (12)

harshness *dureza* (8)

harvest *cosecha* (6)

hat *gorro* (4)

hate *odiar* (14)

have *tener (ie)* (1)

have (in compound tenses) *haber* (1)

have a cold *estar resfriado/a* (12)

have a drink *tomar unas copas* (15)

have a good time *pasarlo bien* (4); *tener (ie)* (4)

have an accident *tener un accidente* (12)

have an argument *pelearse* (20)

have a snack *merendar (ie)* (8)

have breakfast *desayunar* (5)

have fun *divertirse (ie)* (15)

have just *acabar de* (7)

have something *disponer de algo* (9)

have something in common *tener algo en común* (14)

have surgery *operarse (de)* (12)

have to *tener que* (2)

havoc *embestido/a* (20)

Hawaii *Hawai* (10)

hazelnut *avellana* (8)

head *cabeza* (5)

headache *dolor de cabeza* (12)

headline *titular* (19)

health *salud* (5)

health insurance *seguro médico* (12)

healthy *sano/a* (5); *saludable* (12)

heap *montón* (16)

hear *oír* (17)

heart *corazón* (3)

heart attack *ataque al corazón* (12)

heat *calentar (ie)* (8); *calor* (9)

heavy *pesado/a* (16)

Hebrew *hebreo* (13)

hectare *hectárea* (3)

heel *tacón* (4)

height *altura* (12)

heir/heiress *heredero/a* (8)

hell *infierno* (17)

hello *aló* (6); *bueno* (6); *diga* (6); *hola* (1); *sí* (6)

helmet *casco* (5)

help *ayudar* (6); *echar una mano* (17)

hemisphere *hemisferio* (18)

here *acá* (12)

heritage *herencia* (3)

hero *héroe* (10)

heroine *heroína* (11)

hidden *escondido/a* (11)

hide *esconder* (18)

hieroglyphic *jeroglífico* (14)

high *alto/a* (1)

highway *autopista* (6); *carretera* (3)

hike *caminata* (7)

hill *colina* (11)

hip *cadera* (5)

hire *contratar* (6)

Hispanic *hispano/a* (2)

Hispaniola *Española* (10)

historic district *casco antiguo* (9)

history *historia* (1)

hit *golpear* (17)

hobby *interés* (1)

hold *caber* (13)

hole *agujero* (19)

home *hogar* (6)

home delivery *servicio a domicilio* (18)

homeland *patria* (10)

homeless *personas sin hogar sin techo* (19)

homemade *casero/a* (8)

home run *jonrón* (7)

Honduran *hondureño/a* (2)

honest *sincero/a* (14); *honesto/a* (11)

honesty *honestidad* (14)

honorable *digno/a* (6)

hope *esperanza* (12); *esperar* (4)

horror movie *película de terror* (15)

horse *caballo* (4)

hostage *rehén* (11)

hot *caliente* (8); *picante* (8)

hot (weather) *caluroso/a* (9)

hotel *hotel* (3)

hotel business *hostelería* (18)

hotel management *hostelería* (18)

hour *hora* (5)

house *albergar* (9); *casa* (6)

housing *vivienda* (6)

housing development *urbanización* (9)

however *no obstante* (19)

how many *cuánto(s)* (2)

how much *cuánto(s)* (2)

huge *enorme* (15)

human being *ser humano* (16)

humid *húmedo/a* (3)

hummingbird *colibrí* (3)

hundred *centenar* (8)

hundreds *cientos* (4)

hunger *hambre* (12)

hunting *caza* (19)

hurricane *huracán* (6)

hurt *doler (ue)* (11)

hurt oneself *hacerse daño* (12)

husband *marido* (20)

husband/wife *esposo/a* (2)

hybrid *híbrido/a* (16)

hydrating *hidratante* (12)

hygienic *higiénico* (18)

hypocrisy *hipocresía* (14)

hypocritical *hipócrita* (14)

hypothesis *hipótesis* (10)

I

ice cream *helado* (4)

ice cream shop *heladería* (4)

idealist *idealista* (20)

identify *identificar* (6)

idol *ídolo* (15)

if *si* (2)

ignorance *desconocimiento* (12)

ill *enfermo/a* (4)

illegal *ilegal* (20); *ilícito/a* (12)

ill-mannered *maleducado/a* (14)

illness *enfermedad* (12)

illustrate *ilustrar* (16)

illustration *ilustración* (20)

illustrious *ilustre* (11)

image *imagen* (3)

imagine *fingir* (14); *imaginar* (19)

imbued *imbuido/a* (20)

imitate *imitar* (13)

immediately *inmediatamente* (11)

immersion *inmersión* (13)

immigrant *inmigrante* (4)

immigration *inmigración* (11)

impatience *impaciencia* (14)

imported *importado/a* (16)

imports *importación* (18)

imposition *imposición* (19)

impoverish *empobrecer* (20)

impress *imprimir* (17)

impression *impresión* (19)

impressive *impresionante* (15)

improve *mejorar* (5)

in a hurry *apurado/a* (5)

in any case / event *de cualquier forma; de todas maneras; de todos modos; en cualquier caso* (19)

in/as a consequence *en/como consecuencia* (20)

inauguration *inauguración* (18)

incapable *incapaz* (20)

incident *suceso* (5)

include *abarcar* (11); *incluir* (4); *reunir* (14)

including *incluso* (19)

income *ingresos* (6)

in conclusion *en conclusión* (6)

in contrast to *a diferencia de* (7)

incorporate *incorporar* (8)

increase *aumentar* (10); *aumento* (18); *incrementar* (18)

incredible *increíble* (3)

independence *independencia* (10)

independent *independiente* (11)

index *índice* (12)

indicate *indicar* (9)

indigenous *autóctono/a* (11)

indigenous person *indígena* (2)

indigestion *indigestión* (12)

industry *industria* (18)

inequality *desigualdad* (19)

inexpensive *económico/a* (16)

infatuation *enamoramiento* (20)

in favor of *a favor* (19)

infection *infección* (12)

infidelity *infidelidad* (14)

inflammation *inflamación* (12)

inflexible *rígido/a* (20)

influential *influyente* (4)

inform *avisar* (16); *comunicar* (11)

information *información* (5)

infrastructure *infraestructura* (18)

in front of *delante de* (17); *enfrente (de)* (17)

infuriate *enfurecer* (20)

ingenuity *ingenio* (20)

inhabit *habitar* (11)

inhabitant *habitante* (1)

inhale *inhalar* (5)

injury *lesión* (12)

injustice *injusto* (17)

inn *posada* (7)

innovate *innovar* (18)

innovative *innovador/a* (15); *novedoso/a* (18)

innovator *innovador* (2)

in other words *en otras palabras* (5); *es decir* (1)

insecure *inseguro/a* (14)

insecurity *inseguridad* (9)

in short *en resumen* (6)

inside *dentro de* (8)

insomnia *insomnio* (12)

inspire *inspirar* (6)

install *instalar* (9)

instant *instante* (10); *vez* (8)

instantaneity *instantaneidad* (17)

instead of *en vez de* (3)

instrument *instrumento* (2)

insurance *seguro* (18)

insurmountable *infranqueable* (17)

intelligence *inteligencia* (14)

intelligent *inteligente* (2)

intend *intentar* (14)

intensity *intensidad* (17)

interest *afición* (2); *interesar* (3); *interés* (11)

interesting *interesante* (1)

intern *internar* (20)

international *mundial* (5)

internship *pasantía* (7)

interrupt *interrumpir* (10)

interview *entrevistar* (1); *reportaje* (19)

in the afternoon *de la tarde, por la tarde* (7)

in the early morning *de la madrugada* (7)

in the evening *de la noche, por la noche* (7)

in the face of *en vista de* (7)

in the first place *en primer lugar* (6)

in the morning *de la mañana; por la mañana* (7)

in the second place *en segundo lugar* (6)

in the third place *en tercer lugar* (6)

intolerable *insoportable* (20)

introduce *presentar* (1)

introduce oneself *presentarse* (1)

introverted *introvertido/a* (14)

inundate *inundar* (18)

invade *invadir* (10)

invent *inventar* (10)

inventiveness *ingenio* (20)

invest *invertir (ie)* (9)

investigate *investigar* (16)

investigation *investigación* (16)

investment *inversión* (18)

investor *inversionista* (18); *inversor/a* (18)

invite *invitar* (20)

involve *involucrar* (13)

involved *involucrado/a* (7)

Ireland *Irlanda* (10)

irony *ironía* (15)

island *isla* (3)

islander *isleño* (10)

isolated *aislado/a* (3)

isthmus *istmo* (18)

Italy *Italia* (10)

itch *picar* (12)

itinerary *itinerario* (7)

it is cold *hace frío* (9)

it is hot *hace calor* (9)

it is sunny *hace sol* (9)

it is windy *hace viento* (9)

J

jacket *chaqueta* (4)

January *enero* (3)

Japan *Japón* (10)

Japanese *japonés* (13)

jealous *celoso/a* (20); *envidioso/a* (14)

jealousy *celos* (20)

jest *jarana* (20)

jeweler *joyería* (4)

jewelry *joya* (14)

Jewish *judío/a* (13)

job *cargo* (6); *empleo* (6); *puesto de trabajo* (6); *trabajo* (6)

join *ensamblar* (18); *unirse a* (10)

joke *burla* (5)

journalist *periodista* (2)

journey *camino* (20); *trayecto* (17)

juice *jugo* (8)

July *julio* (3)

jump *saltar* (5); *salto* (3)

June *junio* (3)

jungle *selva* (3)

junk food *basura* (5)

just *equitativo/a* (6); *justo/a* (18)

juvenile *juvenil* (4)

K

keep *guardar* (16)

keep in mind *tener en cuenta* (2)

keep/remain quiet *callarse* (13)

key *cayo* (3); *clave* (5); *llave* (11); *tecla* (16)

keyboard *teclado* (16)

key maker *llavero* (4)

key ring *llavero* (4)

kidnap *secuestrar* (17)

kidnapping *secuestro* (17)

kill *matar* (17)

killing *asesinato* (10)

kilogram *kilo* (8)

kind *amable* (2)

king *rey* (4)

kingdom *reino* (11)

kiss *besar* (14)

kitchen *cocina* (6)

knee *rodilla* (5)

knife *cuchillo* (4)

knock down *atropellar* (20)

know (be familiar with) *conocer (zc)* (1)
know (a fact) *saber (irreg.)* (1)
knowledge *conocimiento* (13); *sabiduría* (15)
known *conocido/a* (10)
Korean *coreano* (13)

L

label *etiqueta* (1)
labor market *mercardo laboral* (7)
labyrinth *laberinto* (17)
lack *faltar* (9)
lake *lago* (3)
lamb *cordero* (8)
lament *lamentar* (20)
lamp *linterna* (3)
land *aterrizar* (7); *tierra* (11)
landscape *paisaje* (1)
language *idioma* (1); *lengua* (13)
lapse *caducidad* (12)
laptop *computadora portátil* (4)
large (river) *caudaloso* (3)
large oil slick *mareas negras* (19)
last *por último* (2); *durar* (7); *en último lugar* (15)
last name *apellido* (1)
last night *anoche* (10)
late *tarde* (7)
lantern *linterna* (3)
Latin American *latinoamericano/a* (2)
Latino *latino/a* (2)
laughter *risa* (14)
laundromat *lavandería* (3)
law *ley* (3); *derecho* (10)
lawyer *abogado/a* (2)
lazy *perezoso/a* (2)
lead *conducir* (7)
leader *líder* (10)
leaf *hoja* (6)
league *liga* (6)
lean *inclinar* (5)
leap *salto* (3)
learn *aprender* (1)
learner *aprendiz* (13)
learning *aprendizaje* (13)
leather *cuero* (4)
leave *dejar, irse (irreg.)* (6)
left *izquierda* (6)
leg *pierna* (5)
legalization *legalización* (19)
legal residence *domicilio* (18)
legend *leyenda* (11)
legumes *legumbres* (8)
leisure *ocio* (9)
lemon *limón* (8)
lemonade *limonada* (12)
lend *prestar* (12)
lend a hand *echar una mano* (17)
less *menos* (1)
less fortunate *desafortunado/a* (19)
lesson *lección* (14)

letter *carta* (4)
lettuce *lechuga* (8)
level *nivel* (5)
liberal *progresista* (10)
library *biblioteca* (2)
lie *mentir (ie)* (19)
lie down *tumbarse* (12)
life *vida* (10)
life expectancy *esperanza de vida* (19)
life preserver *salvavidas* (14)
lift *leventar* (5)
light *ligero/a* (12); *luz* (16)
lightbulb *bombilla* (4)
lighter *encendedor* (8)
like *gustar* (3)
like a lot *amar* (20); *encantar* (3)
like/dislike someone *caer bien/mal* (20)
likewise *asimismo* (14)
limit *límite* (7)
line *línea* (10)
lined *forrado/a* (4)
link *vincular* (8); *vínculo* (8); *enlace* (16); *vincular (a)* (17)
linked *ligado/a* (5)
liquor *aguardiente* (5); *licor* (4)
liquor store *licorería* (18)
listen *escuchar* (1)
liter *litro* (5)
literacy *alfabetización* (16)
literary *literario/a* (20)
a little bit *poco* (1)
live *vivir* (2)
live (a healthy life) *llevar* (12)
liveliness *animación* (15)
lively *animado/a* (15)
live music *música en vivo* (15)
livestock *ganadería* (18)
live with *convivir con* (19)
living *viviente* (8)
living room *salón/sala* (6)
loan *préstamo* (6)
lobby *vestíbulo* (17)
lobster *langosta* (12)
locate *localizar* (1)
location *ubicación* (3)
lock *cerradura* (16); *esclusa* (18)
lock down *encerrar* (11)
locksmith *cerrajero/a* (18)
locksmith's shop *cerrajería* (18)
lock up *encerrar* (11)
lodge *alojarse (en)* (3)
lodging *albergue* (3); *alojamiento* (3)
lodging house *pensión* (7)
logic *lógico/a* (5)
logo *logotipo* (18)
loneliness *soledad* (14)
lonely *solitario/a* (3)
long-lasting *duradero/a* (16)
look *mirar* (1)
look for *buscar* (1)
lose *perder (ie)* (6)

lose weight *adelgazar* (5)
loss *pérdida* (10)
love *amor* (10); *amar* (20)
lover *amante* (12); *enamorado/a* (9)
low *bajo/a* (6)
lowercase letter *minúscula* (13)
loyal *fiel* (14)
loyalty *fidelidad* (14)
luck *suerte* (11)
luggage *equipaje* (7)
lung *pulmón* (12)
luxurious *lujoso/a* (6)
lying *mentiroso/a* (20)

M

macaroni *macarrones* (8)
machine *máquina* (16)
magazine *revista* (4)
main actor/actress *protagonista* (15)
main character *protagonista* (17)
maintain *mantener* (9)
majestic *majestuoso/a* (20)
majority *mayoría* (3)
make *hacer (irreg.)* (2)
make a decision *tomar una decisión* (18)
make a face *hacer muecas* (7)
make an appointment *concertar una cita* (15)
make an appointment with *quedar (con)* (15)
make an excuse *dar una excusa* (15)
make a reservation *hacer una reservación* (7)
make better *mejorar* (5)
make laugh *dar risa* (14)
make mistakes *cometer errores* (13)
make nervous *poner nervioso/a* (13)
make onself comfortable *acomodarse* (17)
make progress *avanzar* (17)
make up *constituir* (2); *inventar* (10)
make worse *agravar* (19)
making *fabricación* (8)
mammal *mamífero* (7)
management *gestión* (10)
manager *gerente* (6)
manatee *manatí* (7)
mania *manía* (14)
mantle *manto* (17)
many times *muchas veces* (5)
map *plano* (7)
marble *marfil* (17); *mármol* (5)
March *marzo* (3)
marginalization *marginación* (19)
marginalized *marginado/a* (19)
marijuana *marihuana* (19)
marital status *estado civil* (2)
maritime *marítimo/a* (7)
mark *marco* (4)
marker *marcador* (11)
market *mercado* (7)
marketing *mercadeo* (18)

married *casado/a* (2)
marry someone *casarse con alguien* (10)
marvel *maravilla* (17)
marvellous *maravilloso/a* (3)
mass *montón* (16)
massage *masaje* (12)
masseuse *masajista* (18)
mastery *dominio* (6)
match *fósforo* (16); *partido* (3)
mathematics *matemáticas* (14)
matter *importar* (12)
maturity *madurez* (14)
maximum *máximo* (11)
May *mayo* (3)
maybe *quizá* (7); *tal vez* (15)
mayor *alcalde/esa* (9)
mean *significar* (1)
meaning *significado* (11)
means *expediente* (6)
meanwhile *entre tanto* (17)
measure *medida* (8); *medir (i)* (12)
meat *carne* (5)
mechanism *dispositivo* (16)
medical checkup *chequeo médico* (5)
medication *medicamiento* (12)
medicine *medicina* (12)
mediocrity *mediocridad* (14)
meditate *meditar* (14)
meet *reunirse (con)* (7)
meeting *reunión* (7)
melting pot *crisol* (4)
member *miembro* (5)
member of congress *congresista* (11)
membership fees *cuota* (19)
memorize *memorizar* (13)
memory *memoria* (16)
mention *mencionar* (5)
menu *menú* (8)
merchandise *mercancía* (18)
merchant *comerciante* (20)
merit *merecer (zc)* (15)
mess *desorden* (14)
message *mensaje* (6); *recado* (6)
metal *metal* (16)
method *método* (13)
metropolis *metrópoli* (15)
Mexican *mexicano/a* (2)
microwave *microondas* (16)
midnight *medianoche* (4)
migraine *migraña* (12)
migration *migración* (9)
migration movement *movimiento migratorio* (19)
mile *milla* (16)
military *ejército* (10); *militar* (10)
milk *leche* (8)
millenial *milenario* (9)
millenium *milenio* (19)
million *millón* (4)
millionaire *millonario/a* (17)
mind *mente* (5)

mineral water *agua mineral* (4)
minimum *mínimo* (10)
mining industry *minería* (18)
minority *minoría* (13)
mint *hierbabuena* (8)
mirror *espejo* (6)
miserly *avaro/a* (14)
misery *miseria* (20)
mistake *error* (13)
mix *mezclar* (5)
mixture *mezcla* (11)
mobilized *movilizado/a* (6)
moderate *moderar* (5)
moderately *moderadamente* (12)
modern *moderno/a* (4)
modest *modesto/a* (20)
modify *modificar* (18)
monarchy *monarquía* (15)
Monday *lunes* (5)
money *dinero* (3)
money order *giro postal* (7)
monitor *pantalla* (16)
monkey *mono* (3)
monk/nun *monje/monja* (19)
month *mes* (3)
moreover *además* (4)
more than *más... que* (9)
mortgage *hipotecario/a* (18)
mother *madre* (2)
mother tongue *lengua materna* (13)
motivate *motivar* (11)
motorboat *lancha* (11)
motorcycle *moto* (16); *motocicleta* (20)
mountain *montaña* (1)
mountain climbing *montañismo* (7)
mountainous *montañoso/a* (12)
mountain range *cordillera* (3)
mountains *sierra* (9)
mouth *boca* (5)
move *mudarse* (6); *trasladarse* (10)
move forward *avanzar* (17)
movement *movimiento* (10)
movie guide *cartelera* (15)
movies *cine* (1)
movie theater *cine* (1)
moving *conmovedor/a* (15)
multiethnic *multiétnico/a* (19)
murder *asesinar* (10)
muscle *músculo* (5)
museum *museo* (6)
mushroom *champiñón* (8)
music *música* (2)
musician *músico* (2)
mussel *mejillón* (8)
mustache *bigote* (8)
mustard *mostaza* (8)
mysterious *misterioso/a* (11)
mystery *misterio* (17)
mystery novel *novela de misterio* (17)
myth *mito* (2)
mythic *mítico/a* (10)

N

name *nombrar* (5)
napkin *servilleta* (4)
narrate *narrar* (11)
narration *narración* (11)
narrator *narrador/a* (17)
narrow *estrecho/a* (9)
narrow-minded *cerrado/a* (20)
nation *nación* (6); *pueblo* (10)
nationality *nacionalidad* (2)
nationalized *nacionalizado/a* (7)
native *indígena* (2); *natal* (9); *originario/a* (17)
natural resources *recursos naturales* (19)
nature *naturaleza* (1)
navy *armada* (11)
near *cerca de* (7)
nearby *cercano/a; por aquí cerca* (3)
necessary *necesario/a* (5)
necessity *necesidad* (6)
neck *cuello* (5)
necklace *collar* (4)
need *necesitar* (4)
neighbor *vecino/a* (2)
neighborhood *barrio* (9)
neither *tampoco* (3)
nervous *nervioso/a* (14)
network *red* (12)
never *nunca* (5); *jamás* (20)
nevertheless *sin embargo* (4)
new *nuevo/a* (4); *novedoso/a* (18)
news *noticias* (1) (15); *telediario* (15)
newspaper *periódico* (3)
next *a continuación* (8); *después (de)* (8); *luego* (8); *próximo/a* (7)
Nicaraguan *nicaragüense* (2)
nice *agradable* (2); *amable* (2); *lindo/a* (15); *simpático/a* (2)
night *noche* (6)
nightlife *vida nocturna* (9)
nightly *nocturno/a* (15)
nine *nueve* (1)
nine hundred *novecientos/as* (4)
nineteen *diecinueve* (1)
ninety *noventa* (2)
no doubt *no cabe duda* (13)
noise *bullicio* (20); *ruido* (9)
noisy *ruidoso/a* (3)
no longer *ya no* (19)
nomadic *nómada* (11)
none *ningún; ninguno/a* (8)
nongovernmental organization (NGO) *organización no gubernamental (ONG)* (6)
non-profit *sin fines de lucro* (13)
noon *mediodía* (7)
no one *nadie* (18)
north *norte* (3)
northeast *nordeste* (11)
northwest *noroeste* (12)
Norwegian *Noruega* (18)

nose *nariz* (5)

not any *nada* (8); *ningún; ninguno/a* (8)

note *anotar* (5)

notebook *cuaderno* (17)

nothing *nada* (8)

notice *advertir (ie) (de)* (12); *apreciar* (7); *fijarse en* (7)

not know *ignorar* (19)

not to have a good time *pasarlo mal* (4)

nourish *sustentar* (20)

novel *novedoso/a* (18); *novela* (17)

novelist *novelista* (17)

novelty *novedad* (18)

November *noviembre* (3)

now *ahora* (11)

no way *de ninguna manera* (3); *ni hablar* (7); *no me digas* (11)

number número (1)

nut *nuez* (4)

O

Oaxacan *oaxaqueño/a* (2)

obesity *obesidad* (5)

object *complemento* (8)

obligate *obligar* (20)

obscurity *oscuridad* (17)

observe *observar* (6)

obtain *conseguir (i)*; *obtener* (5)

occupy *ocupar* (11)

occur *celebrarse* (15)

ocean *mar* (3); *océano* (10)

October *octubre* (3)

odd *extraño/a* (10); *raro/a* (16)

of course *cómo no* (3); *claro* (7); *desde luego* (7); *por supuesto* (3); *sí* (7)

of course not *claro que no* (7); *desde luego que no* (7)

offensive *ofensiva* (11)

offer *oferta* (18); *ofrecer (zc)* (1)

office *consultorio/a* (18); *despacho* (6); *oficina* (6)

office clerk *oficinista* (6)

often *a menudo* (5)

of the mind *anímico/a* (5)

oil *aceite* (8); *petróleo* (19); *petrolero/a* (18)

oil painting *óleo* (5)

oil spill *mareas negras* (19)

okay *de acuerdo* (13)

old *añejo/a* (19); *antiguo/a* (3)

old age *vejez* (10)

old-fashioned *anticuado/a* (20)

once in a while *de vez en cuando* (5)

one *uno* (1)

one hundred *cien* (2)

one-way ticket *boleto de ida* (7)

onion *cebolla* (8)

only *únicamente* (12)

on the contrary *al contrario* (14)

on the dot *en punto* (7)

on the part of *de parte de* (6)

on the verge of *a punto de* (18)

on top *encima* (8)

on top of *por encima de* (5)

onyx *ónix* (4)

open *abrir* (7); *dialogante* (20)

opening *apertura* (8)

open-minded *abierto/a* (20); *dialogante* (20)

operate on *operar* (12)

operating system *sistema operativo* (16)

opinion *opinión* (19)

opportunity *oportunidad* (6)

opposite *opuesto/a* (18)

oppress *agobiar* (20)

optimal *óptimo/a* (18)

optimist *optimista* (14)

orally *oralmente* (13)

orange *anaranjado/a* (4); *naranja* (4)

oration *oración* (5)

order *orden* (4)

order (in a restaurant) *pedir* (8)

orderly *ordenado/a* (14)

organize *organizar* (2)

organized *organizado/a* (6)

origin *origen* (2)

oscillate *oscilar* (18)

outdoor seating *terraza* (15)

outgoing *extrovertido/a* (2)

outline *esquema* (13)

out loud *en voz alta* (18)

out-of-date *anticuado/a* (18)

outpatient department *ambulatorio* (9)

outside *afuera* (16)

outside of *fuera de* (6)

outsider *forastero/a* (13)

outskirts *alrededores* (9)

outstanding *impresionante* (3)

oval-shaped *ovalado/a* (11)

overcome *superar* (14); *vencer* (20)

overexploitation *sobreexplotación* (20)

overpopulated *superpoblado/a* (9)

owing to *debido a* (6)

own *propio/a* (6)

owner *dueño/a* (8)

ox *buey* (15)

ozone layer *capa de ozono* (14)

P

pack *envasar* (12); *hacer la(s) maleta(s)* (7); *paquete* (8)

package *paquete* (8)

pack up *empacar* (18)

page *página* (10); *paje* (4)

pain *dolor* (12)

paint *pintar* (2)

painter *pintor/a* (2)

painting *cuadro* (5); *pintura* (2)

pair *pareja* (1)

palate *paladar* (8)

palmtop computer *computadora de bolsillo* (16)

Panamanian *panameño/a* (2)

panic *pánico* (11)

pants *pantalones* (4)

paper *papel* (16); *trabajo escrito* (13)

parade *desfile* (17)

paradise *paraíso* (3)

paragliding *parapente* (7)

paragraph *párrafo* (4)

Paraguayan *paraguayo/a* (2)

parallel *paralelo* (20)

paralyze *paralizar* (20)

parameter *parámetro* (12)

pardon *dispensar* (20); *perdonar* (20)

parents *padres* (2)

park *estacionar* (17); *parque* (3)

parking *estacionamiento* (6)

parking lot *aparcamiento* (9); *estacionamiento* (6)

parrot *loro* (3)

participate *participar* (1)

part-time *a tiempo parcial* (6)

paso *step* (1)

passage *trozo* (8)

passion *pasión* (5)

passport *pasaporte* (7)

past *pasado* (11)

pastry shop *pastelería* (4)

pasture *pasto* (10)

patch *parche* (12)

patent *patentar* (16)

path *sendero* (12); *trayecto* (17)

pathology *patología* (12)

patience *paciencia* (6)

patient *paciente* (6)

pavilion *pabellón* (15)

pay *pagar* (4)

pay attention *prestar atención* (4)

pay attention to *hacer caso a* (20)

pea *guisantes* (8)

peace *paz* (10); *sosiego* (16)

peacefulness *tranquilidad* (5)

peach *melocotón* (8)

peak *pico* (3)

pear *pera* (8)

peasant *campesino/a* (6)

pedantry *pedantería* (14)

pedestrian *peatón* (9)

pedestrian zone *zona peatonal* (9)

peel *pelar* (8)

pen *bolígrafo* (12)

pen *lapicera* (16); *pluma* (16)

pencil *lápiz* (16)

penetrate *penetrar* (11)

penguin *pingüino* (12)

people *gente* (1); *pueblo* (10)

pepper (spice) *pimienta* (8)

pepper (vegetable) *pimiento* (8)

percentage *porcentaje* (12)

perfect *perfeccionar* (13)

perform *actuar* (14)

performance *actuación* (15); *desempeño* (12); *interpretación* (14) perfume store *perfumería* (4)

period *período* (11); *plazo* (19)

permission *permiso* (12)

permit *dejar* (8); *permitir* (6)

personality *personalidad* (2)

persuade *persuadir* (20)

Peruvian *peruano/a* (2)

pessimistic *pesimista* (14)

pesticide *pesticida* (20)

petroleum *petróleo* (19)

pharmacology *farmacología* (14)

pharmacy *farmacia* (3)

phase *fase* (7)

phenomenon *fenómeno* (3)

Philippines *Filipinas* (18)

philosopher *filósofo* (19)

philosophy *filosofía* (14)

phone *teléfono* (1)

photocopier *fotocopiadora* (16)

photographer *fotógrafo/a* (2)

physical *físico/a* (5)

pick up *recoger* (7)

picture *fotografía* (1)

piece *pedazo* (8); *trozo* (8)

piece of information *dato* (10)

pile *montón* (16)

pilgrimage *peregrinación* (9)

pill *pastilla* (12); *píldora* (12)

pillar *pilar* (18)

pinch *pizca* (12)

pineapple *piña* (8)

pink *rosa* (4)

pioneer *pionero/a* (18)

pirate *pirata* (11)

place *lugar* (3)

place before *anteponer* (14)

plain *sencillo* (2)

plains *llanuras* (1)

plan *planear, planificar* (15)

plane *avión* (3)

plastic *plástico* (16)

plateau *meseta* (3)

plated *chapado/a* (6)

platform *plataforma* (9)

play *hacer deporte* (5); *jugar (ue)* (2); (instruments) *tocar* (2)

play (theater) *obra de teatro* (15)

player *jugador/a* (2)

playful *lúdico/a* (15)

play the role of *hacer de* (8); *protagonizar* (14)

pleasant *agradable* (2)

please *encantar* (13)

pleasure *placer* (15)

plot *argumento* (15)

plug *enchufe* (16)

plug in *enchufar* (16)

pocket *bolsillo* (10)

point *apuntar* (18); *punto* (12)

poison *envenenamiento* (12)

policeman/woman *policía* (6)

police station *comisaría* (17)

politician *político/a* (2)

politics *política* (1)

pollute *contaminar* (9)

pollution *contaminación* (9); *polución* (9)

polytheist *politeísta* (14)

poor *pobres* (19)

populate *poblar* (20)

populated *poblado/a* (6)

population *población* (1)

pork *cerdo* (8)

port *puerto* (11)

portfolio *portafolio* (14)

portray *retratar* (14)

Portuguese *portugués* (11)

position *cargo* (6); *puesto de trabajo* (6); *posición* (12)

postal carrier *cartero/a* (6)

postcard *postal* (7)

poster *cartel* (4)

postgraduate *posgrado* (10)

postmodern *posmoderno/a* (14)

postpone *posponer (irreg.)* (19)

posture *postura* (5)

pot *cazuela* (8)

potato *papa / patata* (8)

pour *verter* (8)

poverty *pobreza* (6)

power *poder* (10)

powerful *poderoso/a* (20)

practice *practicar* (2)

practice sports *hacer deporte* (5)

praise *alabar* (20)

prayer *oración* (5)

precious *precioso/a* (8)

precise *preciso/a* (11)

precisely *precisamente* (12)

predict *predecir* (14)

prediction *predicción* (14)

predominate *predominar* (6)

prefer *anteponer* (14); *preferir* (6)

prefix *prefijo* (6)

pregnant *embarazada* (12)

pre-Inca *preincaico/a* (9)

prejudice *prejuicio* (20)

premature *prematuro/a* (20)

premonition *premonición* (20)

prepare *aparejar* (18); *preparar* (8)

prepare outlines *hacer esquemas* (13)

preschool *guardería* (9)

prescribe *recetar* (12)

prescription *receta* (12)

presence *presencia* (19)

presenter *presentador* (19)

preservative *conservante* (12)

press *prensa* (15); *pulsar* (19)

pressure *presionar* (18)

prestige *prestigio* (2)

pretend *fingir* (14)

pretension *pretensión* (2)

pretty *bonito/a* (1); *lindo/a* (14)

prevent *prevenir* (12)

previous *previo/a* (6)

price *precio* (4)

priestly *sacerdotal* (10)

print *huella* (2)

printed *impreso/a* (18)

printer *impresora* (16)

priority *prioridad* (5)

prisoner *prisionero* (10)

private *privado/a* (11)

privilege *privilegiar* (19)

privileged *privilegiado/a* (19)

prize *premio* (4)

prized *premiado/a* (12)

problem *problema* (2)

proclaim *proclamar* (10)

produce *producir* (10)

production *fabricación* (8)

profession *profesión* (2)

professor *profesor/a* (2)

profile *perfil* (20)

profit *lucro* (6)

profound *profundo/a* (20)

programming *programación* (15)

progress *avanzar* (17)

progressive *progresista* (10)

prohibit *prohibir* (19)

project *proyecta* (14); *proyecto* (19)

proliferate *proliferar* (12)

promise *promesa* (19)

promote *ascender* (9); *promover (ue)* (18)

promotor *empresario* (15)

pronoun *pronombre* (5)

proof *prueba* (17)

proposal *propuesta* (8)

propose *proponer* (8)

proposition *proposición* (19)

proprietary *propietario/a* (6)

prospect *folleto* (7)

prosperous *próspero/a* (12)

protect *proteger* (5)

protectorate *protectorado* (11)

protest *protestar* (18)

protocol *protocolo* (19)

proud *orgulloso/a* (14)

provide *proporcionar* (12)

provide a service *prestar un servicio* (18)

province *provincia* (8)

provoke *provocar* (11)

pseudonym *seudónimo* (20)

public *público/a* (6)

public works *obras públicas* (9)

publish *editar* (16)

publishing company *editorial* (18)

pudding *pudín* (8)

Puerto Rican *puertorriqueño* (2)

pull out *arrancar* (17)

pumpkin *calabaza* (4)

punctual *puntual* (11)

purity *pureza* (14)

purple *morado/a* (4); *violeta* (4)

purse *bolso* (4)

push *empujar* (19)
push-up *flexión* (5)
put *poner (irreg.)* (8)
put down *agobiar* (20)
put on makeup *maquillarse* (14)
put up with *aguantar a* (20)
pyramid *pirámide* (6)

Q

quadriplegic *tetrapléjico* (15)
qualification *calificación* (9)
quality *calidad* (4)
quantity *cantidad* (2)
quarter *cuarto* (7)
question *pregunta* (1); *interrogar* (17);
   interpelar (19)
questioning *interrogatorio* (17)
questionnaire *cuestionario* (6)
quiet *tranquilo/a* (3); *callado/a* (5);
   silencioso/a (13); *sosiego/a* (16)
quite a lot *bastante* (8)
quotation mark *comilla* (13)
quote *cotizar* (5)

R

race *etnia* (10)
racism *racismo* (19)
rafting *descenso de rápidos* (12)
railroad *ferrocarril* (18)
rain *llover (ue)* (9); *lluvia* (9)
raincoat *impermeable* (3)
rainy *lluvioso/a* (9)
raise *subir* (1)
rapidity *rapidez* (18)
rapidly *rápidamente* (12)
rare *escaso/a* (19)
rate *tasa* (12)
rating *calificación* (9)
ravage *embestido/a* (20)
raw *crudo/a* (8)
ray *rayo* (11)
reach *alcance* (16); *alcanzar* (7)
react *reaccionar* (11)
read *leer* (1)
reader *lector* (13)
reading *lectura* (13)
ready *listo/a* (5); *dispuesto* (6); *a punto* (18)
real estate–related *inmobiliario/a* (18)
reality *realidad* (11)
realize *darse cuenta de* (10)
really *de verdad* (11); *efectivamente* (13)
rear *trasero/a* (17)
reason *razón* (4)
reasoning *razonamiento* (19)
rebellion *rebelión* (10)
receive *recibir* (4)
recent *reciente* (9)
recently *recientemente* (5)
reception desk *recepción* (7)

receptionist *recepcionista* (7)
recipe *receta* (8)
recognize *reconocer* (11)
recommend *recomendar* (18)
recommendation *recomendación* (12)
reconsider *replantearse* (20)
record *grabar* (16)
recuperate *recuperar* (10)
recycle *reciclar* (9)
red *rojo/a* (4)
reduce *reducir* (10)
reduction *disminución* (10)
refect *desechar* (16)
refer *referir* (4)
referent *referente* (18)
refine *refinar* (6)
reflect *reflejar* (11)
reflection *reflexión* (11)
refrigerator *nevera* (8)
refugee *refugiado/a* (17)
refute *refutar* (19)
regeneration *regeneración* (19)
register *inscribirse* (7); *registro* (6)
registered *inscrito/a* (7)
regret *arrepentirse (ie)* (15)
reinvestment *reinversión* (19)
reiterate *reiterar* (19)
relative *familiar* (2)
relax *relajarse* (5)
relaxation *relajación* (5)
release *liberación* (5); *toxina* (5)
reliable *serio/a* (2)
remain *quedarse* (10)
remaining *restante* (13)
remember *acordarse (ue) de* (13)
remind *recordar* (6)
removal *borrado* (12)
remove *destituir* (10)
renewable *renovable* (16)
renounce *renunciar a* (20)
rent *alquilar* (3); *alquiler* (6)
repair *arreglar, reparar* (16)
repeat *repetir* (1)
repellent *repelente* (3)
report *informe* (1)
repose *reposo* (11)
repressive *represivo/a* (11)
reproduce *reproducir (zc)* (8)
request a service *solicitar un servicio* (18)
requirement *requisito* (6)
research *investigación* (16); *investigar* (16)
researcher *investigador/a* (19)
resent *resentirse* (18)
reserve *reservar* (3)
reside *residir* (6)
resident of Madrid *madrileño/a* (15)
resident of Montevideo *montevideano* (16)
resign *dimitir* (10)
resolve *resolver (ue)* (6)
resources *recursos* (18)
respect *respetar* (19)

respond *responder* (7)
responsible *responsable* (6)
rest *descansar* (3); *resto* (3); *descanso* (5)
restaurant *restaurante* (8)
restore *restaurar* (17)
restrict *restringir* (19)
result *resultado* (13)
resume *currículo* (6)
rethink *replantearse* (20)
retire *jubilar* (19)
retreat *retirarse* (11)
return *devolver (ue)* (6); *volver (ue)*; (7)
   regresar (10); *regreso* (11); *retorno* (20)
reveal *revelar* (3)
revelation *revelación* (20)
revelry *jarana* (20)
review *revisar* (2); *crítica* (2); *repasar* (9);
   revisión (12); *reseña* (14)
revision *revisión* (12)
revolt *sublevación* (10)
revolucionary *revolucionario/a* (11)
revolution *revolución* (8)
rewrite *rescribir* (17)
rhetorical *retórico/a* (19)
rhythm *ritmo* (8)
rib *costilla* (8)
rice *arroz* (8)
rich *rico/a* (2)
richness *riqueza* (7)
rickety *desvencijado/a* (20)
ride a bike *montar bicicleta* (5)
right *derecha* (6); *verdad* (9)
right away *enseguida* (17)
rigid *rígido/a* (20)
ring *anillo* (8)
rink *pista* (3)
rise *subida* (3)
risk *riesgo* (12)
river *río* (3)
road *carretera* (3); *camino* (20)
roast *asado* (8); *asar* (8)
roasted *asado/a* (8)
robbery *robo* (10)
rock *piedra* (10)
role *papel* (14)
roll (bread) *rosca* (8)
room *cuarto* (6); *habitación* (3)
root *raíz* (7)
round *redondo/a* (16)
round trip *ida y vuelta* (3)
round-trip ticket *boleto de ida y vuelta* (7)
route *ruta* (7); *trayecto* (17)
rubber *caucho* (15)
ruin *desolar* (11); *ruina* (8)
rule *regla* (5)
rum *ron* (8)
run *correr* (2)
run (for office) *postular* (10)
run aground *encallar* (20)
run away *huir* (11)
run into *tropezar (ie) con* (14)

running of the bulls *corridas de toros* (19)
run out *agotarse* (19)
Russian *ruso/a* (13)
rustic *rústico/a* (4)

S

sacrifice *sacrificio* (5)
sad *triste* (14)
sadness *pena* (11); *tristeza* (14)
safe *seguro* (5)
sail *navegar* (3)
sailing *vela* (3)
sailor *marino* (20); *navegante* (6)
salad *ensalada* (4)
salary *salario; sueldo* (6)
sales *ofertas* (7); *rebajas* (4)
sales associate *vendedor/a* (4)
salt *sal* (8)
salty *salado/a* (8)
Salvadorean *salvadoreño/a* (2)
same *igual* (8); *mismo/a* (9)
sanctuary *santuario* (9)
sandal *sandalia* (4)
sanitary *sanitario/a* (19)
satellite dish *antena parabólica* (7)
satisfaction *satisfacción* (12)
satisfy *satisfacer* (6)
Saturday *sábado* (5)
savage *salvaje* (12)
save *ahorrar* (4)
save face *salvar las apariencias* (7)
savings *ahorro* (16)
say *decir (irreg.)* (1)
say goodbye to *despedirse (i) de* (7)
scale *escala* (10)
scan *buscar en el texto* (7); *escanear* (12)
scanner *escáner* (16)
scar *cicatriz* (12)
scare *dar miedo* (13)
scared *asustado/a* (20)
scary *miedoso/a* (14)
scene *escena* (17)
scenic *escénico/a* (15)
schedule *horario* (5)
scheme *esquema* (11)
scholarship *beca* (11)
school *escuela* (7); *facultad* (10)
science *ciencia* (14)
science fiction *ciencia ficción* (15)
scientific advance *adelanto científico* (19)
scientist *científico/a* (2)
scope *alcance* (16)
screen *pantalla* (1)
script *guión* (15)
scriptwriter *guionista* (20)
scruples *escrúpulo* (11)
sculptor *escultor/a* (5)
sculpture *escultura* (2)
sea *mar* (3); *marítimo/a* (7)
seafood *marisco* (8)

seafront *malecón* (9)
sea gull *gaviota* (12)
seal (animal) *lobo marino* (20)
sea lion *león marino* (15)
search *buscar* (1); *búsqueda* (17)
season *estación* (3); *temporada* (15)
seat *asiento* (14)
second *segundo/a* (1)
secondary *secundario/a* (11)
security guard *guardia de seguridad* (6)
see *ver* (2)
seed *pepita* (11); *semilla* (6)
seismic *sísmico/a* (6)
select *seleccionar* (5)
self-assessment *autoevaluación* (13)
selfish *egoísta* (2)
sell *vender* (4)
semester *semestre* (13)
senator *senador* (10)
send *enviar* (4); *mandar* (6)
sense of humor *sentido del humor* (14)
sensitive *sensible* (14)
sensitivity *sensibilidad* (14)
sentence *frase* (4); *oración* (5)
separate *separarse* (10)
September *septiembre* (3)
sequence *secuencia* (5)
serious *grave* (9); *serio/a* (2)
seriously *en serio* (11)
seriousness *seriedad* (14)
serve *servir (i)* (5)
service *servicio* (3)
servitude *servidumbre* (19)
session *sesión* (17)
setting *entorno* (3)
settle *radicarse* (20)
settle down *instalarse* (9)
settlement *asentamiento* (6); *colonización* (10)
settler *poblador/a* (10); *colono* (11)
seven *siete* (1)
seven hundred *setecientos* (4)
seventeen *diecisiete* (1)
seventy *setenta* (2)
severe *grave* (9)
sew *coser* (13)
shadow *sombra* (11)
shame *lástima* (11); *vergüenza* (13)
share *compartir* (1)
shark *tiburón* (12)
sharp *en punto* (7)
sheathe *enfundado/a* (17)
sheep *oveja* (4)
sheet *sábana* (17)
shelf *estante estantería* (6); *repisa* (17)
shine *brillar* (5)
ship *barco* (3); *buque* (18)
shipping company *naviera* (20)
shirt *camisa* (4)
shock *descarga* (16)
shoe *zapato* (3)
shoe store *zapatería* (4)

shopping mall *centro comercial* (4)
short *corto/a* (7)
short film *cortometraje* (15)
short story *cuento* (7)
shout *gritar* (20)
show *mostrar* (1); *manifestar* (10); *espectáculo* (15)
shower *ducharse* (5)
shows *espectáculos* (9)
shrimp *camarón* (8); *gamba* (8)
shy *tímido/a* (2); *introvertido/a* (14)
sick *enfermo/a* (4)
sickness *enfermedad* (12)
side *costado* (9); *lado* (5)
sign *firmar* (10); *suscribir* (10); *cifra* (12)
signal *señalar* (12)
signature *firma* (10)
silent *callado/a* (5); *silencioso/a* (13)
silk *seda* (16)
silver *plata* (4)
similarly *de modo similar* (14)
simple *sencillo* (2)
sin *pecado* (20)
since *ya que* (3); *puesto que* (20)
sincere *sincero/a* (14)
sincerity *sinceridad* (14)
since when *desde cuándo* (4)
singer *cantante* (1)
single *soltero/a* (2)
sit down *sentarse (ie)* (5)
site *sitio* (3); *yacimiento* (9); *emplazamiento* (17)
situate *situar* (6)
situation *situación* (2)
six *seis* (1)
six hundred *seiscientos/as* (4)
sixteen *dieciséis* (1)
sixty *sesenta* (2)
size *talla* (4); *tamaño* (5)
skeptical *escéptico/a* (19)
skepticism *escepticismo* (19)
ski *esquiar* (5)
skill *destreza* (6); *habilidad* (17)
skim *leer por encima* (7)
skim/glance through *hojear* (17)
skin *piel* (12)
skirt *falda* (4)
skyscraper *rascacielos* (9)
slave *esclavo* (10)
slavery *esclavitud* (10)
sleep *dormir (ue)* (2); *sueño* (5)
sleeplessness *insomnio* (12)
slender *delgado/a* (2)
slice *rebanada; rodaja* (8)
slogan *eslogan* (12)
slow *despacio* (1); *lento/a* (7)
slowly *lentamente* (12)
sluice *compuerta* (18)
small *pequeño/a* (1)
small pot *mate* (4)
smallpox *viruela* (10)

smell *olor* (9)
smile *sonrisa* (15); *sonreír* (17)
smoke *fumar* (5); *humo* (9)
smoker *fumador/a* (12)
smooth *suavizar* (14)
snore *roncar* (14)
snow *nieve* (9)
snowflake *copo* (17)
so *así que* (3) ; *por eso* (11); *entonces* (20)
soak *remojar* (8)
soap *jabón* (16)
soap opera *telenovela* (15)
soccer *fútbol* (2)
soccer game *partido de fútbol* (15)
sociable *sociable* (14)
social class *clase social* (19)
social justice *justicia social* (19)
society *sociedad* (10)
sock *calcetín* (4)
soda pop *refresco* (8)
sofa *sofá* (6)
soft *blando/a* (8); *suave* (9); *tierno/a* (8)
soft drink *refresco* (8)
solar energy *energía solar* (16)
soldier *soldado* (11)
solid *sólido/a* (9)
solidarity *solidaridad* (14)
solitude *soledad* (14)
solve *solucionar* (9)
solve a case *resolver un caso* (17)
some *alguno/a* (10); *unos/as* (2)
someone *alguien* (17)
something *algo* (11)
son/daughter *hijo/a* (2)
song *canción* (14)
sophisticated *sofisticado/a* (6)
sorrow *pena* (11)
sorry *lo siento* (7)
soul *alma* (1)
sound *sonido* (13); *sonar (ue)* (20)
soundtrack *banda sonora* (15)
soup *sopa* (8)
soup tureen *sopera* (12)
source *fuente* (8)   (17)
southeast *sureste* (3); *sudeste* (8)
southwest *suroeste* (3)
sovereignty *soberanía* (10)
Soviet Union *Unión Soviética* (10)
spa *balneario* (12)
space exploration *exploración del espacio* (19)
space travels *viajes espaciales* (19)
spaghetti *espaguetis* (8)
Spaniard/Spanish *español/a* (2)
Spanish *castellano* (13); *español* (11)
Spanish speaker *hispanohablante* (14)
spatial *espacial* (10)
speak *hablar* (1)
speaker *hablante* (2)
special *especial* (7)
specialize (in) *especializarse (en)* (14)

species *especie* (6)
specific *específico/a* (11)
specify *especificar* (20)
speculation *especulación* (19)
speech *discurso* (10)
speechless *boquiabierto/a* (14)
spell *deletrear* (1)
spellbound *abobado/a* (17)
spelling *ortografía* (6)
spend *gastar* (3); *pasar* (6)
spicy *picante* (8)
spider web *telaraña* (14)
spill *derramar* (20)
spin *hilar* (20)
spinach *espinaca* (8)
spine *púa* (16)
splendour *esplendoro/a* (14)
spokesman *portavoz* (4)
spontaneously *espontáneamente* (13)
spoon *cuchara* (10)
sport *deporte* (2)
sportsman/sportswoman *deportista* (2)
sports store *tienda de deportes* (4)
sporty *deportivo/a* (3)
spread *difundir* (8)
spring *primavera* (3)
spring roll *rollito de primavera* 19
square *plaza* (9); *cuadrado/a* (16)
stability *estabilidad* (5)
stable *estable* (12)
stadium *estadio* (9)
stage *etapa* (6)
stain remover *quitamanchas* (14)
staircase *escalera* (5)
stamp *sello* (17); *estampilla* (14)
standard *estándar* (14)
stand out *destacar* (5); *sobresalir* (8)
star *estrella* (5)
start *comenzar (ie)* (5); *empezar (ie)* (6); *iniciar* (10); *arrancar* (17)
starting point *punto de partida* (7)
state *estado* (1); *estatal* (12)
statement *declaración* (17)
statesman *estadista* (11)
station *estación* (16)
statistical *estadístico/a* (12)
stay *estadía* (7); *quedarse* (15)
steak *bistec* (8)
steep *remojar* (8)
stellar *estelar* (15)
stereo *estéreo* (6)
stereotype *estereotipo* (14)
stereotypical *estereotípico/a* (14)
stew *cocido* (8); *guiso* (8)
still *todavía* (2)
sting *picadura* (12); *picar* (12)
stinging *escozor* (12)
stingy *tacaño/a* (20)
stock *surtido* (18)
stock market *bolsa* (20)
stomach *barriga* (12)

stomachache *dolor de barriga; dolor de estómago* (12)
stone *piedra* (10)
stop *detener* (11); *parar* (8)
stop doing something *dejar de* (12)
storage room *almacén* (5)   (18)
store *almacenar* (18)
store clerk *dependiente/a* (8)
storm *tormenta* (6)
story *relato* (17); *reportaje* (19)
straight *recto/a* (9)
strain *colar (ue)* (8)
strange *extraño/a* (10); *raro/a* (16)
stranger *desconocido/a* (13)
strategic *estratégico/a* (11)
strategy *estrategia* (13)
strawberry *fresa* (8)
stream *arroyo* (20)
street *calle* (3)
strength *fuerza* (20)
strengthening *fortalecimiento* (5)
stretch *extenderse* (14)
stress *estrés* (5)
stretch *estirar* (5)
strict *estricto/a* (7)
strike *huelga* (20)
strong *fuerte* (5)
strong man *caudillo* (10)
structure *estructura* (10)
stubborn *testarudo* (14)
student *estudiante* (2); *estudiantil* (18)
studio *estudio* (6)
study *estudiar* (1)
stupidity *estupidez* (14)
style *estilo* (2)
subdue *sojuzgar* (19)
substitute *sustituir* (19)
subway *metro* (3)
success *éxito* (2)
successful *exitoso/a* (14)
such as *como por ejemplo* (16)
suddenly *de repente* (11); *de golpe* (15); *de pronto* (17)
suffer *sufrir* (5); *padecer (zc)* (12)
sugar *azúcar* (5)
suggest *sugerir* (17)
suggestion *sugerencia* (19)
suit *traje* (5)
suitcase *maleta* (7)
summary *resumen* (11)
summer *verano* (3)
summit *cima* (3); *cumbre* (11)
sum up *en suma* (19); *resumir* (6)
sun *sol* (9)
sunbathe *tomar el sol* (3)
sunblock *protector solar* (3)
Sunday *domingo* (5)
sunglasses *lentes de sol* (4)
sunny *soleado/a* (9)
sunset *anochecer* (15)
sunstroke *insolación* (12)

superfluous *superfluo/a* (19)
supermarket *supermercado* (4)
supernatural *sobrenatural* (14)
supply *oferta; surtido* (18)
support *apoyar; apoyo* (11)
suppose *suponer* (17)
sure *claro* (7)
surely *seguramente* (12)
surface *superficie* (7)
surgeon *cirujano/a* (12)
surgery *cirugía* (12); *operación* (12)
surpass *superar* (16)
surprise *sorprender* (15); *sorpresa* (3)
surprised *sorprendido/a* (20)
surprising *sorprendente* (10)
surrender *rendirse* (5)
surround *rodear* (9)
surrounding *circundante* (3)
surroundings *alrededores* (9)
survey *encuesta* (3)
survival *supervivencia* (12)
survive *sobrevivir* (7)
suspect *sospechar; sospechoso/a* (17)
suspicious (of) *desconfiado/a* (19)
sustain *sostener* (11)
sustainable *sostenible* (19)
swallow *tragar* (12)
sweat *sudar* (12)
sweater *suéter* (4)
Swedish *sueco* (13)
sweep along *arrastrar* (19)
sweet *dulce* (5)
sweeten *azucarar* (8)
sweetness *dulzura* (14)
swelling *inflamación* (12)
swim *nadar* (11)
swimming pool *piscina* (3)
Swiss chard *acelga* (8)
symbol *símbolo* (11)
sympathy *simpatía* (11)
symptom *síntoma* (12)
synopsis *sinopsis* (20)
syrup *almíbar* (8); *jarabe* (12)

T

table *mesa* (2); *cuadro* (11); *tabla* (12)
tablecloth *mantel* (20)
tablespoon *cucharada* (12)
tactic *táctica* (10)
take *tomar* (3); *agarrar* (11);
take (out) *sacar* (5)
take advantage of *aprovecharse de* (13)
take a quick look *echar un vistazo a* (15)
take attendance *pasar lista* (1)
take a walk *pasear* (3); *dar un paseo* (5)
take care of *ocuparse (de)* (7)
take care of oneself *cuidarse* (12)
take in account *tomar en cuenta* (19)
take notes *tomar notas* (2)

take off *despegar* (7)
take pictures *tomar fotos* (7)
take place *ocurrir* (9); *tener lugar* (15)
take possession of *apoderarse (de)* (11)
take refuge *refugiarse* (11)
tale *cuento* (7); *relato* (17)
talent *talento* (14)
talkative *hablador/a* (14)
tapestry *tapiz* (4)
tariff *tarifa* (16)
task/homework *tarea* (1)
taste *degustar* (8)
tasteless *soso/a* (8)
tasting *degustación* (8)
tasty *bueno/a* (5); *rico/a* (8)
tattoo *tatuaje* (18)
taxes *impuestos* (18)
taxi driver *taxista* (6)
tea *té* (8)
teacher *maestro/a* (2)
teaching *enseñanza* (13)
team *equipo* (3)
team work *trabajo en equipo* (6)
technique *técnica* (5)
technological *tecnológico/a* (19)
tedious *pesado/a* (15)
television *tele* (11); *televisor* (6)
tell (a story) *contar (ue)* (3); *relatar* (17)
temple *templo* (6)
ten *decena* (17); *diez* (1)
tenacity *tenacidad* (14)
tender *tierno/a* (8)
tender a *cariñoso/a* (5)
tenderness *ternura* (14)
tend to *tender (ie) a* (5)
tennis *tenis* (4)
tennis player *tenista* (5)
tense with pain *crispar* (20)
tent *tienda de campaña* (7)
tenth *décima* (2)
term *plazo* (19)
territory *territorio* (10)
text *texto* (2)
thank *agradecer (cz)* (15)
thanks *gracias* (1)
thank you *gracias* (1)
that is to say *o sea* (14)
theater *teatro* (2)
the best *mejor* (3)
then *entonces* (11); *luego* (8)
theory *teoría* (17)
there *allá* (4); *allí* (2)
there are *hay* (1)
therefore *así pues* (15); *por consiguiente*
  (20); *por lo tanto* (20)
there is *hay* (1)
thermometer *termómetro* (17)
these days *hoy en día* (19)
thesis *tesis* (19)
the way someone is *forma de ser* (20)

the Web *red* (16)
the worst *peor* (5)
thief *ladrón* (17)
thigh *muslo* (5)
thin *delgado/a* (2)
thing *cosa* (1)
think (about) *pensar (en)* (2)
thinning *adelgazamiento* (16)
third *tercer; tercero/a* (2); *tercio* (9)
thirteen *trece* (1)
thirty *treinta* (2)
thirty-one *treinta y uno* (2)
thirty-two *treinta y dos* (2)
thorn *espina* (18)
thorny *espinoso* (18)
thought *pensamiento* (10)
thousand *mil* (4)
thread *hilo* (16)
threaten *amenazar* (19)
three *tres* (1)
three hundred *trescientos/as* (4)
thrilling *emocionante* (15)
through *a tráves de* (5)
throw *arrojar* (17); *tirar* (17)
throw away *botar* (19); *tirar* (17)
throw out *expulsar* (11)
Thursday *jueves* (5)
ticket *boleto* (3); *entrada* (15)
tie *corbata* (4)
time *vez* (8); *rato* (17)
timeless *intemporal* (2)
tip *propina* (8)
tired *cansado/a* (5)
tiredness *cansancio* (12)
tiresome *molesto/a* (20)
tobacco *tabaco* (8)
tobacco pouch *tabaquera* (8)
together *junto/a* (6)
toilet *baño* (6)
tolerate *soportar* (14)
toll *peaje* (18)
tomato *tomate* (8)
tomb *tumba* (6)
tomorrow *mañana* (7)
toning *tonificación* (5)
tool *herramienta* (16)
too many, too much *demasiado/a* (5)
tooth *diente* (18)
toothache *dolor de muelas* (12)
topic *tema* (1)
topic sentence *frase temática* (4)
to the left *a la izquierda* (6)
to the right *a la derecha* (6)
touch *tocar* (5); *emocionar* (14)
tourism *turismo* (3)
toward *hacia* (7)
town *pueblo* (3)
toy *juguete* (4)
toy store *juguetería; tienda de juguetes* (4)
trace *huella* (2)

trade *comerciar, comercio* (18)
tradition *tradición* (1)
traffic *tráfico* (9)
traffic jam *embotellamiento* (9)
traffic light *semáforo* (9)
traffic sign *señal de tráfico/tránsito* (9)
train *entrenar* (5); *tren* (3)
trainer *entrenador/a* (17)
training *entrenamiento* (5); *formación* (6)
trajectory *trayectoria* (14)
transcendence *transcendencia* (18)
transform oneself/itself *transformarse* (20)
translation *traducción* (13)
translator *traductor/a* (6)
transmit *transmitir* (17)
transport *transportar* (5)
transportation *medios de transporte* (3)
travel *viajar* (2)
traveler *viajero/a* (11)
traveling *ambulante* (18)
travel through *recorrer* (11)
tray *bandeja* (8)
treasure *tesoro* (11)
treatment *tratamiento* (5)
treaty *tratado* (10)
tree *árbol* (2)
tree-felling *tala de árboles* (19)
trend *tendencia* (1)
triangle *triángulo* (15)
tribe *tribu* (10)
trill *gorjear* (11)
trimester *trimestre* (13)
trip *viaje* (1)
triumph *triunfar* (7); *triunfo* (11)
truck *camión* (11)
true *verdadero/a* (1); *verdad* (9);
  cierto/a (13)
trunk *tronco* (5)
trust *confiar* (14)
try *tratar de* (11); *intentar* (14)
try on *probar* (4)
t-shirt *camiseta* (4)
Tuesday *martes* (5)
turkey *pavo* (8)
Turkish *turco* (13)
turn *girar* (16); *giro* (20); *recoveco* (20)
turn off *apagar* (16)
turn on *encender* (16); *prender* (16)
turn up *acudir (a)* (15)
turtle *tortuga* (3)
TV channel *canal* (15)
TV network *cadena* (15)
TV series *serie* (15)
twelve *doce* (1)
twenty *veinte* (1)
twenty-eight *veintiocho* (2)
twenty-five *veinticinco* (2)
twenty-four *veinticuatro* (2)
twenty-nine *veintinueve* (2)
twenty-one *veintiuno* (2)

twenty-seven *veintisiete* (2)
twenty-six *veintiséis* (2)
twenty-three *veintitrés* (2)
twenty-two *veintidós* (2)
two *dos* (1)
two hundred *doscientos/as* (4)
typical *típico/a* (8)

U

umbrella *paraguas* (8)
unbearable *insoportable* (20)
unbridgeable *infranqueable* (17)
unbridled *desenfrenado/a* (19)
uncertain *incierto/a* (8)
uncomfortable *incómodo/a* (3)
unconscious *inconsciente* (12)
under *debajo de* (3)
underground *subsuelo* (14)
underline *subrayar* (2)
understand *comprender* (7); *entender* (1)
understanding *comprensivo/a* (20)
undertake *emprender* (20)
underwear *ropa interior* (4)
unemployed *desempleado/a* (19)
unemployment *desempleo* (9) (19)
unevenness *desnivel* (3)
unexpected *inesperado/a* (20)
unforeseen *imprevisto/a* (11)
unforgettable *inolvidable* (3)
unfortunate *desafortunado/a* (19)
unfortunately *desafortunadamente, por
  desgracia* (19)
unfriendly *antipático/a* (2)
unique *único/a* (12)
unite *incorporar* (8)
United States *Estados Unidos* (10)
university *universidad* (2)
unknown *desconocido/a* (10);
  incógnito/a (11)
unmistakeable *inconfundible* (5);
  inequívoco/a (14)
unpack *deshacer* (7)
unpleasant *antipático/a* (2)
unplug *desenchufar* (16)
untidy *desordenado/a* (14)
until *desde* (5); *hasta* (10)
until when *hasta cuándo* (4)
unwanted hair *vello no deseado* (12)
upload *subir* (16)
uppercase letter *mayúscula* (13)
uprising *sublevación* (10)
ups and downs *altibajos* (14)
upsetting *desconcertante* (20)
Uruguayan *uruguayo/a* (2)
U.S. citizen/from the U.S.
  estadounidense (2)
use *uso* (11); *utilizar* (18)
useful *útil* (8)
user *usuario/a* (18)

usually do something *soler (ue)* (13)
utensil *utensilio* (6)

V

vacation *vacaciones* (1)
vaccine *vacuna* (16)
vain *engreído/a* (14)
valet *paje* (4)
valley *valle* (9)
valuable *valioso/a* (19)
value *valor* (6)
vanity *vanidad* (14)
vase *vasija* (4)
vegetable *verdura* (5)
vegetables *vegetales* (8)
velocity *velocidad* (16)
Venezuelan *venezolano/a* (2)
verify *constatar* (17)
vice *vicio* (14)
video camera *cámara de video* (7)
video game *juego de video* (18)
vignette *viñeta* (6)
villager *lugareño* (20)
violation *violación* (19)
violence *violencia* (9)
virtue *virtud* (14)
visa *visa visado* (7)
visit *visitar* (2) (3)
visitor *visitante* (7)
voice *voz* (11)
volcano *volcán* (6)
volt *voltio* (16)
volume *volumen* (5)
voluptuosity *voluptuosidad* (5)
vomit *vomitar* (12); *vómito* (12)
vote *voto* (17)
voting *votación* (5)

W

wage *sueldo salario* (6)
waist *cintura* (5)
wait *esperar* (4)
waiter/waitress *camarero/a* (2);
  mesero/a (2)
wait in line *hacer cola/fila* (7)
wake up *despertarse (ie)* (5)
walk *caminar* (5); *vuelta* (15)
wall *muro* (10); *pared* (3)
wallet *cartera* (4)
want *querer (ie)* (1)
war *guerra* (5)
wardrobe *ropero* (17)
warehouse *almacén* (18); *almacenar* (18)
warm *acogedor/a* (9); *cálido/a* (9);
  caliente (8)
warmth *simpatía* (11)
warn *advertir (ie) (de)* (12); *avisar* (16)
warning *advertencia* (12)

wash *lavar* (10)
washing machine *lavadora* (16)
wasp *avispa* (12)
waste *desecho* (20)
watch *reloj* (4); *vigilar* (5)
water *agua* (1)
waterfall *cascada; catarata; salto de agua* (3)
watermelon *sandía* (8)
water sports *deportes acuáticos* (3)
wealth *riqueza* (7)
weapon *arma* (1)
wear *llevar* (4)
weather *clima* (6)
weave *tejer* (4)
weaver *tejedor/a* (20)
Wednesday *miércoles* (5)
week *semana* (17)
weekend *fin de semana* (4)
weekly *semanal* (4)
weigh *pesar* (12)
weight *peso* (5)
weird *raro/a* (16)
welcoming *acogedor/a* (9)
well *bien* (11)
well/badly located *bien/mal situado/a* (9)
well-being *bienestar* (2)
well-educated *educado/a* (14)
well-mannered *educado/a* (14)
Welsh *galés/galesa* (13)
west *oeste* (3)
western *película del oeste* (15)
wet *mojado/a* (11)
whale *ballena* (17)
wheel *rueda* (16)
when *cuándo* (4)
where *dónde* (4)

which *cuál* (4)
while *mientras* (6); *mientras tanto* (11);
   rato (17)
whirl *vorágine* (19)
white *blanco/a* (4)
whitish *blanquecino/a* (17)
wicked *malvado/a* (11)
wickedness *maldad* (14)
widower/widow *viudo/a* (2)
will *voluntad* (12)
win *ganar* (2); *vencer* (20)
wind *viento* (9)
window *ventana* (6)
wine *vino* (8)
wine collection *vinoteca* (4)
wine glass *copa* (8)
wine store *bodega* (4)
winner *ganador* (4)
winter *invierno* (3)
wireless *inalámbrico/a* (16)
wisdom *sabiduría* (15)
wish *deseo* (9)
witch *bruja* (15)
withdraw *retirarse* (11)
with me *conmigo* (9)
with respect to *en cuanto a* (13);
   respecto a (18)
with you *contigo* (9)
witness *testigo* (17)
witty *listo/a* (5)
wonderful *maravilloso/a* (3)
wood *leña* (3); *madera* (6)
wool *lana* (4)
word *palabra* (11)
word processor *procesador de textos* (16)
work *trabajar* (1); *funcionar* (5); *obra* (5)

worker *obrero/a* (20); *trabajador/a* (18)
work of art *obra de arte* (15)
work permit *permiso de trabajo* (7)
workshop *taller* (18)
world *mundo* (1)
world affairs *asunto de interés mundial* (19)
worldwide *mundial* (5)
worried *preocupado/a* (20)
worry *preocupar* (13)
worry about *preocuparse de* (20)
worse *peor* (5)
write *escribir* (1)
write down *apuntar* (18)
writer *escritor/a* (2)
written *escrito/a* (13)

X

xenophobia *xenofobia* (19)

Y

yard *jardín* (3)
year *año* (12)
yell *grito* (20)
yellow *amarillo/a* (4)
yesterday *ayer* (7)
yogurt *yogur* (8)
youth *joven* (6); *juventud* (10)
yucca *yuca* (8)

Z

zero *cero* (17)
zipper *cierre* (16)

CREDITS

Text Credits

p. 301 "En el país de las maravillas," by Victor Montoya; p. xxx "Un hermoso cambio de registro," by Alex Ramirez; p. 283 "Un uruguayo desembarca en Hollywood tras destruir Montevideo con robots gigantes," by Ecoprensa S.A.; p. 319 "La ampliación del Canal de Panamá abre sus compuertas a un nuevo desarrollo económico," by Portal Universia S.A.

Photo Credits

p. 4 (1) Carlos E. Santa Maria\Shutterstock; p. 4 (2) Ciro Cesar/La Opinion\Newscom Getty Images, Inc.; p. 4 (3) Capricornis Photographic inc.\Shutterstock; p. 4 (4) Christian Summer\iStockphoto.com; p. 4 (5) Caramaria/Lidian Neeleman/Dreamstime.com; p. 4 (6) Liem Bahneman\Shutterstock; p. 4 (7) Keith Binns\iStockphoto.com; p. 4 (8) Nick Tzolov\iStockphoto.com; p. 4 (9) iStockphoto.com; p. 7 (1) Newscom; p. 7 (2) Suljo\Dreamstime LLC -Royalty Free; p. 7 (3) AP Wide World Photos; p. 7 (4) stocklight\Shutterstock; p. 7 (6) Entertainment Press\Shutterstock lev radin\Shutterstock; p. 9 (3) Jgz\Fotolia, LLC - Royalty Free; p. 9 (2) Andrzej Gibasiewicz\iStockphoto.com; p. 9 (1) lubilub\iStockphoto.com; p. 9 (6) Rafael Ramirez Lee\Shutterstock; p. 9 (5) gary718\Shutterstock; p. 9 (4) stockcam\iStockphoto.com; p. 15 (bottom left) Carrie-Anne Gonzalez\iStockphoto.com; p. 15 (bottom right) Hazim Sahib Jalil Al-hakeem\iStockphoto.com; p. 15 (top left) Tashka/Natalia Bratslavsky/Dreamstime.com; p. 15 (top left center) Therese Mckeon\iStockphoto.com; p. 15 (top right center) Emmanuel Dunand/AFP/Getty Images; p. 15 (top right) Thinkstock; p. 20 (bottom left) Reuters / B Mathur / Landov; p. 20 (bottom center) AP Wide World Photos; p. 20 (bottom right) Wikipedia, The Free Encyclopedia; p. 24 carolgaranda\Shutterstock; p. 28 NASA/Johnson Space Center; p. 28 (2) AP Photo/Eric Gay; p. 28 (3) stocklight\Shutterstock; p. 28 (4) Michael Tran/FilmMagic/Getty Images, Inc.; p. 28 (5) Getty Images; p. 28 (6) Doug Pensinger/Getty Images, Inc.; p. 28 (10) Entertainment Press\Shutterstock; p. 28 (8) Lilac Mounlain\Shutterstock; p. 28 (7) Andy Lyons/Getty Images, Inc.; p. 28 (9) Ken Inness\Shutterstock; p. 31 (left) © Lynsey Addario / CORBIS All Rights Reserved; p. 31 (right) Christopher Considine\Latin American Masters Gallery; p. 33 (left) Susan Van Etten\PhotoEdit Inc.; p. 33 (center) Robert Fried/robertfriedphotography.com; p. 33 (right) David L. Clawson; p. 20 (top left) AP/Wide World Photos; p. 20 (top center) © Reuters/CORBIS; p. 20 (top right) Getty Images, Inc.; p. 38 (1) Rafael Martin-Gaitero\Shutterstock; p. 38 (2) Jeff Luckett\iStockphoto.com; p. 38 (3) Travelcaes/Kristina Mahlau/Dreamstime.com; p. 38 (4) Getty Images/De Agostini Editore Picture Library; p. 38 (5) Patrick Keen\iStockphoto.com; p. 46 Kevin Schafer/Stone/Getty Images; p. 47 Robert Wroblewski\Shutterstock; p. 49 (top) Janne Hamalainen\Shutterstock; p. 49 (bottom) Aneese\Dreamstime LLC - Royalty Free; p. 51 (top) Silva, Juan\Getty Images Inc. - Image Bank; p. 51 (bottom) © Walt Disney Co/courtesy Everett Collection; p. 56 (top) Demetrio Carrasco © Dorling Kindersley, Courtesy of Palacio San Martin; p. 59 (left) Mlenny Photography/Alexander Hafemann/iStockphoto; p. 59 (right)

Mlenny Photography/Alexander Hafemann/iStockphoto; p. 63 Cristian Lazzari\iStockphoto.com; p. 69 Newscom; p. 67 Jos? Fuste Raga\AGE Fotostock America, Inc.; p. 74 (top center) Jed Jacobsohn/Getty Images, Inc.; p. 74 (bottom center) Miguel Riopa/AFP/Getty Images; p. 74 (right) Juan Mabromata/AFP/Getty Images; p. 75 Stephen Cobum\Shutterstock; p. 77 Danilo\Shutterstock; p. 81 Travis Lindquist/Getty Images, Inc.; p. 87 (right) Jonathan Larsen\Shutterstock; p. 87 (left) Photo by Atsushi Tomura/AFLO SPORT; p. 74 (top left) Getty Images, Inc.; p. 74 (bottom left) Getty Images, Inc.; p. 99 (left) D. Donne Bryant Stock Photography; p. 99 (center) John Mitchell\D. Donne Bryant Stock Photography; p. 99 (right) John Mitchell\D. Donne Bryant Stock Photography; p. 110 (top left) Rough Guides Dorling Kindersley; Alain Lacroix Dreamstime LLC-Royalty Free; p. 110 (top center) Rafa Irusta\Shutterstock; p. 110 (top right) Franck Boston\Shutterstock; p. 110 (center left) Marie C. Fields\Shutterstock; p. 110 (bottom left) Alexey Stiop\Shutterstock; Getty Images, Inc.; p. 121 Andreas Meyer\Shutterstock; p. 123 (top) Photographers Direct; p. 123 (center) Adam Jones, Ph.D.; p. 123 (bottom) Newscom; p. 128 (5) Paul Cowan\Fotolia, LLC - Royalty Free; p. 128 (1) Analia Valeria Urani\Shutterstock; p. 128 (3) Monkey Business Images\Shutterstock; p. 128 (4) Tony Freeman\PhotoEdit Inc.; p. 128 (2) Felipex\iStockphoto.com; p. 128 (6) Linda Whitwam © Dorling Kindersley; p. 133 robert van beets\iStockphoto.com; p. 135 Keith Kevit\Shutterstock; p. 136 ©/Latin Focus.com; p. 138 (1) Photos.com\Getty Images - Thinkstock; p. 138 (2) Regien Paassen\Shutterstock; p. 138 (3) Joel Blit\Shutterstock; p. 138 (4) Amanda Lewis\iStockphoto.com; p. 139 ©/Latin Focus.com; p. 141 (top) Clyde Westall Hensley; p. 141 (bottom) Ulf Andersen/Getty Images, Inc.; p. 146 (bottom) YinYang\iStockphoto.com; p. 146 (center) Yory Frenklakh\iStockphoto.com; p. 149 (left) ©/Latin Focus.com; p. 149 (right) Richard Lord Enterprises; p. 150 YinYang\iStockphoto.com; p. 153 Michael Jones Photography/Photographers Direct; p. 159 (top) Oscar Pinto\Fotolia, LLC -Royalty Free; p. 159 (bottom) © Arturo Fuentes/Latin Focus.com; p. 146 (top) Stephen Alvarez\National Geographic Image Collection; p. 164 (1) Yaroslav Gerzhedovich\iStockphoto.com; p. 164 (2) Comstock\Thinkstock; p. 164 (3) Photos.com\Getty Images - Thinkstock; p. 164 (4) Photos.com\Getty Images - Thinkstock; p. 164 (5) John Neubauer\PhotoEdit Inc.; p. 165 (1) Sourabhj\Dreamstime LLC - Royalty Free; p. 165 (2) Enrico69\Dreamstime LLC -Royalty Free; p. 165 (3) © Ric Ergenbright/CORBIS All Rights Reserved; p. 165 (4) Jason Speros\Shutterstock; p. 167 Getty Images, Inc.; p. 169 (right) © Topham/The Image Works; p. 169 (left) © Bettmann/CORBIS; p. 170 (1) Julien Tromeur\Fotolia, LLC - Royalty Free; p. 170 (2) Binkski\Fotolia, LLC - Royalty Free; p. 170 (3) Alexander Zhiltsov\Dreamstime LLC -Royalty Free; p. 170 (4) sweetym\iStockphoto.com; p. 170 (5) MiquelMunill\iStockphoto.com; p. 170 (6) Alena Yakusheva\Fotolia, LLC - Royalty Free; p. 177 Mark Van Overmeire\Shutterstock; p. 183 Albuquerque Seismological Lab, USGS; p. 184 (left) SuperStock, Inc.; p. 184 (right) Mireille Vautier\Picture Desk, Inc./Kobal Collection; p. 185 AP Wide World Photos; p. 187 ©/ CORBIS All Rights Reserved; p. 190 Getty

INDEX

Audioscripts

Capítulo 1 Gente que estudia español

Audioscript for 1–1

- ¿Ana Redondo Cortés?
- Sí.
- ¿Luis Rodrigo Salazar?
- Soy yo.
- ¿Eva Tomás Alonso? Eva, Eva Tomás Alonso.
- Yo, yo... Soy yo.
- ¿José Antonio Valle Pérez?
- Vallés.
- ¿Cómo?
- Va-llés, con ese al final.
- Va-llés. De acuerdo. ¿Raúl Olano?
- Sí.
- María Rosa Rodríguez Prado. ¿María Rosa Rodríguez Prado? No está. ¿Francisco Leguineche?
- Sí.
- Perdona, ¿el segundo apellido?
- Zubizarreta.
- ¿Cómo?
- Zu-bi-za-rre-ta: ceta, u, be, i, zeta, a, erre, e, te, a.
- Ah, muy bien, gracias.
- De nada.
- ¿Cecilia Castro Omedes?
- Yo..., soy yo.
- ¿Alberto Vizcaíno Morcillo?
- Sí.
- ¿Silvia Jiménez Luque?
- Sí.
- Bueno... A ver... ¿Nilda Herrero García? ¿Nilda...? No está. ¿Rosa Guillén Cobos?
- ¿Rosa Guillén?
- Sí.
- Soy yo, soy yo...

Audioscript for 1–6

- Señores y señoras, a continuación, escuchamos la votación de Argentina. ¿Buenos Aires? ¿Buenos Aires...?
- Sí, acá Buenos Aires, buenas noches. Ésta es la votación del jurado argentino: Bolivia, tres puntos.

- Bolivia, tres puntos.
- Colombia, cinco puntos.
- Colombia, cinco puntos.
- Chile, nueve puntos.
- Chile, nueve puntos.
- Cuba, dos puntos.
- Cuba, dos puntos.
- España, un punto.
- España, un punto.
- Guinea Ecuatorial, seis puntos.
- Guinea Ecuatorial, seis puntos.
- Honduras, ocho.
- Honduras, ocho.
- Panamá, siete.
- Panamá, siete.
- Paraguay, cuatro.
- Paraguay, cuatro.
- República Dominicana, nueve.
- República Dominicana, nueve.
- Uruguay, diez puntos.
- Uruguay, diez puntos. Gracias, muchas gracias. Buenas noches, Buenos Aires.
- Buenas noches.

Audioscript for 1–10

1. Mira, **éste** es Julián.
2. **Éstos** son María y Andrés.
3. **Éstos** son Jesús y Carlos.
4. Y **estas** tres somos Charo, Julia y yo.

Capítulo 2 Gente con gente

Audioscript for 2–2

- ¡Qué simpático es!
- Sí, es una persona **muy** agradable.
- Y **muy** trabajador.
- Sí, es cierto. Y **no** es **nada** egoísta...
- No, para nada... Al contrario...

- Es una mujer **muy** inteligente.
- Sí, pero es muy tímida...
- Sí, eso sí. Y **un poco** seria...
- ¡**Muy** seria!

Audioscript for 2–6

1. • No **es** mexicano, ¿verdad?
   ◦ ¿Quién? ¿El chico del saxofón? ¡No! **Es** chileno.
   • Ah, **es** chileno…
   ◦ **Es** muy callado…
   • Ah, ¿sí?
   ◦ Sí. Y el otro, su amigo, toca la batería. **Son** buenos chicos…

2. • **Tienen** un hijo chiquito ¿no?
   ◦ Sí, muy guapo… **Tiene** cuatro o cinco años.
   • Y él habla con un acento diferente…
   ◦ Es que **es** argentino.
   • ¡Ah…!
   ◦ **Son** muy simpáticos, ¿no?
   • Sí, muy simpáticos.

3. • No, no… Ella no trabaja. Bueno…, trabaja en la casa, es ama de casa… ¡Y estudia en la universidad!
   ◦ Ah, ¿sí?
   • Sí… **Es** una chica muy trabajadora.
   ◦ **Tienen** dos hijos, ¿verdad?
   • Sí, dos. Un niño y una niña.

4. • Vive sola, ¿no?
   ◦ No, con su hermana… y toca el piano.
   • ¿El piano?
   ◦ Sí, sí, y **muy** bien…

5. • ¿Está casado?
   ◦ No, divorciado. Pero **tiene** novia… una chica muy amable, que **tiene** una moto…
   • No, no la conozco… Y él vive con su hija, ¿verdad?
   ◦ Sí, una chica **muy** guapa… Baila flamenco.
   • Ah, ¿sí?
   ◦ Sí, sí, sí. Baila **muy** bien.

Audioscript for 2–12

• Y mi familia, bueno, mi familia está compuesta por mi mamá y mi papá, y… mis tres hermanos y yo.
◦ ¿Y cómo se llaman tus papás?
• Mi papá se llama Omar Raúl. Mi mamá se llama Helena. Mi papá tiene 55 años y mi mamá 49.
◦ ¿Y tus hermanos?
• Mis hermanos se llaman… el mayor, Gustavo, luego yo, que me llamo Paula, después mi hermana, que se llama Victoria, y el menor, mi hermano, que se llama Gastón. Gustavo tiene 28 años, yo 25, Victoria 21 y Gastón, el menor, 17.
◦ ¿Y tus abuelos?
• Mis abuelos se llaman… Mi abuelo, Cristóbal, y mi abuela, Helena. Son muy mayores: 86 y 84 años.
◦ ¿Y quiénes son? ¿Los padres de tu papá?
• No, son los padres de mi mamá. Y mi abuelo Otto y mi abuela Ana María, los padres de mi papá. Y tengo una tía.
◦ ¿Y cómo se llama?
• Cuqui. Es la hermana de mi papá. También tengo un sobrino.
◦ ¿Sí?
• Sí.
◦ ¿Cómo se llama?
• Luciano.
◦ ¿Y de quién es hijo?
• Es hijo de mi hermana, Victoria.
◦ ¿Y el marido de tu hermana cómo se llama?
• Juan José.

Capítulo 3 Gente de vacaciones

Audioscript for 3–5

1. • Hola David.
   ◦ Hola, ¿cómo estás?
   • Bien, yo bien. Y tú, ¿cómo estás?
   ◦ Muy bien. Me voy de vacaciones.
   • ¿Sí?
   ◦ Sí.
   • ¿Y adónde vas?
   ◦ Me voy a la playa.
   • A la playa… ¿A qué playa?
   ◦ Voy a ir a la Isla de Margarita.
   • A la Isla de Margarita… ¡Qué bonito! ¿Y con quién vas?
   ◦ Voy con mi esposa y con mi hijo de dos años.
   • Ah, muy bien, muy bien. Y qué… ¿Cómo van a ir?
   ◦ En avión.
   • En avión… ¿Y dónde se alojan? ¿En hotel?
   ◦ Sí, en un hotel… Es más práctico, con el niño…
   • ¿Y siempre van a la playa?

○ Sí, nos gusta mucho.

• Y la estación del año, ¿les da lo mismo o siempre van en verano...?

○ Siempre en verano, en el mes de agosto.

• Mmmm...

2. • Hola Edu, ¿cómo estás?

○ Muy bien. Aquí estoy... ordenando las fotografías de mis viajes.

• De tus viajes... ¿Y adónde sueles ir de viaje?

○ La verdad es que siempre voy lo más lejos posible. Me encanta ir a sitios exóticos.

• ¿Pero aquí en Venezuela? ¿O te gusta salir a otros países?

○ Bueno, mis últimos viajes han sido muy, muy lejos. He estado últimamente en Portugal, en Australia y en Japón.

• ¡Qué bien!

○ Sí...

• ¿Y cómo sueles ir?

○ Bueno, lógicamente siempre viajo en avión. Pero dentro de los países intento desplazarme en... en transportes públicos, tomar trenes, autobuses... Eh..., viajar como viaja la gente del país.

• Ya. ¿Y cómo viajas: con gente, solo...?

○ Siempre solo. Estos últimos tres viajes los hice solo. Normalmente, viajo cuando los boletos son más baratos, especialmente en otoño y en invierno; noviembre y enero, cuando los boletos son muy baratos.

• ¿Y qué haces en tus viajes?

○ Bueno, intento conocer gente; es lo que más me interesa. Pero también depende del país. Por ejemplo, en Portugal una de las cosas más interesantes fue... ir a Lisboa o, o... conocer la Isla de Madeira, que es increíble.

3. • ¿Qué tal Manuel? Veo que estás preparando tus vacaciones.

○ Sí, estoy con la mochila, que es el elemento más importante, sabes, porque yo... Es que me gusta mucho la montaña y me voy todas las vacaciones, siempre que puedo, especialmente en primavera. Siempre me voy a la montaña.

• ¿A la montaña?

○ Sí, tengo un grupo de amigos que... siempre salimos y siempre nos organizamos. Y entonces nos la pasamos en la montaña... pues entre 25 días. Y la mochila es fundamental, claro.

○ Claro, claro, ¿y por dónde sueles viajar?

• Mira, normalmente... la verdad es que nunca hemos salido de Venezuela. Es que necesitas mucho dinero... y además tenemos poco tiempo...

○ Ya. ¿Y qué es lo que hacen, caminar...?

• Sí, sí. Bueno, y algunas veces vamos a caballo. O hacemos excursiones por los lagos en canoa.

○ ¡Qué chévere!

• Sí. Entonces vamos con un guía, que nos lleva. Y... luego otras veces vamos a zonas rurales, a pueblos, y dormimos por la noche en el campo. Simplemente, allí donde llegamos paramos, cenamos y dormimos, y por la mañana caminamos otra vez.

Audioscript for 3–10

• Cuando voy de vacaciones, realmente lo que me gusta es conocer gente... en realidad... No me importa dónde estoy... me da igual... lo que me importa es conocer a otros... otras maneras de ser... ¿Entiendes lo que te quiero decir?

○ Ya, ya, ya te entiendo. A mí normalmente me gustan los sitios... donde no hay mucha gente; o sea, pueblos, sitios tranquilos... Me gusta ir yo solo o con poca gente; eso es lo que más me gusta.

• Mmm. Yo también prefiero viajar sola. ¿Y viajes organizados? ¿no? ¿eh? Para nada.

○ No, no, no, no. Viajes organizados, no, no, no, no. A mí me gusta llegar a un sitio, conocer un poco la cultura ¿entiendes?, conocer la manera que tienen de vivir, qué comen, cómo celebran...

Capítulo 4 Gente de compras

Audioscript for 4–6

1. • **¿Cuánto cuesta éste?**

○ Cuesta 850 pesos. Es precioso...

• Uf... Es demasiado caro...

2. • ¿Y un perfume?

○ **Sí, pero ¿tiene alguna recomendación?**

• **Éste** es el nuevo de Nina Pucci, "Pasión"...

○ Uy, no, qué fuerte...

3. • **Ésta es un poco grande, ¿no?**
   ◦ Sí, un poco. Pero en negro sólo tengo esta talla.
   • **¿Y ésta?**
   ◦ **Ésta** también es my bonita, pero sólo **la** tengo en azul.

4. • **¿Tienen pilas?**
   ◦ No, lo siento…

5. • **¿De hombre o de mujer?**
   ◦ De hombre.
   • **Tiene que ir** a la segunda planta.

6. • **¿Aceptan tarjetas de crédito?**
   ◦ Sí, Visa.
   • **¿Y** American Express, o MasterCard?
   ◦ No. Sólo Visa.

Capítulo 5 Gente en forma

Audioscript for 5–7

1. • ¿Usted, señora, hace deporte?
   ◦ Sí, sí. Hago natación. Media hora cada día.
   • ¿Cada día?
   ◦ Sí, sí, y algunos días dos veces: por la mañana y por la tarde.
   • ¿Y usted también, caballero?
   ■ Yo, también. Pero sólo los fines de semana. Todos los fines de semana salgo en bicicleta, con los amigos. Hacemos un promedio de treinta y cinco o cuarenta kilómetros.
   • ¿Y durante la semana? ¿Algo más?
   ■ No, la verdad es que no tengo tiempo.

2. • Oye, por favor, ¿tú haces deporte?
   ◦ No… no… Algunas veces, pero no tengo mucho tiempo.
   • ¿Y ustedes? A ver, usted.
   ■ Yo, sí. Voy al gimnasio, tres veces por semana.
   + Y yo, también.
   ■ Vamos juntas.
   • Ah, muy bien, gracias.

Audioscript for 5–10

A. • Perdón, señor, ¿me permite un momento?
   ◦ ¿Sí?
   • Somos de Radio Ondas. ¿Usted cree que lleva una vida sana?
   ◦ ¿Yo? No mucho.

• No, ¿Por qué? Díganos por qué.
◦ Bueno…, duermo pocas horas…, fumo…
• Ya veo. ¿Y hace algún deporte?
◦ Sí, eso sí. Juego al fútbol.
• Ahá. ¿Cada semana?
◦ ¡No! De vez en cuando.
• Gracias.

B. • Disculpe, señora, ¿me contesta a unas preguntas para Radio Ondas?
   ◦ Sí, sí, claro, pregunte, pregunte…
   • ¿Usted cree que lleva una vida sana?
   ◦ ¿Yo? Muchísimo, claro que sí. Mire: como mucha verdura, no fumo, no tomo café…
   • ¿Y deporte? ¿Practica algún deporte?
   ◦ Mmmmm… No, deporte, no… Bueno, sí… Nado…
   • Ah… Pero, ¿con qué frecuencia? ¿Una vez a la semana? ¿Dos?
   ◦ ¡No, no! A veces… Bueno, cuando estoy de vacaciones nado todos los días.
   • En la playa.
   ◦ Sí, en la playa. Vamos todos los años con mi marido y con unos amigos.
   • Gracias. Muchas gracias.

C. • Perdón, señor. Somos de Radio Ondas y estamos haciendo una encuesta sobre los hábitos de salud de los colombianos.
   ◦ Ah, es un tema muy importante. Mire, yo creo que hay mucha gente que no lleva una vida sana. Hay gente que come muy mal, mucha grasa, bebe alcohol y luego no hace deporte,… Pero bueno, pregunte, pregunte…
   • Sí, perdone. Nos interesa saber qué cosas hace usted.
   ◦ ¿Yo? Muchas. Por ejemplo: camino mucho. Cada día doy un paseo de una hora, ¿sabe? Porque tengo un problema: trabajo en una oficina y estoy demasiadas horas sentado.
   • Ah, ya. Y además de eso, ¿practica algún deporte?
   ◦ Bueno, a veces voy a jugar al tenis con unos amigos y también monto bicicleta.
   • ¿Y en cuanto a la alimentación?
   ◦ Sí, claro. También es algo muy importante. Siempre desayuno cereales con fibra. La carne y el pescado, siempre a la plancha. Y como mucha fruta, a mí me gusta mucho la fruta.
   • Bien. Gracias. Muchas gracias.

Capítulo 6 Gente en casa y en el trabajo

Audioscript for 6–7

F: Hola, buenos días.
A: ¿Sí...?
F: ¿La señora Amalia?
A: Sí, sí.
F: ¿Es usted?
A: Sí.
F: Bueno, es que he leído el anuncio en el periódico, y quería saber... Sí, sobre el apartamento.
A: Ah... el apartamento... Bueno. Le explico: es un apartamento de unos cien metros cuadrados.
F: ¿Cien?
A: Sí, cien. Tiene una sala—comedor...
F: Mmm... Mmm...
A: Tiene cuatro cuartos...
F: Ahá...
A: Dos son interiores y dos son exteriores...
F: Ahá...
A: Tiene dos baños...
F: Muy bien.
A: Tiene terraza, y luego, una galería interior.
F: ¿Y tiene mucha luz?
A: Es un cuarto piso. La parte delantera de la casa es bastante soleada...
F: Mmm.
A: La trasera no tanto, porque da a un patio, pero, éste, sí, sí es muy soleado.
F: ¡Ahá! Es que me interesa mucho que haya luz porque, bueno, para mis estudios, necesito... Necesito luz.
A: Sí.
F: Bueno yo soy una persona que necesita luz, y eso...
A: Sí, sí...
F: Y si es tan grande, ¿cuánto me va costar?
A: Bueno, esto debemos hablarlo... pero, está a 900 dólares. Si quiere me da su teléfono yo lo llamo... Además, si quiere usted venir y ver el apartamento...
F: Ah... Perfecto.
A: ¿Sí?
F: Sí, muy bien, perfecto. Me interesa mucho verlo. Espero su llamada entonces.
A: De acuerdo. Hasta pronto y gracias.
F: Gracias a usted. Hasta luego.
A: Hasta luego.

Audioscript for 6–11

1. A: Mercedes, **ven** un momento. Mira, **te** presento a Ignacio Valdés, de la oficina...
   B: Hola, ¿qué tal? ¿Cómo **está usted**?
   C: Bien, ¿y **usted**?

2. D: **Disculpe**... ¿La calle Olivares?
   E: Sí, como no... **Vaya** por esta misma calle. **Camine usted** hasta una plaza... La Plaza Santa Rosa.. Bueno es allá...
   D: Muchas gracias, muy amable.

3. F: **Perdone** que **lo** moleste... ¿La carretera Panamericana?
   G: Si, **sigan ustedes** de frente... y en el semáforo, **tomen** la calle Segura.
   F: Gracias.
   G: Adiós.

4. H: Ana, Felipe... **Les** presento a mi hermano Alberto.
   I: Hola, ¿qué tal?
   K: Muy bien, ¿y **tú**?
   I: Un placer. ¿**Ustedes** también **asisten** a la universidad?
   K: No, nos conocemos porque somos vecinos.

5. L: **Disculpen** ¿**Saben** si este autobús va para la Plaza de Armas?
   M: Sí.
   L: Ah... ¿Es acá?
   M: No, no, **espera**, nosotros **te** indicamos. También bajamos allá.

Audioscript for 6–12

1. N: ¿Aló?
   O: ¿Está Marisa?
   N: Sí, pero en este momento **se está duchando**.
   O: Ah, ya... Bueno..., dígale que llamé. Soy Luisa.

2. P: ¿Dígame?
   Q: Elisabeth...
   P: No, no, es Estefanía... Elisabeth **está durmiendo**.
   Q: Ah, bueno,... Yo la llamo luego. No hay problema.

3. R: ¿Sí?
   S: Me gustaría hablar con Gustavo. Soy su hermano, David.

R: Ah, hola, David. Gustavo no está. A esta hora, seguro que **está jugando** al tenis.

S: De acuerdo. No te preocupes.

4. T: El señor Rueda, por favor.

U: ¿De parte de quién?

T: De Maribel Botero, de CAMPOAMOR ABOGADOS.

U: Mire, no está. Hoy **está trabajando** en Santa Ana. Tiene una reunión. ¿Quiere dejarle algún mensaje?

T: No, no, no es necesario. Gracias. Hasta luego.

Capítulo 7 Gente que viaja

Audioscript for 7–5

AUDIO 1

• Centro de Español Pedro Henríquez Ureña. ¿Aló?

○ Sí... Mire, estoy inscrito en el curso del mes próximo y...

• ¿Cómo se llama usted?

○ Rick Jordan.

• ¿Puede deletrearme el apellido, por favor?

○ Jordan: jota, o, erre, de, a, ene.

• Sí, sí, aquí tengo su inscripción...

○ Quisiera saber a qué hora tengo que estar allí.

• El curso empieza el día 2, a las ocho y media de la mañana.

○ Dos de mayo... OK. Muy bien, gracias.

• De nada.

○ Perdón, otra cosa: no tengo la dirección de la familia.

• ¿No recibió nuestra carta con toda la información?

○ No...

• ¡Qué extraño! Bueno, tome nota... Calle Pedro Bellini 34.

○ ¿Está en el centro?

• Sí, en el centro histórico. Al lado de la oficina de turismo y muy cerca de la escuela, a dos cuadras de la escuela. Pero hay un problemita...

○ ¿Un problemita?

• Sí. El cuarto no está libre hasta el día 3.

○ ¿Hasta el día 3?

• Sí. ¿Tiene usted fax?

○ Sí.

• Si quiere, le envío una lista de hoteles...

○ Sí, sí, por favor.

• Muy bien, le envío la lista y el plano por fax, con la dirección de la escuela y de la familia...

○ Perfecto, muy amable...

AUDIO 2

• Líneas Aéreas Abromar, ¿aló?

○ Quisiera saber qué vuelos hay de Miami a Santo Domingo.

• ¿Qué día quiere viajar?

○ El día 1 de mayo.

• El día 1, viernes... Déjeme ver... Sí, tome nota. Hay uno a las 12:35 y otro, por la tarde, a las 5:15.

○ 12:35 y 5:15?

• Exacto.

AUDIO 3

• ¿Aló?, Posada Caribe.

○ Quisiera reservar una habitación para las noches del 1 y del 2 de mayo.

• Día 1 y 2... ¿De mayo?

○ Sí, 1 y 2...

• Su nombre...

○ Jordan, Rick Jordan... Perdón, ¿cuánto cuesta la habitación?

• ¿Doble o simple?

○ Simple, con baño.

• Sí, todos los cuartos tienen baño. A ver... la simple, $75.

○ Muy bien, gracias... Hasta luego.

• Buenas tardes.

AUDIO 4

Éste es el contestador del 4-5-6-5-4-3-5. Deje un mensaje después de la señal, por favor.

1. Hola. Soy Rick. Te llamo para decirte que **voy a estar** fuera durante un mes. Regreso el día 2 de junio. **Voy a hacer** un curso de español en la República Dominicana. Un abrazo... Ah, si hay algo urgente, Ana tiene mi dirección en Santo Domingo. Adiós.

Audioscript for 7–9

1. • Posada Caribe, ¿En qué le puedo servir?

   ○ Buenas tardes, me llamo Tomás Marquina y tengo reservada una habitación **a partir del** día 11.

   • Marquina. Viernes 11.

- ○ Sí. Y llamo para decirles que **vamos a llegar** el 12.
- • El sábado.
- ○ Sí, **el sábado 12.**
- • Entonces usted quiere cancelar la reservación del viernes.
- ○ Exacto.
- • Muy bien, tomo nota, ningún problema, señor.
- ○ Gracias y hasta el sábado.
- • Hasta luego.

2.
- • Posada Caribe, buenos días.
- ○ Buenos días. Mire, **quiero reservar dos habitaciones** para este fin de semana, por favor.
- • Sí, ¿para qué noches?
- ○ La noche del sábado y la del domingo.
- • **Sábado 12 y domingo 13**. ¿Dos habitaciones dobles?
- ○ Sí, dos dobles. Pérez.
- • Perdón, ¿a qué nombre?
- ○ Pérez, Pérez. Juan Pérez.
- • Muy bien. Hasta el sábado.

3.
- • Posada Caribe.
- ○ Buenas tardes. Llamo de parte de la señora Benito. Tiene una reservación para dos noches…
- • Déjeme ver… Sí, aquí está.
- ○ Lo que pasa es que no **va a poder ir**. Tiene un problema familiar y…
- • **¿Cancelamos** la reservación?
- ○ Sí, por favor.
- • Muy bien.
- ○ Muchas gracias.

4.
- • Posada Caribe.
- ○ Por favor, ¿tienen alguna habitación para el día 13?
- • La noche del 13… Sí, parece que hay una…
- ○ Bueno quisiera **reservar una doble, con una cama para niño**, para una pareja y un niño pequeño.
- • ¿A qué nombre?
- ○ Galán.
- • Galán. Una habitación doble con cama para niño para la noche del domingo. Muy bien.
- ○ Bueno… Hasta el domingo. Ah… **Vamos a llegar un poco tarde, a las ocho o a las nueve**.
- • Muy bien. No hay problema. Tomo nota.

Audioscript for Tarea. Paso 3

1.
- • Hotel San Plácido, a sus órdenes.
- ○ Quisiera reservar una habitación para el día 14.
- • La noche del 14… Mmm, lo lamento mucho, el hotel está lleno.
- ○ Ah, bueno…
- • Lo lamento mucho.
- ○ Adiós.
- • Hasta luego.

2.
- • Hotel Universidad
- ○ Quisiera saber los precios de las habitaciones.
- • Sí, claro. $125 más impuestos, la habitación doble.
- ○ ¿125? OK. ¿Y la habitación simple?
- • La simple, $95.
- ○ ¡Ah! otra pregunta: ¿dónde está el hotel?
- • Muy cerca del centro, a una cuadra de la Universidad Católica.
- ○ Muy bien, muchas gracias.

3.
- • Hotel Embajador, buenas tardes.
- ○ Quisiera saber el precio de las habitaciones.
- • La simple cuesta $145 de lunes a viernes, con desayuno incluido.
- ○ La simple…
- • Sí, y la doble $165.
- ○ ¿Y el fin de semana?
- • $150 ó $170.
- ○ ¿Y dónde está exactamente el hotel?
- • En la plaza Santo Domingo.
- ○ En el centro, ¿no?
- • No, no, estamos en la playa.
- ○ Ah, OK, bueno. Hasta luego.

Capítulo 8 Gente que come bien

Audioscript for 8–4

- • Buenas, Celia.
- ○ ¿Cómo está usted, Sra. Millán?
- • Bien, gracias.
- ○ Vamos a ver. Dígame.
- • Mira, necesito dos kilos de naranjas.
- ○ ¿De jugo?
- • No, para comer.
- ○ Dos de naranjas para comer…
- • Media docena de huevos.
- ○ Huevos…, media… ¿Grandes?

- Sí, grandes. Dame también doscientos gramos de queso fresco, por favor.
- Queso fresco… ¿Doscientos?
- Sí, doscientos gramos. ¡Ah! También leche.
- ¿Fresca o en polvo?
- En polvo. Dos bolsas.
- Dos bolsas de leche en polvo. ¿Algo más?
- Sí, una botella de ron.
- Ron, una botella… ¿Varadero está bien?
- Mmm. No, mejor un Legendario. También seis latas de refresco de cola.
- Seis de cola.
- Y un Cubita.
- ¿Algo más?
- No, no quiero más nada.
- Muy bien. Pues aquí está todo.
- Gracias.

Audioscript for 8–7

- Hola, buenos días. ¿Qué desea comer?
- No sé… Lo que pasa es que no conozco nada de la comida cubana. Si me puede ayudar…
- Sí claro… Bueno, mire, este es el menú del día. Tenemos para hoy, de entrada, frijoles negros, arroz con maíz a la criolla, y sopa de pollo.
- ¿Y los frijoles negros? ¿Qué son? ¿Es un guiso?
- Sí, es como un guiso.
- ¿Y qué ingredientes tiene el guiso? Es que no como carne.
- Pues lleva muchas verduras: ajo, cebolla y después muchas verduras cortadas muy chiquiticas. Nada de carne.
- ¿Y el arroz?
- Sí, pero el arroz con maíz tiene pedacitos de jamón.
- Ah, bueno, entonces los frijoles negros.
- ¿Quiere los frijoles?
- Sí, sí, frijoles. Y… A ver, y de segundo plato, ¿qué me recomienda?
- Bueno, de segundo plato, mire, tenemos para hoy, costillas de cerdo con piña o camarones borrachitos.
- ¿Borrachitos? ¿Por qué se llaman borrachitos?
- Pues porque llevan ron. Bastante ron.
- No puedo comer cerdo, así que voy a pedir los camarones. ¿Son picantes?
- Sí, bastante, porque llevan tabasco y otras especias: laurel, pimienta roja…
- Bueno, entonces los camarones.

- Perfecto. ¿Y de postre?
- De postre, mire, tenemos hoy pudín de piña o arroz con leche de coco. El pudín está muy rico, con almíbar por encima. Se lo recomiendo. Pero el arroz también está muy rico.
- Mmmm. Bueno. El pudín.
- ¿Quiere el pudín entonces?
- Sí, sí, sí.
- Excelente. Muchas gracias.

Audioscript for TAREA Preparación

Bueno, para hacer ajiaco uno tiene primero que remojar el tasajo durante 12 horas. Luego el tasajo se pone a cocinar en agua, durante 30 minutos, más o menos. Después se le añade la carne de cerdo y se deja cocinar hasta que esté blando. A continuación se sacan las carnes, se limpia el tasajo y se corta en cinco pedazos. Después de hacer esto, se cuela el caldo, se vierte en la cazuela que usamos antes, se pone al fuego y se incorpora en primer lugar el maíz. Bueno, entonces se deja cocinar el maíz unos 45 minutos y luego se ponen las viandas cortadas en pedazos por orden de dureza, es decir, las más duras primero, las más blandas después. Se cocinan hasta que estén blandas. Después, se corta el tocino en cubos pequeños, se fríe en aceite un poquitico y se mezcla con la Salsa Criolla. Todo esto se añade al ajiaco. Finalmente, se cocina todo 10 minutos más, ¡y ya está!

Capítulo 9 Gente de ciudad

Audioscript for 9–13

- Yo creo que se vive mejor en el campo que en la ciudad.
- No, no, no, para nada… para nada. Se vive muy aburrido en el campo. El campo es insoportable. No hay nada que hacer. Y en verano, los mosquitos… A mí me parece que no hay nada como la ciudad.
- ¿La ciudad? No, no tienes razón. En la ciudad hay tráfico, contaminación… ¡Qué horror! Hace mucho más calor también. En el campo se está más fresco, **¿no?**
- **Ya, pero** es aburrido, no hay nada, **¿comprendes?**

- **Sí, claro**, pero tiene otras ventajas, **¿sabes?** La tranquilidad, el aire puro… A mí me encanta la naturaleza. Hay personas a las que no les gusta el ruido, **¿entiendes?**
- **Sí, pero** viviendo en el campo no tienen acceso a la vida cultural. Pierden algo, **¿no crees?**
- No, no estoy de acuerdo. Hay gente que prefiere una vida sana y… que quiere estar en el campo, respirar aire puro… ¡qué sé yo! Estar tranquilo.

Audioscript for TAREA, Paso 1

- ¿Que qué problemas tiene el campus? El estacionamiento, el estacionamiento es el problema número uno. De eso no hay duda. Claro, si la gente no puede estacionar el carro…
- Sí, es verdad, el estacionamiento es lo más grave.
- Para mí lo peor es la vivienda. Como no se puede tener una casa individual, hay que vivir en los dormitorios, que son pequeñísimos y caros, carísimos…
- Yo pienso que lo que el campus necesita son buenas instalaciones médicas. El hospital más cercano está a 100 kilómetros y si te pasa algo… Además la atención médica es muy mala.
- La delincuencia, la inseguridad… Eso es lo peor de todo… No se puede caminar tranquilo a ninguna parte por la noche y, como no tenemos policía, entonces…
- No, lo peor es que no hay nada para divertirse; este campus está muerto. No hay vida. Fíjate: sólo hay dos bares…
- ¿Problemas? Muchos… Para mí… el estacionamiento, la vivienda y el transporte. Bueno, la falta de transporte. Está muy mal comunicado, y si quieres vivir fuera del campus entonces casi no hay autobuses. O si quieres ir a la ciudad a divertirte, tienes que pagar un taxi, y son muy caros.

Capítulo 10 Gente e historias (I)

Audioscript for 10–7

- Marcelo, ¿dónde y cuándo naciste?
- En Santiago, en el mismo Santiago, el 26 de diciembre de 1975, un día después de Navidad.
- ¿Cómo fueron tus comienzos en el tenis?

- Bueno, a los nueve años mi madre me inscribió en la escuela de tenis y ahí trabajé duro hasta los dieciséis años, cuando conseguí ya ser campeón nacional. Esto fue en… 1992. Después me fui a Florida.
- Y ganaste el U.S. Open en el 93, el abierto de Japón… en fin, que terminaste la temporada aquel año como número uno mundial en Juniors…
- Sí, y en el 94 me hice profesional.
- La leyenda del Chino Ríos, como se te llama desde hace tiempo, nació tras aquel partido con Sampras, en el Roland Garrós… ¿recuerdas?
- Sí, claro, esto fue en el 95. Pero lo que fue más definitivo en mi carrera fue ganar el Masters Series en el 99, en Monte Carlo… y luego, claro, en el 98 la victoria contra Agassi en Cabo Vizcaíno…
- Ganaste la copa, te recibió el Presidente de Chile… te convertiste en el mejor tenista del mundo…
- Sí,… así fue… así fue…

Audioscript for 10–8

Bienvenidos al concurso ¿Cuándo fue? Hoy tenemos con nosotros a Virgilio Laguna y María Segundo, nuestros nuevos concursantes. Les recuerdo nuestras categorías:

1. Biografías de personajes célebres,
2. Historia de América, e
3. Historia de Chile.
- Virgilio, ¿qué categoría eliges?
- Pues… Biografías de personajes célebres
- OK, primera pregunta de Biografías de personajes célebres. ¿En qué año nació el famoso tenista chileno Marcelo Ríos?
- En… a ver, sí… en 1973.
- Bueno, luego vamos a ver si tienes razón o no. Segunda pregunta para ti: ¿En qué año murió nuestro Libertador, Bernardo O'Higgins?
- Ay… ay, no sé… 1850?
- ¿Es ésta tu respuesta final?
- Sí…
- Última pregunta: ¿En qué año murió asesinado Abraham Lincoln?
- En 1865, seguro, en 1865…
- Muy bien. Ahora es el turno de María. María, ¿qué categoría quieres?
- Historia de Chile.

- Excelente... vamos con la primera pregunta: historia de Chile... ¿En qué año fue elegido presidente de Chile Salvador Allende?
- En 1970.
- Estás muy segura... muy bien. Segunda pregunta: ¿En qué año se independizó Chile de España?
- Muy fácil... en 1818...
- OK, y la última pregunta para María... ¿en qué año asesinaron a Salvador Allende?
- Déjame ver... empezó en el 70 y duró tres años, así que fue en el 73...
- Magnífico... ahora veamos quién tiene más respuestas correctas...

Audioscript for Tarea, Paso 1

1. ¿Toro? Bueno, sé que llegó a la Isla de Pascua por primera vez en 1870. Otra cosa... creo que murió en 1921.
2. De la vida personal de Allende sé que nació en 1908, en Valparaíso, y luego que se casó en 1940 y tuvo tres hijas.

Audioscript for 10–22

Bueno, Lautaro fue uno de los grandes guerreros mapuches de la guerra de Arauco. Sabemos que nació hacia 1535 cerca de Tirúa, en el sur de Chile. Se dice que fue indígena por sangre, pero español por aprendizaje, ya que fue sirviente de Valdivia durante seis años. Esto, claro, le permitió aprender sobre los españoles, sus costumbres, sus recursos... y también sus debilidades. En un momento determinado decidió unirse a su pueblo y a su gente, y participar en la guerra contra los españoles. Lo que hizo único a Lautaro fue que ideó una estrategia, organizó un ejército, lo dividió en batallones, en compañías, impuso una disciplina... Enseñó a los mapuches a montar a caballo, usar armas de fuego y espiar a los españoles... Fue todo un estratega militar. Otra cosa importante es que fue Lautaro quien dio muerte a Valdivia en 1553. Luego venció a Villagra en varias batallas hasta que murió a manos de las tropas de Villagra en 1557. Finalmente, hay que señalar que Lautaro no sólo dejó una escuela de guerra para su pueblo mapuche, sino que también legó a todos los chilenos el símbolo de la libertad.

Capítulo 11 Gente e historias (II)

Audioscript for 11–8

- Y ¿cómo **era** su vida antes de la llegada de Internet?
- Bueno, una de las cosas que yo recuerdo es que antes yo **leía** más los periódicos y libros en general; **tenía** más tiempo para leer... ahora no.
- Sí, en general uno **usaba** más cosas offline: no sé, **miraba** el directorio telefónico, **consultaba** la cuenta bancaria... o una enciclopedia... ahora con Google...
- Yo por ejemplo **recibía** aproximadamente cuatro cartas por semana de amigos de todas partes... ahora no hay nada en el buzón excepto las cuentas que tengo que pagar...
- Sí, yo **compraba** muchas revistas, **miraba** la tele... ahora no.
- También **había** más tiempo para estar con los amigos... yo **pasaba** más tiempo en la calle que ahora...
- ¿**Era** más fácil la vida antes de Internet?
- No, más fácil no **era**... eso no...
- No, **era** todo más difícil...

Audioscript for 11–9

Allá por 1590, en el Valle de Sébaco, habitaba una nación de indígenas matagalpas que trabajaba el oro. Su líder era el cacique Yamboa. Mientras tanto en Córdoba, España, vivía José López de Cantarero. José era un joven guapo y muy ambicioso que quería ir a Nicaragua a buscar aventuras y tesoros en aquella tierra misteriosa. Un día se fue al puerto de Cádiz y allá tomó un barco a América. Cuando llegó a Nicaragua se instaló en Sébaco y allá conoció a la hija del cacique, que se llamaba Oyanka. Oyanka era bellísima y llevaba siempre muchas joyas de oro. José se enamoró de ella y ella de él. Pero José era muy ambicioso y quería saber de dónde extraía Yamboa el oro. Entonces Oyanka condujo a José hasta las montañas, donde había una cueva escondida. José, viendo todo aquel oro, se guardó siete pepitas grandes en su bolso.

Cuando salían de la cueva, el caquique los encontró; vendió a José a otra tribu indígena y encerró a la princesa. Oyanka se deprimió tanto que no quiso comer más. Su padre trató de convencerla, pero Oyanka no podía vivir sin José, así que se durmió en un sueño profundo esperando el regreso de José. Pero José nunca regresó. Oyanka se convirtió en montaña y hoy puede verse, al norte del valle de Sébaco, el cerro de Oyanka.

Audioscript for 11–11

- Perdonen el retraso, muchachos...
- ○ ¿Pero qué te pasó? Estábamos preocupados...
- Nada, nada... Nada importante.
- * Estás mojado...
- Un poco, sí... Es que salí de mi casa sin darme cuenta que llovía...
- ○ Y no llevabas paraguas...
- No, entonces volví a entrar para buscar uno...
- * A buscar un paraguas.
- Sí... Entonces salí a la calle otra vez pero ¡había un tráfico horrible...! Y no había ni un taxi vacío. Suerte que vi a Elvira, una amiga mía, que pasaba por allá y me llevó en su carro hasta la Plaza de Armas. Pero había mucho, mucho tráfico... Tardamos 20 minutos.
- ○ ¿Y viniste caminando desde la Plaza de Armas?
- Sí, claro, no me quedó otro remedio. Un cuarto de hora a pie... ¡Y cómo llovía!
- ○ Bueno, anda, sécate un poco y empezamos a trabajar.
- * Sí, a trabajar, que es tardísimo.
- Sí. Ya son un cuarto para las diez.

Capítulo 12 Gente sana

Audioscript for 12–5

1. • ¡Me siento pésimo!
   ○ ¿Qué te pasa?
   • No sé. Estoy como mareado y tengo ganas de vomitar.
   ○ Siéntate, siéntate... ¿Quieres un poquito de agua?
   • No, no, gracias. Algo me cayó mal.
   ○ ¿Y qué comiste?
   • Estuve con unos amigos en un restaurante... Me comí unos calamares y unas papas con mayonesa.
   ○ Seguro que fue la mayonesa...
   • Tal vez...
   ○ Yo que tú me tomaría una manzanilla.
   • Mmm...

2. • ¡Cómo me duele la cabeza!
   ○ Claro, tanto rato en la playa... Te lo he dicho mil veces...
   • Pero sólo estuve dos horas y llevaba una gorra. ¡Qué mal me siento! A ver, mírame la espalda.
   ○ ¡Dios mío! ¡Estás como un tomate! Deberías ponerte alguna crema o tomarte una aspirina.

3. • ¡Ay, ay, ay, ay, ay, ayuuuu!
   ○ ¿Qué te pasa?
   • ¡Ay, ay, ay, ay! Aquí, aquí, aquí en el pie, en el dedo gordo...
   ○ ¿Pero qué te pasa?
   • ¡Ay, ay, ay, ay! Me picó un mosquito o algo... Me pica muchísimo...
   ○ A ver, a ver, espera. A ver ¡Huy! Una avispa, esto fue una avispa. Seguro...
   • ¿Tienes algo, una crema o algo? ¡Uf! Dios mío. Como pica.
   ■ Amoniaco, el amoniaco ayuda mucho...
   • ¿Quieres ir a la farmacia?

Audioscript for 12–9

- ¿Me da su nombre, por favor?
- ○ Susana Jiménez.
- ¿Tiene otro apellido?
- ○ Rodrigo.
- ¿Edad?
- ○ Treinta y cuatro.
- ¿Cuánto pesa, más o menos? ¿Y cuánto mide? ¿Lo sabe?
- ○ Sí, 1,56. Y unos cincuenta y siete kilos de peso.
- ¿Sabe cuál es su grupo sanguíneo?
- ○ Sí, O positivo.
- ¿Enfermedades que ha tenido? ¿Operaciones?
- ○ Bueno, casi nada... ninguna operación excepto apendicitis... y enfermedades... nada grave: resfriados, cosas así...
- ¿Tiene usted alergias?

○ Sí, soy alérgica a la penicilina... y luego al polen, las flores, este tipo de cosas...

• Muy bien. Bueno... ¿Qué le pasa?

○ Es que tengo mucho dolor de estómago. Aquí, en un lado...

• ¿Aquí?

○ Ay, sí, uy, uy... aquí, aquí.

• ¿Ha tenido vómitos?

○ Sí, y diarrea.

• ¿Toma algún medicamento?

○ Mmm... Sí estoy tomando un antibiótico... Ardine 500. Es para el dolor de garganta.

• ¿Fuma?

○ No, no fumo.

• Excelente. ¿Qué cenó anoche?

○ Casi nada, unos cereales.

• Creo que ese antibiótico que está tomando le está afectando al estómago. Pero primero vamos a hacer unas pruebas...

Audioscript for 12–11

1. • Ay, Dios mío. He engordado diez kilos! Me siento mal...

❏ ¿Por qué no haces la dieta del "sirop"?

• ¿Y eso qué es?

❏ Significa... bueno, un... un jarabe que te compras en tiendas vegetarianas y... y sólo tomas jarabe durante diez días.

• ¿Sin comer?

❏ Sin comer nada. Y... y bajas seis, siete kilos.

• ¿Y no es malo para la salud eso?

❏ No, porque es un... un jarabe..., este, con mucha sabia de árboles, de pinos.

• ¿Natural?

❏ Es natural, es una...

▲ ¿Pero es como estar ayunando?

❏ Sí, es un ayuno de diez días.

• ¿Y no pasas mucha hambre?

❏ Sí, es muy dura, pero es lo mejor... si quieres bajar rápido, sí, bajas cinco kilos.

• Pero yo creo que es mejor ir al médico antes de decidir qué dieta va a hacer uno.

▲ ¡No es para tanto!

• Cinco kilos en diez días.

❏ En diez días. Bueno, yo la intenté hacer y me dolía mucho la cabeza.

• ¡Ves!

❏ Lo que pasa es que... no tienes que tomar ni café. Y yo, claro, necesito tomar café todos los días, si no... sin la cafeína, no puedo vivir. Y claro, me dolía la cabeza y tuve que dejar la dieta.

2. • ¿Ustedes no hacen dieta?

▲ La dieta del astronauta.

• ¿Cuál es esa?

▲ Es una en la que hay que ayunar una vez por semana, el día que cambia la luna.

• ¡¿Qué?!

○ ¡Qué interesante!

▲ Sí, el día que cambia la luna, de cuarto creciente a cuarto menguante, de cuarto menguante a no sé qué... de luna llena a luna nueva... Tú te fijas en el calendario y sale. Ese día, que suele ser una vez por semana, tienes que ayunar. Yo le digo el día líquido, porque solamente puedes tomar líquidos; caldos, puedes tomar jugos, puedes tomar infusiones y... te puedes hacer sopas, y te puedes hacer batidos con fruta y agua.

• Mmm... eso me parece mejor.

○ ¿Y se adelgaza con eso?

▲ Se adelgaza.

○ ¿Como cuánto? ¿Un kilito por lo menos?

Capítulo 13 Gente y lenguas

Audioscript for 13–6

1. Como sabés, me crié en Estados Unidos. Entonces cuando iba a España a visitar a mi abuela, me encontraba con situaciones, digamos, conflictivas. Porque cada vez que, por ejemplo, me daba un vaso de agua, yo le decía "Gracias, abuela". Cada vez que me daba el besito de buenas noches, le decía "Gracias, abuela", para cada cosa le decía "Gracias, abuela". Y a la gente en todas partes, "perdone", "disculpe", "lo siento"... para cualquier cosa. Y la gente pues me miraba extrañada. Es que en Estados Unidos es muy común decir gracias y lo siento en cualquier situación, pero allá en España no.

2. Sabés que estuve en Japón, y... una cosa que me resultó curiosa es que... acá si te acercás a alguien para comentarle algo de cualquier cosa... no sé, por la calle te preguntan "Oye, ¿dónde está tal... tal lugar?" Y vos decís "Pues por allá" y te acercás... ningún problema. Allá, cada vez que yo iba a preguntar

cualquier cosa, o... no sé, información... cualquier cosita, o alguien me presentaba a otra persona y me acercaba un poco más, no sé, un poco más de lo que ellos consideran normal... se asustaban, se echaban hacia atrás, pero rápidamente. No sé... me resultó muy curioso, ¿no?... las diferencias entre allá y acá, entre... los espacios vitales. Es curioso...

3. Yo soy paraguayo y por lo tanto hablo español igual que los españoles... Bueno, igual no, pero nos entendemos, ¿no? Pero allá en España mucha gente interrumpe cuando vos estás hablando, habla muy alto, a gritos, y nadie deja hablar a nadie... y para mí, aunque hablo la misma lengua, eso me pareció muy extraño... y la otra cosa es que hablan tan rápido... nosotros hablamos más pausado... allá no, allá hablan a la carrera y a veces no entiendes... Y a todo eso le añades que muchas palabras no son las mismas: las frutas, la ropa, no sé... las comidas...

Audioscript for 13–10

1. **TOMÁS:** Bueno, a mí me encanta el inglés. Lo que a mí me pasa es que sé las reglas del inglés, las comprendo muy bien, pero cuando estoy con un nativo, un estadounidense, o un inglés, me doy cuenta de que no puedo decir nada. Me pongo nervioso y no puedo decir ni una palabra.

2. **FERNANDO:** A mí me gusta mucho aprender un nuevo idioma. Pero siempre tengo el mismo problema: cuando oigo una conversación, con nativos, o en el cine, siempre hablan muy rápido, y me resulta muy difícil comprender lo que dicen. No puedo seguir lo que dicen. Entonces me canso de la película, o de la conversación.

3. **YOLANDA:** Mi problema es cuando yo tengo que hablar. No puedo hablar tan rápido como los nativos, me cuesta mucho comunicar mis ideas. Además, me doy cuenta de que la gente se cansa de

escucharte. Me da miedo hablar porque hablo muy despacio y entonces no digo nada.

4. **JOSÉ:** Mira, yo estudio alemán y mi gran problema es que muchas palabras son muy largas y con muchas letras. Me cuesta mucho pronunciar las palabras largas, como Vollkornbrot, Hauptgericht... ¡Uf! En general, me canso de hablar después de un rato. Es que... esas palabras tan largas... no... no puedo pronunciarlas. Me parece muy difícil aprender alemán, la verdad.

5. **GEMMA:** Yo, es que no me acuerdo de las palabras. Me olvido de todo. No puedo recordarlas. Creo que es porque me da vergüenza hablar en otra lengua. Me pone nerviosa hablar en inglés y entonces me olvido de todo lo que sé.

Audioscript for 13–12

Versión 1

• Hola, Ricardo. No te **he visto** en toda la semana. ¿Dónde **has estado**?
○ Perdona, oye. **He estado** muy ocupado. Es que estoy aprendiendo guaraní y **he estado estudiando** para un examen oral. **He estado** encerrado en casa varios días.
• ¿Guaraní?
○ Sí, guaraní. Vivo en Paraguay desde hace más de cinco años y todavía no lo **he aprendido**. Y se habla en todo el país, ¿sabes? Es lengua oficial...
• Ah, ¿sí? No lo sabía ... ¿**Ha sido** siempre lengua oficial?
○ No, desde 1992, creo... Bueno, el caso es que me **han renovado** el contrato en la compañía y voy a estar viviendo en Paraguay 3 años más. Además, hace dos años lo estudié pero luego lo abandoné. Ahora no, ahora voy en serio. Este mes **he tenido** ocho clases. Hoy por ejemplo **he estado** en la academia de nueve a dos. **He aprendido** mucho, no creas.
• ¿Es difícil?
○ Pues sí, cuando empecé me parecía imposible... pero bueno, poco a poco...

ahora me resulta más fácil. La semana pasada estuve hablando con una chica un rato y no lo hice nada mal... bueno, eso dijo ella.

- Caramba. Pues nada, sigue con eso... a ver si nos vemos más, ¿eh?

Versión 2

- Hola, Ricardo. No te **vi** en toda la semana. ¿Dónde **estuviste**?
- Perdona, oye. **Estuve** muy ocupado. Es que estoy aprendiendo guaraní y **estuve estudiando** para un examen oral. **Estuve** encerrado en la casa varios días.
- ¿Guaraní?
- Sí, chico, guaraní. Vivo en Paraguay desde hace más de cinco años y todavía no lo **he aprendido**. Y se habla en todo el país, ¿sabes? Es lengua oficial...
- Ah, ¿sí? No lo sabía ... ¿**Ha sido** siempre lengua oficial?
- No, desde 1992, creo... Bueno, el caso es que me **renovaron** el contrato en la compañía y voy a estar viviendo en Paraguay tres años más. Además, hace dos años lo <u>estudié</u> pero luego lo <u>dejé</u>. Ahora no, ahora voy en serio. Este mes **tuve** ocho clases. Hoy por ejemplo **estuve** en la academia de nueve a dos. **Aprendí** mucho, no creas.
- ¿Es difícil?
- Sí, cuando empecé me parecía imposible... pero bueno, poco a poco... ahora me resulta más fácil. La semana pasada <u>estuve hablando</u> con una chica un rato y no lo hice nada mal... bueno, eso dijo ella.
- Caramba. ¡Qué bien! sigue con eso y... a ver si nos vemos más, ¿no?

Audioscript for TAREA

Paso 3

Hoy tenemos con nosotros al profesor Manel Lacorte, experto en adquisición de lenguas extranjeras. Buenos días, profesor Lacorte, y muchísimas gracias por estar acá con nosotros.

- Buenos días y gracias a ustedes. Es todo un placer estar aquí.
- Profesor, ¿cómo se aprende una lengua extranjera?
- Uy, esa pregunta no es nada fácil, ni siquiera para mí, pero lo que sí es cierto es que parece **depender de** dos factores: el contexto social en que se aprende y los procesos mentales del aprendiz, de la persona que aprende. Por ejemplo, en cuanto al contexto social, la interacción, tanto con nativos como con no nativos, parece ser fundamental. Con respecto a los procesos mentales que parecen favorecer el aprendizaje, parece que se aprende la lengua **notando** y **prestando** atención a ciertos elementos lingüísticos que aparecen en el input (o sea, lo que uno escucha o lee). También parece que se aprende **descubriendo** las reglas de la lengua por sí mismo, y **hablando**, hablando mucho, con nativos y no nativos. Hablar no es sólo practicar: es mucho más. **Hablando** descubrimos nuestros problemas, **nos damos cuenta de** lo que **nos falta**, nos autocorregimos... Esto, claro, se relaciona directamente con la interacción...
- ¿Y hay un método que es mejor que otros?
- No, no hay "métodos mágicos" ni "recetas mágicas". Pero claro, repetir cosas varias veces en voz alta, por ejemplo, no **parece** ser tan efectivo como hacer cosas significativas con el idioma (no sé, comprar un boleto de avión, debatir un tema o buscar una solución a un problema...)
- Todas las personas pueden aprender una lengua, profesor Lacorte?
- Sí, por supuesto, aunque es cierto que a unas personas **les resulta** más fácil que a otras. Un aspecto muy importante es el uso de buenas estrategias de aprendizaje. **Aplicando** estas estrategias es posible aprender más y mejor. Por ejemplo, hay personas que, cuando escuchan algo en otro idioma, tratan de comprenderlo todo: esto sería un ejemplo de una estrategia poco efectiva. Pero otras **tratan de** comprender lo más importante, **fijándose** en palabras clave, por ejemplo. Ésa es una estrategia mucho más efectiva. Hay otros factores: la motivación, por ejemplo...
- ¿Se aprende **leyendo**?
- Pues sí, claro que se aprende **leyendo**... Se aprenden palabras nuevas, por ejemplo... pero fíjese que **leyendo** se **aprende a** leer, fundamentalmente, y **hablando** se **aprende a** hablar...
- Pues muchísimas gracias, profesor Lacorte, por sus consejos tan útiles.
- Cómo no. Gracias a ustedes por invitarme.

Capítulo 14 Gente con personalidad

Audioscript for 14–7

1. Paulina es genial, genial. Es una persona muy cariñosa, muy afectuosa. Yo viví con ella un tiempo y compartimos muchas cosas. Lo que más recuerdo de ella es su **simpatía**. Su simpatía y su **belleza**. Es muy perezosa para escribir... nunca escribe, pero bueno, yo siempre como que... siempre la tengo presente, y siempre estoy pensando en ella. Es una persona que yo adoro ¿sabes? Que es magnífica y a la que yo quiero muchísimo.

2. Mira, yo lo odio. Me parece un tirano, me parece una persona totalmente abominable. Estúpido, superficial, pedante... Lo peor es eso: su **estupidez**, y además es un egoísta, y el egoísmo es algo que yo no soporto.

3. Lo invité a mi casa, le hice la comida, le armé la cama, durmió en mi cuarto y no me lo agradeció. Es un tipo asqueroso... un idiota... y malo. Es una persona llena de **maldad**. Ya no lo puedo ver.

4. Es un niño muy tierno, una persona muy pequeñita, muy querida, muy buena, muy dulce. Está lleno de **bondad**. Se porta bien, no hace travesuras, te sonríe todo el tiempo... Lo miras y te da mucha **ternura**. Es para comérselo.

5. Es un hombre extraordinario. Es una persona muy calmada, muy tranquila, y lo que más me gusta de él es su imaginación. Con él nunca te aburres porque siempre está inventando cosas diferentes. Y además me parece que es muy honesto y la **honestidad** es algo tan importante... Mmm... yo lo quiero mucho.

Tarea

Preparación

(Parte I)

- Tenemos el gran placer y privilegio de tener hoy con nosotros a uno de los artistas más representativos de la pintura hondureña de hoy: Julio Visquerra. Bienvenido, Julio.
- Un millón de gracias, y gracias por tenerme acá con ustedes.
- Estamos en el taller de Julio, donde está dando los retoques finales a una de las pinturas que estarán en su próxima exposición. Y no podemos evitar comentar sobre esta pintura a tu espalda, donde sobresalen varias lagartijas.
- Son parte de mi época de miedo. Yo sufrí mucho en mi infancia, ¿sabe?
- ¿Y usted qué recuerdos tiene de sus primeros años de vida en La Ceiba?
- Bueno, de esos primeros años de escuela no quiero ni acordarme... yo la pasé muy mal en la escuela; ya que quería yo ser artista... era un niño muy introvertido y tenía muchos problemas con mis compañeros; también tenía un profesor que me tenía mucha manía; fue mi peor enemigo. Ésos fueron años de angustia que yo pasé en la escuela; entonces yo me encerraba en un mundo en el que iba creando mi trabajo. Yo era una persona con metas muy definidas y ya desde chico tenía una personalidad fuerte, de que yo ya sabía lo que quería hacer; era muy tenaz, y nada me iba a impedir hacerlo, ni los medios económicos, que nosotros no teníamos.
- ¿Cuándo se decide a ir a Europa?
- Era algo que tenía en mente desde los doce años. Primero terminé la escuela y me fui a Estados Unidos; allá hice mi exposición y, claro, entonces mi arte se vendía muy barato, y con el poco dinero que conseguí me fui para Europa.
- ¿Qué opina usted de eso de que los artistas se mueren de hambre?
- Yo pienso que eso es una justificación, pero creo que está en uno mismo, en saber hacer un trabajo bueno, aceptable, digno y no quedarse en la mediocridad.
- ¿Entonces sí hay futuro para un artista en Honduras?
- Es que el futuro no lo da Honduras; esto está en el artista; el que es bueno tiene éxito. Hay una disciplina de trabajo, claro; yo he luchado durante muchos años, he tratado de hacer un trabajo lo mejor posible y eso ha sido aceptado.
- ¿Cómo fue esa experiencia de 23 años en Europa?
- Pues los primeros años fueron muy difíciles. El primero fue angustioso; hay un momento

en que uno piensa que ya no va a tener futuro, pero el mismo instinto de superación nos anima a seguir luchando, hasta que un día llega ese momento en que el artista puede vivir de su trabajo.

Parte II

1. ° Bueno, la fruta siempre se manifiesta en mis obras como una alegoría a la fertilidad, tanto de la mujer como de la madre tierra; la fruta es vida.

2. ° Empiezo por los azules, que es el color del cielo; casi siempre los cuadros los empiezo por el cielo.

3. ° Como pintor me entristecen los días grises; como ser humano me entristece la pobreza.

4. ° No, yo soy muy sedentario, vivo para adentro de mi mundo, casi no hago vida social; vivo para mi trabajo, para mi casa y para mi familia.

5. ° Mis precios están entre los mil y 15 mil dólares.

6. ° Creo que me catalogan en Europa como un pintor tropical, porque al volver a Honduras me hice más tropical, y en mis cuadros se ve la exhuberancia de mis recuerdos del trópico.

Capítulo 15 Gente que se divierte

Audioscript for 15–2

1. Marta
Yo siempre que hay un festival de teatro clásico, voy. No me pierdo ninguno. Me gusta mucho el teatro. Y además, estoy estudiando literatura española y el tema de mi tesis es precisamente el teatro clásico.

2. Pablo
A mí lo que realmente me encanta es la danza flamenca. Ver a alguien como Joaquín Cortés bailar, bueno, eso no se compara con nada. Me fascina.

3. Juan Enrique
Yo, yo soy muy casero y los fines de semana suelo quedarme en casa. Pero hay una cosa que no me pierdo nunca, y es una buena exposición de pintura. Soy un fanático de la pintura.

4. Loreto
Pues los sábados por la noche no hay nada como ir a tomar algo por ahí y luego, una buena película. Hoy, por ejemplo, me apetece ir al cine un montón.

5. Carmiña
A mí la música que de verdad me gusta es el jazz, y la ópera también me gusta mucho. Voy a conciertos a menudo y si hay una buena ópera voy también.

Audioscript for 15–5

1.	CLARA:	Me apetece ir al cine o salir a tomar algo... ¿Por qué no te vienes conmigo?
	TINA:	No puedo, es que ya he quedado, con Elena.
	CLARA:	¿Con Elena? ¡Pero si es aburridísima!
	TINA:	No, mujer. Lo que pasa es que está pasando una mala temporada. Tiene problemas... Somos buenas amigas.
	CLARA:	Bueno, bueno, pues otra vez será.
2.	CLAUDIA:	Oye, Lola, ¿qué hacéis esta noche?
	LOLA:	¿Esta noche? Nada... Pablo quiere ver el partido.
	CLAUDIA:	¿El partido?
	LOLA:	Sí, hija, el partido de fútbol, en la tele, el Real Madrid-Barcelona.
	CLAUDIA:	¡Qué rollo!, ¿no?
	LOLA:	Pues sí.
	CLAUDIA:	¿Y si hacemos algo nosotras?
	LOLA:	¿Por qué no? ¿Adónde podemos ir?
	CLAUDIA:	Pues no sé, a ver... Vamos a tomar unas copas, ¿no? ¿Has estado en Ángeles Caídos? Tienen karaoke y todo...
	LOLA:	No, no lo conozco, pero me apetece mucho lo del karaoke. Pero ¿cenamos por ahí o en casa?
	CLAUDIA:	Vamos a comer una pizza, ¿no?
	LOLA:	Vale.
3.	ALEJANDRO:	Oye, ¿adónde vamos? ¿Qué te apetece hacer?

FEDERICO:	¿Conoces el Habana Club?
ALEJANDRO:	¿El Habana Club? No, ¿qué es?
FEDERICO:	Es un sitio muy agradable. Estuve la semana pasada y me encantó.
ALEJANDRO:	Ah… No lo conozco.
FEDERICO:	Está muy bien. Se puede comer algo y escuchar música en vivo: jazz, salsa… Y no sale muy caro.
ALEJANDRO:	Ah, pues vale, venga vamos. Así lo conozco.
FEDERICO:	Está muy bien, ya verás.
ALEJANDRO:	¿Te va bien a las nueve en mi casa?
FEDERICO:	Mejor un poco más tarde. Es que salgo del trabajo a las ocho y media…
ALEJANDRO:	Ah, pues déjame el teléfono, y así yo reservo mesa.
FEDERICO:	Vale, de acuerdo

4. RESTAURANTE:	Séptimo cielo, ¿dígame?
RAMÓN:	Quería reservar una mesa para esta noche.
RESTAURANTE:	¿Para cuántas personas?
RAMÓN:	Para cinco.
RESTAURANTE:	Cinco personas, para esta noche… ¿A qué hora?
RAMÓN:	Mmm… Sobre las diez y media.
RESTAURANTE:	Muy bien, ¿a nombre de quién?
RAMÓN:	Ramón Herrero.
RESTAURANTE:	De acuerdo, tomo nota.
RAMÓN:	Gracias. Adiós… Ya está. He reservado para cinco.
BEATRIZ:	Perfecto.

Audioscript for Tarea

Un fin de semana en Madrid (programa de radio *Gente que se divierte*)

- Este fin de semana os va a resultar muy difícil quedaros en casa porque hay un montón de cosas interesantes en la ciudad… ¿Verdad que sí, Florencio?
- Pues sí, por ejemplo, para los amantes de la pintura, una cita en el Museo Reina Sofía: dibujos de Picasso, uno de los pintores más grandes de nuestro siglo. Y en la Fundación March se presentan maquetas de los edificios más emblemáticos de Gaudí, el genio del modernismo: la Sagrada Familia, la Casa Batlló, la Casa Milá…
- Y para salir a tomar algo por ahí, ¿qué nos recomiendas?
- Pues mira, yo os recomiendo ir a un clásico, al Café Central en la Plaza Santa Ana. Se puede tomar una copa en un ambiente muy agradable y, a medianoche, escuchar jazz en vivo. Esta semana tenemos a un grupo madrileño, Azahar, que hace una música muy especial, dentro de la línea del llamado "nuevo flamenco", una sorprendente mezcla de jazz y flamenco. Muy interesante. Ya sabéis, a las doce en el Café Central.
- Y ahora es el turno de nuestro crítico gastronómico, Antonio Huertas. Antonio, ¿qué nos recomiendas? ¿Dónde podemos ir a comer?
- Pues acabo de descubrir un sitio ideal para comer cocina tradicional española. Se llama El Puchero y está en el viejo Madrid, en la Costanilla de San Andrés. Paquita, la cocinera, hace unas tapas impresionantes: albóndigas, tortilla, almejas a la marinera…
- Mmm… las tapas… lo mejor de la cocina española.
- Sí, son fantásticas… Pero en El Puchero también uno puede sentarse y comer o cenar. El cocido madrileño, extraordinario, la fabada asturiana, una maravilla… ¿Qué más? Ah, sí: unos asados de cordero excelentes. No os lo perdáis, de veras.
- Pues ya sabéis, amigos, a picar algo o a comer en El Puchero. Nos lo aconseja Antonio Huertas, que de comer bien sabe mucho.

Capítulo 16 Gente innovadora

Audioscript for 16–11

Bienvenidos al programa Innovaciones Ecológicas. Empezamos como siempre con noticias breves. Escuchen bien, porque les sorprenderá cómo en muchos lugares de Latinoamérica se está haciendo innovación y al mismo tiempo cuidando el medioambiente. ¿Juanjo? Sí, Rosana. Tengo tres ejemplos interesantísimos. Les cuento:

1. En Bogotá, la capital de Colombia, funciona desde el año 2000 un sistema de 1500

autobuses rápidos llamado TransMilenio. Este sistema lo utiliza aproximadamente el 25% de las personas que usan transporte público. ¿Qué lo hace interesante? Fíjense: desde el 2007 recibe certificados de Naciones Unidas de no emisión de gases de efecto invernadero. Y atención a este dato: desde finales del año 2000, gracias a TransMilenio, se han dejado de emitir más de un millón de toneladas de CO_2.

2. Otro ejemplo: las bicilavadoras. ¿Qué son? Son unas máquinas que funcionan con pedales, no con electricidad, y que lavan la ropa. Como pueden imaginar, las usan en lugares donde por falta de luz o de agua corriente la gente debe lavar su ropa a mano. Son muy populares por ejemplo en Perú. Y lo más importante: son aparatos que previenen la contaminación del agua de ríos y lagos, y que no generan emisiones de carbono.

3. Y uno más: Un físico de origen indio diseñó en Costa Rica la cocina solar. Sí, sí, la cocina solar. Es un aparato que sirve para cocinar y calentar comida. Puede ser de madera, cartón, metal o acero, y funciona absorbiendo los rayos solares, no con electricidad. Obviamente sólo se puede usar para cocinar durante el día. Su uso se está extendiendo no sólo en Costa Rica sino también en muchas regiones de otros países centroamericanos.

Capítulo 17 Gente que cuenta historias

Audioscript for 17–6

1. • ¿Aló?
   ◦ Soy yo. ¿Cuál es el plan, jefe?
   • Ya está todo preparado. Ya sabes, a las diez en el sótano del hotel, en la lavandería. Allá te espera Lidia. Te va esconder hasta las once y cuarto. ¿Ok?
   ◦ Ok. No se preocupe jefe. ¿Y su guardaespaldas? ¿Qué hacemos con él?
   • Nada, él también lo sabe.
   ◦ Ah. ¿Lo sabe todo?
   • Sí. Con él no va a haber ningún problema.
   ◦ De acuerdo, está todo claro. Todo irá perfecto.
   • Eso espero.

2. • Hotel Presidente, buenos días.
   ◦ Con la habitación 214, por favor.
   • Sí, ahora mismo le paso.
   ❑ ¿Dígame?
   ◦ ¿Clara?
   ❑ Sí.
   ◦ Hola, soy yo, Santiago. ¿Ya firmó Cristina los documentos?
   ❑ Sí, los firmó esta mañana temprano.
   ◦ ¿Cómo salió todo?
   ❑ Perfecto. Ella estuvo de acuerdo en todo y firmó. No va a haber ningún problema.
   ◦ ¿Le diste el dinero?
   ❑ Sí, diez millones, como habíamos acordado.
   ◦ Bueno. Nos vemos luego en Sucre.
   ❑ Sí. Hasta pronto mi amor.

3. • Presidente, ¿dígame?
   ◦ La habitación 605, por favor.
   • ¿Sí?
   ◦ ¿Cristina?
   • Sí.
   ◦ Soy yo, Pablo. Estoy abajo, en la recepción.
   • Hola, mi amor… ¿Fuiste al banco?
   ◦ Sí, ya está. Lo mandé todo al banco de Zurich.
   • Perfecto. ¿Y viste a Sonia?
   ◦ No, no la he visto. No hablo con ella desde ayer. ¿Estás segura de que no sospecha nada?
   • Segura, segurísima. Tranquilo. Todo va a funcionar perfectamente. Te lo aseguro.
   ◦ ¿Bajas ya?
   • Sí, ahora mismo.

Audioscript for 17–10

1. • Señorita Toledo, ¿qué hizo usted anoche?
   ◦ Anoche… anoche estuve con Cristina en su cuarto hasta las diez más o menos. Estuvimos hablando y viendo un vestido que ella se había comprado.
   • ¿Está usted segura de que eran las 10?
   ◦ Sí. Bueno, creo que eran las 10.
   • ¿Y después?
   ◦ Después me fui a mi habitación. Y ya no salí más porque estaba muy cansada.
   • ¿Vio a alguien?
   ◦ Sí, a mi novio. A las diez y media más o menos estaba yo leyendo una revista en mi cuarto cuando tocaron la puerta: era mi novio.

2. • Vamos a ver, señor Rosales, ¿con quién estuvo anoche?
   ○ Bueno, primero estuve viendo la tele, en mi habitación, hasta... hasta las diez más o menos...
   • ¿Y después?
   ○ Después fui a ver a mi novia y estuvimos charlando un rato.
   • ¿A qué hora fue a verla?
   ○ Como a las diez y media. Y luego me fui a pasear como a las once.
   • ¿Solo?
   ○ Sí.
   • ¿Y a qué hora regresó?
   ○ A las once y cuarto, o algo así.
   • ¡Ajá! ¿Y lo vio alguien?
   ○ Sí. Yo estaba caminando de vuelta al hotel y me crucé con el recepcionista.
   • ¿Y luego?
   ○ Me fui a acostar. Bueno, antes pasé a pedirle las llaves del carro a Laura porque lo necesitaba, pero...
   • ¿Pero qué?
   ○ Bueno, que ella no estaba, o estaba durmiendo, no sé.

Audioscript for Tarea

1. • Señorita Toledo, ¿qué hizo usted anoche?
   ○ Anoche... anoche estuve con Cristina en su cuarto hasta las diez más o menos. Estuvimos hablando y viendo un vestido que ella se había comprado.
   • ¿Está usted segura de que eran las diez?
   ○ Sí. Bueno, creo que eran las diez.
   • ¿Y después?
   ○ Después me fui a mi habitación. Y ya no salí más porque estaba muy cansada.
   • ¿Vio a alguien?
   ○ Sí, a mi novio. A las diez y media más o menos estaba yo leyendo una revista en mi cuarto cuando tocaron la puerta: era mi novio.

2. • Vamos a ver, señor Rosales, ¿con quién estuvo anoche?
   ○ Bueno, primero estuve viendo la tele, en mi habitación, hasta... hasta las diez más o menos...
   • ¿Y después?
   ○ Después fui a ver a mi novia y estuvimos charlando un rato.

   • ¿A qué hora fue a verla?
   ○ Como a las diez y media. Y luego me fui a pasear como a las once.
   • ¿Solo?
   ○ Sí.
   • ¿Y a qué hora regresó?
   ○ A las once y cuarto, o algo así.
   • ¡Ajá! ¿Y lo vio alguien?
   ○ Sí. Yo estaba caminando de vuelta al hotel y me crucé con el recepcionista.
   • ¿Y luego?
   ○ Me fui a acostar. Bueno, antes pasé a pedirle las llaves del carro a Laura porque lo necesitaba, pero...
   • ¿Pero qué?
   ○ Bueno, que ella no estaba, o estaba durmiendo, no sé.

3. • Señor Puértolas, ¿podría decirme qué hizo usted el martes por la noche?
   ○ Fui a visitar a unos amigos a su casa. Tenían una pequeña fiesta porque estaban celebrando el cumpleaños de Rosa, una vieja amiga. Llegué a eso de las diez.
   • Entonces, usted no vio a Cristina el martes por la noche.
   ○ No, ella no quiso ir a la fiesta.
   • ¿Y a qué hora más o menos terminó la fiesta?
   ○ No tengo ni idea. Yo me fui a eso de las dos.
   • ¿Solo?
   ○ Con una amiga.

4. • Valerio, ¿cuándo vio por última vez a Cristina?
   ○ Al mediodía. Primero la acompañé a la peluquería. Después fuimos de compras y volvimos al hotel... sí, volvimos como a las dos de la tarde porque ella tenía un masaje. Luego se fue a comer con una amiga ella sola. Regresó como a las siete.
   • ¿Y después? ¿La vio usted otra vez?
   ○ No, no, no la vi más. Dijo que quería descansar hasta las nueve y que luego tenía una cena. Entonces se fue a su cuarto.
   • ¿Y usted? ¿Qué hizo?
   ○ Bueno, yo estuve primero en la piscina y luego en la sauna. Y un rato en mi cuarto, leyendo. Después bajé al bar, a las nueve y media, creo. Y la estuve esperando en el bar. El resto, ya lo sabe...

Capítulo 18 Gente de negocios

Audioscript for 18–6

GENTE A PUNTO quiere agradecerles la confianza depositada en nuestros servicios, después de 9 años de trabajo intentando satisfacer todas sus necesidades. Esa confianza la demuestran las casi 50.000 llamadas que atendimos durante todo este tiempo. Con la intención de seguir haciendo su vida más fácil, hemos creado nuevos servicios:

LOS DESAYUNOS DE GENTE A PUNTO
Cada mañana puedes recibir en tu domicilio, el periódico, el pan, tus bizcochos preferidos, la leche y el café, con sólo una llamada telefónica. GENTE A PUNTO te pone las cosas fáciles.

GENTE A PUNTO TE CUIDA EL PERRO
Si tú no puedes, GENTE A PUNTO te cuida el perro. Cada mañana o tarde, nuestros empleados pueden ir a buscar a tu perro y pasearlo por diferentes zonas. Incluso cuidarlo si te vas de fin de semana o de vacaciones. "Gente a punto" te pone las cosas fáciles.

EL CAFÉ DE GENTE A PUNTO
¿Exámenes? ¿Tienes que estudiar pero no quieres salir a comprar café? Nosotros te lo llevamos a casa, al dormitorio o donde estés. Las 24 horas del día. ¿No tomas café? Te llevamos té, o cualquier bebida energética. GENTE A PUNTO te pone las cosas fáciles.

Audioscript for 18–12

1. • GENTE A PUNTO, buenas noches.
   ◦ ¿Aló?
   • Sí, sí, diga.
   ◦ Sí, es que me acaban de traer unas tortillas. Yo soy la señora Escartín.
   • ¿Sí?
   ◦ Lo que pasa es que **no es eso lo que** yo había pedido.
   • ¿Ah, no?
   ◦ No. Yo quiero dos pollos. Y **tráiganmelos** rápido, por favor, que ya son las once de la noche.
   • No se preocupe. Ahora mismo **se los envío**.
   ◦ ¿Y qué hago con las tortillas? ¿**Se las doy** al mensajero?

   • Sí, sí, **déselas a él** por favor. Y **discúlpenos**, señora Escartín. Fue un error del mensajero; lo que pasa es que es nuevo. Déme su nombre completo y su dirección, que tomo nota.
   ◦ Sí...

2. • GENTE A PUNTO, buenas noches.
   ∗ Mire, **me trajeron** unas cervezas...
   • Sí, ¿qué les pasa?
   ∗ Pues, que yo **las había pedido** bien frías, y **me las** trajeron calientes
   • ¿**Se las** llevaron calientes?
   ∗ Exacto. ¿No me puede traer unas cervezas frías?
   • Sí claro, **las tengo** aquí mismito. Se las envío **cuando quiera**.
   ∗ ¿Cuándo quiera? ¡Las quiero ahora mismo!
   • Sí, por supuesto. Ahora mismo **se las lleva** el mensajero. Las **tendrá** allá en 10 minutos. **Se lo** prometo. Y perdone el descuido por favor, tenemos un mensajero nuevo y no conoce las calles muy bien.
   ∗ Bueno, pero **tráiganlas** rápido, por favor.

Capítulo 19 Gente que opina

Audioscript for 19–7

1. En el año 2050 habrá muchos menos puestos de trabajo que ahora. Los robots harán la mayor parte de todos los trabajos.
2. En el año 2050 no tendremos que llevar paraguas: habrá un mecanismo que regulará la lluvia y sólo lloverá cuando el programa lo decida.
3. En el año 2050 no iremos de compras, nos conectaremos con el supermercado por medio de una red informática.
4. En el año 2050 podremos ver cine en tres dimensiones en la sala de nuestra casa.
5. En el año 2050 las centrales de energía nuclear no serán necesarias.
6. En el año 2050 ya no habrá SIDA ni otras enfermedades graves como el cáncer.
7. Antes del año 2050 la humanidad tendrá contacto con civilizaciones extraterrestres.
8. En el año 2050 la jornada de trabajo será de seis horas durante cuatro días a la semana. Las vacaciones de 90 días al año.

9. En el año 2050 las energías alternativas proporcionarán más del 50% de la electricidad que consumiremos.

Audioscript for Tarea

Para comenzar nuestro programa de hoy, voy a leerles algunos de los titulares recientes aparecidos en periódicos del país.

- 250 millones de niños en el mundo trabajan de forma ilegal.
- Las áreas protegidas de la selva ecuatorial ocupan sólo el 4,5% de la superficie total.
- Crecen las tensiones entre países ricos y países pobres en los foros internacionales.
- La automatización ha reducido en un 45% los puestos de trabajo en la industria del automóvil.
- 130 millones de niños no asisten a la escuela y 150 millones asisten a la escuela menos de cinco años.
- En la guerra civil en Guatemala, más de 200.000 personas desaparecieron o fueron asesinadas.

Capítulo 20 Gente con sentimientos

Audioscript for 20–5

1. • ¿Recuerdas a Juan y Ana?
   ◦ ¿El matrimonio que vive junto a Francisco?
   • Sí, justamente. Esa pareja que lleva tantos años de casados, y que Francisco es íntimo amigo de Juan...
   ◦ Sí.
   • ¿Sabes qué pasó?
   ◦ Bueno, lo último que supe es que... Ana estaba embarazada, ¿no?
   • Sí, pero lo mejor de todo... Bueno, lo mejor o lo peor... ¡es que Ana y Francisco se enamoraron y ahora están saliendo juntos!
   ◦ ¿Cómo? ¿Ana y Francisco?
   • Sí, sí, ¡Ana ha dejado a Juan y resulta que ahora sale con Francisco!
   ◦ ¿Pero de quién está Ana embarazada? ¿De Juan o de Francisco?
   • ¡De Juan!
   ◦ Ah.

• Sí, sí, y fíjate que Juan y Francisco son íntimos amigos, y además, son vecinos.
◦ ¿Y qué va a pasar? ¿Se van a divorciar?
• No sé, pues, pero parece ser que Juan lo tomó muy mal... ¡Imagínate!
◦ ¡Qué horror! Seguro que ahora se odian...

2. • ¡Fíjate que estoy preocupado!
   ◦ ¿Por qué?
   • Porque tengo un sobrino, Juan Víctor, que hace seis meses se casó con Luci, su novia de cinco o seis años, y les iba muy bien, pero ahora no los veo muy contentos. No paran de discutir... la verdad es que no sé cuál es el problema. Quizá sea porque ella consiguió rápidamente un trabajo y en una buena empresa...
   ◦ Mmm...
   • Y él sigue buscando, y no encuentra nada, y cada vez se siente más deprimido, él que siempre fue tan alegre... y ahora siempre lo veo medio fastidiado, está celoso, creo...
   ◦ Pero, ¿Está deprimido porque ella es la que gana dinero o es...?
   • Bueno sí, ahora ella es la que lleva el dinero a la casa.
   ◦ Yo no sabía que eso iba a repercutir tanto en sus sentimientos, ¡qué lástima; se querían mucho!
   ◦ Bueno, a ver qué pasa ahora...

3. • ¡Ay, estoy muy preocupada!
   ◦ ¿Y por qué?
   • Bueno, ya sabes que Juan es un terco y... está molesto otra vez con Alex, porque ahora quiere ponerse otro arete en el cuerpo. Este hijito mío... es que se lleva muy mal con su papá...
   ◦ ¿Pero qué pasa?
   • ¿Qué pasa? ¡Nada, que éste es el cuento de nunca acabar, de verdad, Yo, intentando convencer a su papá de que es una moda, y que todos los chicos lo llevan.
   ◦ Ah, ya.
   • Yo, estoy en el medio y lo paso muy mal. ¿Te acuerdas cuando se puso el arete en la oreja?
   ◦ Sí, claro que me acuerdo...
   • Se molestó, se molestó muchísimo pero en fin, yo le dije que todos fuimos jóvenes alguna vez... Pero claro, luego sacó lo de los tatuajes... Eso ya fue... fue difícil. Y

ahora se quiere poner un arete aquí... en la boca..., en la lengua y...

○ Sí, sí...

• Y es que yo tampoco, yo tampoco lo veo bien, ¿no te parece? Te lo digo de verdad.

4. • Oye, tengo dos amigos que tienen un problema increíble.

○ ¿Sí?

• Imagínate... Son Ana y Nicolás. Lo que pasa es que Nicolás tenía una novia en su país, en... en México y esta ex-novia viene acá a Quito, sin avisar, y se instala en la casa... Toca el timbre y llega. Y él muy sorprendido, sin saber qué hacer...

○ ¿Y se, y se mete en la casa y se queda allá...?

• Pues claro, y la novia de Nico, Ana, la de ahora, es tan buena que la dejó entrar y le dio su cuarto.

○ O sea, un momento, no entendí muy bien. Están Ana y Nico que son pareja y viven en la casa...

• Sí, sí.

○ Y llega Norma de México, ¿y se instala en la casa?

• Sí, se instala en la casa y ellos dos se van a casa de un amigo para no verla, mientras ella se ubica y encuentra algún departamento dónde vivir. Y ahí están. Imagínate, ¡ya llevan una semana!

Audioscript for Tarea

Crítica 1: En esta película, Walter Sales compone un relato en el que, junto a los protagonistas, vamos conociendo la realidad de Sudamérica: injusticia, pobreza, desigualdad social.... Al mismo tiempo vemos la evolución de los dos personajes en el viaje, y el cambio en su mentalidad, una vez que se rompe la burbuja en la que vivían en su vida acomodada en Argentina. En mi opinión, el director se acerca a esta historia de una forma sensible, sin tomar ningún posicionamiento político. Ése, yo creo, es sin duda uno de los grandes aciertos de la película, además de las excelentes interpretaciones.

Crítica 2: La nueva esperada película de Almodóvar me ha decepcionado. *Los abrazos rotos* es una película tediosa, aburrida y que no engancha en ningún momento, tanto por la historia como por sus actores. Lo mejor de la película son los cameos que hacen perder el hilo de la historia durante un rato y te distraen, ya que sin esto la película sería totalmente soporífera. En fin, una historia demasiado lineal, que no consigue interesar lo más mínimo y donde la única preocupación es si faltará mucho para el final.

Crítica 3:
Gracias a una estética realmente bella y a unos actores que resultan magníficos en sus papeles, *El laberinto del fauno* se presenta como un film vivo, diferente y grandioso. Sin embargo, no es la película que probablemente muchos se esperan. No se trata de una película fantástica, sino de una película realista. La parte fantástica es gratuita. Sirve para hacerla diferente y original, pero no se integra en absoluto en la historia que se cuenta.

Crítica 4:
Una película bien narrada, bien fotografiada, bien escrita, con un tono equilibrado, sentido del humor y madurez. La historia cala en el espectador casi sin querer, y sin que uno se dé cuenta está ya queriendo a las dos protagonistas: *Esperanza y tristeza*. Además tiene un sentido del ritmo ágil, unos diálogos deliciosos en sus contrastes y unos personajes entrañables en su simplicidad.